# ブランド戦略論

Integrated Brand Strategy: Theory, Practice, & Cases

## 田中 洋
TANAKA Hiroshi

有斐閣

# 序

　私はいつからか，ブランドについて一冊の完全な体系をつくりたい，という構想を抱くようになった。本書は，そのような途方もない構想を基礎として，ブランドの理論・戦略・実践・事例をあたう限り「体系」として叙述する企てである。

　ブランドについて，なぜこのようなおおげさにもみえる「体系化」が必要だったのだろうか。それは，ブランドがマーケティング，さらにはマーケティングの基礎たる交換についての根底的な疑問を明らかにするためのカギだからである。私がブランドについて考察を始めたのは 1990 年代の初めにさかのぼるが，当時からすでに「ブランドが流行っていますけれども，次は何が流行るでしょうか」「ブランドはウチの業界（企業）にはあてはまらないと思うのですが」という質問を受けることがたびたびであった。今回の本書の企てにも同じような質問を受けるような気がする。いわく「ブランドの問題はもう終わっているのではないか」「今さらなぜブランドなのか」と。私にとってブランドの問題とは流行りのテーマでは到底ありえないし，マーケティングや消費の問題に関わる以上，回避することのできない問題であると考えている。

　では，ブランドを「体系」として叙述するとはどのようなことだろうか。それはブランドの物質的な基礎から考察を始め，「表層的」なイマジネーションへと至る経路を明らかにすることである。ブランドは確固たる実体をもちながら，同時に実体から切り離された想像世界を展開する存在なのだ。このために，私は2008 年に執筆した『消費者行動論体系』を踏まえ，歴史的考察を行い，理論的な議論の組み立てに取り掛かることにした。同時に，実務の要請に応えられるだけの徹底的な実践性をも確保したいと思った。さらにこの間に機会を得て積み重ねてきた企業事例を参照しながら，自分の考えている体系的理論なるものの妥当性を検討することにした。

　本書の企てがどの程度，完成の域に達しているかは私が判定することではないけれども，本書がマーケティング研究を前進させるために役立ち，また実務家の助けとなることを期待している。

　2017 年 11 月

田中　洋

# 本書の構成

　本書はブランドを巡って，以下の4つの部で構成されている。

　第Ⅰ部は「理論篇」である。第1章ではブランドとはどのようなものか，という議論から始めて，ブランドはどのような成分で構成されているかを考察する。次に，第2章では，ブランドは人間の交換行動においてどのような働きをなしているかを論じる。さらに，第3章でブランドがどのような源泉のもとに発生してきたか，つまりブランドとイノベーションの関係について考えてみる。そして，第4章「ブランド史の構造」では，ブランドの歴史を「構造」として把握し，ブランドがどのような社会的・経済的コンテキストのもとに発展してきたかを考察する。

　第Ⅱ部「戦略篇」では，ブランド構築のプロセスを大きく，経営，マーケティング，コミュニケーションの3つのレベルに分け，それぞれのレベルごとになすべきタスクと課題とをプログラムという形で記述している。

　第Ⅲ部「実践篇」では，企業ブランド，ブランド拡張，グローバル・ブランドの3つのテーマについてアカデミズムの視点と実践的視点とをあわせて論述している。さらに，実務的に役立つかもしれないテーマを取り上げて，エッセイとしてまとめている。

　第Ⅳ部「事例篇」では，30社の事例について，業界別にまとめ，実際の企業においてはどのような考え方や経緯のもとに，ブランド戦略が展開されているかを追体験できるように配慮している。この第Ⅳ部の事例のほとんどは，私がある企業の社内誌のために取材し執筆したものであり，必ずしもブランド戦略だけを目的として執筆されたものではない。しかし，ここからブランドについての知見を汲み取ることは十分可能である。理論篇で明らかにしたように，ブランド戦略を考えるためには，経営戦略をはじめとして企業のマネジメント全体を考える必要があるからだ。

　それぞれの事例が書かれた時点は異なっており，かなり以前のものも含まれている。しかしここでは収録にあたり，直しや注釈は最小限にとどめた。事例執筆に際して，当時の時点における事実について正確を期した。

　本書は研究者のための研究書という性格と，実務家のための実践の書という性格を両方持ち合わせている。また大学・大学院のテキストとしても使えるよう配慮している。最初から順番に読み進めることは必ずしも必要ではないので，読者がそれぞれ関心のある箇所から読み進んでいただくことを希望する。

# 謝　辞

　本書のもともとの構想は 1990 年代にさかのぼる。長い間，まとまった時間を得ることが難しく，取り組むことができなかった私に，執筆の機会を与えていただいた有斐閣にまず感謝したい。編集担当の柴田守さんには同社 PR 誌『書斎の窓』に寄稿する機会をいただいたことを含めて，編集作業に最後まで多大なお世話をおかけしてしまった。また，有斐閣で，もともと経営書の担当であった伊藤真介さんにもあらためて感謝したい。20 年以上前になるが，伊藤さんが，まだ何の実績もなかった私に本を書くよう勧めてくださったことを私は忘れていない。

　私が所属する中央大学ビジネススクール（大学院戦略経営研究科）には，2016 年度に特別研究期間の機会を得て，本書の執筆に取り組む時間を与えていただいた。同僚の先生方，事務，社会人学生の方々にこの機会にお礼を申し上げたい。

　ブランドに関心をもつようになった大きなきっかけは，1991 年にブランド・エクイティを巡って，初めて本格的な議論が交わされた Advertising and Consumer Psychology Conference（サンフランシスコ）に参加し，研究発表したことである。このカンファレンスで発表し，Rajeev Batra などアメリカの一線級の研究者たちと交流したことが，その後の私の研究上の関心に大きく影響した。

　このとき初めてお会いしたデービッド・アーカー（David Aaker）教授（現カリフォルニア大学名誉教授）に深く感謝したい。アーカー先生とはその後も折に触れてお会いする機会があり，その膨大な著書や論文から刺戟を受け続けてきた。またこのカンファレンスに参加するもともとのきっかけをつくってくださったのは，当時，電通におられ，後に青山学院大学教授（現・名誉教授）になられた仁科貞文先生であり，仁科先生にもあらためてお礼を申し上げたい。

　またこの間，京都大学大学院経営管理研究科の若林靖永教授にはことのほかお世話になったことについてお礼を申し上げる。ブランド研究では，日本マーケティング学会，日本消費者行動研究学会，日本広告学会，日本商業学会などで，さまざまに交流の機会をもつことができたことに感謝したいと思う。

　そして本書執筆中に亡くなられた何人かの私の友人や知己，とくに故・村田昭治先生（慶應義塾大学名誉教授）と，電通の先輩であった故・岡本慶一さん（元・東京富士大学教授）にお礼を述べたい。1980 年代の後半，村田先生は社会人であった私に大学院博士課程で学ぶことを勧めてくださった。岡本さんは私が電通に所属していた 1985 年ごろ私が書いた記事を目にして，社内の記号論研究会に参加するようお声をかけていただいた。こうした方々が与えてくれた機会がなかったならば，本書は生まれなかっただろう。

## ❖ 著者紹介

### 田 中　洋（たなか ひろし）

　中央大学名誉教授。1951 年名古屋市生まれ。京都大学博士（経済学），Southern Illinois University at Carbondale 大学院ジャーナリズム研究科修了（M. A.），慶應義塾大学大学院商学研究科後期博士課程単位修得。日本マーケティング学会会長，日本消費者行動研究学会会長，『マーケティングジャーナル』『マーケティングレビュー』『消費者行動研究』などの学会誌編集長を歴任。事業構想大学院大学，BBT 大学院大学で客員教授，日経広告研究所副理事長を務める。マーケティング論専攻。

　（株）電通でマーケティングディレクターとして 21 年間実務を経験。その後，城西大学経済学部助教授，法政大学経営学部教授，コロンビア大学ビジネススクール客員研究員，中央大学大学院戦略経営研究科教授を経て，2022 年より現職。日本広告学会，日本消費者行動研究学会，日本商業学会で理事。東北大学，名古屋大学，慶應義塾大学，早稲田大学，青山学院大学，フランス国立ポンゼショセ工科大学などで非常勤講師。本書で日本マーケティング学会マーケティング本大賞，日本広告学会賞（4 度目），中央大学学術研究奨励賞（2 度目）を受賞。この他に日本マーケティング学会マーケティング本大賞準大賞，同学会ベストペーパー賞，東京広告協会白川忍賞を受賞。井村屋グループ株式会社社外取締役。一般社団法人ブランド戦略研究所，一般社団法人ブランド・マネージャー認定協会特別顧問。株式会社小田急エージェンシー，株式会社ファンくるなどの顧問を務める。

　電通時代に，ネスレ，アメリカン・エキスプレス，ユニリーバ，フィリップモリス，日本 IBM，ミツカンなどの広告計画・マーケティング戦略立案・新製品開発を経験。大学に移って以降，以下のグローバル企業で戦略アドバイザーや社内講師を務める。GE，マイクロソフト，NTT，トヨタ自動車，日産自動車，ホンダ，メルセデス・ベンツ，ジョンソン・エンド・ジョンソン，資生堂，味の素，日清食品，日本航空，全日本空輸，ソニー，日立製作所，NEC，富士通，パナソニック，ニコン，日本銀行，野村證券，星野リゾート，など。

主著：

『現代広告論（第 4 版）』（岸志津江・嶋村和恵・丸岡吉人との共著，有斐閣，2024 年）

『デジタル時代のブランド戦略』（編，有斐閣，2023 年）

『現代広告全書』（岸志津江，嶋村和恵との共編，有斐閣，2021 年）

『地域創生マーケティング全書』（西村順二，陶山計介，山口夕妃子との共編著，中央経済社，2021 年）

『ブランド戦略・ケースブック 2.0』（編著，同文舘出版，2021 年）

『ネットビジネス・ケースブック』（荻原猛との共著，同文舘出版，2017 年）

『消費者行動論』（中央経済社，2015 年）

『ブランド戦略全書』（編，有斐閣，2014 年）

『消費者行動論体系』（中央経済社，2008 年）

　本書以外に 22 冊の著作と 93 本の学術論文があり，その著作のいくつかは中国語・韓国語・台湾語でも刊行されている。

田中洋個人ウェブサイト　https://hiroshi-tanaka.net/works/

Facebook：田中洋　www.facebook.com/hiroshi.tanaka1

# ❖ 目　　次

## 第 I 部　理　論　篇

### 第 1 章　ブランドをめぐって ───────────── 2

#### 1-1　ブランドへの関心とその持続 ………………………… 2

#### 1-2　ブランド定義とブランド価値 …………………………… 4
ブランドとは何か（4）　　ブランドの語源（7）　　ブランドの定義（8）
商標としてのブランド（13）　　記号としてのブランド（13）　　ブランド
価値とは何か（15）

#### 1-3　ブランドはどのように機能しているのか ……………… 17
ブランドの機能（17）　　ブランドの効果と影響力（20）　　強いブランド
の効果（22）　　ブランド・エクイティへの批判（24）　　ブランドの情報
と意味（25）

### 第 2 章　ブランドと交換 ──────────────── 27

#### 2-1　交換という視座 ………………………………………… 27
問題意識（27）　　交換パラダイム（27）

#### 2-2　交換に内在する困難 …………………………………… 29
貨幣交換をめぐって（29）　　等価性と等価形態（30）

#### 2-3　ブランドによる交換課題の解決 ……………………… 31
交換の困難（31）　　価値判断の困難（33）

#### 2-4　差異からの価値創出 …………………………………… 35
6 つの差異の体系（35）

### 第 3 章　イノベーションとブランド ──────────── 39

#### 3-1　起源としてのイノベーション ………………………… 39
包装革命とブランド（39）　　イノベーションの帰趨（41）

#### 3-2　起源の忘却 ……………………………………………… 42
イノベーション後のプロセス（42）　　起源の忘却（43）　　新しいパター
ンの創出（44）

#### 3-3　ブランド力の行使 ……………………………………… 45
持続的交換関係（45）　　どうブランド力を使うのか（46）　　ブランド力
使用の 2 つのモデル（48）　　オープン・モデルとクローズ・モデル（49）

### 第 4 章　ブランド史の構造 ──────────────── 51

#### 4-1　ブランド史をどう考察するか ………………………… 51
歴史的遡行の課題（51）　　考察の対象（52）　　理論的枠組み（53）

v

## 4-2 ブランドの歴史的構造 ………………………………………………………… 54
形態への考察（54）　歴史的考察の意味と概観（56）

## 4-3 先史ブランド──前史時代 …………………………………………………… 57
石器時代のブランド（57）　先史時代の心性（58）　威信財としての石器ブランド（59）　原始的生産様式（60）

## 4-4 原ブランド──有史以降の古代 …………………………………………… 60
古代文明期のブランド（60）　原ブランドの意味（61）　古典古代期地中海文明のブランド（63）

## 4-5 前近代ブランド──中世・近世 …………………………………………… 65
中世・近世のブランド（65）　ヨーロッパの前近代ブランド（66）　商標保護の開始（68）　嗜好品市場での動き（68）　日本中世のブランド（70）　日本における本格的ブランドの成立（71）　味噌・醤油ブランド（73）　前近代ブランドのまとめ（74）

## 4-6 江戸期ブランド──前近代から近代へ …………………………………… 75
江戸期ブランドの意義（75）　酒，薬品，タバコのブランド（77）　江戸期ブランドのまとめ（81）

## 4-7 近代ブランド── 19 世紀末〜20 世紀末 ……………………………… 81
アイデンティティの成立（81）　イノベーション・ベースのブランド（82）　タバコ・ブランドの発達（84）　食品ブランドの発達（85）　日用品ブランドの発達（86）　日本の消費財ブランド（87）　商標制度の成立（87）　大企業ブランド（88）　日本の大企業ブランド（90）　ブランド・マネジメントの誕生（90）

## 4-8 現代ブランド── 1980 年代以降の展開 ……………………………… 91
ブランド・マネジメントの重要性の高まり（91）　1990 年代から 2010 年代の展開（93）　現代ブランドの変化と拡張（96）

# 第Ⅱ部　戦　略　篇

# 第5章　統合ブランド戦略の全体像 ─────────────── 102
## 5-1 ブランド戦略とは何か ……………………………………………………… 102
## 5-2 ブランド戦略の 5 つのフェーズ …………………………………………… 105

# 第6章　フェーズ 1　ブランド構築の基礎 ──────────── 108
はじめに　108

## 6-1 フェーズ 1-1　ブランドの構想 …………………………………………… 108
構想とは（108）　構想の構成要素（109）

## 6-2 フェーズ 1-2　何をブランド化するか …………………………………… 112
ブランド化対象の意思決定（112）　潜在的可能性（113）　破壊的イノベーション（114）　ノンブランド市場（115）

**6-3 フェーズ 1-3　なぜブランドを構築するのか** ……………… 116
　戦略マトリクス（116）　　ナイキ社の事例（118）　　良品計画の事例
　（119）　　パッケージ型商品ブランド（121）　　成分型商品ブランド（122）
　顧客接点型商品ブランド（123）

# 第7章　フェーズ2　経営レベルのブランド戦略 ——————— 125
　はじめに　125

**7-1 フェーズ 2-1　ブランド・テリトリー** …………………………… 125
　ブランド・テリトリーとは（125）　　3つの視点（126）　　テリトリー・
　プランニング（128）

**7-2 フェーズ 2-2　ランドスケープ分析** ……………………………… 129
　ランドスケープとは（129）　　6C分析（130）　　5I分析（136）

**7-3 フェーズ 2-3　ブランド戦略アウトライン策定** ……………… 138
　ブランド戦略アウトライン（138）

**7-4 フェーズ 2-4　投資する経営資源の意思決定** ………………… 142

**7-5 フェーズ 2-5　ブランド・アーキテクチャーの決定** ………… 144
　どうブランドを配置するか（144）　　BA戦略の運用（147）

**7-6 フェーズ 2-6　知財戦略の決定** …………………………………… 148

# 第8章　フェーズ3　マーケティング・レベルのブランド戦略 —— 152
　はじめに　152

**8-1 フェーズ 3-1　フォーカス顧客戦略** ……………………………… 152
　フォーカス顧客とは（152）　　フォーカス顧客選択の第1ステップ（153）
　フォーカス顧客選択の第2ステップ（157）　　オール・ターゲット論の陥
　穽（159）　　セグメンテーションの困難（159）

**8-2 フェーズ 3-2　ブランド価値プロポジション** ………………… 160
　価値プロポジションとは（160）　　価値の創造と選択（162）　　狩野モデ
　ル（166）　　ポジショニング（168）　　差異化ポイントと類似化ポイント
　（171）

**8-3 フェーズ 3-3　3Aフレームワーク** ……………………………… 171
　4Pから3Aへ（171）

**8-4 フェーズ 3-4　ブランド成長のマーケティング戦略** ………… 173

# 第9章　フェーズ4　コミュニケーション・レベルのブランド戦略 – 176
　はじめに　176

**9-1 フェーズ 4-1　ブランド・コミュニケーション・パラメータ** … 176
　想像力による変換（176）　　コミュニケーション・パラメータとは（178）
　競争環境（179）　　ブランド連想（182）　　ブランド・アイデンティファ
　イヤー（184）　　理想フォーカス顧客（192）　　ブランド・パーソナリテ

目　次　vii

ィ（193）　ストーリーテリング（195）　ブランド・チャレンジ（197）
ブランド推奨規定（197）　ブランド禁止規定（198）　メッセージ戦略
（199）　メディア戦略（201）

### 9-2　フェーズ 4-2　ブランド・コミュニケーション戦略 ·············· 203
コミュニケーションのアクション（203）　態度・関係性・満足・認知を
高めるコミュニケーション戦略（204）　連想・知覚品質・知覚能力・属
性評価を高めるコミュニケーション戦略（205）　愛着・情緒・経験を高
めるコミュニケーション戦略（206）　ブランド・パーソナリティを強化
するコミュニケーション戦略（210）　価格プレミアム，購買，購入シェ
アを高めるコミュニケーション戦略（210）　市場シェア，顧客エンゲー
ジメントを高めるコミュニケーション戦略（212）

## 第10章　フェーズ 5　ブランド戦略の実行と管理 ──────── 214
はじめに　214

### 10-1　フェーズ 5-1　ブランド戦略の組織と実行 ·················· 214
ブランド管理組織（214）　営業とブランド戦略（221）

### 10-2　フェーズ 5-2　ブランド戦略の測定 ······················ 223
ブランド価値測定の問題（223）　ブランド価値をどう測定するか（231）

## 第III部　実　践　篇

## 第11章　企業ブランド戦略 ────────────────── 256
### 11-1　企業ブランドの問題 ····························· 256
企業ブランドとは何か（256）　企業ブランドの解明課題（257）

### 11-2　企業ブランドのマネジメント ···················· 259
マネジメントの視点（259）　企業ブランド・マネジメントのステップ
（259）

## 第12章　ブランド拡張戦略 ─────────────────── 263
### 12-1　ブランド拡張とは ····························· 263
なぜブランド拡張なのか（263）　ブランド拡張とは（264）

### 12-2　ブランド拡張の成功要因 ······················· 265
成功のための 3 因子（265）　近年の研究動向（267）

### 12-3　実務への含意──実務上の注意点 ················ 268

## 第13章　グローバル・ブランド戦略 ─────────────── 270
### 13-1　グローバル・ブランドの戦略課題 ··············· 270
市場と自社の課題（270）　グローバル・ブランドとは何か（270）

### 13-2　グローバル・ブランドの必要性 ················· 273
知覚共通化の理由（273）　グローバル・ブランド保有の理由（274）

13-3 グローバル・ブランドの課題と解決 ················ 277
　　マネジメントの課題（277）　　マネジメント課題の解決（278）

# 第14章　ブランド戦略の諸相 ―――――――――― 284

　　はじめに　284

14-1 カスタマー・ジャーニー ···························· 284
　　カスタマー・ジャーニーとは何か（284）　　どう描くか（285）　　何を導
　　くのか（286）

14-2 コンセプト・ブランディング ······················ 287
　　概念のブランド化（287）　　医薬の分野（287）　　２つの手法（288）
　　注意すべきこと（288）

14-3 ディフェンシブ・ブランディング ·················· 289

14-4 デ・ブランディング ······························· 290
　　デ・ブランディングとは（290）　　なぜ成功したのか（291）　　ナイキと
　　スターバックス（291）　　親ブランドを「隠す」（292）

14-5 パーソナル・ブランディング ······················ 293
　　パーソナル・ブランディングとは（293）　　そのメリット（294）　　創業
　　者のブランディング（294）　　反体制的人物像（295）　　アントレプレナ
　　ーとイノベーター（295）　　実行上の注意（295）

14-6 ブランドM&Aとライセンシング ·················· 296
　　ブランドの買収（297）　　なぜブランドを買収するのか（297）　　グロー
　　バル企業のブランド買収（298）　　ブランド買収の効果（299）　　ライセ
　　ンシング・ブランドの動向（299）

14-7 ブランド・イマジネーション ······················ 301
　　ブランドの世界（301）　　無印良品の世界（301）　　イマジネーションと
　　は（301）

14-8 ブランド・ジャーナリズム ························· 302
　　ブランド・ジャーナリズムの再浮上（302）　　ブランド・ジャーナリズム
　　の実際（303）　　ブランド・ジャーナリズムの背景（304）　　マーケティ
　　ングにおける位置づけ（304）

14-9 ブランドのジレンマと解決 ························· 305
　　ジレンマとは（305）　　ジレンマの解決①（306）　　ジレンマの解決②
　　（307）

14-10 ブランドの一貫性 ······························· 308
　　一貫性のメリット（308）　　一貫性の構造（309）　　ブランドへの期待
　　（310）　　３つのバイアス（311）

14-11 ブランドの擬人化 ······························· 312
　　擬人化とは（312）　　擬人化成功の要件（313）

14-12 ブランドの復活 ································· 314

企業ブランドの復活（314）　復活のプロセス（314）　再確立ステージ
（315）　定着化と維持（315）　変革のビジョン（316）

## 14-13　ブランド環境 ……………………………………………… 316
経験の実現の場（316）　エンターテインメント空間（318）　商業空間
（318）　都市空間（318）　イベント空間（319）　ブランド環境の今
後（319）

## 14-14　ブランド関係性の形成 ………………………………… 320
「愛」の強化（320）　態度の形成（320）　ロイヤルティの育成（322）
信頼性の獲得（323）

## 14-15　ブランド経験 ……………………………………………… 324
定義（324）　ブランド経験価値の測定（326）　ピーク・エンド法則
（328）　実務への応用（329）

## 14-16　ブランド信頼 ……………………………………………… 330
ブランド価値の毀損（330）　なぜ信頼が必要なのか（331）　2つの信
頼概念（331）　能力への信頼（332）　意図に対する信頼（333）　ブ
ランドへの信頼を保つ（333）　ブランド意図への信頼がポイント（334）

## 14-17　ブランド全能感 …………………………………………… 335
全能感とは何か（335）　症状①：永続感（335）　症状②：自己主張
（336）　症状③：成長への誤解（338）　グーグルの「循環」（340）

## 14-18　ブランド倫理 ……………………………………………… 340
ブランドのふるまい（340）　具体的問題（341）　適正の判断（341）
変動する倫理（342）　チェックリスト（342）

## 14-19　ラグジュアリー・ブランドのパラドックス ………… 343
ラグジュアリー・ブランドの特徴（343）　ラグジュアリー・ブランド市
場の成長（344）　パラドックスとその解決（345）

## 14-20　リード・カスタマー ……………………………………… 346
リード・ユーザーを超えて（346）　リード・カスタマーとは（346）
オニツカが実践したこと（347）　ミルボンは何を学んだのか（347）
リード・カスタマーを分類する（348）

# 第Ⅳ部　事 例 篇

## 1.　食品・飲料ブランド ―――――――――――――――――― 350

### 1　ネスレ日本株式会社「ネスカフェ ゴールドブレンド バリスタ」……… 350
――新ビジネスモデルによるブランド活性化

### 2　味の素株式会社「Cook Do® きょうの大皿」…………………… 354
――成熟ブランドの再活性化

### 3　日清食品株式会社 ……………………………………………… 359
――ナンバーワン・ブランドを支える仕組み

x

4 相模屋食料株式会社 ……………………………………… 363
　　　──伝統的食品の革新

5 カルビー株式会社「フルグラ」 ………………………… 367
　　　──カテゴリーの変革

## 2. 日用品ブランド ───────────────── 372

6 アキレス株式会社「瞬足」 ……………………………… 372
　　　──小学生スポーツ・シューズの革新

7 サーモス株式会社「サーモス」 ………………………… 376
　　　──日本企業が育てた世界ブランド

8 株式会社良品計画「無印良品」 ………………………… 381
　　　──成長するブランディング

9 レゴジャパン株式会社「レゴ」 ………………………… 385
　　　──世界観を浸透させる

10 花王株式会社 …………………………………………… 389
　　　──デジタルの戦略

## 3. 耐久性消費財ブランド ───────────── 395

11 株式会社エンジニア「ネジザウルス GT」 …………… 395
　　　──小さな会社の大ヒット工具ブランド

12 ダイソン株式会社「ダイソン」 ………………………… 399
　　　──掃除機ブランドの革新

13 株式会社グループセブ ジャパン「ティファール」 …… 403
　　　──生活習慣を変えたブランド

14 株式会社フィリップス エレクトロニクス ジャパン
　　「フィリップス ノンフライヤー」 …………………… 407
　　　──新カテゴリーの創造

## 4. ヘルスビューティケア・ブランド ─────── 412

15 株式会社龍角散 ………………………………………… 412
　　　──老舗ブランドの復活

16 株式会社ミルボン ……………………………………… 416
　　　──高い企業成長を支える仕組み

17 株式会社アルテ サロン ホールディングス …………… 420
　　　──新しい美容院ビジネスモデルの確立

## 5. サービス流通ブランド ───────────── 424

18 株式会社玉子屋 ………………………………………… 424

目　次　xi

────お弁当屋さんの画期性

　19　水戸ヤクルト販売株式会社 ……………………………………………… 428
　　　　────地域でブランドをつくる

　20　住友不動産株式会社「新築そっくりさん」…………………………… 433
　　　　────時代に先駆けるブランド

## 6. カルチャー・ブランド ─────────────────── 438

　21　株式会社サンリオ ………………………………………………………… 438
　　　　────キャラクター・ビジネスの革新

　22　株式会社リクルートマーケティングパートナーズ『ゼクシィ』……… 442
　　　　────ブライダル市場の活性化

　23　株式会社ダイヤモンド社『もしドラ』………………………………… 446
　　　　────ミリオンセラー・ブランドをつくる

　24　有限会社国語専科教室「国語専科教室」……………………………… 450
　　　　────マーケティングをしないブランド構築

## 7. ツーリズム・ブランド ─────────────────── 455

　25　株式会社昭文社『ことりっぷ』………………………………………… 455
　　　　────旅行ガイドブックの革新

　26　ハウステンボス株式会社 ……………………………………………… 459
　　　　────エンターテインメント・ブランドの再構築

　27　株式会社星野リゾート …………………………………………………… 463
　　　　────日本型リゾート・ブランドの創出

## 8. BtoB と企業ブランド ─────────────────── 468

　28　東レ株式会社 …………………………………………………………… 468
　　　　────成熟産業で起きた革新

　29　株式会社日立製作所 …………………………………………………… 472
　　　　────グローバル企業ブランドのコミュニケーション

　30　横河電機株式会社 ……………………………………………………… 476
　　　　────企業変革とコミュニケーション


　引用文献　483

　参照文献　505

　索引（事項，企業名・ブランド名等，人名）　　508

xii

# 第 I 部　理 論 篇

第 1 章　ブランドをめぐって
第 2 章　ブランドと交換
第 3 章　イノベーションとブランド
第 4 章　ブランド史の構造

# 第1章

## ブランドをめぐって

### 1-1 ブランドへの関心とその持続

　ビジネス社会においてブランドへの関心が高まったのは1980年代から90年代の初めにかけてである。それは「ブランド・エクイティ」への関心という形で始まっている（Barwise, 1993）。ブランドがマーケティングと経営の分野で議論されるようになったのも，やはりこの時期である（阿久津, 2014）。この時期に，ブランド論は「ブランド・ロイヤルティ」から「ブランド・エクイティ」に発展した。その後，さらに「ブランド・アイデンティティ」論へと発展していった（青木, 2014）。四半世紀以上にわたって，ブランドへの関心はアカデミアにおいても，実務においても持続し続けていることになる。海外の有力なマーケティングの研究ジャーナルでもブランドに関する特集が近年行われているし，ブランドに関する研究論文も数多い。この間に「情報ベースのブランド観」から「意味ベースのブランド観」への転換がみられるという指摘（Allen, Fournier, & Miller, 2008）など，ブランド論自体も何度かの変遷を経験してきた。そしてこの間，膨大なブランド関連研究が蓄積されてきた（レビューはKeller & Lehmann, 2006参照）。

　こうしたアカデミアでの状況を反映して，海外と日本の大学あるいはビジネススクールにおいて，ブランド戦略やブランド・マネジメントに関する科目が設置されているのも今日では当たり前のこととなり，ブランド論はマーケティング論において体系化され「教えられるべき科目」として定着してきた。

　実務においても，強いブランドを確立するにはどうしたらよいか，ブランド戦略はどうあるべきか，ブランドについての組織はどうしたらいいか，などの議論は引き続き活発に行われている。ブランドは今日，さまざまな方向から検討され，プライベート・ブランド（矢作, 2014），成分ブランド（余田, 2016），地域ブランド（小林, 2016），グローバル・ブランド（松浦, 2014），コーポレート・ブランド（伊藤, 2000）など，ビジネスの異なった領域においてブランドの重要性がより強く認識

2　第Ⅰ部　理論篇

されるようになっている。

　企業の中においても，ブランド戦略に関する部署が設けられるようになった。マネージャーの職位として，CBO（チーフ・ブランド・オフィサー，ブランド担当役員）やブランド・エクイティ・マネージャーあるいは近年ではブランド・エクスペリエンス・マネージャーなどの名称で，企業の中でもブランド・マネジメントは一定の地位を与えられるようになった。

　政治のようなビジネス以外の世界でもブランドは議論されている。2008 年のアメリカ大統領選挙においては，その後大統領に就任したバラク・オバマ候補が優れたブランド・ストーリーやブランド・コミュニケーションを展開し，オバマのパーソナル・ブランドをつくりだしたために勝利したと考えられている（平林，2014）。2017 年にアメリカ大統領に就任したドナルド・トランプは，もともとニューヨークをベースとした不動産業者であり，1984 年にニューヨーク・マンハッタンに「トランプ・タワー」を建設し，その後「トランプ」の名前を付けた商品を発売したり，出版やテレビ出演を行うなど，自分の名前を「ブランド化」することに熱心であった。

　アルカイダのような現代的なテロ組織は「ブランド」として機能していると指摘されている（Nelson & Sanderson, 2011）。中東の研究者である Bunzel（2015）は IS（イスラム国）を，サラフィズム（イスラム原理主義）のジハード思想（Jihadi-Salafism；しばしば聖戦と訳される）というイデオロギーの「ブランド」をプロパガンダしていると論じている。IS によってジハード思想は学者，ウェブサイト，メディア，ソーシャル・メディアによってグローバル・ネットワーク化された「ブランド」になり，マーケティング活動を行うようになった。

　このようにブランドという存在がマーケティングやビジネスのみならず，社会や政治の場面においても使われるようになったのはなぜなのか。

　その理由は，強いブランドを確立することが現代においてビジネスや社会で有利になったからだ。強いブランド，高い価値をもったブランドがビジネスや競争において有利に働き，優位性をもつ状況が現出したからともいえる。別の言い方をすれば，ブランドをビジネスで活用する戦略を採用する企業や組織が有利に働くように経済環境が変化したということでもある。

　これは当たり前のように聞こえる。しかし，1980 年代以前の経済社会ではこれは当たり前ではなかった。このことは次のようなことを意味している（本書の第 3 章参照）。

　消費者パッケージ財において，GMS（全国規模の総合小売業）やコンビニエンス・ストアがまだ十分に発達していない 1980 年代までの時代，零細で数多い一般小

売店に強い影響力を及ぼしていたのは大規模メーカーだった。こうした大手メーカーは小売店と特約店などの他社排除的な契約を結ぶことも多かった。さまざまな契約条件によって小売店の店頭に自社商品を優先的に陳列し，価格を一定のコントロール下に置くことで，大きな市場シェアを獲得していた。

こうした時代，メーカーにとってのマーケティングの中心的課題とは，一般小売店に対して営業力によって影響力を強めることだった。たとえば酒販店では，それぞれのメーカーが個別の酒販店を事実上支配していたため，1つの酒販店では特定のメーカーのビールしか買えない状況があった。こうしたとき，メーカーの戦略の中心は小売店を攻めるための営業の強化であり，流通に対して影響力を高めることであった。

こうした状態が変化したのは，1990年代以降，さまざまな面で「自由化」が進行してからである。1つには，コンビニエンス・ストアのような取引に関してオープンな業態の小売業が発達し，売れるブランドならばメーカーを問わないという取引形態が実現した。また酒類販売業免許も「自由化」されたため，拒否要件に該当しない限り，誰でも酒類を販売することができるようになった。酒類メーカーのブランドを問わず，コンビニエンス・ストアやスーパーマーケット，ディスカウント・ストアなど多くの小売業で酒類が販売されるようになり，消費者は店頭で自由に自分の好みのブランドを選択することができるようになった。

また，1990年代には官営事業の民営化が行われ，NTT，JT，JRなどの民営化された企業体が出現し，競争が市場に導入された。また再販制度も緩和され，現在では書籍，雑誌，新聞などの限られた商品にしか再販売価格は適用されていない。こうした変化の結果，消費者にとって「選択の自由」が実現することになった。複数のブランドから自由に自分の好みのブランドを選択することが可能になったのである。一方，有力企業のシェア上位集中がこの間進行したことも付け加えておこう。強いブランドが少数の企業群に集中することになったのである。

さらにインターネットの普及は消費者が購買に関する情報をいち早く入手することを可能にし，オンライン上で強いブランドが有利に働くようになった。こうした結果，企業や組織にとってブランド力があることがより有利に働く環境が形成された。これが現代のわれわれを取り巻く見取り図である。

## 1-2　ブランド定義とブランド価値

### ❖ ブランドとは何か

奇妙なことに「ブランド」とは何かについて，研究者や実務家の意見は必ずし

も一致していない。de Chernatony & Riley（1998）は，ブランドの理論を組み立てるためにはまず定義が必要だが，論者によって定義が大きく異なることに注意している。Kapferer（2008）は，ブランドの専門家の間でもっともホットな議論の 1 つがブランドとは何かについて見解が一致していないことであるといい，Avis（2009）は，さまざまなブランド定義をレビューしたうえで，ブランドという言葉を定義することは，「群盲象を評す」という状況に近いと述べている。

　こうしたブランドの定義に関する議論は専門家の間で不一致なだけではない。企業や組織内で「ブランド戦略」「ブランディング」という用語が語られるとき，それが何を指すのか不明確で困難や混乱が起こることも珍しくない。たとえば，大学でもあちこちの大学で「ブランド戦略」が論議されているものの，大学によってその意味は大きく異なっている（田中，2014）。ある大学にとっては，それはその大学に所属することを誇りに思うことであり，別の大学では大学広報のことであり，さらに別の大学では地域連携のことなのである。

　アメリカ・マーケティング協会（America Marketing Association）ではウェブサイトで次のようにブランドを定義している（筆者訳）。ブランドとは「ある売り手の商品やサービスが他の売り手のそれと異なるものとするための名前・用語・デザイン・シンボルあるいは他の特徴のことである」。

　一見すると，この定義はそれなりにわれわれがブランドという言葉について理解していることを指しているようにも思える。しかしながら，この定義をブランド戦略に適用しようとするとき，現実的な問題が生じる。それは，この定義からは，ブランドを構築しようと意図したとき，われわれはより良いブランド名やシンボルを決めればよい，ということにとどまってしまうからだ。

　それでは，われわれがブランドを構築しよう，あるいはブランド戦略を企画・実行しようと意図するとき，何をしようとしているのだろうか。ブランドの定義はこうした疑問に答えられるものでなくてはならない。

　de Chernatony & Riley（1998）によれば，文献のうえでブランドは以下の 12 の定義に分類され，それらの前提条件（antecedents）と結果（consequences）がまとめられている。

（1）法律用法（legal instruments）：商標として偽造を防止する。
（2）ロゴ（logo）：名前，シンボル，デザインなど，商品を同定化し，差別化し，品質を保証する。
（3）企業（company）：認知できる企業名やイメージで，ステークホルダーに一貫したメッセージを届ける。
（4）簡便表現（shorthand）：素早くブランド連想を想起させ，情報処理を促進

する。

⑸　リスク低減（risk reducer）：期待が満たされる，約束としてのブランド。

⑹　アイデンティティ・システム（identity system）：ブランド名だけでなく，ポジショニングなどの要素を統合しステークホルダーなどへ明確な方向性を示している。

⑺　イメージ（image）：消費者のマインドにあるブランドの「真実」であり，常に管理され更新し続けるもの。

⑻　価値システム（value system）：消費者の価値に見合ったブランド価値。

⑼　パーソナリティ（personality）：心理的な価値であり，広告などを通じて伝達され，差別化をし，付加価値ともなる。

⑽　関係性（relationship）：消費者のブランドへの態度や関係性。

⑾　付加価値（added value）：非機能的な主観的意味であり，価格プレミアムを要求する。

⑿　進化する存在（evolving entity）：ブランドの発展に伴い変化する。

　ここで示されているように，ブランドの定義には，ブランドへの「インプット」，つまり定義者がどのような意図や意思をブランドに込めるか，さらに，ブランドがもたらす「アウトプット」，つまりそのブランドが存在する結果，もたらされる事態，この２つの要素がある。たとえば，「ブランドは顧客への約束である」というのは前者のインプットであり，「ブランドは商品に価格プレミアムをもたらす」は後者のアウトプット＝結果である。これらのブランドの定義には論者たちの経験や願望が込められており，定義としての本質性を欠いている。なぜならば，インプットとアウトプットにどのような期待や意味を込めるかは，マーケターの主観次第であり，本質的な議論ができなくなってしまうからである。

　Stern（2006）はブランド（brand）という用語がどのようにマーケティングの文献において扱われてきたかを歴史的に追跡し，研究者によるブランド研究へのアプローチは次の４つの次元のうち，どちらをもっているかによって規定できると述べている。①字義的（literal）か，隠喩的（metaphoric）か（たとえば，企業資産という定義は字義的で，シンボルという定義は隠喩的）。②実在としてか，プロセスとしてか（企業資産という定義は実在で，ブランド連想の束という定義はプロセス）。③リアルな世界か，心理的存在か（企業資産の定義はリアル世界で，商品イメージという定義は心理的存在）。④ポジティブか，ネガティブか（ブランドを肯定的に扱うか，否定的に扱うか）。こうした分析が示唆するものは，やはりブランドへの本質的な考察を欠いたブランドの定義である。以下ではまず，語源的な考察を行った後で，ブランドの本質論を考察していく。

## ❖ ブランドの語源

ブランドの定義を考えるために，以下ではまず語源を考察し，次にブランドの本質的な定義を提案することにする。

Keller（2013）はブランドの語源を「焼き印をつけること」という意味の"brandr"から派生した言葉であるといい，上記のアメリカ・マーケティング協会の定義を引用しながら，さらに，市場に一定の認知，評判，存在感を生み出したものをブランドと呼んでいる。Kapferer（2008）も同様に，ブランドを「購買者に影響を与える名前」（p. 11）と定義している。これらの定義に共通しているのは，一定のパワーをもったブランドだけがブランドであるとする立場である。こうした立場は，作業仮説としては有効であるものの，ブランドについて本質的な定義をなしているとは考えにくい。その影響力をもったブランドとは何かを再び問わなくてはならないからだ。それでは，本質的にブランドを定義することはいかにして可能か。

まず定義を行う前に，brand という言葉の語源を一瞥してみよう。上記のKeller（2013）もそうであるように，いくつかの書籍やインターネット上ではbrand という言葉は「烙印を押す」という意味での burned が語源であるとの記述が散見される。このような見解は，以下の2つの意味で訂正されなければならない。

*Oxford English Dictionary*（1971, Compact Edition, pp. B-1054-1055）によれば，10世紀以降の中世から近代にかけて brand とは「燃える」「炉の木の燃えさし」という意味で用いられてきた。焼いた鉄で押す烙印という意味は16世紀以降に生じた語用である。そして，今日の商標（trade-mark）という意味で brand が用いられるようになったのは1827年以降のことである。さらに，印を押すための焼き鏝という用法は1828年に初出している。つまり，brand が「商標」と「焼き鏝」という意味で用いられるようになったのは，ほぼ同じ時期の19世紀ということになる。後者（焼き鏝）が前者（商標）の語源である，つまり焼き鏝が商標という使い方よりも先に使われていた，という理解は必ずしも正しくない。なお，Stern（2006）の指摘によれば，brand がマーケティングで brand name という用法において使われるようになったのは，1922年からである。

一方，brand の語源に注目しようとするならば，mark という単語にも注目すべきである。なぜなら，英語以外の欧米では brand を指す言葉として，marc（フランス語），marca（スペイン語），Marke（ドイツ語）のように，ラテン語から派生した mark という単語が支配的であるからだ。

同じく OE（p. M-167）によれば，mark とは大きく分けて，①境界線，②境界

を指すもの（堺など），③印，暗示，④注意，知らせ，など多様な意味をもつ言葉として8世紀以降用いられてきたことがわかる。mark という言葉は，何かと何かとの間の差異や何かの特徴を際立たせる意味の言葉として用いられてきた。そして mark と brand とは時として同じように用いられてきたのである。

しかし，語源に頼って考察できることは限られている。ここでは，brand は mark に関する上記の用語解説にあったように，単に何かと何かとを区別する概念としてあったことをみておけば十分である。

## ❖ ブランドの定義

### (1) 認知システムとしてのブランド

本書ではブランドを，「交換の対象としての商品・企業・組織に関して顧客がもちうる認知システムとその知識」と定義する。知識（knowledge）とは一貫してまとまりのある情報のことである。認知システムという用語は，言語学者のノーム・チョムスキーに依拠している。チョムスキーは1957年の『文法の構造』によって言語学に大きな変革をもたらし，心理学においてもそれまでの古典的学習心理学，行動主義などに対しても認知革命と呼ばれる多大な影響を与えている。チョムスキー（2004）は言語を認知システム（cognitive system）と捉え，次のようにいう。「（言語は）知識や信条，理解，解釈に関するシステムであり，それぞれが機能と構造に関する諸原理を有するがゆえにシステムと見なされるものである」（8頁）。

チョムスキーは言語を学習によってすべて後天的に人が学ぶ体系ではなく，人間に生得的に存在する「心的器官」を想定し，脳の中に遺伝的に継承した仕組みがあると考えた。この仕組みが実際の言語活動に触れることによって発動するのである。チョムスキーの言葉を借りれば，言語は学習するものでなく，「心／脳の中に成長してくる」（18頁）ものである。

このためにわれわれは限られた学習しか経験していなくても，そこから言葉の規則を無限に応用することが可能になる。過去に学んだことのない規則であっても，応用して言語を使えるようになるのはこのためである。たとえば幼児は，与えられた部分的な言語データから帰納的に文法すべてを推論してしまうが，これは大脳に言語中枢があり，幼児には最初から言語知識が備わっているためなのだ（酒井，2002）。われわれは言語を「学習」するのではなく，こうした生得的な能力を通じて言語を「獲得」する存在である。

チョムスキーが「言語獲得装置」と呼ぶ人間の心の生得的構成要素は，人間の経験との相互作用を通じて，ある特定の言語を生み出す。言語獲得装置とは，経験を獲得された知識のシステムへと変換する装置である。消費者が消費生活で得

た知識は，こうした心の装置を通じてブランド知識へと転換されるのである。

　ブランドが認知システムであるといったとき，注意すべきことがいくつかある。ブランドが商品に関する認知システムであるとは，ブランドに関する情報が人間の頭の中で運用されるとき，特定の規則に従うという意味である。後述するように人間の認知システムにはカテゴリー化のような仕組みが存在するが，これは認知システムがもたらした規則性なのだ。

　もう1つ注意すべきことは，ブランドが言語の統語規則に従うというよりは，言語の意味の規則に従う点である。大脳のモジュール仮説によれば統語論，意味論，音韻論は別のモジュールに属するとされる（酒井，2002）。モジュールとは，独立して働き，同時にお互いに補い合って働く脳の単位のことである。つまり，言語の意味は統語論とは別のモジュールであり，独立しながらも他のモジュールと連携して働いていることになる。さらに詳細にみていけば，大脳の言語中枢は，文法・文章理解・音韻・単語の4つの部分から構成されていることがわかる（酒井，2009）。意味を汲み取る能力は文章理解の部分によって担われている。こうした生得的な意味の形成作用は「概念の不変文法」（Jackendoff, 1993）と呼ばれている。

(2)　意味の認知システムとの関わりで重要となる概念

　ブランドが商品や企業に関する認知システムといった場合，ブランドは認知言語学で考えられている規則性に従うことになる。認知言語学の示すところに従って，以下ブランドと意味の認知システムの関わりで重要な概念を挙げる。それは①カテゴリー，②メタファー，③イメージ・スキーマの3つである。

①カテゴリー

　人間はカテゴリー化という能力をもって，混沌とした世界を区別し，そこに何らかの意味を見出すことによって生存している（深田・仲本，2008）。ブランドもこのカテゴリー化作用の1つであり，単なるモノとしての商品，あるいは，種々のサービスからブランド化された商品やサービスを見出していく（髙橋，2011；新倉，2005）。世界にある事物は，それぞれどこかが似ていて，類似性という概念には明確な規定は存在しない。家族はどこかお互いに似通っているけれども，どこからどこまでが家族の特徴かをいうことは難しい。20世紀の哲学者ウィトゲンシュタインはこうした事態を「家族的類似性」（family resemblance）と呼んだ（ヴィトゲンシュタイン，2013）。カテゴリー化にはこうした類似性を見出す働きが存在する。

　もう1つ，カテゴリー化作用には類似性と並んで，「典型性」という働きがある。そのカテゴリーを代表するメンバーをプロトタイプ（prototype）と呼ぶ。これは意味の認知システムの1つの特徴であるが，ブランドはこうしたプロトタイプを形成するために機能している。たとえば，ハンバーガー・ショップ同士はどこか似

通っているけれども，マクドナルドというブランドは典型的なハンバーガー・ショップとして，プロトタイプをなしている。プロトタイプになりやすいカテゴリー・メンバーの特徴として，(a) 実際に知覚しやすい事物，(b) はじめにカテゴリーの手がかりとして与えられた事物，(c) 日常的によく経験する事物，が挙げられる（深田・仲本，2008）。

　そしてこうした典型性はカテゴリー化のもう 1 つの働きである「階層性」と関係している。あるカテゴリーは，より典型的な事物とそうでない事物とに分けられる。コーヒーショップの例でいえば，スターバックスは典型的なメンバーの 1 つとしてみられているが，プロントはフードに力を入れるカフェ店舗として，スターバックスほど典型的なコーヒーショップとはみなされていないであろう。また，カテゴリーの階層性の知覚は非メンバーにも及ぶ。つまり，似ていない度合いに応じた非メンバー度が知覚されていることになる。マクドナルドとディスカウント・ショップのドン・キホーテはいずれも，コーヒーショップ・カテゴリーには通常含まれないが，ドン・キホーテはマクドナルドより非メンバー度が高いと判断されるであろう。

　なお，プロトタイプと似た概念として，エグゼンプラー（exemplar）がある。あるブランドがその商品カテゴリーの中で典型的と考えられる共通した商品属性のことをエグゼンプラーと呼ぶ。一方，プロトタイプとは，カテゴリー商品の属性を集約したもっとも典型的なメンバーのことである（田中，2008 参照）。たとえば，「レゴ」というブランドはブロック玩具としてプロトタイプになっていると考えられ，この分野で強力なブランド力を築いている。

　プロトタイプであることは，次のようなアドバンテージがある（プロトタイプ効果）（Rosch, 1978; 大堀，2002）。(a) そのメンバーがカテゴリーのメンバーかどうかの命題（例：スターバックスはコーヒーショップである）への反応時間が速い，(b) そのカテゴリーの中心メンバーほどそのカテゴリーへの帰属が早く習得される，(c) そのカテゴリーで想起される順番が他のメンバーより早くなる（例：醬油におけるキッコーマン），(d) 判断や推論の基準となるのが中心メンバーに限られる。たとえば，マクドナルドはサブウェイよりファストフード・カテゴリーでの典型性が高い。このため，「マクドナルドのサンドウィッチ版がサブウェイである」とはいえるが，「サブウェイのハンバーガー版がマクドナルドである」は不自然である。

　さらに，もう 1 つ，カテゴリー化の重要な特性とは，「創造性」にある（新倉，2005）。Barsalou（1985）によれば，カテゴリーの階層構造形成に影響するのは，(a) 中心的傾向性（central tendency），(b) 理想形（ideals），(c) 例示の頻度（frequency of instantiation）の 3 つの要素である。これらの要素のどれがカテゴリー化に影響

するかはコンテキストによって決まる。たとえば，「カフェでカフェラテを飲む」という文章のコンテキストではスターバックスが典型的な店舗ブランドとみなされるが，「カフェで喫煙する」というコンテキストでは喫煙室のあるドトールコーヒーショップが典型的な店舗ブランドへと変化する。ブランドにおいても，ブランドが決めるカテゴリー化は絶対的なものではなく，顧客が置かれたコンテキストによって目的派生的カテゴリー（goal-derived category）として機能していると考えられる。

　たとえば，「くつろぎたいカフェ」というカテゴリーでは，スターバックスが典型的であるとしても，「仕事に集中できるカフェ」の典型的な店としてはルノワールや上島珈琲店が選ばれることがありうる。マーケティング活動においてポジショニング戦略が有効なのはこのためである。同じ業種のカテゴリーの階層の中にいることは絶対的な区別ではない。同じカフェでもスターバックスに対してコメダ珈琲店が別のポジショニングを取り，市場で独自の優位性を築いているのも，こうしたカテゴリー化のコンテキストに依存した性質のためであると考えられる。本書第7章で述べる「ブランド・テリトリー」概念は，こうしたカテゴリー化の創造性を活かした考え方である。

　②メタファー

　ブランドが認知システムの働きに従うというとき，重要な2番目の働きがメタファーである。メタファー（metaphor；隠喩）とは，「人生は旅である」という表現のように，抽象的カテゴリー（人生）を理解しようとするときに用いられる，具体的な概念（旅）との間に成り立つ対応関係のことである（大堀，2002）。

　こうしたメタファーは，マーケティングにおいては広告やブランドのタグライン（スローガン）でよく用いられる。たとえば，「お口の恋人」（ロッテ）はチューインガムやチョコレートの味わいの感覚（抽象的カテゴリー）を恋人との関係（具体的概念）において表現していると考えられる。「歯周病菌とたたかう」（サンスターG・U・M）は歯周病菌を減らし，歯周病を予防する（抽象的カテゴリー）ことを戦い（具体的概念）にたとえて表現している。とくに，イメージ・メタファー（image metaphor）と呼ばれるものは，創造的なメタファーのことであり，感覚的な経験を喚起するために役立つ。Just Do It.（Nike），「一瞬も　一生も　美しく」（資生堂）などはブランドとある種の感覚とを結びつけるためのイメージ・メタファーとして考えられる。

　ブランドは日常生活の中でそれ自体がメタファーとして社会的関係を反映し，コンテキストに対応して意味を喚起している。ブレット・イーストン・エリスによる1991年の小説『アメリカン・サイコ』（邦訳1992年）では，ニューヨーク・

マンハッタンで暮らす主人公パトリックの友人，26歳の青年ティモシー・プライスは，次のように描写されている。

「彼は高級品らしいウォークマンを首からはずす。(……) ぶつくさ喋りどおしのまま，Ｄ・Ｆ・サンダースで買った新しいトゥーミの子牛革アタッシェケースを開ける。パナソニックのコードレス財布サイズ携帯折りたたみ式イーザフォン（以前はNEC9000ポータを持ち歩いていた）の隣に，はずしたウォークマンを寝かせ，きょうの新聞を取り出す」(10頁)。

「そういうプライスは，六つボタンでウールとシルクのスーツを着ている。これはエルメネギルド・ゼニアの製品。コットンのシャツにはアイク・ベハールのフレンチカフス。ラルフローレンの絹ネクタイに，フラテリ・ロゼッティのウイングチップ革靴」(10～11頁)（ゴシック体は引用者による）。

この小説に頻出するブランド名の数々は，主人公たちが耽溺する1980～90年代のアメリカの都市における消費生活を反映して，それぞれのブランドがもつ社会的意味をメタファーとして表出している。たとえば，ウォークマンならカッコいい最先端のオーディオ・ビジュアルのアイテムとして，それを所有する主人公のライフスタイルを表す表現となっている。

③イメージ・スキーマ

イメージ・スキーマとは，メタファーによって表現される抽象的な意味の構造のことである（大堀，2002）。「人生は旅である」の例を再び用いるならば，人生という概念が，旅という言葉が表す線的な，また経路を移動するというイメージの枠組み＝抽象的な構造を用いて表現されていると考えられる。ブランドでいえば，It's a Sony. という以前用いられていたブランドのスローガンは，商品にはソニー・ブランドとそれ以外のブランドがあり，ソニー・ブランドの商品には何か自分にとって良い特性がある，という意味のスキーマが含まれている。

ここまでで，認知言語学の知見を参照しながら，ブランドがどのような生得的な認知システムに基づいて機能しているかをみてきた。まとめてみると，ブランドを用いることでわれわれの認識に次のような結果がもたらされるということがわかる。

(1) 商品をブランドというカテゴリーを用いて分類する。
(2) 典型的なブランドを選択し，ブランド同士を階層に分ける。
(3) コンテキストによってブランドの典型性は変化する。
(4) 商品が生活の中で働く役割をメタファー化させて知覚させる。
(5) ブランドの働きを認識構造の中で把握させる。

つまり，ブランドが商品や企業についての認知システムであるというとき，ブランドは，カテゴリー化，メタファー，イメージ・スキーマなどの認知システムの働きに従っているのである。

## ◈ 商標としてのブランド

　ここまでで述べてきた，認知システムとしてのブランドとは，ブランドという概念の1つの次元であり，ブランド戦略を考えるうえで中心的かつ有用な考え方である。しかし企業にとって，ブランドには別の次元が存在している。ブランドは知的財産としての商標という2番目の次元と，社会に共有化された意味としてのブランドという3番目の次元がある。

　企業が保有している知的財産の1つが商標である。企業は商標を権利として捉え，商標を登録して，他社の権利侵害から自らを護ろうとする。商標とブランドとは同じようなものとみえながらも，異なった次元に属している。「レゴ」は消費者の認知世界にいながら，同時にレゴ社の知的財産としての保有物でもある。

　商標の世界では「ブランド」という言葉はほとんど用いられていない。しかし，「ザ コカ・コーラ カンパニー」に対しコカ・コーラのコンツアー・ボトルに立体商標権があることを認めた判決文には，以下のような件がある。

　　「本願商標の特徴的形状を備えた原告商品の容器（瓶）は，特徴的な輪郭（contour）が女性の体のように見えることから『コンツアー・ボトル』と呼びならわされ（中略）ブランドの構築にとって重要な役割を果たす『ブランド・シンボル』として認識され（甲77），『ブランドのアイデンティティと固く結びついているため，世界中どこでもボトルの形だけで（製品名が書かれていなくても），コカ・コーラであると認識される』（甲79）といわれている。原告商品は，本願商標の特徴的形状 を用いたからこそ，そのブランド構築及びマーケティングに成功し，世界に知られるヒット商品となり得たのである」（平成20年5月29日判決言渡 平成19年（行ケ）第10215号 審決取消請求事件，5頁）。

　この判決文は商標に関する判決文としては例外的に，ブランドという言葉を採用している。意識されていないにもかかわらず，図らずもこうしたテキストにおいて，企業の知的財産としての商標という存在と，消費者の認知システムの中に存在するブランドという存在とが区別されて捉えられているのである。

## ◈ 記号としてのブランド

　さらに，ブランドにはもう1つの次元がある。それは社会的に共有化された「記号」（sign）としての次元である。ここで記号とは，記号論でいうシニフィア

ン＝「意味するもの」（signifier）とシニフィエ＝「意味されるもの」（signified）の両面をもった記号という語用を踏まえている。つまり，ある対象が記号であるということは，そのものの文字どおりの意味（デノテーションと呼ばれることもある）と，社会的に流通している意味（コノテーション）との両方が同時に存在していることである。

　たとえば，メルセデス・ベンツという車ブランドは，文字どおりの意味としては，ドイツ製の数百万円以上するセダンの自動車を意味する。しかし，「あの人はベンツに乗っているよ」という言い方は，ベンツは高価で社会的に成功した人しか乗れないクルマ，ということを意味する場合がある。

　すべてのブランドが社会的記号としての意味をもっているわけではない。しかし多くの著名ブランドは，社会的に共有化されたシニフィエをもっている。たとえば，iPhone というスマートフォンの新製品発売は公共放送である NHK のニュースで報道されることがあるが，これは iPhone が単にアップル社の発売するスマートフォンという以外に，社会的に共有化された意味をもった記号となっているからである。こうした社会的に共有化された意味としてのブランドは，消費者の認知システムというブランドに基礎を置きながらも，区別されるべき存在としてある。そしてこうした社会的次元のブランドは，企業においては広報がその役割を担うことが多い。ステークホルダーに対して，社会的存在としてのブランドをマネジメントする役割である。

　では，なぜこの 3 つの次元，①顧客の認知システムとしてのブランド，②企業の知的財産としてのブランド，③社会的記号としてのブランド，を強調することが重要なのか。2 つの主な理由がある。

　1 つは，この 3 つの次元は，1 つの企業の中で別々に管理されていることが多いからである。すなわち，顧客の認知システムとしてのブランドはマーケティング担当者によって管理されている。また，企業の資産としての商標＝ブランドは知財部門によって管理されている。さらに，社会的な記号としてのブランドは広報部門によって管理されている。このために，ブランドを企業で管理するというとき，この 3 つの異なった部門を貫いて管理する必要性がある。CBO（チーフ・ブランド・オフィサー）あるいはトップ・マネジメントが本来はこうした役割を担わなければならないのである。

　もう 1 つ，この 3 つの次元を区別すべき実際的理由は，これら 3 つの次元が企業の中でコンフリクトを起こすことが珍しくないことにある。かつて，1985 年に，「ザ コカ・コーラ カンパニー」が「ニューコーク」を発売したときのエピソードがある。同社は，新しい味のニューコークを発売するに際して，従来のコカ・

コーラの発売を終了すると発表した。この発表に対してアメリカの消費者は猛然と反対を唱え，同社に抗議した。「企業が勝手にアメリカのシンボルを変えるな」というのがその主張の1つの根拠であった。結果，従来のコカ・コーラが「コカ・コーラ クラシック」の名前で復活することが決まった。この挿話は，企業が権利として保有する知的財産としてのブランドであっても，企業が好き勝手に変更していいわけではなく，社会的記号としてのブランドを尊重しなければならないことを物語っている。これらブランドの3つの次元は併存すると同時に，相互に対立関係を内包しているのである。

## ❖ ブランド価値とは何か

ブランド価値（brand value/brand equity/brand asset）とはどのようなものだろうか。これまでにブランド・エクイティ（＝ブランド価値あるいはブランド資産）という形でさまざまなモデルが提案されてきた。こうした議論はブランド価値をどのように測定するのか，という問題と切り離すことができない。以下，主要な議論を展望してみよう。

Aaker（1991）は，ブランド・エクイティを「ブランドの名前やシンボルと結びついた資産（および負債）の集合」（邦訳，9頁）と定義して，次の5つの「カテゴリー」を示している。①ブランド・ロイヤルティ（より頻繁に購入したり使用する高いロイヤルティの顧客グループがあるかどうか），②ブランド認知（どの程度，再認，再生，トップ・オブ・マインド，支配的ブランド〔カテゴリーで1つしかブランドが想起されない状態〕のスコアがあるか），③知覚品質（どの程度，顧客に知覚された品質が高いか。高いほどROI〔投資収益率〕などの財務指標にポジティブな影響を与える），④ブランド連想（そのブランドからどの程度ポジティブな連想があるかどうか），⑤その他のブランド資産（チャネル関係，特許など）。このうち①から④のカテゴリーがさまざまな価値を生み出すとされる。

Aaker（1996）はこれら4つのブランド・エクイティのカテゴリーから，10の測定尺度を導き出している。

〔ロイヤルティ尺度〕

(1) 価格プレミアム——同等のブランドと比較して余分に顧客が支払っている金額

(2) 顧客満足／ロイヤルティ——使用経験に関する満足・期待・次回購入意向・推奨意向・問題点

〔知覚品質およびリーダーシップ尺度〕

(3) 知覚品質——品質の高低，カテゴリー内の品質順位，品質の首尾一貫性，最高級・標準的・劣る品質

**表 1-1　ケラーのブランド知識の分類**

| | |
|---|---|
| 1 | 知名度（awareness） |
| 2 | 外的・内的属性理解（attributes） |
| 3 | ベネフィット（benefits） |
| 4 | 視覚的イメージ（images） |
| 5 | 思念（認知反応）（thoughts） |
| 6 | 情緒（感情反応）（feelings） |
| 7 | 態度（attitudes） |
| 8 | 経験（experiences） |

⑷　リーダーシップ／人気

〔連想および差別化尺度〕

⑸　知覚価値

⑹　ブランド・パーソナリティ

⑺　組織連想

〔認知尺度〕

⑻　ブランド認知

〔市場動向尺度〕

⑼　市場シェア

⑽　市場価格と流通カバー率

Keller（2003 a）は，「ブランド知識」を表 1-1 の 8 の次元に分類した。

さらに，Feldwick（1996）はブランド価値測定を以下のように分類している。

⑴　価格・需要による測定法――（a）ブランド・シェアとブランドの価格プレミアム（ブランドの相対価格と市場シェアとの関係），（b）価格弾力性（価格の変動によって需要がどの程度変化するか），（c）価格効果と流通効果（配荷率）を除去した後の売上効果。

⑵　実験的測定法――付加ブランド価値＝ブランド名によってノー・ブランド商品に付け加えられた価値（売上量あるいは顧客が支払いたい価格）。

⑶　ブランド・ロイヤルティ行動測定――（a）SOR（share of requirements）または SCR（share of category requirements）＝一定期間にひとりの顧客が購入したそのカテゴリー商品の購入量に占める当該ブランドのシェア），（b）購入パターン（次回購入確率）。

⑷　ブランド・ロイヤルティ態度測定――次回にどのブランドを購入したいか，などの顧客の態度に基づく指標。

本書では，ブランド価値を表 1-2 のように 4×2 のマトリクスに分類して捉える。

第 1 軸では顧客の Think「考える」（認知），Feel「感じる」（感情／感覚），Imagine「想像する」（想像），Do「行動する」（行動）の 4 つの区分を設定する。この軸では，顧客のブランドの認知的反応・感情的反応・想像的反応・行動的反応を表している。ここでいう想像的反応については，次節で述べる。第 2 軸はブランドの顧客と世界との 2 つの関係性を表している。つまり，Brand-Self（ブランドと顧客自身との関係をどのように評価し感じ行動しているか），Brand-World（ブランドと世界あるいは他者との関係をどのように評価し感じ行動しているか）の 2 つの区分である。Brand-Self 関係はブランドへの愛着を考えるうえでの重要な因子となっている（Park et al., 2010）。しかし Brand-World 関係，つまり，そのブランドと世界とがど

表 1-2　ブランド価値の分類

|  | Brand-Self | Brand-World |
|---|---|---|
| Think | (1) ①認知（知名度），②態度，③関係性，④満足，⑤コミットメント | (2) ⑥知覚品質，⑦知覚能力，⑧知覚社会的責任，⑨属性評価，⑩評判，⑪（概念）連想 |
| Feel | (3) ⑫感情，⑬経験 | (4) ⑭（感覚）連想 |
| Imagine | (5) ⑮アタッチメント/絆/感情ロイヤルティ | (6) ⑯パーソナリティ |
| Do | (7) ⑰価格プレミアム/WTP，⑱購買頻度/市場浸透率，⑲購入シェア，⑳反応時間，㉑行動ロイヤルティ | (8) ㉒市場シェア，㉓顧客エンゲージメント，㉔オンライン行動，㉕フィナンシャル市場 |

（注）　これらのブランド価値をどのように測定し，指標とするかは，第Ⅱ部「戦略篇」第 10 章フェーズ 5 で検討する。

のように結びつけられていると知覚されているかも，準拠集団のようにブランドの他者からの評価が重要であることを考えると，ブランドへの愛着を考えるうえで，重要な因子でありうる。

# 1-3　ブランドはどのように機能しているのか

### ❖ ブランドの機能

　ブランドは，企業や組織のマーケティング活動においてどのように機能しているのだろうか。

　ノーベル経済学賞受賞者である J. E. スティグリッツは，ミクロ経済学のテキストにおいて次のように述べている。「経済の基本モデルに従えば，ブランド名は存在してはならない」（スティグリッツ，1995, 34 頁）。ここでいわれている経済の基本モデルとは，たとえば，「個人や企業は財の性質や入手可能性，およびあらゆる財の価格について完全情報を持っている」（スティグリッツとウォルシュ，2006, 61 頁）というような仮定である。もしこうした仮定が正しければ，ブランドというものは必要ない。完全情報をもっている消費者は単にモノを見て，判断するだけでベストな買い物ができるからだ。

　しかし，ふつう顧客は商品について完全な情報をもっていない。とくに「経験財」（買う前に商品の品質が判定できない財）や「信頼財」（購入した後でも品質が判定できない財）において，顧客は事前に情報を入手する機会が制限されており，ブランドはより必要になってくる。たとえば，その商品の耐久性はどうだろうかとか，アフターサービスはどうか，など商品の購入時点で判定できない属性について消費者はブランドを用いて判定する。また，美や高度なテクノロジーのように，や

第 1 章　ブランドをめぐって　　17

はり消費者が判断に困難を覚える属性の場合も同様である。

　このように，消費者が判断に困る商品属性について判断を助けるのがブランドである。こうしたブランドの機能を「情報手がかり」（information cue）としてのブランドと呼んでみよう。つまり，消費者はブランドを情報手がかりとして用い，自分の記憶あるいはオンラインの中にある情報を検索し，あるいは，そこから推定して判断に役立てる。

　もう1つブランドが消費者の購買行動に役立つのは，「ヒューリスティックス」（heuristics）としてのブランドの機能である。複数のブランドの選択を与えられたとき，消費者は素早い判断をするためにブランドを「ショートカット」（一番手近な）手がかりとして用いる。たとえばチョコレートのブランドがいくつも店頭に並んでいるとき，消費者はふつうさほど迷うことなく，自分が買いたいブランドを，そのブランド名に従って選択する。こうしたとき，消費者はブランドを1つの属性の束として認識し，素早い判断を行っているのである。

　この意味では，ブランドは知識のない一般の顧客にも有効である一方，エキスパートや専門家といわれる顧客にも有効である。なぜならば，知識が不足する顧客は，よく知られたブランド名に依存して意思決定すると考えられ，その一方で，知識が豊富な専門家の顧客はブランド名を見ただけでそこから多くの情報を引き出して，自分の購買意思決定に役立てることができるからである。また大人の専門家でなくても，「ポケモン」に詳しい幼児はエキスパートとして，ポケモンの怪獣の名前を聞いただけでその特性を言い当て，上手に遊ぶことができる。BtoB領域でもブランドが有効なのは，このような専門家による深いブランド知識を活用した意思決定スタイルがあるからである。

　さらに，ブランドは「感情喚起」としての役割ももっている。ある種のブランドは強い感情やムード（消費者が感知する環境の雰囲気）を引き起こす。たとえば，自分が好ましく思う高級ファッション・ブランドは，消費者に心地よい感情を引き起こし，また好ましいムードを感知させるであろう。逆に，ある種のブランドはネガティブな感情を引き起こすこともある。ここでは，ブランドが引き起こす感情と感覚（sensation）を含めて感情喚起を考えることにする。

　さらに3番目のブランドの役割として「想像力」（imagination）がある。想像力とは，認知的な情報や，誘発される感情を結び合わせ，それらを一連のまとまりのある意味や物語（ストーリーテリング）に変換する力のことを指している。ブランドは消費者に対する商品のシグナル発信機能をもっているけれども，それは必ずしもブランドだけの役割ではない。たとえば，価格はブランド同様，商品の品質のシグナルでありうる。しかし想像力こそはブランドだけがもちうる機能であ

り，他の商品記号や属性がもちえない機能である。消費者があるブランドに強く惹かれるのは，こうしたブランドの想像力機能によるものである。想像力機能はブランドがもつ認知的情報や感情を統合して，情報としての1つのまとまり＝統合体（totality）を形成する。

　ブランドの想像力が果たすもう1つ重要な役割とは，ブランドの認知と感情との間に生じる矛盾や対立を覆い隠すことである。ブランドの実際の運用に際しては，もともとのブランドのコンセプトに合わないことがいくらでも起こりうる。たとえば，スターバックスがアメリカでスタートしたころ，イタリア的な要素を強調するあまり，店内でオペラ音楽を流したり，メニューをイタリア語で記したりした。これらは後に修正されるが，スターバックスのブランドの世界観が確立すれば，多少さまざまな要素が矛盾してもそれらを覆い隠してくれるのである。

　Allen, Fournier, & Miller（2008）はブランドの「意味生産」の役割を強調している。ブランドには，文化や社会などから与えられ共有化された意味と，個々人によって解釈された個人的な意味との2つがある。たとえば，メルセデス・ベンツという車ブランドは，日本とドイツとでは，置かれた文化によって，それぞれ独自の意味をはらむ。消費者はこうして文化・社会によって規定された意味に従って，ブランドを買い，使用している。また，あるブランドに対し消費者は自分でつくりだした意味を用いることもある。たとえば，亡くなった母親が使っていたブランドについて娘が感じるような意味である。こうした意味生産もブランドの想像力の1つであり，マーケター側から与えられる場合もあれば，顧客が付与する場合もありうる。

　ここまでの議論をまとめてみよう。ブランドは消費者行動において大きく分けて3つの機能をもっている。①「情報手がかり」と「ヒューリスティックス」としての理性的・論理的な働きである認知的機能と，②「感情」「情緒」反応を起こさせる情緒的働きである感情的機能，さらに③「ストーリー性」や「意味」を誘発させる想像的機能である。つまり，ブランドは理性的な消費者の活動を助けることで効率的な消費者意思決定を実現するとともに，喜びや悲しみなどの感情を誘発させ，さらに，それらを統合して一貫性のある物語や意味を発生させる想像力発生装置としても機能していることになる。

　こうした3つのブランド機能は，相互に関係し合い，ときに矛盾して働く。たとえば，腕時計を買うとき，時計としての機能には満足できても，そのブランドのもつ意味，また，その意味が引き起こす感情には満足できないので，その時計を買うことができないという場合である。あるいは，ブランドが提供する顧客経験が，それまでの顧客経験と矛盾するような出来事が起こった場合，顧客は違和

図1-1 認知システムとしてのブランドの3つの成分

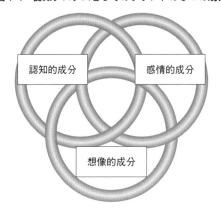

感を感じ，ブランドから離れようとするだろう。こうしたとき，優れた「想像力」をもつ強いブランドは，ブランドの要素同士の矛盾を解決することができる。

　このようにブランドに3つの機能があるということは，ブランドという認知システムには3つの成分が存在するということになる。つまり認知的成分（think），感情的成分（feel），想像的成分（imagine）の3つである。この3つの成分があるからこそ，ブランドは上記の3つの機能を果たすことができる。

　たとえば，あるヘアケア・ブランドのシャンプーを顧客（消費者）が店の棚で見かけたとする。顧客はそのシャンプーの髪への作用についてある判断を下す。これはブランドという認知システムにある認知的成分が発動したものである。同時に，顧客はそのシャンプーを過去に使った経験に伴う感情を想起する。これはブランドの認知システムにおける感情的成分の働きである。さらに，そのシャンプーの広告で描かれていたシーンを想像する。これは想像的成分の作用による。消費者の購買や使用についての判断には，このように3つのブランドに関する成分が働くのである。なお，これらの3つの成分が働いた結果，顧客は購買や使用，あるいはコミュニケーションなどの行動に移る。これをブランドの行動的成分（do）と考えることができるが，認知システムとは区別されるべきものである。

　これら3つの成分（要素）は，「ボロメオの環」（図1-1）のように，どれ1つが欠けても成立しないように，相互に緊密に結びあわされている。

◈ **ブランドの効果と影響力**

　ブランドという存在は，消費者の購買や行動にどのような影響を与えているだろうか。

ブランドとは単なる商品の名前やシンボルであり，どのように良い名前（ネーミング）を商品に付けるかがブランドの課題のすべてと考えられた時代が，1990年代以前は長く続いていた。たとえば，フィリップ・コトラーが著したスタンダードの1つとして考えられているマーケティングの教科書（*Marketing Management*）では，2007年より前のバージョンでは，ブランドについての記述はごく限られたものであり，マーケティングの体系において限定的な地位しか与えられていなかった。しかし，現在の第12版では，2007年からケラーが著者として加わり（コトラー＝ケラー，2008），ブランド戦略に関する記述が大幅に加えられた。ブランドはマーケティング・マネジメントの体系において必要かつ重要な地位を与えられるようになった。それではブランドは，実際にどのような影響をマーケティング活動に与えているのだろうか。

　ブランドについて，もっとも早い時期に考察を行ったのは，Gardner & Levy (1955) で，のちに文化人類学者出身のマーケティング研究者として活躍するシドニー・レヴィが共著者である。彼らは消費者へのモチベーション・リサーチを行い，写真を提示してストーリーテリングを行わせるという質的なインタビューを実施した。その結果として，消費者は購買や使用の表面的な動機のほかに，隠された動機としてブランドに由来する動機をもっているということが示された。「消費者がブランドについてもつ考え，感情，態度は，消費者が自分に向いていると思っているブランドの購入やこだわりにとって重要な要素である」(p. 35) と彼らは報告している。

　その後ブランド論者として先駆的な存在であったのは，イギリスのスティーブン・キング（Stephen King）（1931～2006年）である。長年キングは広告代理業であるJ.ウォルター・トンプソン（J. Walter Thompson）社に勤務し，1970～80年代にイギリスの広告界で広告プランニング，とくにアカウント・プランニングという手法について大きな影響を与えた広告界の思想家であった。エッセイ "What is a brand?" (King, 1972) では，なぜメーカーのブランドを考察する必要があるのか，とくにその理論的考察の必要性を説いている。当時，小売業の力が増し，ディスカウンターの小売業が増大し，販売促進とプライベート・ブランドが増加していると記している。ブランドの必要性が認識されたのは，メーカーと小売業とのパワー・ゲームの対立の中であり，現在でもそのような対立構造の中でブランドの必要性が意識されている状況は続いている。これは重要な指摘であり，いわば製造業者の危機の中でブランドの必要性が認識されたことになる。

　キングによれば，歴史的には19世紀には卸が，1900年代から60年代までは大規模な生産設備と広告の力によって製造業が力をもっていた。しかし1960年

代以降小売業が取引関係において優位に立ち，製造業は彼らのもつ消費者との唯一の関係性であるブランドで戦わざるをえなくなった。1970年代にもそうした状況は続くであろうと予言し，さらにブランドの非機能的価値と機能的価値を統合することで，統一化されたブランド・パーソナリティを形成することの重要性を強調している。

1980年代の医学論文の中で，ブランドとプラセボ（偽薬）効果の関係についての実証研究がある（Branthwaite & Cooper, 1981）。医学の分野で，プラセボ効果，つまり効果のない偽薬であったとしても病気が治癒する効果は昔から認められてきた。このプラセボ効果とブランドの効果とは同じなのだろうか，それとも異なるのだろうか。

この論文では，鎮痛剤を用いた実験で，①ブランドのないプラセボ投与群，②ブランドを付けたプラセボ投与群，③ブランドのない有効成分薬投与群，④ブランドを付けた有効成分薬投与群，の4つのグループで，その頭痛治癒効果を測定した。

この実験の結果によれば，ブランドの効果はプラセボ投与群①②と有効成分薬投与群③④との間には見出されなかった。ブランドの効果は，むしろ有効成分薬投与群の間で現れた。有効成分薬投与群において，ブランド付きの有効成分薬投与群④のほうが，ブランドのない有効成分薬投与群③よりも，頭痛の治癒効果は大きかったのである。すなわち頭痛薬の有効成分自体の効き目は，効果全体の3分の2から4分の3程度であり，一方，ブランドの効果は，4分の1から3分の1程度であった。またプラセボ効果は薬服用して30分後から1時間後に高まったが，ブランドの効果は服用して1時間後に効き目を現した。

この研究の第1の発見は，実際の商品性能自体の効果のほうがブランドの効果よりも強いものの，ブランドの効果というものが確かに存在することである。第2の発見は，プラセボ効果とは独立して，ブランドの効果が存在することである。これは，ブランドの効果には，従来プラセボで見出されたエンドルフィン（モルヒネのように作用する神経伝達物質）分泌によって頭痛が治まるメカニズムとは別のメカニズムがあることを示唆している。

## ❖ 強いブランドの効果

Hoeffler & Keller（2003）は強いブランドのマーケティング上の優位性について，文献を展望している。表1-3はその要点である。

表1-3は強いブランドの優位性を挙げたものであるが，もちろん弱いブランドや新ブランドにまったく優位性がないわけではない。それは以下のような条件に

## 表1-3 強いブランドの優位性

| | |
|---|---|
| (1) 記　憶 | あるブランドを顧客が知っていることで，より精緻な記憶構造が形成され，新しい情報とのリンクが形成されやすくなる。 |
| (2) 考慮集合 | 連想が多いブランドほど，顧客の考慮集合に入りやすくなり，選択されやすくなる。また消費者が検索を行うとき，よく知っているブランドほど，自分のニーズを満たしてくれると考える傾向がある。 |
| (3) 選択的注意 | 消費者は強いブランドについての情報により気づきやすく，強いブランドの広告によってより好意的な連想を形成する傾向がある。強いブランドはまた，消費者の選択的注意を得やすい。 |
| (4) 損失回避 | 損失回避（loss aversion）行動において，顧客が知っているブランドからのスイッチから感じられる損失のほうが，知られていないブランドから得られる利得よりも，顧客には大きく感じられる。たとえば，バーゲンの際，主要ブランドから知らないブランドにスイッチすると，得したというより，損をしたように感じられる。 |
| (5) 知覚品質 | ブランドへの品質の評価の違いは，双子車（品質は同じだが，ブランドが違う2種類の車ブランド）の再販売価格に影響を与え，品質が良いと知覚されたほうのブランドの再販売価格が高くなる。またそのブランドに好意的な感情（feeling）をもっていると，「ハロー効果」によって，そのブランドの広告をポジティブに判定するバイアスが働く。 |
| (6) 曖昧性 | 消費者の意思決定過程で曖昧な情報があるときブランドが効果を発揮する。消費者が曖昧な情報（たとえば，広告）に接したとき，消費者が用いるのはそのブランドに以前からもっていた態度である。以前にブランドに対してポジティブな評価をもっていた場合，消費者がそのブランドにいろいろな場合の経験をよりもっているほど，消費者のそのブランドへの評価はより高いものとなる。そして，消費者はブランド名を，商品特性を信頼するシグナルとして用いる。つまりブランドの評価という側面でも，強いブランドはより強く評価されることになる。 |
| (7) 知　識 | 消費者はその商品カテゴリーに限られた知識しかもっていない場合，ブランド名は，もっともアクセスしやすく判断に役立つ手がかりであるので，ヒューリスティックスとして用いられる。高価格で高品質なイメージがあり店頭で買いやすい場合，購買のための診断情報としてブランド名知名が機能する。 |
| (8) 連　想 | 好意的なブランド連想は，消費者の商品評価，品質知覚，購買率，市場シェアを高める傾向がある。こうした傾向は，評価が困難な経験財ほど高まる。ブランド熟知度（familiarity）は，ブランドに対する信頼度，好意的態度，購入意図を高める。 |
| (9) ブランド拡張 | ブランドへの評価が高いほど，ブランド拡張はより成功し，より多くのカテゴリーに拡張できる。過去に複数のカテゴリーに拡張して，異なったカテゴリー連想をもっているブランドは，より他のカテゴリーに拡張しやすい。またブランド拡張それ自体が親ブランドのブランド・エクイティを高め，ブランド価値を希釈化しない。 |
| (10) 価　格 | リーダー・ブランドは，より大きな価格差を付けることができ，価格上昇に対してより耐性がある（値上がりしても売上が落ちない）。よりそのブランドにロイヤルな世帯ほど，価格感受性が低い。高品質商品の差別化メッセージのようなユニークな広告メッセージは，価格感受性（価格の高低によって購買行動を変化させる程度）を低める。ブランドへの信用度が上がると，価格感受性は低くなる。 |
| (11) 広　告 | より知らないブランドほど広告の繰り返しに消費者は否定的な反応を示す。よく知られたブランドほど，競合ブランドの広告活動に対して耐性がある。ユーモアのある広告表現は，よく知られたブランドほど効果が高い。そのブランドにロイヤルな消費者ほど，そのブランドの広告によって購買を増やす。あるブランドにコミットメントが高い消費者ほど，そのブランドに否定的な情報に対して反論を唱える。 |
| (12) 流　通 | その産業でのトップ企業ほど，より流通業に商品を受け入れられ，より多くの棚スペースを確保する傾向がある。繰り返し購買が高い商品ほど，店頭での商品アベイラビリティ（店頭陳列など購入できる可能性）が重要である。 |

（出所）　Hoeffler & Keller（2003）.

第1章　ブランドをめぐって　　23

おいてである。

(1) 知られていないブランドのほうが，広告によって生じた感情反応に影響されやすい。

(2) 比較広告の場合，知られていないブランドは，リーダー・ブランドと類似していると後で認知されやすくなり，比較広告は遅延効果がある。

(3) 弱い立場のブランドでも，ブランド拡張を行うことで親ブランドの知名度を改善できる。

ただこのように展望してみると，強いブランドはその熟知度，知識，パフォーマンスによって，注意や学習効果，評価，選択，購買後の効果を得，商品・拡張・価格・コミュニケーションなどの面でより高いマーケティング効果を得るということができる。

## ❖ ブランド・エクイティへの批判

ただし，あらゆる研究がブランドにはマーケティング上の効果があることを示しているわけではない。Holbrook（1992）は家庭用電化製品について，ブランド名が価格に影響し，付加価値を生んでいるかどうかを *Consumer Reports* などの客観的データをもとにテストした。まずホームシアター関連の8製品，13ブランドについて，品質差をコントロールしたうえで，価格差を回帰分析した結果では，パナソニックが6%の危険率で有意となった以外は，有意差は検出されなかった。価格差の分散のほとんどが品質によって説明され，ブランド名では説明力がなかったのである。また，別のダイレクト販売のカタログによるデータについて，6つのオーディオ・ビジュアル商品カテゴリーについて同じように分析した結果でも，やはりブランド名による効果はほとんど有意ではなく，商品属性によって販売価格差が説明された結果となった。つまり，JVC，ソニー，フィリップス，パイオニアなどの著名ブランド名による販売価格プレミアムは，家庭用電化製品については見出されなかったのである。

もう1つのブランド・エクイティへの実証的批判は，Ehrenberg（1993）によってなされている。エレンバーグのブランド・エクイティへの批判のポイントは，ブランドへのロイヤルティにおいて強い・弱いという差があったとしても，それはブランド・エクイティではなく，市場シェア（占有率）の違いの反映にすぎない，ということだ。たとえば，イギリスにおいては，ケロッグのコーンフレーク（Corn Flakes）が60%のシェアをもち，シュレッデッド・ホィート（Shredded Wheat）が30%のシェアをもっていた。コーンフレークの購入者が年間平均10回購入していたのに比較して，シュレッデッド・ホィートは平均6回であった。またコーン

フレーク購入者の 12％はそのブランドのみを購入するロイヤルな消費者であったのに比較して，シュレッデッド・ホィートの購入者でそのブランドのみを購入した消費者は 3％にすぎなかった。

　このように，市場においてシェアの低いブランドは，より少ない人々が購入し，購入回数も少なく，さらに，ブランドへの態度も低いという現象がある。これはダブル・ジョパディ（double jeopardy）＝ブランド購買の二重苦と呼ばれる現象で，エレンバーグによれば 50 以上の製品市場（食品，日用雑貨，ガソリン，車，医薬品，テレビ番組，政治家，産業財など）において普遍的に観察されている現象である（第 10 章フェーズ 5 参照）。つまり，こうしたブランドの反復購買あるいはロイヤルティという現象は，ブランド・エクイティではなく，市場シェアによって規定されている，というのがエレンバーグの主張である。いったん市場がブランドによって確定した場合，多くの市場は緩やかにしか変化しない。ブランド・エクイティは幻想にすぎないとエレンバーグはいう。エレンバーグが強調するのはブランドにおける顕出性（salience）である。顕出性とは，「有名だから」や「店頭で目立つ」などの「表層的」な根拠によるブランド間の差異化のことである。多くの競合するブランドはさほど大きな違いをもっていないことが多いのだ。

　これらのエレンバーグらのブランド・エクイティへの批判をどのように考えればよいのか。1 ついえることは，ブランド・エクイティはどの市場，どのブランドにもあるものではないということである。ブランド・エクイティをもったブランドはむしろ少数であり，多くのブランドはエクイティをもっていないことが多いといえる。エレンバーグの主張には，ニワトリが先か卵が先か的な疑問がつきまとうことも確かである。現在，市場においてシェアが高いブランド，すなわちそれはブランド・エクイティをもっているからではないか，という反論も同時に成り立つ。結論的にいえば，市場におけるブランドの階層構造は，ブランド固有の要因（ブランド・エクイティ）と市場固有の構造的要因（ダブル・ジョパディ）の両方から規定されていると理解することが，より正確であろう。

## ❖ ブランドの情報と意味

　ブランドには消費者の思い込み以上の機能があるとすれば，それはどこから生じるのだろうか。ブランドがもつ情報や意味からである。顧客は自分が主体となってブランドを用い，ブランドがもつ情報を引き出し，推測して商品の選択を行う。顧客の商品選択場面において，消費者はあくまでも主体（アクター）であり，企業がブランドに意図的に込めた情報（＝ブランド・イメージやポジショニング）をどのように消費者が活用して意思決定をするかが課題となる。したがって，この場

第 1 章　ブランドをめぐって　　25

合に問題となるのは企業の意図に対するブランドの効果である。

　たとえば，ある風邪薬ブランドが「解熱に早く効く」ことを広告などで訴求しているとき，高熱に悩まされる消費者はそのブランドの効能に着目してそのブランドを選択することがある。これはブランドが意図的にもつ情報を消費者が利用したことになり，マーケティング活動の狙いとする効果がそこで発揮されたことになる。

　興味深い事例を取り上げてみよう。睡眠改善薬として売られている「ドリエル」（エスエス製薬）という一般用医薬品（OTC）ブランドがある。これはもともとジフェンヒドラミン塩酸塩が含まれる抗ヒスタミン製剤であって，鼻水を止めるなどのアレルギー症状に対応した成分であった。この抗ヒスタミン製剤は眠気を喚起する作用をもつが，ドリエルはこの眠気を誘う成分を活用して睡眠改善薬として新たにポジショニングされた。同じ作用をもった薬ではあっても，一方では抗ヒスタミン製剤として売られ，一方では睡眠改善薬として売られているのである。つまり，企業がブランドに込める情報を広告や店頭でマネジメントすることによって，実際のマーケティング活動が行われているのである。

　一方で，消費者はそのブランドがもつ意味に影響されて，ブランド商品のもつ自分への効果を増幅したり弱めたりする。こうしたプロセスでは，購買ではなく使用場面においてブランドの意味は多く発現する。ここでは，消費者はブランドによって影響される受け身の立場である。この場合，ブランドが意図せずにもつ影響力が問題になるのである。

　ブランドのもつ意味をマネジメントして成功した例として，「ロクシタン」が挙げられる。ロクシタンはもともとフランスの南部，プロヴァンス地方のライフスタイルをもったブランドとしてポジショニングされている。その扱う商品はさまざまであり，スキンケア，ヘアケア，雑貨など多数ある。しかしそれらの商品アイテムはすべて，この「プロヴァンス地方のライフスタイル」という意味において結び合わされている。ロクシタンの商品を使った消費者は，そのスキンケア商品自体のもつ効能を，プロヴァンス地方のもつ意味によって，より心地よい形で受容しているのである。

# 第2章

## ブランドと交換

---

## 2-1　交換という視座

### ❖ 問 題 意 識

　本章の目的は，ブランドについてのいくつかの基本的な問題に交換（exchange）という視座から解答を与えることである。いくつかの論考（石井，1999；栗木，2002；水越，2010）を除いて，ブランドの根底的な問題について理論的にアプローチした研究は多くない。

　本章で検討するブランドの問題とは，以下の2つである。①ブランドは交換の過程においてどのように機能し，独自のブランド価値を生じるのか。②現代においてブランドはどのように生成してきたのか。

　これら2つの問いは相互に強く関連している。まず，交換という視点から，ブランドがマーケティングの基本的なメカニズムにおいてどのような働きをなしているのか，またそこでどのようにして価値を生み出しているのか，を考察する。次に，ブランドが現代という時代において，イノベーションを起点としながらどのように生成してきたのか，その過程を考究する。

### ❖ 交換パラダイム

　まず，ブランドはどのように機能し価値を生じるのか，という問題について検討しよう。

　ブランドの基本的な解明課題（explanandum）とは，ブランドになぜ独自の価値が生じるのか，という問題である。ブランドとは単に商品の名前であったり，記号や象徴であったりする存在である。ブランドは企業の競争戦略において，商品機能のように「ハード的」「本質的」な存在ではなく，「ソフト的」であり「表層的」な存在とみなされてきた（恩蔵，2007）。しかし，こうした「表層的」存在にすぎないブランドが，ブランドの付いていない商品よりも買い手に異なった行動

27

や反応を引き起こすのはなぜなのか。この問題は広く研究者や実務家の関心を惹きつけてきた。

　実際，ブランドの影響とは単なる消費者知覚や「イメージ」の問題に止まらない。これまでにも実証的な研究により，ブランドの影響力はさまざまな視野から明らかにされてきた。たとえば，第1章でも引用したように，医薬品のような商品において，ブランド付きのプラセボ（偽薬）はブランドのないプラセボよりも頭痛の治療効果が高いと報告されている（Branthwaite & Cooper, 1981）。また，ブランド・エクイティの上昇は，株価の上昇に影響し，その力はROIの70％に及ぶという報告（Aaker & Jacobson, 1994 : 2001）もある。

　なぜ，「表層的」存在にしかすぎないはずのブランドが，こうした「本質的」影響を消費者行動や企業業績に及ぼすのか。これが本章の基本的な問題意識である。

　ここでは，この問題に交換という観点からアプローチする。交換とは，二者あるいはそれ以上の当事者間で行われる，ある価値をもった有形・無形の対象物を相互に与え，受け取る行動を指す。貨幣による交換は，一方が商品を与え，一方はその商品の対価として貨幣を支払うことである。こうした貨幣による交換は，物々交換や贈与交換などの他の交換形態と異なっている。貨幣交換は，他の交換形態よりも現代においてはより支配的であり，より効率的な交換を実現している[1]。

　マーケティング論がアメリカの大学で講義されるようになった当初から，マーケティング行動の基礎に「交換」（exchange）がある，という見解は繰り返し，研究者によって表明されてきた（Alderson, 1957 : Kotler, 1972 : Bagozzi, 1975 : 荒川, 1983 : Hunt, 1983 : Sheth, Gardner & Garrett, 1988 : 石井, 1993）。Bagozzi（1975）は，マーケティングは，経済的な実用的交換だけでなく，意味の移動である象徴的交換でもあることを主張した。荒川（1983）は商学のもっとも基本的課題に「交換」があるとし，交換取引過程の究明が「商学研究における最も基底的かつ核心的課題」（15頁）と述べている。石井（1993）は「交換の存在こそが製品における価値のアプリオリな内在性を幻視させる」（236頁）と述べ，交換に関わる売り手と買い手との関係の相互依存性が商品の価値の源であることを強調した。

　1990年代になってから，マーケティング論において，交換パラダイムは関係性パラダイムにシフトした，とも論じられてきた（Grönroos, 2000 : 2009）。Grönroos（2009）は，交換パラダイムは，短期的な交換価値の実現を重要視しすぎたために，長期的な顧客価値創造から目をそむけてしまったと批判している。しかし，こうしたマーケティングの原理が移行したというパラダイム・シフト論には疑問がある。

　交換は長い間，マーケティングの基礎的な原理と考えられながらも，交換枠組

みは二者以上の相互作用をもってマーケティングの基礎としようとするもので，「極度に単純」(Sheth, Gardner & Garrett, 1988, p. 208) であるため理解しやすく，現実への高い適用可能性をもっていると評価されていた。こうしてマーケティング研究者たちはマーケティングに交換概念を適用しながらも，交換行為に内在する問題を深く追究してこなかったのである。

また，交換から関係概念へのパラダイム・シフトについてのもう1つの疑問は，交換という概念自体に決定的な問題があったわけでもなければ，「パラダイム・シフト」が生じて関係性が交換に取って代わったというわけでもないことである。Grönroos (2009) は前述のように顧客価値の創造という視点を強調したものの，交換という視点が顧客価値創造を無視しているわけではない。そもそも関係性という概念自体，交換がなければ生じないということを考えてみれば，交換から関係性へパラダイムが移行したという論理は不十分である。交換が基底にあって関係性が生じるのであって，交換がなければ関係性も存在しないことになる。

## 2-2　交換に内在する困難

### ❖　貨幣交換をめぐって

では，交換をマーケティングの基礎として論じなおすとは，どのようなことだろうか。それは交換行為に内在する困難をあらためて認識しなおすことである。

もっともありふれた日常的な行為の1つである貨幣交換を例に考えてみよう。貨幣と商品とを交換することをわれわれは日常において行っている。しかしこうしたありふれた交換であっても，そこには大きな困難が内在している。それは自分が買おうとするものが果たして支払おうとする商品の価値に見合ったものかどうか，という問題である。

たとえば，スターバックスのラテ（ショート）が一杯330円だとして，この価格はどのように正当化されるのだろうか。われわれは「参照価格」などの心理的メカニズムを通じて，慣習的にこうした価格を支払っている（上田，1999；白井，2005）。しかし，この価格が，得られる効用に見合ったものであることをどのように正当化できるのだろうか。

交換につきまとう本質的な困難は，文化人類学などで考察されてきた「沈黙交易」のような行動をみれば理解しやすい（Grierson, 1903）。沈黙交易とは，交易が未発達段階の社会において東西を問わず広く行われてきた取引方法である。2つの社会集団AとBが直接顔を合わせたり言葉を交わすことなく，集団Aが道ばたや海岸に商品を放置し，集団Bが，Aがいなくなった頃合いを見計らってその

商品を持ち去り，同時にBはAの置いた商品価値に見合う商品をその場所に放置する。

　つまり，モノとモノとを交換しようとする二者が相対して取引するよりは，顔を合わせず「沈黙」して交換を行ったほうが戦争や盗難などの危険を避けることができ，よりスムーズに交易できる場合が存在することになる。こうした交易方法の存在は，日常にわれわれがなにげなく行っている二者の交換は潜在的に大きな困難をはらんでいることを示唆している。あるモノと別のモノとの価値が同等であるという保証はどこにもない。こうした場合，贈与によって交換の問題は解決せざるをえない。沈黙交易が初期において成功するのは，貨幣による同等の価値の交換というよりも贈与による交換なのである。

### ◈ 等価性と等価形態
　近代以降こうした交換の困難はいくつかの方法によって解決されてきた。その代表的なものが，貨幣と流通機構という制度である。まず，貨幣について問題になるのは，商品と商品との間の**等価性**である。われわれは，コーヒーと衣料のように，質的に異なる商品同士の効用を，貨幣を用いずに絶対的なモノサシで計ることに困難を覚える。

　貨幣を導入することによって「**等価形態**」(カール・マルクス) が生まれ，商品と商品との間に内在する共通の価値があるかのごとくみえてくるのである。実際，缶コーヒーが自動販売機で120円であり，文房具のノートが120円で売られているとき，缶コーヒーとノートが同じ価値 (効用) をもっているとはわれわれはすぐに判断できない。しかし，同じ価格を付けられることによって同じ価値を有しているように感じられるのだ。

　消費者は価格を，ブランド同様，その商品の価値の手がかり判断として用いることも，これまでの消費者行動論の知見として知られている (Mullen & Johnson, 1990)。レッドブルというエナジードリンクは1缶200円という，他の清涼飲料水より高い価格で売られているが，消費者はその価格付けによってその商品がもたらすより高い効用として解釈する。われわれはふつう商品の価値が価格に反映されると考えているために，価格情報を利用して，商品の価値を判断することがある。つまり，価格付けが逆に商品の価値をもたらすことになり，これは消費者判断における一種の転倒なのだ。

　しかしGerstner (1985) は，耐久財と非耐久財の両方において，実際の価格と客観的品質との間には弱い正の相関関係しかなく，また多くの商品にとって高価格は貧弱な品質のシグナルでしかないことを報告している。価格は実際には客観

的品質の正確なシグナルにはなりえていないのである。

　商人や小売業のような流通機構もまた，交換の困難を解決する仕組みとして生じた。売り手にとって買い手を見つけるのは至難であるし，買い手にとっても自分にベストな商品がどこにあるかを見つけることはさらに難しい。上原（2013）は，経済が量的な需給マッチングを実現しようとしているのに対して，マーケティング活動とは「質的需給マッチング」を実現させようとする活動であると論じている。流通機構は，売りたい価格と買いたい価格とをマッチングさせるだけでなく，消費者が買いたいクォリティの商品を提供することによって質的な交換の困難を解決するために役立っているのである。ブランドが解決しようとしているのも，こうした質的な交換の困難という課題である。

　なお，貨幣と流通とブランドは，同じ交換の困難を解決する手段であるがゆえに，相互に類似した役割を担うことがある。村上（2009）は1990年代に旧ソ連で紙巻きタバコのマルボロ赤箱が通貨の役割を果たしているのを目撃したことを報告している。Radford（1945）は第2次世界大戦時のドイツにおける戦争囚人（POW: Prisoner of War）収容所において，最初，物々交換が囚人の間で行われていたのが，次第に機械による紙巻きタバコが通貨となり，最終的には収容所内で発行された紙の通貨が流通するようになったプロセスを報告している。収容所において最初は個人間での取引であったものが，次第に収容所内の囚人同士の流通機構の生成へと変化してきている。このような極限状況において，ブランドと貨幣と流通とが交換の問題を解決する同じ役割を担うという歴史的に起きてきた現象が，短期間に反復されているのである。これは，ブランドと通貨と流通とが交換行為の根底で相似した役割を担っていることを示唆している。

## 2-3　ブランドによる交換課題の解決

### ❖　交換の困難

　ここまでみてきたようにブランドは，貨幣や流通機構と並んで，交換行為の困難を解決する手段として生じている。ここでの交換の困難とは大きくいって2つある。

　第1の困難は売り手側にある。売り手が独占的に販売したいにもかかわらず，競合する相手が出現し，これを売り手が排除したいと思ったとき，売り手が直面する困難である。こうしたとき，売り手の商品にブランドを冠することで，競合と区別し，ある程度独占的な販売を可能にする事態が出現した。こうした競合を排除するためのブランドの機能は，古代から中世という歴史的にみて早い時期に

生じている（田中，2014）。

　ブランドが解決する第2の交換の困難は買い手側の問題である。それは買い手が商品の価値を正しく判断できないという問題だ。消費者行動論でも明らかにされたように，消費者は商品の価格やブランド名やブランド属性情報を必ずしも正確に記憶していない（Bagozzi, Gurhan-Canli, & Priester, 2002）。また，消費者にとって自分が商品から感じた効用（満足）を正確に価格で表現することも困難である。そして，消費者が交換対象物の価値を正しく判断することはさらに困難を極める。

　"Pay What You Want"（PWYW）という参加型プライシングについての研究（Kim, Natter, & Spann, 2009）は，こうした消費者判断の困難について有用な示唆を含んでいる。PWYWとは，買い手が価格付けの自由をもち，売り手はまったくその価格付けに関与しないという価格付けの仕組みである。買い手はゼロ円から上限なしに自由に価格付けができる。

　ロック・バンドのレディオヘッドが2007年にあるアルバムを聴き手に自由に価格付けを任せてダウンロードをさせたところ，それまでの彼らのアルバムすべての売上から得られた利益よりも多くの利益が得られた。また，日本でも愛知県新城市の旅館「はづ別館」が，宿泊可能日に限定はあるものの，長年このPWYW方式を採用し，チェックアウト時に宿泊客自らが支払いたい金額を決めて，宿泊料金を支払うシステムをとっている（奥瀬，2012）。

　このPWYWについてKim, Natter, & Spann（2009）がフィールド実験を行ったところ，公平性・相互性，満足度，価格意識，収入などの要因によって支払額は影響され，支払額平均はゼロよりもはるかに大きかった。またデリカテッセン店における実験では，通常の店の取引よりも大きな平均支払額を記録している。この結果は，買い手である消費者は商品価格の支払いに際して，商品から得られる効用（満足）だけで支払額を決定しているわけではないことを示している。

　なお，消費者のような「素人」だけでなく，専門家であっても「正しい」商品の価値判断が必ずしもできるわけではない。Fritz et al.（2012）の報告によれば，バイオリンの専門家21人にストラディバリウスとガルネリ（両方ともバイオリンの名器とされてきた）と，新しい高級バイオリンとを比較し，二重盲検法を用いてバイオリンの種類がわからないように聞かせ，評価させたところ，その結果は次のようなものであった。①もっとも好かれた楽器は新しいバイオリンであった。②もっとも好かれなかった楽器はストラディバリウスであった。③楽器の年代や金額価値と，知覚された価値との間には相関はみられなかった。つまり，名器とされ高価な価格付けがなされているストラディバリウスの商品価値を，専門家も正しく評価することができなかったことになる。

32　　第I部　理論篇

石井（2012）は，商品そのものに価値が内在しているわけではなく，商品の価値は「言語ゲーム」によって決まってくると述べている。「ある対象に対して，われわれが一致してそれを『堅い』と呼ぶかぎりにおいて，『堅い』ということの意味が了解され，その対象自体も『堅い』ということになる」（59頁）。石井に従えば，商品の価値と認識することは，われわれが相互に分かち合っている言語のルールそのものに内在している。石井の指摘は，商品の「価値」なるものが単純に商品に内在しているという考え方を否定している点で重要である。

## ❖ 価値判断の困難

それでは，一見すると商品内部から出てくるようにみえる商品価値なるものはどのように決まるのか。また，なぜ買い手は商品の価値を正確に判断できないのか。その原因は３つに分けて考えることができる。

第１に，商品の価値というものが，交換価値と使用価値という「二重の視点」に分化していることだ（Marx, 1859）。マルクスは次のようにいう。「商品であるということは，使用価値にとってはどうでもよい規定」であり，「使用価値は，一定の経済的関係である交換価値が，それでみずからを表示する素材的土台」（Marx, 1859, 邦訳22～23頁）である。つまり，生活に役立つということだけでは商品は商品ではなく，「これはあなたのお役に立ちますよ」と交換価値として提示されて初めて，使用価値が規定され，モノが商品に転化することを意味している。

人間にとって，水のように，生存に必要な使用価値の大きな商品であっても，交換価値としては低い場合がある。泉から湧いている水は，使用価値はあっても，そのままでは交換価値は低い。しかしボトルに詰められミネラル・ウォーターという形で販売されれば交換価値は高まる。また，研磨されたダイヤモンドは，交換価値は高いが，使用価値は低い。光り輝くダイヤモンドは「永遠の愛」を象徴するものとして，デビアス（De Beers）社によって1970年代にかけて「ダイヤモンドは永遠の輝き」との広告スローガンでプロモーションが行われ，ダイヤモンドの価格は高まった（Epstein, 1982）。このように，交換価値を形成するのはマーケティング活動であり，ブランドはこうした交換価値を表示することによって，使用価値とは異なる価値を伝達することができる。

第２の商品価値判断の困難とは，行動経済学などで示されたように，人間の価値に対する判断に一定のバイアスが存在することにある。たとえば，プロスペクト理論（Kahneman & Tversky, 1979）で示されたように，人間は同じ価値であっても，得するよりも損することに対してより敏感に反応する。また公平性，愛他主義，忠実性（ロイヤルティ）なども同様に，価値判断にバイアスを与える（Kim, Natter, &

Spann, 2009)。ブランドは「このブランド商品を買うことはリスクが少ない」とい
う商品価値判断の基準を導入することによって，こうしたバイアスを克服しよう
とする。

　世界最大規模の投資持株会社として知られるバークシャー・ハサウェイ社の
CEO であるウォーレン・バフェット氏は，投資する企業の基準の 1 つとしてブ
ランドを挙げ (A Billionaire's Brand Strategy, 2008)，マース社のリグレー社買収に投資
参加する理由について次のように述べている。「(それらのブランド企業は) 何十年
も時間のテストに耐えてきた企業だ。人々はこれらの企業の商品をこれからも毎
日さらに使おうとするだろう」。つまりプロスペクト理論でいう損を恐れる消費
者の心理に対して，リスクを減じる働きをブランドは果たしていることになる。

　ただし，上記の第 1 と第 2 の交換の困難の原因，つまり買い手が商品の価値を
正しく判断できない事態を，ブランドがすべて解決するわけではない。商品の知
覚価値を判定する主要な手がかりとしてブランド以外に価格・店名・産地国・外
見などが知られている (Steenkamp, 1989)。こうした手がかりは，消費者が価値を
判定するために一定の役割を果たしている。ブランドがより重要な役割を果たす
のは，次の第 3 の困難に対してである。

　交換に内在する，価値判断困難の原因の 3 番目は，交換の過程そのものが「不
透明性」を帯びていることである。つまり，買い手は商品の価値を購買前に正し
く判断することができないことだ。これは今日売られている多くの商品やサービ
ス財に対してあてはまる。たとえば，コンビニエンス・ストアの店頭に並んでい
る飲料はパッケージで包装されているため，購入以前に味を試すことはできない。
しかし逆に，生鮮食料品の場合は，一定程度ではあれ，その商品が新鮮であるか，
悪い品質ではないかを消費者は購入以前に見分けることができる。こうした事態
は 19 世紀末の包装革命 (Pomeranz & Topik, 2006) において生じた (第 4 章「ブランド
史の構造」参照)。

　こうした区別をよく表しているのが Nelson (1970) による探索財 (search goods)，
経験財 (experience goods)，信頼財 (credence goods) の区別である。探索財とは，消
費者が買う以前にその商品の品質を判定できる財である。経験財とは，その商品
が購入され使用されて後に，初めて消費者がその品質をわかる財であり，信頼財
とは，消費者が購入し使用した後でも品質を判定できないような財のことである。
ブランドが効果を発揮するのは，探索財よりも経験財であり，さらに信頼財にお
いてはブランドの重要性がとくに高まる。こうした区分は商品カテゴリーにおい
てだけでなく，1 つの商品の異なった属性の水準にもあてはまる。たとえば，ト
マトの色は探索財であるが，味は経験財であり，含有成分は信頼財である (Caswell

& Padberg, 1992）。

　20世紀に入ってサービス財のブランドが増加したことは，経験財あるいは信頼財の増加を意味している。サービス財はその性質上，有形財とは異なり，事前に商品の質を確認することができない。サービスがより高度になり専門化するほど，顧客にとってその財の価値を判定することは購入後でも困難である。たとえば，ビジネス・コンサルティングの世界では「マッキンゼー」や「ボストン コンサルティング グループ」などのブランドが重要な役割を果たす。顧客には，コンサルタントの提案内容が正しいかどうかについて，たとえ提案を実施した後ですら，真の意味ではその提案内容の善し悪しを判断できないからである。

　ここまでの考察でわかることとは，ブランドは交換行為における価値判断の困難を解決する手段として，貨幣や流通と同じように歴史的に生じた現象であったことだ。ブランドは購入する商品の品質を判定し，表示するために登場して，結果としてブランドは中身を反映し表示する記号と知覚され機能するようになった。この意味でブランドは商品の品質を反映した存在であると受け止められたことになる。しかし第3章第2節「起源の忘却」で後述するように，ブランドは単なる商品の内在的価値の反映ではない。

## 2-4　差異からの価値創出

### ◈ 6つの差異の体系

　ここまで，ブランドが交換の困難を解決する手段として機能してきたことを示してきた。それでは，ブランドは交換の問題を解決するだけでなく，どのようにしてブランド自体の価値は生じたのだろうか。それは，異なった価値体系の間で商品が交換されることによってである。経済学者の岩井（1997）は次のように述べている。「なんらかの奇跡によってこの交換が成立すると，事後的に価値体系のあいだの差異から利潤が発生することになる」（182頁）。つまり価値が生じるのは，ある価値体系と別の価値体系との間に「差異」があるからである。AブランドはBブランドよりも便利であるとか，美しいとかの価値判断はそれ自体，ブランドとブランドの差異を表現しているが，こうした差異の根源はいくつかに分類できることになる。

　それでは，ブランド価値を生じる差異の体系についてより詳細に考察してみよう。交換は差異のある価値体系をもつ主体の間で発生する。さまざまなブランド価値から帰納的に価値の在処を探ってみると，その差異とは，①空間，②時間，③制度，④社会，⑤自然，⑥競争の6つの差異から生じる。

①空間的差異とは，空間的に異なる価値体系から得られるブランドの差異のことである。日本の平安時代にも海外からもたらされた希少な品である「ブランド」があったように（田中，2014），異なった地域から輸入された商品に高い価値が付くことは古代から生じていた。こうした価値は「空間的」差異によって生じた価値と考えられる[2]。フランスで生産された高級ハンドバッグが日本で高い価値をもつことがあるのは，フランス産という価値やハンドバッグ・ブランドにまつわるさまざまな情報的価値によるものである。17〜18世紀の三角貿易がイギリスに多くの富をもたらしたように，歴史的に遠方との交易は特定の国家や地域を繁栄させてきた。

メイド・イン・○○のような原産地表示を活用したブランドは，空間的差異を価値としてできたブランドである。たとえば，「ロクシタン」は南仏のプロヴァンスを想起させるビジュアルやメッセージを用いており，「ロレアル パリ」はパリという都市ブランドを意図的に用いたブランドである。都市名以外にも，「ヨーロピアン」テイスト，「アメリカン」カジュアルというように，消費者が容易に想像可能な表現でブランド価値を高める方法が考えられる。

②時間的差異，つまり「時間」をもとにして発生したブランド価値がある。技術的なイノベーションをベースにしたブランドが価値をもつのは，このためである。ある企業はほかの企業に先駆けて，新しい価値をイノベーションによって創造する。これはいわば未来から来た価値であり，時間的差異をもとに生じたブランド価値ということができる。

また技術的な差異だけでなく，マーケティング的な発想に基づくイノベーションによる差異化をここに含めてもよい。1979年発売のソニーのウォークマンは，技術的には革新性はほとんどなかったが，カセットテープの音楽を戸外で聴けるようにしたというマーケティング発想に基づく革新であり，他社に発想のうえで先駆けたという意味で時間的な差異化と考えることができる。アップル社がスティーブ・ジョブスの時代に行ったMac，iPod，iPhoneなどの商品の革新もまた，既存の技術の組み合わせによるイノベーションであり，時代を先取りする発想に基づいていた。現代においてはこうした時間の差異をベースとした価値創造がいっそう重要になっている。イノベーションによる新しい価値を付加することにより「未来感」をブランドに付与することができるからである。IBMは自社の人工知能である"Watson"や「コグニティブ・コンピューティング」をスローガンとして用いていることで，ブランド価値を高めようとしている。

③制度的差異，つまり「制度」的基礎をブランド価値の差異としたブランドとは，歴史的に国家や政府との関わり合いにより，ある種の法的規制によって，つくり

出されてきた企業や組織を基礎としたブランドを指す。日本電信電話公社や日本専売公社，日本国有鉄道はそれぞれ，現在の NTT や JT，JR となり，大規模な企業ブランドとなっているのはこの例である。

　また，三菱や住友のようにもともと民間の財閥であった企業グループは，制度的に幕府や政府との関係において財をなしてきた歴史をもっている。つまり，これらの事業体は国家の制度と関わり合いながら，今日まで大規模な企業グループ・ブランドとしてその価値を維持してきたのである。こうした制度的な差異を応用して，ブランド価値の差異とする戦略の例として，イギリスでは現在も用いられている Royal Warrant（英国王室御用達）のような表示が挙げられる。同様に，JIS マークや特定保健用食品（特保）といった政府による承認もこうした制度的差異の事例である。

　④社会的差異とは，主に階級や階層の差異として表現されるブランド価値のことである。歴史的に，いくつかのブランドは，従来の階級社会が変化することによって登場している。たとえば，18 世紀イギリスのジョサイア・ウェッジウッド（1730～95 年）は，貴族階級によって使われていた高級な陶器を，中産階級に普及させることで，陶器ブランドを確立した（Koehn, 2001）。中産階級の人たちは，自分たちのライフスタイルを上流の階級に求めたのであり，こうしたほかの階級・階層の消費行動を取り入れる行為は準拠集団の概念として知られている。ハーゲンダッツは 1960 年代当初はニューヨークの高級食品店でしか買えず，ハリウッドのセレブが自家用飛行機で買いに来るといった話がクチコミで広がり，ブランドの評判を高めることができた。これは社会的差異を用いたブランド戦略の一例である。

　⑤自然的差異から生じるブランド価値とは，人間界と「異界」，つまり宗教的または現世超越的な考えをベースとして，世俗的な世界と想像世界との差異から生まれるような価値のことである。無文字社会でまだ歴史が形成されていなかった先史時代にも，「ブランド」的知覚は存在していた（田中，2014）。人類の心の発達の過程で認知的流動性（Mithen, 1996）が高まった結果，石器のような先史ブランドでは「呪力」というような形でブランド価値が表現されてきた。異なった価値世界とはこの場合，異界や神の世界である。そこからもたらされた「神秘的」な力がブランドに反映しているのである。

　現代ブランドでも，「グリーンジャイアント」という缶詰野菜ブランドには「ジョリーグリーンジャイアント」という緑色の巨人が登場する。また「クロムハーツ」というアクセサリー・ブランドでは，クロスやドクロなどの現世超越的なシンボルがデザインされている例をみることができる。

第 2 章　ブランドと交換　　37

自然的差異と関連して消費者の「神聖な消費」行動（田中，2015）がある。消費者は国旗や優勝旗，金メダルのような商品を神聖な対象としてみなすことがある。こうした超越的な価値をブランドに応用することが可能である。「巡礼」も神聖な消費行動の一種であるが，アニメや映画を観た観客が「巡礼」に訪れることを狙って，観光の振興を図るのはこうした自然的差異を活用した地域ブランド構築の例である。

⑥競争的差異とは，同じ市場において競っているブランド同士が，異なるブランドであるがゆえに異なるという差異を指している。競争的差異においては，ブランド名以外の商品機能やデザインなどの情緒的要素はほぼ同じであってもよい。単に売り場で売られている位置や数量が異なる，あるいは広告の露出量が異なる，という差異によってブランドの差異を生み出すのが競争的差異である。古代メソポタミアのような文明の初期には，ブランドは印章や刻印の違いであった。現代においても，コカ・コーラやペプシコーラがそうであるように，ブランド名以外の差異がほとんどない商品カテゴリーであっても差異的価値があるようにみえるのは，こうした競争的差異があるためである。

実証的研究によれば，差異化されていない消費財ブランド同士の市場シェアの差異は，購入者の数と購入頻度が異なっていることから来ており，ブランドの成長は，ブランドの物理的入手可能性と心理的入手可能性に依存している（Sharp & the researchers of the Ehrenberg-Bass Institute, 2010）。この意味で，競争的差異とは顕出性（salience）のことなのである。他社と大きな差異のない単なるカジュアル・ウェアであっても，イギリスの SuperDry ブランドのように「極度乾燥（しなさい）」という意味不明の日本語を表示することで，ブランド価値を差異化している例がみられる。

このように，ブランドは交換に伴う問題の解決を行いながら，同時に，価値体系同士の差異から価値を生み出しているのである。

---

注 ———

1) 物々交換とは，貨幣を介せずに異なった商品同士を直接与え，また受け取ることであるけれども，「沈黙交易」にみられるように，その実現には大いなる困難を伴う。贈与交換であれば，それは一方がある価値のモノを無償で，あるいは，何らかの返礼として与え，もう一方はそれを受け取ることで，心理的債務を負うことになる。物々交換や贈与交換によって物資を入手することは不可能ではないにせよ，広範囲に普遍的な形で物資を入手するためには貨幣交換が必要である。

2) 空間的差異，後述の時間的差異については，柄谷（2001，360 頁）を参照した。

# 第3章

## イノベーションとブランド

### 3-1 起源としてのイノベーション

❖ **包装革命とブランド**

　本章で検討するのは，現代においてブランドはどのように生成してきたのか，という問題である。現代的ブランド，つまり，今日われわれがパッケージ消費財で見るような，ブランド名，シンボル，パッケージ・デザイン，広告や販売促進（販促）のイメージなどの要素がそろったブランドが生じたのは19世紀末以降である（田中，2014）。

　現代的ブランドが生じた大きな要因はイノベーションにある（田中，2002）。前章で，ブランドは異なった価値体系の差異から価値を生み出すと述べた。イノベーションこそは，技術的により進化し，時間を先取りした企業体から生まれてくる差異の典型例なのである。

　イノベーションとは，新しい技術とそれらの組み合わせによって，それまでの商品のあり方に変革が起こり，顧客にとって生活や仕事の新しいパターンが生じ，生活や仕事上の優先順位が変化した事態を指す[1]。たとえば，パソコンのOSが改良されただけではイノベーションとはいえない。一方，スマートフォンの登場はわれわれの生活のパターンを変え，生活の優先順位を変えたという意味でイノベーションなのである。商品の進化にとってイノベーションとは不連続な進化であり，種々の発明が顧客のニーズに従って束ねられたものがイノベーションと呼べる現象である。

　ただし注意すべきことは，イノベーションという現象は優れて20世紀以降の現代特有の現象だということである。もちろん中世における羅針盤のような発明をイノベーションとみなせないわけではない。イノベーションが現代の現象である理由としては，異なった技術や発明同士が結合するだけの蓄積とそれを可能にする企業・大学の研究開発機能，専門家の育成などの制度が現代において整って

39

きたこと，また，イノベーションの普及によって生活が大きく変化する社会的・経済的条件が20世紀に入って整ってきたことを指摘できる。19世紀の重要な科学的発見は長期にわたって技術的な進歩と結びつかなかったのである。たとえば，1831年のファラデー（Faraday）の電磁誘導の発見は，電信技術を除けば，長い間実用化されなかった（Bruland & Mowery, 2006）。

　今日，ブランドとみなされているものを眺め渡してみると，その多くが歴史のどこかの時点でイノベーションを起こしていることがわかる。たとえば，ソニー，マイクロソフト，アップル，グーグルなどのIT関連ブランド，マクドナルド，スターバックス，イケア，ユニクロなどの製造・サービス業などは，みえやすい事例である。これらの企業の多くが，1回だけのイノベーションではなく，数回にわたるイノベーションの創出を通じて，自らをブランドとして確立してきた[2]。

　一方，ナビスコ（1890年〜）やアメリカン・タバコ（1890年〜）など，歴史的に有力であったブランドのいくつかは19世紀末にすでに設立されている。前章で述べたように，こうした近代ブランドは「包装革命」（Pomeranz & Topik, 2006）のもとで起きた。19世紀末以降20世紀中葉までに成立したブランドは，文字どおり「包装」とともに成立した歴史をもっている。第2次産業革命の結果として消費財商品が大量に生産されるようになると，これらの商品を保存・貯蔵・運送する必要が生じた。タバコ・食品・日用品などが小分け包装されて販売されるようになった。小分け包装されることで，遠方まで商品を運ぶことができ，店頭に並べやすくなり，かつ，消費者が購買前に中身を試し，品質をチェックすることができなくなったのである。つまりこうしたFMCG（パッケージ消費財）ブランドにおいては，商品のパッケージ化＝小分け包装が可能になり，商品に耐久性が生まれ，遠方まで輸送されて全国で発売され，高頻度で購買しやすい価格付けが行われ，広告・販促が行われたこと自体が大きなイノベーションだったのである。

　包装がブランドを形成した例は数多くある。アメリカで1876年にアンホイザー・ブッシュ社がバドワイザー・ビールに低温殺菌法を採用し，瓶詰にして鉄道網を利用し全米に売ったことで，初めてビールの全国ブランドが確立された。

　ミツカン（中埜酢店）の7代社長・中埜又左エ門（政一，当時は襲名前）は1940年代に，ほかの業者によって，自社の商標が刻印された空き樽に価格は安いが品質は劣悪な合成酢が詰められ流通しており，自社ブランドの価値が傷ついたことを知った（株式会社中埜酢店，1986）。このため断行したのが，それまでの樽詰・壺詰に代わる，お酢の全面的な瓶詰化であった。

　つまりブランドは，20世紀の前半までには包装の革新の結果として出現し，20世紀に入ってからは技術的・マーケティング的イノベーションによって成立

するようになった。この連続した2つのイノベーションの結果，前章で述べた探索財から，経験財，信頼財へと消費財のあり方が移行したといえる。つまり商品は買ってみなければ，あるいは買った後であっても，その品質がわからない財に変化した。そして20世紀後半になってサービス財の増加と高度化はこうした事態をいっそう後押しした。

## ◈ イノベーションの帰趨

　では，なぜイノベーションが起こるとブランドが成立するのか。それはイノベーションの結果として，顧客が生活の変化を自ら経験し，その生活の変化をもたらしたブランドを強く認識することに帰せられるだろう。コピー機におけるゼロックス，コンピューターにおけるIBM，インスタント・カメラにおけるポラロイド，パーソナル・コンピューターにおけるマイクロソフトなどは，こうした例に当たる。これらの商品ブランド名のいくつかは「普通名詞」として日常会話で使われることもあった。

　ピーター・ドラッカーはその著書『マネジメント』（1973年）において，事業の目的を「顧客の創造」と考え，そのために不可欠なイノベーションとマーケティングという企業がもちうる2つの機能を挙げた。この顧客創造という概念は次のように解釈できる。イノベーションによって顧客のあり方，つまり顧客の生活パターンと価値観が一変した事態が顧客創造であり，こうした事態をつくりだしていくことによって事業は価値を生み出し持続できる。こうしたプロセスは，ブランドが生まれていくプロセスでもある。

　ブランドの直接的起源であるところのイノベーションとは，しかしながら，何らかの確固たる「実体」ではない。イノベーションとは，技術と技術の新たな組み合わせであり，あるモノの存在の解釈の変更である（Arthur, 2009）。こうしたイノベーションの存在は，哲学者カントがいった「物自体」の概念を考えてみると，よりそのあり方がはっきりする。カントは物自体について次のように述べている。「物自体がなんであるかということについては，我々は何も知らない。我々はただ物自体の現れであるところの現象がいかなるものであるかを知るにすぎない。換言すれば，物が我々の感官を触発して我々のうちに生じせしめる表象がなんであるかを知るだけである」『プロレゴメナ』（1871年，篠田英雄訳，1977年，81頁）。

　石井（1999）もまた「ブランド価値はそれとしてつかみとることができない」（105頁）と述べている。つまり，イノベーションはそれ自体が直接感知することのできない「物自体」であり，そこからに生じた価値を解釈するのが，顧客とそ

のコンテキストなのである。

## 3-2　起源の忘却

### ❖ イノベーション後のプロセス

　ブランドとイノベーションとの関連において，より重要なポイントがある。ブランドがイノベーションによって成立するにもかかわらず，実際にブランドがブランドとして社会や市場に浸透していくのは，そのイノベーションが「忘れられた」ときである。ブランドは，イノベーションの「最初の一撃」から生まれる。しかしイノベーションがブランドに進化するためには，また別のメカニズムが必要となる。それが「起源の忘却」である。

「起源の忘却」とは，ブランドがもともともっていたイノベーションの意味が忘れられ，その名前だけが消費者の記憶に残り，社会的に流布し，さらにブランドがメディアのメッセージによって新しい顧客知覚を得る，という事態のことである。つまりブランドがブランドとして成立するためには，イノベーションが起きるというだけではなく，ブランドの起こしたイノベーションそれ自体がいったん忘れられ，広告などのコミュニケーションによって新しいポジショニングで現れることが必要なのだ。

　たとえば，マクドナルドが世界的に知られたブランドであることは言を俟たない。しかし，マクドナルドがどのようなイノベーションを起こしたかを多くの消費者は知らないし，知る必要もない。マクドナルドは 1940 年代にマクドナルド兄弟によってその画期的な製造とサービスのシステムが考案され，50 年代になってレイ・クロックがその価値を見出しフランチャイズ制度によって世界に広まった。しかしこうしたイノベーションの事実は，消費者にとって何の関係もない事実にすぎない。マクドナルドはその後，キャラクターや店舗デザインが加えられ，ファミリー向けのブランドとして自らを確立するに至った。つまり現在われわれが想起するマクドナルド・ブランドとは，後年になって形成された連想の束なのである。

　スターバックスでは，1970 年代に創業した 3 人の共同創業者たちがもともとコーヒーそのもののもつ価値に着目していた。1980 年代に途中で入社したハワード・シュルツがその価値に共感し，さらにイタリア・コーヒー（エスプレッソ）というエレメントを事業に持ち込み，スターバックスを世界的な規模で拡大し成長させた。この場合もやはり，スターバックスの創業者たちが最初にコーヒーの価値を再発見したイノベーションを，シュルツが後からその革新をさらに推し進

42　第Ⅰ部　理論篇

めるとともに，新たな意味（この場合，イタリアらしさ）を付与した点に注目しなければならない。

　同じことは，グーグルやコカ・コーラなどについてもいえる。グーグルは画期的な検索エンジンのシステムを開発し，コカ・コーラは独自のシロップに炭酸を入れることで新しい飲料をつくった。しかし，最初のイノベーションの一撃は後に忘れ去られ，その後の事業活動・マーケティング活動がもともとのイノベーションの意味を覆い隠し，ブランドが新たな装いで独り歩きを始めるのである。

### ❖ 起源の忘却

　この「起源の忘却」という考え方は，ベネディクト・アンダーソンに負う。アンダーソンは『想像の共同体』（Anderson, 1983）において国民国家，つまりもともとそれぞれが異質な存在であったナショナリズムと国家とが結合した制度が成立したのは，資本主義と出版産業が興隆し，そこに新たな想像上の共同体が必要とされ，また国家がそれを活用したためだと述べている。そして「国民」はこうした国民国家が，その起源は新しいにもかかわらず，古い過去から脈々と続いてきたものだと「錯覚」するに至る。

　実際，われわれの記憶とは過去の再構成である。集合的記憶について早い時期に考察した社会学者 Halbwachs（1950）は，次のようにいっている。「思い出とは大部分現在から借用した所与の力を借りて過去を再構成することであり，その一方では，以前の時代になされた別の再構成によって準備された過去の再構成である」（邦訳，73頁）。

　Connerton（1989）は Halbwacks を批判的に検討して，こうした集合的記憶がどのように異なった社会集団によって継承されるのか，そのメカニズムを式典とそのシンボリズムに求めた。たとえば，キリスト教では復活祭においてキリスト受難のような歴史上の事件が儀式として現されている。つまり，歴史的事実は儀礼化され，反復され，パターン化されることによって，過去から伝承されたものであることが強調される。こうした儀礼化＝パターン化の中で，過去の出来事の意味は変形され，新しい意味や解釈が付与されていくことになるのである。

　これに似た事態がブランドでも起こった。イノベーションによってもたらされた新しいブランド・イメージや生活パターンを消費者が享受し，その変化した新しい生活スタイルが一般化することが生じたのである。われわれの日常生活は，儀式的な性格を帯びている。たとえば，毎朝髭を剃り，化粧をするというように，ある種のパターンに沿って生活している。毎日必ず何か言葉をインターネットで検索するという行動は，現代人の生活において新しい儀式パターンである。イノ

ベーションは，このような儀式的な日常生活のパターンを常に変更するように働く。グーグルで検索し，スターバックスでラテを注文し，iPhone のスマホで SNS を見るというように，常に新しい生活パターンはブランドによって形成されている。

## ◈ 新しいパターンの創出

　こうして新しい生活パターンが定着するプロセスにおいて，消費者はブランドがイノベーションを起こした主体であったことをもはや想起しない。しかし，ブランドには広告やクチコミ，報道などによって新しい「イメージ」（連想）が付与され，ブランドと新しいイメージとが結合する。こうして当該ブランドは以前から有名であったがゆえに有名であり価値がある，と消費者から信じられるようになる。もともとの起源としてのイノベーションとは離れてブランドが社会的な水準で成立するのである。さらに次の段階として，ブランドに何らかの意味が付与された後，つまりブランドが確立されたステージの後で，ブランド理念に合わせてブランドが再定義されることが起こる。

　石井（1999）は，ブランドの根拠をブランドそのものに求めて次のように言っている。「『無印良品』ブランドがブランドたりうる根拠は，ただ『無印良品』という名前だけである（中略）。ブランドの本質は，『ブランドだけがそのブランドの現実を説明できる』という自己言及性にある」（75 頁）。本章の理解に引き付けていえば，ブランドがブランドたる根拠はもともとイノベーションにあったにもかかわらず，その後，こうした実体的根拠からブランドは離れてしまい，離れたからこそブランドが成立することになる。石井のいうブランドの自己言及性とは，本章でいうイノベーションの忘却の結果にほかならない。

　ブランドがどのように現代において生成したのかをまとめてみよう。それは近代においてイノベーションとして新製品の創出という事態が生じたためであり，かつ，イノベーションが起こったその後の過程において，コミュニケーション手段の発達により，イノベーションに新たな意味が付与され，もともとのイノベーションが忘却された結果，ブランド存在が自立した存在として知覚されるようになったから生成したのである。

　ここで，第 2 章と第 3 章について簡単に振り返ってみる。この 2 つの章の目的は，交換という視点からブランドの基本的な働きを解明し，ブランドになぜ価値が生じるのかを論じることにあった。すなわち以下の問題である。①ブランドは交換の過程においてどのように機能し，独自のブランド価値を生じるのか。②現

代においてブランドはどのように生成してきたのか。

　これらの問題について，2つの章では以下の解答を得てきた。①ブランドは交換の過程においてどのように機能し，独自のブランド価値を生じるのか。ブランドは交換に伴う本質的な困難を解決する有力な方法の1つとしてある。ブランドは，買い手が商品の価値を正しく認識できず，交換の過程が不透明性を帯びている問題の解決に役立つ。ブランドの価値は交換体系間にある差異からもたらされる。ブランドは，6つの異なった価値体系同士の差異を通して価値を生み出している。

　②現代においてブランドはどのように生成してきたのか。ブランド力を生み出す差異の1つとして時間的差異がある。より先進的な企業はイノベーションを生み出し，時間的に将来の価値をいち早く現在にもたらすことでブランド価値の差異を生み出すようになった。20世紀に入り，イノベーションがブランドを生み出す主要な原動力になった。ブランドが成立するのは，イノベーションの後の過程でイノベーションの存在が忘却され，新しい意味が付与されるメカニズムがあるためである。

# 3-3　ブランド力の行使

## ❖ 持続的交換関係

　これまでに，ブランドが交換の課題を解決する有力な手段の1つとして存在し，交換の過程でさまざまな差異を創出することによってブランド価値が生まれてくることを示した。本節以降では，企業はブランドの力をどのように用いているのか，について考察する。ブランドの力を企業はどのように活用しているのだろうか。

　ブランドは交換行為の困難を解決し，交換を持続的に維持する基礎力として働く。つまり，売り買いの関係を長期的に維持するため，ブランドが有利に働くのである。しかしながら，問題はそれほど自明ではない。ここであらためて問いたいのは，マーケティングに内在する基本的問題である。マーケティング論のもっている基本的問いかけとは，「持続的交換はいかにして可能か」という課題にある（田中，1997）。どの企業も「ゴーイング・コンサーン」（継続企業の前提）として，長期的に自分の会社の売上や利益が持続し発展していくことを前提とし期待している。多くの企業は，単発的・偶然的な「ヒット」だけでは企業活動を持続させていくことはできない。持続的交換を実現するためにブランドは，ほかの手段よりも，交換に伴うより有利な解決を提示する。別の言い方をすれば，ブランドは

第3章　イノベーションとブランド　　45

「売れる」ことを保証しないが，長期的・持続的に「売れ続ける」ことをめざす。

　ただし，持続的な交換関係をつくりだすためにブランドが重要な役割を果たしているとしても，すでに述べたように，その役割を担うのは必ずしもブランドだけではない。たとえば，持続的関係を構築するための，もう1つの解決方法である流通機構を介在させれば，取引関係は安定する。つまり，ブランド以外にも，売り買いの持続的かつ長期的関係を維持させていくための諸力は存在する。

　ここで問うべき問題とは，ブランドがどのように働くために，交換関係は長期的に持続するのか，ということである。別の言い方をすれば，企業はどのようにブランド力を行使することによって，長期的な交換関係を維持できるのだろうか。

## ❖　どうブランド力を使うのか

　まず，企業がブランド力を使う場合，使わない場合について考えてみよう。考えてみればブランド力をもたない商品は数多くある。むしろブランド力を行使する企業は少数派であるといってもよい。実際，スーパーマーケットやコンビニエンス・ストアに行っても，ブランド名を知って購入している商品はごく一部であり，多くの商品はブランド名を知られることなく存在している。

　ブランド力を行使すべきかどうかの判断は，どのような要因に依存しているのか。

　1番目の要因とは，その財の品質を買い手が購入に際して判断できるかという，その財のもつ性質である。すなわち，その財の品質を顧客が購入以前あるいは購入後に見分けられるか，という問題である。たとえば，生鮮食料品の多くにはブランドがない。「関サバ」のように一部にブランドとみえる商品もあることはあるが，ごく少数にとどまる。これは1つには消費者が購入する際，消費者自身がある程度品質を購入以前に見分けられるという探索財のもつ性質による。消費者＝買い手は購買前に自分で品質を見分けられるならば，ブランドを必要としないことになる。

　しかし食品や薬品・家庭用品のような包装された消費財＝パッケージ財においては，パッケージされているために事実上購入以前に品質を見分けることが不可能な財の場合は，ブランドが必要となる。また，美術品やコンサルティング・サービスのような高度なサービス財は「信頼財」という商品カテゴリーに分類され，購入した後ですら買い手はその商品の品質を見分けることができない。こうした場合，ブランドは売り手にとっても買い手にとってもとくに重要になる。

　2番目のブランド力を行使すべきかどうかの判断の要因は，ブランド力を用いずに交換を実現するかどうか，という売り手の判断である。それはマーケティン

グでいうプッシュ戦略またはプル戦略に相当している。プッシュ戦略とは，商品の売り手が，流通機構と交渉して商品を店頭に「押し出す」戦略を指す。一方，プル戦略とは，消費者を店頭に呼び込んで商品を購入する機会をつくる戦略である。一般的にはプッシュ戦略の場合はブランド力はさほど必要なく，プル戦略の場合はブランド力が重要になる。

　たとえば，コンタクト・レンズの「クーパービジョン」というブランドは一般にさほどよく知られておらず，他社と比較してブランド力があるとは必ずしもいえない。「ワンデー　アキュビュー」「ボシュロム」「シード」「メニコン」はコンタクト・レンズで，よく知られているブランドである。しかしこうした無名のブランドでありながら，クーパービジョンは世界で第3位，日本では第2位の地位を誇っている。なぜクーパービジョンはブランド力がなくても売れるのか。それはプッシュ戦略，つまり流通対策に力を入れ，店頭でクーパービジョンの商品を購入する機会を増大させるような戦略をとっているためである。

　3番目のブランド力を行使すべきかどうかの判断の要因は，経済・社会制度に組み込まれた販売を行うかどうかということに依存する。もし商品が国家の配給制度に組み込まれるとしたらブランドは必要なくなる。また，その企業が国家によってある程度の独占を認められている場合は，やはりブランド力を行使する必要はなくなる。さらに，国家でなくても，三菱や三井などの旧財閥グループ内の取引にみられるように，グループ内の閉じられた取引に満足するならば，やはりブランドは必要なくなる。

　風呂（2009）によれば，第2次世界大戦の当時，日本の流通は価格・流通チャネルの両面から統制され，最終的には消費統制にまで及んだ。この点で興味深い史実は，ブランド品をもつ企業が商品一律の公定価格に抵抗したことである。

　1940（昭和15）年に第1次公定価格制度が実施されたとき，「銘柄別の公定価格」つまりブランド別に価格が設定された。たとえば，ミツワ石鹸は1個当たり16銭であり，花王石鹸はミツワより安い1個10銭と決められた。この決定は花王にとっては不満であり，自社ブランドの公定価格の引き上げに奔走した。また昭和戦時においては，ブランド＝商標が禁止された。これはブランド品の買いあさりを防ぐためであった。「味の素」は同種類の製品に比べてグルタミン酸純度が高く，消費者が殺到したため，福岡市で「1企業独自の切符配給制」を行い，ブランド・マーケティングを守った。これは全国メーカーが国家の統制にブランド力で対抗した事例と考えることができる。つまり，市場の規制とブランドとは相いれず対立した関係にあることになる。

　現在では国家による配給制度は存在しないものの，さまざまな形の「統制」や

「規制」は続いている。たとえば，新聞・雑誌・書籍販売においては再販制度によって，純粋なブランドによる自由な競争が妨げられている。一方で，デジタル化・オンライン化により，電子書籍やニュースの分野において新たなブランドによる自由競争が繰り広げられるようになった。つまり，国家などの交換の強制的実行と，企業と消費者の間で行うブランド交換とは，同じ交換関係の問題の解決であっても，お互いに矛盾し，融和しない。

### ❖ ブランド力使用の2つのモデル

　米菓（「あられ」や煎餅）の業界では，国家的な統制があるわけではないが，地域ごとに米菓業者が存在し，地域ごとの嗜好の違いや地理的な懸隔により，全国で400社近い零細な米菓製造業が存続している。またそこでは亀田製菓や三幸製菓のような全国的な米菓製造業者も同時に発展し，こうした大メーカー同士ではブランドによる競争が行われている。豆腐業界にも中小企業分野調整法（中小企業の事業活動の機会の確保のための大企業者の事業活動の調整に関する法律）のために，大企業は参入できず，長い間ブランドは存在していなかった。しかし，相模屋食料という企業が大量製造の仕組みを整え，生協などを通じて販売した結果，「焼いておいしい絹厚揚げ」豆腐のような全国ブランドが成立するようになった（第Ⅳ部ケース4参照）。

　ブランドは原則的にいって，大量生産と自由な競争の産物であり，買い手に選択の自由が与えられない限りブランドは必要とされない。そして，自由な競争は，国家の統制や市場の性質によって規定されている。

　興味深い例として，反社会的組織の例を挙げることができる。日本の組織犯罪とアメリカのそれは対照的な性格をもっている。日本の暴力団（ヤクザ）は，かつては「公然性」をもち，社会から半ば認められた存在であり，自分の組織の「代紋」（組織のマーク）を堂々と事務所に掲げていた（溝口，2011）。一方，アメリカの組織犯罪であるマフィアは非公然組織であり，ヤクザと異なり自身の所属を隠す。

　文化人類学者のラズ（2002）は，ヤクザ社会を観察調査して，日本のヤクザが「自己呈示」する様子を描いている。「ヤクザは，自らすすんでヤクザの烙印とイメージを自己のアイデンティティの中心にしている」（179頁）。「ヤクザは自分がヤクザであると宣言する」（180頁）。テキヤという存在が示すように，ヤクザとは祭りなどの市民社会の周辺で生息し，そこから収益を得ている存在である。このため，ヤクザは常にヤクザとしてのアイデンティティを必要としている。いわゆる「代紋」や「刺青」はこうした市民社会でヤクザが受け入れられ，同時に恐

れられるための「記号」として機能していた。

こうしたヤクザの公然性・記号性はどのように成立したのだろうか。宮崎 (2008) によれば，明治年間に北九州の若松などで現在のヤクザの原型が成立した。それは運輸事業の発展に伴い，土木作業員・建設労働者を統括する親方が自身の利権や縄張りを守るために，暴力での衝突を回避させる必要があったからである。このために有用な手段であったのが，「顔」であった。「顔」とは組組織と親分の信用・評判・体面のことである。たとえば，「顔を利かせる」ことで問題が解決することもあれば，「顔を立てる」ことで抗争が収まることもある。こうした顔という記号性が任侠における公然性につながっていったのである。

しかし，アメリカのマフィアはそうではない。1963 年にジョー・バラキ (Joe Balachi) が「コーザ・ノーストラ」＝マフィアという存在をマクレラン委員会で証言するまでは，マフィアが存在するかどうかすら警察や FBI 当局には不明であった。それほどマフィアは自身を外に誇ることはなく，秘密の犯罪組織として機能していた。これはアメリカン・マフィアがヤクザと異なり，「正業」である労働組合や一般企業に根ざして，脱税や労働争議を収めるための資金獲得などの不法活動していたためと考えられる。

たとえば，あるマフィアは，ガソリンスタンドを経営し，本来，納付すべきガソリンの税金をごまかし，計画的に倒産するという手口によって多額の収入を得ていた。こうした「普通の」組織においては自分がマフィアであることをことさら誇示する必要性はない。むしろマフィア，あるいはコーザ・ノーストラという組織が人知れず存在することが望ましかったのである。

## ❖ オープン・モデルとクローズ・モデル

この 2 つの犯罪組織の比較は何を意味しているだろうか。これは，ブランド戦略を実行するかしないかは，その組織が外部に対してとる関係性の中に決定要素があることを物語っている。ここからブランドの組織における使用に関して「オープン・モデル」（ヤクザ・モデル）と「クローズ・モデル」（マフィア・モデル）という対比で考えてみよう。

ブランドのオープン・モデルでは，選択が自由な状況下にあって，ブランドを積極的に用いることで，取引に際し，買い手はそのブランドから影響を受け，選択がより容易になり，同時にできるだけ売り手に有利な条件を引き出すことを狙っている。このモデルでは状況の確実性が低い状況，つまり将来起こりうることを予測することが困難であり，ブランドの信頼が重要となる (山岸, 1998)。

一方，ブランドのクローズ・モデルでは，取引の自由という前提は存在せず，

第 3 章　イノベーションとブランド　　49

何らかの理由で取引に制限があり，限定された相手との取引から収益を得ることが行われる。ブランドが用いられるとしてもそれは限られた相手に対してのみであり，一般的なブランド力が用いられることはない。このモデルでは将来に起こりうる出来事の確実性が高い状況であり，将来どのような事態が起こるかがある程度予測可能である。こうしたときブランドの信頼はさほど必要としない。

　三菱や三井などの日本の旧財閥グループの中で行われる取引はこのクローズ・モデルであり，こうした取引形態の場合，ブランド力はさほど必要とされない。またメーカーと流通との関係において，従来から決まった限られた相手とのみ取引するような取引関係においても同様にブランド力は求められていない。マフィア組織と同じく制度的にお互いに「裏切らない」ことが前提とされているからである。こうしたクローズ・モデルが日本において多くあったため，財閥を中心とする取引関係においてブランドは長い間用いられず，重要視されてこなかった。

　それでは，売り手はどのようにしてブランド力を行使するかどうかを決定すべきなのか。重要な決め手は，ブランドを用いることがその「市場の性質」に合っているかどうかだ。「市場の性質」とは，まずもってその市場に自由な売り買い関係が出現し，顧客が選択の自由をもっているかどうかということである。

　もし，その市場に取引の自由があるにもかかわらず，確たるブランドが成長していない場合は，その市場はブランドを用いて活動しようとする企業にとって大変に魅力的な市場である。ブランド戦略の要諦は，競合に先んじて，ブランドがなかった市場にブランドをもたらすことにある。

注 ─────────
1) ここで示したイノベーションの定義は筆者のものである。イノベーションの概念については，Fagerberg（2006）を参照。
2) 自身でイノベーションを起こしてはいないが，先にイノベーションを起こしたブランドに追随した結果，ブランドになった「二番手」のブランドも存在する。

# 第4章

## ブランド史の構造

### 4-1 ブランド史をどう考察するか

#### ❖ 歴史的遡行の課題

　本章の目的は，ブランドが歴史上どのように発展していったのか，その発展過程を段階に分けて考察すること，さらに，ブランドの態様の変化をその背後要因としての生産と交換の様式との関係において考察することである。

　ブランドの歴史的な発展を通観する試みは，一部を除いてまだ本格的には行われていない。マーケティング，流通，商業，消費者の歴史については，Tedlow (1990)，田村 (2011)，Trentmann (2012) などの試みがあるものの，ブランドがどのように発生し，どのように発展したかに関してまだ系統的な考察がなされたことは，一部を除いてまだない。ただし，部分的にはブランドの歴史について研究文献が存在する。本章では，このような歴史の二次的資料に依拠しながら，ブランドの世界的な歴史の発展過程を見通すためのフレームワークを構築することを意図している。しかしブランドの歴史の考察については，次のような困難や問題が予想される。

　1つの問題は，①何をもってブランドと考えるかという問題である。たとえば，有史以前に石器がブランドの役割を果たしていたとする指摘があるが，書き文字のなかった時代においてこれはブランドといえるのだろうか。また，歴史が始まった時代以降においても，何がブランドであるか，あるいはブランドと類似した機能を果たす概念，たとえば，産地国表示をブランドに含めるべきか，などの問題が発生する。さらに，歴史をいくつかに区切って考察する場合，何の基準をもってブランドの発展段階とみなされるかについてもはっきりさせなければならない。

　ブランドの歴史を考察するうえでのもう1つの困難は，②ブランドの歴史をどのような理論的な枠組みにおいて記述するか，という問題である。これは，ブランドが歴史の各段階においてさまざまな形態で出現してきたとして，それらの異

なる形態のブランドに共通する要素，あるいは相違する要素とは何か，という問題であるし，また歴史的各段階でのブランドのあり様を単なる羅列に終わらせずに，歴史的発展過程として位置づけられる根拠は何か，という問題でもある。

さらに，③ブランドの歴史について考察するということにどのような意味があるのかが問われなければならない。そもそも，なぜブランドの歴史を遡行して考察することがブランド論にとって必要なのだろうか。

歴史的な考察を試みる前に，これらの疑問にとりあえずの答えを出しておくことにしたい。

### ❖ 考察の対象

まず①のブランドを歴史的に取り扱う場合，何をもってブランドと考えるか，という問題がある。ここではわれわれの歴史的考察の対象となるブランドを，2つの面から定義しておきたい。

ブランドの第1のあり方とは，商品（またはサービスや企業・組織）が貨幣的な交換の対象あるいは贈与の対象となったとき，その商品を外的に同定化（identify）させる名前あるいは象徴のことである。つまりモノである有形財あるいはサービスのような無形財商品に，ブランド名（商標）あるいはシンボルが付けられており，またパッケージやコミュニケーション活動を通じて，その商品がどのような機能や便益をもった商品存在であるかをわからせるような仕組みがつくられている。これを「形式としてのブランド」と呼ぼう。後述するように，近代的なブランドとはこのような仕組みが備えられているものを指す。そして，ここでいうブランドは，その結果として，企業が保有する知的財産であり，法律的な保護の対象となり，経済社会において流通する存在となる。

ブランドの第2のあり方とは，貨幣的な交換や贈与交換の対象となった商品（またはサービス，企業・組織）が特定の出自をもった商品であるとわかる，消費者の心理的な働きのことである。つまり特定の商品を見たとき，これはどこの誰が作ったのか，あるいは売っているのかがわかる，という心理的な作用のことを指す。これを「消費者知覚としてのブランド」と呼ぶこともできる。つまり商品の内的な同定化である。

ブランドというマーケティングの方法それ自体は，近代的な（19世紀以降の）方法である。しかしブランドが未発達であった時代，ブランド名やシンボルが整っていなかったとしても，人間はブランドを働きとして自らの消費活動に利用してきた。こうしたとき，内的なブランドの働きを適用することによって，近代以前のブランドの歴史を考察することができる。

つまり，ここで取り扱うブランドとは，商品やサービスに何らかの型あるいは形（ブランド・ネームやシンボル）が付与されたもの，「外的なブランド」を意味している。しかしそれだけではなく，ブランドのもう1つのあり様である，消費者心理に存在する認知システムとしての「内的なブランド」という視点も含めて，歴史的なブランド存在を把握したい。

## ❖ 理論的枠組み

次に，②のブランドの歴史をどのような理論的な枠組みにおいて記述するか，という問題を考察してみよう。ここでいう，理論的枠組みとは，どのようにブランドの歴史を区切るか，どのような根拠に基づいて区切るか，という問題である。

20世紀フランスの歴史家，フェルナン・ブローデルは歴史学において，「長期持続」(la longue duree) という概念を提案した。ブローデルは歴史の変化を考察するとき，①出来事史＝短期的な時間，②「間周期的」時間，③長期的な時間の3つに分けることを考えた（ブローデル，2009）。

①の出来事史とは，短期的に出来事を追って歴史を織り成していく考えであり，多くの政治史はこうした考え方に基づいている。②の間周期的な歴史時間とは，歴史の変動局面に注目して，10～50年単位の歴史を叙述する歴史学的立場の考察である。経済成長を記述する歴史学は，こうした間周期的考察の例である。

そして，ブローデル自身も採用した歴史的な考察の枠組みとは，③の長期的な持続の歴史学である。これは「世紀単位の傾向」(200頁) をみる方法であり，短期的にはほとんど変化しない「構造」に着目する。ここでいう構造とは，地理的な要因のように変化しにくい歴史要因を指す。ブローデルはこうした構造に立脚して，地中海世界の変遷や，14世紀から18世紀にかけての経済システムの歴史を描いてみせた。

ブローデルの歴史学的方法の中心は，まず歴史の表面に浮かび上がってきた現象を捉え，それを記述することにある（ブローデル，2009）。ブローデルは『物質生活・経済・資本主義』の中で「物質生活」という概念を出発点として，それが歴史的な長期にわたってどのように形成されてきたものであるかを明らかにしようとした。たとえば，ヨーロッパは小麦を食料にし，また栽培植物として選択した。こうした小麦栽培は大地を定期的に休ませることを必要としている。このため家畜飼育が必要となった。さらに，こうした家畜や荷車などの制度や習慣がヨーロッパで発達しただけでなく，肉食という傾向をも生み出した。

本章での試みもブローデルにならって，ブランドの歴史的な出来事をまず記述し，その背後にどのような歴史的構造があったかを考察する。ブローデルやイマ

第4章　ブランド史の構造　　53

ヌエル・ウォーラーステインたちによる歴史学の研究方法は，グローバル・ヒストリーと呼ばれている。その方法の特徴は，Crossley（2008）によれば次のようなものである。「他の歴史家が行った研究を使って，比較を行い，大きなパターンをつかみだし，人類史の本質と意味を解き明かすような変化について，その理解のしかたを提起する」（邦訳，5頁）。本章はグローバル・ヒストリーと正確に同一の方法論を用いているのではないとしても，類似したアプローチを採用している。

　ブランド史の構造を明らかにするために，次のような作業プロセスを描いてみよう。

　まず，歴史的事実を並べてみる作業，次に，そこにおいて特異的な事実，つまり歴史的な段階を画するような事実に着目し，それについてその事実の意味や背景を考察する作業が必要となる。さらに，より普遍性を求めるために，本章が対象とする日本と欧米との対照比較も必要な作業となる。そして，こうした3つの作業を通してブランドの歴史の発展の構造を把握する。

## 4-2　ブランドの歴史的構造

### ❖　形態への考察

　本章が歴史的発展の考察の対象としているのは主に「ブランド形態」である。ブランド形態とは，①ブランドが「記号」としてどのような感覚的要素（視覚，聴覚など）を備えているか，また②どのような心理的意味をもっているか，さらに，③ブランド化された商品が流通するとき，ブランドが交換行為において，どのような役割を果たしているか，この3つを意味している。

　たとえば，BMWというクルマは，①クルマのデザインとしてある種の視覚的・聴覚的パターン（キドニーグリルや運転席に伝わるエンジン音など）を一貫して備え，②スポーティな高級ドイツ車として消費者に知覚されている。また，③商品取引にあたって，高級車ブランドということで，高い価格で取引されるというブランドとして商品に付加価値を備える役割を果たしている。このようなブランド形態は，歴史の各段階によって異なっている。ある商品はブランドであっても（＝特定の企業・組織・集団の商品として差別的に認知されていても），歴史の各段階において異なった感覚要素や心理的意味，役割をもっている。

　クルマを例にしていえば，大量生産がされるようになった初期段階においては，「フォードT型」ブランドは，①豊富な差別化のためのブランド・デザイン要素をもっていなかった，②大衆的クルマである以上の意味を備えていなかった，③

54　第I部　理論篇

区別するためにクルマにつけられたブランド名以上の差別化や付加価値化の要素をもっていなかった，と考えられる。つまりブランドは，同じ商品カテゴリーであっても，異なった歴史的段階においては，異なったブランド形態をもっていると考えられるのである。

　ブランドの形態に影響を与える重要な要素として考えられるのは，生産様式と交換様式の2つである。生産様式とは，どのように商品生産が行われるか，また生産過程とできあがった商品の様式に関わる概念である。近代資本制社会におけるブランドは，第一義的には市場における貨幣を介した交換行為のうちで発生している。

　カール・ポランニー（2005）は，社会的な統合のパターンとして，互酬，再配分，交換の3つを挙げた。互酬制とは，人間の社会的交流に伴う貸し借り，つまり精神的な負債と返済に基づく交換原理を指す。贈与は互酬制の1つの交換形態である。再配分とは，収奪や税務のように権力者が一方的に被支配層から財を奪い，それを社会の構成員に再配分する制度のことである。そして，交換とは，近代社会で盛んになった貨幣による取引形態を指す。

　ブランドは商取引のように，貨幣を介した近代世界での交換で用いられるようになったものだが，後述するように，ブランドは原始時代から前近代に至る互酬制や再配分の世界でも一定の機能を果たしていたと考えることができる。したがってブランドを考えるときに，単に貨幣による交換だけを念頭に置いたのでは十分ではない。さらに貨幣交換が支配的になった近代から現代に至る時代においても，ブランドの発達に影響を与える交換に関連する他の要因がある。たとえば，購買者の選択の自由である。大量に商品が生産でき，貨幣でそれらが購買できるだけではブランドは十分に発生しない。消費者＝購買者が流通を通して自由に商品を選択できる状況でなければブランドは発達しない。このほかに，広告の形態やパッケージング技術などもブランドのあり方に影響を与える交換に関連する要因である。

　次に，生産様式はどのようにブランドの形成に寄与してきたかを考察してみよう。生産様式における1つのカギは，大量生産が可能かどうかである。大量生産自体は近代の産物ではない。古代でも轆轤を用いて土器を大量に生産できたし，石器も職人的な工房においてある程度の大量生産ができたと推察される。また古代ギリシャ・ローマの古典古代から近世に至る時代には，農産品の一部，たとえばワインや醤油などの醸造品は一定程度の大量生産が可能であった。このことが，先史時代からブランドに近い形態の商品をみることができる理由である。一定程度の大量生産方式，つまり，ある程度同質の財を大量に生産する専門家と設備の

備わった歴史的段階では，常にブランドが発達する余地があると考えられる。

　本章では，この生産様式と交換様式をブランド成立の背景をなす要因として叙述に加えていくことにする。

### ❖ 歴史的考察の意味と概観

　本節の最後に，前述した③の問題，ブランドの歴史を考察するということにどのような意味があるのか，について考えてみたい。ブランドの歴史について考えることは，今日われわれがみているブランドがどのような過去をもって変遷してきたのか，また，今日われわれが接しているブランドはその起源や過去の形を遡及すれば，今日のそれとどのように異なっているのか，さらに，今日われわれが知るブランドがどのような機能や役割を果たしているのか，などをより深く知ることになり，そのためにこそブランドの歴史考察が必要になるのである。

　本章では，ブランドや経済・商業に関する歴史的文献を手がかりにしながら，ブランドの歴史を発展段階と想定して考察する。このブランドの発展段階を以下のような５つのステップに分けて概観してみよう（図4-1参照）。

### 図4-1　ブランドの歴史的発展

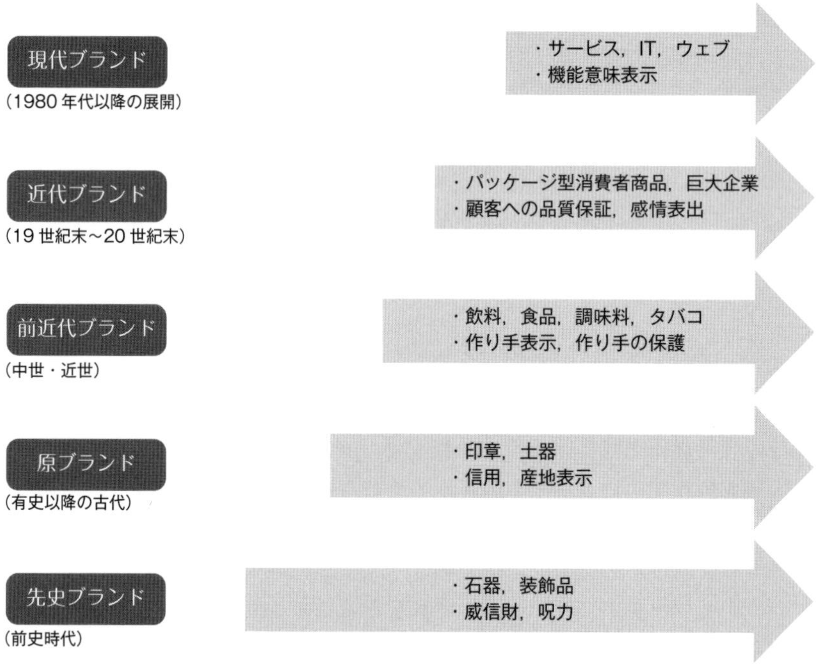

現代ブランド
（1980年代以降の展開）
・サービス，IT，ウェブ
・機能意味表示

近代ブランド
（19世紀末〜20世紀末）
・パッケージ型消費者商品，巨大企業
・顧客への品質保証，感情表出

前近代ブランド
（中世・近世）
・飲料，食品，調味料，タバコ
・作り手表示，作り手の保護

原ブランド
（有史以降の古代）
・印章，土器
・信用，産地表示

先史ブランド
（前史時代）
・石器，装飾品
・威信財，呪力

56　第Ⅰ部　理論篇

(1) 先史ブランド（prehistoric brand）：歴史以前の段階で，主に石器や装飾品について一定の品質をもつ商品が生産されるようになった段階で，特定の作り手によって，あるいは産地においてつくりだされたと認識され，何らかの意味をはらむようになったブランド。

(2) 原ブランド（proto-brand）：歴史が始まって以降，遠隔交易などに際して信用を保証するため，あるいは，一定の品質を約束する産地を表示する目的で用いられたブランド。

(3) 前近代ブランド（pre-modern brand）：近代以前の中世・近世社会で，食品や調味料，嗜好品，道具などで用いられたブランド。

(4) 近代ブランド（modern brand）：19世紀の「産業革命」の後から形成された，イノベーションをベースとしたパッケージ型消費財ブランド，大規模な企業ブランド，そのほかのブランド。

(5) 現代ブランド（contemporary brand）：1980年代以降，サービスやソフトウェア，ウェブなど主に無形商品のブランド，商品以外に拡張されたブランド。

こうした発展段階に沿ってブランドの歴史について以下で詳述する。

## 4-3　先史ブランド──前史時代

### ❖ 石器時代のブランド

　文字で記録されることがなかった歴史以前の社会に，ブランドが存在していたとする決定的な証拠はない。しかし，ブランドとしての財が存在していたと推定できるいくつかの「状況証拠」を挙げることはできる。

　池谷（2005）は旧石器時代から縄文時代にかけて，黒曜石石器にブランドがあったと想定している。この説は以下のような史実に基づいている。約3万年前からの旧石器時代から縄文時代（1万6500万〜3000年前）にかけて，伊豆七島の1つ神津島で産出された黒曜石が，縄文時代の前期末から中期初頭にかけて，伊豆半島の見高段間で石器として加工され生産された。黒曜石は稀少であると同時に，石器の素材として切れ味があり，加工しやすい長所をもち，他の石材と比較してはるかに優れた石器の材料となっていた（黒曜石体験ミュージアム，2004）。この見高段間で生産された石器は関東一円，とくに沿岸部において発見されている。

　こうした発見は当時の黒曜石による石器が「見高段間ブランド」として関東一円に流通していた可能性を示唆していると池谷は指摘する。池谷はこの見高段間ブランドである黒曜石の石器に，威信財としての性格を見出している。見高段間ブランドが池谷によって明確に定義されているわけではないが，当時，おそらく

は見高段間で生産された黒曜石石器が特別な石器として認知され，また階級的に上位の者によって珍重されていたことを意味しているだろう。

また，長野県長和町鷹山地区（長野県のほぼ中央）で産出され，生産された黒曜石の石器が「ブランド」の性格を帯びていたという指摘もある（黒曜石体験ミュージアム，2004）。他の石器と異なり，黒曜石石器は3万年もの長期にわたって広い範囲に持ち運ばれ，多量に使用された形跡が遺跡発掘によって明らかにされたからである。

考古学者の竹岡（2011）は，日本の旧石器時代に周辺文化に大きな影響をもった茂呂系文化の中で，南関東で発掘された尖頭器だけに黒曜石が用いられた事実から「この道具が特殊な意味をもっていた」（129頁）ことを指摘し，さらに，旧石器時代には石器が道具的・機能的用途以外に「道具自体に何らかの呪的な力が宿ると考えられてきたふし」（173頁）があることも指摘する。たとえば，斧型石器はとくに呪的な力をもっていたと考えられ，そのために石器を遺跡の周りに埋め込んで特定の場所を囲む，という行為も行われてきた。

## ❖ 先史時代の心性

ケンブリッジ大学教授で考古学者のRenfrew（2007）は，新石器時代のイギリスでヒスイ耀石で作った磨製石斧の交易に実用価値以上の価値を見出している。この耀石はアルプス産で，交易活動によってフランスを経由してイギリスの地に持ち込まれている。木を切り倒すためには刃がすぐ割れてしまうような実用的価値しかなかったにもかかわらず，何らかの象徴的価値と機能をもっていたと推認される。

Renfrew（2007）によれば，象徴とは，「Xは文脈CにおいてYを意味する」と定義される。つまり新石器時代に，この石器が象徴（シニフィアン）（X）として何らかの文脈（C）において意味する何か（シニフィエ）（Y）を備えるようになったと考えられる。ここでいう文脈とは，当時の社会において社会的不平等が生じたことと関連している。つまり，収入や階級制度などの社会的不平等が生じることによって，高い階級の持ち物であることを誇示するために，石器が象徴的な意味を帯びるようになったのである。

認知考古学者のMithen（1996）は，石器時代などの先史時代における人間の心の発達の過程を「認知的流動性」に見出す。認知的流動性とは，異なった種類の知性（社会的知能，博物的知能，技術的知能，一般知能，言語など）の間で生じた統合を意味する。たとえば，自分の祖先をある種の動物と考えるトーテミズムは，社会的知能と博物的知能との統合である。石器は技術的知能と博物的知能が統合した

結果の産物である。つまり，単なる利便性のためだけに石器が用いられたのではなく，そこに社会的知能が加わることによって，石器がある種の宗教的行為に用いられるようになった。石器が社会的文脈において何か特殊な意味を帯びるようになったのは，こうした人類の認知的流動性が心の進化の過程で生じた結果と考えることができる。

### ❖ 威信財としての石器ブランド

　ここまでを総合して考えると，次のようなことがいえるだろう。

　石器時代を通じて，ある種の石器が広い地理的範囲にわたって交易の対象となっていた。この意味で石器が交換的価値をもっていたことは明らかである。しかし先史時代の人類は，石器に石で加工された道具的・実用的価値以上のものを見出していた。石器は象徴的な存在として，そこに呪術的な力を見出すようになったり，農業を基礎とした定住生活によって生じた階級社会における威信財としての性格を帯びるようになった。威信財とは，階級が上の人間が下の人間に対して自分の権威を示すために用いる財のことである。

　これらの事実は先史時代において，石器が単なる石器以上の存在として意味づけられたということを強く推認させる。ある産地または作り手の石器が一種のブランドの役割を果たしていたと考えることができる。ここでいうブランドとは，商品が機能的道具としての価値以上のより高い交換価値をもち，所有者にとって威信財として何らかの社会的価値を生じさせるような商品ということを意味する。

　もちろんこの段階で，現代のブランドのような特定のマークや印がブランドとして機能していたかどうかはわからない。しかし，ある種の記号性をこうした石器がもっていた可能性がある。この意味では先史ブランドとは，マークやロゴなどの狭義のブランドではなく，広い意味でのブランド，つまり一貫してまとまりのある情報＝知識を，当時の生活者が「商品」（石器）についてもっていた，認識としてのブランドと考えることができる。

　おそらくは石器の材質や形状など何らかの外形的特徴とその扱われ方によって，何らかの象徴的意味をもつ「ブランド石器」かそうでないかを当時の人々は見分けていたのではないかと推測される。見分けられた結果，その石器には何かの意味や価値が込められることになった。つまり，先史ブランドとは，①実用的価値，②呪力的価値，③威信財的価値，④美的価値，など複数の価値をもったブランドとして流通したと考えられるのである。

第4章　ブランド史の構造　　59

## ❖ 原始的生産様式

　では，こうした先史ブランドはどのような経済的下部構造から生み出されたのだろうか。1つは原始的な生産システム，具体的には石器製作の専門家集団による生産システムによるものだと考えられる。専門的に石器製作に関わる職人によって，威信財としての価値を生むような一定の流通価値をもった石器が大量に生産されたのである。また，流通の面では，一定の場所に定着した生活集団同士の間で，こうした石器がコミュニティを越えて，広域で流通していた可能性がある。石器ブランドは使用の場面では，力を蓄えた大きな集団や高い地位を誇る階級が，別の集団を征服した際に略奪したり，逆に被征服者に征服者が与える財として機能していたと想像される。つまり先史ブランドとしての石器は，略奪 - 再分配，互酬制，原始的交換という交換システムの中で流通していたと考えられる。

　なお，付け加えていうと，石器に対して，土器はこうした威信財としてのブランドの役割を果たしていなかったのか，という問題が残る。土器は旧石器時代から新石器に至る時代，中東アジアからアフリカに至る世界中で生産されていた（佐原，2008）。しかし，土器は石器ほどのブランド価値を発揮するには至らなかったと考えられる。その理由としては，土器の場合，その壊れやすさから石器ほど広く流通しなかったこと，特定の生活者集団により自分たちの生活のためにそのコミュニティで生産されたこと，日本では中国で発達したろくろ技術のような大量生産システムが定着せず「手作り」の方法が弥生時代を通じて維持されたためにブランドとして流通しなかったこと，などが挙げられる。もちろん土器ブランドがまったくなかったと断定することはできない。

　畿内南部（大和，中南河内，和泉）で出土した，弥生時代の畿内後期の土器には同一の記号紋をつけた土器が数個出土した例がみられる（佐原，2008，139頁）。こうした記号が何を意味していたのかは解明されていない。今後，土器ブランドについては引き続き解明されるべき課題として残っている。

## 4-4　原ブランド——有史以降の古代

### ❖ 古代文明期のブランド

　原ブランドとは，文字による記録が始められ，「歴史」が開始されて以降に生じたブランドのことである。原ブランドは，交易・取引に際して取引者や製造者の信用や商品の信頼性を保証するため，あるいは，一定の品質を約束する産地を表示する目的で用いられた。また偽造を防ぎ，正統性をもった商品であることの証としてブランドが用いられた。先史ブランドと比較した場合の原ブランドの

60　　第Ⅰ部　理論篇

特徴は，そのブランド商品自体に人間が感知できうる，ブランドとしての記号性をもっていた点にある。すなわち，何らかの使用価値以上の意味をもち，ある程度の体系性をもった象徴や形象が用いられていたのが原ブランドなのである。

世界最古の文字は古代メソポタミアで発生したと考えられている（Collon, 1990）。この古代メソポタミア地方では，紀元前 5000 年以前からスタンプ印章が作られていた。紀元前 4000 年以上前，シュメール人が作ったワインの円筒印章（roll seal または cylinder seal）とは，ワイン樽の盗飲を防ぐ目的で，口を密閉するために作られた大理石などの小さな丸い棒のことである（古賀，1973：1975）。この円筒印章で，誰がそのワインを醸造したかがわかる。これはワインのラベルの起源ともみられ，作り手の存在を明示し，固定化（identify）するという意味で，以下に述べる原ブランドのもっとも初期の事例といえるだろう。具体的事例として，以下のような古代文明の出土品が挙げられる。

メソポタミア南部文明のウル遺跡（現在の南イラク）にある女王プアビの墓から発掘された紀元前 2600 年から 2500 年ごろのラピスラズリ（瑠璃）の円筒印章に，酒を酌み交わす晩餐会の様子が描かれている（Cylinder Seal of Pu-abi）。

また，エジプトのカイロの南にあるタルカン（Tarkhan）から発掘されたエジプト第一王朝時代のワイン容器には，漢字の四に似た形の印と，その右に並んで逆 U 字型をした刻印が発見されているが，これには容器中の内容物の製造元と配布先の情報，および当時のワイン管理システムにおいて容器をどのように扱うべきかについての情報が含まれている（Mawdsley, 2006）。

そして，同じ古代エジプト第一王朝時代のアビドスから出土したワイン容器のワイン・ストッパー（ワイン容器の栓）にはファラオの名前が刻印されているのが発見されている（University of Pennsylvania Museum of Archaeology, 2012）。ここにはヘテログリフ文字でエジプト王ファラオの名前に加えて，「ワイン・ブドウ」とその産地を意味する文字が円筒印章に刻まれている。

さらに Collon（1990）によれば，世界最古の文字の 1 つと考えられている出土品として，紀元前 1920 年から 1850 年ごろのものに位置づけられる，現在のトルコ中部から出土した粘土の封筒の印章がある。この印章は，アッシリア商人が取引相手に宛てた，粘土板を入れた封筒として使われていた。

### ❖ 原ブランドの意味

このような古代世界の印章にブランドの原点である原ブランドを見出すことができる（Moore & Reid, 2008）。

原ブランドは，紀元前 2600 年のインダス文明にも見出される。Moore & Reid

(2008) の記述に従えば，この前期青銅器時代の印章は，四角形をしており，一角獣，虎，サイ，水牛などのモチーフが刻まれている。これらがブランドであった証拠は，これらの印章が通商の証拠書類として取り扱われていたからである。つまりこうした印章に刻まれた動物や象徴は，自分たちの商品であることを証するために用いられたのである。

　これらの印章は，情報を示す目的で使われ，製造者・販売者・政府関係者であることを表示して，仕分けや貯蔵・運搬などの何らかのマーケティング目的のために用いられたと考えられる。また，こうした象徴的な動物が刻まれていたことは何らかの売り手に関する情報が表現されていたとも解釈できる。印章には，豊穣の象徴であるシバ神が刻まれていた例がある。

　古代に用いられた原ブランドもまた，権力やステータスなどのイメージを伝達する目的で用いられたことになる。ただし，前述のメソポタミアのプアビ女王の墓から出土した円筒印章の例のように，すでに楽しさを表現する原ブランドが出現していたことにも注意する必要がある。

　時代を下って，中期青銅器時代である紀元前 2000 年から 1500 年ごろになると，中国の「商」の時代の盾は，土器や馬具など当時生産されていた商品を生産する職業集団を表していた。こうした盾に刻まれた情報は，職業集団の出所と品質などの情報を伝えていたという意味で，ブランドと考えることができる。

　後期青銅器時代にあたる紀元前 1500 年から 1000 年，ギリシャ文明の時代には地中海交易が盛んに行われた。キプロス島では銅の採掘が行われ，フェニキア人によって銅の鋳型が作られて中東との貿易に用いられた。このキプロス産の銅の鋳型が交易に際して，商品の品質や生産地を表すブランドとして用いられた。

　鉄器革命時代（紀元前 1000～500 年）にはフェニキア人のテュロス（ティルス：現在のレバノン南西部）が遠方交易の中心地として大いに栄えた。テュロスでは，3 種類の「原ブランド」が用いられていた。「メルカルト神」と貝紫色（テュロスで巻き貝から生産された，王など一部にしか用いることを許されなかった色），そして赤像式の陶器である。メルカルト神が力と権威の象徴として用いられ，貝紫色は稀少であるために「王者の紫」としてやはり権力者の衣服にのみ用いられた。また赤像式の陶器はスペイン南部で生産され，情報やイメージ伝達のツールとなった。

　紀元前 825 年から 336 年の鉄器時代に，古典古代ギリシャでは，陶器に記された陶師のサインがブランドとして機能していた。紀元前 580 年ごろのものといわれる陶器には，「ソフィロスが私を描いた」という銘が刻まれているのがみられる。ソフィロスとはアテネの最初の陶師といわれ，自分の名前が刻まれることを誇っていた。

以上ムーアらの考察をベースとしてまとめるならば，原ブランドにおいては，商品の生産地・生産者，品質などの「情報」と，権力や価値といった「イメージ」という2つの特徴が認められる。しかしこうした種々の象徴は，特定の1つの商品ブランドを形成するには至っていなかった。つまり近代ブランドと比較すれば，原ブランドは，情報としてのまとまりや一貫性を十分にはもっていなかったということができる。

## ❖ 古典古代期地中海文明のブランド

一方，古代歴史学者の鷲田（2005）は，前2世紀中葉から4世紀にかけてのローマ期イタリアにおけるワイン産地ブランドについて論じている。ワインは古代地中海世界において文明を象徴する存在として認められてきた。大プリニウスの『博物誌』などの古代ローマの文献によれば，ローマの共和制末期にワインのイタリア産地ブランドが誕生した。イタリア初の産地ブランドは「ファレルヌム」(Falernum) と呼ばれ，その誕生は前1世紀中葉である。ファレルヌムとは，もともとナポリがある南部カンパニア地方最大の都市カプアの属領，現在のモンドラゴーネを指した言葉である。

ペトロニウス作『サテュリコン』の一節には次のように，解放奴隷で財を成したトリマルキオが客をワインでもてなす場面がある（木村，2011，133頁）。

「すぐにガラス瓶の葡萄酒が運ばれてきた。丁寧に石膏で封印され，首のところにこのような銘札がつけてあった。

『オピミウスの年のファレルヌス酒，百歳』

ぼくらがこの銘をたしかめているとき，トリマルキオンは手を叩いて言った。

『やれやれ，こうしてみると葡萄酒は可哀想な人間よりもずっと長生きをするな。そこでわしらも酒をがぶのみしよう。酒こそ人生だ。本物のオピミウス酒を進呈する。』」。

ここでオピミウスというのは，ルキウス・オピミウス執政官を指しており，彼が活躍していた前121年はワインの有名なビンテージの年であった。なんと100年もののワインが振る舞われたことがわかる。

ヴェスヴィオ山の噴火で壊滅したポンペイを調査する途中，火山の被災で亡くなった大プリニウス（22/23〜79年）は『博物誌』の中で「ワインの有名ブランド(genera nobilia) は世界中に約80あるが，この数の内，3分の2がイタリアに」ある，と述べている（鷲田，2005，21頁）。また，ファレルヌムのワインの中でも，ファウストゥス農園のワインが最高とされてきたと大プリニウスは述べている（木村，2011）。このころ，それまでワインの指標として重要視されていた生産年に代わり，

第4章　ブランド史の構造　　63

産地が重要視されるようになった。ギリシャ産のワインがローマの東方進出に伴って大量に輸入されるようになり，ローマのワイン消費量が大幅に伸びたのがこのころであった。

　先に述べたようにファレルヌムとは，ナポリがある南部カンパニア地方最大の都市カプアの属領を指すが，なぜ当時ファレルヌム産のワインがブランドになったのだろうか。その理由は，まず良質なワインが生産できるようになったこと，次にギリシャ・ワインの輸入増加による市場拡大といった理由のほかに，カエサルがファレルヌムを饗応に用いたからでもある。カエサルは一般大衆をもてなし，大盤振る舞いをしていたのだ。またカエサルはカンパニア地方に2万人の植民を実行したために，カンパニア地方との人的なつながりがあり，カエサルが利用しやすかったという背景もあった。

　ファレルヌム産のワインはこうして高価なワインとして帝国内外に広く流通して，いわば「高級ブランド」として受け止められていた。そして当時のローマ帝国では，高級ブランドのワインを富裕層が消費するというだけでなく，貧困層が安価な地ワインや安酒を飲むという重層的な消費社会がすでに成立していた。

　このように紀元前後の時代に，原ブランドが交易の場面に登場するようになった。ブランドとしてある種の象徴が用いられ，あるいは特定の神や陶器がブランドとして用いられることもあった。また最初の生産地ブランドが古典古代のローマに登場している。原ブランドは，必ずしも現代のように特定の象徴やブランド名が用いられるのではなく，ブランドの役割を果たすさまざまな表象が用いられた時代であった。

　一方，北欧においては，ルーン文字（Runes）が紀元後1世紀ごろから用いられるようになった。ルーン文字とは，ゲルマン民族によって，現在のデンマーク周辺で用いられてきた，ラテン文字の影響を受けたアルファベットのことである。ノルウェーのベルゲン市ブリッゲン地区などでは，20世紀後半にこのルーン文字が書かれた木片と職杖が大量に発見されており（Bryggen Inscriptions），そこには荷札，商標や印と認められる木簡文が見出されている（Christin, 2012; Enoksen, 1998）。ブリッゲンの出土品は古代ではなく中世のものとみられているが，大量生産時代以前の時代であるため，ここでは原ブランドに含めておく。

　これら歴史上の断片的な知識をつなぎ合わせると，文字が用いられるようになった人間の歴史の始原，古代世界において，ワインや陶器などの商品が一部の社会階層によって「消費」されるようになり，また，交易活動が開始された時代においてブランドの原型が発達してきたことがわかる。

　また原ブランドは交易に際して次のような役割を果たしていたと考えられる。

64　　第I部　理論篇

1つの役割は，容器の内容物に関する情報の表出である。容器の中にどのようなワインが入っているかを示す手がかりとしてマークが用いられた。もう1つは，その対象物の生産者や所有者を示す目的である。誰が作って，誰に捧げられたものかを明らかにするための表象としてブランドがあった。そしてこうしたブランドを用いることは，古代世界のワイン管理を容易にする役割があった。

　原ブランドのさらなる役割は，商品の交易の信用のためである。商品の真贋を保証し，商品の持ち主を同定化し，取引に立ち会った証拠を残し，さらに商品の盗難から守ってきたのである。

　こうした原ブランドは現在のブランドがもつ仕組み，つまり一貫したブランド・ネームやロゴなどの表現的要素を備えてはいなかった。その意味では過渡期的存在であり，現在われわれがみるようなブランドとしての体系性や一貫性はもちえていなかった。しかし，その商品の使用者や購買者にとってブランドという意識を生み出していたことが推定される。その目的は，①作り手や産地を明示するため，②偽物を防ぎ，品質への信用を保証するため，③権力や価値の象徴を提示するため，というように要約できる。

# 4-5　前近代ブランド——中世・近世

## ❖ 中世・近世のブランド

　前近代ブランドとは，近代以前の中世・近世社会で，食品や調味料，嗜好品，道具などごく限られた商品分野で用いられたブランドを指す。この時代はヨーロッパにおいては，西ローマ帝国が476年に滅亡した後，19世紀に至るまで少なくとも1400年近く続いた。後に述べるように，われわれが今日みるような近代ブランドは19世紀以降の産物であるから，長きにわたってブランドが不活発な時代が続いたことになる。

　なぜブランドが活発でない時代が長く続いたのだろうか。それはブランドの成立を可能にする経済社会的条件が十分にそろっていなかったためである。先史ブランドや原ブランドが成立しえたのは，石器やワインといった限られた範囲の交換活動において，一種の大量生産活動が行われ，またそれぞれの商品消費において象徴的な意味を見出すことが当時の消費活動のごく一部で行われたにすぎなかったからである。

　西ヨーロッパにおいては，7世紀から8世紀にかけてイスラムが地中海を支配し，西欧とアジアとの交易は閉ざされてしまった（ピレンヌ，1991；岡崎，2005）。その結果，西欧には自給自足的であり，かつ非商業的な経済社会である中世社会が成

第4章　ブランド史の構造　　**65**

立した。この時期の経済は，教会や貴族が領主になり，荘園で農民を農奴として
管理する社会であった。このような荘園の自給自足経済のもとでは，7世紀以降，
約300年間は，交易や市場経済は発達することがなかった。

　西欧において市場経済が復活したのは，イスラム勢力が地中海から去った11
世紀以降であり，これが「商業の復活」（ピレンヌ）であった。11世紀末には十字
軍運動が始まり，12世紀にはヴェネツィアを拠点とするビザンツ帝国やイスラ
ム商人たちとのレヴァント貿易（東方貿易）が始まっている。この貿易では封建
領主・貴族たちが求める宝石・香辛料・絹織物などが銀と引き換えに取引された。
この商業の復活は，南方のヴェネツィアという商業都市と，北方のフランドルと
いう羊毛工業と海上商業の拠点との間の貿易という形で活発化した（岡崎，2005）。
この2つの商業拠点を結んで陸上に中世都市が繁栄するようになった。その1つ
が，以下で述べるフランス・シャンパーニュ地方のトロワである。

## ❖ ヨーロッパの前近代ブランド

　中世から近代に至る時代においてブランドは，どのような形で存在したのだろ
うか。

　13世紀中世フランスのトロワでは，都市が繁栄していた（Gies & Gies, 1982）。
この時代に都市と呼べる街は北西ヨーロッパではごく限られており，トロワはそ
の限られた都市の1つであった。トロワが栄えた大きな理由は，そこに大きな市
（シャンパーニュ大市）があったからである。9世紀を最後としてヴァイキングの
侵略は終わり，10世紀以降，北西ヨーロッパに都市が生まれつつあった。都市
化を促進したのは農業の開墾と，鉱業の発達である。こうした経済の興隆を背景
として，西ヨーロッパの毛織物をイタリア経由で地中海に販売し，香辛料などの
地中海の贅沢品を西ヨーロッパで売るための市場が必要とされ，トロワは市とし
て栄えた。

　こうした西洋における中世の都市において，ブランドが使われる場はごく限ら
れていた。小売商の個店のブランド，パンに刻印された焼き印などの流通ブラン
ドがあった。「パン屋のなかには質や量をごまかす者もいたため，パンには店の
焼き印を入れる決まりになっていた」（Gies & Gies, 1982, 邦訳, 74頁）。注目した
いことは，パンのような食品にブランドが適用されるようになったことである。
これはパンという規格化された低価格の商品が一定程度大量に生産されるように
なった，生産様式の一定の発達段階を意味している。これはある意味で近代ブラ
ンドの先駆けと考えることができる。しかし当初のこうした日用品のブランド化
は，取引の信頼というより，売り手の販売権を守るために始まっている。このこ

とは近代的な交換システムが十分に発達していなかったことを示唆している。

　ギルドの職人たちもまた職業の名前を自分の姓として用いたため，彼らの姓名が一種のブランドの働きをなしていた。たとえば，トマ・ル・ポルティエは陶工，リシャルテ・ル・バルビエは理髪師，などである。ギルドでは決まりが厳しく，商品の質が細かく規定されていた。またピエールフィット，ブルゴーニュなどのように，ワインの産地もブランドとして機能していた。

　当時の北西ヨーロッパにおいて，有数の規模を誇る中世トロワの市では，数多くの言語や人種が入り交じる「国際的」市場をなしていた。毛織物や香辛料，肉・チーズなどの食品，ブドウ酒，皮革，金属，手工芸品などが交易された。この市でブランドらしき存在はやはり産地ブランドだった。「どの町も毛織物の産地としての評判を守ることに必死だった」（同，302頁）。しかしこうした中世の市という場では，小規模な職人・小売ブランドや産地国ブランド以上の特定メーカーによるブランドは育成されることがなかったと考えられる。なぜなら工業的に均一な商品を生み出す生産がまだできでおらず，さらにブランド商品が流通するための仕組みが十分に整っていなかったからである。

　この時期の中世の貴族の生活に用いられ，彼らを他の階級から社会的に区別していたのは，当時の産地ブランドの生地を用いた衣服であった（Delort, 1972）。フランドル産のラシャ地，フィレンツェのカリマール組合の生地，キプロス産・ダマスカス産・ラッカ産の絹布，ランス産の麻布，ロシアのアストラハン産の子羊の毛皮，ロシア産の黒テンの毛皮などである。こうした稀少な生地を用いて，貴族の間で時代ごとに衣服の流行が形づくられるようになったのが14世紀以降である。

　遠隔地交易は15～18世紀のヨーロッパにとって，商業資本主義の形成において重要な役割を果たした（ブローデル，2009）。遠隔地との取引は大きな利潤を生み，それが本源的な蓄積を促進したからである。「インドで生産時に1ないし2グラムの銀に値した1キロの胡椒は，アレクサンドリアで10から14グラム，ヴェネツィアで14から18グラム，ヨーロッパの消費国では20から30グラムに値する」（同，143頁）とブローデルは記している。

　しかし，こうした国際商業システムは16世紀にいったん中断する。16世紀ヨーロッパでは「世界システム」が揺らぐ事態が起こっており（Wallerstein, 1974），1557年にスペインとフランス両国が経済的な破産を宣告している。16世紀の世界経済の中心に位置していたスペイン帝国は，これをきっかけに没落が始まった。1559年にはスペインとフランスとの間の戦争が終結し，カトー・カンブレジ講和条約が結ばれた。この事態は，覇権がスペインからオランダに向かうきっかけ

をつくった。「全世界がここで躓いた」(邦訳, 18頁) のである。この結果, ドイツと北イタリアとの間にできていた商業同盟も破綻した。それまで国際商業の中心だったフランスの大市はこれがきっかけとなって崩壊するに至る。この時期, ヨーロッパは経済的に安定した帝国を築くことができなかった。このために, 遠方交易をベースとしたブランドが発展することができなかったと考えられる。

### ◈ 商標保護の開始

一方, 知的財産の保護に関して次のような史実がある。中世のイギリスで1300年に, エドワード1世は, ロンドンの貨幣検質所 (Goldsmith's Hall, Assay Office) によってあらかじめ刻印されていない限り, 宝石商人に金と銀を売買することを禁じる勅令を出した (Trademark Bureau; The Assay Office)。刻印を偽造する人間は死刑に処せられた。これは知られている限り, もっとも早い知的財産を保護するための商標の使用に当たる。

また15世紀には書物に印刷者の印が押され, 印刷者が誰かを証明するためのマークとして機能した。1455年に『グーテンベルク聖書』をヨーロッパで最初に活字を用いて印刷した, 近代的印刷の創始者であるヨハネス・グーテンベルクは1462年に印刷した本に初めて刻印を用いたとされる。

### ◈ 嗜好品市場での動き

ルネサンス期を過ぎるころのヨーロッパでは, いくつかの前近代タイプのブランドが登場する。それは嗜好品の市場においてである。

17世紀には1652年にロンドンにコーヒーハウスができ, イエメンから出荷されるコーヒー豆はヨーロッパ各地にカフェの出現をもたらした (白井, 1992)。この時期に出現したコーヒー・ブランドとは「アラビア・モカ」である。モカはアラビアのイエメンの港であり, 当時, 独占的にヨーロッパに向けた船舶の寄港が許されていた。このためにアラビア産のコーヒーがモカと呼ばれるようになったのである。こうしたコーヒー交易は, アラビア世界に住みついていたユダヤ人商人に大きな冨をもたらした。

「モカ」という輸出港の名前を冠したコーヒー・ブランドは, その後, モカ港が没落したにもかかわらず, 20世紀に至って復活する。東アフリカのヴィクトリア湖に面したブコバという村にドイツ人によって1912年につくられた大規模なコーヒー・プランテーションからイエメンのアデン経由で出荷されたコーヒーに「モカ」というブランド名が付けられた。モカというブランドは名門コーヒーであることを示していたのである。

16世紀の絶対主義王制のヨーロッパにおいて，1570年ころからタバコがヨーロッパに普及してきた。タバコもまたコーヒーと並ぶ当時の世界商品であった。タバコ貿易は当初スペインが独占し，中南米で栽培されたタバコを輸入し，建て前は薬品として薬局で売られていた。当時はロール・タバコ（タバコの葉を巻いた状態）を切ってパイプで吸うか，スナッフ（嗅ぎタバコ）という形で，宮廷社会で広まっていった。1670年代にはオランダやスペイン，ポルトガルなどでスナッフの工業化が始まっていた。18世紀初頭にはタバコはさまざまな包装紙に包まれて販売され，"De Fortuin" というブランド名がみられるようになった（上野，1998）。

しかしタバコ・ブランドは，17世紀から19世紀のヨーロッパでは，ほとんど確立されることがなかった。その理由として，タバコの原料輸入から製造，流通に至る過程が，多くの国において専売制度が敷かれ，独占的な体制のもとに管理されたことが挙げられる。独占的な経営体制のもとでは，自由な競争を前提とするブランドは発達しないし，仮に専売制度のもとでブランドが存在しえたとしても，それは管理のための印にすぎない。

たとえば，フランスではタバコの専売制度が1629年からより徹底的な形で行われた。国王の指定するタバコ徴税請負人が強大な権力を与えられ，大きな利益を得ていた。こうした時代にすべての製造加工タバコには印を押して厳密に管理されていた。1789年に始まるフランス革命直後の恐怖政治においてはタバコの徴税請負人が32人もギロチンにかけられたほどであった。フランスでは革命後も専売制度は引き続き実施された。つまり交換過程において，自由な取引が妨げられた結果，ブランドは発達することがなかったのである。

また，タバコ・ブランドが発達しなかったもう1つの理由は，タバコがシガレットという形で大量生産・大量流通が行われず，職人による生産と加工が行われていたことによる。このころのタバコはパイプあるいはスナッフという形で喫煙されていた。

タバコ・ブランドの萌芽がみえるようになったのは，19世紀にシガー（葉巻タバコ）が一般化してからであった。オーストリア帝国の中ではミラノのタバコ工場で1802年から生産されていた，オーストリア・タバコ専売局の「ヴァージニア・アラ・パグリア」という銘柄のタバコが人気を得ていたという。このヴァージニアという名称がもし，アメリカのヴァージニア葉のタバコ（黄色葉）であるならば，産地名に由来するブランドということが推定される。

プラグ・タバコ（嚙みタバコ）はアメリカに特徴的なタバコであり，アメリカで広く愛用された。19世紀の南北戦争（1861～65年）のころプラグ・タバコ業者として頭角を現していたJ. E. リゲット（John Edmund Ligget）社は後に「ラーク」ブ

ランドで知られる L&M 社に成長している。また後にシガレット・ブランドでよく知られる「ラッキー・ストライク」は，1850 年に発売開始されたプラグ・タバコのブランドであった。

しかし本格的タバコ・ブランドの登場は，20 世紀の大量生産時代を俟たなければならなかった。また，この時代の前近代的ブランドは多くが産地名に基づくブランドであった。しかし 19 世紀に出現した企業のいくつかは，次の近代ブランドを生み出す存在となった。

### ❖ 日本中世のブランド

日本の中世において前近代ブランドの先駆けとして注目されるのが，8 世紀末から 12 世紀末の平安朝貴族社会における「唐物」の存在である（河添，2008）。古代から中世への過渡期のこの時代は約 400 年にわたっているが，平安朝の成立（794 年）以降，一世紀経った 894 年に遣唐使が菅原道真の建議により中止されている。この出来事は，後代に考えられたように，唐風文化から日本固有の文化である国風文化への転換を必ずしも意味してはいなかった。河添によれば，平安王朝では引き続き「舶来ブランド品」としての「唐物」が珍重されていた。

この時期，唐物ブランドとしてみられたのは，次のような品々である。「沈（ぢん）」や「麝香（じゃこう）」「衣比（えび）」「丁子（ちょうじ）」などの香料類，白檀などの貴木，「蘇芳（すおう）」などの染料，「陶砂（とうさ）」と呼ばれる陶土，「紅雪」「檳榔子（びんろうじ）」などの薬品類，「皮衣（かわぎぬ）」と呼ばれた毛皮，中国の越州窯で制作された「秘色青磁（ひそく）」のような青磁器，「瑠璃壺」と呼ばれたガラス器などである。

『源氏物語』第 32 巻「梅枝（うめがえ）」には次のような記述がある。光源氏が 11 歳の一人娘（明石の姫君）の裳着（もぎ）の式（女性の成人の儀式）を前にしてあわただしく準備をしている。2 月の梅の花が香っているそのとき，兵部卿（ひょうぶきょう）の宮（光源氏の異母弟）が突然訪ねてきた。そのとき前斎院（以前から光源氏と噂のあった朝顔の姫君）からの手紙が，舶来の沈香でできた優雅な箱に入り，さらにその箱の中には瑠璃色のガラス器までが添えられていた。以下の文はその箱の様子を記している。

「沈（じん）の木の箱に瑠璃（るり）の脚（あし）つきの鉢（はち）を二つ置いて，薫香はやや大きく粒にまるめて入れてあった。贈物としての飾りは紺瑠璃の方には五葉（ごよう）の枝，白い瑠璃の方には梅の花を添えて，結んである糸もみな優美であった」（与謝野晶子『全訳源氏物語』）。

このくだりからは，舶来の品々が貴族同士の贈り物として用いられてきたこと，こうした舶来のブランド品が平安貴族の重要な美意識を形成していたことがわかる。こうしたブランドは，威信財として機能していたし，こうした品々を所有し，

贈答する行為が貴族社会での共通した意味を形成していた。今日のプレミアム・ブランドがもつ社会的機能を先取りしていた。しかし社会的には一部の貴族社会にしかこうしたブランドは流通していなかった。社会的に商品ブランドが成立するのは後代のことになる。

　日本において銭が流通し始めたのは13世紀後半からである（網野，2006）。このころの銭とは貨幣だけでなく，東国では布や絹が，西国では米が荘園・公領の年貢として用いられたし，事実上の貨幣として交換支払手段に用いられていた。

　こうした交易条件においては，商品と貨幣とブランドとの区別は不分明であっただろう。有名な産地の布が広く流通しているとき，それがよく知られた信用のあるブランドの商品として，使用に用いられるだけでなく，他の商品との交換手段としても用いられたと推測される。このように交換の歴史のある時点では，ブランド・商品・貨幣の区別が曖昧になる瞬間がある。

　たとえば，第2次世界大戦のドイツのナチの戦争捕虜の収容所では紙巻きタバコが交換の支払手段として用いられていた（POW cigarette standard）。戦後の物不足が続いていたドイツでも同じように，ドイツ人とアメリカ軍・イギリス軍との間の取引でタバコが用いられていた。さらに，1980年代後半の旧ソ連では地下経済を支える物と物の交換手段として，アメリカのマールボロ・ブランドの紙巻きタバコのパックが用いられていた。

　なぜこのようなことが起こるのだろうか。貨幣が貨幣価値の下落により交換手段として十分に機能せず，また食料品などの必需品供給が需要に追い付いていないとき，そして，紙巻きタバコのように嗜好性があり，またある程度の保存性がある商品について，このような現象が起こりうる。

　中世にはそれに類似した事態があった。貨幣が十分発達せず，必需品が十分流通していない事態においては，貨幣と商品とブランドとの区別は困難である。中世においては貨幣の代替手段としてのブランドが発達していなかった。このため，貨幣もブランドも十分には発達せず，その地位が確立しない状態での取引が長く続いたと考えられる。

## ◈ 日本における本格的ブランドの成立

　14世紀半ば，南北朝から室町時代初期にかけて，当時書かれた『庭訓往来』の中に各地の名物と並んで「河内鍋」の名前がある（笹本，2002）。当時，河内（関西の河内国丹南郡）の鋳物師は全国的によく知られた存在であり，全国の梵鐘の81のうち50（62％）をつくり，河内の鋳物師が各地の需要に応じて全国各地に定住することになった。こうした鋳物師は平安時代の末期から鎌倉時代にかけて鍋・

釜・鋤・鍬などの鉄製品をつくるだけでなく，絹・布・大豆・小麦などの交易にも関わっていた。こうした時代に河内職人がつくった河内鍋は全国ブランドとして流通していた。つまり限定された職能集団によって同じような財が大量に作られて，かつそれらが全国に流通するという状況が中世の全国ブランドを生み出したのである。

室町時代（1336〜1573 年）に生まれた，日本でおそらく初めての本格的ブランドが，京都の「柳酒」である（吉田，1997：レファレンス協同データベース，2010）。柳酒は，下京五条坊門西洞院（現在の仏光寺通西洞院南西）の柳酒屋が醸造した酒であり，当時の狂言や日記などの文献にも頻繁に登場した。柳酒は美酒として知られ，贈答品として珍重された。当時，柳酒は六ツ星紋を商標にしていた。柳という名前の由来には，店の前に大きな柳の木があったという説と，柳の樽を使用したという説の 2 つが伝えられている。

柳酒ブランドの始まりがいつごろであるかは判然としていない。おそらく鎌倉時代末期あるいは室町時代初期から存在したと考えられるが，以下に引用するように柳酒が登場する文献は，室町時代，つまり 16 世紀のものである。

室町時代の文献には以下のような記述がある（『角川古語大辞典』：情報言語学研究室，2010）。

「柳と云酒は，唐土にもよい酒を柳と云ぞ。日本の京にも云ぞ」『板本湯山聯句抄・三』（1504）。

「酒は柳一荷，加之（しかのみならず）天野，南京の名物」『尺素往来』（1522 写本，室町時代後期，一条兼良著）。

「松の酒屋や梅つぼの，柳のさけこそすぐれたれ」『狂言集・餅酒』。

ここに記述されているように，柳酒は当時，世間の高い評判を得て，京都の名物ブランドとして成立していた。その背景には，京都の造り酒産業の隆盛がある。室町時代の応永 32（1425）年に調査された「洛中洛外酒屋名簿」には，合計 342 軒の造り酒屋が登録されていた（小野，1981）。中世京都では，15 世紀当時，酒造屋が北野神社を中心に集中していた。柳酒はこうした酒造業の競争の中で，評価を勝ちえていたのである。

しかしこのように名を高らしめた京都の柳酒ブランドも，室町時代を 200 年ほど過ぎた，江戸時代初期 1668 年に書かれた文献（鳳林和尚の『隔蓂記』）ではすでにその地位を失っていた（吉田，1997）。京都だけでなく，大坂ほかの各地で品質の優れた酒が製造できるようになっていたのである。

なぜ室町時代に柳酒はブランドになりえたのだろうか。京都という当時の経済・文化の大消費地において，大規模な日本酒の製造がなされるようになり，お

そらくは酒造業同士の競争に何らかの理由で勝ち残ってきたこと，また，当時の政治経済上の有力者（貴族・武士）に支持を得たこと，また地方に出荷されてその名前を知らしめたこと，などが考えられる。

しかし日本酒の製造が京都以外の土地でも可能となり，16世紀半ばごろから「火入れ」と呼ばれる加熱殺菌を行った日持ちのする酒が製造されるようになった。酒の貯蔵技術が発達した結果，全国的に流通するようになり，また同じ16世紀半ばには九州に蒸留酒の技術が伝えられ焼酎が，やはり京都を含む全国で流通するようになった（吉田，1997）。このように柳酒を含む京都産の日本酒の競合相手が次々と出現した結果，柳酒は斜陽化した。しかし柳酒は文献上でも明確に確認できる，本格的な前近代期ブランドの嚆矢であった。

## ❖ 味噌・醤油ブランド

酒と並んで，味噌にもブランドの発達をうかがわせる史実をみることができる。味噌は発酵食品として，もともと中国から8世紀ごろ大和時代に日本に伝来された（平野，1985）。平安朝の「延喜式」（平安時代中期に編纂された格式〔律令の施行細則〕，927年完成，967年施行）には味噌の原料が記されている。さらに，「続日本後紀」（869年完成）には，当時，京都の東市に醤店が開業し，西市に末醤の店が開設され，大いににぎわったという記述がある。また，産地名を冠した「志賀末醤」（近江国産），「飛騨末醤」（飛州産）などの名称が記されている。しかしこの時代までにブランドは産地表示以上のブランド性を発達させることはなかった。

注目すべきは，15世紀以降の室町時代に，「法論味噌」「金山寺味噌」（径山寺味噌）の名が登場することである。法論味噌は辞書の『下学集』に，奈良のお寺で法論の際に用いられた故の命名で，「ほうろみそ」などの名前で一般に知られるようになった，と記されている。『七十一番歌合』（室町時代末期1500年ごろ成立した職人を歌った和歌集）に「ほうろみそ売り」が登場する（平野，1985，45〜47頁）。

「夏まではさし出ざりしほうろみそ　それさえ月の秋をしるかな」

「うとくみならの都のほうろみそ　ほろほろとこそねはなかりけれ」

この記述によって，奈良でつくられた「ほうろみそ」が京都辺りでも売られていたことがわかる。つまり，これは狭い生活コミュニティを出て，広い範囲で味噌という商品が流通していたことを示している。当時，味噌は自家製造がふつうであり，20世紀に入っても「手前みそ」という言葉があるように，農村部では味噌を買うことは恥ずかしいこととされていた。したがって，このほうろみそや一部の味噌（尾張味噌，三州味噌，南部味噌のような近世に入って人々に知られた味噌）は，むしろ例外的な味噌であったと考えることができるだろう。

こうした一定の品質をもったブランド商品が、一部ではあれ、ブランド名として人々の口の端にのぼるようになった。それは生産された狭い生活コミュニティを越えて商品が流通するようになったことと、一定の品質が確保できる生産体制が可能になったこと、また商品カテゴリーが保存性のある醸造食品であったためと考えることができる。

一方、醤油の歴史は味噌よりも新しい。室町期の 1597 年版『易林本節用集』に醤油の漢字が初めて出現したとされる（ただし「ひしお」〔醤〕と呼ばれる醸造の調味料が古代〔弥生式文化〕にあった可能性は残されている）。また『万葉集』には、「魚醤」に関する記述がみられる（「初垂塩」、第 16 巻、3886）。「延喜式」（927 年編）によれば、平安京の市には、醤を売る店が 50 軒、味噌を売る店は 32 軒あったという。その後、鎌倉時代の「たまりしょうゆ」の文化を経て、室町期まで醤油という商品の登場を待たなければならない。

室町期の醤油は、家の秘伝となっており、長い間、外に製法は出なかった。醤油を製造して売り出したのは、13 世紀の紀州湯浅といわれるが、はっきりしていない。醤油ブランドの萌芽として、関東で下総の野田で 1561 年に飯田市郎兵衛が醤からたまり醤油をつくり、それを武田勢に納めた「川中島御用溜醤油」を挙げることができる。しかしこれが一般的に使われていた商標かどうかは判然としない。

17 世紀に入り、関東醤油が台頭する。交通路の整備、人口の増加、問屋制度の確立、そして、江戸という大消費地が存在したこと、などがその背景にある。ことに野田・銚子は水運に恵まれた土地であった。現在のキッコーマンの源である茂木・高梨一族が野田で醤油醸造業を起こしたのは、1661 年から 72 年のことである。また、ヒゲタ醤油が銚子で創業したのは 1616 年であった。

その後、江戸時代に入り、1830 年の『三省録』（志賀忍著）には江戸の酒屋の値段表が記されている。これによれば、上方の醤油は、銚子や佐原、結城などの関東醤油に比較して倍近い高い値段で取引されていた。もっとも高いのは御堂後ろにあった大坂河内屋の醤油である。これらを総合して考えると、このころはまだ醤油ブランドは十分には確立していなかったといえる。醤油を製造する家族の名称を冠したブランド、あるいは産地ブランドが通用していた時代であった。

## ❖ 前近代ブランドのまとめ

前近代ブランドとは、大量生産と大量流通システムが 19 世紀後半以降に出現する以前、中世の 5 世紀から 1400 年間の間に現れたブランドを指している。この時期、多くのブランドは、産地を表したブランドであった。ある程度の手工業

化が実現し，狭い生活圏を越えて，交易が発達した時代や地域において，こうした前近代ブランドが出現した。こうした前近代ブランドが実行された主な理由は，製造者の権利を守り主張するためであった。しかしながら，前近代ブランドは近代ブランドが備えているような一貫した象徴性や体系性をもたず，またマネジメントの対象としてブランドが考えられるようなことはなかった。

しかし，日本における室町時代である16世紀の京都に出現した「柳酒」のように，ごく一部でもブランドと考えられるものが先駆的に出現したことは特筆に値する。またイギリスでは1300年にすでに現在の知的財産保護につながる考え方が，金銀の偽物を防ぐ目的で出てきている。そして，19世紀に出現した一部の企業は，のちに近代ブランドを生み出すことになる。中世から近世への長い時代に，近代と現在のブランドにつながる萌芽的現象が出てきたのがこの時代であった。

## 4-6　江戸期ブランド──前近代から近代へ

### ◈ 江戸期ブランドの意義

江戸期に発達したブランドは，図4-1に示した「ブランドの歴史的発展」における「前近代ブランド」に基本的には位置づけられる。江戸期には，近代ブランドが生まれるための生産的基礎は十分に発達していなかったし，江戸期に生まれたブランドは，近代ブランドほどのブランド表象の体系性や一貫性を備えてはいなかった。しかし近代ブランドにつながる表象要素を一部に備えていたことや，明治期以降に発達する近代ブランドに先立つブランドの先駆的存在として，江戸期のブランドは独立して考察するに足る存在である。

1603年の幕藩体制の成立に伴って，日本には長い平和の時代が訪れる。1615（元和元）年の豊臣家滅亡以来，幕末の維新期に至る約250年の間，日本では外国との戦争や内戦をほとんど経験しない時代が持続した。この政治的安定性が経済的繁栄と商業流通を促進した基礎的条件であった。日本全体の人口は戦国時代末期に1000万人台であったが，100年後の元禄年間（1688～1704年）には3000万人と約3倍に増加している（牧野・会田・大石，1991）。

この将軍を頂点とする幕藩制社会を支えた基本的仕組みが石高制である。これは領地から収穫される米の収穫量（石高）をベースとして，農民から領主が米の現物貢租を収納する仕組みである。石高制は単に貢租を算出するだけの基準だけでなく，「加賀百万石」のように身分秩序を維持するための基準としても用いられていた。

しかし石高制による米の貢租では，領主たちは軍役に必要な貨幣を入手することができなかったので，米を換金するための米穀市場が全国的に発達した（林・作道，1996）。城下町が領主米の売り先として重要になるだけでなく，領地外からの商品を受け入れる場ともなった。また，農民層も塩や農具などの自分で生産できない生活必需品を入手するために貨幣を必要とした。このため全国的な商品流通の仕組みが発達した。大坂・京都・江戸の三大都市は中央市場として，武士や町人などのマス消費者を抱える消費地として，また，商品の集散地として，さらには手工業の中心地としても機能するようになった。

　徳川幕府は関ヶ原の戦い（1600年）の翌年に金貨・銀貨を鋳造し，貨幣流通の基礎をつくり，次第に貨幣制度を整えていった。寛文・延宝期（1661～81年）に貨幣流通の基盤が確立した（林・作道，1996）。17世紀後半にはこうした貨幣経済の発達を背景として，全国規模での商業活動を支える遠隔地間商人が活躍するようになる。この時期，大坂では，木綿，麻，塩，煎茶，煙草，鉄，炭，薪などの特定商品を扱う専業問屋が成立していた。

　江戸期に発達したブランドは，以下のカテゴリーにおいてみることができる。金融，流通，嗜好品（煙草，酒類），薬品である。

　江戸期の代表的な金融ブランドとして「三井両替店」を，また流通ブランドとして「三越」を挙げることができる。三井両替店を興した三井家は三重県松坂の出身である三井高利（1622～94年）を「三井家の家祖」としている（「三井の歴史」）。三井高利は，1635年に江戸に出て商業の修行を積む。その後いったん松坂に戻り，富を蓄積する。その後，再び江戸に進出し，1673年に越後屋（三井越後屋呉服店）の江戸店を江戸本町一丁目に開業する。高利の商才は「店先売り」と「現銀（金）掛け値なし」という新しいビジネスモデル，取引におけるイノベーションを編み出したことに象徴される。

　それまでの呉服屋の商法は，得意先から先に注文を取って後から商品を届けるやり方と，直接得意先に商品を持ち込むやり方の2つであった。また支払いは盆・暮の2回あるいは12月のみの支払いが普通であった。しかしこうしたやり方では貸倒れの危険があり，利息がかさむという問題点があった。

　これに対して，三井高利は，店頭での売りに限定し，正札により定価を客に明示し，商品価格を下げ，現金売りによる取引方法をとった。さらに，従来は一反からしか売らなかった呉服を「切り売り」という客の要望に応じて呉服を切って売る方法，また，即座に仕立てて客に渡す「仕立て売り」などの画期的な商法を提供した。これらの手法によって資金の回転が速くなり，客数も激増した。またこうした新しい商法を，「現金安売り」「掛値なし」という引き札という広告コミ

ュニケーションを用いて消費者に訴求した。なお，三井高利は越後屋呉服店開業の後，10年経った1683年に「三井両替店」を開業して，金融業としても営業を開始することになった。

なぜ，こうした売り方が金融や小売ブランドとしての三井を形成するに至ったのか。それはこうした売り方がイノベーションとして顧客にとって大きな利便性をもたらしたというだけでなく，こうした売り方の「パターン」が顧客経験として，顧客に認識されるようになり，さらにロゴマークや引き札のようなコミュニケーションによってブランドとして確立するに至ったからである。

三井の暖簾印
（出所）越後屋元文元年引札版木から起こした形。『史料が語る三井のあゆみ』より。

三井高利は1677年から1683年にかけて，三井の暖簾(のれん)印として，「丸に井桁三」を定めた。このマークはその後変化を加えられて，現在でも三井グループのいくつかの社において引き継がれている。

このようにみると，三井高利による三井ブランドの創設は，商業におけるマーケティング革新を伴い，またコミュニケーション面でも近代ブランドの先駆けとなる試みをなしていたことがわかる。

### ❖ 酒，薬品，タバコのブランド

江戸期には，薬品・食品・日用品などにわたってさまざまなブランドが発達した（大伏，1988）。こうした商標類は江戸時代に発行された引き札からみることができる。たとえば，以下のようなブランドが当時存在していた。

- 団十郎艾(もぐさ)——二代目市川団十郎（1688～1758年）が舞台で艾売りを演じて著名になったブランド。
- 唐豆腐——寛文年間（1661～72年）に売られていた唐の僧の伝法による豆腐製品。
- 読書丸——山東京伝店から売り出された丸薬ブランド。山東京伝（1761～1816年）は江戸時代後期の浮世絵師である。
- 長命寺桜餅——1824年ごろに隅田川名物として売られていた，桜の落ち葉を塩漬けにして花見時に提供された桜餅である。
- 越川屋の袋物——嘉永，安政（1848～60年）ごろに売られていた粋向きの袋物師によって作られた一風変わった袋物商品。
- 加賀屋のギヤマン——加賀屋は江戸唯一の舶来品専門の商店で，ギヤマンと

第4章　ブランド史の構造　　77

は日本製のビードロ細工よりも上等な舶来品であるガラス器。

- 山東庵の煙管──山東京伝店から発売された煙管のブランド。
- 鍵屋の花火──鍵屋弥兵衛の「花火せん香」。
- 瀧水，剣菱──内田屋の清酒ブランド。
- 豊島屋の白酒──神田の造り酒屋，豊島屋の白酒。

これらのさまざまな江戸期のブランドの中でも注目に値するのが，酒，薬とタバコ・ブランドである。これらのブランドのあり様をさらに詳しくみてみよう。

江戸期の酒については数多くのブランドが知られている。清・谷田（2015）によれば，江戸市中で消費された酒は，そのほとんどが「下り酒」，つまり摂津国豊島郡池田（大阪府池田市の一部）または川辺郡伊丹（兵庫県伊丹市の一部）などの上方から「下ってきた」酒である。清・谷田（2015）によれば，下り酒として以下のようなブランドが知られていた。

- 池田の酒──「満願寺」。江戸時代以前の応仁年間（1467〜68年）から酒造りを池田で始めた。小判印に三つ印の商標。池田の酒として江戸で知られていたブランドは，この満願寺のみであった。
- 伊丹の酒──「剣菱」。下り酒でもっとも人気の高い酒。商標は剣身と鍔。「七つ梅」木綿屋で製造された銘酒。商標は七ツ星。「男山」木綿屋で製造された。このほかの伊丹の酒として「花筏」「八重桜」「菊水」「三鱗」「三国山」「鬼貫」などがあった。
- 灘の酒──「正宗」。寛永年間（1624〜44年）から製造されていた酒。
- 三河の酒──「鬼殺し」。
- 地回り酒（江戸近国で産した酒を地回り酒と総称した）──「隅田川」「瀧水」「宮戸川」「都鳥」。

このように多くの酒ブランドが存在したのが江戸期である。前述のように，多くの酒が上方からもたらされ，四斗樽に詰められ，廻船によって運ばれ，江戸の新川に数多くあった酒問屋を通して，小売店である酒屋から江戸の民に販売されていた。

酒は江戸期を通じて，大量生産できる体制が上方を中心とする産地に整えられ，醸造製品であったため品質が長持ちし，物流・流通網が確立し，樽というパッケージングが早くから行われた。このため商標・ブランド名をはじめとするブランディングが他の商品カテゴリーよりも進んでいたと考えることができる。

酒と同様，江戸期の消費財ブランドとして繁栄した商品カテゴリーとして薬がある。吉岡（1994）によれば，江戸時代以前には薬の頒布は一部の貴族のみに与えられる「施薬」であり，官製の活動であった。このころから知られる薬の名前

として「地黄煎（じおうせん）」などがある。江戸時代に入ってから施薬は「売薬」として民間に流布していった。徳川家康は幕府がクスリを製造することを熱心に奨励し，その後の売薬の普及の後押しをした。

吉岡（1994）の推計によれば，江戸時代の半ば過ぎには，売薬は 1500 種にものぼった。薬を扱う流通業である生薬屋は江戸市中で 1751（寛延 4）年に 124 軒あり，広く薬の購買という習慣が根づいていたことを示している。江戸時代にはさまざまな病名や民間の治療方法・医学知識が一般に知られるようになった。巣鴨の「とげぬき地蔵」のような民間信仰も含め，庶民は病気の治療を熱心に行っていた。

第 8 代将軍・徳川吉宗は享保の改革により財政を立て直した「中興の祖」として知られるが，吉宗の時代（1716 年〜）には薬草栽培が幕府によって行われるようになり，同時に幕府は 1722 年，薬の適正な価格や品質の確保を問題視して，薬の真偽や品質検査を行うための和薬改会所を設置した。その後 1783 年に至ってこの機関は廃止されるが，これは生薬屋の知識が高まったためとされる。18 世紀の江戸などの都市圏では，多種の薬が多様な小売チャネルを通して流通していたのである。

江戸時代半ば以降，政治が安定し，庶民の平和な暮らしが実現してから，売薬の製造は本格化した。江戸の売薬の製造と販売は以下のような多種のチャネル組織によって担われていた。①武家，②寺院，③医家，④生薬屋，⑤香具師（やし），行商人，などである。

江戸期の薬ブランドの形態的な特徴とはどのようなものだっただろうか。1 つには，ブランド名・商標という概念がまだできておらず，薬の一般名称と生薬屋などの薬販売者が付けた名称とが混在していたことが指摘できる。

たとえば，「実母散（じつぼさん）」という婦人病の総称である「血の道」の特効薬とされた薬は，江戸時代からよく知られる薬であり，一般名称であった（三宅・稲垣，2000）。一方で，千葉実母散と喜谷実母散（きだに）というそれぞれ千葉家，喜谷家に伝わる薬もよく知られていた。そして，千葉実母散は「千の葉」を，喜谷実母散は「笹の葉」をブランドのシンボルとして用い，明治以降それぞれの名前を商標登録している。

「奇応丸（きおうがん）」は江戸時代以前，16 世紀から知られていた小児用の薬である。漢方薬をもとに作られた薬であるが，その後，太子山奇応丸，樋屋奇応丸，宇津救命丸，高倉司命丸など，奇応丸から派生してつくられた薬は数多い。現在でも宇津救命丸は登録商標の一般薬として製造販売されている。これらの薬はもともと家ごとの秘伝とされてきた薬が一般に販売されるようになったという共通点をもっている。

しかし，それ以外の薬のブランド名もある。たとえば，文政年間（1818〜30 年）

ウルユスの看板（内藤記念くすり博物館所蔵）

に発行されたショッピングのガイドブックである『江戸買物独案内』には、売薬が全体の21％掲載され、「酒禁丸」（酒ぎらいになる薬）、「一生歯ぬけざる薬」（一生歯が抜けない薬）、「犬にくわれたる薬」（犬にかまれたときの薬）のように、生薬屋が考えた適用や効能をそのまま表すブランド名も存在した（吉岡、1994）。

注目すべき事例は「ウルユス」（岩井・朝倉、1996）である。ウルユスは1812年に発売され（稲垣、2003）、第2次世界大戦まで長期にわたって販売されていた売薬ブランドである。「痰、溜飲（胸やけ）、積気（胸の痛み）」に効く薬とされ、とくに痰の特効薬として用いられた。長崎の健壽堂で製造され、大坂の同じ健壽堂で販売されて、取次を通してさまざまな小売チャネルで発売されていたようである。ウルユスとは、オランダ語に似せた語感の言葉を用いたブランド名である。病名と効能と用法（使う量）、病気に対する心得までを包み紙に明記してあったことは、当時としては画期的であった。現代に残された成分を分析したところ、良質な大黄（植物性生薬）を用いた製品であった。看板にアルファベットを用いるなど、オランダからもたらされた薬という「イメージ」を使いながら、効能を明快に訴求したことは、今日のOTC（一般用医薬品）の祖形をなしている。

一方、江戸期のタバコ・ブランドについてみてみよう。江戸時代にもっとも有名な最高級品のタバコ・ブランドは「国府」であった（清・谷田、2010）。国府とは、薩摩地方で産したとされるタバコの総称であり、その意味で産地ブランドであった。しかし実際には、国府タバコは薩摩地方で栽培されてはおらず、大隅地方で栽培されており、国府という名称は大隅地方の一地名である。国府ブランドが書物などに登場するのは18世紀初めごろからである。国府は芳香が高く、火付きもよい、高級で高額なタバコとして知られていたため、遊郭に遊ぶ客が遊女に見栄を張るために吸うタバコでもあった。国府以外には、「舞留」「舞」「舘」というタバコ・ブランドが知られていた。舞留・舞は摂津・山城・丹波地方で産したタバコであり、国府に並ぶ高級ブランドで、舘はそれらよりランクが落ちるブランドであった。ただし、国府も舞留も、実際に売られるときは「冬牡丹」のように店ごとにブレンドし、さまざまな名称をつけて販売されていた（谷田、2016）。

また地方にもタバコ・ブランドは存在した。たとえば、愛知県豊橋市でタバコ

を製造していた原田万久（1847〜1910年）のような実業家の存在がある。万久の祖先は大隅地方からタバコ原料を取り寄せ「赤粉」「国竹」などのタバコ・ブランドを製造していた（増山, 2011）。これらのブランド名は川柳や歌舞伎のような文芸や演劇の中に登場し，庶民の口の端にのぼる存在であった（谷田, 1993）。しかし，ブランドとして一貫したシンボルを確立するには至っていない。

　つまり，薬ブランドに比較するとタバコ・ブランドは，江戸期についていえば，産地ブランドから大きく離脱して，固有のブランド体系として発達することはなかった。これは当時のタバコが刻みタバコであり，業者が葉タバコを仕入れて売る比較的零細な卸売業であって，大規模なタバコ製造業としては登場しなかったことが理由として挙げられる。天狗煙草のように大規模なシガレットを製造する業者が登場し，ブランドを確立するのは，明治期以降のタバコ産業民営の時代である。

### ❖ 江戸期ブランドのまとめ

　江戸期ブランドの特徴は以下のようにまとめられる。
- (1)　酒や薬のような商品カテゴリーでは，他のカテゴリーよりもブランド化が進行していた。
- (2)　酒と薬のカテゴリーでは，大量生産・物流・商流の体制が確立しており，引き札という広告コミュニケーションを通じてブランド・エクイティとして確立することができた。
- (3)　一定程度，江戸期の消費者にとってブランド間の自由な選択が実現し，ブランド競争が繰り広げられていた。
- (4)　タバコのように，十分ブランド体系として発達しなかった商品カテゴリーも存在する。

　繰り返していえば，江戸期はブランドとして前近代ブランドから近代ブランドへの過渡期として捉えることができるが，そこには近代ブランドの祖形が確かに存在していた。

## 4-7　近代ブランド──19世紀末〜20世紀末

### ❖ アイデンティティの成立

　近代ブランドとは，19世紀末から20世紀末のおおよそ1980年代までに展開された大量生産・大量消費の時代に登場した，ブランドに関する一貫したシンボルとコミュニケーション・パターンを，交換の目的で備えたブランドのことであ

第4章　ブランド史の構造　　81

る。近代ブランドの最大の特徴は，商標やシンボルなどそのブランドの同一性（アイデンティティ）を示す体系的な象徴性の存在にある。

近代ブランドの出自は3つある。

(1) イノベーション・ベースのブランド：自社が起こした独自のイノベーションをベースとして発達したブランド。主に消費財ブランドとして登場している。

(2) 大企業ブランド：産業革命後に巨大な装置産業あるいは国家からの資本投入によって出現した巨大企業グループ・ブランド。重工業，鉄道，化学工業，金融などの，大資本を投入して築かれた大規模な企業体であり，日本では主に財閥ブランドとして現れた。

(3) フォロワー・ブランド：自社独自のイノベーションではなく，(1)(2)のブランド群の模倣あるいはフォロワーとして市場に登場し成功したブランド群である。

以下では主に，この(1)と(2)の近代ブランドについて考察する。

## ❖ イノベーション・ベースのブランド

この次期に華々しく時代のスポットライトの中へ登場したのは，消費者パッケージ財である。食品や日曜雑貨の分野で，小分けされ，パッケージに入れられ，低価格で購入頻度の高い製品が消費者パッケージ財である。大量生産技術と流通・物流網の発達，中産階級の消費者層の増大などがこうした商品の登場を支えていた。本格的な消費時代が始まったのである。

こうした19世紀末に生じたブランドの新しいステージは，前章でもみたように「包装革命」のもとで起きた（Pomeranz & Topik, 2006）。産業革命によって商品が大量に生産されるようになると，これらの商品を保存・貯蔵・輸送する必要が生じた。タバコ・食品・日用品などが小分け包装されて販売されるようになったのである。さらに，20世紀には香水・ワインのような贅沢品を包むガラス・ボトルが開発され，あるいは，時代を下ると第2次大戦後には，冷凍食品やアイスクリームのように温度帯が異なる商品が販売されるなど，包装形態は多様化した。

このように包装がブランドを形成した例は数多い。1876年にアメリカでアンホイザー・ブッシュ社がバドワイザー・ビールに低温殺菌法を採用し，瓶詰にして鉄道網を利用し，全米に売ったことで，初めてビールの全国ブランドが確立された。また日本でもミツカン酢やマルコメ味噌は戦後，それまで店頭で樽から量り売りされていたお酢や味噌を小分けにし，瓶詰やパッケージにして売ることで現在のブランドの地歩を築いた。

ミツカン（中埜酢店）の7代社長・中埜又左エ門（政一，当時は襲名前）は戦後の1940年代に，ほかの業者によって，自社の商標が刻印された空き樽に価格は安いが品質は劣悪な合成酢が詰められ流通しており，自社ブランドの価値が傷つくのを目撃していた（株式会社中埜酢店，1986）。このため断行されたのが，それまでの樽詰・壺詰に代わる，お酢の全面的な瓶詰化であった。コスト高になることは容易に予測されたが，又左エ門は将来的に大量生産によってコストが低減することを見越していた。こうした施策はミツカンというブランドを確立するために大きく貢献した。

　製菓会社の井村屋も，大正初期（1910年代）に，当時量り売りが普通であった時代に「くじ付き甘納豆」を箱に入れるアイデアを実行し，今日の事業の基礎を形成した（井村屋製菓，1996）。消費者プロモーションと個別包装とを同時に実現したのである。

　味の素もまた，戦後の1951年にそれまでの瓶詰の調味料商品「味の素」を穴付き容器の「ふりかけ式」に変更し，味の素ブランドを形成する基礎を築いている。

　これらの包装革命は，流通や物流上の便宜を与え，商品の販売を時間的・空間的に拡張しただけではない。消費者に自由なブランド選択を与え，ブランド同士が店頭で競争する状況をつくりだした。この意味で，近代の消費財ブランドは，まさに包装技術の産物であった。こうした近代ブランドの成立は，消費者の可処分所得の増加，マスメディア広告の発達，物流・商流の発達，といった状況とも深く関わっている。内容物を保護し，同時に内容物の安定性と同一性が包装によって可能となり，さらにそれが物流の発達によって遠方に輸送され，小売店店頭に並べられ，広告によって消費者にブランドの存在が告知されたのである。

　近代ブランドが本格的に登場するのは19世紀後半からである。この時期は「第2次産業革命」と呼ばれる。第2次産業革命とは，とくに1870年から1914年の時期を指している（Mokyr, 1998）。第1次産業革命によって鉄道や自動織機などの産業財を生産する装置が可能となった。第2次産業革命では，消費者が買ったり使ったりする消費財が製造販売されるようになったのである。

　この時期に広がった商品として嗜好品がある。タバコや酒などの嗜好品においてはブランドが早い時期から出現している。その理由は，いくつかある。

　1つはこうした製品は家内工業による「大量生産」，つまり同じ品質をもった内容物を，標準化されたパッケージに収めて流通させることが早くから行われたからである。もちろん今日の機械による大規模な生産体制とは比較できないくらい小規模であったとはいえ，同じ機能や性質をもった製品が一定程度の数量作ら

れるようになったため，ブランドが発生する余地が生じたのである。

　ブランドが成立するためには同じブランド名やシンボルのもとに，商品が同じ
品質と機能をもつことが前提となる。また嗜好品はその財の性質により，味わっ
てみて初めて品質が判定できる「経験財」としての性格を備えているため，ブラ
ンドが必要とされた。さらに，嗜好品の使用によって生じる主観的・抽象的・神
秘的経験を消費者のベネフィットとして表現するためにブランドが有効な手段で
あった。

### ◈ タバコ・ブランドの発達

　タバコはもともとアメリカの先住民から15世紀にヨーロッパ人に伝えられた。
それから17世紀前半にかけて世界中に浸透した（上野，1998；和田，2004）。ア
メリカにおいては，19世紀末，W. T. ブラックウェル社というパイプ・タバコ会社
がノースカロライナ州ダーラムにあった。同社が1869年に出した雄牛（ブル）の
トレードマークで知られた「ダーナム」（Durham）というブランドが当時高い評
判を得ていた。

　同じダーラムでパイプ・タバコや嚙みタバコをつくっていたデュークは，今日
のタバコ・ブランドの基礎をつくりだした。デュークはブラックウェル社に対抗
して，1881年に紙巻きタバコ（シガレット）を発売した。彼は当時発明されたば
かりの紙巻きタバコ高速巻上機を用いて，大量生産に社運を賭けたのである。当
時ボンサックという人物が発明し特許を取得したボンサック式巻上機は，1日1
台当たり12万本のシガレットを製造でき，手巻き職人の約50倍の能力があった。
しかも機械の操縦は3人で事足りたという。

　この賭けは結果的に成功した。大量生産を始める直前まで，彼のシガレットは
売行き不振であったが，当時の議会でシガレット税の引き下げが行われるのを見
越して，先回りして自社のシガレットの価格を半分に引き下げた。大量の注文を
獲得したうえで，デュークは機械による大量生産に乗り出したのである。

　デュークは当時さまざまな販促手段を講じた。ビルボード，ポスター，新聞・
雑誌広告，製品無料配布，取り扱い業者へのリベート，競技会のスポンサー，お
まけのカード（「スポーティング・ガールズ」のカードと収集用アルバムなど）配布，キャ
ッシュ・クーポンなど，今日の消費財マーケティングの基礎となる種々の販売促
進を行った。広告宣伝費は1889年当時売上の18％に達し，他の4大メーカーの
合計額よりも大きかった。

　最初に橋頭保を築いたニューヨーク（1884年進出）では，すでに他社によって
寡占状態だった市場を，タバコ店を精力的に廻り，経営者や店員との関係を構築

84　第I部　理論篇

した。こうした努力が実を結び，デューク社は当時アメリカ最大の紙巻きタバコ会社となり，1890年にアメリカン・タバコ社を設立するに至る。デュークの提案により，他の4社と企業合同（トラスト）を行ったのである。デュークはさらに手を緩めず，シガレット以外のタバコ市場（プラグ・タバコ，スナッフ・タバコ，シガー）の企業をも合併した。1910年には同社は全米タバコ市場の4分の3を支配していた。

シガレットがパイプ・タバコやシガーの消費量を抜き去ったのは，アメリカでは1923年のことだった（上野，1998）。こうしたシガレットの隆盛とブランド化の進行は，シガレットが大量生産に向いていたために大量生産システムが適用されたこと，他の業界でもそうであったように，企業合同が進み，産業の寡占化と大企業が生まれたことによる。1974年に至って世界のシガレットの39.4％が，上位6社（ブリティッシュ・アメリカン・タバコ〔BAT〕，フィリップ・モリス，R. J. レイノルズ，ロスマンズ，インペリアル，アメリカン・ブランズ）の多国籍企業によって占められるようになった。

イギリスではイギリス市場に浸透しようとするアメリカン・タバコ社に対抗して，1901年主要メーカー13社が連合して「インペリアル・タバコ社」を設立した。この会社とアメリカン・タバコ社とはその後，協定してお互いの市場を侵さない約束を結ぶ。このために両社の共同出資で設立されたのがBATである。

その後，1911年のアメリカでの反トラスト解体を命じる最高裁の判決以来，デュークの会社は4つに分割された。その1つのR. J. レイノルズ社はブランド「キャメル」を成功させた。キャメルはそのパッケージと広告デザインにひとこぶラクダの「オールド・ジョー」という呼称のキャラクターを用いて消費者に親しまれるブランドを形成した。

そして，フィリップ・モリス社は1930年代以降フィリップ・モリス・ブランドで，タバコ市場のシェアを伸ばした。1910年代から40年代には激烈なタバコ・ブランド同士の競争が繰り広げられた。

## ❖ 食品ブランドの発達

19世紀のアメリカでC. H. マコーミックによる刈り取り機械の発明は，農業の生産性を上げ，小麦などの穀物生産増加に貢献した（Petrick, 2012）。その結果，中西部に大規模な小麦粉生産工場が成長し，小麦粉やパンの価格を引き下げた。20世紀の初めごろまでに，アメリカ人は牛肉，果実，野菜などより多くの種類の食物を食べるようになった。また自動車会社のフォード流の生産ライン，すなわちフォーディズムを応用して，大規模な缶詰工場ができ，キャンベルスープやハイ

ンツなどのブランドが誕生した。

アメリカでは1880年から1930年に至る時期は食物消費の変革期であり，小麦粉，缶詰食品，オレンジ，レーズン，レタスなどの生産が大きく増加した。またこの時期にアメリカの食品業界が産業化を果たした。この時期に，現在もそのブランド名を知られている食品企業が立ち上がっている。

1898年にW. K. ケロッグによってコーンフレークの製造方法が発見された後，1906年にミシガン州のバトルクリークでケロッグ社を立ち上げている。ケロッグはシリアル食品の創始者として，アメリカ人の朝食の習慣を変えたイノベーターであった。

ナビスコ社ができたのは1898年であり，ニューヨーク・ビスケット会社とアメリカン・ビスケット会社が，そのほかの100社以上のパン製造会社を統合して，ナショナル・ビスケット社を創業している。この会社は後にナビスコと呼ばれるようになる。今日，ナビスコはクッキーのオレオやリッツ・クラッカーなどを販売し，スナックの分野で第1位を誇っている。なおナビスコは2000年にフィリップ・モリス社によって買収され，クラフト社と合併している。

ヨーロッパでも1867年にドイツ人の薬剤師であったアンリ・ネスレが牛乳の加工品を発売し，子どもの栄養状態を解決しようとした。ネスレは自社の製品を拡張させることに熱心で，早い時期から国際化を志している。1905年にはアングロサクソン乳業会社とネスレ社が合併して，今日のネスレの原型を形作っている。

このように1900年前後に，欧米では今日も栄えている食品ブランドが数多く誕生していることがわかる。食品に関する技術の発達，鉄道や船などの物流網の発達，消費者の誕生などがこうした動きをバックアップしている。

## ❖ 日用品ブランドの発達

日用品の中でもっとも初期にブランド化を果たした商品の1つは石鹸である。1837年創業のプロクター・アンド・ギャンブル（P&G）社がアイボリー石鹸を発売したのは，1879年である。それまで19世紀のP&Gの製品はブランドのないコモディティとしてのローソクと石鹸であり，アイボリー石鹸の成功は同社に新たな啓示をもたらした。

興味深いことは，それまでの同社の柱事業の1つだったローソクがオイル・ランプに取って代わられ，1876年の売上のピークを過ぎた後で出たのがアイボリー石鹸ブランドであり，これが同社を救うヒット商品となったことだ。P&Gは1932年にブランド・マネジメント制度を発足させ，ブランド管理に大きな革命

をもたらす存在となる。このブランド・マネジメントの変革については後述する。

## ❖ 日本の消費財ブランド

　日本の消費財ブランド・メーカーの多くも，この20世紀に入る時期の前後に，イノベーションをベースとしたブランドの地保を築いている。

　味の素は1908年に商品「味の素」を発明している。この商品の素は，グルタミン酸ナトリウムであり，東京帝国大学教授で，「旨み」成分を発見した池田菊苗により製造特許が取得され，味の素の前身である鈴木製薬所によって発売されている。

　資生堂の創業は1872年で資生堂薬局として銀座で開業し，1897年に高級化粧水である「オイデルミン」を発売して化粧品業界に進出している。オイデルミンは当時最新の処方に基づく化粧水であり，ボトルのデザインは芸術性を帯びていた。また1923年，日本初のボランタリー・チェーン・システムである「チェインストア制度」を導入し，化粧品小売の流通を整えた。さらに，1937年には化粧品愛用者組織である「資生堂花椿会」を発足させ，現在も同社の化粧品ビジネスの基本骨格をなす「制度品ビジネスモデル」を確立した。

　こうした流通制度の革新は，のちに松下電器産業（現パナソニック）によって1953年の「ナショナル連盟店制度」に引き継がれていく（日高，1999）。日本の戦後においては，ナショナル（現パナソニック），SONY，シャープ，サンヨー，東芝，日立など数多くの家電ブランドが出現する。ことにSONYはその商品戦略の巧みさから，1970年代に至る時期に世界的に評価の高いブランドを確立した。

## ❖ 商標制度の成立

　19世紀の初頭までブランドという言葉は存在しなかった（Pomeranz & Topik, 2006）。特別に商品を区別して呼ぶ場合は，産地がブランド代わりに使われた。中国からもたらされた磁器はChinaであり，コーヒーの名前はイエメンの港町のモカ，ポルトガルのポルト港の名前からポート・ワインと呼ばれるようになったのはその例である。

　登録商標は19世紀に世界の主要地域で法制度として整備されることになった。イギリスでは世界でもっとも早く整備された。1862年に虚偽表示を禁止する商品標法が制定された。さらに，1875年に先使用主義による商標登録法が成立した。

　アメリカでは，1840年代からいくつかの州が登録商標保護に乗り出した。商標制度がアメリカ政府によって連邦法としてつくられたのは1870年であり，商標登録に関する統一的立法が制定された。企業の所有権や無形資産を競争相手か

第4章　ブランド史の構造　　87

ら護るためであった。現在のアメリカの商標制度は1946年に成立したランハム法である（大島, 2010）。日本では, 1884（明治17）年の商標条例によって近代的な商標制度がスタートしている。

## ❖ 大企業ブランド

　19世紀の終わりから20世紀の初頭にかけて, とくにアメリカで, 今日のアメリカ経済の基礎を形作ったような大規模な企業体がいくつも誕生した。そのうちのいくつかは今日でもブランドとして, その力を誇示している。たとえば, ロックフェラーやカーネギーの名前は, 大学・財団・建築物・ホールの名前として今日知られているが, これらはこの時期に誕生した大企業創業者たちがこれらの施設を寄付して名前を残した跡なのである。

　ロックフェラーはジョン・D.ロックフェラー（1839〜1937年）によって, 最初は石油産業の製油所経営から出発して, 競争相手を買収して水平統合を行い, 精油を運ぶ鉄道会社とカルテルを結び, また垂直統合を行いながら, 次第に巨大企業へと変身していった（安部, 2002）。1892年にはスタンダード・オイル社として, 全米原油生産の25%を占めるまでになった。

　1911年, スタンダード・オイル社はときのウィルソン政権のもとで, 解体判決を受ける。それらの解体された後の企業は, 後に石油企業のセブン・シスターズに名を残している。エクソン（旧スタンダード・オイル・オブ・ニュージャージー）, モービル（旧スタンダード・オイル・オブ・ニューヨーク）, ソーカル（旧スタンダード・オイル・オブ・カリフォルニア, 現在はシェブロン）の3社である。こうした企業ブランドは現在もなお力を発揮しながら, 活動を続けているのである。総じていえば, ロックフェラー＝スタンダード・オイル社のブランドは, 時代と競争環境に適応した巧みな企業戦略の結果として生み出されたものと理解することができる。

　化学工業の分野でも, 1802年にアメリカで創設されたデュポン社は当初創立者の家族が支配していたが, 従兄であるピエール・デュポン（1870〜1954年）ら3人の手によって1903年に買収された（壽永, 2002a）。ピエールはデュポン社を火薬専業の企業から, 総合的な化学企業へと変貌させた。デュポン社が巨大企業になった1つのきっかけは, 1921年にそれまでの職能部門制組織に変えて事業部制組織を採用し, 製品別事業部に利益と業績の責任を負わせることにしたことである。このデュポン社の例にみられるように, 大規模企業ブランドになるためには, 技術力や商品の革新性だけでなく, 組織マネジメントにおいても革新を起こすことが必要であることがわかる。

　自動車のフォード社も, 19世紀の終わりから20世紀にかけて新しい事業分野

を切り開いて今日のブランドを築いたメーカーである（壽永，2002 b）。フォード・モーター社が創設されたのは 1903 年である。創立者はヘンリー・フォード（1863～1947 年）。彼は 1891 年からガソリン・エンジンの開発に加わり，92 年に入社したエジソン電気会社で電気工学を学び，ガソリン・エンジン開発に必要な知識を身に付けた。フォード社はクルマの大量生産を本格的に開始した企業として知られているが，それ以前に自動車の量産化を行ったオールズ・モーター社があった。この企業は後にオールズ・モービルとしてフォード社に買収されている。またキャデラック社も高級車に特化した自動車メーカーであったが，後にゼネラル・モーターズ（GM）に買収されている。またリンカーン・モーター社もキャデラック社を退職したリーランドによって創設された高級車メーカーであったが，フォード社に吸収されている。

　フォード社は 1901 年と 1902 年にウイントンという競争相手にレースで勝利したため，その名前を高めることができた。ヘンリー・フォードは 1906 年に大衆車の生産に限定すると宣言し，1907 年から N 型，1908 年から有名な T 型フォードの量産を開始した。T 型フォードのみに生産を集中するとフォードが宣言したのが 1909 年であり，実際，27 年までの 18 年間フォード社は T 型のみを生産し続けたのである。フォード社は今日のアメリカ式の大量生産方式を，互換性部品方式や専門的工作機械の導入により実現した。とくに車の部品の内製化においてフォードは進んでいた。

　しかし生産体制で先を行っていたフォード社は，後に GM の後塵を拝することになる（壽永，2002 b）。1921 年から GM の執行委員会に加わったハロルド・スローンは，総合本社と事業部という効率的な組織をつくった。また市場の変化に対応して，販売金融会社を 1919 年に設立し，消費者のクルマの買替えを促進する政策をとった。ディーラーへの対応もフランチャイズ制度などの進んだ政策を打ち出すとともに，何より魅力的なクルマのフルライン戦略を実行に移した。

　ブランド戦略という点において，GM はフォード社よりも先駆的であった（スローン，2003）。ブランドの個性や違いを際立たせることで，大衆車から高級車に至るピラミッド型のブランド・ポートフォリオを実現し，このピラミッド＝ブランド階層に沿って消費者がより高級で大型の車に乗り換える戦略を実行したのである。また中古車の買い取りや消費者への融資制度など，こうしたブランド階層を支える制度をつくったのも GM であった。この意味で，GM のブランド戦略はまさに経営戦略とマーケティング戦略・コミュニケーション戦略を一体化させたものとして，特筆に値する。

## ❖ 日本の大企業ブランド

　日本の近代に勃興した企業集団として「財閥」の存在が知られている。財閥の定義はさまざまであるが，その特徴として，①家族あるいは同族が経営の中核を担っていること，②親会社が子会社を支配する構造をなしていること，③多種の産業を経営している企業集団であること，④それぞれの産業分野において寡占的地位を占めていること，などが挙げられる（安岡，1990）。また，財閥には3種類がある。①江戸時代に町人として勃興し，明治期の工業化の過程の中で再び発展した財閥（三井，住友，鴻池），②江戸末期から明治初期に企業家として出発し大企業化した財閥（三菱，安田，古河など），③第1次世界大戦の時期に発展し植民地経済・軍部との協力で発展した新興財閥（昭和電工，日産，理化学研究所など）。

　財閥ブランドの代表として三井の発展過程をみてみよう。前述のように，起源は1673年に伊勢松坂から江戸に進出した呉服店である。三井家は幕府の呉服御用達として財をなした。しかし幕末にかけて業績は窮迫した。こうした窮状を救ったのは幕末から維新にかけての混乱状況であり，朝廷の出納所御用を引き受けることで，幕府から明治政府へ食い込むことが可能となった。1876（明治9）年に三井銀行を創設し，三井物産会社も同じ時期に設立した。三井財閥は時代の影響を受け，何度も破綻の危機に見舞われながら，優れた番頭＝経営者の登場によってこうした危機を乗り越えてコンツェルン化していった。

　三菱財閥の起源は，明治維新期に活躍した岩崎弥太郎（1834〜85年）である。1873年に土佐藩の交易事業を引き継ぐ商会会社を三菱商会と改称し，岩崎はこの会社の主宰者となった。三菱商会はその後，高島炭鉱などの炭鉱や銅山の経営，造船業，蒸気船の海運事業を行うことで成長していった。この過程で三菱は明治政府との結びつきを強めていく。また東京海上火災保険や明治生命保険，日本鉄道会社の設立にも三菱は関わる。三菱財閥は明治時代に，鉱山業・造船業・銀行・倉庫業・商業などの事業を多角化経営するに至るのである。

　このように，財閥グループは国家と結びつくことで企業としての地盤を固め，揺るぎないブランドを確立していく。

## ❖ ブランド・マネジメントの誕生

　ブランドの歴史で画期的な出来事が1930年代のアメリカで起こった。1931年5月13日，当時，プロクター・アンド・ギャンブル（P&G）社のマネージャーだったニール・マッケロイ（1904〜72年）がブランド・マネジメントという概念をメモで発表したことである（Dyer, Dalzell, & Olegario, 2003）。

　それは「ブランド担当者の職務と責任」と呼ばれるメモであり，ブランド・マ

ネージャーが把握すべきデータ，注意すべき点，なすべき任務，学習のための心構えなどを記している。たとえば，担当ブランドの出荷状況を個数単位，地域単位で把握し，販売状況の良い地域と悪い場所を分析し，効果の高いマーケティング戦略を組み合わせるように指示した。またマッケロイはブランドを管理するチームのあり方を示した。

マッケロイの考え方に沿って，マーケティング部門ではさまざまなスキルが要求されるようになったため，P&Gではアシスタント・ブランド・マネージャーから出発し，経営陣に昇格していくキャリア・コースができあがった。このようなブランド・マネージャーを中核にした組織文化はアメリカ企業の中でもP&G独特のものであった。

このマッケロイによるブランド・マネジメントの提唱は，近代ブランドを考えるうえで特別に重要な出来事である。個別の商品を，ブランドを単位として管理することで，ブランドという抽象的な存在をマネジメントするという考え方がこの時点で生まれたのである。

一方で，その時代背景にも注意を配る必要がある。それは，このブランド・マネジメントという概念が1931年という時代に出てきたことである。1929年9月3日にニューヨークの株式市場は史上最高値を記録した後，10月24日に株価は急落し，大恐慌が起こった。11月13日には株価は底値に達した。しかし1930年の時点ではまだ富裕層はそれほどの大打撃を受けていなかった。1931，32年に至って不況はますます加速した。1932年は「不況が最も過酷だった」（Allen, 1939, 邦訳, 62頁）年であり，全米で失業者は1300万人近くに達していた。ブランド・マネジメントという考え方は，いわば経済的危機からの脱出という意味もあったのである。

## 4-8　現代ブランド──1980年代以降の展開

### ※ ブランド・マネジメントの重要性の高まり

現代ブランドが近代ブランドと異なるのは，ブランド・エクイティ（資産）がマネジメントの対象となり，またブランドのパワーがマーケティング活動の中心的存在として浮かび上がったことと，ブランドが適用される商品がモノからサービス，ソフトウェア，金融，オンライン・プラットフォームなどの無形商品や企業・組織体にまで広がったことである。

近代ブランドと現代ブランドの分水嶺があったとするならば，それは1980年代末にイギリスにおけるブランド・エクイティへの着目であり，90年代以降，

欧米を中心に世界的にこうした動きが広がった。1980年代の後半からブランドが企業の資産とみなされるようになり，ブランドを管理し，育成するべきである，という考え方がビジネス・パーソンの間で共有化されるようになったのである。

Aaker（2014）はその原因を3つの歴史的な要因に帰している。①1980年代の初頭にPOSシステムのようなリアル・データの普及によって，価格ディスカウントが販売促進に効果があることがわかった。その結果として，価格競争が激化し，ブランド・エクイティが破壊されてしまったこと。②コスト削減が限界にまで達して，既存のブランド資産を活かしてのブランド拡張が着目され，そのためにブランド管理を行う必要性が生じたこと。③学界もこうした流れに協力して，ブランドの効果についてさまざまな発見があったこと。アーカーの一連の著作，ケラーのブランド・マネジメントに関するテキストなどはことに大きな影響を与えた。

このアーカーの3つの見解に，以下の④〜⑦の4つのポイントを付け加えたい。

④流通業への製造業者の対抗：1980年代から流通の寡占化が進行し，流通パワーがメーカーを上回るようになり，メーカーとしてブランド力の強化によって巨大化した流通業に対抗する必要性に迫られた。イギリスでは早くからPB（プライベート・ブランド）が発達していた（矢作，2014）。イギリスではPBへの取り組みはすでに130年以上前の1882年のセインズベリーから始まっており，消費者からPBの品質が高い評価を得ていた。1980年代以降，高品質PB化が進み，多額の投資が行われた。イギリスの食品小売業の上位集中度は1992年で45.8％と，諸外国に比して高かった。このために，イギリスにおいてはメーカーによるブランドへの着目が諸外国よりも早かった。アメリカではウォルマートのような巨大なディスカウント・ストアが発達し，メーカー・ブランドをおびやかすに至った。

ただし，こうした状況は，1980年代以前，60〜70年代からすでに進行していたという指摘もある。本書の理論篇（第1章）でも引用したように，イギリスの広告代理業における思想家であったキングは1972年のエッセイ "What is a brand?"（King, 2007/1972）において，当時，小売業の力が増し，ディスカウンターの小売業が増大し，販売促進とPBが増加していると記している。ブランドの必要性が認識されたのは，メーカーと小売業とのパワー・ゲームの対立の中であり，現在でもそのような対立構造の中でブランドの必要性が意識されている状況は続いている。

⑤ブランド価値への気づき：1980年代の終わりごろ，消費財メーカーのM＆Aが活発化し，ブランドが実体的な価値を上回って取引されたために，人々がブランド価値の大きさにあらためて気づいたことがブランドへの社会的注目を促進

した。イギリスでは，買収される企業が自社を防衛するために，自社の企業価値をより大きくみせるため，ブランド価値を会計報告書に記載することも行われるようになった。

⑥国営企業の民営化：1980年代当時のサッチャリズム（サッチャー政権が進めた企業民営化・規制緩和）やアメリカのレーガノミクスによって，民営化された新しいブランドが数多く誕生した。こうした取引の自由化がブランド化の必要性を促したのである。

⑦サービス・ブランドの興隆：1980年以降のサービス産業の興隆がブランドへの注目を促進した。モノではなく，サービス消費が盛んになり，またコンピューターの発達，インターネットの普及によって，エンターテインメント，ソフトウェアやオンライン・ブランドがより重要な地位を占めるようになった。1990年代に登場したサービス・ブランドの代表的なものとして，ウィンドウズ95，AOL，ヤフー！，グーグル，アマゾンなどがある。サービスにおいては，購入前に品質を確認できないという財の性質のために，ブランドがいっそう重要なのである。

1990年代以降に起こったブランドへの着目はこれら7つの要因が相互に関係しながら生起した現象として捉えることができる。以下では1990年代以降にマーケティングに起きた出来事をレビューして，ブランドへの影響を考察する。

## ❖ 1990年代から2010年代の展開

1990年代，マーケティングは「受難」の時期を迎えていた。1990年代にマーケティング予算は縮小され，マーケティングの部署が分散化され，結果としてマーケティングの役割が企業において減退したのである（Webster Jr., Malter, & Ganesan, 2004）。Kono（2004）もまた，アメリカの大規模な製造業10社へのヒアリング結果に基づいて，マーケティング機能が次第に「見えない」形となり，営業や商品担当部門に分割され吸収されていく実態を報告している。つまり，マーケティングが社内でもてはやされた1960～70年代とは異なり，90年代を通して，マーケティングの地位は，企業の中で独立した評価を与えられなくなくなってきたのである。とくにアメリカ企業では，すぐに短期的に業績が向上するプロモーションなどの方策が求められるようになった。

先に，1990年代からブランドが世界的に注目されてきたことを強調した。しかし，こうしたブランドへの着目は実は，企業内におけるマーケティングの地位の低下という事態と並行して起きていたことに注意する必要がある。一見矛盾するこうした事態は，どのように説明できるのだろうか。次のような説明が考えら

第4章　ブランド史の構造　　93

れる。1990年代に，社内にマーケティング軽視・短期的売上をめざしたプロモーション重視の風潮が高まったため，その反動として，社内の一部あるいは研究者など外部の識者によってブランド資産の重要性が指摘されるようになった。

　しかし，2010年代に，マーケティングの役割は企業において復活し再評価されるようになってきた。それはたとえば，アメリカにおけるCMO（chief marketing officer；最高マーケティング責任者）の地位の変化に現れていて，2000年代，マーケティング担当役員であるCMOの在職年数はごく短いものであった。スペンサー・スチュアート社（2014年）によれば，2006年当時23.2カ月（1.9年）であったCMOの在職期間は次第に伸び，13年には45カ月（3.75年）となり，ほぼ倍になったことが報告されている。また，IBMは，2011年にCMOに関する調査結果を発表して，デジタル革命の中でCMOの仕事がより重要になってきていることを示している。IBMがこのような調査を実施した背景には，企業においてCMOがより多くの予算を握るようになったことがある（東，2012）。実際に日本においても，CMOを置く企業の比率は25.8％（2013年）から39.9％（15年）へと増加している（ガートナー　ジャパン株式会社広報室，2016）。

　これらのCMO増加の背景として，「デジタル革命」によって，多くの顧客データが低いコストで活用することが可能となり，オンライン通販などのeコマースや，インターネット広告で「よりお金を稼ぐ」立場になったために，そこに予算が集中するようになったことが挙げられる。ガートナー　ジャパン社広報室（2016）はさらに「マーケティング業務にデジタル・テクノロジーを採用する際に，予算の確保や実装・運用方法などをめぐって部門間での摩擦が起こるようになっている」（同社プレスリリース）事情を指摘している。2010年代は企業におけるマーケティングの復権の年代として位置づけることができるだろう。

　こうしたマーケティングの復活は「マーケティングの民主化」（democratization of marketing）というキーワードで捉えることができる。マーケティングの民主化とは，インターネットとその技術の発達によって，マーケティングの実践が多くの人や企業のモノになったことを意味している。たとえば，スモール・ビジネスやBtoB企業において，ネットが普及する以前の社会ではマーケティングを実行できる手段が限られていた。しかし，デジタル・テクノロジーと戦略手法の発達によって，マーケティングを初めて本格的に実践することができるようになった。

　専門の広告代理店でなくても，フェイスブック，ツイッター，インスタグラムなどのソーシャル・メディアを用いた広告，グーグルなどの検索連動型広告は誰にでもさほどの予算をかけずに，また専門的知識がなくてもすぐにできるようになった。この結果，これまで広告を打つことが考えられなかったような小規模な

商店などのスモール・ビジネスも広告を利用することが可能になった。またオウンド・メディアである自社ウェブサイトをどのような企業でも保有することが当たり前になり，インバウンド・マーケティングのように，ウェブサイトへの導線をつくりだし，顧客を誘導する手法がさまざまに唱えられるようになった。

さらに，マーケティング調査の費用もインターネットを活用することで劇的に下がった。かつては全国規模で 1000 サンプル規模の調査を実施しようとすれば，1000 万円単位，数カ月の費用と時間がかかった。しかし現在では，全国で 1000 サンプルを回収しようとしたら，調査開始の翌日にデータが納品され，最低 30 万円台からでも実施することができるようになった。

また，すでに述べたようにマーケティングの民主化は，BtoB 企業，中小企業のように，これまでマーケティングと無縁だった企業においても，マーケティングの採用と実行を促進した。BtoB 企業においては，ネットがない時代は，営業パーソンが商品の売り先である企業を訪ねて歩く努力が大きく，自社を訴求する手段はごく限られていた。しかし現在では，インターネットを用いた訴求だけでなく，コンテンツ・マーケティングと呼ばれる戦略や，マーケティング・オートメーションというような新しいマーケティング手法が開発され，BtoB 企業でも，意識的にマーケティングを行う企業が競争優位性をもつ時代に入った。また，地方の中小企業であっても EC（e-commerce）を活用したマーケティング活動が可能となった（荻原・田中，2017）。

しかし，マーケティングの民主化がもたらしたより重要な意味の 1 つは，マーケティングがもともともっていた STP のような基本的考え方が，本格的に実践できるようになったことである。STP とは，フィリップ・コトラーがマーケティング・マネジメントのコアとして位置づけている考え方で，どのように市場を分割してセグメントに分けるか，セグメントのうちから自社が狙うべきターゲットをどのように決めるか，さらに，自社の製品をどのように顧客に知覚してもらうか，が STP の意味である。

従来のテレビ広告を中心としたマス・マーケティング中心の時代に，STP が有効性を発揮したのは，媒体（ヴィークル）のセレクションと，クリエイティブ開発においてであった。そして STP は緻密というよりも，大ざっぱなものにならざるをえなかった。このため，マーケティングを実践できる企業は，食品や日用品のように，全国地域を相手として，購入頻度が高く，低価格の消費財か，あるいは，自動車のような価格が比較的高い耐久財の一部に限られていた。マーケティングのデジタル化によって，自社が売りたい少数の顧客を市場から選び出し，そこにピンポイントでメッセージを送ることが一定程度可能となった。

第 4 章　ブランド史の構造　　95

これら一連のマーケティングへの再注目，マーケティングの民主化という事態によって，ブランド戦略も新しいステージを迎えた。つまりブランド戦略はこうしたマーケティングが普遍化する時代に，もはや特別な手法ではなく，ブランド力について考えることが当たり前である時代に変化した。同時にブランドのリスクも増大した。インターネットが生活のあらゆるシーンに浸透している時代において，ブランドが強力であることは当然有利に働くものの，実体や効果の裏づけのないブランド，倫理を欠いた企業，顧客を考えていないブランドに批判が集まりやすくなり，単なる「イメージ」だけではブランドの維持が難しくなったのである。

## ❖ 現代ブランドの変化と拡張

こうした現代ブランドを巡る動きを踏まえ，現代ブランドの変化は，その対象・体系・所有形態の3つの次元の拡張と，それに伴う意味の変化やメガ化として捉えることができる。

(1) ブランド化の対象拡張

モノだけでなく，サービス・成分・技術・オンライン・観光地・都市などブランド化される対象が広がっている。形のないサービス経済が興隆してきたことはいうまでもないが，注目すべきは，こうしたサービス業がブランドを活用して事業を伸ばしてきたことである。先駆的な例は，ケンタッキーフライドチキンやマクドナルドのような，フランチャイズ・ビジネスにみられる。

より現代的な例としては，グローバルな金融ビジネス，たとえばHSBCやシティバンクなどにおけるブランディング活動，マイクロソフトやアドビのようなソフトウェア・ビジネス，あるいは，グーグルやフェイスブックのようなオンライン・ネットワークのビジネスにみられる。インテルのように成分ブランディングで成功する企業も現れた。GOA（トヨタの衝突安全ボディ），マツダの「スカイアクティブ」（環境技術），日産自動車のe-POWERなどのテクノロジー・ブランド，などの環境ブランドもある。

さらに，各都市間また観光地間のグローバル競争が激化し，場所のブランディングも盛んに行われるようになった。プレイス・ブランディング，デスティネーション・ブランディングと呼ばれるのがそれである。オリンピックのようなスポーツ競技開催や，ビジネスイベントのMICE開催のような国際会議招致活動においても都市ブランディングがより重要と考えられている。

スポーツ界においてはブランドが，とくにスポーツ主宰団体によってさまざまな形で有用な武器として活用されるようになった。たとえば，成功例としてイン

グランドのプレミアム・リーグ，アメリカのMLB，日本のJリーグなどがある。スポーツ競技もまたブランド化され，スポンサーを集めるために寄与している。「オリンピック」「サッカー・ワールドカップ」などのブランドは大きな世界的イベントとして成長してきた。

エンターテインメント業界でもブランドは活用されるようになった。古典的成功例はウォルト・ディズニーである。ディズニーは「ディズニー・レシピ」を1957年に描き，映画やテーマパーク，出版を中心に，コンテンツを活用して収益を生む仕組みをつくりあげた。映画界におけるブランド化の成功例は，1977年に初めて公開された『スター・ウォーズ』であり，映画だけでなく関連グッズの販売も相まって商業的に大きな成功を収めた。「シルク・ドゥ・ソレイユ」はカナダから始まったパフォーマンス・アートであるが，エンターテインメント業界において新しいカテゴリーを創造し，またブランド化することに成功した。

非営利団体もまたブランドを重視するようになった。「ユニセフ」は世界の子どもを援助する非営利組織として知られているが，1990年代にブランド力を強化する施策を実行することで，より強力な組織へと変わることができた。

ブランドはまた，社会集団にも拡張されている。たとえば，西側諸国から「テロリスト集団」として考えられているアルカイーダは，ネットワークの「ブランド」として捉えることができる。また，近年のIS（「イスラム国」）もテロリストのアンブレラ・ブランドである，とする指摘もある（Bershidsky, 2016）。

また，商標制度の面からも，これまでのように，文字や平面図形（ロゴ，キャラクター，シンボル）だけが商標ではなくなっている。1996年に立体商標制度が，また2005年に地域団体商標が導入され，商標概念が少しずつ変更されてきた。日本では近年次のような新しい商標のあり様が検討されている（江幡，2011）。①動きの商標，②ホログラムの商標，③輪郭のない色彩の商標，④位置商標，⑤音の商標。アメリカでは音が商標として認められている事例がある。

(2) ブランド体系の拡張

企業ブランド・商品ブランドのほかに，サブブランド，ホールディングス・ブランド，事業ブランド，ディーラー・ブランドなど，ブランドの体系がより複雑化している。これは企業の事業体系が変化し，より多様な企業のあり方が実現されてきた結果であるが，これに伴って，どのようにブランドを配置し，どのようにそれぞれのブランドを活用すべきかが課題となってきた。

「セブン＆アイ・ホールディングス」はテレビ広告にもその名称を入れて，HDブランドを高めるような努力を行っている。「伊勢丹三越ホールディングス」も独自のブランド・シンボルをもち，単なるデパートの集合体以上の存在として自

第4章　ブランド史の構造　　97

身を主張している。さらに，ファッション業界だけでなく，モバイル通信機器の業界でも，サブブランド戦略が検討されるようになった。

また買収したブランドをどのように位置づけるかも課題となっている。M&Aが活発化し，企業やブランド・事業が売買の対象となるに伴い，獲得したブランドのエクイティをどのように最大化し，活用するかが問題となっているのである。たとえば，P&G社は，数々の巨大ブランドを獲得しつつ，自社の既存ブランドを整理している。花王も「カネボウ」ブランドを取得して自社のポートフォリオに組み入れている。デジタルカメラでは，ソニーはミノルタのカメラ部門を買収したが，ミノルタ・ブランドは継承することなく，「α」というカメラ・ブランドと，その技術を継承した。

こうした結果，単に事業を統合整理するだけでなく，ブランド・パワーをどう活用して，自社の既存のブランド力と合わせて，どのようなシナジーを形成するかが問われるようになった。

(3) ブランドの所有形態の拡張

ブランドは自由に売買される対象となり，さまざまなブランド・オーナーが存在する。たとえば，高級ピアノのスタインウェイは，投資会社によって保有されている。ブランドがそれ自体投資や投機の対象となったりしている。

ブランドがもともとの「育ての親」から離れて，新しいオーナーの傘下になるということは，新しいオーナーがどのようにそのブランドを評価し，育成してくれるかが問題である。たとえば，かつてインスタント・カメラの代名詞だった「ポラロイド」は，投資会社にそのブランドが売却され，低価格の家電商品のブランドになった。しかしポラロイド・ブランドは，サングラスのブランドとして復活しつつある。

ブランドは売買される対象となり，流通する案件となった。このようなブランドの自由な流通は，さらにブランド・マネジメントの必要性を増大させている。

(4) ブランド意味の拡張

ブランドが，商品カテゴリーの意味だけでなく，ライフスタイル，マインドスタイル，社会的理念などの幅広い意味をもつようになった。

かつてブランドはその商品カテゴリーの1つであることを明示する役割を担っていた。しかし「無印良品」にみられるように，共通した価値観や理念によって裏打ちされたブランドが出現して，こうした単体の商品カテゴリーだけを表出するブランドのあり方は大きく変化した。「パタゴニア」はファッション・ブランドの1つではあるが，環境を重視した創始者の理念が貫かれており，一部に熱心なファン層を形成している。

98　第I部　理論篇

また別の例としては，「TSUTAYA」（カルチュア・コンビニエンス・クラブ社）のように，もともとビデオレンタルから出発しながら，インターネットの普及により，ツタヤ・チャネルを提供することで，ツタヤ・ブランドがもともともっていた「ソフトの豊富さ」「便利さ」を残して，代官山蔦屋書店のような新しい事業形態に拡張するような例もここに含まれる。

　こうした変化はブランドが単なる商品機能を代表する役割から脱して，別の理念を表現する記号として機能しはじめたことを意味している。

### (5) ブランドのメガ化

　ゼネラル・エレクトリック（GE）社のように，複合化した事業体系に対応して，抽象化したブランドの意味を包括するようなメガブランドが登場した。フィリップス，日立製作所，ソニーなどのエレクトロニクス企業も，本業とは異なった事業分野を数多くもつようになり，企業ブランドの意味が変容するようになった。

　一方，P&G は，"ブランデッド・ハウス"の代表例として，異なった消費者用個別ブランドを傘下に置くようになった。P&G ではかつて企業ブランドを訴求するコミュニケーションはほとんど行ってこなかった。しかしロンドン・オリンピックの"Thank you, Mom."キャンペーンにみられるように，メガブランドとしての企業ブランド・コミュニケーションを意識するようになったことは大きな変化である。これは個別ブランドを重視してきた企業でも，企業ブランドを強化することの重要性が増大してきたことを意味している。現代において重要な企業社会の変化とは，上位企業への有力ブランドの集中化である。これは企業の寡占化と見合った事態である。たとえば，消費財の有力なブランドは，上位少数のメガ企業に集中するようになった。

　現代において，こうしたメガブランドがもつ意味は複合化し，より抽象的理念によって異なった事業分野の個別ブランドをカバーするようになったのである。

第 4 章　ブランド史の構造　　99

# 第II部　戦略篇

第 5 章　統合ブランド戦略の全体像
第 6 章　フェーズ 1　ブランド構築の基礎
第 7 章　フェーズ 2　経営レベルのブランド戦略
第 8 章　フェーズ 3　マーケティング・レベルのブランド戦略
第 9 章　フェーズ 4　コミュニケーション・レベルのブランド戦略
第10章　フェーズ 5　ブランド戦略の実行と管理

# 第5章

# 統合ブランド戦略の全体像

## 5-1 ブランド戦略とは何か

　ブランド戦略とはどのようなものだろうか。ブランド戦略という言葉は多くのことを意味し過ぎる傾向がある。ここでは，ブランド戦略を以下の3つに分けて考えてみよう。

　ブランド戦略という言葉で意味される第1は「トレードマーク・マネジメント」である。これは，企業にとっては知的財産の育成の一環であり，自社の商標を作り出し，自社の権利確保のために登録し，登録した後，そのブランド価値と権利を護るというブランドにとってもっとも基本的な活動の1つである。

　ブランド戦略という用語の第2の用法とは「ブランド単位のマーケティング・マネジメント」である。ブランド単位でマーケティングを考え，実践することで，そのブランド・アイデンティティが護られ，ブランドを構築する基礎が形成される。

　第3の用法とは「ブランド価値を高めるブランド・マネジメント」である。これは単にマーケティング活動というレベルにとどまらず，企業全体としてそのブランドの価値を高めるための活動のことである。

　本書においては，3番目の，ブランド価値を高めるために企業・組織が行う，目的に基づく計画と実行の過程をブランド戦略と呼ぶ。ここでいうブランド価値とは，本書の第Ⅰ部「理論篇」でも論じたように，「顧客の購入・使用・エンゲージメントに関してポジティブな影響を与えるような顧客のブランド知覚のこと」である。ブランド知覚とは，知名度，連想，属性評価，社会的評判，ロイヤルティ，知覚品質など，顧客がブランドを知覚する要素の集合体である。そして，こうしたブランド価値を企業の側から資産として評価したものがブランド資産（ブランド・エクイティ）である。

　では，ブランド戦略は，経営戦略，マーケティング戦略，コミュニケーション

102　第Ⅱ部　戦　略　篇

戦略などとどのような関係にあるのだろうか。実は，具体的な企業のアクション・レベルにおいて「純粋」なブランド戦略だけのアクションというものは，知的財産に関する活動を除いてほぼ存在しない。ブランド価値を高めるための経営戦略，マーケティング戦略，コミュニケーション戦略という活動があるだけだ。言葉を換えていえば，ブランド価値を高めることを意識した経営戦略，マーケティング戦略，コミュニケーション戦略がブランド戦略なのだ。

　たとえば，CEOがブランド価値を高めるための中期計画を立案するのもブランド戦略の一環であるし，メーカーの営業社員がブランド価値を護るために，店頭で低価格で売られないような施策を講じるのも，ブランド価値を高めるためのブランド戦略の一環である。したがってブランド戦略を管理・立案し実行するのは，企業や組織に属するすべての人が関わる活動ということになる。

　このため，ことさら「ブランド戦略の立案と策定」を社内でわざわざ主張する必要はないのかもしれない。ブランド価値を高めるための戦略があれば，それで十分だからだ。しかしながら，本書では，あえてブランド価値を高めるための経営戦略，マーケティング戦略，コミュニケーション戦略の必要性を強調したい。このことによって，通常の企業戦略とは区別された強いブランドを構築するためのやり方や考え方がより明確になると考えるからである。

　また，ブランドとは複数の次元からなる存在である。第Ｉ部「理論篇」で考察したように，ブランドには顧客，社会，企業という水準からみられた３つの次元がある。つまり顧客がそれぞれ知覚するような顧客個人の次元のブランド，社会全体で共有化された次元のブランド，企業が知的財産の権利として保有する次元のブランドの３つである。ここでブランド戦略の対象としているのは，第一義的に顧客の次元でみられたブランドであり，次に，社会という次元でみられたブランドである。しかし知的財産の水準からみられたブランドも，間接的にここでのブランド戦略の対象となってくる。

　さらに第３章で述べたように，すべての企業がブランド戦略をとらなければならないということではない。ブランド戦略を採用せずに，プッシュ戦略または営業力，あるいは企業の評判で戦う企業も存在するし，市場の状況によってはこうした戦略が有効なことも確かである。この意味で，ブランド戦略とはあくまでも企業がとりうる１つの活動形態にすぎない。

　しかし，プラント業界で他社が仕掛けてきたブランド力競争に対応してBtoBの分野で2000年代にブランド戦略を展開した横河電機の事例にもみられるように（第Ⅳ部ケース30参照），市場によって急激にブランドが重要な競争優位上の要因に変化することがありうる。またインテルが1990年代に半導体の分野におい

第５章　統合ブランド戦略の全体像　103

て先駆的にブランド戦略を採用したように，自社自らが他社に先駆けて「ノンブランド市場」（事実上ブランドが存在しないか，ブランドが機能しない市場）で，ブランドを競争の優位性に転換していくような戦略をとることもありうる。

またブランド戦略，つまり顧客のブランドへの知覚を高めることだけが企業の業績をすべて左右するわけではない。ただし，イノベーションとブランドの関係について第3章で考察したように，現代においては，研究開発，人的資源，生産活動など，企業が行う活動の成果，とくにイノベーションをブランド価値へと転換していくことが有利に働くという状態が現出している。この意味で，ブランド戦略に力を入れることが必要であり，重要なのである。

現代では市場での交換がより自由化し，顧客の選択の自由度が増大する中にあってブランド価値による競争がいっそう激しくなり，ブランド価値が高い企業がより成功を収める事例がいくつも観察できる。この意味で，企業がブランド戦略をとることには一定の意義がある。

第Ⅰ部で考察したように，ブランド戦略には5つのフェーズがある。フェーズ1は，ブランドに関する基礎的検討のフェーズである。フェーズ2は，経営戦略レベルのブランド戦略であり，フェーズ3はマーケティング戦略レベルのブランド戦略である。そして，フェーズ4はコミュニケーション戦略レベルのブランド戦略であり，フェーズ5はブランド戦略の実行と計画の測定フェーズである。

なぜ，こうしたフェーズによる分類が必要なのだろうか。

1つの理由は，ブランド戦略の実践にとって，さまざまな次元を混同せずに進行させることが効率的であるからだ。たとえば，フェーズ2の経営戦略レベルで，どの市場にブランドを構築するべきかを論じているときに，フェーズ4のコミュニケーション戦略レベルであるブランド名についての議論を始めてしまうことは混乱を引き起こす。もう1つの理由は，ブランド戦略を実行しているプロセスにおいて，何か間違いやうまく行かない事態に直面したとき，いつでもどの段階に間違いがあったのかをさかのぼって確認できるためである。

たとえば，期待したとおりにブランドが成長していないとすれば，それはコミュニケーションに問題があったのか，あるいは設定したマーケティング戦略に間違いがあったのか，あるいは，選定した市場の規定に間違いがあったのか。こうした疑問に対して，ブランド戦略をステップに分けて考えておくことで，各ステップにさかのぼって考えることが可能となる。

104　　第Ⅱ部　戦略篇

## 5-2　ブランド戦略の5つのフェーズ

以下では，ブランド戦略の5つのフェーズについて概観する（図5-1参照）。

フェーズ1では，ブランドに関する基礎的検討を行う。
「ブランドを，何をもとにして，どの商品について，なぜ構築するのか」
(1)　ブランドの構想
(2)　何を対象としてブランドを構築するか
(3)　必要性＝なぜわが社はブランドを構築するのか

フェーズ2の経営戦略レベルのブランド戦略では，次の3つを検討・決定する。
「どこに，どのようなブランドを，どうやって構築するのか」
(1)　ブランド・テリトリー（どの市場にブランドを構築するか）
(2)　ランドスケープ分析
(3)　ブランド戦略アウトライン
(4)　企業資源投入に関する意思決定

フェーズ3のマーケティング戦略レベルのブランド戦略では，次の4つを開発・検討・決定する。
「誰に，どのようなブランド価値を，どのように提供するのか」
(1)　フォーカス顧客：誰にブランドを買って / 使って / 採用してもらうことで価値を創造・提供できるのか。
(2)　ブランド価値プロポジション：どのようなブランド価値を提供し知覚してもらうか。
(3)　3Aフレームワーク——①アベイラビリティ：【購買】どのようにして顧客に買ってもらえる環境をつくるか。②アフォーダビリティ：【支払い】どのようにして顧客が買える状態をつくりだすか。③アクセプタビリティ：【使用】どのようにして顧客が使用できる / 使用したい製品とするのか。

フェーズ4のコミュニケーション戦略レベルのブランド戦略では，次の2つを検討・決定する。
「そのブランドのメッセージを，どのような顧客に，何を，どのように伝えるのか」
(1)　ブランド・コミュニケーション・パラメータ

第5章　統合ブランド戦略の全体像　105

図5-1 ブランド戦略の5つのフェーズ

**フェーズ1 構想**
「ブランドを，何をもとにして，どの商品について，なぜ構築するのか」
・構想
・対象
・必要性

**フェーズ2 経営**
「どこに，どのようなブランドを，どうやって構築するのか」
・ブランド・テリトリー
・ランドスケープ分析
・ブランド戦略アウトライン
・企業資源投入に関する意思決定

**フェーズ3 マーケティング**
「誰に，どのようなブランド価値を，どのように提供するのか」
・フォーカス顧客
・ブランド価値プロポジション
・3A フレームワーク

**フェーズ4 コミュニケーション**
「そのブランドのメッセージを，どのような顧客に，何を，どのように伝えるのか」
・ブランド・コミュニケーション・パラメータ
・ブランド・コミュニケーション戦略

**フェーズ5 実行と管理**
「どのような組織体制で，どのようにブランド戦略を実行し，その成果をどのように測定するのか」
・統合フレームワーク
・実行と管理
・成果の測定と活用

(2) ブランド・コミュニケーション戦略：顕出性・愛顧・行動・使用を高める
コミュニケーション活動

　フェーズ5は，ブランド戦略の実行と管理である。このフェーズではブランド
戦略に関わる次の3つの項目を検討・実行する。
　「どのような組織体制で，どのようにブランド戦略を実行し，その成果をどのように
測定するのか」
(1) 統合的ブランド戦略フレームワーク
(2) 組織内外におけるブランド戦略の実行と管理：持続的なブランド戦略の実

106　第Ⅱ部　戦略篇

表5-1 統合ブランド戦略フレームワーク

---

◆フェーズ1：基礎的検討
「ブランドを，何をもとにして，どの商品について，なぜ構築するのか」
われわれは＿＿＿＿＿＿＿＿という構想に基づいて
＿＿＿＿＿＿＿＿を対象として
＿＿＿＿＿＿＿＿という理由でブランドを構築する。

◆フェーズ2：経営戦略レベル
「どこに，どのようなブランドを，どうやって構築するのか」
われわれは＿＿＿＿＿＿＿＿の市場を
＿＿＿＿＿＿＿＿という市場分析をベースとして
＿＿＿＿＿＿＿＿というブランドを
＿＿＿＿＿＿＿＿などの経営資源を用いて構築する。

◆フェーズ3：マーケティング戦略レベル
「誰に，どのようなブランド価値を，どのように提供するのか」
われわれは＿＿＿＿＿＿＿＿に対して
＿＿＿＿＿＿＿＿というブランド価値を
＿＿＿＿＿＿＿＿というやり方で提供する。

◆フェーズ4：コミュニケーション戦略レベル
「そのブランドのメッセージを，どのような顧客に，何を，どのように伝えるのか」
われわれはこのブランドについて＿＿＿＿＿＿＿＿というメッセージを
＿＿＿＿＿＿＿＿に対して
＿＿＿＿＿＿＿＿という表現で
＿＿＿＿＿＿＿＿というやり方で伝達する。

◆フェーズ5：ブランド戦略の実行と管理
「どのような組織体制で，どのようにブランド戦略を実行し，その成果をどのように測定するのか」
われわれはこのブランドを＿＿＿＿＿＿＿＿という組織によって
＿＿＿＿＿＿＿＿というやり方でブランド戦略を実行し
＿＿＿＿＿＿＿＿というやり方で成果を測定する。

---

行と管理

(3) ブランド戦略の成果の測定とその成果の活用


以上の5つのフェーズを表5-1のように，「統合的ブランド戦略フレームワーク」(Integrated Brand Strategy Framework) としてまとめてみよう。これは，ここまでのフェーズ全体を問いと答えの形でまとめたものである。

第5章 統合ブランド戦略の全体像 107

第**6**章

# フェーズ1　ブランド構築の基礎

## はじめに

　フェーズ1では，ブランドに関する構想と構築について基礎的検討を行う。具体的には次の3つについて意思決定を行う必要がある。

　1-1　ブランドの構想：どのような方向性においてブランドを構築するのか。

　1-2　ブランド構築の対象：何を対象としてブランドを構築するか。

　1-3　ブランド構築の必要性：わが社はなぜブランドを構築するのか。

## 6-1　フェーズ1-1　ブランドの構想

### ❖　構想とは

　ブランドを構築しようというとき，その初源に「構想」(idea/inspiration) がある。構想とはブランドを構築しようと考える者や企業が，最初，直観的にあるいは熟慮の末に浮かび上がった事業・商品に関する，一定の構造をもった思念である。

　その構想は，当初は仮説やある種の「思い」でしかない。その仮説が実現可能かどうかはまだ不明であり，実践においてその仮説である構想は検証され，またブラッシュアップされなければならない。

　ブランドの初源である構想は，いくつかの形をとる。ある日突然，その人の頭の中に思い浮かぶこともあれば，何かの事件やニュースに触発されて発想されることもある。また，ある事業をみていて発想されることも珍しくない。ブランドの構想が根拠のない思い付きと異なるのは，そのアイデアが一定の「構造」をもっている点にある。構造とは，要素と要素同士の関係が示されているということを意味する。つまり，単に「おいしいドリンクを出そう」と思ったのでは十分ではない。「フランス産の果実をもとにしてフレッシュなジュースをつくり，日本の若い女性に飲ませたい」という考え方が構造をもった発想ということなのだ。

　前述のとおり，ウォルト・ディズニーは自社の事業に関して1957年の包括的

108　第Ⅱ部　戦略篇

な構想＝「ディズニー・レシピ」をもっていた (Zenger, 2013)。それは，劇場映画が中心＝ハブとなり，テレビ，音楽，マーチャンダイジングのライセンシング，出版，雑誌，マンガがその周囲に緊密な関係をもって配置され，さらに，ディズニーランドがもう1つのハブとして映画とともに屹立する。こうした構図全体がディズニー事業の基本構想となっているのだ。

　また，レッドブルによってエナジー・ドリンクという新しいカテゴリーを開発したディートリッヒ・マテシッツ氏の構想の始まりは，次のようなものだった。1980年代にアジアをビジネスで訪問したとき，彼は日本の高額所得者のリストを見せられた。そこで第1位になっていたのは大正製薬の上原正吉氏（故人・元大正製薬会長）だった。マテシッツ氏はクルマや家電ではなく，なぜ製薬会社のトップが一番の高額納税者であるかをリサーチして，「リポビタンD」の会社であること，また，日本には巨大なドリンク剤の市場があることを突き止めた。彼がレッドブルの着想を得たのは，こうした経験がもとになっている。

　ブランドの構想とはもちろん上記のディズニーの例のように，明確に図式化されたものである必要はない。たとえば，住友不動産のリフォーム事業のブランドである「新築そっくりさん」は，1995年の阪神・淡路大震災を当時の高島準司社長が目撃し，死因のほとんどが，家屋の倒壊や家具などの転倒による圧迫死だったことから，不動産業によるリフォーム事業として構想されたブランドである（第IV部ケース20参照）。

　無印良品の基本構想は故・堤清二氏の発想による。1970年代，堤氏率いるセゾングループ（当時は西武流通グループ）はアメリカの流通業シアーズ・ローバック社と提携していた。あるときシカゴのシアーズ本社を訪問した堤氏たちは同社の通信販売で売られている日本製のカメラが日本から輸入された後，いったん解体されてから発送されているのを目撃して驚いた。「日本製カメラの500分の1というシャッタースピードはアメリカの消費者には使われないような早さだから，その性能を落としてから発売しているんですよ」とシアーズの担当者は堤氏たちに説明した。この体験から得られたのは，「削ぎ落とす」という発想であり，生活者にとって余分な性能や機能を削除して，納得できる価格で発売することが無印良品の基本構想になったのである（第IV部ケース8参照）。

### ❖ 構想の構成要素

　こうしたブランドの構想は，次の4つの要素からできている。

(1) **事業カテゴリー**：どのような事業をなすべきか，どのような市場に参入すべきか。

(2) 商品性能・機能：その商品はどのような機能や性能をもつべきか。

(3) 顧客と事業ミッション：誰に対して何をなすべきか。

(4) 事業の意味と意義：その事業は社会や生活者にとってどのような意味や意義をもっているのか。

こうしたブランド構想は，どのようにその後のブランド構築に役立つのだろうか。第1に，どのようなブランドにすべきかは，ブランド全体像の出発点であり，その後に形成されるブランド戦略全体の基礎となる。第2に，ブランド戦略の創出や選定に関わるガイドラインの役割を果たす。つまり，ブランド戦略をセレクションするときの基準として役立つ。また，ブランド育成過程において，ブランド戦略を変更するとき，変化させるべき部分と変化させてはならない部分を区別するためにも役立つ。第3に，ブランド構築の関係者の間で，同じ考え方や価値観を共有化し，共感を得るために重要な役割を果たす。ブランドを構築する場合はブランドのチームが同じ考え方をシェアすることで，組織の中に求心力が生まれ，より効率的に目標を達成することができるのだ。

それでは，ブランドの構想とはどのようなものでなければならないか。

Zenger（2013）は，前述のディズニーの構想を，企業のもつべき「企業セオリー」（corporate theory）の例として提示し，企業理論には3つの "Sight" が含まれていなければならないと主張する。それが，Foresight（予測），Insight（洞察），Cross-sight（補完）である。この企業セオリーの考え方はブランド構想を考えるために役立つ。

ブランド構想には，まず，「予測」として，社会経済的に変化する将来を予測し，顧客の好みや考え方の変化に対する見通しが含まれていることが望ましい。現在は顕在化していないが，近い将来出現するであろう消費の動きについての洞察が含まれていることが求められる。日本でセブン-イレブンを創業した鈴木敏文氏は，1978年にセブン-イレブンで「おにぎり」を発売した当時，周囲からは売れないといわれたにもかかわらず，食堂などの外食施設の利用者が徐々に増えていたという事実を知っていたため，お昼を外食で済ませるような時代が来るという仮説を立て，おにぎりの発売を継続して成功した。

次に，ブランド構想には，顧客が潜在的に考えているが，顧客自身が言語化できないような欲求やインサイト＝「洞察」が含まれていることが求められる。もちろん現在顕在化している顧客の要求に応えることも重要であるが，こうした領域は往々にして競争が厳しいため，まだ開発されていない顧客ニーズに着目することが望ましいのである。たとえば，P&G社の「ファブリーズ」ブランドの構想には，生活者は自分の家はニオイがしないと思っているが，他人の家のニオイ

には敏感である，というインサイトが含まれていた。

　またブランド構想には，自社が必要とする「補完」すべき資源がどのようなものかが，明示的に示されていることがその後のブランド展開のために有利である。前述の住友不動産「新築そっくりさん」では，リフォーム事業立ち上げのために自社に欠けていた，人的な資源やノウハウを得ることが必要と示唆されていた。そのために同社は，たとえば，その後何年かかけて専用の大工を育成するといった，事業ブランド構築に必要な企業資源を醸成する活動を行っている。

　もちろんブランド構築のために，常に優れた構想が最初に存在するというわけではない。三菱や三井のように歴史的に体制と結びついてできたブランド，あるいは政府などの公共機関から制度的に生まれたNTTのようなブランドには，このような構想は必要ない。しかしながら，優れたブランドを構築するためには，優れたインサイトに基づく構想がベースとしてあるほうが，ブランド構築の過程で強いリーダーシップを生み，周囲を巻き込むことによってその後の展開がより有利になると考えられるのである。

　では，優れたブランドの構想はどのようにして得られるのだろうか。参考になるのは，以下の考え方である。こうした優れた構想が得られる「創造的瞬間」（Myers, 2002）が生まれるためには，Sternberg & Lubart（1991）の創造性に関する「投資」理論を基礎として，次の5つの要素が必要とされる。

(1)　専門知識：学習によって積み重ねられた知識が多いほど，さまざまな要素を組み合わせて創造が可能となる。

(2)　想像的思考のスキル：物事のそれまでとは違った見え方を得るためには，基礎的知識をもとに，その問題を新しい視点で再定義するスキルが必要である。

(3)　大胆な個性：リスクを受け入れ，あきらめずに試みを続ける。

(4)　内的動機づけ：自分の興味や満足のために動機づけられると創造的になる。

(5)　創造的環境：科学者を対象とした研究結果によれば「孤独な天才」はほとんどいないとされる。天才は他者から教えられ，ネットワークをもち，他者からの刺激を得ることが必要である。

　ブランドに関する優れた直感やひらめきを得るためには，上記の要素を意識しておく必要がある。

## 6-2 フェーズ 1-2 何をブランド化するか

### ❖ ブランド化対象の意思決定

　ブランド戦略を考えるとき，何を対象としてブランド構築をなすべきかという意思決定を行う必要がある。

　ブランド化すべき，あるいはブランド化できる対象は現在では幅広い。商品やサービス，企業はいうまでもなく，テクノロジー，成分，人，アイデア（理念）あるいはコンセプト，産地・旅行先・地方公共団体・国家・都市などの地域などである。商品をブランド化する代わりに，商品廻りの要素であるテクノロジーや成分，あるいは産地をブランド化すれば，商品を1つひとつブランド化するよりも効率的な場合がある。たとえば，消費者は，個別のパーカーのブランドではなく，「ゴアテックス」のパーカーだから選択する，ということがありうる。あるいはX地方特産の果物，と地域をブランド化すれば，個別農産品事業者はブランド化をする必要が低下する。

　ここではとりあえず，モノである商品を対象として何をブランド化すべきかを検討してみよう。ブランド化とは，資本や人，時間などの企業資源を用いて，顧客と市場にブランドを浸透させる活動を意味している。消費財企業であっても，多くの商品は広告や販売促進の予算化がなされずブランド化されていない現状がある。インターネットによって予算をかけなくてもブランド化できる可能性が近年広がっているけれども，多くの商品がブランド化に成功せず，市場に知られないままにあることが珍しくない。

　それでは，ブランド化に値する商品とはどのようなものだろうか。それはイノベーション性をもった商品である。第3章で明らかにしたように，ブランドの根底にはイノベーションがある。繰り返しになるが，本書では，イノベーションを次のように理解する。すなわち，新しい技術とそれらの組み合わせによって，それまでの商品のあり方に変革が起こり，顧客にとって生活や仕事の新しいパターンが生じ，生活や仕事上の優先順位が変化した事態がイノベーションである。

　こうしたイノベーションは，技術的あるいはマーケティング的な創造がもととなり，新規の発明同士の組み合わせによって生じる。ブランド化に値する商品とは，このようなイノベーションをもった商品である。イノベーションを備えている商品と判断されたときは，そのイノベーションの性質，つまりどのような意味において顧客の生活を変革する商品かを強く意識しながらブランド戦略を実行する必要がある。

112　第Ⅱ部 戦略篇

しかしながら，そのようなイノベーションという性質をもった商品は現実には多くない。仮に差異化ポイントがあるとしても，その差異が十分に顧客を惹きつけるだけの魅力になりえているかは疑問であることが多い。また新製品とされる多くが「画期的な新製品」ではなく，単に既存製品のライン拡張であることもよく知られている。ここではこのような事情を考慮しながら，どのようにブランド化すべき対象を決定すべきかを以下で引き続き論じる。

また，イノベーション性をその商品が本当に備えているかについての判断が困難なことも珍しくない。画期的な性能や有用性を備えた商品であるにもかかわらず，社内で理解されない，あるいは，自社の既存製品と競合するという理由で却下されることも多い。

ゼロックス社が1970年代にカリフォルニア州のパロアルトに設置したパロアルト研究所では，画期的で時代を画す研究が数多く行われた。のちに，アップルやマイクロソフトによって事業化されたグラフィカル・ユーザ・インタフェース（GUI）の技術をはじめとして，マウス，Smalltalk，イーサネット，レーザー・プリンターなどがある。これらの研究成果のほとんどはゼロックス社によって事業化されることなく，他社によってその事業性の可能性が評価され，事業化されるに至った（Hiltzik, 1999）。この事例は，イノベーションをどう評価するか，その事業性をどう予測するかの難しさを物語っている。

### ❖ 潜在的可能性

それでは，何を手がかりとしてブランド化すべき商品を選択すべきだろうか。

1つはその商品の潜在的可能性である。潜在的可能性とは，現在ではまだ顕在化していないが，その商品の登場によって市場が活性化して，新たな市場を形成するような可能性のことである。たとえば，レッドブルはエナジー・ドリンクという市場を栄養ドリンクに代わって形成した。iPhoneはスマートフォンという新しい市場をつくりだした。

こうした潜在的可能性をもった商品は，その商品が開発された市場戦略的意図と切り離せない。市場戦略的意図とは，このような市場を形成しよう，あるいは市場をこのように変化させようとする当初の意図のことである。つまり，その商品がどの程度有望な戦略的意図をもっているか，またその意図がどの程度実現可能なものであるか，こうした検討を経たうえで，商品の潜在的可能性を判断することになる。

興味深いのは市場のあり方を変化させるような商品の投入である。たとえば，住友不動産の「新築そっくりさん」は，それまでのリフォーム市場の問題点を改

善するようなサービスを提供し，そのサービスの提供を可能にする仕組みをつくりあげている。

　もちろん，あらゆる商品が潜在的可能性をもっているわけではない。ある商品は市場にある他社商品の模倣であったり，既存の市場に進出する新製品であったりする。他社の画期的商品によってすでに市場が形成されつつある段階で，その商品に対抗する新商品が投入されるような場合である。

　こうしたフォロワー商品の場合，すでに他社の新商品が市場に受け入れられているために，自社に十分な資源があれば，低リスクで市場に参入できる可能性がある。こうした商品の場合もブランド化の有力な候補となる。たとえば，レッドブルが形成したエナジー・ドリンク市場では，「モンスターエナジー」や「バーン」などの競合ブランドが投入されて活性化している。こうした市場を発見するためには，フォロワーを許容するような市場環境であるかどうか，競争がそこまで厳しくないかどうか（競争の質），市場規模の拡張可能性，流通の協力状況などをチェックする必要がある。

## ❖ 破壊的イノベーション

　フォロワー商品にみられるように，「模倣」は必ずしも非難されるべき戦略ではない。一見すると他社のマネとみられる新製品でも，実はそれがイノベーションである可能性があるからである。この意味でフォロワー商品の中でも，とくに，C.クリステンセンのいう「破壊的イノベーション」をもった商品に注目する必要がある。こうした破壊的イノベーションは，クリステンセンの「イノベーションのジレンマ」現象におけるコア概念をなしている。

　「破壊的イノベーション」とは，新しい顧客にアピールするシンプルでコストが安い製品を生み出すことである（玉田，2015）。これに対して，既存顧客の満足を満たす漸進的改良に基づくのが「持続的イノベーション」である。破壊的イノベーションの場合，新しい顧客層に訴求し，採用される力を新製品が備えているかどうかが問題である。こうした破壊的イノベーションの性質を備えている商品には，とくに注意深くブランド育成する必要がある。なぜなら破壊的イノベーションは当初，既存顧客には受け入れられないために，既存の大企業は破壊的イノベーションが取るに足りないと判断してしまうことが多いからである。

　たとえば，1970年代にマイクロ・プロセッサーによるパソコンが出現したものの，当初は既存顧客である企業ユーザーではなく，コンピューター・オタク的なマニアにのみ受け入れられた。マイクロソフトやアップルというブランドがここから育ってきたのである。

破壊的イノベーションに対して，既存の大企業は「合理的な」「正しい」意思決定を行う。すなわちリスクをとろうとはせず，破壊的イノベーションを無視する。典型的失敗例は，1879 年に電信会社であるウェスタンユニオンがグラハム・ベルからの電話の特許買い取りの申し出を断った事例にみられる。当時，電話は，電報に対する破壊的イノベーションであった。なぜ信頼性の高い電報に代わって欠点だらけの電話を採用しなければならないのか，と同社は考えたのである。

### ❖ ノンブランド市場

ノンブランド市場とは筆者の造語である。事実上ブランドが存在していない，あるいはブランドが機能していない市場を指す。たとえば，家庭用ペンキの市場では，消費財でありながら，日本ペイント，関西ペイントなどの企業ブランドは存在するものの，商品ブランドはほとんど消費者に浸透していない。また米菓市場のように，上位ブランドには全国ブランドが存在するものの，多数のブランドは地域ブランドにとどまっているような例もある。

こうしたノンブランド市場はなぜ存在するのだろうか。その理由は，メーカーと消費者の中間に流通業者や施工業者が介在するために，あるいは，専売制度などの法規制によって，また，系列取引などの企業間の取り決めなどの制約によって，自由な価格競争や，最終顧客の自由な商品選択が妨げられているためである。また消費者が使用する機会が少ないため，商品に関する知識が蓄積されないという事情もある。

さらに，家庭用の砂糖や小麦粉，あるいは重曹やクギのように，商品が原材料に近く，商品カテゴリーがそのまま商品名になっているカテゴリー，あるいは単に企業名＋カテゴリー名である場合も，ノンブランド市場と呼んでもよいだろう。

こうしたノンブランド市場で，ブランドを形成することには大きな意義がある。しかし，単にブランド名を付けて商品を投下すればよいわけではない。ブランド化すべきかの判定の基準は，投入される商品がその商品カテゴリーの他商品と比較してどの程度付加価値があるかどうかである。たとえば，単なる粉砂糖ではブランド化は困難であるが，カロリーを 90％カットした「パルスィート」（味の素）はブランド化すべき商品の例である。

このようにブランド化すべき商品の選択基準として，①明確な差異性があるかどうかのほかに，②潜在的可能性，③フォロワー可能性，④ノンブランド市場，などをチェックする必要がある。こうした検証作業を経た結果，初めてその商品のブランド化を決定することができる。

第 6 章　フェーズ 1　ブランド構築の基礎　　115

## 6-3 フェーズ1-3 なぜブランドを構築するのか

❖ **戦略マトリクス**

この段階は，企業がブランド戦略を採用するというとき，その企業がどのようなステージにあるかを確認するための作業である。このために，まず，①その企業がブランド戦略を採用するために，どのようなステージにいるか，を確認する。次に，②その企業にとってのブランド構築の必要性をより子細に検討する。

すでに，ブランド企業は常に「競争的優位」を得るために活動している。このとき，どのような戦略がありうるかについてマイケル・ポーターの競争戦略論を参照してみよう。よく知られているように，ポーター（1985）によれば，企業の競争戦略は，①コスト・リーダーシップ戦略，②差別化戦略，③集中戦略，の3つに大別される。

「コスト・リーダーシップ戦略」とは，規模の経済性・独自の技術・有利な原材料確保などによって，低コストの評判を得ることである。たとえば，トヨタ自動車のように生産過程においてコスト低減を得意とするメーカーのケースは，この戦略に該当する。日本企業は伝統的にこの戦略に長けてきたといわれている。

「差別化戦略」は，「買い手がたいへん重要だと思ういくつかの次元に沿って，自社を業界内で特異性を持つ会社にしようとする」（19頁）戦略である。差別化の方法は製品そのもの，流通システム，マーケティング方法などの手段があり，常に価格プレミアムを求めなければならない。たとえばインテルのように高度な技術を駆使して，MPU（マイクロプロセッサ）のようなパソコンの情報処理の中枢をなす部品を生産しているのは，この戦略である。

また「集中戦略」は，以上の2つのどちらかの戦略をとりながら，狭いセグメントに集中して戦略を最適化する方法である。たとえば，ポルシェのようなクルマは差別化に徹しながら，市場の中では狭いセグメントに属する高級スポーツ・カーに集中している。

ここでのポーターの卓見は，企業は普通，これら複数の戦略を同時に選択できないとするところにある。つまり，コストを低減させると同時に価格プレミアムを追求するような戦略は不可能ではないにせよ，限られた条件でしか成立しないとポーターは考えている。

たとえば，コスト・リーダーシップと集中戦略とを同時に達成するためには，限られた条件が必要である。それは，①競争相手が窮地に立っている場合，②コストが市場の大きな市場シェアによって決まってしまう場合，③大きなイノベー

**116** 第Ⅱ部 戦 略 篇

## 図6-1 市場オファー戦略マトリクス

| | 内的志向 | 外的志向 |
|---|---|---|
| 収益志向 | テクノ・マーケター | ブランド・マーケター |
| 量的志向 | コスト・マーケター | チャネル・マーケター |

ションをいち早く達成した場合，の３つの場合に限られる。このような場合は，普通は一時的にしか達成されないのである。

　こういったポーターの考え方——企業は同時に１つの戦略しか選択できない——をベースにしながら，図6-1のマトリクスによってブランド戦略の地位を考えてみよう。

　このマトリクスの各ポジションは，それぞれの企業がどのような志向をもって企業の特質・得意分野を方向づけ，競争優位を築いてきたかを示すものであり，同時に，その企業がどのような恩恵を顧客に与えてきたかを示している。

　「コスト・マーケター」とは，生産プロセスの合理化，仕入れ技術や購買力・システムに基づく低コストによる原材料の仕入れ，パッケージングの技術，物流システムの優位性などによって，競争相手より安いコストで競争優位を築く企業である。

　「テクノ・マーケター」とは，製品そのもの，あるいは，生産過程でより卓越したテクノロジーを用いた優位性によって差別化を行う企業である。

　「チャネル・マーケター」とは，流通の確保力，自前の流通チャネルの構築力・営業力などによって流通に強い影響力を与える企業である。彼らは自社の製品を店頭に陳列する能力に長けている，あるいは自前の流通網によって自社製品を消費者に提供することができる。このような「プッシュ」の力で競争上の優位を築く企業がチャネル・マーケターである。

　最後に「ブランド・マーケター」とは，消費者・顧客の"アタマの中に"築いたブランド・フランチャイズを活かして，プレミアム価格で製品を売り，高い収益力を可能にした企業を意味している。

　コスト・マーケターとチャネル・マーケターは〈量的志向〉のマーケターである。つまり，より多くの売上・シェアを志向することで規模の経済性をめざし，

市場でより優位な地位を築こうとする。

　一方，テクノ・マーケターとブランド・マーケターは〈収益志向〉をもっている。売上額やシェアよりも，むしろ価格プレミアムを実現することでより高い利潤を得ようとする。

　その一方で，コスト・マーケターとテクノ・マーケターは，他社よりもいち早く生産やR＆Dに投資して，企業内部の資源を充実させる。彼らは，より〈内的志向〉のマーケターである。

　チャネル・マーケターとブランド・マーケターは，その逆に〈外的志向〉である。企業の取引先・顧客との関係構築により多大な投資を行い，社外との関係をより充実させようとしている。

　企業はこのマトリクスに示された，ある1つのポジションをより充実させることで競争上の優位を築こうとする。しかも，1つの企業はある1つのポジションに留まっているわけではない。より優位性を求めて，ある地位からもう1つ別の地位へと移動することで，競争的な地位をより強固なものにしようとするのである。

　つまりこのマトリクスは，企業が市場に対して何を「オファー」（提供）しようとしているかを示したマトリクスである。前に述べたように，企業はそれぞれの象限を同時に1つしか選択できないものと仮定している。自社がどこに位置するかは，企業がどの象限にもっとも多大な企業資源を費やしているかで判断できる。

　ここで考えてみたいのは，企業はどのような発展過程をもってブランド・マーケターに行き着くか，ということである。企業は一気にブランドで優位性をもった企業にはなれない。短期でブランドを構築することは不可能でないにせよ，ある発展過程をもってブランド中心の経営を成立させる。その発展過程をこのマトリクスを使って考えてみたい。


## ❖ ナイキ社の事例

　ナイキ社のような企業を考えてみよう。ナイキは1960年代に創業されたときから，創業者フィル・ナイト氏によって構想された事業プランをもっていた（当時はナイキという社名ではなかったが）。それは日本において，より安価なコストで良質な運動靴を生産するという考え方である。

　この段階においてナイト氏は，いわば，コスト・マーケターを志向していたということができる。事実，彼は来日して，当時のオニツカ（現アシックス）に委託して運動靴を生産していた。

　その後，ナイキは単に安価な靴だけでなくワッフル型の靴底など，アスリート

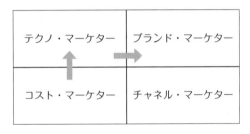

図 6-2 ナイキ社の戦略移動

の高度な要求に合った，より高テクノロジーの靴を生産するようになった。この段階でナイキはテクノ・マーケター志向を強めた。トップ・アスリートの要求する高品質のアスリート・シューズを作れるメーカーとして，自身を変えていったのである。

さらに，ナイキは単なる量産運動靴メーカーにとどまらず，今日われわれがみるようなトップ・アスリートをエンドーサーとして用いるブランド戦略を強化した（これはアディダスの戦略の模倣ともいわれる）（ハートレイ，1992，224〜235頁）。この段階に至って，ナイキはブランド・マーケターの地位に移行したのである（図6-2参照）。

## ❖ 良品計画の事例

さらに，良品計画の事例について，このマトリクスを使って戦略移動の軌跡をみてみよう。

株式会社良品計画は，「無印良品」という元来セゾングループのPBとしての位置づけで開発されたブランドを，PBから脱した一大独立ブランド・グループとして成功へ導いた。1980年にスタートした無印良品は，当初55億円だった売上（83年）が，10年後の93年には308億円にまで拡大している。この拡大の流れを図6-1のマトリクスに当てはめて理解すると，図6-3のようになる。

事業がスタートした1980年代初頭の無印良品のスローガンが「わけあって，安い」であったように，同社は単なる包装の簡素化だけにとどまらず，機能と価格とのトレードオフを克服するために素材・工程・包装の3つの視点から低価格化を進めた。この時点では，無印良品は明らかにコスト・マーケターを志向していた。

販売開始から3年目の1983年に，無印良品は路面店の開店，百貨店のイン・ショップをオープンさせるなど，流通の拡大を図った。この動きは現在も続いていて，当初のセゾングループのPBという位置づけから完全に脱して，自前の流

第6章 フェーズ1 ブランド構築の基礎

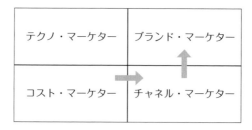

図6-3　無印良品の戦略移動

通チャネル（都市型・近郊型の大型店舗展開など）を確保するに至っている。この段階で無印良品は，チャネル・マーケターを志向し始めたといえるだろう。

　1989年に，無印良品は西友の事業部から独立し，良品計画として再出発した。途中で何回かオリジナルのコンセプトを確認しながら，現在では食品・家庭用品などの生活用品全般をカバーする大ブランド（同時に小売業でもある）に成長している。

　単に安くて良い品物というだけにとどまらず，自然・やさしさ・環境をテーマとする意味・理念を包含するブランド性を保有し，そのブランド価値によって他のブランドと差別化され，大きな収益を得る段階に至っている。この段階で無印良品は，ブランド・マーケターとして成長したと考えることができる。

　これらの事例のように，市場オファー戦略マトリクスはある企業の戦略がどのように移動したかを理解する助けとなるが，それだけではない。その企業が単なる低コストやチャネル支配力，またテクノロジーだけで市場を制覇するのではなく，ブランドを構築し，ブランドを梃子とした戦略へ企業が成長する過程を理解する助けともなるだろう。

　このマトリクスは，企業の戦略の歴史的展開だけでなく，ある1つの企業のブランド群をポートフォリオとしてこの4つの象限に配置し，その企業のブランド・ポートフォリオに利用することもできる。

　たとえば，あるブランドはコストが競争優位となっておりコスト・マーケターであるが，別のブランドは特定チャネルに向けたブランド群でありチャネル・マーケターである。そしてさらに別のブランドは，そのブランド・パワーを活かしたブランド・マーケターとしてマーケティング戦略を組み立てるというように，このポートフォリオを使って各ブランドのポジショニングを考えることができる。

　以上のように，この図式を使って得られる1つのインプリケーションは，必ずしもマーケターはブランドを中心としたマーケティング戦略だけで勝負する必要はないということである。つまりコストが重要視され，それだけが競争上の優位

であるような業界にあっては，コスト優位を中心としてマーケティング戦略を考えていくことも可能である。また営業力を武器にして，チャネル・マーケターとしてその地位を築くこともできる。

　しかしながら，このマトリクスは，ブランド力を築くことによって得られる競争優位がマーケターのとりうる1つの有力なオルタナティブであることを教えている。おそらくブランド・マーケターに至る道を志向することが，単なるコスト・マーケターからの脱出を可能にし，収益志向のマーケターとなる道であることを，この図式は暗示している。

### ❖ パッケージ型商品ブランド

　ブランド戦略を論じる際に問題となるのが，果たしてその戦略理論が業種・商品タイプ・事業タイプを超えて普遍性や妥当性をもつかどうかという点である。ブランド戦略の必要性を考えるとき，ブランドの商品タイプも考慮に入れなければならない。

　FMCG（fast moving consumer goods）と呼ばれている「パッケージ型商品ブランド」では，ことにブランド化の必要性が高い。FMCGには，食品・トイレタリーなどのGMSやコンビニエンス・ストアで扱われるパッケージ商品，あるいは家庭用薬品・家庭用品，さらに家電製品が該当する。

　このパッケージ型商品ブランドにおいて特徴的なことは，まず消費者が商品を自由に手に取って多くの競合品の中から自分で選択できる状況にあることである。この点においてパッケージ型商品に属するブランドは，他の事業タイプと明確に弁別されるようなブランド性を発揮している。パッケージ型商品ブランドでは商品が「手に取って」選択されるために，その商品が店頭で店員などの力を借りなくても，パッケージそれ自体で販売が成立するような仕掛けが求められる。

　それがマス広告であり，店頭プロモーションといった手段であるが，重要なことはこれらのコミュニケーションがそのパッケージ型商品に意味や理念を想起させるように働かなくてはいけないことである。つまりブランドの選択が消費者の自由にまかされているために，そのブランドについての記憶と店頭での刺戟とが，そのブランド選択にとって有利に（＝選択確率を高めるように）機能するようにマーケティング戦略が設計されていなくてはならない。これがパッケージ型商品ブランドの戦略的な課題である。

　パッケージ型商品のブランド管理では，まず商品の機能的な差別的優位性があることがもちろん望ましい。たとえば衣料用洗剤のように，はっきりとほかの洗剤よりも白く仕上がるというような機能上の優位があれば，これは有利であるこ

第6章　フェーズ1　ブランド構築の基礎　　121

とは明らかである。しかし今日の消費財の世界では，決定的な機能優位を築くことは非常な困難を伴う。

このためにパッケージ型商品のブランド管理においては，情緒的な価値性をブランドの意味としてもたせることが重要な課題となるのである。ブランドのポジショニングや価値・意味が購買に有利に働くように，消費者心理に分け入ったアプローチが必要とされる。このように築かれたブランド価値が長期的な有効性をもつ場合がある。

パッケージ型商品のブランドのコミュニケーション・ターゲットはいうまでもなく最終消費者であるエンドユーザーであり，流通の協力を得るために流通関係者も二次的なターゲットに含まれる。

## ❖ 成分型商品ブランド

次に，「成分型商品ブランド」を考えてみよう。成分型商品とは産業財（資本財）のような商品を想定しており，それ自体が直接エンドユーザーによって購入されないような商品である（場合によってビジネス財も含まれる）。

こうした商品分野のブランド化は，消費財ほど重要でないと通常考えられている。ブランドよりもむしろスペックや価格が重要な要素として考えられている。資本財の価格は高価であり，購入決定に際しては集団的な意思決定が必要となる。購入に際しては，その機能が専門家によって入念に精査されることが多い。また，営業行為によって直接的な顧客への働きかけが欠かせない。

このような「成分型商品」にとってのブランド戦略の中心は，製品開発・生産の「事業戦略理念」そのものをブランドで表現して，その結果，事業遂行をより円滑に進めるための環境を形成することである。つまり，どのような企業理念をもってその事業にあたり，その理念を直接の購入者からエンドユーザーに至る全利害関係者に理解してもらうかが成分型商品ブランド戦略にとっては必要となる。いわゆる CI（コーポレート・アイデンティティ）は，この意味で重要なのである。

また成分型商品ブランドであっても，エンドユーザーに対して直接働きかけることが戦略的に有効な場合がある。

たとえばインテル社は 1990 年代に「インテル入ってる」キャンペーンによって，インテルのマイクロプロセッサをエンドユーザーに直接広告によって訴求している。このような訴求は，マイクロプロセッサそれ自体がコンピューターの心臓部であり，インテルはもっとも高性能なマイクロプロセッサに集中して開発生産を行っているというメッセージである。このメッセージを消費者に周知させるだけでなく，結果としてパソコン・メーカーに対して影響力を保持する，というもう

1つの目的をもっている。

この成分型商品におけるブランド管理の焦点は，どのような理念をブランドに込め，コミュニケーションするかであり，そのための事業遂行にとってもっとも有利な目標設定をすることである。漫然と「社会にお役に立つ会社」であることを訴求することは，この点でふさわしいブランド戦略ではない。

たとえば，ゼロックス社が，かつて自らを The Document Company とスローガンに表したことは，単にコピーマシンの会社でないことを表現しているだけではない。オフィスのドキュメンテーション効率を上げることがゼロックス社の使命であり，そのように企業のブランド戦略＝マーケティング戦略を方向づけ，かつそれを顧客と自社の販売網・開発担当者に徹底させることが，事業遂行にとって重要なためであるからだ。

成分型商品のブランド戦略では，ターゲットは直接顧客，流通，（その製品が最終的に使われる）エンドユーザー，さらに社会・政府・一般消費者などが想定される。このターゲットの範囲は，その事業遂行を円滑化させるためにふさわしい範囲で選ばれる。

### ❖ 顧客接点型商品ブランド

3番目の事業＝ブランド戦略タイプは，「顧客接点型商品ブランド」である。これはサービス型事業にあてはまる。航空業，ファストフード，ホテルなどがこのタイプの例である。自動車のようにモノを売る事業であってもアフターフォロー・サービスが欠かせないような事業ブランドも，ここに含まれる。製品・サービスを顧客に購入してもらう場合，顧客との何らかの人的な接点（サービス・カウンターなど）が必要とされるのがこの事業タイプの特徴である。こうしたサービス商品においてはブランド化が重要である。なぜならば，サービスは形がなく，すぐその場で消費されてしまうものだからである。サービスはブランド化によって「見える化」され，顧客によって感じられる存在に変化することで，より有効となる。

この事業タイプでは，パッケージ型商品のように購入時点で消費者の想起する記憶・態度を購入に有利に形成すればそれですむわけではない。人的なサービスがそこに介在し，従業員やサービス・カウンターの環境形成も含めたブランド管理が必要となる。

この「顧客接点型商品ブランド」の戦略課題は，まずインターナル・マーケティングとコミュニケーションを通じた顧客接点での満足感上昇である。マクドナルドの元マーケティング・ディレクターのポール・シュラージ氏が，マクドナ

第6章　フェーズ1　ブランド構築の基礎　**123**

ド・ブランドとは顧客がマクドナルドの店で感じ，嗅ぎ，触れ，味わい，聞き，見るもののすべてであると語っているのは，こういった前提においてである（田中，2002）。つまり，顧客が五感で感じるすべてにわたって，そのブランド性が貫徹していることが，この顧客接点型商品で求められているブランド管理なのである。

　いくら広告で「ブランド・イメージ」を強化しても，店頭サービスの悪さをイメージでカバーすることはできない。広告から店頭での顧客サービス，アフターサービスに至るものすべてがブランド理念と一致していなければならない。アメリカでトヨタがレクサス（LEXUS）・ブランドを成功させているが，クルマの造りのよさもさることながら，優秀なディーラーが優れたサービスを提供していることを見逃すことはできない。

　顧客接点型商品におけるブランド管理の焦点は，顧客がサービスの質をより強く受け止められるように，コミュニケーションを管理することである。というのは，顧客は必ずしも客観的に提供されるサービスの質を評価できるわけではないからだ。たとえばマクドナルドは笑顔による接客を重視しているが，これも笑顔でお客様をお迎えするというマクドナルドの理念がさまざまな形のコミュニケーションで顧客に事前に伝達されているからこそ，笑顔というコミュニケーションが効いてくるのである。

　顧客接点型商品のブランド・コミュニケーションのターゲット層は，まず顧客であり，同時に従業員である。顧客がそのサービスの質をより強く受け止められるように情報をインプットすることが必要であるとともに，従業員にそのブランドの理念が浸透するように広告や社内コミュニケーションを通じた活動が必要となってくる。

＊　本章第3節は田中洋『企業を高めるブランド戦略』（2002年）の内容の一部をベースとして加筆・修正したものである。

第**7**章

# フェーズ2　経営レベルのブランド戦略

## はじめに

フェーズ2の経営戦略レベルのブランド戦略では，次を検討・決定する。

「どこに，どのようなブランドを，どうやって構築するのか」

具体的には，次の6つを検討・決定する。

2-1　ブランド・テリトリー：どの市場にブランドを構築するか。

2-2　ランドスケープ分析：その市場はどうなっているのか。

2-3　ブランド戦略アウトライン策定：どのようなブランド戦略を展開するか。

2-4　投資する経営資源の意思決定：どのような経営資源を投入するのか。

2-5　ブランド・アーキテクチャーの決定：その企業のブランド体系のどこに位置づけるか。

2-6　知財戦略の決定：どの商標を知的財産としてどのように登録し，権利として維持確保するか。

## 7-1　フェーズ2-1　ブランド・テリトリー

### ❖ ブランド・テリトリーとは

われわれはブランド戦略の第1フェーズにおいて，ブランドの基本的構想を得，どのような財を対象としてブランドを構築し，なぜ企業はブランドを構築しなければならないかを議論し，確認してきた。

ブランド構築のフェーズ2においては，経営戦略のレベルにおいて，どこの市場にブランドを構築するのか，その市場はどのような環境にあるのか，そこにどのような資源を投入しようとしているのか，企業のブランド体系のどこに位置づけるのか，どのような知財戦略を展開するのか，を議論し，意思決定を行う。この経営戦略のレベルの議論には，トップ・マネジメントの関与が欠かせない。

ブランド構築のフェーズ2-1は，ブランド・テリトリーの策定である。「ブラン

125

ド・テリトリー」（brand territory）とは「ブランドの縄張り」のことであり，ブランドを市場（マーケット）のどこに構築するか，そのブランドを市場のどこで活動させるか，を意味している。

　なぜブランドに「テリトリー」が必要なのだろうか。それはブランドが，市場のどこから収益を得るのか，市場のどこに企業資源を集中化させるかなど，生物の「縄張り」と同じく，ブランドも安全に成長し，増殖し，また，競合からの攻撃や侵攻から自らを護るために，安定的な縄張りを必要としているからである。なお，brand territory という用語は Kapferer（2008）によっても用いられているが，「そのブランドのベネフィットをどの商品カテゴリーで，そのベネフィットを正しく発揮するか？」（p.205）と簡単に規定されており，本書の用語法とは異なる。

　ブランド・テリトリーは単に，既存の商品カテゴリーを意味するわけではない。市場をどのように新しく規定するかを含んだ概念である。たとえば，「アイスクリーム市場」ではなく，「スーパープレミアム・アイスクリームを中心とする家庭用高級デザート市場」のように，消費者・顧客の消費・使用シーンや競合する商品カテゴリーを含む，より複雑な市場の決定がブランド・テリトリーなのである。新しいブランドを企画するとき，市場を分析した，その次の段階としてブランド・テリトリーを決定しなければならない。

　ブランド・テリトリーは，単なる市場分析とも，ブランド・ポジショニングとも異なっている。市場分析が，市場がどのような状況であるか，どのようなトレンドや変化がみられるかを分析した客観的な記述であるのに対して，ブランド・テリトリーは，市場の中のどこにブランドを構築したいのか，という企業の意思を表明するために，その企業特有の主観性が入っている。

　また，ブランド・ポジショニングとは，ブランドを競合に対して，また，消費者のマインドの中でどのように位置づけるのか，を意味しており，ブランド・テリトリーとは密接な関係がある。しかし，ブランド・テリトリーにはポジショニングの要素はまだ十分には入っていない。ポジショニングを決定してから，逆にブランド・テリトリーにさかのぼって決定することもある。

## ❖ 3つの視点

　では，ブランド・テリトリーはどのような考えのもとに策定すればよいのか。新ブランドを構築する市場の場所を指し示すためには，次の3つの視点，①商品カテゴリー，②顧客視点による分類，③理念と資源を検討することが必要となる。

　まず，①商品カテゴリーである。そのブランドが属する商品カテゴリーを検討しなければならない。商品カテゴリーは，それ自体がさまざまな要素からできて

図7-1　ブランド・テリトリーの決定

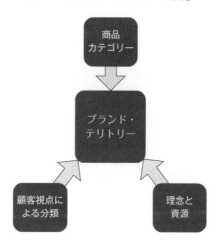

いる。たとえば，食品や薬品といった基本的なカテゴリー分類があるが，それ以外にも，温度帯（常温，冷凍，冷蔵など），形態（液体，固形），パッケージ（瓶，紙パックなど），販路（業務用，消費者用など），などのさまざまな分類がある。ブランド・テリトリーを考えるとき，商品カテゴリーは1つでよいわけではない。無印良品の場合，①家具，②布団・寝具，③家電，④食器・掃除用品，⑤化粧品類，⑥文具，という6つの商品カテゴリーにわたってブランドを展開しながらも，そのブランド力を拡散させることなく維持している。

しかしブランド・テリトリーを考えるために，商品カテゴリーだけでは十分ではない。次に必要なのは，②顧客視点による分類である。これは消費（使用）シーン，顧客タイプ，消費価値，ライフスタイルなどを含む概念である。たとえば，食パンのブランドを立ち上げようとしたとき，食パンというカテゴリーだけでなく，朝食や家族といった消費者視点を入れて考えることが必要となる。さらに，フォーカス顧客セグメントだけでなく，社会経済的な要請や必要性もここに織り込む必要がある。カルビーがシリアル市場で「フルグラ」を成功させた背景には，朝食市場をテリトリーとして明確に定めたことが成功の一因であった（第Ⅳ部ケース5参照）。朝食市場とは，シリアル，パン，コメなど異なった食品を含む複合的なカテゴリーであると同時に，消費シーンという顧客視点が含まれている。

ブランド・テリトリーを考える3番目の視点は，③理念と資源である。自社は何を重要なミッションと考えて企業を運営しているのか，また，どのような技術，人材，資力などの企業資源をもっているかも，あわせて考えなければならない。

もしも大きな資源を投入できないのであれば，あきらめざるをえないテリトリーもあるし，思い切って大きな資源を投入できるのであれば，テリトリーを新たに開拓できる機会がある。

サントリーは2004年に緑茶市場というテリトリーに「伊右衛門」を投入した際，それまでの緑茶市場での失敗を挽回するため，市場をリードする飲料メーカーの一員としてこの重要なテリトリーで必ず成功させなければならない，という切迫性をもっていた。このため，これまでとは異なる製法の開発，京都の老舗茶舗との交渉を行い，さらに，工場施設の新設や人材，市場調査，広告など思い切った資源の投資を決めたことが成功の大きな要因であった（峰，2006）。

このように，ブランド・テリトリーを考えるためには，①商品カテゴリー，②顧客視点による分類，③理念と資源，の3つの視点を総合的に検討することが求められる（図7-1参照）。

## ❖ テリトリー・プランニング

なぜブランド・テリトリーをあらかじめ考えることが必要なのだろうか。新ブランドをプランニングするにあたって，どのような市場やカテゴリーにどのように構築するかをまず決めて，これを所与のものとして考えなければ，新ブランドのあり方が曖昧になってしまう。あらかじめ決めたブランド・テリトリーから逸脱したアイデアやコンセプトは原則，排除されなければならないし，むしろブランドの発想の範囲を制限することで，より独創的なアイデアが期待できるのである。

「無印良品」は，具体的な商品カテゴリーをブランド・テリトリーには含めていない（良品計画ではテリトリーという用語を用いてはいない）。無印良品は，地球大，無名性，シンプル，自然という4つのキーワードをテーマとしてもち，アパレルから食品，日用品まで幅広い生活用品を扱いながら，ブランド全体としての統一を図っている。それはブランドの根底に，4つのキーワードをベースとした企業理念があるためである。これは企業理念を視点として重視しているブランド・テリトリーの事例である。

ロクシタンは南フランス，プロヴァンス地方のライフスタイルをブランド・テリトリーとしたブランドである。スキンケアなどの化粧品を中心にしているものの，必ずしも化粧品だけを売っているわけではない。もともと創業者がもっていた理念と自社資源を出発点にして，常に南フランスを意識した商品ラインとコミュニケーションを実行している。

アイリスオーヤマは1980年代に社長に就任した大山健太郎が，園芸用品をま

128　第Ⅱ部　戦略篇

ずテリトリーとして選択し，さらに，自社の目標として「快適生活」を設定し，「育てる園芸」を広告の訴求ポイントとした。商品の面では，メッシュの上げ底を備えた植木鉢，底を「すのこ」状にしたプランターを開発し，消費者が簡便に園芸を楽しめる園芸関連商品を提供した。こうした施策は，「快適生活を実現するための育てる園芸」というブランド・テリトリーと解釈することができる。

このように，ブランド・テリトリーを考案するためには，何をベースとして発想の原点とするか，また，ブランド展開のために何をカギとして用いるかを考えなければならない。

## 7-2　フェーズ2-2　ランドスケープ分析

### ❖ ランドスケープとは

ブランド構築に際して，構築しようとするブランド，あるいは既存ブランドを取り巻く環境の現状と動向とを分析することを，本書ではランドスケープ分析と呼ぶ。

ランドスケープ分析の目的は，第1に，ブランドを取り巻く環境を可能な限り事実に即して理解・確認・共有化することである。ことに，社内・社外の関係者と環境についての認識を共有化することは重要である。この意味では，何が共有化すべきことなのか，共有化せずともよいことは何かを選別することが求められる。

ランドスケープ分析の第2の目的は，将来にわたって環境がどう変化し，どの要因がブランドにより強いインパクトを及ぼすかを考えることにある。つまりわれわれのブランドがどのような地点にいるかを理解し，これからの環境変化がどのようなものであるかを考えるための地図を描くこと，これがランドスケープ分析の狙いである。

ランドスケープ分析の対象は大きく次の6つの領域（6C）に分かれる。これはいわゆる3C分析（Company, Customer, Competitors）に，さらに3つの領域（Circumstances, Channel, Costing）を加えたものである。ただし，自社のブランドそれ自体の分析はここには含まれず，自社のブランド戦略に関わる要素に関してのみ，ここでは検討する。

(1)　環境：Circumstances（社会・経済・企業社会・政治・技術・環境・市場）

(2)　自社：Company（自社資源，歴史，市場シェア，売上，収益性，業界地位，マーケティング力，営業力，技術力，開発力，生産力）

(3)　顧客：Customer（ライフスタイル，顧客グループ，消費文化，態度）

第7章　フェーズ2　経営レベルのブランド戦略　129

(4) 競争：Competitors （競合他社の資源・歴史・市場シェア・売上・収益性・業界地位・マーケティング力・営業力・技術力・開発力・生産力，競争企業の反応，競争の量と質，競争の次元，潜在的競合）

(5) 流通：Channel （流通業態，流通企業のパワー分析，流通の変化トレンド，物流企業の分析，サービス商流）

(6) コスト・調達：Costing（原料資源の調達状況，調達方法，調達先，調達コスト）

そしてこのランドスケープ分析から結論としてアウトプットすべき事項は，次の5つのI（Five I's）である。これについては，この節の最後で詳しく述べる。

A. 現状確認（Situation Identification）：現在の状況の要点をまとめる。

B. 現在のブランドへのインパクト（Current Brand Impact）：これらの要因は，現在どのようにブランドにインパクトを与えているか。その結果，どのようなパフォーマンスが得られているか。

C. 将来のブランドへのインパクト（Future Brand Impact）：それぞれの要因からブランドのあり方にどのような変化をもたらすと考えられるか。

D. 重要要因抽出（Important Factors）：それぞれの項目のうち，よりブランドにとって重要な変化をもたらす要因を3から5程度ピックアップする。

E. ブランド戦略の方向性（Strategic Implications）：状況分析から示唆される，これからのブランド戦略のあり方，大まかな方向性。


## ❖ 6C分析

ランドスケープ分析のうち，6C分析とは次のようなものである。

### (1) 環境分析

これはフィリップ・コトラーが述べたPEST分析を拡張した内容である。つまり，PESTでいう政治・経済・社会・技術に，企業社会（corporate system），環境（environment）と市場（market）の分析が加えられている。

① 政治：産業への政治の関与，関係する法案・省令・条例の成立・施行・改正，政府行政機関・地方自治体の産業の育成方針・施策・奨励金，政治家の意向，規制の強化・緩和・撤廃，税制の変化，政権交代，政治団体の動向，裁判・司法制度の変化，国際関係など。たとえば，規制緩和（強化）が自社ブランドに与えるポジティブ・ネガティブな影響。

② 経済：景気・物価・消費動向・成長率，為替・株価・物価の動向，経済制度の変化，グローバルな経済環境変化。たとえば，2000年代には世界的な経済成長の結果，ラグジュアリー・ブランド市場が世界的に大きく成長したが，世界経済の停滞が自社のブランドに与える影響。

③　社会：人口・世帯の変化（増加率・減少率・人口構成の変化），老齢化・少子化，流行・宗教・教育・言語・エスニシティ・性・文化・社会集団などの変化と動向。たとえば，人口の老齢化は，長寿ブランドの生命力を維持させる。

④　技術：科学の動向，インフラストラクチャー，イノベーション，新技術開発，IT，知財の変化と動向。たとえば，AIの発達によってIT企業のブランド・コンセプトが変化する。日立製作所は社会イノベーションというコンセプトを，またIBMはコグニティブ・ビジネスという概念を発表した。

⑤　企業社会：企業システム，CSR（企業の社会的貢献），CSV（企業のシェアド・バリュー）など企業社会の哲学・理念・アイデア，企業連携，企業集団，業種別協会などの変化と動向。たとえば，企業ブランド評価で社会貢献のスコアが重要となる。

⑥　環境：自然保護・大気・水質・オゾン層・温暖化・気候変動・生物多様性・森林保護などのイシューの変化と動向，環境団体，農業への影響，持続可能性，環境マネジメント，エコロジーなどの変化と動向。たとえば，環境貢献をコンセプトとしたブランドが成長する。

⑦　市場：自社ブランドが存在する市場がどのような状況にあるか。とくに，市場が成長し拡大基調にあるのか，縮小傾向にあるのか，なぜそのようになっているのか，どのような影響要因が関係しているのかを探索する。また市場の中で，将来市場を変えていくような要素や動きを判断し選定していく。

(2)　自 社 分 析

①　自社資源：ヒト・モノ・カネ・情報・ブランドの観点から自社のもつ有効かつ競争的優位性のある資源や能力とは何か，また，優位性がなく課題のある資源は何か。主観的に語るのではなく，エビデンスをもって主張できる優位性のある資源とは何か。

②　歴史：自社がどのようなことを成し遂げてきたのか。他社にない自社の独自性を過去の歴史から発見する。またその業績の意味をどう解釈すべきか。

③　市場シェアと売上：自社ブランドが市場に占めるシェア（占有率）はどの程度か。工場あるいは倉庫からの出荷高ベースだけでなく，店頭での売上をベースとした数字も用いる。量と金額両方で示す。たとえば，マイクロソフトは1990年代末にOSの市場シェアが95％を超えていた。こうした場合，ブランドの運営・維持に非常に安定した基盤があると判定できるけれども，一方では近い将来，支配している市場に対して他の市場からの脅威に備えなければならない。

④　収益性：売上高総利益率，売上高営業利益率，経常利益率，純利益率，原

価率，販売費，一般管理費など。たとえば，キーエンスは売上高経常利益率が49.76%（2016年6月期），養命酒製造は13.5%（2017年3月期）である。これらの企業は，通常4〜5%であれば優秀とされる水準をはるかに超えているが，このような場合，高い収益性を支えている要因について分析し，将来の推移について考察することが必要となる。

⑤　業界地位：業界における企業資源の力による地位（リーダー，チャレンジャー，フォロワー，ニッチャーなど）。市場の中で置かれた地位によって，ブランドがどのようなアクションをとるべきかがある程度決定される。たとえば，ニッチャーという場合は，小さな市場におけるリーダーなので，その市場がより大きな企業によって侵食されないようなブランド戦略を考えなければならない。

⑥　マーケティング力：ここでいうマーケティング力とは，最終顧客に対して，顧客のニーズをベースとしながら，彼らに媒体や介在する取引先を介して間接的に働きかけていくアクションを指す。店頭陳列率，広告認知率，ブランド名認知率などで測定されるが，顧客に対して働き掛けていく力がどの程度あるか，ノウハウがあるかをチェックする。たとえば，テレビの広告表現制作力で定評のある企業ほど，テレビ広告を通じてブランド認知を得やすい。

⑦　営業力：ここでいう営業力とは，ⅰ流通に対して影響力を行使できること，ⅱ最終顧客に対して直接アプローチし，購入を働きかけること，ⅲ営業パーソンの教育・訓練が行き届いており，顧客に適切な働きかけができること，などを指す。たとえば，ヤクルトは強力な販売網を全国にもち，この営業力がヤクルト・ブランドを支えている。

⑧　技術力：技術とは科学的知識を問題解決に応用するプロセスである。自社がどのような分野で技術力の強みをもっているかを明らかにして，そこからブランドをどのように強化できるかを考える。

⑨　製品開発力：製品開発力とは，技術を用いて実際の製品の実現に結びつけられる効率性と効果性のことを指す。つまり，競争力をもった新製品をどのくらい早期に開発できるかである。新製品の開発時間と成功率によって測定できる。

⑩　生産力：生産力とは，製品生産プロセスへの投入に対してどの程度効率的に製品を出荷できるか，また，どの程度高い歩留まり（不良品を出さない程度）を実現できるかを指す。生産力が高ければ，良い製品をより低コストで提供できる可能性がある。これまでに生産について蓄積された経験と知見があるかが重要である。

⑪　能力：企業の能力については上記のマーケティング・営業・技術・製品開発・生産以外に，これらの能力を「横断」して存在する2種類の能力が考えられる。1つは，「コンピテンシー」（competency）である。これはその企業のもつ商品ラインや技術を横断して存在する能力のことである（Praharad & Hamel, 1990）。1980年代末，日本のNECがアメリカの電話事業を主とするGTE社をテレコミュニケーションやコンピューター，半導体など，さまざまなビジネス領域にわたって凌駕しえたのは，多角化を支えるコア商品の下に隠された能力があるとされたためであり，それがコンピテンシーである。たとえば，ソニーのコンパクトな商品をつくる能力はコンピテンシーに当たる。

　　もう1つの企業の能力とは，「ケーパビリティ」（capability）である（Stalk, Evans, & Shulman, 1992）。これは，より高い価値を生み出すビジネス・プロセスを遂行するための能力である。1980年代にアメリカでかつて首位であったKマートと弱小小売業であったウォルマートとの地位が逆転し，ウォルマートがKマートを抜き去ったのは，在庫管理システムや物流などの戦略的ケーパビリティであった。たとえば，トヨタの生産システムや，ユニクロのCRMシステムなどを指す。

(3)　顧 客 分 析

①　ライフスタイル：生活者・顧客のライフスタイル＝生活パターンがどのように変化しているかを明らかにする。家庭・仕事・交遊・遊び・コミュニティなど生活シーンの中にどのような変化やトレンドがあるか。またいつどこでどのように消費を行い，どのようにどのような商品やサービスを使っているか。たとえば，家計調査のデータによれば，近年，世帯でのコメ消費はパンの消費を購入頻度・平均支出金額の両面で下回るようになった。この傾向は，自社の食品ブランドXにネガティブな（あるいはポジティブな）影響を及ぼす，など。

②　消費者・顧客グループ：消費者・顧客のセグメンテーションについて，従来の知識と異なる新たなグループが出現したり，異なるカテゴリー分けが必要な事態が起きているかどうか。たとえば，消費者トライブ（tribe：部族）化という現象によって，オタクのような新たな消費者グループが登場したことに対応して，ブランド・コミュニケーションで対応する必要がある（Cova & Cova, 2002参照）。

③　消費文化：消費者と社会の流行現象，考え方や思想的な変化，行動上の変化，などに着目して，とくに将来大きな社会の流れを形作っていく「予兆」

を捉える。たとえば，シェアリング＝他人と消費や所有をシェアし，レンタルして済ませる現象がこれからもっと広がると，ブランドXにとってポジティブな（ネガティブな）影響がある。

### (4) 競 争 分 析

①競合他社の資源，②歴史，③市場シェア，④売上，⑤収益性，⑥業界地位，⑦マーケティング力，⑧営業力，⑨技術力，⑩開発力，⑪生産力。

①〜⑪については(2)自社分析で行ったことを，競合とみなされる企業について同じ作業を行う。

⑫　競争企業の反応：競争を仕掛けたとき，相手から予想される反応。企業によっては「虎の尾を踏んだ」状態となり，大きな反撃が予想されることもあれば，「平和」的な反応が予想される場合もある。1979年から82年にかけて日本国内市場でバイクを巡って勃発した「HY戦争」では，ホンダとヤマハ発動機とが熾烈な競争を繰り広げた。競争を仕掛けたヤマハが，ホンダの反応を見誤っていたという考え方もある。

⑬　競争状態の量と質：競合する企業が多数か少数か。競争状態が寡占的か否か。競争が激しいか，平和的か。競合する企業が多いからといって競争状態が必ずしも激しいわけではない。上位企業が業界の「秩序」について攻撃的かどうか。また，業界シェアが安定的かそうでないか。「ブルー・オーシャン」（競争がほとんどない平和な状態）か「レッド・オーシャン」（激しい競争が繰り広げられて互いに収益が出せない状態）か。

⑭　競争の次元：マーケティングのどのような次元において競争が行われているか。製品のマイナーな差別化が中心か，製品イノベーションが競争のカギになっているか。何が競争優位性の決定要因になっているか。ⅰ商品価値，ⅱ価格，ⅲ流通対応，ⅳ広告・プロモーション，ⅴ人的サービス，ⅵそのほか。

⑮　潜在的競合：潜在的に自社ブランドの市場を代替されてしまい，将来競合になりうる企業や産業について考察を行う。たとえば，インターネットは雑誌メディアを代替してしまった。また，家庭用ゲーム機器の市場は，常にテレビやビデオやスマートフォンなどの他の家庭内のエンターテインメント類と競合している。

### (5) 流 通 分 析

①　流通業態：「何を売るか」という業種ではなく，「どのように売るか」という業態においてどのような変化が起こっているか。どのような変化が予測されるか。これから興隆する業態，これから衰退する業態は何か。また，「ど

のような仕組みで売るか」というプラットフォーム型流通企業の分析。どのようなプラットフォームがこれから台頭するか。流通グループの変化。卸や商社などの中間流通業の変化。e コマースなどオンライン業態の変化。流通以外の企業の流通への関与。越境 EC（国と国の境界を越えた電子商取引）などの国際的動向。オンライン・オークションなど PtoP（Peer to Peer：個人同士の取引）のような消費者同士の交換・売買市場の発達。

② 流通企業パワー：流通企業がどのように流通経路においてパワー（支配力・影響力）を有しているか。その流通企業がメーカーや他の流通企業に対してどの程度支配的か。価格，品揃え，プロモーションなどの意思決定においてどのような決定力を保持しているか。卸や商社などの中間流通業の影響力。流通経路における，メーカー・中間流通・小売流通業 3 者間のパワー・バランス。PB の商品カテゴリー別比率，PB への取り組みや考え方なども検証する必要がある。

③ 流通の変化トレンド：古い業態と新しい業態の変化トレンド。急激に変化しているのか，緩慢に変化しているのか。流通の変化が予測や理解がしやすいか，しにくいか。とくに新しい業態の将来成長予測が重要である。

④ 物流企業の分析：物流業の動向と変化。道路・空港・港湾・宇宙港などインフラの整備と発展。物流コストの変化。物流機能が垂直統合されているか。IoT，自動運転技術などのような物流に関わるテクノロジーの発展。たとえば，ドローンによる物流参入は，自社のブランドにとってどのようなインパクトを与えるのか。

⑤ サービス商流：サービス企業がどのように店舗やオンライン・ショップを展開しているか。流通業・メーカーがどのようなサービス機能を付加的にもとうとしているのか。たとえば，e コマース企業のリアル店舗化は自社のブランドにどのようなインパクトを与えるか。

(6) コスト・調達分析

① 原料資源調達状況：自社の商品・サービス生産において必要不可欠な原料や資源の調達は現在どうなっているのか。今後どうなるのか。物質的資源の調達だけでなく，人的資源，オフィスや工場などの管理生産設備なども含めて検討する。とくに自然に依存する産品は，地球環境変動と生産地域の働き手・住民への影響を考慮する。また原料となる物質について，将来にわたって調達に困難や限界があると予測されるか。たとえば，パーム油はマレーシアやインドネシアの熱帯雨林地帯でアブラヤシを栽培して生産され，日本に輸入されて食品から洗剤のような家庭用品に至るまで「植物油脂」として

第 7 章 フェーズ 2 経営レベルのブランド戦略　135

活用されている（南, 2015）。このようなケースではブランド価値を高めるために，パーム油原料を確保しつつ，どのように熱帯雨林を保護するかが重要な施策となる。

② 原料・資源調達方法：どのような設備，システム，チャネルを通じてその原料や資源を調達しているのか。調達チャネルに介在する企業とそれらの動向。

③ 原料・資源調達先企業：調達先の企業が正しい倫理観に基づいた行動を行っているか。調達先の企業経営が不安定でないか。調達する企業の属する国家や自治体の状態。

④ 原料・資源調達コスト：調達コストが適正か。今後どのように変化すると考えられるか。


## ❖ 5 I 分析

上記，(1)〜(6)の「6C」分析を通して，なすべきこととは，ブランド価値のこれからの構築と成長に向けて何をどのように考えるべきかを摑み取ることである。それが次に詳しく述べる 5 つの要素 = 5I's である（図 7-2 参照）。

この段階で注意すべきことは，この分析を通じて，現在現れている変化の兆候を見逃さない，あるいは過小評価しないことである。たとえば，マイクロソフトは 2000 年代に顕在化した IT における重要な環境と市場の変化（検索エンジン，スマートフォン，モバイル OS，メディア，クラウド）に対応できなかったため，それぞれの分野で勃興した企業に対抗できなかった。検索エンジンではグーグルに敗北し，スマートフォンではアップルに凌駕された。その結果，マイクロソフトのブランド価値を損なう結果となった。しかし，その後 2010 年代後半に起きたパブリック・クラウドやサブスクリプション型ビジネス（Office360），タブレット PC（Surface）の波に対応し業績を好転させ，ブランド価値を復活させつつある。

ランドスケープ分析からアウトプットすべき事項は，次の 5 つの I（Five I's）である。

A. 現状認識（Situation Identification）：現在の状況の要点をまとめる。できるだけ客観的なデータを用いて，現在のブランドを取り巻く状況を社内外の関係者が鳥瞰できるようにする。ここから得られたデータはオンラインで常にモニターができるようにすることが望ましい。ただし，データで必ずしも常に正確な現状が得られるとは限らない。たとえば，店頭における売上の動向のように，パネルデータのサンプルから得られた数字によって推定を行う必要があることも多い。ある場合には，代理変数を用いた数字を用いることとする。

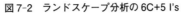

図7-2 ランドスケープ分析の6C+5 I's

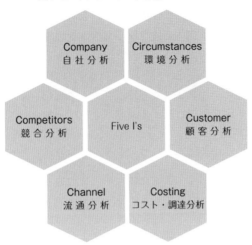

B. 現在のブランドへのインパクト（Current Brand Impact）：これらの要因は，現在どのようにブランドにインパクトを与えているか。その結果，どのようなパフォーマンスが得られているか。たとえば，原料を安く調達でき，技術的に他社に模倣されないノウハウがあるため，高い利益率を確保している。この資源からマーケティング・コミュニケーションに大きな投資を行い，強いブランド力を築くことができた。その結果，多くの顧客を獲得できている。有力な競合はこれまでにも現れなかったが，今後も現れる見込みは少ない。このような好循環が形成されている。

C. 将来のブランドへのインパクト（Future Brand Impact）：それぞれの要因からブランドのあり方にどのような変化をもたらすと考えられるか。たとえば，高齢化はブランドXに1回当たり使用量の減少をもたらし，ブランド価値を低減させる。パブリック・クラウドの台頭はわれわれのブランドの成長にとって新しい機会となるが，早く対応しなければ競合が市場を占有して自社の企業ブランドへの脅威となる。

D. **重要要因抽出**（Important Factors）：それぞれの項目のうち，よりブランドにとって重要な変化をもたらす要因を3から5程度ピックアップする。採用する基準は，ブランド価値の発展にとって大きな阻害要因あるいは促進要因になると考えられる要因であり，かつ，自社ができるだけ早く対処すべき課題であること。たとえば，次の3つの環境変化はブランドXの成長にとって重大な脅威をもたらす。①流通のオムニチャネル化，②人口と世帯数の縮小と消費者収入の減少，③自社の新製品開発スピードの遅さ。

E. **ブランド戦略の方向性**（Strategic Implications）：状況分析から示唆される，これからのブランド戦略のあり方，大まかな方向性。ここでブランド戦略の詳細を計画する必要はないが，これからのブランド戦略の決定にとって無視できない重要な示唆となることを意図する。たとえば，これまで市場で優位な地位にあったものの，市場が縮小傾向のため，他社との買収・多角化を含む大きなブランド戦略の転換が必要となる。

# 7-3 フェーズ2-3 ブランド戦略アウトライン策定

この段階では，ブランド戦略のアウトライン＝概要を策定し，同時に，どの程度の企業資源を投入するかを決定する。

すでにわれわれは，ブランドを構想し，何を対象としてブランドを構築するかを決めた。そしてブランド戦略を採用することの必要性を認識し，ブランドのテリトリーを決め，その市場の環境をレビューしてきた。

ここでいう「ブランド戦略アウトライン」とは，マーケティングやコミュニケーションの視点を含めたブランド戦略プランの最終形ではない。このアウトラインはブランド戦略の概要を決定して，同時に，どの程度そこに企業資源を投入するかを決めるために必要な最低限の要素を含むものである。したがって，ここで策定するアウトラインは，企業トップによる投資の意思決定に必要な情報を最低限盛り込む必要がある。

このために，以下の要素をブランド戦略アウトラインのドキュメントに入れるべきである。また重要なことはブランド戦略の1案だけを提示するのではなく，3案程度の代替案を準備し，同時に代替案から推薦案を1案選んで，その理由もあわせて述べることである。

## ❖ ブランド戦略アウトライン

ブランド戦略アウトラインとは，そのブランドが経営戦略のレベルでどのよう

なブランドになるべきかを示すガイドラインであり，また，経営トップにとっては経営資源をどの程度投入すべきかの指針ともなる。ブランド戦略の詳細は以下のように，この先のコミュニケーション戦略の段階で策定されることになる。

(0)　サマリー

(1)　はじめに

(2)　ブランド提案の背景

(3)　新ブランドの目的とビジョン

(4)　商品カテゴリー，ブランド・テリトリー，ブランド・アーキテクチャー

(5)　ポジショニングとフォーカス顧客グループ

(6)　売上，利益，シェア目標

(7)　長期・中期・短期的市場戦略

(8)　リスク，注意事項，要望点

(9)　社内組織体制

(10)　外部のパートナー企業・人

以下で上記の 11 ポイントの作成の仕方を詳しく説明する。

(0)　サマリー

全体を 1 頁にまとめる。項目は前記の流れに従う。

(1)　はじめに

ここではこのブランド戦略アウトライン文書を記す。この文書の社内における位置づけがわかるようにする。いつ誰が見ても，この文書は何のためにあるかがわかるようにすることが，このイントロダクションの目的である。

①　文書の担当者・責任者は誰か，連絡先

②　社内の誰に対して起草しているか

③　何について承認を求める文書か

④　起草の日付と文書が有効な期日

(2)　ブランド提案の背景

ここではブランドの提案の背景となる市場と社内の状況について述べる。自社が抱えている解決すべき課題・解決できる課題とは何か。どのような問題が差し迫っているか。社内ではこれまでどのように対処してきたか。新ブランドの発売が課題解決にもっとも効果的である理由は何か。

例：

• わが社の業績の伸び悩みの原因は X 市場に商品がないことである。

• 競合が新しい市場で売上を伸ばしており，対応する必要がある。

• わが社が新しい発展段階に進むために，新しいブランドでこの市場に進出す

ることが必要である。

- X市場でYブランドで戦ってきたが，Yブランドには限界がある。
- 規制緩和によって新しい市場ができようとしているので，これに対応する必要性がある。
- 顧客のライフスタイルの変化に伴って，X市場の活性化が予測される。
- まだ市場は存在しないが，このインサイトをもとにして新ブランドの投入によって新しい市場と顧客を創造することができる。

⑶　新ブランドの目的とビジョン

　新しいブランドは何のために発売されるのか，自社にとっての狙いとブランドが獲得すべき地位について述べる。ここで述べるべきは売上目標のような数字ではなく，市場においてどのような狙いを達成すべきか，新ブランドが自社にとってどのようになることが望ましいのか，などを述べる。このパートによって，新ブランドが自社に果たす役割がはっきりすることをめざす。

　例：

- このブランドの狙いは，X市場において，まったく新しい市場Yを創造することである。
- このブランドは，Qブランドに対して強力な競争優位性をもつブランドとして位置づけられる。
- 新ブランドによって未開拓であった市場Xが開拓され，Y市場全体をもれなく制覇することができる。

　狙いとともに，もう1つここで述べたいのは，新ブランドのビジョンである。デービッド・アーカーによればブランド・ビジョンとは「ブランドにこうなって欲しいと強く願うイメージを，はっきりと言葉で説明したもの」（Aaker, 1996, 邦訳, 38頁）と述べている。つまりブランド・ビジョンとはブランドがこうありたいという理想の姿である。ここでは，アーカーの取り上げている①「ブランド・エッセンス」，②「コア・ビジョン・エレメント」，③「拡張ビジョン・エレメント」のうち，①と②を記述することをめざす。つまり，ブランドが獲得したいビジョンを手短に，かつ，文章としてスマートに要約するステートメントと，それをいくつかの文章で，さらに詳しく説明したステートメントの2種類を用意する。

　例：

- ブランド・エッセンス：飲料ブランドXは，これまで顧客がまったく経験したことのなかった新しいエネルギー・チャージを提供する。
- コア・ビジョン・エレメント：①飲んだときのセンセーション，②飲んだ後のエネルギー・チャージ感，③仕事と遊びに新しい経験を生み出す。

たとえば，NTTドコモが掲げるブランドビジョン（2017年時点）をみてみよう。「いつか，あたりまえになることを。」がコア・ビジョン・エレメントであるとすると，拡張ビジョン・エレメントは「全てのお客様により便利で快適な生活をご提供するために，これからも更なるイノベーションに挑んでいくという想い」であると考えられる。同社にとっては，「スマートイノベーション」がブランド・エッセンスであり，毎日の生活に取り込まれ，当たり前になることが，ブランドの理想とする状態であるということになる。

(4) **商品カテゴリー，ブランド・テリトリー，ブランド・アーキテクチャー**

商品カテゴリーは，従来の業界で用いられてきた商品カテゴリーのことを指す。商品種類や商品の性質（温度帯，包装形態，流通別，購買者・使用者の区別など）を述べる。

ブランド・テリトリーはすでに述べてきたように，顧客の消費視点を入れたブランドが存在すべき市場空間のことである。

例：

- 商品カテゴリー：清涼飲料水，冷凍食品，第2類医薬品，SUV，業務用金具など。
- ブランド・テリトリー：朝食市場，ワーキング・ウーマンのファッション市場，家庭内消臭市場，など。

さらに，自社がどのようなブランド体系を採用し，その中で当該ブランドはどこに位置づけられるのかを決定する。ブランド・アーキテクチャーについては，本章第5節「フェーズ2-5」を参照のこと。

(5) **ポジショニングとフォーカス顧客グループ**

ここでのポジショニングとは，(3)で述べたブランド・ビジョンを踏まえて，とくに競合ブランドとの差異化ポイントと同等ポイントについて述べる。

例：

- ポジショニング：ブランドXは，エネルギー・チャージ飲料市場において，ブランドYよりもより多くのセンセーションを提供し，エネルギー・チャージ感を与えることができる。
- 根拠：ブランドXには，成分Qから採取された独自の処方と製法によって独自の飲料感覚がある。
- フォーカス顧客：ここでいうフォーカス顧客とは，従来のターゲット顧客グループのことである。フォーカス顧客についてはより詳細な考察を次のマーケティング・レベルのブランド戦略のフェーズで行う。ここでは，大まかにどのような顧客を想定しているかを述べる。また，最終消費者だけでなく，

第7章　フェーズ2　経営レベルのブランド戦略　141

卸や商社・中間流通など，販売上の顧客についてもここで述べる。

(6) 売上，利益，シェア目標

発売年から5年間程度の売上の推移の予測とそこから得られる収益目標，また，市場に占めるシェア（価額，量の両方）をやはり5年間程度記述する。これによってどの程度の規模のブランドかがわかるようにする。

(7) 長期・中期・短期的市場戦略

市場参入から1年目，3年目，5年目までの成長戦略を述べる。目的と目標を達成するために，どのような考え方を用いれば，より効率的・効果的に達成することができるかの戦略である。

(8) リスク，注意事項，要望点

新ブランド発売に際して，どのようなリスクが現実に考えられるか。生産・流通・物流・販売などの側面，また，マーケティング・経営的にどのようなリスクがありうるか。さらに，発売に際してあらかじめ注意すべき事項を挙げておく。これらのリスクと注意について，トップ・マネジメントに要望すべきことがあれば，それも述べておく。

(9) 社内組織体制

新ブランド発売に際して，これを担う人的体制，組織体制はどのようにすべきか。新しく人をアサインする必要があるか，新しい組織をつくる必要があるか，これまでの組織を利用するかどうか。どのような資質をもった人をつけるのがふさわしいか。どのような組織であるべきか。

(10) 外部のパートナー企業・人

この先のマーケティング戦略・コミュニケーション戦略を策定するにあたり，パートナーとして起用を考えている外部の組織・企業・人を挙げる。コンサルティング会社，広告代理店，戦略アドバイザーなど。

# 7-4 フェーズ2-4 投資する経営資源の意思決定

無印良品が今日のような強力なブランドを構築できたその背景には，1989年に流通業である西友の1事業部という位置づけから独立して，株式会社良品計画という企業体において事業を展開したことが重要なきっかけとしてある。もしも無印良品が西友のPBという位置づけのままであったならば，成長するために十分な投資を獲得することは難しかった。流通業にはPBだけでなく，ほかにも優先的に投資すべき案件がたくさん控えているからである。この事例にみられるように，ブランド構築のためには，そのブランドの潜在力を推し量り，適当な時期

142　第Ⅱ部　戦略篇

に，必要な企業資源を投入することが必要となる。そのタイミングを逸せば，ブランド構築が不備に終わる可能性も考えられる。

ここでは，上記のブランド戦略アウトラインを参照して，企業は次の要素を決定することが求められる。主にヒト・モノ・カネ・情報にわたる意思決定である。

(1)　人的資源：どの担当者を何名くらい，いつ，どこに配置するか。ブランド構築の重要度を考え，適任者・経験者を選択し，任命する。ブランド担当者には経営，マーケティング，財務などに十分な知識と経験があることが望ましいが，日本企業では比較的オールマイティな人材を育成する方針であることが多いため，専門人材を得ることが難しい場合がある。たとえば，地方で優秀な成績を達成した営業パーソンを本社のマーケティング部門にそのまま配置するような人事施策は，専門性のうえで問題がある。このために，ブランド構築に必要な専門知識をもった人材をあらかじめ育成する体制を構築することが求められる。

(2)　組織：ブランドに必要な組織を策定する。ブランドの重要度が高いと判定されれば，ブランドの専任組織をつくる必要がある。あるいは，既存組織に新しい任務を与えるかどうかを決める。この場合，意思決定として必要なことは，誰が責任と権能を有するのか，管掌する役員は誰か，実務の長は誰か，どのようなスキルや経験をもったスタッフを配置するか，などである。とくに，どの程度その組織に意思決定について，何をどこまで権限委譲するかが重要である。

(3)　資本：どのくらいの費用・コストをかけてブランドを開発するか。研究開発・製造・物流・販売などにどの程度費用をかけるか，また，何年にわたって費用を投下するか，どのくらいで回収できる見込みがあるかを考える。かつて，P&G 社は約 20 年近くをかけて紙おむつであるパンパースを開発したが，今日では新ブランド開発のスピードははるかに速くなっている。

(4)　情報：新ブランド構築のために，新たな経営情報システムや情報の分析システム，ビッグデータへの取り組み，市場調査システム，あるいは経営ダッシュボードの仕組みを構築する必要性を考える。そのためには，従来のような，マーケティング部署の一部門としての市場調査セクションにとどまらず，企業トップやマネジメントの意思決定に資するような，インテリジェンスを収集して判断をくだす部署の設置の必要性がある。

## 7-5　フェーズ2-5　ブランド・アーキテクチャーの決定

### ❖ どうブランドを配置するか

　ブランド・アーキテクチャー（brand architecture: BA）とは，企業がもつブランドを
どのような構造で配置し，それぞれのブランドにどのような役割を負わせ，ブラ
ンド同士をどのように関係づけるか，という戦略を指す（Aaker & Joachimsthaler,
2000 b；Aaker, 2004）。ブランド・ポートフォリオという用語もほぼ同じ意味で使わ
れる。企業が保有する多くのブランドをどのように全体管理し，育成し，投資し
ていくかも，このBAの問題意識に含まれる。BAとは個別のブランド管理の問
題ではなく，経営レベルで取り組むべき問題である。

　このBAの問題は次の意味で重要である。事業が継続するにつれ，企業のもつ
ブランドの数は増加する傾向があるものの，増加したブランドをそれぞれどのよ
うにポジショニングし，どのような意味をもたせ，市場のどのセグメントに訴求
していくのかについて，ブランド同士の間で混乱やコンフリクトが起こることが
ある。たとえば，企業トップが若いころに手がけたブランドや，その企業の歴史
のルーツであるブランドに手を加えたり，ブランドを廃止・売却するときには，
その企業内で大きな議論が巻き起こる。

　またブランド拡張やライン拡張が行われ，もともとそのブランドがもっていた
意味やポジショニングが薄れてしまい，ブランド価値が低下することもある。さ
らに，新製品を投入するとき，どのブランドを用いるか，企業ブランドのパワー
を借りるか，別のブランドの傘下に収めるのか，あるいは，まったく新しいブラ
ンドで行くのか，こうした決定に議論が起こることもある。

　さらに，近年の企業によるブランドM&A（合併・買収）はこうした状況をより
複雑にしている。他社ブランドを取得したとき，そのブランドを既存のBAのど
こにどのように位置づけるべきかは，決定が困難であることは珍しくない。たと
えば，花王とカネボウ，ブリヂストンとファイアストン（ブリヂストンがアメリカで
買収した企業）などのブランド関係をどうマネジメントするかは簡単な問題ではな
い。なぜならブランドM&Aが可能かどうかはタイミングの問題であり，最適な
ブランドを自社に都合のよいタイミングで買収できる保証はどこにもないからだ。

　BAを考えるうえで参考になるのは，Aaker & Joachimsthaler（2000b）が考えた
ブランド・リレーションシップ・スペクトラム（後に，Aaker（2004）は，ブランド関係
チャートと言い換えている）の分類である。この分類では図7-3のスペクトラム
に示したように，BAは大きく4種類の戦略に分けられる。なお，アーカーは，

**144**　第Ⅱ部　戦略篇

2000年と2004年の著作では4つのBA戦略の呼称を変更している。ここでは2000年版の呼称を採用し，あわせて2004年の呼称を文中で【○○○】と併記することにする。

この区分は基本的に，親ブランドがどの程度個別ブランドに影響するかによって構成されている。つまり，一番左の「ハウス・オブ・ブランド」戦略では，親ブランドの影響は個々のブランドにはほとんど影響しない。しかし一番右の「ブランデッド・ハウス」では，親ブランドがそのまま個別ブランドであり，親ブランドが個別ブランドに大きな影響を及ぼしている。

第1の戦略は，ハウス・オブ・ブランド（house of brands）戦略【個別ブランド戦略】で，親ブランド（企業ブランド）とは独立したブランド群でできているポートフォリオのことである。企業ブランドから完全に独立したブランド体系と，「シャドー・ブランド」のように親ブランドが陰から支えるブランドの体系とがある。P&Gのブランドは，すべてが企業ブランドとは独立しており，またグローバルなブランド構成と関係している。たとえば，ヘッド＆ショルダー（日本では

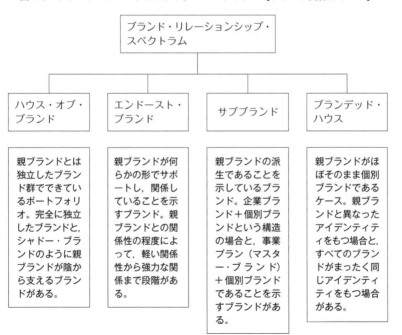

図7-3　ブランド・リレーションシップ・スペクトラム【ブランド関係チャート】

（出所）Aaker & Joachimsthaler, 2000 b; Aaker, 2004 をもとに作成。

H&S）というヘアケア・ブランドは，同じ P&G 社がもつパンテーン，ヘアレシピ，ヴィダルサスーン，ハーバルエッセンスなどのブランド群とはポジショニングにおいて明確に区分されており，ユーザーは P&G から発売されているという認知や知識がなくても購買する。

　ただし，近年においては，P&G 社は "Thank you, Mom" というタイトルのオンライン動画キャンペーン（2012 年のロンドン・オリンピック時）にみられるように，コミュニケーションのうえで，個別ブランドと親ブランドとを関係づける試みを行っている。これはオリンピックのスポンサーという大きな投資を行うキャンペーンは，個別ブランドでは支えることができず，企業全体のメッセージを伝えることが有利なためと考えられる。

　シャドー・ブランディングとは，ハウス・オブ・ブランド戦略のもう 1 つのパターンで，親ブランドを表面には出さず，「陰から」こっそりと支える形のブランド戦略を指す。トヨタのレクサスはシャドー・ブランディングの一例とされている。BMW の MINI もこうしたシャドー・ブランディングのケースに該当する。

　エンドースト・ブランド（保証ブランド）戦略【保証付ブランド戦略】とは，親ブランドが何らかの形でサポートし，関係し，提供する製品やサービスの品質を保証していることを示すブランド体系のことである。親ブランドとの関係性の程度によって，軽い関係から強力な関係まで段階がある。

　コロンビア・ピクチャーズという映画制作配給会社は，a Sony company と表示されており，ソニーが関係している会社であることがわかる。別のケースでは，iPhone や iPad のようなアップルのブランド，Nescafé や Nestea のようなネスレのブランド，ビッグマックやマックナゲット，マックフルーリーなど，マクドナルドのブランド事例がある。またコートヤード・バイ・マリオットのように，マリオット・ホテルが運営することを示すブランド名を採用するやり方もある。「ネイバーフッド　アンド　コーヒー」は以前，「インスパイアード　バイ　スターバックス」と呼ばれ，スターバックスが運営する別ブランド（フードやアルコールも提供する）であることがわかるようになっていた。

　サブブランド【サブブランド戦略】とは，親ブランドの派生であることを示すブランドのことである。企業ブランド＋個別ブランドという場合と，事業ブランド（マスター・ブランド）＋個別ブランドという場合の 2 種類のブランド戦略がある。トヨタ・カムリや，ソニー・ウォークマンはこの種類に属する。

　また，事業ブランド（またはマスター・ブランド）＋個別ブランドという構造になっている場合もある。家庭用品のライオンは，台所用洗剤でチャーミー・ブランドをもち，チャーミー マジカやチャーミー 泡のチカラなどのブランド群があり，

また衣料用洗剤の事業ブランドである「トップ」は，トップ プラチナクリア，部屋干しトップ除菌EX，無リントップ，トップHYGIA， トップスーパーNANOX などのブランド群がある。P&G 社のレノアはもともと柔軟剤だったが，レノア本格消臭，レノアハピネス，レノアオードリュクスのように香りを強調した事業ブランドとして展開されている。

サブブランドの強みは，企業ブランドや事業ブランドが強力で，かつ個別ブランドへの影響力が大きければ，個別ブランドの強みを短期間で最大化できることだ。

ブランデッド・ハウス【マスター・ブランド戦略】とは，企業ブランドまたは親ブランドに個別事業名（多くの場合，一般名称）が統一された体系を指す。GE（ゼネラル・エレクトリック）のような複合的な事業体の企業の場合，GE パワー，GE エナジーコネクション，GE オイル＆ガス，GE アビエーション，GE ヘルスケア，GE ライティングといった形で，GE ブランドを冠して統一されたアイデンティティを用いている。Google（2015 年から持ち株会社 Alphabet 社のもとにある）の場合，Google マップ，Google カレンダー，Google ドライブのように，それぞれが明確に Google 製品であることを示している。日立グループの場合，日立オートモティブシステムズ，日立パワーソリューションズのように同じ日立マークを用いて，アイデンティティを統一している場合と，日立物流のように異なったアイデンティティをもった子会社ブランドが別に存在する場合もある。

2016 年に発売された「明治うがい薬」は，お菓子で知られる明治ホールディングスから発売されたうがい薬である。それまでに明治が保有していた「イソジン」が他社に発売ライセンスが移行したため，明治ホールディングスは自社でうがい薬を発売することになったのだが，明治というよく親しまれた企業ブランドを用いている。

### ❖ BA 戦略の運用

では，どのようなときに，どの BA 戦略を用いるのがよいのか。実際の企業においては，上記の 4 つの区分があっても，これらがハイブリッド化して運用され，用いられている。たとえば，BMW では主要なクルマ・ブランドはブランデッド・ハウス戦略によって BMW に統一されたブランド体系となっているが，MINI はシャドー・ブランディング，傘下にあるロールス・ロイスは独立型ブランド戦略を用いている。

どの BA 戦略を用いるかの決定には，ブランド・エクイティの移転可能性を考慮することが必要である。ブランド・エクイティの移転可能性とは，保有する親

第 7 章　フェーズ 2　経営レベルのブランド戦略　　147

ブランドから個別ブランドに，ブランド・エクイティをどのように移転させることができるか，を意味する。親ブランドがすでにある程度の知名度やブランド・イメージをもっているとき，親ブランドのブランド・エクイティを個別ブランドで活用したい場合は，活用したい程度によって，エンドースト・ブランド，サブブランド，ブランデッド・ハウスから最適な戦略を選択すればよい。BMW はそのブランド・エクイティの一部を MINI に移転させて成功したと考えられる。しかし BMW はロールス・ロイスにはブランド・エクイティを移転させようとはしなかった。ロールス・ロイスと BMW のブランド・エクイティは大きく異なるからだ。

逆に，個別ブランドのブランド・エクイティを親ブランドに移転させようと意図する戦略もある。ライン（LINE）株式会社はもともと NHN Japan 株式会社であったが，LINE ブランドが形成されたため，社名をラインに変更し，LINE ブランドで事業を展開するようになった。東京糸井重里事務所は，2017 年のジャスダック上場前の 16 年 12 月に，企業名をオンラインでよく知られた「ほぼ日」（オンラインの名称が「ほぼ日刊イトイ新聞」）に改称している。

また近年，持ち株会社であるホールディングス（HD）という企業形態が多くなり，セブン＆アイ・ホールディングスや三越伊勢丹ホールディングスのようなブランドが登場している。こうした場合，HD ブランドのアイデンティティをどのように構築するかという新しい課題が生じている。セブン＆アイの場合は，テレビ CM でも HD 名を全面に出し，HD ブランドの強化を意図している。その背景には，同社が以前から進めてきたオムニチャネル化があると推測される。どこのチャネルでもストレスなく購買・返品・配達ができることをめざすオムニチャネルにとっては，個別小売ブランドも重要ではあるが，HD ブランドを強化することが重要と考えられるのである。

ここで注意すべきは，親ブランドの乱用である。親ブランドを傘ブランドとして用いることは容易にできるが，どのブランドに適用すべきか，そのルールが決まっていない場合，親ブランドの希釈化（brand dilution）を招く恐れがある。こうした場合，商品ブランドがまだ育っていない段階では親ブランドを冠し，自立したと判断できるとき，次第に親ブランドから離していくという戦略が考えられる。

## 7-6 フェーズ 2-6 知財戦略の決定

知財戦略とは，ブランドの法的な権利関係について，どの商標を知的財産としてどのように登録し，権利として維持確保するか，に関する意思決定のことであ

る。ブランドは商標権によって保護されることで，ブランド戦略を競争環境の中でより有利に，またリスクを低減させて進めることができる。同時に，偽ブランド（fake brand），模倣品（copycats），ブランド・バリアント（look-a-like brand, brand variant：プライベート・ブランドがナショナル・ブランドのデザインや仕様をまねることで，偽物ブランドではない）に対してどのように競争し，摘発し，法的に戦っていくかも，ブランド戦略の重要な部分である。本節では知的財産権とブランド戦略との関わりについて，知財ミックスの考え方を用いて，知財戦略とブランド戦略の関係について考察し，希釈化概念についても触れる。

　知的財産権はマーケティングにおいて「市場参入抑制機能」「市場排除機能」「経営情報開示機能」「市場参加資格機能」の4つの役割を果たしている（杉光，2014）。市場参入抑制機能とは，自社の権利が特許権や商標権によって保護されることで，他社が参入する機会を抑制することである。市場排除機能とは，もし他社が技術，デザイン，ブランドを模倣して市場に参入してきた場合，国家権力の助力によって強制的排除を可能にすることを意味している。さらに，企業の特許出願情報は逐次開示されているが，その動向によって当該企業がどの分野で強みを形成しているか，また企業の中長期の経営戦略がそこに反映されているという意味で，知的財産は経営情報開示機能にも役立っている。「市場参加資格機能」とは，知的財産権を保有していなければ参入できない市場が存在するために，知的財産を保有することで初めて市場に参加できることを意味する。知的財産権の問題はマーケティングと切り離せない問題としてある。

　それでは，知的財産を実際に企画し実践するとき，どのようにすればこれらの機能を十分に発揮することができるだろうか。その1つが知財ミックスという考え方である。

　知財ミックスとは「経営資源としての知的財産を複合的かつ有機的に活用すること」（乾，2016，97頁）である。つまり，知財ミックスとは商標権のみならず，複数の法律的権利を活用してブランドを保護することを意味している。たとえば，ブランドのロゴは商標権としても，意匠権としても保護されるために，両方を用いることでより強力な保護となる。杉光（2014）によれば，製品の性能については特許権，製品の形態には意匠権が取得できる。製品のユーザー・インターフェースなどの「デザイン」やサービスについても特許権が取得できる可能性がある。たとえば米国特許番号5960411号では，アマゾンのワンクリック特許が認められている。また，アメリカでは，店舗のデザインやレイアウトについても識別力があると判断されれば商標権を取得することができる。実際にアップル社は2013年1月にアップルストアのデザイン・レイアウトについてアメリカで商標登録を

得た。

　こうした知財ミックスが有効な別の理由として，権利の有効期間がそれぞれ異なることがある。意匠権については，2007年4月1日以降に出願された意匠権の存続期間は設定登録日から20年間である（ただし，2007年3月31日までに出願された意匠権は，設定登録日から15年間）。一方，商標権の存続期間は，設定登録日から10年間であるものの，更新登録の申請により存続期間を更新することができる。「商標権存続期間更新登録申請書」を提出することにより何度でも更新することができるのである。つまり，商標権者は更新を繰り返すことによって，登録された商標を半永久的に指定商品（役務）について独占的に使用することができることになる。なお，知的財産を護るために，商標法だけでなく，不正競争防止法によっても，第三者による不正な使用を差し止めることができる（足立，2014）。

　知財ミックス以外に，商標権自体のより幅広い活用もブランドの知財戦略展開の1つである。近年，製品の「音」や「匂い」について商標権が認められる国も増えている。日本では1996年に立体商標制度が，また2005年に地域団体商標が導入され，商標概念が少しずつ変更されてきた。日本では近年次のような新しい商標のありようが検討されている（江幡，2011）。①動きの商標，②ホログラムの商標，③輪郭のない色彩の商標，④位置商標，⑤音の商標。アメリカでは，ハーレーダビッドソンのエンジン音が商標として認められている事例がある。注意すべきことは，立体商標などで全国的な周知性や識別性が十分でないとして，認められない事案があることである。たとえば，まんじゅう菓子である「ひよ子」の形状の立体商標権は知的財産高等裁判所平成18年11月29日判決によって，「自他商品識別力」を有していないと判定されている。

　知的財産に関連して，「希釈化」（dilution）概念について最後に触れる。

　ありがちな誤解として，マーケターが，自社ブランド名が普通名詞化することを期待する考え方がある。このような商標の普通名詞化は，その商標の識別性（商品役務識別機能，出所表示機能）を失わせ，識別力の喪失という事態を招き，商標権行使の制限につながりかねない。また第三者による使用を差し止めることもできなくなる恐れがある。普通名称には商標権が行使できないからである。

　正露丸（セイロガン），ジープ，セメダイン，トランポリン，エスカレータ，セロハン，ヨーヨー，メカトロニクス，魔法瓶，うどんすき，巨峰などはいずれももともとは商標であったものが，普通名詞化して「希釈化」した事例である。これらの商標権を有していた企業は，現在ではその権利を行使することがほぼできなくなっている。

　希釈化を防ぐためには，そのブランド名を「形容詞」として用い，「名詞」「動

詞」として使わない用法が望ましい（International Trademark Association（INTA），2012）。たとえば，「この書類をゼロックスする」（動詞としての用法）ではなく，「ゼロックスのコピー機を使う」という名詞としての用法が推奨される。このようなブランド名の希釈化を防止するために，広告やウェブサイトなどで，正しいブランドの用法についてメッセージを流すことも有用な方法である。

　また，著名な登録商標の強い顧客吸引力にただ乗り（フリーライド：free ride）する形で使用されると，著名な登録商標の識別性が希釈化され，ブランド・イメージが毀損される（汚染される）場合がある。この場合に問題となるのが，もともとのブランドとフリーライダーとの間で消費者に「混同の恐れ」が起こるかどうかである。

　知られた例として千葉県松戸市の「スナックシャネル」事件がある（益子，2013）。「古びた建物の2階にわずか10坪足らずの店を構え，従業員1名，アルバイト1名で，1日数組の客を相手に，年間売上870万円程度」のお店の件である。この場合，世界的に著名な「シャネル」と何らかの関連があると消費者が混同するかが問題となった。千葉地裁は一般消費者が，業務上，経済上，組織上何らかの連携関係にあるものと誤認混同する恐れがあるとして差止を認めた。しかし控訴審である東京高裁では，1994年この混同の恐れの認定は無理があるとして却下した。

　経営レベルのブランド戦略を考える場合，商標を登録する作業は当然として，どのような知財ミックス戦略を採用するか，あるいは，商標の希釈化・汚染化にどう対処するかを決定しておくことが求められる。知的財産あるいは商標の問題は，ブランド戦略が成り立つ基礎的問題として存在している。

第**8**章

## フェーズ3
## マーケティング・レベルのブランド戦略

### はじめに

フェーズ2まで，われわれはブランドを構築するための基礎である経営レベルのブランド戦略を論じてきた。①ブランド・テリトリー，②ランドスケープ分析，③ブランド戦略アウトライン，④企業資源投入の4つの要素について意思決定を行ってきた。

第3フェーズのマーケティング・レベルのブランド戦略で考えるべきことは，そのブランドを通じて，どのような顧客に対してどのような価値を創造し，提供するか，である。つまり「誰に，どのようなブランド価値を，どのように提供するのか」をこのフェーズでは決定する。

具体的には，このフェーズ3では，次の4つを開発・検討・決定する。

3-1　フォーカス顧客戦略：誰にブランドを買って／使って／採用してもらうことで価値を創造・提供できるのか。

3-2　ブランド価値プロポジション：どのようなブランド価値を知覚してもらうか。

3-3　3Aフレームワーク－①アベイラビリティ：【購買】どのようにして顧客に買ってもらえる環境をつくるか。②アフォーダビリティ：【支払い】どのようにして顧客に買ってもらえる環境をつくりだすか。③アクセプタビリティ：【使用】どのようにして顧客が使用できる／使用したい製品とするのか。

3-4　ブランド成長のマーケティング戦略：3-1～3-3を踏まえて，ブランド成長のためのマーケティング戦略を検討する。

## 8-1　フェーズ3-1　フォーカス顧客戦略

### ❖ フォーカス顧客とは

フォーカス顧客（focused customer）とは，従来のマーケティングで「ターゲット」

152　第Ⅱ部　戦略篇

と呼ばれてきた顧客グループ（セグメント）のことである。フォーカスという用語を使う理由は，ターゲット＝標的というマーケター中心の視点を変えるためである。ターゲット＝「標的」という用語は企業活動の一方的な利益収奪的な側面を反映している。顧客をどのようなものと考えるかは，そもそも企業はなぜ存在するのか，という問題と関わってくる。もともとマーケティングで唱えられていた顧客志向という概念は，1980年代から90年代にかけて，市場志向という考え方の中に包摂され，競合者やそのほかの外部要因と並ぶ単なる一要素に変化してきた（南，2006）。一方，マーケティングには従来から顧客フォーカス（customer focus）という用語があった。顧客フォーカスとは，顧客にとっての価値を創造し提供する企業活動のことである（Slater, 1997）。なぜ顧客フォーカスが重要かといえば，企業は顧客にとっての価値を創造する点において存在意義があるからだ。イノベーションを通じて価値を創造できなければ企業は存続することができない。ブランド戦略の観点からも，顧客にとっての新しい価値を創造すること，つまりイノベーションによって，そのブランドの価値を高めることが必要なのである。

　ターゲットという言葉に変えて「フォーカス顧客」と呼ぶもう1つの理由は，フォーカス顧客はターゲットよりも，より自律的であり，自分の考え方をもち，自分が求める情報を自分で探す顧客という意味が含まれていることにある。ターゲットという用語には，顧客は無色で自分の考えはあまりもっていないので，こちらから導くことによってどのようにも変化させられる，という前提が暗黙に含まれていると考えられる。

　こうした能動的な顧客の捉え方は，ウェブ時代のマーケティング戦略に，より適合している。インバウンド・マーケティングやセールス・オートメーション，コンテンツ・マーケティングなどに共通してある考え方には，「自社ブランドを顧客に見つけてもらう」マーケティングであり，顧客はプロアクティブで自律的であるという前提が含まれている。顧客は自分で必要な情報を獲得し，自分で判断する。こうした顧客をターゲットと呼ぶことはふさわしくない。

　ブランド戦略のマーケティング・レベルで明らかにすべきこととは，購入してもらう顧客グループは誰か，という点だけではない。そのブランドが，どの顧客に対し，どのように価値を創造し，選択し，提供し，伝達できるかを明らかにすることが重要である。こうした視点から顧客が誰であるかを明らかにすることが，ここで必要なタスクとなる。

## ❖ フォーカス顧客選択の第1ステップ

　【第1ステップ】フォーカス顧客を明らかにするためには，第1ステップとして，

あらかじめ規定した市場において，どのようなセグメンテーション基準があるかを問う必要がある。

セグメンテーションとは，特定の基準を用いて市場を複数の同質的なセグメント（部分）に分けることである。セグメンテーションを行う，ということは，まず，セグメンテーション基準を選択することを意味する。セグメンテーション基準とは，どのような消費者属性を採用して，市場を分けていくかという問題である。

よく用いられるセグメンテーション基準は，デモグラフィック属性である。デモグラフィック属性とは，人間にとってもっとも基本になるような属性のことで，たとえば，性，年齢，職業，地域，世帯，所得，世代，ライフステージ，人種，ジェンダー，宗教，社会階層，階級などである。ほかに用いられるのは，サイコグラフィック属性である。サイコグラフィック属性とは，心理的，つまり心の特徴によって，消費者を分けようとする基準で，ライフスタイル，性格，マインドスタイルなどである。

さらに，消費者の行動特性によって分ける視点も重要である。商品の購買頻度，ベネフィット，使用機会，ユーザーシップ（ある商品ユーザーとしての特性），ロイヤルティ，使用量，価格感度，ブランド態度などである。

それでは，どの基準をどのように選択すればよいだろうか。1つの原則は，そのセグメンテーションを行ったときに，分けられたセグメントの中は，ある視点からみて「同質」であり，分けられたそれぞれのセグメントは別のある視点でみたときに「異質」である，ということだ。ここでいう同質性とは，類似した消費者行動をとっていることと，マーケティング活動に対して同じような反応を示すことを意味している。たとえば，チョコレート・ブランドを新発売したとする。そのとき，市場を性と年齢でセグメンテーションし，20代女性と30代女性で分けたとする。またこのプレミアム・チョコレートをギフト用に販売しようとしていたとする。この場合，この2つのセグメントがギフト市場という観点でみたとき，別個の「同質性」でできていなくてはならない。つまり20代女性と30代女性とでは，ギフト行動がまったく異なり，同じギフト商材であっても20代女性と30代女性とではまったく異なる反応を示すことを意味している。もしそうであるとすれば，20代・30代という分け方は意味があるが，もしそうでなければ，このセグメンテーションはあまり意味をなさないことになる。

もう1つのセグメンテーションの原則としては，分けたセグメントの規模を一定程度確保できることである。たとえば，市場を4つのセグメントに分けたとき，それぞれのセグメントが，マーケティング活動が可能な程度に大きく，また期待される収益が十分に大きいことが望ましい。ただし，市場の特殊な小さなセグメ

ントに向けて意図的にマーケティング活動するときは別である。

　セグメンテーションする目的とは，より効率的にマーケティング活動を行うことにある。同じような行動パターンや志向性をもったセグメントを発見し，そこに集中的にマーケティングを行っていくことがマーケティングの本質的な活動の1つなのである。

　このほかに，セグメンテーションの基準として以下のものが挙げられている (Wedel & Kamakura, 2000；中村，2008)。①識別可能性，②実質性，③到達可能性，④安定性，⑤反応性，⑥実行性。

　①識別可能性とは，マーケターがそれぞれのセグメントの特徴を把握できることを意味している。オンライン通販などで購買データを用いれば，その世帯が特定の商品のユーザーであるかどうかは容易に認識できる。しかしライフスタイルというような変数は，容易には識別可能性の基準とはなりにくい。

　②実質性とは，セグメントに分けた結果，そのセグメントから，マーケティング活動によって得られる収益が十分得られるほどの規模があることである。

　③到達可能性とは，何らかのメディアや小売店を通じて，そのセグメントにメッセージを到達させる，あるいは直接リーチできるかどうかを指す。

　④安定性とは，社会的・経済的変化の中で，セグメントが容易に変化してしまわないことを指す。一過性のブームで誕生したセグメントは時間の経過とともに，消滅しやすい。

　⑤反応性とは，セグメントに働きかけたとき，異なる反応が得られるかどうかを指す。同じプロモーションや広告活動を行っても，セグメントごとに異なった反応が得られる場合がこれに該当する。反応性があらかじめ把握されていたならば，セグメントごとに異なったマーケティング活動を行うことが望ましい。たとえば，朝食を食べるセグメントと食べないセグメントには，異なった朝食のメッセージを届けることが望ましいのである。

　⑥実行性とは，セグメント間の異質性がマーケティング施策の実行を容易にするかどうか，を指す。たとえば，値引きなどの低価格プロモーションに反応するグループと反応しないグループごとに，プロモーション方法を変えて意図どおり異なった成果が得られる場合は実効性が高いと判断される。

　セグメンテーションで困難な点は，現在の「同質性」を問題にするのか，あるいはマーケティング活動を行った後で変化した将来の「同質性」を問題にするか，という問題である。仮に現在そのフォーカス顧客グループが「同質」な顧客行動をとっていないとしても，もしかするとブランドを発売した結果，「同質」な顧客グループが形成されるかもしれない。現在か将来かどちらに注意を向けるかは

第8章　フェーズ3　マーケティング・レベルのブランド戦略　　155

難しい課題である。実践的には，仮説をもとにして出発し，ブランド活動を実践しながら，フォーカス顧客の実際の行動変化にチューニングしていくことが得策と考えられる。

たとえば，旅行ガイドブックの『ことりっぷ』では，2泊3日の旅を行う女性のニーズに基づいて2008年からガイドブックを制作した。その後，「女子旅」「一人旅」という旅行行動が顕在化して，ますます『ことりっぷ』への支持が高める結果となった。これは『ことりっぷ』ブランドが女性の旅行行動に適応した側面と，変容させた側面とを両方もっているためと考えられる（第IV部ケース25参照）。

しかし企業によっては，あまりセグメンテーションを行わずに，マーケティングを行っている例も存在する。こうした企業がなぜセグメンテーションを行わないのか。水野（2014, 23頁）は，セグメンテーションを行うための条件として以下の3つを挙げている。

（1）セグメントごとにマーケティング・ミックスの効果が異なる。

（2）セグメントごとにマーケティング・ミックスを個別化できる。

（3）セグメンテーションに伴うコスト増を上回る成果が得られる。

つまり，こうした3つの条件が市場にない場合は，セグメンテーションを行う必要はなく，さほど必要とされないようにみえる場合がありうる。たとえば，低価格品を販売するような場合，低価格に反応する消費者が市場の大部分だとすれば，セグメントごとに異なる反応が得られず，それ以上セグメンテーション＝市場を分ける活動を行う必要はないことになる。こうした場合，一見するとセグメンテーションは必要ないようにもみえる。

しかし低価格品をマーケティングする場合でも，セグメンテーションを行う必要は十分に想定できる。同じような低価格品を販売する競合が出現した場合，その市場での安売り競争が激化し，それを回避する必要が出てくる。低価格で売るビジネスは，大きな商品の革新なしにも行いうるために，低価格市場参入の障壁は比較的低い。こうしたとき，同じ低価格品市場でも，どのセグメントを選ぶかを考えなければならなくなる。このため，多くの低価格マーケターは，参入後に戦略の変更を迫られることになる。ただし日本の100円ショップのように，多くの日用品を低価格で販売できるような高度な事業能力を備えてしまえば，こうした懸念は払拭される。

ユニクロから派生した低価格業態であった「ジーユー」（GU）は，2006年にユニクロの低価格ブランドとして出発し，2009年には990円ジーンズなどでヒットを飛ばした。しかし，2011年以降あらたに，「ハイファッション・ブランド」として自身をリポジショニングしている。2016年時点で売上高1878億円，営業

利益222億円に成長し，ユニクロの4分の1ほどの規模になっている（「ジーユーが兄貴分のユニクロをたぶん追い抜く理由」2016年）。ハイファッション・ブランドにしたことは，「H&M」や「ZARA」などのファスト・ファッション・ブランドと競合する位置に自らを位置づけたことになる。

　一方で同じように，GAPの低価格業態であるオールドネイビーは，日本市場からの撤退を余儀なくされ世界市場においても後退している（「GAPがオールドネイビーを全店閉じるワケ」2016年）。この例でみてもわかるように，低価格の事業は別のステージに移行しない限り，持続することが困難であることが多い。

　フォーカス顧客を定義するとき，実際に問題になることが多いのは，金銭の支払者と購買者，使用者，また購買の決定に関与する人が異なる場合である。たとえば，ランドセルのような子ども用品の購入に際しては，使用者は子どもであるが，実際にお金を支払う購買者は祖父母であり，ブランドの購買決定に関与するのは子どもの親である，というケースである。BtoBのブランドであれば，購買に関与する組織と人員はより複雑となる。こうした場合は，金銭支払者，購入決定者，使用者，購入に関与する人を区別して考えることが必要になる。

## ❖ フォーカス顧客選択の第2ステップ

　【第2ステップ】フォーカス顧客を探す第2のステップは，フォーカス・セグメントの発見（旧来のターゲティング）である。つまりどのセグメントに向けて，マーケティング活動を集中するのか，という意思決定である。ブランド価値を提供したときにそのブランドが顧客に受け入れられ，彼らに新しい生活価値を享受してもらうことを考えなければならない。このためには以下の4つの作業が必要となる。

　タスク①：有望なフォーカス・セグメント候補の選択

　タスク②：セグメント候補からより的確なセグメントを選択

　タスク③：フォーカス顧客セグメントへの市場テスト

　タスク④：フォーカス顧客セグメントの最終選択

　タスク①では，切り分けられたフォーカス顧客セグメントから複数案を候補として選択する。すでにセグメンテーションの軸を選択した段階で，市場はいくつかに切り分けられているはずである。

　タスク②では，有望なセグメントをターゲット候補として選定する。選定にあたっては，次のようなフォーカス顧客層選定のための基準を参照することが必要となる。

　(1)　規模：事業活動展開のために十分な規模があるかどうか。人口や消費量が

第8章　フェーズ3　マーケティング・レベルのブランド戦略　**157**

基準となる。

(2) 競争状況：そのセグメントに現在どのような競合が存在するか。強い競合がすでに占有しているセグメントか，まだどこも占有していないセグメントか。

(3) 成長性：これからどのくらい成長が見込めるセグメントか。セグメント自体の人口増加や消費量の増加など。

(4) 流通状況：そのセグメントへの流通や物流はどのようになっているか。すでに確立した流通網があるかどうか。

(5) アクセス可能性：コミュニケーションなどの面でメッセージが的確に到達できるアクセスビリティがあるかどうか。

タスク③では，選定した顧客層に対して新ブランドの市場テスト＝受容性テストを行い，その顧客層から期待したような反応が得られるのか，また，他の顧客層から反発を招かないか，さらに，フォーカス顧客に対してマーケティング活動のうえで十分な対応が可能かどうか，たとえば，流通業の十分な協力が得られるかどうか，について検討を行う。

ここでいう受容性テストには，実際にその地域でテスト販売をしてみるというフィールド・テストという手法もあれば，対象者に調査会場に来てもらい，新製品のテストをしてもらうという実験室的なアプローチ，さらにオンラインで行うA/Bテストなどの手法もある。実際の地域の市場を用いたフィールド・テストはテスト・マーケティングとして伝統的に用いられた方法であるものの，近年では競合へ情報が漏れることを懸念して，実験室タイプのテストあるいはオンラインを用いた手法が主流になっている。

タスク④は，フォーカス顧客セグメントの最終選択である。最終的にフォーカス顧客層を選定するにあたって留意すべき点の1つは，いくつフォーカス顧客セグメントを選定するか，という問題がある。もしも十分に市場性があると考えられるならば，1つだけ選定したほうがより資源を集中できるために効率的である。しかし時には，メインとなるプライマリー顧客グループとサブとなるセカンダリー顧客グループを選定することもある。こうした2段階のフォーカス顧客グループの設定においては，それぞれのグループが何らかの関連性をもっており，効率的なマーケティング活動ができることが重要である。

たとえば，アシックスは，多くのマラソン・ランナーたちが抱える課題である「どうやってトレーニングをしたらいいかがわからない」ことに応えるため，無料トレーニング支援アプリ「My ASICS」を開発した（「ブランドを身近に感じてもらうアシックスのデジタルコミュニケーション戦略——アシックス」2013年）。これはランナ

ーが性別や年齢，目標タイムなどを入力すると，科学的統計に基づきレース日までの最適なプログラムを組んでくれるサービスである。このアプリのプライマリー・フォーカス顧客は「フルマラソンで4時間をきる中級ランナー」であり，セカンダリー・フォーカス顧客は「初マラソンへのチャレンジャー」であった。こうした選定の方法は，同じ東京マラソンに出場するランナーたちに訴求する場合，同時に訴求できるために，効率的なマーケティングが期待できる。

　もう1つの留意点は，カニバリゼーション（「カニバリ」：自社の製品同士の食い合い）である。自社の既存ブランドと競合することが予測できる場合，あるいは，自社既存ブランドのあり方を否定するようなポジショニングをもった新ブランドの場合，カニバリを気にするために，新ブランドの発売に反対するケースがある。

　このほかにセグメンテーションとフォーカス顧客について議論になるポイントを，以下に挙げる。

### ❖ オール・ターゲット論の陥穽

　「うちの商品はあらゆる人に売るオール・ターゲットだ」という言い方で済ませ，セグメンテーションを行わない企業もある。しかし「オール・ターゲット」戦略を可能にする条件は実際には限られている。1つは，競合する商品やカテゴリーが存在せず，市場を何らかの理由で独占できているときである。独創的な技術をもった企業や，法律や規制で守られた業種・企業がこの例だ。しかしこうした企業は，時代と市場の転換に際して弱点をもっている。

　「破壊的イノベーション」が起こるとき，それまでのカテゴリー・リーダーは，高価格市場に追いやられ，取るに足らないと考えられたプレーヤーが低価格市場から次第に高価格市場に向かって市場を蚕食していく。かつて特許によってコピー市場を独占していたゼロックスが日本のキヤノンやリコーの低価格コピー機からの進出によって，戦略の変更を余儀なくされたのはこうした事例に当たる。

　また，こうした破壊的イノベーションの事例に限らず「オール・ターゲット」戦略では，すぐに競合が出てきてその独占状態を崩そうとし，新たなカテゴリーをつくられてしまうことがしばしば起こる。カテゴリー・リーダーは独占的な地位を獲得しようとして「オール・ターゲット」戦略を考えるかもしれないが，たとえば，「東京ディズニーリゾート」が仮にすべての顧客層を独占しようとしたとしても，「USJ」や「ハウステンボス」がその地位を蚕食しようとするだろう。

### ❖ セグメンテーションの困難

　自社に合ったセグメンテーション基準を発見するためには，精緻に市場調査を

第8章　フェーズ3　マーケティング・レベルのブランド戦略　159

行うことだけでは十分ではない。なぜなら,「都市部に住む 20 代の女性で,先進的なライフスタイルをもち,ファッションにおいてインフルエンサーであり,年収 500 万円以上の人……」のように細かい点まできっちり定義できたとしても,実際にそのようなセグメントに到達するコミュニケーション手段はごく限られているからである。雑誌メディアを用いて,特定の趣味の人にアプローチができる場合もある。しかし自社商品に合わせて細かくセグメントした雑誌は,限られた場合を除いてあまり存在しない。しかし,インターネットではこうしたセグメンテーションに到達することが場合によって可能である。

このように,セグメンテーションは,実施の点でも困難が常につきまとう。しかし重要なことは,その企業独自のセグメンテーション基準をもつことである。

アメリカの成功した食品小売業である「トレーダー・ジョーズ」は,自社のターゲット層を「高学歴で低収入」(highly educated, underpaid) のセグメントと規定している (Trader Joe Secrets, 2006)。この会社は海外から珍しい食品を独自に輸入し,安価な価格で提供しているが,博士号取得者で無職のような高学歴で低収入の人はこうした商品に興味を引かれやすいために,フォーカス顧客の設定として的確なのである。

この例が示すように,企業は独自のセグメンテーション基準をもってそれをノウハウとすべきである。競争優位性を保つためには,市場の中で他企業が埋め切れていないニーズをもったセグメントを発見し,自社が提供できる価値をそこに適応させる,といった戦略が欠かせない。

## 8-2　フェーズ 3-2　ブランド価値プロポジション

### ❖ 価値プロポジションとは

ブランド価値プロポジション (ブランド価値提案:brand value proposition) とは,そのブランドが顧客にどのような価値を提供するのか,それを定式化させてステートメントの形にしたものを指す。価値プロポジションという考え方を早い時期に提唱したのは,マッキンゼーのコンサルタントであった Lanning & Michaels (1988) である。彼らは,企業を価値提供者としてみなした。当時の IBM がなぜ優れた業績を上げているのか,という疑問に対して,優れたマーケティングを行っているからだ,という答えでは十分ではないと述べている。クリスマスイブの夜中の 3 時でもスタッフが駆けつけてコンピューターの不具合を修理してくれ,顧客企業の成長のためにハードウェアとソフトウェアの拡張を中断なしに助けてくれるという「信頼」という優れた価値を,やや高い価格で提供しているためだ,と論

じている。彼らは，価値プロポジション作成のために，以下の10のポイントが重要であるとしている。

　①ベネフィットがコンパクトに述べられていること，②価格が明示されていること，③ターゲット顧客が明確に定義されていること，④なぜこの価値プロポジションがターゲット顧客に優れているのか示されていること，⑤需要があるという証拠，⑥（投資への）リターンがあるという証拠，⑦競合の価値プロポジションと比較しても強力であること，⑧現在のビジネス・システムで達成可能であること，⑨価値プロポジションの代替案と比較してベストなものであること，⑩明確であると同時にシンプルであること。このチェックリストは，以下の価値プロポジションを点検する際に用いることができる。

　今日では価値プロポジションという用語はマーケティングだけでなく，経営の各領域で広く用いられるようになった。ただし価値プロポジションが，ほかの用語，たとえば，ポジショニング，プロミス，コンセプト，メッセージング，ビジョンなどと紛らわしいことは確かである。本書では，これらの用語で示されている概念を価値プロポジションの概念で包括的にまとめると同時に，メッセージングやストーリーテリングなどのコミュニケーションのステップで用いる概念とは区別することとした。

　ブランド価値プロポジションは，次のようなエレメントからできている。

(1) ブランド・テリトリー：どのようなカテゴリーのブランドか。

(2) フォーカス顧客とインサイト：顧客の定義とその顕在的および潜在的ニーズに関するインサイト。

(3) 顧客経験／顧客ベネフィット：顧客が経験する機能的・感情的・理念的ベネフィットとそのブランドを買うべき理由。

(4) ポジショニング：どのようなブランドとして顧客に知覚してもらいたいか。

(5) 経験とベネフィットの根拠：なぜわれわれはその経験とベネフィットを提供できるのか。

(6) 競合ブランドの価値：競合ブランドはどのような価値を提供しているか。

(7) 差異化ポイント／同等化ポイント：競合と比較してどのような差異化と同等化ポイントがあるか。

(8) 価格：実際に顧客が買う価格とコスト。顧客が購入したり使用するにあたっての問題点。

(9) サマリー：当該ブランドが提供する価値を「キーワード」の形で要約して述べる。

これをテンプレートの形に作成したものが表8-1である。

### 表8-1　ブランド価値プロポジション・テンプレート

- ブランドXは，①_____（というカテゴリー）のブランドです。
- ブランドXは，②-1_____（という顧客）のためのブランドです。
- 顧客②-1は②-2_____と定義でき，②-3_____というニーズをもっています。
- ブランドXは②に③-1_____という経験を与え，③-2_____というベネフィットをもっています。
- ブランドXは④_____というブランドとして顧客に知覚してもらいたい。
- われわれが③-1, 2を約束できるのは，われわれが⑤_____（という能力・技術・歴史・実績がある）からです。
- 競合ブランドYは，⑥_____という価値を提供しているのに対して，⑦-1_____という差異化ポイントをもち，⑦-2_____という同等化ポイントをもっています。
- ブランドXは⑧-1_____という価格で購買され⑧-2_____というコストがかかります。また⑧-3_____という問題点があります。しかし，顧客にとっては，期待され得られる価値に見合っているか上回っています。
- ブランドXは⑨_____という価値を顧客に提供します。

　表8-1のテンプレートは，実際に運用するときには，すべての項目を網羅的に記入する必要は必ずしもない。たとえば，④と⑨とは重なる部分もあるため，必要に応じて省略することが可能である。

### ❖　価値の創造と選択

　では，ここでいうブランド価値の中核的な部分はどこからやってくるのだろうか。すでに第3章でも述べたように，新ブランドが確立する基本はイノベーションにある。イノベーションはまさに「顧客創造」（ピーター・ドラッカー）を実現する原動力であり，ブランドが新しい生活スタイル，生活パターンを生み出すための本源的な力なのである。

　しかしながら，イノベーションの意味はそれが生活者によって実現され，「生きられる」ことによってしか把握できない。ベネフィット（消費者利便）だけでも十分ではない。ベネフィットが「価値」に昇華されることが必要である。ブランドが実現するのも，こうした価値である。価値は，シュワルツによれば次のように定義されている。「価値とは，望ましい，状況超越的な目標であり，程度の差はあれ，人々の生活を導くために用いられるものである」(Schwartz, 2005, p. 1)

　すなわち，価値とは，人々の行動の目標であり，同時に生活者の日常行動の基本にある概念ということができる。シュワルツは価値と価値との関係に着目した。彼は価値をまず次の10の価値に分類・整理し（表8-2），次にそれをモデルの形でダイヤグラムにまとめている（図8-1）。

　これらの価値用語はそれだけでは使いにくいので，「世界価値観調査」（2010年）で用いられた質問票を参照してみよう（表8-3）。

表 8-2　シュワルツの価値体系

1. 自決（self-direction）：独立した思考や活動，選ぶ，創造する，探索する
2. 刺激（stimulation）：興奮，新規性，人生における挑戦
3. 快楽（hedonism）：喜び，自分の感覚的満足
4. 達成（achievement）：社会的規範に従って，能力を示して個人的成功を得る
5. 権勢（power）：社会的地位や権威，人々や資源の操作や支配
6. 秩序（security）：社会・人間関係・自分自身の安全，調和，安定性
7. 調和（conformity）：他者を害したり脅かすような，あるいは社会の期待や規範を脅かすような，活動・行動傾向・衝動の制限
8. 伝統（tradition）：伝統的な文化・宗教についての習慣や考え方を尊重し，関係し，受容する
9. 善行（benevolence）：仲間の福祉を維持し高める
10. 博識（universalism）：あらゆる人々と自然の福祉を，理解し尊び，そのために我慢し，保護する

（注）　訳語は柏木（2009）を参照した。

図 8-1　シュワルツの価値モデル

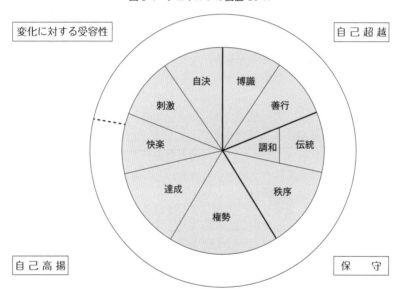

（出所）　訳語は柏木（2009）を参照した。この図は田中「マーケティングのキーコンセプト #34 価値」（毎日新聞 SPACE）http://macs.mainichi.co.jp/space/web/034/marke.html による。

これらの10の価値は図8-1にみるように，相互に連関している。たとえば，「博識」（universalism）という価値を実行することと，隣にある「善行」とは関連している。人々の良き人生のあり方を尊ぶことと，仲間の良い人生を高める活動とは関係があるからだ。

さらに，図8-1にあるように，対角線上にある価値同士は，逆の対立的傾向を

表8-3 世界価値観調査にみる価値タイプ

| Self-direction | A | 新しいアイデアを考えつき，創造的であること，自分のやり方で行うことが大切な人 |
| Power | B | 裕福で，お金と高価な品物をたくさんもつことが大切な人 |
| Security | C | 安全な環境に住むこと，危険なことはすべて避けることが大切な人 |
| Hedonism | D | 楽しい時間を過ごすこと，自分を「甘やかす」ことが大切な人 |
| Benevolence | E | 周囲の人を助けて，幸せにすることが大切な人 |
| | F | 社会の利益のために何かするということ |
| Achievement | G | 大いに成功すること，成し遂げたことを人に認められることが大切な人 |
| Stimulation | H | 冒険し，リスクを冒すこと，刺激のある生活が大切な人 |
| Conformity | I | 常に礼儀正しくふるまうこと，間違っているといわれそうな行動をいっさい避けることが大切な人 |
| Universalism | J | 環境に気を使ったり資源を守ること，自然へ配慮することが大切な人 |
| Tradition | K | 伝統や，宗教や家族によって受け継がれてきた習慣に従うことが大切な人 |

表している。たとえば，「達成」という価値は「善行」という価値と対立する。なぜなら，自分自身の成功を達成しようという価値観は，助けを必要とする人々に手を差し伸べる活動とは必ずしも両立しない場合があるからだ。

さらに，シュワルツは，これらの価値の上位概念として，4つの上位価値を設定した。それが，「変化に対する受容性」「自己高揚」「自己超越」「保守」である。ここでも，価値と価値の間の連関性が明らかになる。たとえば，「変化に対する受容性」と「保守」とは図8-1では対立軸に置かれている。これは，変化しようという価値観と伝統を維持しようという価値観とは対立するからである。

こうした価値の基礎的な理解に立って，ここからどのようにしてブランドの価値を導いていけばよいだろうか。次の2つのステップに従って，ブランド価値を開発することができる。

(1) ステップ①：ベネフィット抽出

まず，そのブランドが顧客にもたらすベネフィットをすべて抽出する。ここでいうベネフィット（便益）とは顧客にとって良いこと，あるいは良いと感じられることである。ベネフィットには，①機能的ベネフィット，②情緒的ベネフィット，③想像的ベネフィットの3つがある。機能的ベネフィットとは，物の性質によって，顧客にもたらされるベネフィットである。電気シェーバーならば，「髭の剃り残しがない」は機能的ベネフィットである。情緒的ベネフィットとは，顧客が感じられる必ずしも機能的ベネフィットに関わらない，あるいは機能的ベネフィットの結果として感覚として顧客にもたらされるベネフィットのことである。電気シェーバーでいえば，「肌触りが心地よい」というのがその例に当たる。想像的ベ

ネフィットとは，Aaker（2014）では，「自己便益ベネフィット」「社会便益ベネフィット」と呼ばれているものに相当し，顧客の自己コンセプトあるいは社会観に関わる顧客ベネフィットを指す。電気シェーバーでいえば，「デキる男」（パナソニック・メンズグルーミング商品のウェブページより）というコンセプトはこれに当たる。

(2) ステップ②：価値ワード転換

　これらの3種類のベネフィットを総合化して，ブランド価値に転換する作業がステップ②である。ブランド価値に転換するとは，顧客に知覚される直接的なベネフィットをより抽象的な次元で表現することを意味する。ここでは，前記のシュワルツの価値体系にある価値ワードを参照して，どれが当該ブランドにふさわしい価値かを選択する。

　価値ワードをシュワルツの体系から以下のようにピックアップすることができる。〈独立，選択，創造，探索，冒険，刺激，興奮，新規性，挑戦，快楽，喜び，幸せ，感覚的満足，社会的利益，達成，成功，パワー，地位，権威，秩序，安全，調和，安定性，調和，伝統，尊重，礼儀，環境，自然，家族，関係，善行，福祉〉。

　もちろんブランド価値に用いることができる価値は上記にとどまらない。

　先の電気シェーバーの例でいえば，顧客ベネフィットとして「髭の剃り残しがない」「肌触りが心地よい」「デキる男」の3種類を選択したとして，この3つからいえるブランド価値として，「成功」「パワー」「地位」などを抽出することができる。

　ブランド価値抽出のために用いることができる手法としてラダリング法がある（丸岡，1998）。ラダリング法とは，Gutman（1982）の手段目的連鎖モデルに基づいた調査手法で，ブランドの属性がより抽象的な目的（ベネフィット）のための手段となり，さらに消費者の価値観を目的としたときの手段となる形で連鎖している，という考え方を基礎としている。たとえば，髭の剃り残しがないことは，肌触りが心地よいという目的のための手段となっている。さらに，肌触りが心地よいことは，髭剃り後の満足という目的に対して手段となり，最終的に，髭剃り後の満足を感じることは，「能力がある男性」という価値観に対しての手段と考えることができる。こうしたブランド価値を得るためには，対象とするフォーカス顧客に，属性やベネフィットについて「なぜそう思うのですか？」という質問を繰り返す（梯子のぼり）ことによって，それ以上登れない価値に到達した（顧客がそれ以上答えられない）と判断される水準で質問を止め，そこで得られた回答が訴求すべきブランド価値に当たるかを判断することになる。

## ❖ 狩野モデル

もう1つブランド価値開発のために参考になる考え方が，狩野モデル（Kano model）である（Kano et al., 1984）。これは，東京理科大学名誉教授の狩野紀昭氏が1980年代に唱えた，製品品質要素の分類方法のことである。このモデルは Kano Model として世界的に高い評価を得ている。今日，品質管理やサービス品質，顧客満足を考えるとき，この狩野モデルを抜きにしては考えられない（Mikulić & Prebežac, 2011; Sauerwein et al., 1996）。しかし，日本のマーケターにさほど知られていないのが実状である。

狩野モデルが唱えられるまで，品質の要素（属性）を差別せず，あらゆる品質要素を高めることが品質管理で重要だと考えられてきた。しかし狩野氏が考えたのは，あらゆる品質要素が同じく重要ではなく，要素ごとに，その充足程度によって異なった顧客満足をもたらす，ということだった。

狩野氏は品質要素を以下のような5つに分類している。

(1) **魅力的品質要素**（attractive quality elements）：それが充足されれば満足を与えるが，不充足であっても仕方がないと受けとられる品質要素。

(2) **一元的品質要素**（one-dimensional quality elements）：それが充足されれば満足，不充足であれば不満を引き起こす品質要素。

(3) **当たり前品質要素**（must-be quality elements）：それが充足されれば当たり前と受け止められるが，不充足であれば不満を引き起こす品質要素。

(4) **無関心品質要素**（indifferent quality elements）：充足でも不充足でも，満足も与えず不満も引き起こさない品質要素。

(5) **逆品質要素**（reverse quality elements）：充足されているのに不満を引き起こしたり，不充足であるのに満足を与えたりする品質要素。

このうち重要なのは (1) (2) (3) の品質要素である。図 8-2 に示されていることの意味を少し考えてみよう。

図 8-2 で垂直の軸にとられているのは，顧客の満足感である。上方に行くほど，顧客満足＝顧客の喜びが高いことになる。水平軸は顧客ニーズの物理的充足状況であり，右方に行くほど顧客ニーズが満たされていることになる。

ここで重要な品質を3つ検討してみよう。第1は「当たり前品質」要素である。左下の象限，つまり，顧客ニーズが満たされていない段階では，顧客満足も低い。次に，左から右に顧客ニーズが満たされていく段階で，顧客ニーズが満たされていくが，一定程度以上で上がらないことになる。

当たり前品質の例として，日本旅館における「部屋の清潔さ」が挙げられる。多くの日本の旅行客は，旅館の部屋が清潔で，その点のニーズが満たされていて

166　第Ⅱ部　戦略篇

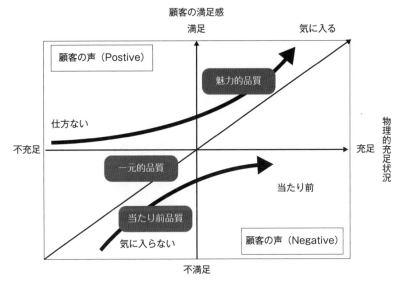

図 8-2　狩野モデルと 3 つの品質要素

（出所）https://sites.google.com/site/techdmba/kanomodel より。

も，当然と受け止めるであろう。一方，旅館側が仮にゴミもばい菌もゼロに近くなるまで清潔の程度を上げたとしても，顧客満足は一定程度以上には上がらないことが予想される。

　第 2 は「一元的品質」要素である。この要素の最大の特徴は，図に示されるように，顧客ニーズが満たされれば満たされるほど，顧客満足も比例して上がっていくことである。そして，顧客満足が上がる程度には上限はない。

　日本旅館の例でこの一元的品質要素に当たるのは，旅館から提供される「食事の質と環境」であろう。食事の内容が良ければ良いほど，おいしければおいしいほど，豪華であればあるほど，また心地のよい環境で提供されるほど，顧客の満足度は高まるはずだと予測される。一定程度以上に食事と環境の質が高まれば，どこかで顧客満足が上がらなくなる可能性はあるものの，一定の幅においては，食事の質や環境に比例して，顧客満足が上がることが想像できる。

　第 3 は「魅力的品質」要素である。この品質要素を他の品質要素と区別した点が狩野モデルのもっとも大きな貢献である。魅力的品質の大きな特徴は，仮にその品質において顧客ニーズが満たされない場合でも，顧客は不満を感じない。その品質はなくても顧客は容易に諦めるのである。しかしいったんその品質へのニーズが満たされたとすると，顧客満足度は大きく上昇することになる。日本旅館

第 8 章　フェーズ 3　マーケティング・レベルのブランド戦略　　167

でのこの魅力的品質の例は，部屋付き露天風呂であろう。仮に部屋に露天風呂がついていなくても，顧客は不満を述べないであろう。しかし，もしも部屋に自由に入れるその部屋だけの温泉露天風呂がついていたとすると，顧客の満足は大きく上昇する。

　ブランド開発において，優先的に改善すべきは一元的品質である。これを改善すればするほど，顧客の満足は上がる。掃除機でいえば，吸引力がいつまでも落ちない性能を備えた「ダイソン」の電気掃除機はこの一元的品質を技術によって実現した例である（第Ⅳ部ケース12参照）。次に発見すべきは，魅力的品質である。魅力的品質はまだ発見されていない場合や，まだ開発されていない場合が多いからである。電気掃除機でいえば，「ルンバ」のように「何もしなくてもロボットが部屋を掃除してくれる」品質をもった掃除ロボットは，新しい魅力的品質を提供したことになる。

　魅力的品質について注意すべきことは，技術や商品の性能の向上につれて，昨日まで魅力的品質であった要素が，当たり前品質に変換してしまうことがあることだ。クルマでいえば，かつて魅力的品質であったパーキング・アシスト・システム（たとえば，トヨタのインテリジェントパーキングアシストや，日産のアラウンドビューモニター）は現在では多くのクルマに標準装備されるようになり，当たり前品質になりつつある。

## ❖ ポジショニング

　この「ブランド価値プロポジション」には項目の(4)として，伝統的にマーケティングで用いられてきたポジショニング（positioning）の考え方が設定されている。ポジショニングとは，そのブランドが顧客の心理の中でどのように知覚されるかを決め，他ブランドとの相対的な関係において，当該ブランドの心理的位置づけを決めることである。

　ポジショニングという概念を最初に提唱したのは，アル・ライズとジャック・トラウトという2人のマーケティング・コンサルタントであった。ライズとトラウト（2008）はポジショニングの方法を，「消費者の頭の中に既にあるイメージを操作し，それを商品に結びつける」（15頁）ことだと定義している。彼らはポジショニングを考えるためには，新しいイメージを創造するというのではなく「消費者の頭の中に既にある」仕組みを利用するのがポジショニングだと主張している。

　この考え方は現在でも重要である。ここでいわれている顧客の心にすでにある仕組みとは，心理学でいう「体制化」（群化：organization）に当たる。体制化とは，

自分がもっている知識体系の中に新しい知識を位置づける，つまり自己のもっているカテゴリーや知覚の傾性にあてはめて受け止めることである。実務において「自分ゴト化」という用語が用いられることがあるが，これは体制化の概念に近い。ポジショニングを考えるためには，まず顧客がもっている知識とその構造がどのようなものであるかを知り，そこにどのように自社のブランドが位置づけられるかを考えなければならない。

ライズらは，ポジショニングの必要性を「情報化社会」に求めている。情報過多になった社会では，消費者は自分の知識や経験に合致するものしか受けつけないことがポジショニングの必要性の第1である。もう1つの理由は，競合するブランドが同じカテゴリーにひしめき合い，かつ大きな差異がブランド間に存在しないためである。

ポジショニングを策定するには，複数のアプローチがある。1つは，「顧客ベース vs. 競争ベース」のアプローチである。

「顧客ベース」とは，顧客の頭の中にある「ブランド地図」，つまりブランドがどのような布置を描いて存在しているか，を利用して，自社ブランドのポジショニングを考えるやり方である。たとえば，自動車業界ではかつて，価格をベースとして高級車から大衆車までピラミッド状に並べられていた時代が長く続いた。こうした時代には，クルマを価格ないし排気量という属性を基準にして，単純にポジショニングすればよいことになる。しかし現在では，自動車業界は必ずしも価格や車の大きさだけを基準にポジショニングすることはしていない。たとえば，小さなサイズのラグジュアリー・カーというものがある一方で，大きなサイズのワンボックス・カーもある。

「競争ベース」とは，競合が占めているポジションを計算したうえで，自社ブランドがどこに属すべきかを考えるやり方である。たとえば，その商品カテゴリーが「高級 - 大衆」「新しい - 古い」という2軸で分類されることがわかったならば，競合を位置づけたうえで，競合が占めていない新しいポジションを発見すればよい。

もう1つのポジショニングの方法は「差別化 vs. サブカテゴリー化」戦略である（Sujan & Bettman, 1989）。ここで「差別化」戦略とは，既存の商品カテゴリーの中に，ブランドがポジショニングされることを指す。「サブカテゴリー化」戦略とは，その商品カテゴリーのサブカテゴリーとして認知されるようにする戦略を指す。

たとえば，歯磨き市場に関するある研究によると，「歯垢を分解して虫歯予防に役立つハミガキ」という中程度に差別化された属性でポジションされているブ

第8章　フェーズ3　マーケティング・レベルのブランド戦略　169

ランド（差別化戦略）は，一般の歯磨きカテゴリーの中で差別化されて認知されるようになる。一方，「歯を白くするハミガキ」という属性において異なった違いをもつ歯磨きブランドは，一般的な歯磨きカテゴリーとは異なったサブカテゴリーとして認知されるようになることが報告されている。この研究ではさらに，後者のサブカテゴリー戦略のほうが，時間が経ったあとでブランド想起率がより高くなるという。

差別化されたポジショニングを考えるためには，以下のような属性に着目する必要がある。

(1) 商品属性とベネフィット（例：洗濯物が白く仕上がる洗剤）

(2) 価格と品質（例：高品質なワイン）

(3) 使用・応用（例：食べる前に飲む胃腸薬）

(4) 商品カテゴリー（例：ロボット型電気掃除機）

(5) 商品ユーザー（例：上質を求める人のコーヒー）

(6) 競合（例：業界ナンバーワンのパフォーマンス）

(7) 文化的象徴（例：キャラクター）

顧客の「フレーム・オブ・レファレンス」（参照枠組み）も重要な考え方である（Keller, 2013）。フレームとは，消費者がそのブランドを用いることで達成したい目標を指す。同じフレームに属するブランドは，異なったカテゴリー・メンバーシップのブランドであっても，同じように消費者に受け止められる可能性がある。

たとえば，コカ・コーラとポカリスエットとは，炭酸飲料と水分補給飲料という異なるカテゴリー・メンバーシップに属している。しかし，両方とも「ノドの乾きを癒やす」という同じ「フレーム・オブ・レファレンス」をもっている。このため，カテゴリーは異なっても，フレーム・オブ・レファレンスを変えることで自社により有利な競争戦略を戦うことができる可能性がある。

別の例でいえば，「コンタック600」はもともと鼻炎薬であり，感冒薬とは異なったカテゴリーに属していた。1970年代発売当初，「かかったかなと思ったらコンタック600」という広告コピーでブランドを訴求した。この結果，消費者知覚のうえで風邪薬のカテゴリー・メンバーシップを獲得し，さらに，通常の風邪薬とは異なったフレーム（この場合，風邪の初期症状に有効な薬）を訴求して，他の風邪薬ブランドに伍して一定のシェアを獲得することができた。

フレーム・オブ・レファレンスを採用するときは，本書第7章第1節で述べたブランド・テリトリーの考え方を用いるとよい。ブランド・テリトリーは顧客の消費シーンと商品カテゴリーを連結した考え方である。たとえば，シリアル食品市場ではなく朝食市場という設定がありうる。ブランド・テリトリーを用いるこ

とによって，どのようなフレーム・オブ・レファレンスを用いるかを考えるために役立つからである。朝食市場というブランド・テリトリーを用いたならば，おいしい朝食，というフレームを考えることができるのである。

## ◈ 差異化ポイントと類似化ポイント

ポジショニングを考えるためのもう1つのヒントは，差異化ポイント（points of difference：POD）と類似化ポイント（points of parity：POP）である（Keller, 2013）。今日の競争状況においては，実際にブランド間の差異は大きくなく，真の意味で異なると認知される差異性はむしろ稀少になりつつある。こういう状況においては，差異化ポイントを考えるだけでなく，むしろ競合ブランドと同じストロング・ポイントをもっているという意味で類似化ポイントを問題にすることが有利に働く場合がある。

たとえば，ヨーグルト市場において，ギリシャ・ヨーグルト（森永乳業「パルテノ」など）はその「濃密食感」という味わいにおいて，異なったテクスチャーをもっており，これは差異性と考えることができる。しかしギリシャ・ヨーグルトは，乳酸菌による牛乳発酵食品としてのヨーグルトとして「類似性」ももっており，その点では競合と対等である。別の例でいえば，ノンアルコール・ビール・ブランドの場合，アルコールが入っていないという差異性ももちろん，他のビール・ブランドと比較して「同じようにおいしい」という「類似性」を訴求する必要がある。これらの例にみられるように，差異性だけでなく，類似性の訴求もポジショニングのために必要な考え方となる。

# 8-3 フェーズ3-3 3Aフレームワーク

## ◈ 4Pから3Aへ

マーケティング戦略立案の際に頻繁に用いられるフレームとして4Pがある。4Pとは，E. J. マッカーシーが1960年に唱えたマーケティング・ミックスを構成する4つの要素のことであり，商品，価格，流通，プロモーションを指す。しかし4Pにはいくつかの欠点がある。4P以外の要素，たとえば，営業（パーソナル・セリング）や，サービスの要素が含まれていない，などの点である。4Pのもう1つの欠点は，それが顧客の立場に立っていないという点である。

4Pに代わって実務で用いられてきた考え方が，コカ・コーラ社内で用いられてきた3Aというフレームワークである。3Aとは，Affordability, Acceptability, Availabilityである。これをさらに改良したのがSheth & Sisodia（2012）の4Aフ

レームワークである。シェスらは，①知名可能性（Awareness），②受容可能性（Acceptability），③購買可能性（Affordability），④接近可能性（Accessibility）を4つのAとして挙げている。これらの4つの要素をプランニングすることが，マーケティング活動の基礎になるのである。

4Aは，顧客が果たす4つの異なった役割，つまり，「探索者」「購買者」「支払者」「使用者」を基礎としている。顧客は，商品や情報を探し求め，購入を行い，お金を支払い，その商品を使う存在とみなされている。4Aはこれらの顧客の4つの役割に対応している。知名可能性は次章のコミュニケーションの解説に譲って，本章では，他の3つの要素を検討して，3Aに編成し直した。それが次の3つである。

(1) **入手可能性（Availability）**：どのようにして顧客に買って・使ってもらえる状態をつくるか。

顧客は，その商品をどこでどのようにして購買し，入手することができるだろうか。ここでは，流通戦略，つまりどの流通をどのように活用するか。どの地域，店舗でどのように販売するのか。どのようにして需要に対する供給体制を整えるか。物流や在庫管理をどうするか。また，顧客が入手するために必要な時間や労力などのコストと利便性をどう考慮するか。

(2) **購買可能性（Affordability）**：どのようにして顧客が買える状態をつくりだすか。

フォーカス顧客が，経済的にまた心理的にその商品の価格を支払えるか，また支払い可能な価格であるか。収入などの支払い能力を含む，経済的購買可能性と，知覚価値を含む，心理的購買可能性の両方を検討する。さらに，顧客に利便性のある量，サイズミックスやパッケージが配慮されているだろうか。

(3) **受容可能性（Acceptability）**：どのようにして顧客が使用できる/使用したい製品とするのか。

そのブランド製品を顧客はユーザーとして，どの程度評価するか。また使うだろうか。属性，能力，機能性，使いやすさ，品質，信頼などの機能的受容可能性。ブランド・イメージ，ポジショニングなどの心理的受容可能性の2つを検討する。

マーケティング・レベルのブランド戦略では，どのようにして実際にフォーカス顧客を選定して，顧客価値を提供し，さらに顧客が最終的に購買し使用できる環境を創り出すかが主要なタスクである。考慮すべきことは，継続的に顧客が購入でき，市場において中核的な顧客層を創出できるようにすることである。それでは，こうしたマーケティング戦略の基礎をどのような戦略的思考のもとに統合していけばよいだろうか。

## 8-4　フェーズ3-4　ブランド成長のマーケティング戦略

　ブランドが成長するための成長の源は，2つ考えられる。そのブランドのより深い浸透率（購入経験世帯率など）の上昇と，購入頻度の増大である。つまりそのブランドを購入してくれる世帯の比率が高まれば，それだけブランドは成長する。あるいはすでに購入してくれている世帯が，より購入頻度（＝行動ロイヤルティ）を高めてくれれば，やはりブランドは成長できる。

　たとえば，この1年以内の購入経験世帯率が，25％から50％に増加するような場合，販売数量は2倍に増加するだろう。また，後者の例では，購入する消費者が週に平均1回買ってくれていたのが，平均1.5回購入してくれるようになれば，浸透率が同じだったとすれば，販売数量は1.5倍に増加するだろう。

　アメリカの広告代理店レオ・バーネットが発表したデータ（Sylvester, McQueen, & Moore 1994）によれば，調査した1251のブランドのうち，60％には成長がみられなかった。また成長したブランドのうちの60％では，その成長速度は年間20％以下であった。成長を示した95のブランドを対象としてより詳細な分析を加えると，次のような結果が得られた（表8-4）。

(1)　ブランド全体では，その成長の75％は浸透率の上昇から来ていた。残りの25％は購入頻度の増大であった。

(2)　シェア別にみると，0～5％の低市場シェアの成長ブランドの場合，成長の92％は浸透率の上昇から来ていた。

(3)　しかしその成長ブランドのシェアが上がるにつれて，成長はより購入頻度の影響が大きかった。たとえば，シェアが30％以上ある成長ブランドの場合，増加分の46％は購入頻度の上昇から来ていた。

　また，Baldinger, Blair, & Echambadi（2002）は，1992年と97年のカナダの消費者パネルのデータを用いて，21のFMCGカテゴリー（パッケージ消費財）で353のブランドを分析し次の結果を得ている。

(1)　成熟カテゴリーのブランドであっても，5年間の期間をとってみると，劇的なシェアの変化が観察される。

(2)　市場浸透率の向上と顧客ロイヤルティ（購買頻度数）の増大はともに，市場シェアの向上に関係している。

(3)　とりわけ浸透率こそが，第1の成長ドライバーとなっており，劇的な成長を示す場合はとくにそうである。劇的な市場シェアの増加があった場合，そのブランドは必ず新しい顧客層を得ている。ロイヤルティ増大は高シェア・

第8章　フェーズ3　マーケティング・レベルのブランド戦略　173

表8-4 ブランドの成長はどこから来るか

| | ブランド全体 | シェア 0〜5% | シェア 6〜10% | シェア 11〜30% | シェア 30%以上 |
|---|---|---|---|---|---|
| 購入頻度から来た成長 | 25% | 8% | 23% | 32% | 46% |
| 浸透率から来た成長 | 75% | 92% | 77% | 68% | 54% |

（出所） Sylvester, McQueen, & Moore（1994）より筆者作成。

ブランドに，より有効である。しかし高シェア・ブランドであっても，浸透率はなお重要な役割を果たしている。

(4) とはいえ，ロイヤルティは浸透率を強力に押し上げるために必要である。ロイヤルティの減少は劇的なシェア減少につながる。

(5) ブランドが大きいほど，ロイヤルティが高まる。また，ブランドが小さいほど，ロイヤルティが減少する（二重苦理論）。

Sharp（2010）は「ブランドのダブル・ジョパディ」（double jeopardy：二重苦）理論に基づいて，より大きな売上効果を得た場合に有意に関係していた変数は唯一，市場浸透率であったと結論づけ，以下のように報告している。

(1) ブランドの市場シェアの成長は，そのブランドの購入者が増大することから来ている。購入者のほとんどはライト・ユーザーで，そのブランドをたまに買うだけの顧客である。つまり，ブランドの成長は購入頻度の増大よりも，購入者ベースの拡大による。

(2) 差別化がほとんどなされていないブランド同士であっても，購入者の数が異なっている結果，市場シェアの差をもたらしている。つまり，強いブランドと弱いブランドの差は，強いブランドほど市場浸透度が高い＝購入者の数が多いこと，次に，強いブランドほど購入頻度が高い，というダブル・ジョパディ＝「二重苦」理論に基づいている（二重苦理論については第10章「フェーズ5」も参照）。消費者はブランド同士の違いをさほど認知していないことになる。

(3) ブランドの競争と成長は，次の2つの要素からなっている。1つはそのブランドの物理的入手可能性であり，もう1つはブランドの心理的入手可能性である。つまり，物理的にまた心理的に，より買いやすいブランドほど，より大きな市場シェアを得る。イノベーションや差別化は，競合がそのイノベーションを模倣するまでしか続かない。物理的入手可能性とは，流通店頭の陳列率など，いかに商品が購入しやすい環境ができているか，を意味している。一方，心理的入手可能性とは，すぐにブランド名を思い出しやすいとか，よくブランドを思い出す回数が多い，ことを意味している。

174 第Ⅱ部 戦略篇

「ダブル・ジョパディ」（二重苦）理論とは，市場シェアの高いブランドほど，より購入客数が多くかつ高い行動ロイヤルティ（購入頻度）をもち，シェアの低いブランドほど，より購入客数が少なくかつ購入頻度が低いことである。こうした結果は，購入頻度を増加させることよりも，ライト・ユーザーを中心とした新規購入客数，あるいは，過去のユーザーをカムバックさせて，ブランドを支える顧客層を増加させることのほうが，より有効に働くことを示唆している（市場浸透率を高めるコミュニケーション戦略については，次章「フェーズ4」を参照）。

# 第9章

## フェーズ4
## コミュニケーション・レベルのブランド戦略

### はじめに

コミュニケーションのレベルでみられたブランド戦略とは,「そのブランドのメッセージを,どのような顧客に,何を,どのように伝えるのか」を策定することである。具体的には以下の2つのタスクを策定,実行するステージである。

フェーズ4-1　ブランド・コミュニケーション・パラメータ：ブランド・コミュニケーション活動の中核・ベースとなる考え方

フェーズ4-2　ブランド・コミュニケーション戦略：顧客の知覚,態度,行動に働きかける活動計画

## 9-1　フェーズ4-1　ブランド・コミュニケーション・パラメータ

### ❖ 想像力による変換

ブランド戦略をコミュニケーション・レベルで策定することは,すでに策定されたブランドの経営戦略,マーケティング戦略をベースにしながら,さらにクリエイティビティを発揮して,創造的かつ持続的なブランド戦略を展開することである。ブランドにとってはこのフェーズはとくに重要な役割を帯びている。なぜならば,すでに起こしたイノベーションを「想像力」によって,顧客の心理に記号として変換し,形成する役割を負っているからだ。もしイノベーションとその意味を顧客にとっての意味に変換し,伝達できなかったならば,イノベーションは単なる「発明」にとどまってしまい,顧客に浸透することはないだろう。

このフェーズでは,まず,経営とマーケティングのレベルで策定してきたブランド戦略を踏まえて,それを「ブランド・コミュニケーション・パラメータ」というコミュニケーションのプラットフォームに定式化する。このプラットフォームの意義は2つある。まず,ブランド戦略の関係者がブランドについて共通の理解を得て,共有化できるように明確に形式化することである。次に,このプラッ

176　第Ⅱ部　戦略篇

図9-1 電通ハニカムモデル

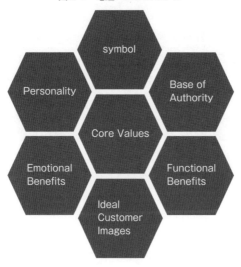

トフォームを土台にして，広告やプロモーションなどクリエーティブ・マテリアルへの展開のためのブリーフにすることである。この2つが，プラットフォームを策定すべき理由である。

ブランドをコミュニケーションで展開するときのプラットフォームのモデルは，これまでにもさまざまなスタイルが提案されている。ここでいうブランド・コミュニケーション戦略のモデルとは，ブランド・コミュニケーションを策定するためのベースとなる枠組みのことを指す。このようなモデルの一例として，電通と筆者とが2000年代に共同で開発した「電通ハニカムモデル」がある。これはブランドを構成する主要なエレメントから7つを選定して，ダイヤグラムにまとめたものである（図9-1）。

ハニカムモデルでの7つのエレメントとは，以下のようなものであった。
(1) コア・バリュー：ブランドの基本価値
(2) シンボル：ブランドを象徴する記号
(3) ベース・オブ・オーソリティ：ブランドの優位性を主張する根拠
(4) 機能的ベネフィット：機能的な消費者便益
(5) 情緒的ベネフィット：情緒的な消費者便益
(6) パーソナリティ：ブランドを人に喩えたときの性格
(7) 理想顧客：理想的なターゲット顧客像

Kapferer（2008）は，やはりこうしたコミュニケーション・プラットフォーム

として，ブランド・アイデンティティ・プリズム（brand identity prism）を提案している。これは次の6つの要素からできている。① Physique：商品デザインなどのそのブランドの物理的外見。② Personality：そのブランドの人格的特徴。③ Culture：ここでいうブランド・カルチャーとは，そのブランド自体がもつ価値の集合であり，そのブランドへのあこがれを醸成するものである。たとえば，アップルはカリフォルニアというカルチャーをもっている。④ Relationship：ブランドと顧客の関係性。⑤ Reflection：ブランドの購買層・ユーザー層のもつブランド連想。⑥ Self-image：ターゲット層がブランドに関してもつ自己イメージ。

Aaker（2014）は，「ブランド・ビジョン」概念を提案している。ブランド・ビジョンとは，「そのブランドにこうなってほしいと強く願うイメージ」（邦訳，38頁）と規定され，ブランド・アイデンティティ，ブランド・バリュー，ブランド・ピラーなどと呼ばれる図式と同じものだとしている。ブランド・ビジョンは①「コア・ビジョン・エレメント」，②「拡張ビジョン・エレメント」，③「ブランド・エッセンス」の3つからできている。①にはもっとも訴求力をもつビジョンの構成要素の2〜5個が選ばれ，②にはブランド・パーソナリティのように，コア・エレメントや差別化にはならないが，ブランドの成功には重要なエレメント（例：高品質）が含まれる。そして③のブランド・エッセンスとは，①と②とをまとめて，中心的なテーマとして，社内の共有化やブランド計画の指針としてまとめたものである。

## ❖ コミュニケーション・パラメータとは

本書ではこれらのモデルを参照しながら，ここに含まれていない重要なエレメントを加えて，より包括的なモデルを以下に示したい。それが「ブランド・コミュニケーション・パラメータ」（Brand Communication Parameter）である。このパラメータでは，すでに策定したブランド価値プロポジションの一部を使うことができる。

さらに，もしこのパラメータをクリエーティブ・チームにブリーフするために用いるときは，次の要素も加える必要が出てくる。

A　クリエーティブ・タスク：クリエーティブ・チームはここから具体的にどのようなタスクをいつまでに達成しなければならないか。

B　クリエーティブ・チーム編成：どのような組織体制と命令系統でクリエーティブ作業に臨むか。

C　予算：どの程度の予算を見込むか。

D　注意：作業にあたって注意すべきこと。

表9-1　ブランド・コミュニケーション・パラメータ

1　ブランド・テリトリー：どのようなカテゴリーのブランドか。製品カテゴリーと顧客生活における
　カテゴリー。

2　フォーカス顧客とインサイト：実際に購入・使用する顧客の定義と，その顕在的・潜在的ニーズや
　顧客行動に関するインサイト。

3　顧客経験／顧客ベネフィット：顧客が経験する機能的・感情的・理念的ベネフィットとそのブラン
　ドを買うべき理由。

4　ポジショニング：競争環境においてどのようなブランドとして顧客に知覚してもらいたいか。

5　顧客経験とベネフィットの根拠：なぜ，われわれはその経験とベネフィットを顧客に提供できるの
　か。その理念的，技術的，能力的，経験的，歴史的根拠。ブランドの主張のサポート。

6　顧客価値プロポジション：コアとなるブランドの顧客にとっての価値。

これ以外に，ブランド・コミュニケーション・パラメータでは，次のエレメントを加える必要がある。

7　競争環境：そのブランドはどのブランドや市場トレンドと顕在的に，また潜在的に競争・競合して
　いるか。代替品の脅威も含む。

8　ブランド知覚能力：顧客にブランドがもつどのような能力に期待してもらいたいか。コンピテンシ
　ー（competency：商品や技術を横断して存在する能力）とケーパビリティ（capability：ビジネスプ
　ロセスを遂行するための能力）の両面から記述する。

9　ブランド連想：そのブランドから連想してもらいたい概念・理念・ビジュアル・シンボル・評価ワ
　ード・コンテンツ，など。

10　ブランド・アイデンティファイヤー：ネーミング，ブランド・アイデンティファイヤー（ロゴ，キ
　ャラクター，ブランド・キービジュアル，キーアイコン，センソリー・アイデンティファイヤー）。

11　理想フォーカス顧客：理想的にはこういう人に購入してもらいたいというフォーカス顧客のペルソ
　ナ。

12　ブランド・パーソナリティ：そのブランドを人に喩えるならばどのような人格・性格の人か。

13　ストーリーテリング：ブランドにまつわる歴史，社会との関わり，人物，などのストーリー。

14　ブランド・チャレンジ：ブランドがもつ解決すべき市場の課題。何がハードルとなっているのか。
　その解決の困難さはどの程度のものか。

15　ブランド推奨規定：マーケティング施策や社員の行動など，ブランド価値を高めるためにぜひ行う
　べき活動を示す。

16　ブランド禁止規定：ブランド構築に際して，してはいけないこと，あるいは，しないことを述べる。
　社会倫理的な規定，企業特有のルール，間違いやすいポイント，ロゴ・デザインなどの運用規定など
　が述べられる。

17　メッセージ戦略：どのような内容のメッセージを，どのような形式で，どのようなコンテキストで
　伝達するか。

18　メディア戦略：メッセージをどのようなメディアをどのように用いて，どのような配分とスケジュ
　ールで，伝達するか。

　これらの要素を表9-1により詳細に考察してみよう。(1)〜(6)はフェーズ2（第
7章）と3（第8章）で，すでに説明したので，7以下の要素について考えてみる。

## ❖ 競　争　環　境

　7競争環境：競争戦略とはどのような競争環境にそのブランドが置かれている
かを表す。まず直接同じカテゴリーで競合しているブランドとしてどのようなも
のがあり，それらはどのような強みや弱みをもっているかを述べる。また潜在的
に競合しているブランドについてもここで触れる。ブランド・テリトリーの考え

第9章　フェーズ4　コミュニケーション・レベルのブランド戦略　　179

方を用いるならば，もしそのブランドが商品カテゴリーとしてシリアルであって，ブランド・テリトリーとして朝食を選択した場合，シリアル市場ではケロッグと競合していることになるが，テリトリーとしての朝食市場では，山崎製パンの食パンやAGFのカップスープと競合していることになる。

次に，どのような市場トレンドと競合しているかも考察する。競合する市場トレンドとは，そのブランドの成長に対して，市場にある変化と脅威を意味する。朝食市場でいえば，若者が朝食を食べなくなっている，というトレンドは脅威に当たる。また，こうした競合の考え方には，顕在的競合と潜在的競合とを考えることが求められる。さらに，代替品の脅威も含めて考える必要性がある。代替品の脅威とは，商品カテゴリー自体が他のカテゴリーに置き換わってしまう事態である。たとえば，フィルムカメラがデジタルカメラに代替され，デジタルカメラがスマートフォンに代替されるような事態を指す。

⑧ブランド知覚能力：そのブランドが顧客にどのような知覚される能力をもっているか，あるいは，どのような知覚能力をもっていると期待されるか，である。知覚能力とは，顧客によって知覚されたそのブランドがもっている能力のことである。実際にその企業がその能力をもっているかどうかは別として，顧客からみてそのブランドがどのような能力をもっていると推定される，あるいは期待されるかを意味する。ブランド・コミュニケーションによって，このような知覚能力を育成することは将来的なブランド拡張やライン拡張に影響することが予測できる。またこの場合，どのような種類のブランド能力を育成するかを考えなければならない。

フェーズ2でも検討したように，企業の能力については2種類の能力が指摘されてきた。1つは，「コンピテンシー」(competency)で，多角化を支える企業の潜在的な能力のことである。たとえば，アップルはさまざまな商品分野においてスタイリッシュな商品をつくる能力が高いという評価を得ているが，これはコンピテンシーを指している。もう1つの企業の能力は，「ケーパビリティ」(capability)で，より高い価値を生み出すビジネス・プロセスを遂行する能力のことである。たとえば，ユニクロによる店頭情報を利用してできるだけ早く売れ筋の新製品を生産し店頭に投入できるという能力は，ケーパビリティである。

知覚能力とはこれら2種類の能力を顧客が知覚し，推測していることを意味する（第11章参照）。具体的には，この企業やブランドなら○○がつくれる，とか，○○が得意である，という顧客の判断や期待となって現れる。知覚コンピテンシーならば，アップルは消費者に使いやすく美的にも優れた商品をつくる能力があるので，次の新製品もそのような特性を備えているであろう，あるいは，この商

品はさすがにアップルらしくて美的に優れている，という判断となって現れる。また知覚ケーパビリティならば，このファスト・ファッションの店にはすばやく最新のファッションが並ぶので，ここで買えば安心だ，という消費者の推測がこの例に当たる。

　企業ブランドや事業ブランドの場合，知覚能力はとくに重要である。その企業ブランドの傘のもとでどのような個別ブランドを配置するかが問われるからである。たとえば，トヨタ自動車がアメリカで，トヨタ・ブランドではなく，独立ブランドとして，レクサスを1990年代に発売した背景には，日本車のイメージが「品質の良い大衆車」にとどまっており，トヨタ自動車は，トラックとカローラの会社とアメリカの消費者に捉えられていた背景があった（高田・田中，2017）。つまり当時のトヨタ・ブランドは，アメリカにおいては，優れた大衆車を製造する知覚コンピテンシーをもっていたと判定された一方，高級車を製造販売する知覚コンピテンシーはないと判断されていたと考えられる。

　知覚能力についてはもう1つ，どのような水準で知覚能力を築くかという問題がある。これは同一カテゴリー商品をつくる知覚能力，より幅広い商品をつくる知覚能力（これはコンピテンシーと近い），企業姿勢や理念的な知覚能力，と3つの水準に分けて考えられる。たとえば，キッコーマンは醬油を作る能力が高い，と知覚される場合は「焼き肉のタレ」のような醬油関連商品を発売するためには有利に働く。しかし，キッコーマンがワインを発売する場合は，醸造能力が高い，という，より抽象度が高い能力を育成することが有利である。IBMはメインフレーム・コンピューターで高い能力をもっているので，AI（人工知能）でも高い能力をもっているであろう，という顧客判断は，より幅広い商品を作る知覚能力に相当する。また，「パタゴニア」は環境に関して真剣に取り組む企業なので，パタゴニアの商品はどれも環境に優しいであろう，という判断の例は理念的な知覚能力に相当する。

　むろんこうした知覚能力は，あくまでも顧客の推定によるものであるために，実際にそうした能力が存在しない場合もありうる。たとえば，IBMが1990年代にパーソナル・コンピューター（PC）を発売したとき，消費者は，IBMはPCを製造するために十分な能力をもっていると考えていたが，実際にはIBMはPCの基幹ソフトと部品をマイクロソフトとインテルに依存していた。ただし実際にそうした能力がその企業にないとしても，顧客からの期待としてのブランドの知覚能力を用いることで，より高い結果を得られる可能性がある。たとえば，ブルガリ（Bvlgari）はもともとイタリアのジュエリー・ブランドであるが，リゾート・ホテルをブルガリ ホテルズ＆リゾーツとして展開し，ラグジュアリー・ブラン

第9章　フェーズ4　コミュニケーション・レベルのブランド戦略　181

ド属性を活かしている。

## ❖ ブランド連想

⑨ブランド連想：ここでいうブランド連想とは，刺戟語（この場合，ブランド名とそのシンボル）に対して再生される意味ネットワークのことである（上田，2009）。ブランド・コミュニケーション・パラメータにおいては，マーケターが顧客にそのブランドから連想してほしい言語内容や記号のことを指している。ブランド連想は幅広い意味をもった用語であるため，ここに何を含めるべきかは検討が必要である。

いわゆる「ブランド・イメージ」とは，ブランド連想のことと解釈できる。ブランド・イメージという言葉は，幅広く用いられる用語である。Stern, Zinkhan, & Jaju (2001) は，マーケティングの文献を調査して，（ブランド）イメージという言葉が以下の5通りの意味で用いられていることを報告している。

①「ブランド全体の印象」などの一般的定義，②視覚的シンボルのような象徴（symbolism），③ブランドの意味やメッセージ，④ブランドを人に喩えた「人格化」，⑤ブランドの外的な特徴や，態度など消費者心理の中にある構成概念。これらの5つの要素は，幅広く捉えられたブランド連想と考えることができる。

Keller (2013) は，ブランドの連想を以下の4つに分類している（邦訳，89頁）。①ユーザー・イメージ，②購買状況と使用状況，③パーソナリティと価値，④歴史，伝統，経験。注意すべきことは，ケラーがいうブランド・イメージ＝連想とは，ブランドに関する「フィーリング」「ジャッジメント」「パフォーマンス」という要素を含んでおらず，狭い意味でのブランド連想になっていることである。

ブランド・コミュニケーション・パラメータ立案に際して必要なことは，いかにして戦略的に必要かつ有意義な連想を選択し決定するか，である。たとえば，マクドナルドであれば，「マクドナルド」と聞いたときに，「ゴールデンアーチ」を連想してもらうことが顧客を誘引するために最優先の課題であるならば，この連想（ゴールデンアーチ）が戦略的に優先して育成すべき連想ワードないし連想シンボル記号となる。しかしマクドナルドがコーヒー事業を強化する意図があるならば，「コーヒー」を連想語句としてコミュニケーション活動を行うことが必要となる。

豊かで購買につながるポジティブなブランド連想があるほど，強いブランドであると考えられる。ここでは，戦略的に必要となる要素を以下のように考えてみよう。理想顧客イメージやブランドへの態度など，他の項目と重なるものも含めている。

(1) ブランド表象：ブランドと結びつけて連想してもらいたい象徴的，あるいは，視聴覚などの感覚的記号。例：新しく制定したブランド・ロゴ。

(2) ブランドの購買・使用・経験：顧客のブランドの購買・使用・経験に関して連想してほしい語句や概念。例：家庭でシェフの味が楽しめる本格中華合わせ調味料（味の素 Cook Do）。

(3) 顧客イメージ：ブランドから連想してほしい典型的・理想的顧客像。User imagery とも呼ばれる。セレブやタレントのような具体的な人物の場合もあれば，抽象的なユーザー・イメージの場合もある。近年用いられるブランド・アンバサダーは，ブランド・ユーザーというよりも，ブランドの理念を体現した人物であることが多い。たとえば，プロテニス選手の錦織圭（ユニクロ・グローバルブランドアンバサダー）はユーザーであると同時に，ブランドの理念を表現している。

(4) 商品カテゴリー・ポジショニング：顧客に連想してもらいたい商品種類や商品のあり方。例：食べる前にのむ（大正漢方胃腸薬）。

(5) ブランドの表象価値：そのブランドが表す消費者にとっての価値。例：「北欧スウェーデン発の最先端セーフティ」（ボルボ）。

(6) ブランド関連知識：そのブランドに関する歴史や伝統，創業者などの関連知識。例：本田宗一郎（ホンダの創業者）。

(7) ブランド・パーソナリティ：そのブランドの人格的表現。例：親しみやすいクッキーづくりの上手なおばさん（ステラおばさんのクッキー）。なお，このブランド・パーソナリティについては後述する。

それでは，どのようにしてブランド連想を選択すればよいだろうか。もっとも優先すべき基準として，その連想をもつ結果としてブランド価値と競争優位性が高まることが挙げられる。たとえば，ハミガキのブランドを考えてみると，そのハミガキから虫歯予防，美白，歯周病予防など，どの特性を連想してもらうかはそのブランドの価値にとって重要な課題でありうる。

たとえば，サンスターG・U・M（ガム）は1989年以来「歯周病」という概念を訴求し続け，当初「歯周病」という言葉の認知率が9％しかなかったところ，2008年には99.8％の消費者が認知している状況をつくりだした（「G・U・M［ガム］の歴史」）。ブランドのスローガン「歯周病菌とたたかう」を長期にわたって用いる，歯周病についての国際シンポジウムを主催する，店頭で歯周病啓発を訴求するG・U・Mシリーズを集中陳列する，などを実行したことがこうしたG・U・M＝歯周病予防という連想を形成したと考えられる。

しかし，問題はマーケター側が，既存のブランド価値と齟齬をきたす連想を付

け加えようとするときである。戦略的にその連想が意味のあるものであったとしても，そのブランドの一貫性が損なわれる危険性がある。ただし，ブランドの状況によっては，一貫性が損なわれる危険性があっても，そのブランド鮮度を高めるため，戦略的に新しい連想を付け加える必要があることは確かである。このようなブランド連想のジレンマに陥ったとき，マーケターはどのように判断し，対応すればよいだろうか。以下，その判断の助けとなる3つの戦略の方向性を挙げてみよう。

(1)　戦略方向性①：既存連想優先戦略

　そのブランドの存在基盤として強固なロイヤル購買層が存在する場合，既存顧客の期待に背いたり，彼らの離反を招かない範囲でブランド連想を小幅に手直しする。この方向性は比較的コストがかからない。いわば保守的な解決方法であり，当面のリスクは少ない。ただし中長期的に連想が古いままで固定化することで，ブランドの寿命が早く終わるリスクがある。

(2)　戦略方向性②：ブランド・ファミリー戦略

　既存ブランドはそのままとして，新たに派生ブランドをつくり，そこに既存ブランドがもっていた特性の一部を移す。ニベアは，もともとブランドの発祥である青い缶に入ったニベアクリームの「優しさ」という特性を1990年代以降ニベアボディ，ニベアリップ，ニベアメンなどのブランド・ファミリーに引き継ぎながら，ブランド全体を発展させた。

(3)　戦略方向性③：新規連想優先戦略

　既存顧客よりも新規顧客の獲得をめざして，従来のブランド連想とはまったく新しいブランド連想を加える。メルセデス・ベンツ日本は2014年5月から，コンパクトSUVである「新型GLAクラス」と任天堂の「スーパーマリオブラザーズ」のコラボレーション企画によって，テレビCM『『GO! GLA』篇』を放映した（「『マリオカート8』にメルセデス・ベンツ『新型GLAクラス』モチーフのカートが登場」2014年）。既存ブランドの連想が強固で多少の冒険には揺らがないという前提があり，獲得したいフォーカス顧客が明確である場合に有効な戦略と考えられる。

❖ **ブランド・アイデンティファイヤー**

　⑩ブランド・アイデンティファイヤー：ブラッド・アイデンティファイヤーとは，ブランドを表象するブランド名（ネーミング），そのブランドをブランド足らしめるロゴやキャラクターなどのブランド・アイデンティファイヤー（brand identifier）（ロゴ，キャラクター，ブランド・キー・ビジュアル，キー・アイコン，センソリー・アイデンティファイヤー）を指す。ブランド・アイデンティファイヤーとして，

言語的な側面や視覚的側面だけでなく，サウンド・ロゴや食べるときの音などの聴覚的要素，商品の香り，食感，触感などの知覚的要素も重要である。またこうした要素同士をクロスさせることでより効果を上げられる可能性がある。たとえば「ガリガリ君」(赤城乳業)は食べるときの音と触感をブランド名として表現している例である。

　ブランド・アイデンティファイヤーとしてもっとも重要なのがブランド名である。ブランド名が重要な第1の理由は，ブランド名は商品購買の意思決定時に想起されることで，ブランド選択のための考慮集合に含まれるかどうかが決定されることが多いからである。また消費者は，ブランド名から商品品質を含む，さまざまな情報を推測する。このことで購買決定のための有力な手がかり情報となることも，ブランド名が重要なもう1つの理由である。ブランド名が想起または認知されなければ，価格やパッケージなどのそれ以外の手がかりが働くことになるが，多くの場合，ブランド名はもっとも購買者にとっては使いやすい手がかりなのである。

　このためにブランド名は記憶（記銘）しやすく，想起しやすいことが求められる。注意すべきことは，記憶しやすいことは想起しやすいことと同義ではないことだ。記憶しやすい情報であっても，購買の意思決定に際して想起されるとは必ずしもいえないからである。想起されるかどうかは，そのブランド名が想起のための手がかり，つまり連想情報をたくさんもっているか，という意味の構造の問題，また最近記銘や想起されたか，などの市場の条件に依存する。そのためには，ブランド名は一般的に，意味的により好ましい連想や意味をもち，商品カテゴリーやブランド・コンセプトに強く関連した名前であること，またオンラインで検索しやすく，認知しやすい名前であることが好ましい。

　(1)　想起しやすいブランド名の条件

　発音しやすく，知覚しやすく，記憶しやすく，さらに想起しやすいブランド名の条件にはどのようなものがあるだろうか。Keller (2013) はブランド認知という観点で，次のようなブランド・ネーム開発のためのガイドラインを挙げている。

　(1)　シンプルで発音や綴りが容易なこと

　(2)　親しみやすく意味があること

　(3)　差別化され，目立ち，ユニークであること

　また，ブランド名に関して，実証的研究によって次のような結果が報告されている (Zaichkowsky & Vipat, 1993)。

　(1)　知られていない (unfamiliar) 対象物は否定的に評価される傾向がある。知られているかどうかは，その対象物がどの程度露出されてきたかに依る。

(2)　極端に曖昧で新規性が高いネーミングは，商品の特性に関する情報の評価にネガティブに働く。

(3)　ブランド名に媒介されたブランド・イメージは，ブランド品質の知覚に影響する。

(4)　記述的な（descriptive）ブランド名は，商品特性に関する情報の評価に影響する。

(5)　ブランド名に，より意味がある（meaningful）ほうが，意味がないブランド名よりも，ブランド知名度は高い。

(6)　その商品カテゴリーで典型的なブランド名のほうが，典型的でないブランド名よりも，品質を推測する過程で形成される態度が良好である。

(7)　低関与商品の場合，記述的なブランド名のほうが非記述的なブランド名よりも，知覚品質や購買意向などへの評価は高い。しかし高関与商品についてはブランド名の違いは有効ではない。記述的なブランド名とは，商品カテゴリーの内容をより反映した名称のこと。たとえば，洗濯洗剤の場合，"Bright'n'White" は記述的なブランド名で，Nirma は非記述的なブランド名である。

また他の研究では，以下のような報告もある。

(8)　より頻繁に用いられる言葉でできたブランド名（たとえば，アメリカン航空）は，記憶しやすく，情報処理が容易であるために，「浅い」情報処理につながり，連想の量が少なくなる。しかし，低頻度で用いられる言葉のブランド名（たとえば，Ivory シャンプー）ではそうした効果は生じず，「深い」情報処理が行われるために，連想の量が多くなり，競合するブランド名のブランド連想を抑制する。つまり，世の中を代表するようなブランド名であるから有利になるとはいえず，逆にありふれていない名前のほうが競合の名称の想起を抑制するためにより有利に働く。（Meyers-Levy, 1989）.

(9)　ブランド名がもつ音もさまざまな意味的役割を果たす。たとえば，英語を話す消費者にとっては，i は小さい，軽い，ソフトな，調和のとれた音に響く。一方，a は大きい，重い，固い，だるい，乱暴な意味を表す。また，u はゆっくりとした，気だるい，低い意味を帯びる傾向がある。たとえば，nish, nash, nush という架空の言葉は，こうした母音の違いによる意味の違いを表している（Lerman & Garbarino, 2002）。

(2)　ブランド名に関するチェックリスト

これらの研究結果などを総合化し，ブランド名について以下のようなチェックリストを以下に掲げる。

(1)　シンプルであるか

例：LEGO は「よく遊べ」という意味のデンマーク語（Leg Godt）からつくられたブランド名であり，簡潔で発音しやすい。一方，2014 年 9 月に合併で誕生した「損保ジャパン日本興亜ひまわり生命保険株式会社」のような企業名は長すぎる名前と受け止められる可能性がある。

(2)　発音が容易であるか

(3)　読みやすいか

McDonald's は，英語では「マドゥーナルズ」という音に近いが，日本では「マクドナルド」と表記されている。これは日本語での発音しやすさに対応した表現となっている。

(4)　親しみやすいか

「味ぽん」「キユーピー」「Cook Do」などは調味料ブランドとして親しみやすいブランド名である。

(5)　意味が豊富であるか

Lexus は，lex（法律），lux（ラテン語の光），de lux（デラックス）など，ラグジュアリー・ブランドにふさわしい豊富な連想をもっている。

(6)　他のブランド名と差異化されているか

JetBlu（アメリカ）や Peach Aviation（日本）は航空会社の名称として他の航空会社と異なった印象を与える。

(7)　目立つか

Virgin や Yahoo! などのブランド名は，他のブランド名と比較して意味や音の面で特徴的である。

(8)　新規性が強すぎないか

イギリスのロイヤルメール（郵便会社）は公社化の一環として郵便局を 2001 年に Consignia（コンシグニア）と改称した。しかし，郵便局とあるとわかりにくく，2002 年に再びロイヤル・メールと改称した。

(9)　商品カテゴリーに関連しているか

小林製薬の「トイレその後に」「ナイシトール」「ズッキノン」（頭痛薬）は商品カテゴリーと強く関連しながら，消費者の悩みを解決する意味を表している。

(10)　商品特性に関連しているか

例：住宅金融公庫（現・住宅金融支援機構）の「フラット 35」は，英語の「平ら」を意味する flat から「安定し，先を見通せる」ことをイメージできる「フラット」と，返済期間が最長 35 年を意味する「35」を組み合わせてつくられた。

(11)　意味があるか

P&G のパンパース（Pampers）は，英語では pamper（子どもに好きなようにさせる）という意味があり紙オムツの名称としてふさわしい。

⑿　商品カテゴリーにおいて典型性があるか（典型的なブランド名と受け止められるか）

「宅急便」はヤマト運輸の登録商標であるが，宅配便カテゴリーにおいて他ブランドよりも典型的な名前と受け止められる。

⒀　国際的に展開可能な名称か（海外で読めるか，発音できるか，誤解をされないか，など）

現 Exxon は 1960 年代に Enco（Energy Company）というブランドを有していた。日本語で「エンコ」は「エンジン故障」から「エンコする」を連想させ，その使用が中止された。KIKKOMAN はその歴史を江戸時代初期にさかのぼるが，海外展開での使用にも耐えうる展開性の高いブランド名となっている。なお，国際化に伴いブランド名を海外でどのように発音したり表記するか，という問題がある。もともと「鳥の巣」を意味する Nestlé は中国では「雀巣」と表記されており，「チュエチャオ」と発音される。

⒁　ブランド拡張などで展開可能な名称か

例：Nestlé は，Nescafé, Nestea, Nespresso のように，Nes という接頭辞を用いてブランドの多角化を成功させている。また Nest は巣という意味をもち，家庭を連想させる名称ともなっている。

⒂　持続可能な名称か

時代の変化に耐えて長期的に通用する名称であるか。

例：松下電器産業はその名前のままでは国際化や時代の変化に対応できないため，海外ではすでになじみの深い Panasonic に統一した（ただし中国市場では松下の名前が維持されている）。

⑶　ブランドのネーミングに関するさまざまな知見

このほかに，ブランドのネーミングについてはビジネスの経験からさまざまな知見が語られている。

⑴　Kodak, Xerox, Contac, Coca Cola, Coke, Canon のように，カ行または K の発音で始まるか，これらの音が含まれる，または最後の音がカ行か K の音声である場合，ブランド名は発音しやすく聞きやすい良いネーミングであると考えられている。

⑵　Panasonic, Toyota, Honda のように，A や O の音が含まれる言葉は明るく，好意的に受け止められる傾向がある。

⑶　Sony は，sonic ＝音や，son ＝男の子，という連想をもっており，事業内

容や消費者と関連をもっている。

⑷　Häagen-Dazs（ハーゲンダッツ）はそれ自体，特別な意味をなしていない。ハーゲンはコペンハーゲンからとられたともいわれている。綴りの特徴や発音から，北欧，とくにデンマークを想起させる名称となっている。創始者ルーベン・マッタス氏はポーランド出身であり，アメリカに移住後，高級アイスクリームでブランドを確立することができた。

　　ただし，良いブランド名とされ，上記のような条件にあてはまる理想的なネームというものは，登録商標としてはあまり残されていないのが実際である。このために，多くのブランド・プランナーたちは，新たな造語の必要性に迫られている。

⑷　ネーミング選定のステップ

ネーミング選定ステップは，次のようなものである。

⑴　ネーミングで何を表し，何をいつまでに達成したいか，ネーミングの目標を設定する。

⑵　⑴で設定した目標に沿って，実現したい意味に合わせてできるだけ多くの候補案を考える。

⑶　さまざまな接頭辞や接尾辞を結合して，新しいブランド名を考案する。

⑷　読み方や発音を検討する（例：Nike はそのままだと「ナイク」と発音してしまうが，「ナイキ」と読ませた）。

⑸　候補案を複数選定する。

⑹　商標調査や消費者調査を行って候補案を評価する。

⑺　最終案として１案を選定する。

⑻　登録の手続きを開始する。

　　ネーミングの意思決定に際しては，最終的に「誰が決めるのか」をあらかじめ決めておくこと（通常はトップ・マネジメント），また，意思決定の基準があらかじめ明確になっていることが重要になる。現在では親しみやすい名称はすでに登録商標化されている場合が多いため，多くの候補名が最初はなじみにくい印象を与えがちである。また，その名称が良いかどうかについて，個人の頭の中でずっと考えることは必ずしも良い結果を生むとは限らない。ネーミングのテストなどを通じて，あらかじめ意思決定に役立つデータをそろえておくことが必要である。また意思決定のプロセスに，知的財産の専門家，マーケティング担当者，技術者などのチームを関与させることも必要な施策となる。

⑸　パッケージ

ブランド・アイデンティファイヤーの諸要素のうち，ブランド名と並んで重要

な意思決定要素はパッケージである。これは FMCG（fast moving consumer goods）と呼ばれる食品・飲料・薬品・家庭用消費財などの分野ではより重要になる。顧客にとっては購買決定の手がかりとなり，また商品使用に際してガイドともなる。

　近代的なパッケージの嚆矢は，食品加工業であったニコラ・アペール（Nicolas Appert）が1804年に考案した保存食品の製造方法アペール法である（History of Packaging and Canning；Berger, 2002）。これは現在の瓶詰や缶詰の製造原理になっている。その後，イギリスで1811年に鉄を用いた缶詰の原型が発明されている。これらの発明の結果，19世紀初めにパッケージの革新が生まれた。パッケージは，その後，さまざまな発展過程を経て，現在われわれがみるような複雑かつ高度なパッケージ方法が生み出されてきた。

　パッケージは商品の流通・消費にとって以下の4つの役割を果たしている。

(1) 保護：商品の中身を汚染やダメージ，盗難から防ぐ。

(2) 収容：内容物を収容し，消費者が購入する量を規定する。

(3) 保管：運送を容易にし，中身を保管する。

(4) 伝達：情報やデザインによって成分・製法・用途を魅力的かつ効率的に伝える。

　ブランドという観点からいえば，パッケージは，ブランド名を表示し，独自の形象と感覚を与え，明示することによって，モノである製品にブランドとしてのアイデンティティ（同一性）を与える。さらに，パッケージはブランド連想を強化することができる。たとえば，キャラクターを表示することによって，そのブランドとキャラクターとを連想によって結びつけることができる。また，色やデザインをパッケージ上で工夫することで，ブランド好意度を高めることもできる。

　パッケージがブランドの成立にもっとも寄与している点は，パッケージが登場することで，消費者が購入以前に商品の品質をチェックできなくなったことへの対応にある。商品が店頭で「バルク」（固まり）として売られていた時代，消費者は商品の品質を自分なりに理解することができた。たとえば，固形石けんは現在のように1個1個が包装されて売られる以前の19世紀には，店頭で石けんの固まりを切り出して売られていた。商品の売り手は，パッケージを最大限活用し，パッケージの表示によって，消費者が中身を見なくても買えるようにしなくてはならなくなった。消費者はパッケージの情報を用いて，中身を推定し，売り手を信頼して買うことが行われるようになったのである。これが現代ブランドの誕生と深く結びついていた「包装革命」（Pomeranz & Topik, 2006）と呼ばれる革命的出来事であった。

　このために，売り手（メーカー）はブランドを育成する必要が生じ，さらにパ

190　第Ⅱ部　戦略篇

ッケージにどのような情報やイメージを入れるかが，重要な意思決定事項になった。eコマースのようにウェブを通じて商品購入の機会が増えると，パッケージの重要性はより増大した。写真や商品表示など限られた手段で顧客は購入の判断を迫られるために，パッケージ・デザインとブランドがより重要となった。

　同様のことはサービス商品にもいえる。サービスは形がなく，その場で消費されるものであるために，やはり顧客が事前に品質を察知することは困難である。そのために，サービスを提供する際に提示される看板やサービス提供環境における情報表示が重要であり，パッケージと同様の役割を果たしている。

　パッケージがブランドをつくった事例を以下でみてみよう。

　2009年に発売された日本コカ・コーラのミネラルウォーター・ブランド「い・ろ・は・す」は，植物由来の素材を一部に使用した軽量の「プラントボトル」を用いて，国内最軽量の12グラムを実現・採用した「サスティナブル・パッケージ」（環境持続可能な容器）であった。環境を配慮したパッケージ材料であるだけでなく，捨てるときにボトルを絞ることができ，その絞った形が面白い「スクィーズボトル」をコミュニケーションのメッセージに含めた。このパッケージによって「い・ろ・は・す」は日本コカ・コーラのミネラルウォーターとして他社と差異化されたブランドを実現した。

　またヤマサ醤油が2009年に発売した「ヤマサ鮮度の一滴」は，醤油が酸化しにくい，鮮度をより長く保つことができる「エアブロック弁」を採用した。同社ウェブページ（2017年8月1日アクセス）の情報によれば，エアブロック弁は，注ぎ口が特殊な薄いフィルムでできている。容器を傾けるとフィルムの注ぎ口が開き醤油が出，注ぎ終わると注ぎ口が自然に閉じて，袋の中へ空気が侵入するのを防ぐ仕組みとなっている。

　井村屋の「スポーツようかんプラス」（2014年発売）は，スポーツ選手がカロリーやエネルギーを補いやすいように，マラソンやランニングなどのスポーツの最中に食しやすいよう，片手で押し出すだけでシールが開き，中身が出てくる新形態を採用した。伝統的な和菓子である羊羹を，現代の生活シーンに適応させるためにパッケージを改良した事例である。

　P&Gの家庭用柔軟剤「レノア本格消臭」は洗濯物のニオイを取り，洗濯物をふんわり仕上げ，ニオイがつくのを防止する役割を果たしている。パッケージはボトルの上部に穴が開いたドーナツ状の形をしている。これは，ふだん話題になることが乏しい柔軟剤というカテゴリーに，より注目を集めるためのデザインと考えられる。

　古典的な成功例として，ゴディバの「バロタン」（バロティン：ballotin）が挙げ

第9章　フェーズ4　コミュニケーション・レベルのブランド戦略　191

られる。これはギフト用に同社のチョコレートを詰め合わせにした金色のラッピングのことである。ゴディバのこうした工夫は同社のチョコレートを他社と差異化し，高級ブランドとしての地位を獲得するために大きな役割を果たした。

　近年では，顧客の消費行動に合わせてパッケージを改良することによって消費量が増大するケースが報告されている（「なぜあなたは菓子を食べ過ぎるのか──メーカーが利用する心理学」2013 年）。人々が少しずつ口にするような間食のメーカーは「ハンド・トゥー・マウス」（その日暮らし）の食べ方という習慣に対応したパッケージを考案した。それが個包装に代わる再密封可能な包装である。ハーシーは，ひと口サイズに個包装された菓子は，車内といった特定の状況では食べにくいことに着目した。同社の「リーセス ピーナッツバターカップ」を個包装せずに小さくし，さらに再密封が可能な袋に入れた「リーセス ミニチュア」を発売した。マーケティング調査会社のニールセンによると，非包装で小さなサイズの同社チョコレート製品の販売高は 2012 年に，前年比で約 14 ％増となり，個包装した小さなサイズのチョコレート製品の伸び率 4 ％をはるかに上回る伸びを示した。

## ❖ 理想フォーカス顧客

　⑪理想フォーカス顧客：理想顧客あるいは理想フォーカス顧客とは，リアルなフォーカス顧客を具象化し，理想的にはこういう人に購入してもらいたい，あるいは，こういう人にのみ購入や使用してほしい，というフォーカス顧客をマーケターからみた「理想像」プロフィールを指す。

　理想顧客を「ペルソナ」という形で表現することも有用な方法である。ペルソナとは，「実在する人々についての明確で具体的なデータをもとに作り上げられた架空の人物」（Pruitt & Adlin, 2006, 邦訳, 2 頁）のことである。理想顧客としてペルソナを作成することで，クリエーティブ・チームの中で顧客のイメージが共有化され，クリエーティブ作業に際して感情移入が容易になり，制作に際して方針が揺れることが少なくなるというメリットがある。逆にいえば，理想顧客をペルソナの形で表現することだけでは十分ではなく，このペルソナがブランド・チーム内で共有化され，活用されるようにマネジメントすることが必要になる。

　たとえば，カルビーは「じゃがりこ」を開発したとき，「27 歳独身女性，文京区在住，ヨガと水泳に凝っている……」といった記述によって，おしゃれで情報感度が高く都会で独り暮らしをしている女性会社員の姿や価値観を描写し，ペルソナを具体化している。

　女性をフォーカス顧客とした旅行ガイドブック『ことりっぷ』（昭文社）が定めたペルソナは次のようなものである（第Ⅳ部ケース 25 参照）。

「ターゲットとしては 28〜35 歳の旅が好きな働く女性です。想定としては首都圏在住，平日は都内でしっかりきちんと働いていて，普段頑張っている分，リフレッシュ・癒しとして"旅"が関心ごとのひとつ。京都・沖縄，台湾・ハワイなどの海外旅行もひととおり経験し，『やっぱり日本っていいよね』と日本の良さに気付きはじめたような，自分の価値観が見えはじめ，経済的にも自立している女性です」（「今の私にここちよい旅を提案する『ことりっぷ』のブランディング」2016 年）。

また日産自動車が 2013 年に発売したスカイラインのペルソナ（文中ではターゲット層）は，次のように表現されている。

「年齢でいうと 40 代前半の男性。共働きの奥さんがいて，娘が 1 人。外資系企業で管理職をしており，非常にタフな環境の第一戦（線）で活躍している人。都心のタワーマンションに住んでいる」（「『新型スカイライン』の想定顧客　実は 600人位しか実在しない？」2013 年）。

ペルソナを考案する場合は，できるだけ市場調査の結果に基づきながらも，ブランド戦略の狙いに適合した内容になることが望ましい。


## ❖ ブランド・パーソナリティ

[12]ブランド・パーソナリティ：ブランド・パーソナリティとは，そのブランドがもっている人格の集合のことである（Aaker, 1997）。人格とは，その人間がもっている特徴的な行動や心理的な傾向のことで，安定的で一貫しており，変化が少ないものと考えられている。たとえば，マクドナルドは明るくて陽気な性格の人間に，また，トヨタは真面目で仕事一筋の職人に喩えられやすい。ブランドがパーソナリティにおいて優位性がありユニークな人格をもっていることは，競合との差異化において有利であり，またブランドが購入のための手がかり情報として機能しやすい環境をつくりだす。

人格の 5 次元性「ビッグ 5」は，性格心理学で広く受け入れられてきた（Nettle, 2009；丹野，2014）。人間の性格は次の 5 次元（NEOAC）が組み合わされてできていることになる。

N：神経症傾向（Neuroticism）：神経症傾向が高いか低いか
E：外向性（Extraversion）：外向性か内向性か
O：開放性（Openness to experience）：独創性か平凡か
A：協調性（Agreeableness）：協調性か分離性か
C：統制性（Conscientiousness）：統制性か衝動性か

Aaker（1997）は，このビッグ 5 の考え方を基礎として，ブランドにあてはめ，

ブランド・パーソナリティの 5 次元測度を提案した（各次元の訳語は Keller, 2013 の邦訳を参照した）。

(1) **誠実さ**（現実的，正直，健全，朗らか）

(2) **興奮**（大胆，元気，想像力に富む，現代的）

(3) **能力**（信頼できる，知的，成功している）

(4) **洗練**（上流階級，魅力的）

(5) **頑丈さ**（アウトドア好き，タフ）

こうしたブランド・パーソナリティの違いは，顧客のブランドへの愛顧のスタイルと関係している。たとえば，忌避と不安要素をもった人格の顧客は，興奮するブランド・パーソナリティを好むと報告されている（Swaminathan, Stilly, & Ahluwalia 2008）。ブランド・パーソナリティはユーザー・イメージや顧客の自己イメージと関連していることがある。ある種の顧客はパーソナリティのあるブランドを用いることで，自分の理想的イメージを強化する傾向がある（Park & John, 2010）。

注意すべきことは，アーカーの(1)～(5)はブランド・パーソナリティがもっている 5 つの「次元」であり，それぞれの要素を少しずつもっているのが実際のブランド・パーソナリティであることだ。たとえば，レッドブルというエナジー・ドリンクのブランドは，タフであり同時に元気でエキサイティングなブランド人格をもっている。つまり，実際にブランド・パーソナリティを企画するときは，どのようにそれぞれの次元を「ブレンド」するかを考えることが必要となる。

また，上記以外のパーソナリティの次元にも着目することも有用である。松田(2001)によれば，日本のブランドでは，「内気な」「恥ずかしがりやの」「地味な」「控えめな」「おとなしい」などの「内気因子」が日本独特のブランド・パーソナリティとして検出されている。こうした内気因子は，パーソナリティとして欧米では比較的ポジティブには評価されにくいものである。

Aaker, Benet-Martinez, & Galorera（2001）は，日本の消費者向けのブランド・パーソナリティ測定項目を開発して，同じような傾向性の存在を報告している。日本人では，アメリカと同じような 4 次元（興奮，能力，誠実さ，洗練）が見出されたほかに，日本文化独自の次元として「平和」（peacefulness）が見出された。以下は，この研究で用いられた日本語のアイテムである。

(1) **興奮**（excitement）：「話し好きな」「ユーモアがある」「楽観的な」「積極的な」「現代的な」「自由な」「人なつっこい」「ほがらかな」「愛想のよい」「若々しい」「元気な」「快活な」。

(2) **能力**（competence）：「一貫した」「責任感がある」「しっかりした」「堂々と

した」「意思の強い」「自信に満ちた」「忍耐強い」「粘り強い」「男性的な」。

(3) 平和（peacefulness）：「内気な」「おっとりした」「平和な」「ナイーブな」「寂しがり屋な」「子どもっぽい」。

(4) 真面目（sincerity）：「温かい」「気が利く」「優しい」。

(5) 洗練（sophistication）：「上品な」「ロマンチックな」「おしゃれな」「洗練された」「贅沢な」。

ブランド・パーソナリティは，実際にそのブランドが市場において起こす「行動的要素」，そのブランドの「コミュニケーション要素」（テレビCMやキャラクター，アンバサダーなど），あるいは創業者やトップ・マネジメントのキャラクターという「人的要素」によって表現され，形成されることが多い。たとえば，イギリスの多国籍企業ヴァージン・グループは，その創業者であるリチャード・ブランソンの冒険への参画や，同社が新規事業に参入するその大胆なやり方によってパーソナリティの多くが形成されている。ホンダの場合は，本田宗一郎という創業者の存在がホンダのブランド・パーソナリティ形成に寄与している。また，「ステラおばさんのクッキー」（株式会社アントステラ）では，「ステラおばさん」＝やさしくて親しみやすい心温まる人物，という実在したキャラクターがブランド・パーソナリティを形成している。ブランド・パーソナリティの企画にあたっては，これら3つの要素を十分検討することが望ましい。

## ❖ ストーリーテリング

[13]ストーリーテリング：ブランドのストーリーテリングとは，ブランドにまつわる歴史，社会との関わり，人物，などをストーリーとして語ることである。そのブランドの特徴やあり方をストーリーの形で顧客に浸透させることで，より理解が促進され，そのブランドへの好意度や購買意図が形成されることが期待できる。

ストーリーとはどのようなものだろうか。第1に，ストーリーとは時間的配列と因果律を備えた話の流れである（Woodside, Sood, & Miller, 2008）。時間的配列とは，その話が時間の軸に沿って展開されていることを意味する。因果律とは，その話に原因と結果とが含まれていることを指す。つまり時系列に沿って話が生起し，話の内容が原因と結果に構造化されていることがストーリーである。

第2に，ストーリーは複数の「エピソード」（挿話）からできている。エピソードには，始まりと中間と終わりとがあり，ストーリーは，そこに含まれる場面，動き，語りを1つのフレームワークにまとめ，それぞれのエレメントを相互に関連づけている。

第3に，ストーリーは「良いストーリー」と「悪いストーリー」とに分けられている。良いストーリーであるほど，人に理解されやすく，受け入れられやすい。良いストーリーには，「活動視点」(landscape of action) と「心の視点」(landscape of consciousness) との2つがある (Woodside, Sood, & Miller, 2008)。活動視点とは，何かコトが始まり，動きが生じて，ある結果に至る，一連の連なった出来事のことである。心の視点とは，主人公や登場人物の心の中で何が起こっているかを推測させる働きのことだ。

この2つの視点が備わっているとき，それは良いストーリーであり，われわれはストーリーをうまく追うことができる。もしも活動視点だけしかないお話であれば，われわれはそこに感情移入することができにくくなる。

たとえば，"お姫様が王子様に出会った。そして，2人は結婚した"というストーリーと比べて，"王子様は，お姫様が困難にぶつかっている場面で出会った。お姫様を王子様は困難から救って幸せにした。そして2人は幸せな結婚した"という「心の視点」が入った後者のストーリーのほうが良いストーリーであることになる。

さらに，良いストーリーには，「評価の起伏」がある (Woodside, Sood, & Miller, 2008)。評価の起伏とは，1つの出来事が話の展開に従って，より重要と評価されたり，より低く評価されたりすることを意味する。たとえば，かぐや姫が竹林でたまたま発見されたことは，その次のエピソードである，おじいさんとおばあさんとの生活の中では重要性は低くなる。最後にかぐや姫が月に帰るシーンでは，その生まれの特殊性が再び浮き彫りになり，重要になる。このように評価の起伏のあるストーリーは，読み手に感情を引き起こし，より強い印象を残す。

養命酒には次のような創業時のエピソードが伝えられている。以下は，筆者が同社の創業期の言い伝えをストーリーの形で再構成したものである。

　「慶長年間のある大雪の晩，塩沢宗閑翁は雪の中に行き倒れている旅の老人を救った。塩沢家は，その老人を客人として丁寧にもてなしていた。3年後のこと，老人は塩沢家に次のように言い残して去った。

　『海山の厚きご恩に報いたく思えども，さすらいの身の悲しさ。されど，自分はいわれある者にて薬酒の製法を心得ている。これを伝授せん。幸いこの地は天産の原料も多く，気候風土も適しているゆえ……』

　この老人から伝授されたのが養命酒の製造法だった。塩沢宗閑翁は『世の人々の健康長寿に尽くそう』との思いから，牛にまたがって深山をめぐり，薬草を採取して薬酒を造りはじめた。そして慶長7 (1602) 年，この薬酒を『養命酒』と名づけた。

江戸時代，塩沢家は，伊那谷に住む体の弱い人や貧しい人々に養命酒は分け与えており，村人たちから重宝がられていた。養命酒の評判は次第に伊那谷の外へも知れわたるようになった。そして離れたところに住む人々も山越えをしてまで養命酒を求めにくるようになった。

江戸幕府ができた 1603 年，徳川家康に養命酒が献上された。幕府からは『天下御免万病養命酒』と免許をもらい，"飛龍"の印を目印として使用することを許可された。この飛龍の印は，養命酒の商標として今日も使われている」。

こうしたエピソードは養命酒ブランド価値を高めるために役立ち，また同時にその薬用酒としての効能をよく表したエピソードともなっている。

### ❖ ブランド・チャレンジ

14 ブランド・チャレンジ：ブランド・チャレンジとは，そのブランドが担っている，その企業にとって解決すべき市場の課題を意味する。何がハードルとなっているのか。その解決の困難さはどの程度のものかを記す。このチャレンジを明らかにすることで，どのように具体的なクリエーティブ案が望ましいかがよりはっきりみえてくる。

このチャレンジは，そのブランドの市場における地位によって内容が異なってくる。その市場で支配的な地位を築いているブランドであれば，その地位を維持発展させるために「王道」的なクリエーティブのアプローチをとる場合がある。たとえば，日清食品の「カップヌードル」であれば，カップ入り麺市場でのチャンピオンとして，カップヌードルらしい大胆さ，挑戦心，遊び心などが表現されている。

### ❖ ブランド推奨規定

15 ブランド推奨規定：ブランド推奨規定とは，ブランド価値を高めるために，優先すべき考え方や行うべき活動のことである。とくにサービス業の場合，どのように従業員がふるまうべきかを定めることは，ブランド価値の維持向上のために重要である（ブランド・マネージャー認定協会，2015）

ディズニーのテーマパークでは，次のように「4 つの鍵」という形で従業員の行動規範を定めている（「行動規準『The Four Keys ～ 4 つの鍵～』」OLC Group ウェブページより）。これはブランド価値を維持し，高めるための社員への推奨規定としての行動パターンを定めたものと考えることができる。

【Safety】安全な場所，やすらぎを感じる空間をつくりだすために，ゲストにとっても，キャストにとっても安全を最優先すること。

【Courtesy】"すべてのゲストがVIP"との理念に基づき，言葉づかいや対応が丁寧なことはもちろん，相手の立場にたった，親しみやすく，心をこめたおもてなしをすること。

【Show】あらゆるものがテーマショーという観点から考えられ，施設の点検や清掃などを行うほか，キャストも「毎日が初演」の気持ちを忘れず，ショーを演じること。

【Efficiency】安全，礼儀正しさ，ショーを心がけ，さらにチームワークを発揮することで，効率を高めること。

別の例では，アウトドア用アパレルのブランドであるパタゴニアは創業時から環境保全を企業理念としており，「コモンスレッズ・パートナーシップ」という施策を打ち出し，次の5つの行動を推奨している（福田，2014）。

(1) リデュース（長持ちする高品質の製品の製造・販売）

(2) リペア（正規店にて何度でも修理サービスを提供）

(3) リユース（不要となった服の回収と販売）

(4) リサイクル（リユースできないものは新たな製品の素材として再利用）

(5) リイマジン（消費者とともに，自然に戻せる分だけを使用する世界を再考する）

このような施策の設定と実行は，必ずしも短期的な収益に結びつかないとしても，パタゴニアのブランド価値を高めることに貢献していると考えられる。

### ❖ ブランド禁止規定

[16]ブランド禁止規定：ブランド禁止規定とは，ブランド構築に際して，してはいけないこと，あるいは，すべきでないことを述べることである。社会倫理的な規定，企業特有のルール，間違いやすいポイントなどが述べられる。

ブランド禁止規定が必要な場合とは，たとえば，そのブランドを幅広い層にアピールしたいがために，多くの訴求点を盛り込み過ぎてしまうときに，こういう訴求やクリエーティブはこのブランドでは行わない，という規定を設けるときがある。あるいは，訴求点をクリエーターが誤解して，間違ったクリエーティブをつくりがちな場合，あらかじめこういう訴求は用いないという禁止事項を策定しておくことも有用である。

たとえば，ネスカフェは現在では自らを「レギュラーソリュブルコーヒー」と位置づけており，かつての「インスタント・コーヒー」とは異なるポジショニングにある。こうした場合，すぐ手軽に楽しめるというインスタント・コーヒーのような訴求は避けるべきということになる。

ブランドに禁止事項を設けることで，よりそのブランドの価値が強調され，そ

のブランドのパーソナリティが明確になることが期待できる。

## ❖ メッセージ戦略

17 メッセージ戦略：メッセージ戦略とは，どのような内容のブランド・メッセージを，どのような形式で，どのようなコンテキストで伝達するかということである。

ここでいうブランド・メッセージとは，広告，広報，プロモーション，イベントなどのコミュニケーション活動で用いられるメッセージ内容・形式・コンテキストを指す。ブランド・メッセージは，ある場合には広告コピーのことであったり，広報活動でそれとなく伝えられるメッセージであったりする。どのように考えたら，ブランド・メッセージに関するより良い意思決定が可能なのか。

メッセージ内容とは，what to say，つまり，そのブランドについて何をコミュニケーションの中でいうのか，を意味している。ここではブランドの意味内容，つまり，そのブランドをどのようなものとして顧客に知覚してもらうか，いわゆるポジショニング（positioning）をコミュニケーションでどう伝えるかを考察する。

メッセージ内容を決定するためには，その前にコミュニケーションの戦略的意図を明確にする必要がある。ブランド価値を増大させるコミュニケーション戦略については，次節「フェーズ4-2」で後述する。

ポジショニングとはどのようなものか。ポジショニング概念を最初に唱えたRies & Trout (1994) は「マーケティングとは商品の戦いではない。知覚の戦いである」（邦訳，47頁）といい，さらに「マーケティングにおける最も強力なコンセプトは，見込み客の心の中にただ1つの言葉を植え付けることである」（49頁）と述べている。ライズとトラウトはこのような「強力な」言葉の事例として，ボルボ＝安全性，メルセデス＝技術，ペプシコーラ＝若者，などを挙げている。つまり，より簡単で，競合と差異性のあるポジショニングをメッセージによって伝達できることがポジショニングを成功に導く早道であることになる。

成功する広告ポジショニングを決定するには，どうしたらいいのか。Aaker & Myers (1987) によれば，ポジショニングを導くためには，次の7つのアプローチがある。

(1) **商品特徴・消費者ベネフィット（属性）**：商品の「物性的特徴」（例：クルマの燃費性能），客観的には語りにくい物性上の特徴「擬似的物性的特徴」（例：パリの香り），顧客にとって有用であり，顧客が感知できる「ベネフィット」（例：花粉症に有効な抗アレルギー成分）などがある。

(2) **価格・品質**：価格（低料金のスマートフォンのように，低価格をポジショニングする

第9章 フェーズ4 コミュニケーション・レベルのブランド戦略　199

場合もあれば，永谷園「値段は高いが減塩で野菜タップリみそ汁」のように価格の高さを
ポジショニングにする場合もある），あるいは高級な知覚品質（例：Lexus の
AMAZING VISION）を用いたポジショニングもある。

(3) 使用・用途：「食べる前にのむ胃腸薬」や「夜用の生理用品」のように，
用途や使い方によってポジショニングを行う。

(4) ユーザー：化粧品やヘアケアのように，どのようなユーザーがこのブラン
ドを使うのかを指定することによってポジショニングを行う。アメリカのミ
ラービールは It's Miller Time という広告スローガンによって，労働者階層
が仕事を終えてから飲むビールであるとポジショニングした。

(5) 製品カテゴリー：通常の商品分類とは異なるカテゴリーを創造して，ポジ
ショニングを行う。ユニリーバのダヴ（Dove）は洗浄剤やスキンケア製品の
ブランドであるが，「うるおい」を与えてくれるブランドというポジショニ
ングを採用している。ポカリスエット（大塚製薬）は，「イオンサプライ」と
いう初期のポジショニングから現在の「水分補給」飲料というポジショニン
グに変化したが，これは清涼飲料水の中のカテゴリー移動である。

(6) 文化的シンボル：ある文化特有の意味のシンボルと関連づけてポジショニ
ングを行うアプローチである。古典的成功例として，タバコの「マールボ
ロ」がカウボーイをシンボルとして用いた例がある。ラルフローレン（Ralph
Lauren）がイギリスの貴族のスポーツである「ポロ」をロゴ・マークに採用
しているのも，この文化的シンボルによるポジショニングの例である。

(7) 競合：競合ブランドとの位置関係，あるいは市場における地位を訴求する
ことでポジショニングを行う。古典的事例として，アメリカのレンタカー会
社エイビス（Avis）社は，「われわれはレンタカーでナンバー2です。だから
利用していただけませんか？」(Avis is only No. 2 in rent a cars. So why go with us?)
という広告訴求が知られている。ブランドの長い歴史を訴求することもここ
に含まれる。

　次に，ブランド・コミュニケーションにおけるメッセージ形式とは，how to
say，つまりそのブランドのメッセージ内容をどのような言い方で伝えるかを指す。
広告表現の分類として昔からさまざまな表現形式戦略が提案されてきた。たとえ
ば，以下のような表現戦略の分類がある。

(1) ジェネリック戦略：ブランドの特徴をそのまま語る。iPhone のような画期
的なブランドであれば，その特徴をそのまま語ることで伝達が達成される。

(2) 先取り戦略：競合がすでに行っている事実を自社が先に語ることによって，
競合がそれを訴求できなくする。たとえば，スキンケア・ブランドのドモホ

ルンリンクルは1日4時間製造機械を分解掃除することを訴求したが，これは競合も実施している作業である。

(3) **ポジショニング戦略**：競合における位置づけ，消費者ニーズ，商品特性を考えデザインされたメッセージ。

(4) **同調戦略**：消費者がごく普通に日常で出会うシーンを再現するアプローチ。

(5) **感性戦略**：ビジュアル・ショック，アバンギャルド，シュールレアリズム広告などと呼ばれるように，視聴している顧客にショックを与えるような表現戦略。アップルのマッキントッシュが最初に発売された1984年に放映されたテレビ広告 "1984" は，このカテゴリーに含まれる。

しかし，これらの分類は興味深く，実務に有用であっても，分類としては完全とはいえない。これらの分類に重複がないとはいえないからである。

広告表現の古典的な分類は，Laskey, Day, & Crask（1989）によるそれである。彼らは，まず広告を①**情報性**（informational）と，②**変換性**（transformational）の2種類に分類し，それぞれをさらに細分化したカテゴリー分類を提案した。こうしたカテゴリー分けは，相互に排他的であり，全体として重複のない分類（MECE：Mutually Exclusive and Collectively Exhaustive）として受け入れられている。

(1) **情報性広告**（事実を明確に論理的に訴求してその商品を買い，メリットを判断できる消費者を前提に広告を行う）

　a. **比較**（競合への言及あり）

　b. **USP**（ユニークさの訴求）

　c. **先取り**（証明可能な客観的事実訴求）

　d. **誇張**（証明不能な優越性訴求）

　e. **普通－情報的**（ブランドではなく商品カテゴリーの特徴に焦点）

(2) **変換性広告**（ブランド使用経験とその心理的状態を連合させる）

　a. **使用者イメージ**（その使用者とライフスタイル）

　b. **ブランド・イメージ**（ブランド・パーソナリティを伝達）

　c. **使用シーン**（商品使用）場面

　d. **普通－変換的**（商品カテゴリーのことを中心に使用者体験を扱う）

ブランド・コミュニケーションのメッセージ形式を考えるときは，このような分類を参考として，どのようなアプローチでメッセージを組み立てるかを考える必要がある。

## ❖ メディア戦略

18 **メディア戦略**：メディア戦略とは，どのようなコミュニケーション・メディ

第9章　フェーズ4　コミュニケーション・レベルのブランド戦略　**201**

表 9-2 メディアの 3 類型

| | 定　義 | 代 表 例 | オフライン | オンライン | 役　割 | 優れた点 | チャレンジ |
|---|---|---|---|---|---|---|---|
| ペイド・メディア | そのブランドがメディアに料金を支払って実行するメッセージ活動 | テレビ広告，インターネットのバナー広告 | マス媒体広告，スポンサーシップ，ダイレクトメール，POP，交通広告，映画広告 | ディスプレイ広告，ペイドサーチ，運用型インターネット広告 | そのブランドが伝達したいメッセージ発信してオウンド・メディアへ誘引する | 即時性，コントロール可能，メッセージ到達範囲大 | クラッター（広告過多），反応の減少，信頼性の低下 |
| オウンド・メディア | そのブランドがコントロールするメディアを用いるメッセージ活動 | 自社ウェブサイト | ブローシャー，広報リリース | ウェブサイト，モバイル・サイト，ブログ，ツイッター・アカウント，フェイスブック・ブランド・ページ | オーディエンスが必要とする情報を，ブランド・メッセージとして伝達する | コントロール可能，低コスト，柔軟性，長期的，限定されたオーディエンス到達 | 企業メッセージであるための信頼性の低さ，一定の範囲到達に時間がかかる |
| アーンド・メディア | そのブランドによって直接引き起こされたのではないメディア活動 | PR記事 | マス媒体でのパブリシティ記事・レビュー・評価，消費者同士のブランドについてのリアル会話（WOM） | デジタル・メディアのパブリシティ記事，オンラインWOM，オンライン・コミュニティのポスト，オンライン評価 | ペイド・メディアやオウンド・メディアがより有効に働く情報環境を形成する | 信頼性大，販売に重要な役割 | コントロール不可能，ネガティブなメッセージになる可能性，測定の困難 |

（出所）　Corcoran（2009）と Stephen & Galak（2012）をベースとして筆者作成。

アをどのように用いて，ブランド価値を高めるか，メディアの使用と配分に関わる意思決定を指す。近年では，従来のマスメディア，インターネット・メディア，その他のメディアなどの区分に加えて，3種類に分類することが行われるようになった。それが，ペイド・メディア（paid media），オウンド・メディア（owned media），アーンド・メディア（earned media）の3類型である（表9-2）（Concoran, 2009; Stephen & Galak, 2012）。Goodall（2009）によれば，この分類区分は携帯電話会社 Nokia 社内で 2008 年ごろから採用されるようになった。近年では「シェアド・メディア」（SNSなど）を加える4類型も提案されている。

　このメディアの3類型は，コミュニケーションの発信者側からみて，主に次の3つの視点から分類されている。①メッセージ発信は有料か無料か，②メッセー

ジは誰によって発信されているか，③メッセージ内容は発信者がコントロールできるか。

　この類型が優れている点は，従来から用いられてきたテレビ，ラジオ，インターネットなど媒体別のメディア分類の欠陥を克服したことである。たとえば，オンラインとオフラインの媒体を区別なく扱えるようにしたこと，インターネット広告と一括されてきたオンライン・メディアをバナー広告，ソーシャル・メディア，ウェブサイトのように区分することを可能にしたこと，また，従来の有料媒体である広告と無料で媒体を活用する広報との区別をなくして，メッセージ発信者にとって使いやすい区別になっていることである。ただしこの３類型の課題は，スマートフォンやスクリーンなどのデバイスの区分，また，動画や静止画像などのブランド・メッセージのモードが考慮されていないことである。

　ブランドのメディア戦略を実施するときは，ペイド・メディア，オウンド・メディア，アーンド・メディアそれぞれの特性を考えたうえで，それぞれのメディアの連携を考えることである。また，ブランドの課題に対応して，今回のキャンペーンはどのメディアを中心に活用するかを考えることが求められる。たとえば，カルビーのフルグラは戦略 PR を中心としてアーンンド・メディアを活用することで，ペイド・メディアをほとんど用いることなく売上を大幅に増加することに成功できた（第Ⅳ部ケース５参照）。

## 9-2　フェーズ4-2　ブランド・コミュニケーション戦略

### ❖ コミュニケーションのアクション

　ここでは前節のフェーズ 4-1 で策定したブランド・コミュニケーション・パラメータをベースとして，顧客の知覚や態度に働きかけていくマーケティング・アクションについて述べる。ここでのブランド・コミュニケーションの目的とは，第一義的にブランド価値を高めることである。ブランド価値を高めることと，ブランド商品を売るということととは別ではない。しかし，ブランド価値を高めることは往々にしてブランド商品を売ることと矛盾することがある。

　日本マクドナルドは，2000 年にそれまで 130 円だったハンバーガーの価格を半額の平日 65 円に値下げした。この値下げの結果，売上高は 2000 年に 4311 億円，9.3％増加を果たし，2001 年には 4388 億円を記録した。このケースにみられるように，価格の切り下げはときに劇的な売上増効果をもたらす。しかし，2002 年 2 月に平日半額セールを終了し，平日 65 円を 80 円に価格改定すると，02 年 5 月前年比 19.9％減，6 月 13.4％減という結果に終わった（「失敗した値下げ作戦，成功し

表 9-3　ブランド価値の分類

| | Brand-Self | Brand-World |
|---|---|---|
| Think | (1)　①認知（知名度），②態度，③関係性，④満足，⑤コミットメント | (2)　⑥知覚品質，⑦知覚能力，⑧知覚社会的責任，⑨属性評価，⑩評判，⑪（概念）連想 |
| Feel | (3)　⑫感情，⑬経験 | (4)　⑭（感覚）連想 |
| Imagine | (5)　⑮アタッチメント／絆／感情ロイヤルティ | (6)　⑯パーソナリティ |
| Do | (7)　⑰価格プレミアム/WTP，⑱購買頻度/市場浸透率，⑲購入シェア，⑳反応時間，㉑行動ロイヤルティ | (8)　㉒市場シェア，㉓顧客エンゲージメント，㉔オンライン行動，㉕フィナンシャル市場 |

た値上げ戦略」）。その直後，2002 年 8 月に一時的に 59 円に設定するものの，客足は伸びず，9 月から再び 80 円に価格を上げる事態となった（「マクドナルドのハンバーガーがいくらだったか覚えていますか？」）。BSE の影響もあり，日本マクドナルドは 2001 と 02 年に赤字を記録する。この結果，日本マクドナルドの設立者である藤田田氏は 2002 年 7 月に会長を退任するに至った。

　このマクドナルドの例にみられるように価格を切り下げたために，消費者の参照価格が低下し，結果としてブランド価値が低下する事態がありうる。プロモーションは商品を売るための有力な手段であり，プロモーションの方法によっては，ブランド価値を高めることができる（松下，2014）。しかし，ブランド価値を低下させるプロモーションもありうる。たとえば，低価格にしないまでも，値引きのクーポンを乱発することで消費者の参照価格を下げてしまうことがある。

　それではブランド価値を高めるためのコミュニケーション戦略とはどのようなものだろうか。第 1 章で記したように，ブランド価値は表 9-3（表 1-2 再掲）のマトリクスに記した項目によって代表されている。それぞれの項目を(1)から(6)に分けてどのようなコミュニケーションが有効かを考察してみよう。

## ❖ 態度・関係性・満足・認知を高めるコミュニケーション戦略

　そのブランドへの態度（attitude）とは，そのブランドに対して「好き‐嫌い」「買いたい‐買いたくない」「推奨したい‐推奨したくない」などのポジティブあるいはネガティブな評価をもったり，行動を起こすことを意味する。ブランドへのポジティブな態度を形成するためには，次のようなコミュニケーション・アプローチは，ブランドと顧客との関係性・満足・認知（知名率）を高めるためにも有効である。

　(1)　接触頻度を高める：ザイアンス（Zajonc, 1968）が考察した単純接触効果の理

論が示すように，人間はより頻度が高く接触した対象について好意を抱きやすい。ブランドと顧客の「タッチポイント」（コンタクト・ポイント）をできるだけ増やすことが望ましい。認知度を高めるためにもやはり接触頻度が有効である。とくに知名度を高めるためには，接触頻度は重要なファクターである。

　こうした意味で，従来，テレビ広告はリーチメディアとして，短期間にブランド認知を高めるために重要な役割を担ってきた。ただし，テレビ・メディアが相対的に効果を低減させている現在，マスメディアを用いないコミュニケーションが出てきている。

　(2)　実際の使用体験をさせる：サンプリング，テイスティング，試乗機会，などを通じて顧客が実際にそのブランドの特徴を理解し，「体感」することが説得に有効である。また，体験した他の顧客の証言や評価レビューなども有効である。顧客は自分が信頼する他者の説得を受け入れやすい傾向がある。BtoB では有名企業が自らその商品ユーザーとしてそのブランドを経験して成功したストーリーを広告に用いることがよく行われる。

　(3)　説得の場面でのムード：ムード（気分）とは，感知された持続する感情的状態のことである。ムードは人間の行動に広く影響することが知られている。たとえば，小売店内の好ましいムード（にぎわいや香りなど）が形成されると，より説得が働きやすくなる。人間は気分に一致した方向に判断を一致させる効果（気分一致効果）があるためである。

　(4)　強い動機づけをもった顧客への集中：強い動機づけをもった顧客ほど，証拠を提示した強い説得に応じて態度を変更しやすい。たとえば，健康に関心がある顧客ほど，健康法に関する説得に耳を傾けて，専門家の意見などのより強力な説得情報を受け入れやすい。通信販売業者は，こうした動機づけをもった顧客リストを作成することで，事業を成功させようとする。

## ❖ 連想・知覚品質・知覚能力・属性評価を高めるコミュニケーション戦略

　ブランド連想を強化する第1段階は，どのような対象とブランドとを連想させるべきかを決定することである。連想させるべき対象として，人物，擬人化されたキャラクター，概念，イメージなどがある。人物である有名タレントとの連想を築くことは，広告戦略のうえでは一定の有効性がある。しかし，有名タレントは他の広告にも出演することが多いために当該ブランドとの連想がうまく形成されないリスクや，タレントのイメージによって成否が決定されやすいなどのリスクがある。「ゆるキャラ」などのキャラクターについても，同様に他のキャラクターと混同されたり，記憶されなかったりするリスクがある。

第9章　フェーズ4　コミュニケーション・レベルのブランド戦略　205

連想を強化する第2段階のアクションは，連想の要素とブランドとを顧客の心理中で強力に連合させることである。このための第1の方法は，ブランドと連想要素を同時に顧客に頻度高くコンタクトさせることだ。この意味では，広告やプロモーションでコミュニケーション資産（communication asset）をつくるよう意図することが重要になる。コミュニケーション資産とは，メッセージに繰り返し現れるパターン化された感覚的なシンボルやシーンのことであり，そのブランドとの連想関係を築くことを意図した記号である。

　たとえば，Ｐ＆Ｇの食器用洗剤の「ジョイ」は発売された1995年当初，高田純次をタレントとして起用して「チャレンジジョイ」キャンペーンを展開した（2016年に同じキャンペーンを復活させた）。その中で，ジョイをつけた手が油に汚れた皿に触れると油が散るシーン（ディッシュ・デモ）を挿入した（芳賀・久保田・和田, 2004）。これはジョイが油汚れに強いことをシンボル化したコミュニケーション資産の例である。この結果，ジョイは花王，ライオンと並ぶ市場シェアを台所用洗剤市場で獲得することができた。

　次のブランド連想強化アクションとは，連想と連想同士の関係の強化である。このためには前述のストーリーテリングが有効である（ストーリーテリングについては本章第1節の「ブランド・コミュニケーション・パラメータ」⑬を参照）。ディズニーのブランド世界には数多くの魅力的なブランド・ストーリーが満ちており，近年ではスター・ウォーズも権利買収によってディズニーのストーリーの1つに組み込まれた。スマートフォンのauが2015年から実施している広告「三太郎シリーズ」は，桃太郎・金太郎・浦島太郎を登場人物として，「あたらしい英雄」をメイン・コピーに据えて，ストーリー感のあるCMシリーズとなっている。ストーリーを展開するためには，長期的な視点に立った一貫性のある訴求を維持することが重要となる。

　またブランド連想を築くためには，ボルボ＝安全のように，ある「概念」とブランドとの連合を形成することも重要である。このためには，強力な証拠やサポート情報をもった説得的コミュニケーションが必要となる。さらに，「視覚的イメージ」とのブランド連想を形成することも効果的である。ロクシタンのように南フランス，プロヴァンス地方とのイメージ連想を形成するためには，一貫したビジュアル訴求が必要になってくる。

### ❖ 愛着・情緒・経験を高めるコミュニケーション戦略
　ブランド愛着を高めるコミュニケーション戦略をどのような枠組みで考えるかを，まず考えなくてはならない。そのためのフレームワークを以下で検討しよう。

図 9-2　ケラーの顧客ベースのブランド・エクイティ・ピラミッド・モデル

```
              レゾナンス                    (4)リレーションシップ
                                         あなたと私の関係は何？

     ジャッジメント   フィーリング            (3)レスポンス
                                         あなたはどう反応するの？

    パフォーマンス      イメージ             (2)ミーティング
                                         あなたはどういう人？

           セイリエンス                     (1)アイデンティティ
                                         あなたは誰？
```

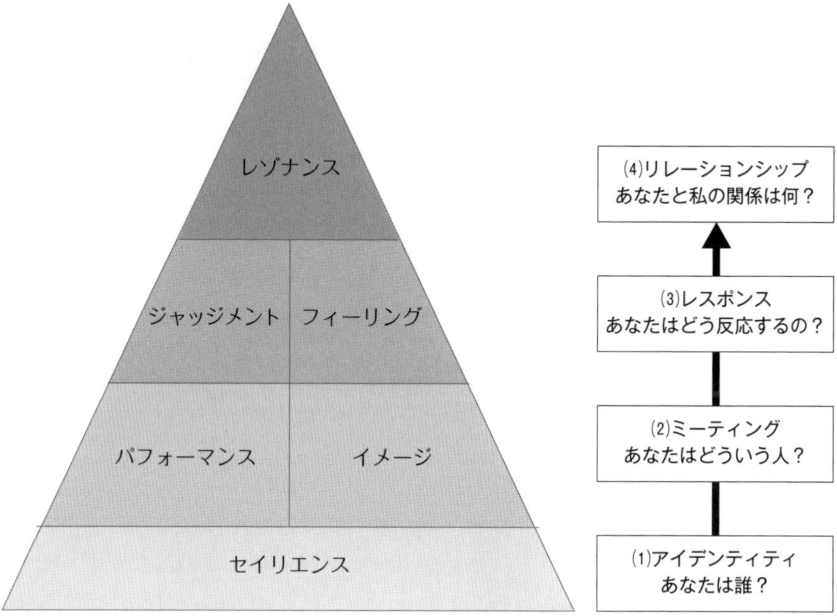

（出所）　Keller（2001）より作成。

　Keller（2001）は，顧客ベースのブランド・エクイティ・ピラミッド・モデルを提唱した（図9-2）。このモデルで描かれたピラミッド図によれば，ブランド・エクイティを築くためには，4つのエクイティを構築するステップが必要である。
（1）　ブランド・アイデンティティ（あなた〈当該ブランド〉は誰？），
（2）　ブランド・ミーニング（あなたはどういう人？），
（3）　ブランド・レスポンス（あなたはどう反応するの？），
（4）　ブランド・リレーションシップ（あなたと私の関係は何？）。
　そして，(1)にブランドと顧客との関係の一番基礎になるセイリエンス（顕在性）を置き，これはブランド認知の広さと深さを意味する。(2)ではブランド・パフォーマンス（特徴）とブランド・イメージ（表象）を指標として置いている。(3)にジャッジメント（判断）とフィーリング（感覚），そして(4)には「レゾナンス」（共鳴）という変数を置いている。つまりケラーによれば，強力なブランド・エクイティを構築するためには，最終的には「レゾナンス」を築くことで強く活発なロイヤルティを築くことが必要となる。
　ここで検討したいこととは，ケラーのいうレゾナンスをコミュニケーションで

第9章　フェーズ4　コミュニケーション・レベルのブランド戦略　　207

いかにして築くことができるのか，という問題である。久保田（2014）は，RPマトリクス（Relationship-purchasing matrix）を提案している。このマトリクスによれば，ブランドの顧客全体を，①ブランド・リレーションシップと，②ブランド購買の2つの軸を設定し，その高低によって，4つのセグメントに顧客を分類し，それぞれの顧客特性に対応したマーケティング・アクションが想定されている。

このマトリクスに従うならば，コミュニケーション施策のうえで問題になるのは，「セグメントB」（ブランド・リレーションシップは形成されていないが，積極的に購買してくれる顧客）と，「セグメントC」（ブランド・リレーションシップは形成されているが，購買には積極的でない顧客）の2つのセグメントである。これら2つの異なった顧客セグメントへのアプローチ方法を以下で考察してみよう。

まず，セグメントBにおいては，ブランド・リレーションシップは形成されていない。しかし彼らは実際には購買している。こうしたケースは，たとえば，ケチャップや醤油・食酢などの調味料の購買行動でみられるように，習慣性あるいは惰性による，ブランドには愛着は感じていないが繰り返し買うという購買行動が考えられる。もう1つは，ウィンドウズのパソコンを買うように，ウィンドウズ自体にはリレーションシップは形成されていないが，他の選択をすることができないで買うという，ある種の制度的な，または仕組み的な強制性がある購買パターンである。

習慣性のブランド購入行動に対して，顧客のブランドへの意識を変えるもっとも効果が大きいアクションとは，新製品の投入とコミュニケーション活動である。この新製品投入で意図することとは，顧客がブランドに対する無関心を変化させることである。そのためには，今まで使っていたブランド商品の欠点を克服し，新しいベネフィットを顧客に提供する必要がある。

先に「パッケージ戦略」を解説した項でも触れたように，醤油の「ヤマサ鮮度の一滴」は2009年に投入された製品で，醤油製品に対する顧客の意識を大きく変えた。醤油はもともと保存食品と考えられてきたものの，実際には開封後，空気に触れることで酸化が進行する。その結果，醤油の色が濃くなり香りと味が落ちていくことがわかっていた。これに対して，ヤマサはパッケージの中に空気を入れない，「エアブロック弁」と注ぎ口が自動的に閉じるパッケージを開発し，醤油の酸化を防ぐ新製品を投入した。こうしたイノベーションとコミュニケーション活動によって，それまで習慣的に購入していた顧客のブランド商品に対する意識を変化させ，ブランド・リレーションを構築することができる。また，ウィンドウズの例のようなほかに選択の余地が少ない顧客に対しても，マイクロソフトがSurfaceを投入したように，顧客のウィンドウズに対する意識と必要性をあ

らためて覚醒させる新製品とコミュニケーションで，ブランド・リレーションシップが築ける可能性がある。

「セグメントC」，つまり，ブランド・リレーションシップは形成されているが，購買には積極的でない顧客についてはどのようなアクションが有効だろうか。こうした顧客は購買についてのバリアをもっていることが多い。たとえば，BMWというブランドにとても惹かれているが，購入するカネがないというケース，また，「ハイレゾ」の音で音楽を聴きたいが，何を買ってよいかわからない，という場合である。つまりブランドとのつながりはあるけれども，それを買うことができる条件がそろっていないことになる。こうした場合，バリアを取り除く製品投入とコミュニケーションが求められる。BMWでいえば，BMWのクルマは買えない顧客に対して，BMWの技術を活かした「MINI」を勧める。「ハイレゾ」が好きな顧客については，ハイレゾの音源の音楽がどこで，いくらくらいで入手できるか，どのような機器を使って聴けばよいか，などを伝達するコミュニケーションが必要となる。

では，顧客がブランドへの愛着をまったくもっていない場合はどうしたらよいだろうか。ブランドへの愛着を高めるコミュニケーションとは，顧客がブランドと個人のアイデンティティとを結びつけるコミュニケーションのことである。先述したように，マーケティングの現場で「自分ゴト化」と呼ばれるのはこうした愛着につながる事態である。自分ゴト化とは，そのブランドの主張を自分の知識体系の中に取り込む（体制化：organization）ことである。また同時に，その主張が自分自身の問題として強く関連している（relevant）と感じられることである。このためには次の3つの方法がある。

1番目は，ブランドと顧客の個人的な記憶とを関連づけることである。たとえば，そのブランドは旅行の思い出があるとか，人生の重要な転機において買ったり，使ったブランドのように，個人的な人生の記憶とブランドとを関連させることである。たとえば，チョコレートのキットカットが「きっと勝つ」という洒落に引っかけて，受験生を励ますためにギフト・アイテムとしてキットカットを役立てる「受験生応援キャンペーン」を展開しているのはこの例に当たる。またそのブランドを旅行先でご当地限定アイテムとして販売するのも，こうした個人的記憶に連関させるための工夫と考えることができる。

2番目のブランドへの愛着を高める方法とは，ブランドのパーソナル化である。これはそのブランドをその顧客だけのパーソナルなアイテムに変化させることを意味する。長年使用したモノのブランドについて，顧客はそのブランドを自分の「拡張自己」（extended self）（Belk, 1988），つまり自分自身の延長と感じて愛着を感じ

ることが多い。「このブランドは私の一部である」と感じることがそれである。たとえば，そのブランドに顧客の名前やイニシャル，特有の記号を付与する，長年のユーザーを表彰する，顧客が自分の好きな色の製品アイテムを選択できるようにする，などが考えられる。

　3番目には，ブランドと顧客との関係を「社会的」なものへと高めることである。ブランドと顧客の関係はふつうパーソナルなものであるが，それを超えて，「このブランドは私が所属する社会階層のためのものである」，あるいは「私があこがれる階層・階級の人たちがもつブランドである」，さらに「私がこのブランドをもっていることが社会から認証される」などの考えをもつことが，ブランドと個人の絆を社会的なものへと転換することになる。アメリカのミラービールがキャンペーンとして "It's Miller Time" を採用したのは，労働者階級のためのビールであることを象徴しているのである（Holt, 2004）。ティファニー（Tiffany & Co.）がスポーツのトロフィーを制作していることは，ブランド全体への愛着を高めるための活動と解釈することができる。

### ◈ ブランド・パーソナリティを強化するコミュニケーション戦略

　ブランドにパーソナリティを付与するためには，「ブランドの擬人化」（第14章第11節）という考え方もあわせて考える必要がある。人格＝パーソナリティとは，外部からの刺戟に対する一定の，一貫した反応のパターンとも考えることができる。たとえば，あの人は，つらいことがあってもニコニコ笑ってやり過ごす人だ，というのはこうした刺戟からの反応パターンの1つである。こうした理解に従えば，ブランド・パーソナリティとは，顧客とのコミュニケーションにおいて安定的に反応してくれるパターンと考えることができる。たとえば，タバコのマールボロにおいて，CMの登場人物であるカウボーイは決して話さない寡黙な存在であることで一貫していた。こうした安定的な反応パターンであるブランド・パーソナリティ形成のためには，顧客が期待する一貫したメッセージを維持することが必要である（第14章第10節「ブランドの一貫性」参照）。また，パーソナリティを象徴するようなコミュニケーション・アセットを構築することも同じく必要である。

### ◈ 価格プレミアム，購買，購入シェアを高めるコミュニケーション戦略

　商品が「売れる」ことと，ブランド価値を維持することは必ずしも常に一致するわけではない（売りとブランド価値を両立させる戦略については，第14章第9節「ブランドのジレンマ」を参照）。本項では，価格プレミアムを実現するコミュニケーショ

ンについて考察する。価格プレミアムとはブランド価値を高めることによって，同等の品質をもったブランドよりも，より高額で訴求できる価格差のことである。価格プレミアムを実現するためには，必ずしもコミュニケーションだけでは十分ではない。どのチャネルで，どのような価格を実現するかをまず意図しなければならない。商品の価格は1つではない。

Simon（2015）によれば，コカ・コーラはアメリカのショッピング・センターでは12オンス缶1本当たり平均1ドルで売られているが，ホテルのミニ・バーでは5ドルで売られている。日本の事例では，スターバックスのポテトチップス（シーソルト）は1袋190円（50グラム）（税抜）に設定されており，カルビーの「堅あげポテトうすしお味」が店頭価格で173円（80グラム）（税抜）で売られていたとすると，グラム当たり単価は，スターバックスが3.8円，カルビーが約2.2円となり，スターバックスでは1.7倍の価格で売られていることになる（ここでは仮に品質が同等と仮定している）。価格は売られているコンテキストにも影響されるのである。

一般的にコンビニエンス・ストアでは比較的メーカー側の希望小売価格で売ることが可能であるが，棚に置き続けてもらうためには短期的な売れ行きのボリュームが必要となる。食品スーパーでは，ディスカウントされやすいものの，長期的なブランド育成を狙うためにはより適している。

森永乳業のギリシャ・ヨーグルト「パルテノ」では，スーパーマーケット・チャネルと発売当初から協力することで，長期的にブランド育成に取り組み，プレミアム価格を維持することができた。また「逆さスプーン」（濃密なので，ヨーグルトをすくったスプーンを逆さにしても，ヨーグルトが垂れてこない）をキー・アイコンとして，広告などに用いてギリシャ・ヨーグルトの濃密さを訴求した。

「明治おいしい牛乳」が2001年に東北地方で先行新発売されたとき，1パック170円の牛乳を50円高いプレミアム価格で売ることを意図した。このときは，流通バイヤーとの商談で，バイヤーに味の違いがあることをわかってもらう努力を重ねた。また店頭で並べる位置は低価格大量販売の最下段ではなく2段目に置いて，低価格を狙うのではないことをはっきりさせた。また営業担当者はバイヤーへのプレゼンテーションで「明治おいしい牛乳」を売れば，そのお店の売上と利益の構成がこのように変わるというシミュレーションを示した。小売価格を決めるのはもちろん小売業の仕事だが，彼らの理解なくしては牛乳販売の改革は成り立たないからだ。

以上の例にみられるように，価格プレミアムを実現させるためには，プレミアムで売れる環境を整え，また価格プレミアムに見合った知覚品質を実現するコミ

ュニケーション・メッセージが必要となる。

なお，ブランド関係性強化のコミュニケーション戦略については，第14章第14節「ブランド関係性の形成」を参照してほしい。

## ❖ 市場シェア，顧客エンゲージメントを高めるコミュニケーション戦略

市場シェアを増大させるためにはどうしたらよいのか。このためには，市場のセグメントのうちどこがフォーカス顧客（ターゲット）としてふさわしいのかを選定する必要がある。前章「フェーズ3　マーケティング・レベルのブランド戦略」でも検討したように，市場シェアを増大させるためには，(1)市場浸透率を高める，(2)購入頻度を増大させる，の2つのアプローチがある。(1)市場浸透率を高めるためには，①新規顧客を獲得する，②流出顧客を防ぐ，③競合の顧客を奪う，の3つが考えられる。(2)購入頻度を高めるためには，④既存顧客の購入量，消費量を増大させる，などのアプローチが考えられる。

すでにみたように，既存研究によれば(1)市場浸透率を高めることがブランドの成長のために有用である。市場浸透率とは，ユーザー数の増加率，1年以内の世帯購入経験率などのことである。新しい顧客層を取り込み，豊かなライト・ユーザー層をもっていることが強いブランドの要件である。

ここでコミュニケーション戦略の目標として考えられることは，新規ユーザーの増加である。ライト・ユーザーの定義は商品によってまちまちであるが，家庭用消費財であれば，たとえば，年に1〜2回程度しか使わないユーザーのことである。ただしまったく新しいユーザーを開拓する方法もあれば，過去に購買・使用経験していたパスト・ユーザーをフォーカス顧客として働き掛けるやり方もある。またこの場合，フォーカス・ユーザー層を絞るだけでなく，ブランドのリポジショニング（新たなポジションの提案），商品使用の再提案，商品ラインの再編成，をあわせて行う必要も生じる。

グリコがチョコレート菓子のポッキーが低迷していた売上を復活させた背景には，過去のユーザーを呼び戻す戦略があった（「"再び"『ポッキー』が急成長できた理由」2016年）。それは，子どものころはよく食べていたが，年齢を重ねるにつれて離脱していった30代以上のユーザー層が対象であった。こうした大人のセグメントへアプローチするため，1箱501円（税込）の"高級版ポッキー"「バトンドール」を2012年に，15年にはウイスキーと一緒に楽しむことを前提に開発した「ポッキー〈大人の琥珀〉」を3万箱限定で販売した。こうした取り組みの結果，ポッキーは5年で50億円も売上を伸ばした。

花王が2001年にメリット・シャンプーを復活させたとき（「お客様の変化を見逃

**212**　第Ⅱ部　戦略篇

すな〜ヘアケアブランドのマネジメントと刷新」2016 年），次のような背景があった。当時，メリット・シャンプーは，誰のためのブランドなのかわからなくなっていたという問題を抱えていた。そこで，現代の家族のためにフォーカスし，やさしさ，安心・安全という新たな機能価値をメリットに付与したのである。それが「新・家族シャンプー」＝「家族のための弱酸性のメリット」というフレーズである。この結果，新規・ライト・ユーザー層を獲得することに成功した。繊細な地肌の象徴としての子どもを主な対象として，弱酸性の新家族シャンプーを訴求し，売上低下に歯止めをかけることができた。

# 第10章

## フェーズ5 ブランド戦略の実行と管理

### はじめに

　フェーズ5は，ブランド戦略の実行と管理である。ここでは，ブランド戦略に関わる次の2つの項目を実行する。

　「どのような組織体制で，どのようにブランド戦略を実行し，その成果をどのように測定するのか」

　　フェーズ5-1　組織内外におけるブランド戦略の実行と管理：持続的なブランド戦略の実行と管理

　　フェーズ5-2　ブランド戦略の成果の測定と測定結果の活用

　ここまでの段階で，基礎，経営レベル，マーケティング・レベル，コミュニケーション・レベル，の4つのフェーズにわたってブランド戦略を検討してきた。このフェーズ5は最終段階として，ブランド戦略の組織・実行・測定を検討する。

## 10-1　フェーズ5-1　ブランド戦略の組織と実行

　ここでは，どのような組織でブランドを管理するかという問題と，いかにして現場でブランド戦略を実行していくかという2つの問題を取り上げる。

### ❖ ブランド管理組織

　ブランドはどのような組織と体制で管理されるべきだろうか。ここでは，ブランドの維持のために必要な組織体制と考え方，ブランドを管理する組織のあり方について述べる。

　ブランドを組織的に管理するための体制は，以下の複数のあり方が考えられる。

(1)　専門組織担当制：CBO（chief brand officer：ブランド管掌役員）を設置して，ブランド管理専門の組織を立ち上げる。知的財産部門やコーポレート・コミュニケーション，広報部門などと連携させる場合もある。

214　第Ⅱ部　戦略篇

(2) 既存部門担当制：特定の既存部門がブランド管理を担当する。たとえば，宣伝部門をブランド担当の組織として，名称をブランド戦略部と変更するような場合もある。

(3) 委員会担当制：ブランド担当者を指名して，1人，あるいはクロス・ファンクショナルな組織横断委員会で管理を行う。この場合，どこかの部署が事務局機能を担う。

(4) 役員担当制：とくに新たに組織や担当を設けず，CEO あるいは上位役員がブランド管理を担当する。

(5) 部課長担当制：ブランド・エクスペリエンス・マネージャーなどブランド専門の担当者を新たに任命する。管理専門組織をつくる場合も，つくらない場合もある。

(6) 外部組織担当制：外部の第三者にアドバイザーの形でブランド管理の一部を委ねる。第三者は，デザインやビジネス・コンサルなど，ある領域の専門家であることが多い。無印良品がとっている体制がこれである。

これらの組織のあり方をどのように選択すべきだろうか。この意思決定はその組織がどの程度，ブランド管理を重視し，企業の資源を使おうと意図しているかに依存している。もしもその企業がブランドを重視して，本格的に管理を行いたいと考えていれば，(1)のあり方を選択するであろう。(1)はもっとも人的な資源を費やすシステムだからである。また，あまり資源を使わずに，ブランド管理しようと考えれば，(3)(4)(5)のあり方も望ましい。理想的な単一のブランド管理体制というものはありえない。どのあり方が自社にフィットしているかを，自社のブランドへの重要性の認識に対応して決定する必要性がある。以下は，ブランド担当者やブランド担当部署を任命・新設する場合の検討事項と意思決定事項である。

(1) 権限の問題①：権限委譲の範囲を明確にする

その担当者が何を行う権限をもっているか，何を自分で決済することができるか，社内に対してどのような権限で意見をいうことができるか，についてあらかじめ明確にする必要がある。もしこの権限が明確になっていない場合，CBO に命じられても，社内の他の部署との摩擦が避けられない。たとえば，CBO が，ある商品ブランドに企業ブランドを使うことは認めない，と判断したとしても，現場では「なぜ売れるために有利なのに，この商品に企業ブランドを使ってはいけないのか」という反発を呼ぶことが容易に想像できる。

過去，CBO という担務はサンヨーやソニーで行われたことがある。しかし成果を出していたかどうかは定かではない。こうして考えてみると，CBO という

第10章 フェーズ5 ブランド戦略の実行と管理 215

役職は一見してブランドを重要視しているために，的確な役職名と考えられるかもしれないが，実際にはブランドという用語の範囲を的確に定めない限り，従来のCMO（最高マーケティング責任者）やCIO（最高情報責任者）との衝突，あるいは社内の他部署との摩擦を避けにくい。より実際的なやり方として，CBOの管掌範囲をクリエーティブやコミュニケーションに限る方途があるが，これではブランドが企業経営においてもつ意味をあまりにも狭く捉えすぎている。

東急グループが2000年以降に，1990年代末に陥った大きな負債からの脱出をめざして行われたグループ・ブランド活動では，2000年に479社あった子会社を04年には235社にまで縮小させた。この過程では，委員会組織「東急グループコーポレート会議」が立ち上げられ，グループのあり方，東急ブランドのあり方について3年間にわたって検討が加えられ意思決定が行われた。ここで，それまでグループの各社が自主的な判断で使っていた東急ブランドの使い方を明確にさせたのである。

たとえば，東急ストアでは店頭プロモーションとして「東急特撰」が自社の担当者レベルの判断で行われていたが，それを禁止した。また収益性，ブランド毀損リスク，相乗効果，ブランド・アイデンティティなどの4つの視点で子会社をグループに残すかどうかの判断を行った。この結果「日本エアシステム」（日本航空と合併）や「東急観光」などの会社は，売上が好調であったとしてもグループから切り離すなどの措置がとられた。こうした検討の過程では現場との意見の相違があったものの，東急ブランドの価値を高めるための意思決定が行われたのである。

(2) 権限の問題②：権限の切り分け

これまで論じてきたように，ブランドのどのレベル（経営，マーケティング，コミュニケーション，知的財産）の問題をブランド担当者に委ねるか，を考える必要がある。ブランドをどこの市場に投入するか，企業全体のブランド・ポートフォリオをどうするか，というような経営レベルの問題か，マーケティングの問題か，あるいは，広告やプロモーションなどのコミュニケーションの問題か，さらには，ブランドのマークやロゴなどの知的財産，あるいは，デザインの問題を扱うのか，どのレベルをどこまで担当者に任せるかを意思決定しなければならない。

(3) 既存部署の問題

既存部署にブランド管理を任せるというとき，やはりどのくらい強い権限をどの幅でもたせるかが問題となる。たとえば，宣伝部をブランド戦略担当としたときは，コミュニケーションに関することは任せられても，マーケティング全般に関する権限を行使できるかどうかはわからない。宣伝部は，広告をブランドへの

投資と考えるのではなく，企業によってはコストセンターあるいは非本来業務と考えている場合があるからである。こうした場合，社内で強い権限をもちにくいことが多い。仮に権限を「公式」に与えたとしても，実際にその権限が現場で影響力をもちうるかどうかは別である。現場レベルでの抵抗が予測されるからである。既存組織にブランドの権限を付与する場合は，CEO の「後ろ盾」や実際に権限を行使する場合の手順などを検討すべきである。

(4) マニュアルの問題

ブランドの規則，決まりを維持するためには，ブランドに関するマニュアルを作成し，配布し，管理することは重要である。マニュアルの中身は，「ブランド・ブルーブック」のような，ブランドの精神や考え方を記したブックレットが一般的だが，リーフレットやカードの形をとる場合もある。トヨタ自動車のレクサスでは，ブランドの歴史やビジョンを記したブランド・ブックが活用されている。ブランド・ブックを動画にし，ブランドのコンセプトを視覚的に表現したブランド・ビデオ，ブランド・エッセンス・ムービーなどの動画が作成される場合もある。

こうした動画では，①なぜブランド構築をめざすのか，②どのようなブランドをつくりたいのか，③われわれ（社員）はどうしなければならないか，④ブランドのビジョン，などを可視化し，魅力的な映像で見せるブランド・ムービーが作成される。トップ・マネジメントや社員自身が登場することも行われる。

たとえば，マツダのブランドエッセンスビデオ（Mazda Brand Essence Movie, https://www.youtube.com/watch?v=PBdrouLr388, 2013 年 9 月 2 日公開）の事例がある。

しかし，こうしたブランド・ブックは，往々にして作ってそれで終わり，という場合が少なくない。ブランド・ブックをどう活用するか，その管理体制が問題である。現場用にマニュアルの形でブランド・ブック「MUJIGRAM」（販売オペレーション・マニュアル）を作成して成功したのが無印良品である（松井，2013）。現場が店づくりなどで何を基準としてどう判断すべきかについて，基本的なあり方を記したガイドブックは，適正に管理されれば有用である。MUJIGRAM は 13 冊，1780 頁（当時）の大部なもので，適宜，改訂がなされているのが大きな特徴である。このマニュアルによって業務の標準化と見える化が行われ，店が発信するブランド価値が高まったのである。

(5) 研修の問題

ブランドに関する社内研修を行うことは有用である。ブランドについて知識や考え方が浸透していない場合，社員への講座，座学あるいはワークショップの形で社内浸透を図る方法がある。座学だけでなく，社員自身が参加する形で行うワークショップが有効な場合がある。企業ブランドを計画する過程で，どのような

第 10 章　フェーズ 5　ブランド戦略の実行と管理　　217

ブランドにしたいのか，どのようにあるべきかを社員と議論する機会をもつことも有用である。

　ブランド研修プログラムを策定して，役員から管理職，社員，ディーラーなどの社外スタッフに至るまで全社的な規模で研修を行ったのが，1999～2000 年再建途上にあった日産自動車である。筆者はこの研修計画と実施に関わっていた。カルロス・ゴーン社長が自らブランド・ビデオに登場し，簡潔な言葉でなぜ日産にブランドが必要かを語り，基本的な日産ブランドの日産がどうあるべきか，その指針を "Bold and Thoughtful"（誠実に考え抜き，大胆に行動する）（日産自動車ビジョン・ミッションステートメント，2004 年）という言葉に集約した。

　なお，この Bold and Thoughtful という言葉の背景には，日産の歴史が深く関わっている。日産自動車には輝かしい歴史があり，たとえば，日産社内では当時忘れられた存在であった，1960 年代に画期的なスポーツ・カー「Z カー」（ダットサン）でアメリカ市場を開拓した片山豊氏のような存在があらためて引用され賞賛された。つまり大胆に新しい市場を開拓し，深く考えながら実行していったのが，日産の歴史に学ぶスピリットであり DNA であることをこの社内スローガンに込めたのである。

　(6)　ブランド・マネージャー制度の問題

　マーケティング担当がブランド・マネジメントをマーケティングの立場で関わることは当然のように聞こえるが，問題は，マーケティング組織がブランド担当別に分かれているかどうかである。商品カテゴリーや流通別に分かれている場合は，ブランド育成だけに集中することができにくい。1 つのブランドが複数のカテゴリーにわたっていることがあるからだ。

　P&G 社は歴史的にブランド・マネージャー（以下，BM）制度を開始したことでよく知られている（本書第 4 章「ブランド史の構造」参照）。BM 制度とは，ブランド単位でマーケティングの意思決定・実行・責任を行う制度のことであるが，こうしたマネージャー制度を採用するためには，マネージャーがマーケティング・スキルに通暁している必要性がある。P&G ではアシスタント・マネージャーなど下位の管理職の経験を積んだ後に BM に昇格するキャリア・プランが用意されており，営業とは異なったキャリア・トラックとして用意されている。日本企業においては，本社のマーケティング職は，最初に営業職を経験させた後に就くポジションとして捉えられていることがあり，こうしたキャリア・プランでは，十分なマーケティング経験を若いうちに育成できない可能性がある。

　日本で BM 制度を 1990 年から採用して成功させているユニークなケースが，日清食品である（安藤，2014；2016）。2 代目社長・安藤宏基氏のイニシアティブに

よって始められたこの制度では，1つのブランドに責任と権限をもつマネージャーが設置されている。カテゴリー別ではなく，ブランドを単位としてマネジメントしつつ，新製品も開発していくという体制への転換が行われた。そしてこのBMを社内のサポート部門が支えていくという組織ができあがった。この制度はマネージャー同士が競争して業績を上げるというだけではなく，組織同士がそれぞれの目標達成に向けていっせいに競争する，という側面をもっている。BM組織は，マーケティング部長のもと，第1グループから第9グループまで，全体で9グループがある。カップヌードルを含む「タテ型カップめん」，どん兵衛は「和風どんぶり型カップめん」，チキンラーメンは「袋めん」，U.F.O.は「焼きそば」，中華どんぶり型カップめん，などのグループである。

BMには大きな権限が付与されている。商品開発，価格政策，流通戦略，宣伝戦略，販売促進に至るマーケティング・ミックスを策定し実行する権限がどのBMにも与えられている。BMの平均年代は30～40代であり，中堅社員であるBMたちが社内の他の部署の協力を得るためには，他の部署を説得する必要がある。各部署，関連部署と関わることは，すべてBMが責任をもつ。資材の調達から利益管理に至るまで，また，関わる部署は，同社の支店，営業企画，財務，法務，事業管理，資材，物流，など多様である。

もう1つ日清食品のBM制度で特徴的なことは，「ブランドファイトシステム」の存在である。このシステムは，他グループがもつブランドを使用した新商品の開発も許されるというものである。たとえば，「カップヌードル」というブランド名をカップヌードル担当以外のBMが使うことは，社内の許可と使用料を払えば可能になる。たとえば，「カップヌードルごはん」の発売は，第1グループが担当するカップヌードル・ブランドを，第6グループのBMが企画して発売したものだった。ただし，ブランド名使用の可否は社内の「新製品委員会」で決定されるので，自由に使っていいわけではない。また，そのブランド担当BMは，新製品委員会に対して異議申し立てはできるものの，最終決定権は委員会にある。つまりBMは，常に注意して自分のブランドの拡張の可能性を探っていなければならない。日清食品の活力を支えているのは，こうした社内競争を促す仕組みにある。BMを中心とした組織としながら，ルールに則った公平な社内競争によって常にBMの立場を刺戟する仕組みが構築されている。

ただしBM制度で注意すべきことは，マネージャーに過大な権限や責任を与えることである。マネージャーがマーケティングの経験が豊富であればよいが，もしそうでない場合は制度の維持が困難となる。P&Gや日清食品のBM制度が機能しているのは，こうした経験や訓練をあらかじめ積んだ前提のうえに成り立

っているからである。前にも述べたように，日本企業の場合，往々にしてこうし
たマーケティング・トレーニングなしに BM 制度を取り入れる場合があるが，
こうしたやり方はうまく機能しない可能性がある。

　資生堂が 1999 年から実施した「バリュークリエーション」という組織体制では，
それまでの機能別組織に代わり，1 つのブランド単位で，担当チームが国内と海
外の業務を，商品開発から宣伝広告やクリエーティブに至るまで一気通貫で担う
体制に変えた。これは画期的な組織体制の転換であったものの，ブランドを担う
マネジメントの人的な不足，ブランドごとの社内ポジションの軽重に伴うモラー
ルの低下などもあり，2001 年には再び機能別組織へと回帰している。

　(7)　トップ・マネジメントの問題

　ブランドの問題は本来，トップが意思決定し，率先して実行すべき問題である。
しかし日本企業の場合，トップ・マネジメントにブランドの理解がなく，スタッ
フがブランドの必要性を感じ，ブランド活動をトップに提案するが受け入れられ
ない，という事態も珍しくない。また「ブランドが重要である」という認識が社
員とトップとの間で共通されていたとしても，「何をどうすべきか」について構
想が異なっている場合もある。なぜこのような問題が起こるのか。

　一番大きな問題とは，多くのトップ・マネジメントにブランドを「武器」とし
て社内・社外で成功してきた経験が不足していることである。日産自動車の
CEO（現・会長）カルロス・ゴーン氏や，フォード・モーターの CEO（2014 年か
ら）マーク・フィールズ氏（2017 年 5 月退任発表）はそれぞれブランドを用いて企
業を成功に導いてきた体験をもっている。これらのトップに共通していることは，
彼らが海外で勤務して，ブランドの経営における重要性に気づいたことである。
ゴーン氏はアメリカ市場で，フィールズ氏は日本市場（マツダ）で，それぞれ原
体験ともいえるブランドのマネジメント経験を経ている。

　日本企業でも，海外での経営経験をもとに，日本市場に戻って企業ブランド再
構築を実践して成功した日立製作所の中西宏明氏（CEO，2010～16 年）がいる。日
立製作所は中西氏以前からブランド活動を実践してきたものの，構造的な問題や
2008 年のリーマン・ショックという事態には対処できなかった。外部に出向し
たり海外子会社経営を経験し，日立を外からみてきた経験のある中西氏の手によ
って，日立は改革に成功した。2008 年度に記録した当時の製造業で過去最悪の
赤字 7873 億円という事態を克服して，13 年度には 23 年ぶりとなる過去最高益
を記録したのである。日立は中西氏のブランド・リーダーシップによって強いブ
ランドへと変貌することができた。トップ・マネジメントにとっては，こうした
企業がブランドで成功してきた事例を研究することが必要になる。

## ❖ 営業とブランド戦略

　いかにして現場でブランドを管理していくか。ブランド戦略の実行ステージで主に活動し，機能するのは営業である。そこで，営業とブランド活動とがどのように関連し，営業はいかに活動すべきか，その方向性を以下では明らかにする。

　ここでいう営業とは人的販売活動のことである。近年，デジタル化，オンライン化に伴って，営業は「非人的」販売活動という様相もみせるようになった。こうした動きは近年，マーケティング・オートメーション，コンテンツ・マーケティング，インバウンド・マーケティングなどの用語で語られている。これらの動きに共通する「新しさ」とは，ブランド側から働きかけていくというよりも，情報を探している顧客を誘い込むことを主としている点，クロージングに至る過程をできるだけ非人的なものにしようという点，さらには営業とマーケティングが分かちがたい形で組織化されている点である。しかし，いかにこれらの活動が「オートメーション」だったとしても，最終的に人間がこれらを管理していくことには変わりないし，その「非人的」営業の過程にも人的な介入が欠かせない。

　本項でいう営業とは，クルマのディーラーの営業パーソンのように，よりパーソナルな一回完結型営業活動から，消費財メーカーの営業が小売流通業に売り込むような営業活動，さらには，企業間取引の組織的かつ持続的営業（アカウント・マネジメント）などまで幅広い営業スタイルを含んでいるものとして考えることにする。

　営業が重要な本質的理由は，営業がマーケティング活動を最終的に実現し，完結させる点にある。つまり，顧客とつながりを開始し，交渉し，実際の売り買いを成立させ，売掛金を回収し，次のビジネスに結びつけるという一連の活動は，マーケティング戦略を「実現」させることにほかならない。

　それでは，営業とブランド戦略とはどのような関係にあるのだろうか。ブランド戦略がブランドの価値を高めるために行われる活動だとすれば，営業もブランド価値を高めることに貢献すればよいことになる。しかし，ここで起こってくるジレンマとは，ブランド価値を高めることと，売ることとが必ずしも一致しないことにある（第14章第9節「ブランドのジレンマ」参照）。このために，営業の現場では，ブランド価値の維持に関心がない場合も少なくない。

　しかし，ブランド戦略が営業にとって意味がないというわけではない。ブランド戦略が効果的に遂行されブランド価値が高まることで，営業活動に多くのアドバンテージが生まれる。たとえば，より高い価格で，ハードな交渉をしなくても商品が売れてくれ，さらに，顧客満足も高まり，継続的な取引も期待される。

　それでは，営業とブランド戦略とはどのような関係にあるのか。営業活動と一

連のブランド戦略との関係は，大きく分けて2つある。

営業とブランド戦略との第1の関係とは，ブランド戦略の成果を活用して営業活動に役立てることである。たとえば，ブランド戦略の成果として，企業ブランド名の知名度が高まり，評価も高まったとする。そうしたら営業はその成果を活用して，より多くの企業への訪問を果たし，いっそう効率的な営業活動を推進することができるだろう。

営業とブランド戦略との第2の関係とは，営業活動そのものが，ブランド価値を高めることである。つまり，営業を行うことが，売上だけでなく，ブランド価値を高めるよう，意図的に活動することである。場合によっては売上よりもブランド価値を優先する営業活動もありうる。

たとえば，ソニーの初期，まだ東京通信工業という社名であったころ，1955年に完成した最初のトランジスタ・ラジオをもって，創業者の1人，盛田昭夫氏はニューヨークでアメリカ市場へ営業活動を行っていた（盛田・ラインゴールド・下村，1990）。当時，時計会社として有名だったアメリカのブローバ社が10万台の注文を申し入れたが，盛田氏は断った。なぜなら，ブローバ社からの条件は，ブローバ社のブランドで売らせてほしいというものであったからだ。これは売上を一時的に犠牲にして，ブランド価値を優先する営業活動の例ということができる。

それでは，この2つのアプローチを踏まえて，営業が能動的に関わるブランド関連諸活動を挙げてみよう。

(1) 取引関係の開始：企業ブランドの理念や企業姿勢を伝えて取引関係を開始する。あるいは販売代理店を獲得する。こちらから自社の企業ブランドの理念や考え方を取引先に伝えて，価値観の共有化を図る場合と，逆に，潜在顧客が，ブランドの理念に惹かれて取引を申し出る場合の両方が考えられる。またブランド価値が高いと，取引先の取引候補リストに加えられる可能性が高まる。さらに，ブランド価値が高いことによって，顧客にとってそのブランド企業と取引をしていること自体が他社への信用につながる場合がある。自社ブランドの価値が高いと，取引を働きかける場合も有利であり，潜在顧客が自動的に扉を開いてくれる場合もある。

(2) 価値伝達：顧客や販売代理店に取引活動に際して，ブランド価値を伝達し，こういう考え方で自社は事業活動を行っていると取引への認識を共有化する。

(3) 意思決定支援：ブランド価値を伝達して，顧客企業内での組織的意思決定のプロセスを支援する。顧客が「あの会社の考え方ややり方はこうであるので，われわれが購買する商品としてふさわしい」と考えることが期待される。

(4) 価格維持：ブランド価値にふさわしい価格で売れるよう，顧客を説得する。

これは主に商品ブランドの場合，なぜこの商品はこの価格で売らなければならないのか，を理解させるために，ブランドの考え方を説明する。

(5) クロージング実行：最終的な意思決定場面でブランド価値を活用する。たとえば，顧客が「御社はこういう考え方なので，やはり御社を選んでよかった」と思わせるような働きかけを行う。

(6) 製品授受：製品の搬出から納入までブランド価値にふさわしい行いをする。

(7) フォローアップ／アフターサービス：メンテナンス，返品，クレーム処理に至る過程をブランド価値にふさわしい形で実施して，購買後の顧客満足を高める。アフターサービスは取引の前にはみえにくい部分であるので，ブランドによってそのことを事前に納得してもらう。

(8) 関係維持：販売活動終了後も，次の契約を獲得できるために，あるいは別の顧客に推奨してもらい，紹介してもらえるために，ブランド価値を用いる。

(9) フィードバック：営業の現場から顧客の反応を通じて，ブランドのあり方について改良や修正についての意見をブランド担当者にフィードバックする。

(10) ブランド創造：時として営業自身がブランドを創造することもある。特定の顧客のためにブランドをつくることや，劣勢に立たされたブランドを強くするブランド戦略が営業の現場の提案から始まることがある（田村，2016）。

このように考えると，営業とブランドとの関係とは，①営業がブランド価値を用いる局面と，②営業がブランド価値を支援し育成する局面との2つがあることがわかる。営業活動とブランド戦略とは実際に密接な関係にある。

## 10-2 フェーズ5-2　ブランド戦略の測定

### ❖ ブランド価値測定の問題

ブランド戦略を実行した後，その成果を測定する必要がある。ここでの課題は，どのようにしてブランド価値を測定するか，という問題である。ブランド価値測定の問題はこれまでさまざまに議論されており，複雑な様相を呈している。以下ではまず，これらの議論を展望し，次に実際の測定についての考え方をまとめることにする。

これまでにブランド・エクイティ（＝ブランド価値あるいはブランド資産）の測定という形でさまざまなモデルが提案されてきた。こうした議論はブランド価値をどのような次元で測定するのか，という問題と切り離すことができない。まず主要な議論を展望してみよう。

(1) Aaker（1991）の議論

Aaker（1991）は，ブランド・エクイティを「ブランドの名前やシンボルと結びついた資産（および負債）の集合」（邦訳，9頁）と定義して，次の5つの「カテゴリー」を示している。①ブランド・ロイヤルティ（より頻繁に購入したり，使用する高いロイヤルティの顧客グループがあるかどうか），②ブランド認知（どの程度，再認，再生，トップ・オブ・マインド，支配的ブランド〔カテゴリーで1つしかブランドが上がらない状態〕のスコアがあるか），③知覚品質（どの程度，顧客に知覚された品質が高いか。高いほどROIなどの財務指標にポジティブな影響を与える），④ブランド連想（そのブランドからどの程度ポジティブな連想があるかどうか），⑤その他のブランド資産（チャネル関係，特許など）。

Aaker（1991）はこれら5つのブランド・エクイティのカテゴリーから，次の10の測定尺度を導き出している。

- ロイヤルティ尺度
(1) 価格プレミアム：同等のブランドと比較して余分に顧客が支払っている金額
(2) 顧客満足/ロイヤルティ：使用経験に関する満足・期待・次回購入意向・推奨意向・問題点
- 知覚品質およびリーダーシップ尺度
(3) 知覚品質：品質の高低，カテゴリー内の品質順位，品質の首尾一貫性，最高級・標準的・劣る品質
(4) リーダーシップ/人気
- 連想および差別化尺度
(5) 知 覚 価 値
(6) ブランド・パーソナリティ
(7) 組 織 連 想
- 認 知 尺 度
(8) ブランド認知
- 市場動向尺度
(9) 市場シェア
(10) 市場価格と流通配荷率

(2) Lehmann & Reibstein（2006）の議論と測度

リーマンらは，ブランド価値について2つの問題を提起している。

(1) ブランド価値とは，顧客にとっての価値なのか，企業にとっての価値なのか。

ブランド価値が，顧客にとっての価値という場合，それは顧客がそのブランド商品に余分に支払いたい金額としても測定できるであろう。しかし，一般によく

用いられている測度は知名度や感情や連想である。また企業にとってのブランド価値という場合，顧客の超過収益か売上金額の総体であっていいはずであるが，実際には企業がそのブランドを保有するために得られる増分収益（incremental revenue）で測定されている。

(2) ブランド価値は単一の測度で測定されるべきものか。

会計学では金額という単一の測度でブランド価値を測定する。もちろん複数の測度で測定したほうがより企業の助けになることは確かである。ただし，認知・連想・満足のような異なった測度で測定した場合，お互いに低い相関しか得られず，構成要素の一次元性は保証されない。

これらの問題を意識しながら，リーマンらは次のようにブランド価値を顧客レベルと企業レベルの2種類に分けて提示している（p. 36）。

(1) 顧客レベルのブランド・メトリクス——①マインドセット：知名度，連想，態度，愛着（ロイヤルティ），アクティビティ。②消費活動：購買金額，出費シェア（share of wallet），消費活動。③財務：CLV（顧客生涯価値）。

(2) 企業レベルのブランド・メトリクス——①商品市場：在庫水準，価格プレミアム，売上プレミアム，収入プレミアム，ロジット・モデルでのブランド定数。

(3) Keller & Lehmann（2006）によるブランド価値測定の3つの視点

⑴ 顧客ベース：客観的な商品の性能だけでは測定できない顧客の主観的な商品評価。この顧客ベースのブランド・エクイティ測度として次の5つの指標が挙げられる。
　A. 態度（認知や再生），B. 連想（有形・無形商品），C. 評価（受容性，魅力度），D. 愛着（ロイヤルティ，「中毒」），E. 活動（購買，消費頻度，マーケティング・プログラムへの関与度，クチコミ）。

⑵ 企業ベース：ブランド化されていない同等の機能をもった商品と比較した場合に，ブランドによって付けられた付加価値（割引キャッシュフロー）。

⑶ 財務ベース：ブランドが株価にもたらす価値であり，この場合，株価とは，将来の割引キャッシュフローへの期待と考えることができる。

(4) 守口（2014）によるブランド価値評価方法

まず，マーケティング視点と財務視点の2つに分け，さらに，マーケティング視点を，①源泉による評価と，②成果による評価に分けている。そして成果による評価を，付加価値としてのブランドと，総体としてのブランドの2つの面に分けている。

源泉による評価とは，ケラーが「顧客ベースのブランド・エクイティ」として提案したような①消費者知識をベースとしたブランド評価であり，ブランドがついている場合とついていない場合で，消費者のブランド知識がどのような影響を

第10章　フェーズ5　ブランド戦略の実行と管理　225

及ぼすかによって，評価をしようとする立場である。また，②「成果による評価」で「付加価値としてのブランド」を測定する場合は，価格プレミアムや選好プレミアムなどの測定尺度が用いられる。また③「成果による評価」で「総体としてのブランド」（付加価値だけでなく，製品力を含めた測定）を測定する場合は，ブランドの売上，シェア，リピート率などがここに含まれる。③によるブランド価値評価はそのままではプロモーションや季節による変動が含まれてしまうため，こうした要素を除去した，「ベースライン」による評価が推奨されている。

佐藤（2014a）は，POS データのような購買データを用いたブランド評価手法をまとめている。購買データによるブランド評価は，①個別ブランドの評価と，②ブランド間の競争市場構造の把握，の 2 つに分けられる。個別ブランド評価とは，(a) POS データのように店舗ごとの集計データを用いたアプローチと，(b) マーケティング変数の影響を除いたブランド固有の効用を推定するアプローチの 2 種類が存在する。たとえば，(a) の収益プレミアムを用いた方法では，以下の式のように定義されたプレミアム価値を推定する。

$$\text{収益プレミアム}_b = \text{売上数量}_b \times \text{価格}_b - \text{売上数量}_{pl} \times \text{価格}_{pl}$$

$b$ は，ブランド・エクイティ測定対象となるブランドのことで，$pl$ は比較対象となるブランドのことを指している。つまり，この式では，測定対象ブランドが比較するブランドよりもどの程度収益を余分に得ているかが示されている。

守口・佐藤（2014）ではこのほかに，調査データ，コンジョイント分析，パネルデータ，潜在クラスモデル，ベイジアン・モデリングを用いたブランド価値評価がまとめられている。付加価値としてのブランドという観点で興味深い測定方法は，WTP を用いた方法である。

WTP とは willingness to pay（支払意思額），つまりいくらまでなら支払う意思があるか，という指標（価格プレミアム）を用いたブランド価値の評価方法である。たとえば，ノーブランドの乗用車とさまざまにブランド名をつけた乗用車を消費者に提示して，いくらまでなら支払う意思があるかを問う調査方法である。守口はブランドの効果を「押し上げ効果」と「上乗せ効果」の 2 つに分類している。消費者に提示された製品の物的属性（たとえば，パソコンの CPU の性能）について，ブランドによって主観的な評価がくだされる（押し上げ効果）。しかしこの主観的評価の総合だけでは，ブランドの評価にはならない。製品の特性だけでは捉えられないイメージ連想などの情緒的評価などをここに加える必要があるからである。そこでブランド化された製品に感じる価値は，ブランドによって価値が上乗せされて形成される（上乗せ効果）と考えるのである。このように 2 段階のブランド効果を加味しつつ，WTP を用いてブランド価値を測定する試みがある。

(5) Feldwick（1996）の価値測定の分類

Feldwick（1996）はブランド価値測定を以下のように分類している。

(1) 価格・需要による測定：(a) ブランド・シェアとブランドの価格プレミアム（ブランドの相対価格と市場シェアとの関係），(b) 価格弾力性（価格の変動によって需要がどの程度変化するか），(c) 価格効果と流通効果（配架率）を除去した後の売上効果。

(2) 実験的測定法：(a) 付加ブランド価値＝ブランド名によってノーブランド商品に，付け加えられた価値（売上量あるいは顧客が支払いたい価格）。

(3) ブランド・ロイヤルティ行動測定：(a) SOR（Share of Requirements）またはSCR（Share of Category Requirements）＝一定期間に1人の顧客が購入したそのカテゴリー商品の購入量に占める当該ブランドのシェア，(b) 購入パターン（次回購入確率）。

(4) ブランド・ロイヤルティ態度測定：態度とは「好き」「買いたい」「いくら支払いたいか」（WTP）の程度で測定される行動への準備状態のことである。

(6) 単一指標ブランド評価モデル

財務会計の分野において，2000年代に進展したのが，無形資産（intangible assets）評価に関する研究である。1990年代以降，企業価値を決定する因子，また競争力の源泉が有形資産から無形資産へと大きく移行してきたからである（伊藤，2006）。無形資産を貸借対照表で評価すべきかについてはさまざまな意見があるものの，企業価値を決定する重要な因子としての無形資産をいかにして評価すべきか，とくに企業ブランドをどのように評価すべきかについていくつかの提案がなされてきた。

またコンサルティング会社からも，これまでに何度も各社から提案がなされてきた。これらに共通しているのは，これまでにみてきたような複数の指標ではなく，何らかの単一指標（たとえば，金額，偏差値，指数）に変換してブランド価値を捉えようとしている点である。こうした指標は財務データのみを用いる場合と，顧客データをあわせて収集して，1つの指標を形成している場合がある。

以下の3つのブランド価値算定モデルは，ブランド価値を金銭価値あるいは単一指標に換算して，ブランドの健康診断あるいは財務諸表に反映させようとしている。

(1) コーポレートブランド・バリュエーター（CB Valuator）：2000年に伊藤邦雄（伊藤，2000；2006）によって開発された企業ブランドの価値測定モデルである。企業価値の源泉であるバリュー・ドライバーが，有形資産から無形資産に移行している現状，その無形資産の中核をなす要素がコーポレート・ブランドであることを

第10章　フェーズ5　ブランド戦略の実行と管理　227

踏まえて「測定できるものはコントロールできる」という考え方のもとに開発された。このモデルの最大の特徴は，「ゴールデン・トライアングル」と呼ばれている，①顧客価値・パートナー価値，②従業員価値，③株主価値，の3つを統合した点にある。また上記の3次元に，(a) ブランド・プレミアム，(b) ブランド認知，(c) ブランド忠誠，の3つを掛け合わせ，3×3のマトリクスを策定し，それぞれのセルに対応した財務データ，イメージ・データ（日経企業イメージデータ），新規に収集されたインタビューに基づくデータを用いている。最終的に，顧客スコア，従業員スコア，株主スコアを足しあげて主成分分析によりCBスコアを算出し，さらに，これをコーポレート・ブランド価値（CB価値）へと転換している。したがって，このモデルはスコア（指標）と価値金額の両方で表示される。

(2) ブランド評価価値モデル：広瀬義州たちによってまとめられた経済産業省による，モデルである（『ブランド価値評価研究会報告書』2002年）。このモデルの特徴は，データをすべて「公表財務諸表を中心とする財務データのみ」に依存していること，また，ブランド価値を，以下の式が示すように，3つのドライバーから将来のキャッシュフローを現在価値に変換して貨幣金額によって算出していることである。

　　　　　ブランド価値（BV）= f (PD, LD, ED, r)

　　　　　　　PD：プレステージ・ドライバー（「ブランドの信頼性によって同業他社よりも安定した高い価格で製品等を販売できる」）

　　　　　　　LD：ロイヤルティ・ドライバー（「リピーターまたはロイヤルティの高い顧客が安定的に存在することによって長期間にわたり一定の安定した販売量を確保できる」）

　　　　　　　ED：エクスパンション・ドライバー（「ステータスの高いブランドは認知度も高く，本来の業種または本来の市場にとどまらずに，類似業種，異業種，海外等他の地域へ進出するなどのブランドの拡張力」）

　　　　　　　r：割引率

(3) インターブランド社のモデル：インターブランド社の「Brand Valuation」（ブランド価値評価）は，世界初のブランドの金銭的価値測定によるブランド価値評価システムである。このブランド価値評価手法は，①財務力，②ブランドが購買意思決定に与える影響力，③ブランドによる将来収益の確かさ，という3つの観点から金銭価値としてブランド価値を算出している。①財務力では，まずブランドが冠された事業の現在および将来の収益であり，その売上から営業費用，税金，そして投下資本に応じた資本コストを差し引き，将来の経済的利益を算出している。さらに，②財務分析で算出された将来の経済的利益のうち，ブランドによっ

てもたらされた利益を抽出し，ブランドの購買者への影響力＝ブランドの貢献分を推定している。③ブランドによる将来収益の確かさであるブランド強度の分析として，市場でのロイヤルティ，消費者の継続購入や囲い込みといったクライアントのニーズを喚起する力（将来の収益を維持する力）を測り，ブランドによる収益を割り引いて現在価値に換算している。

一方，以下の3つのモデルはいずれも消費者調査をベースとしてブランド価値を算出することを意図している。

(4) ブランド・ジャパン：日経BP社によって算出されているブランド評価システム。デービッド・アーカー，阿久津聡，豊田秀樹，桑原武夫，西川英彦の各氏が企画委員，特別顧問として関わっている。消費者調査をベースとして，5万人×1500ブランドのデータを用いて，ブランドの総合力を判定している。BtoCブランドでは「親しみ」「革新」「卓越」「便利」の4軸，BtoBでは「先見力」「活力」「親和力」「信用力」「人材力」の5軸で，ブランドの性格，将来性などを判断することができる。

なお，ブランド・ジャパンでは表10-1の質問項目が用いられ，4つの因子にまとめられている。

(5) 日経リサーチ企業ブランド大賞：同社の自主調査として，各業種から580社を選び，コンシューマーとビジネスパーソンを対象として，「自分必要度/ビジネス有用度」「独自性」「愛着度/企業魅力度」「プレミアム」「推奨意向」を調査した。その測定結果から総合偏差値である「企業ブランド知覚指数」（PQ: Perception Quotient）を算出し，その中から有識者によって大賞を選定している。

(6) ブランド・アセット・バリュエーター（BrandAsset Valuator: BAV）：ヤング・アンド・ルビカム社（日本では電通ヤング・アンド・ルビカム社）が1993年から実施している消費者調査をベースとしたブランド評価システム（松浦，2014）。主な指標として，「差別化活力」（Energized Differantiation），「適切性」（Relevance），「尊重・評価」（Esteem），「認知・理解度」（knowledge）の基本4指標（ピラー）を用いてブ

表10-1　ブランド・ジャパンの質問項目

| | |
|---|---|
| フレンドリー因子 | 親しみを感じる，なくなると寂しい，好きである・気に入っている，共感する・フィーリングがあう |
| イノベーティブ因子 | いま注目されている（旬である），勢いがある，時代を切りひらいている |
| アウトスタンディング因子 | ほかにはない魅力がある，かっこいい・スタイリッシュ，際立った個性がある，ステータスが高い |
| コンビニエント因子 | 品質が優れている，役に立つ・「使える」，最近使っている，知らない・まったく興味がない |

ランド力を評価しているのが特徴である（図10-1）。48のイメージ属性によるブランド・イメージ評価，消費者のブランドに対する現在の使用状況，今後の使用意向を調査アイテムとしている。

　ここで，上記のシステムに共通して考慮されていないポイントについて検討してみたい。それは，各システムが，ブランド価値の，ある時点における価額を算出しようとしている点である。こうした算出方法はブランドの健康診断などには有効であるものの，問題があるとすれば，そのときどきの管理者による「努力」が十分評価に反映されていないことである。ブランド価値には一定の「慣性」(momentum) があり，過去に蓄積されてきたブランド資産の「勢い」を引き継いでいる。そのブランドを任された新任のマネージャーはこうしたブランド価値の勢いを引き継ぐことになるが，マネージャーが何もせずブランド価値が変動しなければ，そのマネージャーの貢献度は理論的にはゼロとなるはずである。もしこうしたブランド価値をマネージャーたちが努力して増やした，あるいは減らしたとすれば，それはどのように測定評価されるべきものだろうか。以下の考え方は，こうした問題に示唆を与えるものである。

(7) 利速会計を用いたブランド価値測定：利速会計（momentum accounting）とはカーネギーメロン大学教授（University Professor）でアメリカ会計学会会長であった井尻雄士（1935～2017年）が提案した会計手法である（井尻，1990）。利速（利益の速度）とは，利益の時間に対する変動率を表しており，利益を時間で微分することによって求められる。

　Farquhar & Ijiri (1993) では，この利速会計の考え方をブランドに応用した場合が対話形式で語られている。ここではブランドがその価値に基づいて売上を生成

図10-1　BAVの「パワー・グリッド」

（出所）　松浦（2014）。

するときの変化率である売上高の慣性（sales momentum）を指数平滑法で計算する方法が紹介されている。指数平滑法（exponential smoothing）とは，前期の売上の実績と予測値を用いて，今期の予測を行う方法である。平滑化指数である $a$ はゼロと 1 の間の値をとる。

$$F(t+1) = F(t) + a(X(t) - F(t))$$

$X(t)$ は $t$ 期の売上の実測値であり，$F(t)$ は $t$ 期の予測値である。

ここで問題になるのは $a$ の値をどうとるかである。もしもブランドの過去のモメンタムが効いている場合（誤差を考慮しない），$a$ はゼロに近づく。しかし，現在の誤差を入れて予測する場合は 1 に近づく。したがって，成熟市場で構造的な変化があまりないと予測される場合は $a$ を小さくとり，新商品の投入が盛んに行われるなど構造的な変動が予測される市場においては $a$ を 1 に近く大きくとる。

利速会計は十分にブランド価値算出に応用できるだけ展開されているわけではないが，将来の展開が期待されている。

### ❖ ブランド価値をどう測定するか

ブランド価値をどのように測定し，実務に役立てるべきだろうか。すでに，第Ⅰ部「理論篇」第 1 章において，ブランド価値を表 1-2 としてまとめた（ここに表 10-2 として再掲する）。以下，それらのブランド価値をどのように測定し，指標とするかをみていこう。

①認知（知名度）（brand awareness）：ブランド認知（知名度）とは，そのブランド名やパッケージ，ロゴ，キャラクターなどのシンボルが，どの程度顧客に知られているかという指標である。知名度には，再生スコアと再認スコアの 2 種類がある。

ブランド再認スコア（助成認知）（brand recognition/aided recall）では，ブランド名，

表 10-2　ブランド価値の分類

| | Brand-Self | Brand-World |
|---|---|---|
| Think | (1) ①認知（知名度），②態度，③関係性，④満足，⑤コミットメント | (2) ⑥知覚品質，⑦知覚能力，⑧知覚社会的責任，⑨属性評価，⑩評判，⑪（概念）連想 |
| Feel | (3) ⑫感情，⑬経験 | (4) ⑭（感覚）連想 |
| Imagine | (5) ⑮アタッチメント/絆/感情ロイヤルティ | (6) ⑯パーソナリティ |
| Do | (7) ⑰価格プレミアム/WTP，⑱購買頻度/市場浸透率，⑲購入シェア，⑳反応時間，㉑行動ロイヤルティ | (8) ㉒市場シェア，㉓顧客エンゲージメント，㉔オンライン行動，㉕フィナンシャル市場 |

第 10 章　フェーズ 5　ブランド戦略の実行と管理　231

ロゴ，あるいはパッケージ写真のリストを提示して，そのブランド名をどの程度知っているかどうかを尋ねる。ブランド名再認では，「知らない」「聞いたような気がする」「知っている」と中間の回答肢を入れておき，中間の「聞いたような気がする」も再認スコアに含めることが現場の集計では行われている。

この場合，ブランド名だけを提示する方法，ロゴやマークも提示する方法，パッケージなどのビジュアルを提示する方法がある。ブランド名とロゴでは反応が異なる可能性がある（ブランド名は知っているがロゴは知らない，あるいはその逆がありうる）。また被験者は誤認して知っていると回答する可能性があるため，誤回答を防ぐ意味でパッケージなどのビジュアルをあわせて提示することが望ましい。

ブランド再生スコア（非助成認知）（brand recall/unaided recall）とは，商品カテゴリーだけを被験者に与えて，想起されるブランド名をすべて被験者に挙げさせる方式である（例：ビールの銘柄でご存知の銘柄をすべて教えてください）。ブランド再生の回答は被験者に認知的な負担を強いることが多い。このために，被験者は十分にブランド名を想起しないうちに想起を止めてしまうことがありうる。この場合，被験者に対して，ある程度の時間の猶予を与えたうえで，「他にはございませんか」と回答をうながす質問をする工夫が必要となる。またオンライン調査であれば，回答にどのくらい時間がかかったかを測定し，時間がかかりすぎた回答を排除する必要がある。ウェブを用いた知名度調査においては，被験者が回答するときに，自分でオンラインや手元の資料で調べたりしないか，被験者が誰かに尋ねて聞くようなことがないかをチェックする必要がある。

再生スコアのうちでも，最初に想起されたブランドのスコアだけを取り出したものを**第一再生率**と呼ぶ。第一再生率が高ければ，よりそのブランドが買われる可能性が高いとされる。また第一再生率をシェアとしてみなし，「マインド・シェア」と呼称して集計することも行われている。

なぜ再生と再認の両方のスコアを計測することが重要なのだろうか。1番目の理由は，再生と再認とが，ブランド名記憶についての2つの異なった種類の記憶であることによる。再認と再生記憶とは脳の中で異なった部位あるいは経路によって保存されていると考えられる。2番目の理由は，それぞれの記憶が異なった購買意思決定場面で機能していることである。再認スコアは店頭などでブランドを認知して購買に至るときに役立ち，再生スコアは購買意思決定の初期に，考慮集合（買いたいと考える候補としてのブランドの集合）に含まれるために役立つ。インターネットで検索されるためにも再生スコアが参考となる。3番目の理由は，ブランドの成熟段階に対応して，再認スコアと再生スコアを使い分ける必要性にある。トヨタやスターバックスなど，すでに名前をよく知られた成熟ブランドの場

合，再認スコアはほぼ100パーセントの天井に近づいていることが多い。こうした場合，競合ブランドと比較した再生スコアや第一再生スコアがブランド管理のために役立つ。

また再認スコアと再生スコアを2次元空間にプロットすることで，自社ブランドが抱えている問題点が明らかになる場合がある。それは，再認スコアは高いものの，再生スコアは低い「知名度の墓場」と呼ばれるエリアにプロットされるブランド群である。ここにプロットされたブランドは，幼少期や青年期に覚えたブランドのように，かつてよく知られたブランドでありながら，現在では買うことがなくなったブランドであることが多く，考慮集合に含まれないことがある。こうしたブランドは高い再認度を活かし，再生率を上げるブランド戦略が求められる。

ブランド理解率・ブランド知識は，そのブランドについてどのようなことを知っているか，すなわちそのブランドの属性や特徴・ベネフィットについて，そのブランドがその属性をもっていると思っているか，またその属性をどの程度そのブランドがもっているか，そのブランドの属性をどの程度評価するか，を顧客に尋ねる。属性とは，クルマでいえば，インテリア，燃費，デザイン，乗り心地，運転しやすさ，価格など，そのブランドを顧客が購買のために評価する次元（切り口）のことである。たとえば，あるクルマ・ブランドは，「自動ブレーキ機能」をもっていると思うか，その自動ブレーキ機能はどの程度優れていると思うか，を尋ねる。属性をそのブランドがもっていることが明らかな場合は，たとえば，その飲料はどの程度おいしいと思うか，と聞く。さらに数々の属性のうち，顧客が重視する属性はどれで，どの程度その属性を重視するかをあわせて聞いておくことが望ましい。

②態度：態度とはブランドに対して顧客がもつ，一貫した好意的あるいは非好意的な，判断的評価である。顧客はブランドに対して「好き」「嫌い」「どちらでもない」という判断をもち，こうした判断は比較的長期に，一貫した判断として持続する。また態度は「反応への準備状態」（Allport, 1935）でもある。つまり，購買行動を予測するためには，態度を計測すればよいことになる。

態度スコアは，顧客に質問することで得られる。質問法には主に3つの方法がある。ⓐリッカート法，ⓑサーストン法，ⓒSD法である。

まず，ⓐリッカート法では，測定するブランドについて，複数の短文の形式で消費者に示し，それぞれについて5段階などの評定尺度によって「強くそう思う」から「まったくそう思わない」などを選択させる。そして，各選択肢に数値を与え総和値あるいは平均値を算出する。

> ⓐリッカート法の例：
> Q：次の質問について，あなたはどう思われますか。1から5の数字でお答えください。
>
> 　5＝強くそう思う，4＝ややそう思う，3＝どちらとも言えない，2＝あまりそう思わない，1＝
> まったくそう思わない
>
> 　1：私はマクドナルドが好きだ
> 　2：いつもマクドナルドに行きたいと思う
> 　3：私は親しい友人にマクドナルドに行くことを勧めたい

　結果は，これら3つの文章の回答の平均値をとって，そのブランドへの態度スコアとする。これら3つの質問文は，同じことを繰り返し聞いているようにみえるが，ブランド態度を測定するためには，このように複数の角度から質問をし，それらの回答が一貫しているかをみる必要がある。また，これらの回答に，信頼性があるかどうか，つまりこれらの質問への回答の信頼性を検証するために，クロンバックの$\alpha$係数などの手法で確認することが行われている。$\alpha$係数は0.6〜0.8以上あることが望ましい。

　ⓑサーストン法では複数の文章を示して，調査の対象者に当てはまる文章に，自分の考えに合う程度を評定させる。分散が大きい質問文は除外して，結果の数値が比較的一致するものを選び，その中央値（メディアン）を，その文章の尺度値とする。

> ⓑサーストン法の例：
> Q：次の文章について，「まったくそのとおり」＝5点，「どちらとも言えない」＝3点，「まったくそうではない」＝1点と，それぞれの文章の前に記入してください。
>
> 　＿＿＿ 1．マクドナルドに行くのは楽しい
> 　＿＿＿ 2．マクドナルドではすぐに注文した品が出てくる
> 　＿＿＿ 3．マクドナルドの商品はすべておいしい
> 　＿＿＿ 4．マクドナルドのスタッフは親切だ
> 　＿＿＿ 5．マクドナルドの価格は買いやすい
> 　＿＿＿ 6．マクドナルドの商品は健康的ではない
> 　＿＿＿ 7．マクドナルドの店内はいつも込み合っているのでいやだ
> 　＿＿＿ 8．マクドナルドのおまけがとても楽しみだ

　ⓒSD法（セマンティック・ディフェレンシャル法）では，対になった形容詞を用いて，対象となったブランドについての考えを評定させる。

> ⓒ SD 法の例：
> Q：あなたは，マクドナルドについてどう思いますか。あてはまる個所にチェックを入れてください。
>
> | 良い | ___ | ___ | ___ | ___ | ___ | 悪い |
> |---|---|---|---|---|---|---|
> | | (＋2) | (＋1) | 0 | (－1) | (－2) | |
>
> | 優れた | ___ | ___ | ___ | ___ | ___ | 劣る |
> |---|---|---|---|---|---|---|
> | | (＋2) | (＋1) | 0 | (－1) | (－2) | |
>
> | 楽しい | ___ | ___ | ___ | ___ | ___ | いやな |
> |---|---|---|---|---|---|---|
> | | (＋2) | (＋1) | 0 | (－1) | (－2) | |

　分析にあたっては，被験者の平均値をとり，さらにグループ全体の平均値を求めて，そのグループのブランドに対する態度の評定値とする。

　③関係性（リレーションシップ）：畑井（2004）は，ブランドと顧客との関係について，とくに関係性の質に着目して，尺度開発を行い，表10-3 の 32 項目の質問を作成した（27 頁）。この 32 項目には，ⓐ信頼（14，17，15，7，2，11，5，9），ⓑ愛着（20，10，27，31，12，32，30），ⓒ親しみ（1，6，3，8），ⓓ自己表現（24，21，16，4），ⓔ興味（26，23，28，25），の 5 つの因子が見出される。この尺度については，妥当性と信頼性，一次元性などの検証がなされている。被験者には 5 点法のリッカート・スケール（1：そう思わない〜5：そう思う）で回答させる。

　マーケターはこの尺度を用いて，競合と比較して自社のブランドのどの要因に強みがあり，どこが弱いかを検証することができるだろう。

　④満足：顧客満足（customer satisfaction）という概念は，現在ではサービス業の評価や従業員教育のツールとして広く用いられている。コトラーとケラー（2008）によれば，顧客満足とは「買い手の期待に対して，製品の知覚パフォーマンスがどれほどであったか」（177 頁）ということである。この説明は，顧客満足でもっとも有力な期待－充足理論に沿ったものであり，サービスに対して顧客が事前にもっていた期待に対して，それが顧客にとってどの程度満たされたか，それを満足と考えることを意味している。さらに，顧客のサービス入手のための「努力」もこうした満足に影響することが考えられる。顧客同士が厳しい競争を勝ちぬく，あるいは，そのサービスを利用するために顧客が努力しなければいけないとき，その顧客が利用したサービスは結果的に満足度が高められることになる。

　顧客に満足を与えるためには，事前に高い期待を抱かせ，その購入に努力を要するような施策を講じ，その結果，期待を超える満足のいくサービスを提供すれば，顧客は高い満足を得るといえる。しかし，実際のマーケティング活動において「努力」を意図的に課すことは難しい。実際のマーケターは「期待」を操作し

第 10 章　フェーズ 5　ブランド戦略の実行と管理　235

表 10-3　消費者－ブランド関係測定尺度

1. 自分に似合うブランドである
2. 期待を裏切らないブランドである
3. 自分にとって身近なブランドである
4. そのブランドに憧れている
5. イメージがいいブランドである
6. そのブランドは自分にふさわしいと思う
7. そのブランドのものだと安心する
8. 自分の理想像に近いブランドである
9. そのブランドについて他人に聞かれたら，そのブランドを勧める
10. そのブランド以外は試そうと思わない
11. 失敗がないブランドである
12. そのブランドのものをいつも持っていたい
13. 家族や友人にそのブランドを勧める
14. そのブランドの製品・サービスの品質は優れている
15. そのブランドの製品・サービスに共感できる
16. そのブランドを使用すると自分のステータスがあがったような気がする
17. そのブランドを信用している
18. そのブランドの製品・サービスから得られる満足を高めるためにはお金を惜しまない
19. そのブランドの製品・サービスの良さについて他人に話すことがある
20. そのブランド以外は目に入らない
21. 持っていると能力が高く見られるブランドである
22. そのブランドのものは捨ててしまうのが惜しい
23. そのブランドについて友人や知人に聞くことがある
24. 持っていると自分がかっこよく見えるブランドである
25. そのブランドの製品・サービスを使用（利用）していると楽しい気分になる
26. そのブランドの製品・サービスを使用（利用）していることで話が広がる
27. 何が何でもそのブランドの製品・サービスを手に入れたいと思う
28. そのブランドについての情報を収集したい
29. そのブランドがなくなってしまうのは惜しい
30. そのブランドを愛している
31. そのブランドは私にとって特別なブランドである
32. そのブランドは私にとって製品以上のものである

（出所）畑井（2014）。

　て満足を高めることを行っている。

　この期待－満足の考え方には実務的にはジレンマが伴う。事前の期待を高くすることは，サービス提供者にとってリスクが生じるからである。もし高く期待させた結果，期待を裏切ったとしたら，満足度は大いに低くなってしまう。逆に事前の期待を低くしたならば，少しくらい質の悪いサービスでも高い満足が得られるけれども，事前に低い期待では，顧客の利用がそもそも期待できないことになる。そこで，高すぎず，低すぎず，中程度の期待を事前に形成することがいいという考え方もありうる。

　表 10-4 の質問は，2010 年から毎年実施されている「日本版顧客満足指数」（サ

236　　第Ⅱ部　戦略篇

表 10-4　日本版顧客満足指数の基本設問（6 つの指数算出に用いている 21 設問）

| 指 標 名 | 番号 | 設 問 名 | 設 問 例 |
|---|---|---|---|
| 顧 客 期 待 | 1 | 全 体 期 待 | ×××などのさまざまな点からみて，●●●の総合的な質について，どれくらい期待していましたか |
| | 2 | ニーズへの期待 | あなたの個人的な要望に対して，●●●はどの程度，応えてくれると思っていましたか |
| | 3 | 信 頼 性 | ×××などさまざまな点からみて，▲▲として不可欠なものがなかったり，サービスが利用できなかったりすることが，●●●でどの程度起きると思っていましたか |
| 知 覚 品 質 | 4 | 全 体 評 価 | 過去 1 年間にあなたが利用した経験から判断して，●●●はどの程度優れていると思いますか |
| | 5 | バ ラ ツ キ | 過去 1 年間の利用経験を振り返って，●●●の商品・サービスは，いつも問題なく安心して利用できましたか |
| | 6 | ニーズへの合致 | ●●●はあなたの個人的な要望にどの程度応えていますか |
| | 7 | 信 頼 性 | ×××などさまざまな点からみて，▲▲として不可欠なものがなかったり，サービスが利用できなかったりしたことが●●●でどれくらいありましたか |
| 知 覚 価 値 | 8 | 品質対価格 | あなたが●●●で支払った金額を考えた場合，×××などさまざまな点からみた●●●の総合的な質をどのように評価しますか |
| | 9 | 価格対品質 | ●●●の総合的な質を考えた場合，あなたがかけた金額や手間ひまに見合っていましたか |
| | 10 | お 得 感 | 他の▲▲と比べて，●●●のほうがお得感がありましたか |
| 顧 客 満 足 | 11 | 全 体 満 足 | 過去 1 年間の利用経験を踏まえて，●●●にどの程度満足していますか |
| | 12 | 選 択 満 足 | 過去 1 年を振り返って，●●●を利用したことは，あなたにとって良い選択だったと思いますか |
| | 13 | 生 活 満 足 | ●●●を利用することは，あなたの生活を豊かにすることに，どの程度役立っていると思いますか |
| 推 奨 意 向 | 14 | 商品の魅力 | あなたが●●●について友人や知人と話すことを仮定した場合，以下の点を好ましい話題としますか，それとも好ましくない話題として話そうと思いますか。 |
| | 15 | 会社としてのサービス | |
| | 16 | 従業員・窓口対応 | |
| | 17 | 適切な情報提供 | |
| ロイヤルティ | 18 | 第 一 候 補 | 次回，▲▲を利用する場合，●●●を第一候補にすると思う |
| | 19 | 関 連 購 買 | 今後 1 年間で，これまでよりも幅広い目的で●●●を利用したい |
| | 20 | 頻 度 拡 大 | これから 3 カ月の間に●●●を今までより頻繁に利用したい |
| | 21 | 持 続 期 間 | これからも●●●を利用し続けたい |

（注）　上記の設問で，「×××」には当該業種の質を示す代表的な内容，「▲▲」には該当する業種名，「●●●」には指数化対象の企業・ブランド名を挿入する。

第 10 章　フェーズ 5　ブランド戦略の実行と管理　　237

表 10-5　ブランド・コミットメント測定尺度

| 1.（そのブランド）がお店にないときは，他のブランドを選ぶことになっても構わない。 |
| 2. 私は（そのブランド）に忠実であると思う。 |
| 3. 私は（そのブランド）よりも，値引きされている他のブランドを買う。 |

（注）　調査対象者はこれらの尺度を 9 点法で，まったくその通り～まったくそうではない，で回答する。ただし，1 と 3 は逆転項目であり，2 とは逆に集計する必要がある。原文は英語である。この測定尺度は日本語では検証されていない。
（出所）　Raju, Unnava, & Montgomery（2009）.

ービス産業生産性協議会）で用いられている尺度である。

　⑤コミットメント：ブランド・コミットメントとは，そのブランドに対するロイヤルティ（忠実性）を意味している。Raju, Unnava, & Montgomery（2009）は当該ブランドにブランド・コミットメントが高い消費者ほど，そのブランドに対して否定的なステートメントを提示されると反論が心の中で起こり，別のブランドをより低く評定し，当該ブランドをより高く評価する傾向があることを指摘している。

　⑥知覚品質，⑦知覚能力，⑧知覚社会的責任：知覚品質とは，顧客が知覚した品質感のことであり，物理的客観的な品質とは異なっている。Aaker & Jacobson（1994）は，株式の価格で示される企業価値と知覚品質の変動とが関連していることを明らかにし，ブランドの知覚品質が事業の長期的パフォーマンスに影響を及ぼすことを示した。彼らが知覚品質の指標として用いたのは Total Research Corporation 社の EquiTrend データである。このデータは，全米 2000 世帯に対して 100 のブランドにつき，その知覚品質を尋ね得られている。この調査では，11 点尺度法を用いて，10 ＝すばらしい品質（extraordinary），5 ＝まあ受け入れられる品質（quite acceptable），0 ＝受け入れられない貧しい品質（unacceptable, poor quality）で測定されている。

　なお，知覚価値とは，顧客満足の項目を示した表 10-4 にすでに示されているように，知覚品質と価格を比較して得られたそのブランドへの評価である。

　知覚能力とは，顧客がそのブランドに対して抱く能力の連想や評価のことである。Brown & Dacin（1997）では，消費者の企業ブランドへの能力（CA: corporate ability）連想と社会的責任連想（CSR: corporate social responses）の 2 つがその企業の商品評価にそれぞれ異なった影響を及ぼすことを示した。CA として，ⓐ技術的革新性，ⓑ生産能力，CSR として，ⓐ企業の寄付，ⓑコミュニティへの関わり，のアイテムで評価された。この研究では企業ブランドが測定対象となっているけれども，商品ブランドあるいは事業ブランドへも将来的には知覚能力を測定し，他のブランド価値測度との関係を明らかにすることが必要になるだろう。

　⑨属性評価：属性評価とは，ブランドのもっている属性，つまり評価される次

238　第Ⅱ部　戦略篇

表 10-6　クルマ・ブランド（仮称）についての仮想データ（3 点法）

| （属性） | $e_i$ | アマンダ | ベッシー | シンディ | デ ビ ー |
|---|---|---|---|---|---|
| 乗り心地 | +3 | +2 | +1 | +3 | +1 |
| 運転しやすさ | +1 | +1 | +3 | +1 | +2 |
| インテリア | +1 | +2 | +1 | +1 | +1 |
| 価　格 | +2 | +1 | +2 | +1 | +3 |
| （燃費）[1] | （+2） | （+3） | （+1） | （+0） | （+1） |
| 全体態度スコア（前）[2] | | +11 | +9 | +13 | +9 |
| 全体態度スコア（後1）[3] | | +15 | +12 | +15 | +11 |
| 全体態度スコア（後2）[4] | | +17 | +11 | +13 | +14 |

（注）　1)　当初，顕出属性ではなかったが，アマンダの態度変容戦略3によって顕出性が変化した（例）。
　　　　2)　態度変容戦略前の態度スコア（「属性評価×各ブランドの属性スコア」の総和）。
　　　　3)　態度変容戦略2採用後の態度スコア（インテリアの属性評価を+1から+3に変化させた）。
　　　　4)　態度変容戦略3採用後の態度スコア（カッコ内の属性評価点を加えた）。

元それぞれについて好ましさや優れている程度を評価することである。顧客は，自分が買うクルマを次の属性で評価するだろう。デザイン，価格，ブランド，インテリア，運転しやすさ，乗車できる人数，荷物の積載能力，などである。ブランド属性を測定する場合，1つは直接属性について顧客の評価を尋ねる方法で，この測定方法はコミュニケーション・キャンペーンの前後で実施することで，成果を測るために有効である。

　属性については多属性態度モデルの考え方が参考となる。多属性態度理論はフィッシュバインによって唱えられた態度決定を説明した理論である（Fishbein & Ajzen, 1975）。この理論の特徴は，「信念」「評価」という2つの要素が組み込まれていることである。信念とは，その属性を，そのブランドがもっていることをどの程度信じているかを示し，また，それが顧客自身にとってどの程度良いことかを示すのが「評価」である。多属性態度理論では，そのブランドのもつさまざまな「属性」に対する信念と評価を分けて分析し，それを総合化したものが態度だと考えている。フィッシュバインの理論は次の数式で表現される。

$$Attitude = f\left(\sum_{n=1} b_i e_i\right)$$

　$b_i$ は信念の強さ，つまり態度の対象ブランドが $i$ 番目の属性についてもっている信念である。たとえば，コカ・コーラの味が甘いと思っている程度などである。$e_i$ はその $i$ 番目の属性についてもっている評価的側面。たとえば，コカ・コーラの味が甘いことは，その消費者にとって，どの程度良いことかを示している。表10-6はクルマ・ブランドについて架空の評定結果を示している。

第 10 章　フェーズ 5　ブランド戦略の実行と管理　　239

$n$ は態度対象の顕出属性（salient attribute）の数。顕出属性とは，属性の中でも，購買意思決定に必要な限られた数の属性を指す。消費者はそれぞれの属性についての「ミニ態度」をもつ。このミニ態度は，「信念の強さ $(b)$」×「属性の評価 $(e)$」の積によって計算される。つまり，信念が強いほど，属性の評価は大きくなり，ミニ態度も強くなることになる。

⑩評判／レピュテーション：Brown et al.（2006）は，企業とステークホルダーとの間にある関係と情報の流れについて，さまざまな分野の議論を集約して，以下の4つの問いかけにまとめ，用語について統一を試みた。

ⓐ 【アイデンティティ】われわれは組織として，どのようなもの（who）であるのか？

ⓑ 【意図されたイメージ】この組織は他者からどのように見られたいと思っているのか？

ⓒ 【解釈されたイメージ】この組織は他者がどのようにこの組織を見ていると思っているのか？

ⓓ 【レピュテーション】ステークホルダーはこの組織のことをどのように思っているのか？

レピュテーションは，このように，企業組織と外部の他者との関係において，どのようにその組織が考えられているか，を意味している。しかし，レピュテーションが具体的にどのようなものであるのかについては，さまざまな議論が行われてきた。ブラウンらは，その組織の他者が，その企業について抱く連想のことをレピュテーションと位置づけ，企業連想と同じ意味であるとした。

なぜ企業レピュテーションのマネジメントが重要なのか。その理由として，次の3つが挙げられる（岩田，2010）。ⓐリスク・マネジメントの重視，ⓑコーポレート・ガバナンスの変化，ⓒインタンジブルスの重要性の認識。企業レピュテーションは，従業員・顧客・投資家・アナリスト，などの幅広いステークホルダーに対して影響を及ぼす概念であるとされている。ブランドとの関係でいえば，企業ブランドへの組織外からの評価がレピュテーションであると考えられる。

どのようにしたらレピュテーションは測定できるのだろうか。Fombrun & Gardberg（2000）は，レピュテーションを「ステークホルダーの期待に応えようとする企業の能力への知覚」（p. 13）と定義し，以下の6つの次元（I~VI）に基づいて「レピュテーション指数」（Reputation Quotient）を，次の20項目でステークホルダーに対し調査することを提案している。

〈I．感情的アピール〉

1．良いと思う

2. 尊敬し敬う

3. 信頼する

〈Ⅱ. 商品とサービス〉

4. 高品質

5. 革新的

6. 価格に見合った品質

7. 商品とサービスを保証

〈Ⅲ. ビジョンとリーダーシップ〉

8. 市場機会を捉えた

9. 優れたリーダーシップ

10. 未来への明確なビジョン

〈Ⅳ. 職場環境〉

11. 管理が行き届いた

12. 魅力的な職場

13. 優秀な従業員

〈Ⅴ. 財務的成果〉

14. 競合との比較

15. 経営成績

16. 低リスク投資

17. 成長の見通し

〈Ⅵ. 社会的責任〉

18. 社会的大義（cause）のサポート

19. 環境への責任（stewardship）

20. 人々への思いやり（treats people well）

このようにみると，レピュテーション概念は，企業ブランドを，いわゆるイメージだけでなく，財務や社会的責任への知覚も含めて測定している点に特徴がある。

⑪（概念）連想，⑭（感覚）連想：ブランド連想はブランド・エクイティにとって重要な 4 つの次元のうちの 1 つである（Aaker, 1991）。ブランド連想はブランド・イメージあるいはブランド知識（Keller, 1998）という概念とも重なっている。顧客はそのブランドから連想される意味内容を意思決定に利用し，その結果，ブランド連想は顧客行動に影響を与える。ここでは，そのブランドから自由に想起される内容をブランド連想と規定して，どのように測定し分析すべきかを検討する。なお，概念連想とは，そのブランドから連想される認知的・理性的要素のことを，

第 10 章　フェーズ 5　ブランド戦略の実行と管理　　241

感覚連想とはブランド連想のうちで，感覚的・感情的要素のことを意味する。

ブランド連想を測定する方法として，小川（1997）は次の自記式調査法の手順を示している。被験者を部屋に招集し4つのグループに分け，それぞれのグループに異なった12のブランドを割り付ける。この際，与えるブランドはグループによって異なるものの，共通する商品カテゴリーから4つずつ選択して回答させる。たとえば，自動車カテゴリーからトヨタ，日産，ホンダ，三菱の4つをグループごとに割り振る。ただし，調査の最初に4つのグループに共通したブランドを2つ（ソニーとプレイステーション）与えて連想させ，これをベンチマークのブランドとして，グループごとの反応の違いをみるために用いる。

次に，調査対象ブランドは，調査票のページの上に書かれ，その下に，連想を記入するカラムが1〜10用意されている。連想を記入する時間は1分である。連想の記入は，「単語・文章など思い浮かんだものを列記するように」という指示で行われる。

連想を記入するカラムの横にはA, B, Cの欄があるが，これは連想作業が終了してのち記入させる。Aは連想内容について「良い印象である⇒＋，悪い印象である⇒−，どちらでもない⇒0」とのインストラクションがある。Bはどこからその連想を得たか，の問いで，「TVコマーシャルから⇒1，新聞雑誌広告から⇒2，はっきりしないが宣伝から⇒3，使用・利用経験から⇒4，口コミから⇒5，分からない⇒6，その他⇒7」と数字を記入する。Cは「自由回答確信度」で「いつも思い出す→1，たまに思い出す程度→2，今回のように強制されて思い出す→3」である。

さらに小川（1997）は，連想内容を以下の3つに分けて分析する方法を提案している。

(A)　ブランド連想の強さ＝連想項目の平均回答数

(B)　ブランド連想の広がり＝連想項目のエントロピー

(C)　ブランド連想の一貫性＝連想項目の上位集中度

(A)は各ブランドについていくつの連想が得られたか，その平均。

(B)のエントロピーとは，ブランドの連想がどの程度広がっているかを表す尺度で，以下の公式で求められる。

$$H = -\sum (R_i/N) \ln (R_i/N)$$

ただし $R_i$：連想項目 $i$ の反応数。$N$：キーワード項数。$0 \leqq H \leqq \ln N$

情報エントロピーが大きいほど，イメージ連想に広がりがあり，ブランドのイメージが豊かであると考えられる。

(C)はブランド連想項目の「上位3位集中度」であり，次式で表せる。

$$C_3 = (R_1 + R_2 + R_3) / N$$

　この指標が大きいほど，回答者の連想イメージに共通性が高く，ブランド・イメージが一貫していると考えられる。なお，小川はこうした測定法を後に「PINS測定法」と命名して，定式化している（小川，2006）。

　ブランド連想でもう1つ重要なのは，第一連想である。田中・丸岡（1995）の「ブランド記憶の鍵モデル」によれば，ブランドから最初に連想された記憶アイテム（ブランド・アイデンティファイヤー）によってブランドが同定化され，次の連想記憶が検索されるという2段階のプロセスを経るとされる。仮説として以下の2つが示されている。

　仮説1：ブランド記憶はブランド・アイデンティファイアによるブランドの同定というプロセスを通過して後，初めてアクセスされる。

　仮説2：ブランド・アイデンティファイアとしては，「ブランド名」「商品サービス・カテゴリー」「マーク，ロゴ，パッケージ，音楽など」がよく用いられる。

　たとえば，マックというブランド名が示されたとき，「ゴールデンアーチ」という記憶アイテムが最初に連想されるとマックというブランドが「マクドナルド」として同定化され，「鍵」が開き，次にハンバーガーなど他の記憶が検索される。別のケースでは，「マック」が示され，まず最初に「アップル」が連想されるとマックはPCブランドの「マッキントッシュ」として同定化され，次にPCとしてのブランド連想が続くことになる。

　この仮説に従うならば，ブランドにどのような第一連想をさせるかが実務のうえでは重要であることが示されている。

⑫感情：感情とは，神経が興奮して生理的レベルが上がったとき，その興奮に対してわれわれが貼る「ラベル」のことである。ラベルとは，神経が興奮したとき，人は周りの状況から判断して，自分は怒っている，あるいは自分は悲しいの

表 10-7　ブランド感情の測定尺度

| そのブランドへの私の気持ちを，次の言葉で表現すると：<br>（それぞれ5段階で，あてはまる〜あてはまらない，を聞く）<br>　1. 愛情<br>　2. 恋愛<br>　3. きずな<br>　4. 情熱<br>　5. 喜び<br>　6. 心をつかまれた |
| --- |

（注）　この尺度は日本語では検証されていない。
（出所）　Brakus, Schmitt, & Zarantonollo（2009）より作成。

表 10-8　ブラカスらによるブランド経験尺度

- ・このブランドは，私の視覚的感覚，他の感覚に強く訴えてくるものがある
- ・感覚的に / 直観的に，このブランドに興味関心が湧く
- ・このブランドは感覚的に魅力を感じない
- ・このブランドは，私の心にさまざまなフィーリング，感情を湧き上がらせる
- ・私はこのブランドにはとくに強い思い入れはない
- ・このブランドには私の感情に訴えるものがある
- ・このブランドを使うときには，何らかの動作や体の動きを伴う
- ・このブランドは身体的な経験を伴う
- ・このブランドは行動志向ではない
- ・このブランドを見ると，さまざまな考えが浮かんでくる
- ・このブランドを見ても，何の思考も働かない
- ・このブランドは，私の好奇心を刺戟し，問題解決に導いてくれる

(出所)　Brakus, Schmitt, & Zarantonello (2009).

だ，と認識することを意味する。ブランドに対する感情は，そのブランドのパーソナリティと顧客自身とが適合しているほど高まる (Malär et al., 2011)。そしてブランドへの強い感情はブランド・ロイヤルティを高めることになると考えられている。そのブランドに対してどのような種類のポジティブな感情をもっているかを測定することは (表 10-7 参照)，とくにラグジュアリー・ブランドのような場合に重要である。

⑬ 経験 (詳しくは第 14 章第 15 節「ブランド経験」参照)：Brakus, Schmitt, & Zarantonello (2009) はブランド経験を 4 種類 (感覚的，感情的，認知的，行動的要素) に分類した。ブランド経験は「ブランド刺戟によって喚起された，主観的かつ内的な (感覚的・感情的・認知的) 消費者反応または消費者行動」(p. 53) と定義されており，この反応を測定する尺度を表 10-9 のように開発し，妥当性・信頼性を検証し，またブランド・パーソナリティなど他のブランド測定尺度との違いも示している。

この尺度を日本市場に適用するにあたっては，田中・三浦 (2016) から以下のような批判がある。

(1)　日本でも適用可能か (日本の消費者にも適切でわかりやすい項目，ワーディングか)。

(2)　シュミットの先行研究の「戦略的経験モジュール」5 要素を出発点としているが，それでよいのか。この 5 要素以外にも検討すべき要素は存在していないか。

(3)　ブランド経験に伴う時間的な経緯が捉えられているか。

(4)　ブランド経験に伴う感情が適切に捉えられているか。

今後，ブランド経験を日本語の測定尺度として用いる場合は，より検討を要することになる。

## 表 10-9　ブランド愛着の測定

1. そのブランドはどの程度あなたの一部であり，あなた自身ですか？
2. あなたはどの程度，そのブランドと個人的に結ばれていると感じますか？
3. どの程度，あなたはそのブランドと気持ちのうえでつながっていると感じていますか？
4. そのブランドはどの程度あなたの一部でしょうか？
5. そのブランドは，あなたがどんな人であるかを，他の人に伝えていますか？
6. あなたのそのブランドに対する想いや気持ちがあたかも勝手にふるまってでもいるように，どの程度，自然に心の中に浮かび上がってきますか？
7. あなたのそのブランドに対する想いや気持ちは，どの程度，自然にまたふいに心の中に浮かび上がってきますか？
8. あなたのそのブランドに対する想いや気持ちが，自然にまたふいに心の中に浮かび上がってきて，その想いを止めようとはしないことは，どの程度あるでしょうか？
9. そのブランド名はどの程度，過去・現在・未来について良い想いを，あなたに自然に想い起こさせてくれるでしょうか？
10. あなたは，そのブランドについてどの程度たくさんの想いをもっているでしょうか？

（出所）Park et al.（2010）.

⑮アタッチメント / 絆 / 感情ロイヤルティ：Park et al.（2010）は，ブランド愛着（brand attachment）を，ブランドと消費者自身とを結びつける強度（strength of the bond）と定義し，態度概念や単なる感情とも区別された独立の概念であり，①愛情（愛のある，愛される，親しみやすい，平和な），②情熱（情熱のある，喜びに満ちた，気持ちを奪われた），③絆（つながっている，結ばれた，愛着のある）などの特有の気持ちで結ばれている関係であるとした。さらに，表10-9のように10の測定アイテムを開発した。これらの項目は信頼性と妥当性が検証されるとともに，態度とも異なる概念であることが示された。

　これらのアイテムは11段階のスケールで測定された（0＝まったくそうではない〜10＝まったくそのとおりである）。この尺度は日本語ではまだテストされていない。

⑯パーソナリティ：ブランド・パーソナリティについては，前章（フェーズ4）を参照。

⑰価格プレミアム /WTP：ブランドは価格プレミアム，つまりブランドがないジェネリックな商品に対して，より高い価格を顧客に要求できる効果があると考えられている。それではそのブランドにどの程度価格プレミアム効果があるだろうか。それを測定する1つの方法は，実際の店舗で，同じ機能や性能をもったプライベート・ブランドの価格と，ブランドをもったナショナル・ブランドの価格を比較することである。アメリカには *Consumer Reports* という雑誌が商品の機能を客観的に測定しており，このデータを活用して，同じような機能をもったブランドがどの程度異なった価格で売られているかを観察する方法もある。

　より妥当性が高い方法は，WTP＝willingness to pay，つまりいくらまでなら支払う価値があるかを消費者に尋ねることで価格プレミアムを実証する方法がある。

守口（2014）は，パソコンについて，一般的スペックと高品質スペックの2種類，また，ブランドとして，ノーブランドと東芝 dynabook の2種類の刺戟を作成して，4つの異なったグループにそれぞれ1種類を提示して実験を行った。その結果，一般的スペックの場合，WTP はノーブランドで4万3160円，dynabook で6万1902円（1.43倍）であった。また高品質スペックでは，ノーブランド5万8918円，dynabook で6万6613円（1.13倍）であった。この場合，dynabook ブランドの価値の上乗せ効果と価格下支え効果が働いたと考えられ，その効果は一般的スペックでより高く，1.43倍のブランドの価格プレミアム効果があったことになる。パス解析モデルを用いた同じデータの分析によると，一般的スペックで，価値の上乗せ効果が74%，主観的評価の押し上げ効果が26%であったと報告されている。

コンジョイント分析を用いて価格プレミアム効果を分析することもできる。コンジョイント分析とは商品を設計する際に，消費者テストをもとにして，「属性」と「水準」とがどの程度顧客にとって重要かを推定する解析手法である。コンジョイント分析では「属性」と「水準」を設定する。属性の1つとしてブランドを選択することで，そのブランド価値が，その商品の評価においてどの程度重要かを推定することができる（鶴見，2014）。

消費者は購買意思決定するとき，意識的・無意識的に属性と水準の組み合わせのトレードオフ（二律背反である2つの関係）を計算している。コンジョイント分析では，属性の「効用値」を計算しながら，顧客のトレードオフを推定しようとする。コンジョイント分析の基本的アイデアを以下の例で示してみよう。ノートブック型コンピューターを買うと仮定して，以下の3つの属性だけについてそれぞれ2つずつの「水準」を設定した。被験者にこれらの属性と水準との6つの組み合わせを，買いたい順番に並べてもらう。

　（属性）：（水準）

1.　重さ：1.0 キログラム／1.2 キログラム
2.　バッテリーの長さ：2時間／4時間
3.　ブランド：デル／パナソニック

これらを組み合わせると以下の8つの組み合わせができ，また調査の結果，それぞれの行の右の数字のように被験者によって選好（購買希望）順位がつけられたとする（以下は仮想データ）。

　（組み合わせ）　　　　　　　　　　（選好順位）

（1）　10 キロ，2 時間，デル───────4 位
（2）　12 キロ，4 時間，パナソニック──5 位
（3）　12 キロ，2 時間，デル───────8 位

(4)　10 キロ，4 時間，デル―――――3 位

(5)　10 キロ，2 時間，パナソニック―――2 位

(6)　12 キロ，4 時間，デル―――――7 位

(7)　12 キロ，2 時間，パナソニック―――6 位

(8)　10 キロ，4 時間，パナソニック―――1 位

　ここから重さ 10 キロの選好順位の平均を計算し，さらにその平均を出す。(4 + 3 + 2 + 1) ÷ 4 = 2.5 (1)。同じように他の属性も計算すると，

　12 キロ = 6.5 (2)

　4 時間 = 4.0,

　2 時間 = 5.0

　デル = 5.5

　パナソニック = 3.5

　ここからこの中でもっとも重要な属性とはどれだったかを計算するために，それぞれの選好順位の平均値との違いを算出する。たとえば，重さの属性平均値はそれぞれ 6.5 (2) と 2.5 (1) だったので，その差〈(2) − (1)〉は 4.0 となる。次に重要な属性はブランド名 (2.0)，バッテリーの長さ重要度は 3 番目 (1.0) であった。このように重さという属性がもっとも重要であると判断でき，ブランドは 2 番目に重要な属性であったことになる。

⑱購買頻度／市場浸透率：ブランドの売上数量は，以下のように分解して考えることができる（里村，2014）。

ブランドの売上数量 = カテゴリー購入者数 × ブランド浸透率
× ブランド購入者の購買頻度

　ここでブランド浸透率とは，市場にいる購入者数（世帯数を用いることもある）に占める，一定期間にそのブランドを購入した人数（世帯数）の割合である。仮に 1 万人（または世帯）のうち 1000 人（世帯）が過去 1 年間にそのブランドを購入したとすると，浸透率は 10% である。購買頻度とは，その期間内に平均何回そのブランドが買われたか，という指標である。ブランドの売上数量をみるとき，このように分解して分析することがそのブランドを診断するにあたって重要な意味をもってくる。いわゆるニッチ・ブランドの場合，ブランド浸透率が低いが，購買頻度が高い。一方，気分転換ブランド（change of pace brands）（Kahn et al., 1988）と呼ばれるたまにしか買われないブランドの場合，浸透率が高くて，購買頻度が低いブランドがある。仮にこの 2 種類のブランドが売上数量は同じであるとしても，その売れ方には大きな違いがあることになる。

　1980 年代に A. エレンバーグらが唱えたダブル・ジョパディ現象（double

表 10-10　衣料用柔軟剤の購買率

| ブランド<br>(シェアの高い順) | 浸透率<br>(年間購買世<br>帯比率，%) | 平均購入<br>回数 |
|---|---|---|
| ダ ウ ニ ー | 48 | 3.6 |
| スナッギー（ファーファ） | 34 | 3.1 |
| バ ウ ン ス | 18 | 1.7 |
| ク リ ン グ | 8 | 2.0 |
| アーム＆ハマー | 5 | 2.1 |
| 平　　均 | 22.6 | 2.5 |

（出所）　Ehrenberg & Goodhardt, 2002, p. 40 より作成。

jeopardy:DJ），「ブランド購買の二重苦」はこうした購買頻度と市場浸透率をみるときに重要な意味をもっている（Ehrenberg & Goodhardt, 2002）。ダブル・ジョパディ（二重苦）とは，小さなブランドは，その小ささのために 2 回罰を受けるという比喩である。具体的には，市場シェアが小さなブランドほど，購買者数（浸透率）が少なく，購買頻度も低い，低ロイヤルのブランドであることを意味している。

　表 10-10 は，市場調査会社 IRI によるアメリカの衣料用柔軟剤市場のデータである。市場シェア第 1 位のダウニーは高い市場浸透率（48％）をもち，購入頻度（回数）も 3.6 回と高い。一方でシェアの低いアーム＆ハマーは浸透率も 5％と低く，購入頻度も 2.1 回と低いことがわかる。こうした DJ 現象は，洗剤のような機能的な商品カテゴリーで，ブランドの違いがテストではわかりにくいような市場に見出されることが多い。

　⑲購入シェア，㉒市場シェア：市場シェア（占有率）とは通常，一定期間のそのカテゴリー全体に占める売上金額（value/revenue）や数量（volume/units）の百分率のことを指す。これとは別に，購入シェアの指標として，SOR（share of requirements，または財布シェア〔share of wallet〕）が用いられることがある。SOR は，あるブランドの，その期間に購入した同じカテゴリー製品に占める割合（金額または数量）を指す（Farris et al., 2006）。

　たとえば，ある月にシャンプーA の購入量が 1 万ボトルであったとする。その月に，そのシャンプーA の購入者が購入したシャンプー全体が 2 万ボトルであったとすると，1 万ボトル÷2 万ボトル＝50％，つまり SOR は 50％であったことになる。これは，購入者の行動的ロイヤルティを測る重要な指標となりうる。

　「単一購買者比率」（sole usage percentage）とは，そのブランドしか購買しなかった購買者数の全体購買者数に占める比率のことである。シャンプーの購入者数が

248　第Ⅱ部　戦略篇

100 人いて，そのうちブランドＡしか購入しなかった人が 10 人いるとすると，単一購買者比率は 10％となる。

　ブランド購買回数（number of brands purchased）によってロイヤルティを測定することもできる。100 人のシャンプー購買者がいて，一定の期間内に 70 人がブランドＡを，50 人がブランドＢを，30 人がＣブランドを購入したとする。全体での購入回数は 70 ＋ 50 ＋ 30 ＝ 150 となる。1 人の顧客当たりのブランド平均購入個数は平均 1.5 個（150 ÷ 100）となる。このとき，50 人のブランドＢ購入者が 70 回購入したとすると，ブランドＢの平均購入個数は 70 ÷ 50 ＝ 1.4 個となる。ブランドＢのロイヤルティは全体と比較して少しだけ高い（1.5 ＞ 1.4）ことになる。全体の購入者のほうがより多くのブランド種類を購入しているのに比較して，ブランドＢ購入者はより少ないブランド種類を選んでいるのである。

　ヘビー・ユーセージ指数（heavy usage index）とは，そのブランドの購買者がそのカテゴリーにおいてどの程度多く（あるいは少なく）購買しているかを示す指数である。これは，「そのブランドの全体の売上 ÷ そのブランドの購買者数（世帯）／そのカテゴリー全体の売上 ÷ そのカテゴリー全体の購買者数（世帯）」で求められる。

　たとえば，シャンプー・ブランドＡの購買本数が 1 年間に 6 万ボトルで，購買者世帯が 1 万世帯であったとすると，6 万／1 万＝ 6 〔(1)〕となる。次にシャンプー・カテゴリー全体の売上本数が 20 万本で，全体の購入世帯数が 5 万世帯であったとすれば，20 万／5 万＝ 4 〔(2)〕となる。ヘビー・ユーセージ指数は(1) ÷ (2) で求められるので，6 ÷ 4 ＝ 1.5 となる。この結果から，ブランドＡ・ユーザーは，平均のシャンプー購入者よりも 1.5 倍多くシャンプーを消費していると判断できる。この指数も，ブランド価値を売上状況から判定したり，管理するために有用である。

　⑳反応時間：反応時間（response latency）とは，実験環境において対象者に刺戟を与えて反応が得られるまでの時間を測定する手法であり，ブランド調査にも応用されている（萩原・上田，2014）。たとえば，ブランド認知を測定するために，カテゴリーを与えてブランド名を想起させるまでの時間の測定，第一想起のブランド名までの時間の測定，ブランド名を提示してブランド名の認知までにかかる時間の測定，などである。これらの時間を測定することによって，記憶の中の結びつきの程度を測定することができる。同じように想起されたブランド名であっても，早く想起されれば，そのブランド記憶はより検索しやすい場所に記憶されていると考えられ，よりブランド価値が高いと判定できるのである。

　上田（2013）のビール・ブランドを用いた研究では，スーパードライは回答率

が高く，反応時間も早い。エビスとザ・プレミアム・モルツでは，回答率におい
て差は少ないが，エビスのほうがザ・プレミアム・モルツよりも反応時間は早く，
記憶の中の結びつきがより強いことが報告されている。

　㉑行動的ロイヤルティ：ロイヤルティには心理的な側面と行動的な側面とがあ
る（心理的側面，つまり態度によるロイヤルティについては，本節の③⑮を参照）。

　行動的ロイヤルティは繰り返し購買（repeat buying）という概念と同一視されて
きた（Kahn et al., 1988）。つまり，行動的にロイヤルティが高いということは，1つ
のブランドを連続して買い続けることを意味する。行動的ロイヤルティは，心理
的ロイヤルティと同じ場合もあれば，「惰性」で買われ続ける場合もある。今日
では，顧客が特定化できる ID 付 POS データによって，こうした行動的ロイヤル
ティを測定することが次第に可能となってきた。

　なお，繰り返し購買行動は，長年ブランドが市場にあると次第に衰え，減少し
てくると考えられがちである。Dekimpe et al. (1997) のスーパーマーケットのパ
ッケージ商品を対象とした時系列分析によれば，こうした繰り返し購買の衰えは
長期ではあまり観察されないこと，短期間の変動はあるものの，規則的に起こる
わけではないこと，さらに，こうした頑健なブランド・ロイヤルティはマーケッ
ト・リーダーのブランドによくみられることが示された。

　Ehrenberg, Uncles, & Goodhardt (2004) は，ディリクレ・モデル（Dirichlet Mod-
el）を用いて，消費者のブランド選択行動が一定のパターンに従っていることを
示している。ディリクレ・モデルとは，あるブランドを購入した場合，次にその
消費者が買うブランドが安定したブランド選択傾向に落ち着いていく，つまりラ
ンダムな事象が一定のパターンに収束していく確率収束（stochastic probabilities）
の考え方を用いている。このモデルを用いた消費者のブランド選択行動は，次の
ように要約される。消費者は少数のブランドの「レパートリー」をもっており，
通常はこの中でブランドの選択がなされる。つまり，ブランドの選択は一般的に
安定的なものである。こうした状況が基本にあり，その中でたまにランダムにみ
えるそれ以外のブランド選択が起こる。1つのブランドは多くのライト購買者
(light buyers) をもっており，1つだけのブランドを買い続ける消費者は非常に少
ない。

　つまり，ブランドの購買確率はかなりな程度，市場シェアによって説明でき，
マーケティング・ミックスや消費者関連の要因は間接的に影響するだけである。
平均 SCR (share of category requirements)（そのブランドを買った人のうち，そのブランド
だけを買った割合）は低く，約 27％である。つまり消費者の多くは，マルチブラン
ド購買者である。そのブランドに 100％ロイヤルな購買者は 12％程度にすぎない。

250　　第Ⅱ部　戦略篇

こうした 100%ロイヤルなユーザーはほぼ，多くの量を買わないライト購買者であり，あまり他のブランドに目が向く機会がないともいえる。結果的にディリクレ・モデルによる分析では，ロイヤルティ指標よりも，**市場浸透度**が重要であるという結果となった。エレンバーグらの研究は，消費者が認知的努力を軽減するために少数のブランドのレパートリーをもち，その中でメインのブランドを中心にスイッチが行われていることを示している。

㉓顧客エンゲージメント：顧客エンゲージメントという用語は幅広く用いられているだけでなく，次第にその用法が変化してきている。2000年代半ばには，企業と外部のステークホルダーとのつながりや，顧客の関心を呼び覚まし，関与度を高めることを意味していた。ARF（Advertising Research Foundation）の 2006年の定義では，「周りのコンテキストの影響によって顧客にブランドへの関心を高めること」と定義されていた。しかし，インターネットとソーシャル・メディアの普及，スマートフォン使用の拡大によって，次第にオンライン顧客エンゲージメントとして理解されるようになってきた。顧客同士がオンラインでブランドについて話したり，レビューを書いたり読んだり，誰かに聞いたりなどの，ブランドに関する顧客のコミュニケーション活動を指す意味が強まってきたのである。

本書では，ごく狭い意味で顧客エンゲージメントを定義したい。それは「ブランドに関してオンライン／オフラインで顧客が行うコミュニケーション行動」，つまりレビューやオンラインへの書き込みなども含んだ顧客のクチコミ活動と捉える。こうした顧客エンゲージメントは，今日のブランド活動を考えるうえで欠かせない視点となっている。ケラーとフェイ（2016）が開発した調査システムTalkTrackを用いた結果によれば，ブランドに関するクチコミの 90%がオフラインで，オンラインは 8%であった。以下ではケラーとフェイの見解に沿って，顧客エンゲージメントでブランド価値を測定するためにどのような測定項目が適切かを述べる。

(1) ソーシャル・メディアでの「ファン」や「フォロワー」数とそのうちのアクティブ・ファン数：コカ・コーラは 3400万人のファンをフェイスブックでもっている。しかし通常アクティブなファンは 10万人未満である。ペプシのフェイスブック・ファンは 590万人だったが，アクティブなファンは 7万 9000人で 1.3%であった。

(2) オンラインでどの程度話題にされていたか：2010〜11年の全米でもっとも話題になったトップ・ブランドはコカ・コーラであり，1週間に 2億 1200万のインプレッションを生んだ。

(3) どのような内容がオンラインでブランドについて話されたか：オンライン

でブランドについて話されたのは，ソリューション的内容と，製品について学ぶこと，友人と共有したいことであった。

(4) どのような感情が共有化されていたか：ポジティブな感情のストーリーのほうが，ネガティブな感情ストーリーよりも共有化されていた。

(5) インフルエンサーのクチコミ活動の質と量：インフルエンサーとはクチコミにおいて，平均よりも大きなリーチとインパクトをもっている人である（ケラーとフェイ〔2016〕の定義，99頁）。平均的アメリカ人の2.5倍の会話を行っている。とくに彼ら・彼女らのレコメンデーションがどの程度のものであるか。

(6) 広告がクチコミにどの程度登場するか：購買決定が近づくほど，広告が会話で取り上げられる傾向がある。会話を引き起こす広告が重要である。

(7) クチコミ会話内のポジティブ内容とネガティブ内容の比率：クチコミの量のうち23％がネガティブを含んだ会話である。ネガティブだけの会話は8％にすぎない。

㉔オンライン行動：オンラインでのブランド価値を測定するため，ブランド・サイトへの訪問状況をその価値と考える。ここでは，Google Analytics に従って測定指数を解説してみる（「アナリティクスでわかる4つのチャネルのアクセス解析」，10 Online Marketing Metrics You Need To Be Measuring）。

(1) ユーザー数：そのブランド・サイトへ訪問したユーザーの数。新規とリピーターの両方を含む。

(2) セッション数：ページビューは期間内に閲覧されたページ数であるが，セッション数とは，ユーザーがウェブサイトに関わった数。

　　新規セッション率（new sessions）：訪問全体のうちどのくらいのユーザーが新規訪問であったか。

(3) チャネル別トラフィック（channel specific traffic）：どこから訪問があったか。検索エンジンやSNS以外から，オーガニック（検索エンジンから），ソーシャル・メディアから，と分類する。

(4) 直帰率（bounce rate）：最初のページだけを見て離脱してしまった訪問回数の比率。

(5) ページ・セッション：1セッションで閲覧されたページ数。

(6) 平均セッション時間：期間内に訪問したユーザーが滞在した平均時間。

(7) コンバージョン率（total conversions）：コンバージョンとは，ユーザーにさまざまな働きかけをした結果，ユーザーがウェブ上で起こした行動のことである。実際の買い物から，資料請求，ウェブサイトのゲームで遊ぶまで，さまざまなオンライン行動がこのコンバージョン率として考えられる。この率が

ウェブサイトの目標に対して低い場合は，ウェブサイトのデザイン改良が必要となる。

㉕フィナンシャル市場：ブランドは資本市場においても，評価される。M&A において，そのブランドから生み出されるキャッシュフローの現在価値は重要である。ここでのメトリクスはブランド特有の指標ではないが，ブランド価値を間接的に反映していると考えられる。

(1) トービンの $q$：企業の株式市場での時価総額（株価総額＋債務総額）を資本の再取得価値で割った数値。この $q$ が 1 より大きい場合は，市場が資本再取得費用よりも高く評価していることになる。

(2) MVA（market value added）：市場付加価値。企業の株式市場での時価総額（株価総額＋債務総額）から使用総資本（企業に投下された資本の総額）を引いた価額。

(3) M&A における評価価値：企業買収を行うとき，いくつかの企業価値がある。「理論価値」（スタンドアロン・フルバリュー）とは，その企業が将来生み出すキャッシュフロー（DCF：discounted cash flow）の現在価値の総和である（服部，2015）。「市場価値」は株式市場に上場されている場合の時価総額である。M&A 取引価値とは，買い手が支払える支配権価値と，新たな経営者が経営するときに予想されるキャッシュフローの現在価値総額との合計である。こうした M&A 取引価値の中にブランド価値とそこからのキャッシュフローの評価が織り込まれる。

以上，ブランド価値を測定する指標を 25 に分けて考察してきた。第 1 章でも述べたように，これらの指標は次の 3 つの活用の方法がある。

(1) 統合化指標：これらのブランド価値指標をすべて，あるいは部分的に用いて，統合化しブランド価値の単一（または複数）の指標をつくりあげる。ブランド価値を潜在変数として，上記のブランド価値指標を測定変数と考えてモデル化する方法もある。この統合化指標は，指数や偏差値，あるいは，貨幣金額によって表示される。ここで得られた結果は，他社や業界内での相対的な位置関係を示す指標として用いられ，同時に定期的に測定されることでそのブランドの健康診断の目安ともなる。

(2) KPI 指標：売上や利益を目的変数として，与えられた事業目標を達成するためにどのブランド価値指標がどの程度売上や利益に寄与するかを分析したうえで，いくつかの指標を選別して KPI（key performance indicator: 重要業績評価指標）とする。これらの KPI 指標をクリアできれば最終の売上や利益が確保できるはずである，という仮説のもとに成り立っている指標である。売上や

第 10 章　フェーズ 5　ブランド戦略の実行と管理　253

利益は KGI（key goal indicator: 重要目標達成指標）であり，KPI とは区別される。

(3) 達成目標指標：その企業の事業がめざす達成目標，その企業が「こうなりたい」目標として，いくつかのブランド価値指標を選定する。この指標を達成すること自体が目的となる。たとえば，「環境に良いことをしている企業とみられたい」ために，どの程度の数値（この場合，パーセンテージ）を達成するかを目標として定める。この達成目標指標では，それぞれの指標を達成すること自体が目標と定められることになる。

ブランド価値測定は，企業にとって何を測定し，何を目標にして努力するか，これ自体がノウハウであるといえる。その企業独自の指標を発見することが期待されている。

# 第III部　実践篇

第11章　企業ブランド戦略
第12章　ブランド拡張戦略
第13章　グローバル・ブランド戦略
第14章　ブランド戦略の諸相

# 第11章

## 企業ブランド戦略

## 11-1　企業ブランドの問題

### ❖　企業ブランドとは何か

　企業ブランドとは，その企業・組織を代表すると知覚されているブランド名とその記号体系のことである。企業はよく知られたブランド名とは別の企業名を有していることがある。たとえば，グーグルは持ち株会社として2015年からAlphabet Inc. を有しているが，このAlphabetというブランド名は必ずしも一般のユーザーに知られる必要はない。企業ブランドは，「トヨタ　アクア」のように商品ブランドと結合してブランドを形成することもあれば，P&Gのように商品ブランドとは独立して存在する場合もある。近年では持ち株会社であるホールディングス（HD）という形態をとる企業も増加しているが，「セブン＆アイ・ホールディングス」のようにHDブランドを顧客に訴求しようとしている企業体もあれば，「三越伊勢丹HD」のように積極的には訴求しない企業体もある。このように企業ブランドを巡るブランド体系＝ブランド・アーキテクチャーはさまざま存在するものの，その企業を代表すると知覚されることが企業ブランドの本質なのである。

　企業ブランドは顧客との関係だけでなく，株主や取引先のようなステークホルダーに対して，あるいは，自社の従業員，社会や市民などとの関係においても重要な意味をもっている。マーケティング研究と実務において企業イメージや企業ブランドが意識されるようになったのは，1960年代である（Spector, 1961）。日本でも「日経企業イメージ調査」が日本経済新聞社によって1970年代から40年以上にわたって実施されており，長きにわたって議論され注目されてきたテーマである。しかしそのような歴史にもかかわらず，研究としてはまだ未開拓な部分が多く残されている（Gürhan-Canli & Batra, 2004）。

　なぜ企業ブランドの問題は解明が進まないのか。第1の原因は，企業ブランドの効果や影響に関わる因子が多いために，単純なモデルでは捉えきれないことである。企業ブランドに関わる対象企業が，消費者パッケージ財からBtoBに至るまで幅広いこ

256　第Ⅲ部　実践篇

とも，その一因を成している。問題の質もブランドの M&A やブランド拡張などにより複雑になっている。さらに，企業ブランドに関わる，信頼，アイデンティティ，レピュテーションなどの構成概念の定義も統一されていないといった問題もある。

2番目に考えられる原因は，企業ブランドが自社組織やステークホルダーに関わる問題でもあるため，解明すべき課題のスコープが広いことである。Dacin & Brown (2006) は，企業ブランドに関わる組織の問題を，以下の4つの問いに集約している。

(1) われわれは組織として何者なのだろうか。

(2) この組織は，他者から自社をどのように思ってもらいたいのだろうか。

(3) この組織は，他者が自社をどのように思っていると信じているだろうか。

(4) ステークホルダーたちは，この組織のことをどのように思っているだろうか。

(1) の問いは，企業アイデンティティの問題であり，(2) の問いは期待される企業イメージであり，(3) は現在の企業イメージ，(4) はステークホルダーのもつ評判のことを指す。企業ブランドの問題を考えるためにはこうした幅広い問いをカバーしなければならない。

3番目に，これらの問題を包括するようなモデルが実務家を中心として多く提案されてはいるものの，視点が異なるため，一般化が困難であることが挙げられる。実務家視点のモデルの例は後述する。

## ❖ 企業ブランドの解明課題

企業ブランドの重要な解明課題の1つは，企業ブランドが自社の商品ブランドにどのように影響するかという問題である。1960年代から90年代初頭の研究では，企業イメージが製品ブランドにポジティブな影響を与えるという結果もあれば，知覚リスクを減少させるなどの弱い影響しかないとする研究もあり，必ずしも一貫した結果が得られていなかった。Brown & Dacin (1997) は，企業ブランドと製品ブランドとの関係を明らかにするために，企業ブランドからの消費者の連想を2種類に分けた。1つは企業能力（corporate ability：CA）連想，もう1つが企業社会的責任（corporate social responsibility：CSR）連想である。

消費者実験を行った結果，次の3つが結論として得られた。①消費者の企業についての知識が，その企業の新製品と信念と態度に影響する，② CA と CSR とはそれぞれ製品ブランドに異なった影響をもつ，③ネガティブな企業連想をもっている場合でも，必ずしも製品ブランドにネガティブな影響があるわけではない。より具体的には，CA は，商品属性知覚（洗練度）と企業への評価を通じて，新製品評価へ効果をもたらすこと，CSR は企業評価を通じて，商品評価に影響を及ぼすことがわかった。つまり企業能力連想や社会的責任連想は，直接，新製品評価に影響するのではなく，製品の属性や企業イメージ全体を媒介して影響を与えることがわかった（図 11-1 参照）。

もう1つの解明課題とは，消費者がどのような状況にあるとき，企業イメージは製

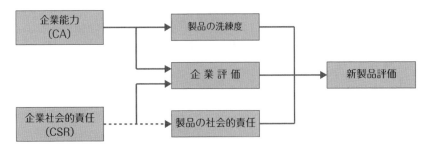

図 11-1 企業連想と製品評価

(注) パス解析の結果，破線は有意ではなかった関係であり，実線は有意な関係を示す。
(出所) Brown & Dacin (1997), p. 75 より作成。

品評価にどのように影響するのだろうか，という問題である。Gürhan-Canli & Batra (2004) は 2 つの実験を通して，イノベーションと信頼性に関わる企業イメージ連想が，消費者が商品購買について高いリスクを感じているときに，商品評価に影響することを示した。この結果は，知覚リスクが，製品評価についての企業イメージ効果を媒介する役割を果たしていることを示している。

これらの研究成果が示すように，企業ブランドの効果は，直接に製品評価に影響するのではなく，他の変数（製品属性，企業評価）に媒介され，また，顧客が知覚上のリスクを感じているときは，影響力を発揮するなど，必ずしも直接影響を及ぼす因子ではないことがわかる。つまり常に企業ブランドが売上に直接ポジティブな，あるいはネガティブな影響を及ぼすというより，企業ブランドは間接的な影響を及ぼす要因になっているのである。

また，企業ブランドの問題は，M&A や企業ブランド名変更などの観点からも研究されている。

Jaju, Joiner, & Reddy (2006) は，M & A に際してのブランドの**再配置**（redeployment）の問題を取り上げた。仮に 2 つの企業が M&A で合併したとき，その企業ブランドへの態度の類似性（2 つの企業ブランドへの好ましさが同程度）とフィットが，どのように消費者評価に影響するかを調べた。①態度の類似性が高く，フィットが高い（例：ソニーとデル），②態度の類似性が低く，フィットが高い（ソニーとノキア），③態度の類似性が高く，フィットが低い（ソニーとサウスウェスト航空），④態度の類似性が低く，フィットが低い（ソニーとマクドナルド）の 4 つを比較すると，①の組み合わせがもっとも評価が高く，④がもっとも評価が低かった。

別の研究では，企業ブランドの名前変更が取り上げられている。企業のブランド名変更は頻繁に行われている。Apple Computer Inc. が Apple Inc. になったり，Citigroup Inc. が Citi Inc. に変更されたというような例がある。

Kashmiri & Mahajan (2009) は，こうした企業ブランドの名前変更が株主価値をど

う変化させるかを調べた。①既存ブランドを強化する意図をもった企業ブランド名変更（例：Binney & Smith が Crayola LLC に変更して Crayola ブランドを強化しようと意図），②将来の市場戦略に対応した企業ブランド名変更（Immtech International Inc. が Immtech Pharmaceutics Inc. に変更して医薬品への参入を意図），③現在の事業に遡及的に合わせた企業ブランド名変更（Apple Computer Inc. が Apple Inc. に変更して，より幅広い事業へ進出することを追認）の３つのケースを比較すると，①と②の戦略的意図を発信する企業ブランドの名前変更に株式市場の反応は高かったが，③では株式市場の反応は低かった。またこのような企業ブランド名の変更が CMO のいる企業のアナウンスメントの場合に株式市場は高い反応を示した。

## 11-2　企業ブランドのマネジメント

### ❖ マネジメントの視点

　実務的な観点から企業ブランドはどのようにマネジメントすればよいのだろうか。Hatch & Shultz（2001, 2003）は，企業ブランドを３つの次元に分けている。①ビジョン，②カルチャー，③イメージの３つである。ビジョンとは，トップ・マネジメントがその企業をどのようにしたいか，その熱意（aspiration）を指す。カルチャーとは，その企業の価値，行動，態度であり，従業員が自社についてどのように感じているかを指す。イメージとは，社外のステークホルダー，顧客，株主，メディア，一般社会がその企業についてどのように評価しているかを指す。企業ブランドの管理においては，これら３つの要素が一貫している必要があり，３つの要素の間にギャップ（矛盾）がないか，また，矛盾があればそれを解消することが企業ブランドのマネジメントなのである。たとえば，企業トップが抱くビジョンに従業員がついていけないのは，ビジョンとカルチャーのギャップである。

　Maathuis, Rodenburg, & Sikkel（2004）は，企業ブランドの信頼（credibility）に注目して，過去の研究から，信頼には，①信用・頼りになる（reliability/trustworthiness），②専門性，③魅力，の３つの要素があり，信頼という概念が一貫性や能力，好意度とも区別される概念であることを示している。

　de Chernatony（2002）は，目標連鎖モデルに基づき，企業ブランドを，①機能価値，②感情価値，③約束された経験（promised experience）からなるブランド・トライアングルとして提案している。

　このように，企業ブランドをマネジメントする視点については，複数の見解が示されており，必ずしも統一されていない現状にある。

### ❖ 企業ブランド・マネジメントのステップ

　以上のような研究や論説の流れに基づいて，企業ブランドを構築するときの意思決

定プロセスを次の3ステップにまとめてみよう。

(1) Step ①：目的・目標の設定と戦略の決定
(2) Step ②：企業ブランドの構成要素の決定
(3) Step ③：コミュニケーション戦略の実行

(1) Step ①：目的・目標の設定と戦略の決定

まず必要な意思決定とは，何のために企業ブランドを構築するか，あるいは強いブランドにすること（＝企業ブランドの価値を高めること）を行うのか，という意思決定である。どの企業も自社のブランド価値が高いことを希望している。しかしながら，何のためにそうするのか，という目的の設定なしには，投資の意思決定もできないし，どのような戦略を採用するかも決定できないことになる。

企業ブランド価値を高める目的は，対社内（インターナル）の目的と対社外（エクスターナル）の目的の2つに大別される。対社内とは，主に従業員や組織構成員に対して，自社へのロイヤルティを高める，企業文化を強化・変更する，あるいは，モラール（仕事への意欲）を高める，などの目標設定が考えられる。

対社外とは，商品を購入してくれる顧客・消費者，株主や取引先，仕入元などのステークホルダー，市民，地域社会など，その企業と関係がある組織と人々に対して，自社の企業ブランドとの関係をマネジメントして，より良い方向性に導くことを意味する。より具体的には，学生や一般社会人に対するリクルーティングの強化，一般市民やステークホルダーからの自社事業への理解あるいは支持，株価向上のIR（investor relations）活動，また広く社会における知名度を上昇させ，取引関係を有利に導く，などの目的も含まれる。

いずれの場合にせよ，必要なことは企業ブランド構築の目的を具体的に特定化することである。漫然と自社ブランドの名前を世の中に知らしめたいというような目的の設定では，次のアクションへの方策が不明確になり，ブランド強化のための投資が無駄になってしまわないとも限らないのである。

企業ブランド強化の目的が設定されたならば，その目的をできるだけ効率的に，また効果的に達成できる企業ブランド戦略の設定も必要となる。この戦略の設定については，そこに投じることのできる自社企業資源がどの程度あるかを検討しなければならない。目的の必要性の重要度に応じて，資源をどの程度投入すべきかが決まる。たとえば，人的資源のリクルーティングが緊急の課題であると考えられたならば，そのためにどのような手法が必要で，どのようなメディアを用いて，どのような考え方で，いつまでに実施するかを考える必要がある。

(2) Step ②：企業ブランドの構成要素の決定

次のステップでは，企業ブランドの構成要素を決定する。ここでいう構成要素とは，表11-1に記された要素を指す。これらの要素について現状を確認するとともに，その問題点を明らかにし，要素同士のギャップを分析し，最終的にこれらの要素のある

260 第Ⅲ部 実践篇

**表 11-1　企業ブランドの構成要素**

①価値：その企業はどのような価値観に基づいて行動しているか。
②経験：どのような経験を顧客やステークホルダーに与えているか。何をしてくれる企業か。
③ビジョン：トップ・マネジメントはどのような企業になりたい／したいと思っているか。
④カルチャー：どのような企業組織文化があるのか。つまり，企業内の従業員・組織構成員はどの
　ような行動のパターンをもっているか。
⑤知覚（イメージ）：どのような企業として見られたいか。
⑥戦略的意図：次に何をしようと考えているか。どのようにそれを実現しようと思っているか。
⑦信頼：どのような根拠で，どのように信頼できる企業であるか。
⑧能力：どのような能力をもった企業であるか。
⑨社会的責任：どのような社会的責任を果たしているか。社会と人間にどのような配慮をしている
　企業か。
⑩アイデンティティ：その企業はどのような企業なのか。何をしている企業か。
⑪行動：実際にその企業はどのような行動を起こしているか。

べき姿を記述する。

　企業ブランドを考えるとき，重要なことは，これらの要素ごとのステートメントが何らかの「根拠」に基づいていることである。そのためには，その企業のもつ歴史と事実にさかのぼることが有用である。たとえば，⑦信頼について記述するとき，このときに，このような実績があるから，この企業は信頼できるといえる，という根拠を史実に基づいて考察することが重要になる。⑧能力についても，できるだけ客観的な事実に基づいて，こうした事実があるからわが社にはこのような能力があるといえる，というようにファクトに基づいた記述が求められる。創業者の想いや考え方もこうした事実に含まれる。

　(3)　Step ③：コミュニケーション戦略の実行

　企業ブランド・コミュニケーション戦略の実行は，第 9 章「フェーズ 4　コミュニケーション・レベルのブランド戦略」に詳しい。以下では，そのエッセンスだけを示す。

　企業ブランド・コミュニケーションの策定に際しては，企業ブランドのどの価値を高めたいかによって異なった戦略が必要となる。第 1 章表 1-2 に示したように，ブランド価値には大きく分けて 8 の価値カテゴリーがある。たとえば，認知を高めることを目的とした企業ブランド・コミュニケーションと，連想を強化するための企業ブランド・コミュニケーションとはおのずから異なる。

　a. 企業ブランドへの態度・関係性・満足・認知を高める

　(1)　接触頻度を高める：ブランドと顧客の「タッチポイント」（コンタクト・ポイント）をできるだけ増やす。

　(2)　実際の使用体験をさせる：サンプリング，テイスティング，試乗機会，などを通じて顧客が実際にそのブランドの特徴を理解し，「体感」することが説得に有効である。また，体験した他の顧客の証言や評価レビューなども有効である。顧

第 11 章　企業ブランド戦略　　261

客は自分が信頼する他者の説得を受け入れやすい傾向がある。BtoB ではよく知られた企業が，その企業ブランドの顧客あるいはユーザーとしてそのブランドを経験したストーリーを広告に用いることがよく行われる。

b. 連想・知覚品質・知覚能力・属性評価を高める

(1) どのような対象とブランドとを連想させるべきかを決定する。連想させるべき対象として，人物，擬人化されたキャラクター，概念，イメージなどがある。

(2) 連想の要素とブランドとを顧客のイメージの中で強力に連合させる。コミュニケーション資産をつくるよう意図することが重要になる。

(3) 連想と連想同士の関係の強化。ストーリーテリングを用いるのもよい。

c. 愛着・情緒・経験を高める

顧客がブランドと個人のアイデンティティとを結びつけるコミュニケーションを実施する。

(1) ブランドと顧客の個人的な記憶とを関連づける。

(2) ブランドのパーソナル化。

(3) ブランドと顧客との関係を「社会的」なものへと高める。

d. ブランド・パーソナリティを強化する

「ブランドの擬人化」あるいはブランドの顧客への「反応のパターン」を策定する。

e. 価格プレミアムを高める

価格プレミアムを実現させるためには，プレミアムで売れる環境を整え，また価格プレミアムに見合った知覚品質を実現するコミュニケーション・メッセージを伝える。

f. 顧客エンゲージメントを実現する

顧客エンゲージメントとは，顧客からの推薦，顧客同士の会話，インフルエンサーなど，オンライン・オフラインでの人的コミュニケーション，クチコミのことである。

(1) 話題を喚起できる十分に強力な商品メッセージが必要。

(2) コミュニケーションの「キーパーソン」を用いる。

(3) コンテンツを活用する1%ユーザーに注目される情報を拡散する。


以上みてきたように，企業ブランドの価値を高めるためには，その目的を明確に定めるとともに，自社のカルチャー，あるいは行動の変化を伴うアクションが必要となる。

# 第12章

## ブランド拡張戦略

## 12-1 ブランド拡張とは

### ❖ なぜブランド拡張なのか

　ブランド拡張（brand extension）という研究課題は，1990年代以降の30年弱に及ぶブランド研究の中で，もっとも熱心に研究されてきた領域の1つである。ブランド拡張とは，もともとのブランドのカテゴリー以外の商品カテゴリーに，ブランドを適用することである（ブランド拡張の概念については後述）。

　たとえば，ルイ・ヴィトンがもともとバッグやカバンのブランドであったものが，アパレルや腕時計に拡張し，またメルセデス・ベンツは2017年に，ルノー・日産アライアンスにより，ピックアップ・トラック「Xクラス」を発表してメルセデス・ブランドを拡張している。Googleは検索エンジンから出発して，Google Maps, Google Translate（Google翻訳），Google Chrome, Google Play Music, Google Home, Google Wifi, Google Allo, Google Duo, Google +, Google Driveなどへと，ブランドが適用される範囲を拡張している。日用品でも，風邪薬のパブロンが，咳止め・滋養内服液・鼻炎カプセルに拡張し，ビールのアサヒスーパードライは，ビールテイスト清涼飲料「アサヒドライゼロ」を発売している。さらに無印良品は，食品・飲料・アパレル・家具・家庭用品，さらには「無印良品の家」というハウジングまで手がけている。

　ブランド拡張は，なぜこのように熱心に研究され，同時に実務で頻繁に用いられてきたのだろうか。こうした流れはすでに1970年代から始まっており，80年代にかけてスーパーマーケットの新製品の40％は何らかのブランド拡張だった（Aaker & Keller, 1990）。ブランド拡張のもたらすメリットを以下に挙げてみよう（Loken, Joiner, & Houston, 2010）。

(1) コストとリスクの低減化：すでに確立されたブランドを用いるために，コミュニケーション・コストを軽減し，また失敗するリスクを低下させることができる。

(2) 市場への効率的アクセス：より短期間に新しい市場に進出できる可能性が高い。

263

(3) 売り場スペースの確保：メーカーが流通業に対して売り場スペースを確保でき，消費者の購入可能性を高める。

(4) 既存ブランド活性化：すでに市場に長くあるブランドを新しい市場に展開することで，リフレッシュや若返りできる可能性がある。

(5) イノベーションの誘発：新しい商品カテゴリーに進出することを容易にすることで，製品イノベーションを誘発できる可能性がある。

(6) 「ファースト・ムーバー・アドバンテージ」（最初の参入者がより有利に働く）の享有：いち早く新カテゴリーに進出することで，アドバンテージを獲得できる。

しかしブランド拡張はいいことばかりではない。次のようなデメリットも考えられる。

(1) 間違った拡張の結果，親ブランドの価値を低下・毀損・希釈化させる。

(2) 間違った拡張による失敗で，新事業進出の機会を失ってしまう。

実際，ブランド拡張の新製品の失敗は80％に上るという報告がある（Völckner & Sattler, 2006）。Haig（2003）が失敗例として挙げているブランド拡張として，ハインツとハーレーダビッドソンの例がある。ビネガー（お酢）メーカーであるハインツが掃除用のビネガー「オール・ナチュラル・クリーニング・ビネガー」を出した例と，ハーレーダビッドソンが「香水」（コロン）を出した例である（ただし，これらの2製品は，2017年現在でもアメリカでまだ発売されている）。別の拡張の失敗例として，「ユニクロからうまれた野菜とくだもののブランド」という広告コピーで発売されたSKIPがある。2002年にファーストリテイリングが栽培方法に配慮した野菜販売事業を始めたが，2年後に市場から撤退した。

## ❖ ブランド拡張とは

ブランド拡張の成功要因について検討する前に，ブランド拡張の概念について再度検討しよう。1990年代の研究文献ではブランド拡張はライン拡張と対比的な概念とされていた（Aaker & Keller, 1990）。こうした理解に従えば，ブランド拡張は，既存ブランドを用いて，元のブランドとは異なる新商品カテゴリーに参入することであり，ライン拡張は既存ブランドの元の商品カテゴリー内での拡張と考えられていた。たとえば，Westin Hotelブランドをベッド製品であるWestin Heavenly Bed，航空サービスであるWestin Heavenly In-Flight（デルタ航空）に拡張したのはブランド拡張であり，Westin Resort（ウェスティン リゾート）はライン拡張ということになる。

しかし近年ではブランド拡張はより広い概念とされ，既存ブランドを含む商品やサービスの導入がブランド拡張と考えられている（Loken, Joiner, & Houston, 2010）。こうした理解では，ライン拡張はブランド拡張に含まれる1つのタイプとされる。また「サブブランド拡張」もブランド拡張であり，たとえば，トヨタ・カムリ（アメリカ）やコートヤード・バイ・マリオットのような事例もブランド拡張に含まれる。さらに，

264　第Ⅲ部　実践篇

「エンドーサー・ブランド拡張」とは，Polo by Ralph Lauren のように，親ブランドが「推奨」する形のブランドである。また「コ・ブランド拡張」は「エディー・バウワー・エディションのフォード・エクスプローラー」のように，2つのブランドが含まれるブランド戦略を指し，やはりブランド拡張の一種である。

また「複合ブランド」(composite brand) とは，「ブランド・アライアンス」(brand alliance) の一形態である。ブランド・アライアンスとは，2つ以上のブランドが明示的あるいは非明示的に連携し，1つの商品として顧客に提示されることである。VISAカードと JAL，「セゾン・アメリカン・エクスプレス・カード」のような提携クレジットカード，ソニーのデジタル一眼カメラαとカールツァイス・レンズ，レッツノート（パナソニック）とインテルのプロセッサー，味の素のパルスイートに含まれる「アスパルテーム」，ユニクロとビックカメラとが共同で店舗を運営している「ビックロ」などの例がある。また，航空会社のアライアンスである「航空連合」がブランド・アライアンスの例として取り上げられることもある。スターアライアンス（ANA, ユナイテッド航空など），スカイチーム（デルタ航空など），ワンワールド（JAL, アメリカン航空など）である。

こうしたブランド・アライアンスが有効なのは，ブランド・オーナー側と顧客側との間に情報の非対称性があるためと考えられ，ブランド・アライアンスは顧客に品質のシグナルを送ることによって，顧客が観察できない属性の品質を推定させることを可能にする（Rao, 2010）。なお，複合ブランドやブランド・アライアンスの考え方は，一部，成分ブランドとも重なってくる。成分ブランドとは，ある商品に含まれる成分や要素をブランド化して顧客に提示することだが，成分ブランドはその商品ブランドの副次的要素である。複合ブランドの場合は，ブランド同士の関係がほぼ対等であることが多い。

## 12-2　ブランド拡張の成功要因

### ❖ 成功のための3因子

ブランド拡張の成功には3つの因子が関わっている（Loken, Joiner, & Houston, 2010）。

(1) 親ブランドへのコミットメント・信頼・好意

顧客が親ブランド（parent brand）にコミットメント（関与や関わり）があり，信頼感があり，また好意度が高いとき，あるいは，親ブランドの使用経験があるとき，ブランド拡張は受け入れられやすい。親ブランドが高品質の場合，高い好意度をもっている場合，より高い市場シェアをもっている場合がこれに当たる。顧客の過去の使用経験による，親ブランドへの知識や熟知度（familiarity）も有効である。拡張された製品カテゴリーが顧客になじみがない場合であっても，親ブランドを顧客が熟知している場合，ブランド拡張は受け入れられやすい（Smith & Park, 1992）。

第12章　ブランド拡張戦略　265

さらに親ブランドがもつ**非典型性**（atypicality）もブランド拡張への成否に影響する（Batra, Lenk, & Wedel, 2010）。非典型性とは，ブランドの具体的な連想よりも，抽象的な連想のほうがブランド拡張は成功しやすいということである。特定の商品カテゴリーの狭い連想しかないブランドは拡張しにくいことを意味する。無印良品やラルフローレンのような，ライフスタイル・ブランドが拡張しやすいのはこのためである。

(2) ブランド拡張の一貫性

その拡張が，親ブランドのコア・ブランド・イメージあるいは製品連想と一貫している場合，あるいは**適合性**（fit）や**類似性**（similarity）が高い場合は受け入れられやすい。**一貫性**（consistency）やフィットとは，親ブランドと拡張ブランドとの関係が高いと感じられること，あるいは，ブランドのコア連想に対する顧客の態度が高いことを意味する。コア連想の例として，コーチ（COACH）のプレステージ性やカルバン・クラインの流行の先端的イメージなどが挙げられる。こうしたコア連想を拡張ブランドがもっていると知覚されたときは，成功する確率が高いと考えられる。

興味深いことに，消費者セグメントの特性によってブランド拡張への判断は変わってくる。11～12歳の子どもの場合，ブランド拡張の「深い」手がかりよりも「浅い」手がかりのほうが，拡張への判断として高く評価される。浅い手がかりとは，たとえば，音の響き（コカ・コーラの"ゴーラ・アイスティー"〈架空のブランド名〉）のような手がかりである。深い手がかりとは，たとえば，商品カテゴリーの類似性であり，コカ・コーラのアイスティーの例がそれである。また，専門家と素人を比較すると，専門家はブランド拡張に関してより複雑な手がかりを用いて，親ブランドから拡張ブランドへの連想を形成した。コンピューター・ブランドからカメラ・ブランドへの拡張が複雑な手がかりの例に当たる。

(3) 顧客に好ましく関連する情報

親ブランドの連想や，拡張した製品カテゴリー，ブランド拡張の特徴などについて，顧客にとって好ましく，自身に関係する情報が含まれているとき，そのブランド拡張は受け入れられやすい。顧客は市場において異なった情報に接しており，そのブランド拡張について聞いたとき，どのような自分の情報記憶にアクセスするか（accessibility），あるいは市場でどのような情報が顕著であるか（prominence）によって，ブランド拡張の評価は異なってくる。親ブランドと拡張ブランドとの適合性が低くても，その拡張に関する情報記憶へのアクセスのしやすさや，顕著性のある情報の存在によって，ブランド拡張への評価は変化する場合がある。

このように，顧客の親ブランドへの態度や評価，ブランド拡張の一貫性や適合性，顧客への情報性，という3つの因子の影響によって，ブランド拡張の成否が決まってくることが明らかにされた。

## ❖ 近年の研究動向

　これらの視点に加えて，近年ではさらに別の視野からブランド拡張へのアプローチが行われている。

　Batra, Lenk, & Wedel（2010）は，クルマ，ジーンズ，雑誌の3カテゴリーのブランドについて，アメリカの代表サンプルを用いて，ブランド拡張の適合性と非典型性について検討を行った。Aaker（1996）のブランド・パーソナリティ測度を用いて，カテゴリー特有のスコア（カテゴリー・パーソナリティ）とブランド固有のパーソナリティを分け，後者が前者にどの程度影響しているかを測ることによって，非典型性を測定した。またブランド固有のパーソナリティが，ブランド拡張の候補となるカテゴリー・パーソナリティとどの程度適合するかを測定して，ブランド同士の類似性をクラスター分析で明らかにした。

　この研究ではカテゴリーごとに特有のパーソナリティをブランド拡張に用いたことが特徴的である。たとえば，楽しい（cheerful）というパーソナリティは，クルマでもっとも顕著であり，次にジーンズ，そして雑誌カテゴリーというように，カテゴリー特有のパーソナリティがあることが示された。また，ブランド同士の距離（proximity）では，たとえば，GUESS や Polo などのアパレル・ブランドは，そのパーソナリティにおいてレクサスやメルセデスと近い関係になることが示され，こうした近いブランド同士ではコ・ブランディングのようなブランド拡張戦略の可能性が提示された。

　Meyvis, Goldsmith, & Dhar（2012）は，親ブランドの品質と拡張ブランド・カテゴリーの適合性という要因に加えて，店頭におけるビジュアル情報（視覚的手がかり）と，競合ブランドとの店頭での比較が，ブランド拡張に与える影響を考察した。学生を用いた実験では，ナイキ（Nike）のデオドラントと，スピード（Speedo）のキャンプ用品というブランド拡張の架空の商品を示した。これらは，親ブランドが高い品質をもち，適合性が低いブランド拡張である。同時に CVS（アメリカのドラッグストア・チェーン）のデオドラントと，Kマートのキャンプ用品という架空の例を用いたが，これらは親ブランドの品質が低く，適合性が高いブランド拡張である。これらに親ブランドに関する一般的なビジュアルを展示した条件と提示していない条件を設定した。

　その結果，視覚的手がかりを与えた実験群と視覚的手がかりを与えない対照群とを比較すると，CVS デオドラントよりも，ナイキのデオドラントのほうに高い好意度が示された。同様に，Kマートのキャンプ用品よりもスピードのキャンプ用品のほうに，高い好意度が示された。これは消費者が，抽象的に考えるか，具体的に考えるかという思考の抽象度を示しており，具体的に考える消費者は，より親ブランドの品質を重視し，抽象的に考える消費者はブランド拡張の適合性をより重視する傾向を反映している。同様に，競合ブランドの比較を提示した実験においても，消費者は親ブランドの品質の高い拡張のほうを，適合性の高い拡張よりも好んだ。これも競合ブラン

ドの比較があることによって，消費者を，より具体的に考えるよう方向づけたからである。

　言い換えれば，具体的に考える消費者は，親ブランドの品質から感じられる，よりすぐ手に入るベネフィットを求める。このため，ビジュアルや競合ブランドを提示された消費者は，より具体的な思考になり，親ブランドの品質を重視し，その結果，親ブランドの品質感が高いブランド拡張をより好ましく評価したことになる。つまり，より具体的な心理状態（mindset）になった消費者は，ブランド拡張において，適合性よりも，親ブランドの品質を重視することになる。

　Ng（2010）は，東西の文化的な消費者の差異に着目した。中国などのアジア的文化では，人々は一貫性の欠如には寛容で，矛盾する2つの情報に接したときは，その中間に立とうとする傾向がある。一方，アメリカなど西洋では，矛盾を許さず，一方の情報に加担して他の情報を排除する傾向がある。この研究におけるもう1つの変数は，意思決定における動機づけである。シンガポールに住む被験者は，アジア人一般よりも，シンガポールで発売される商品により強い動機づけが働くだろうと考え，そのような2種類の刺戟が用意された。

　この実験では，中国系シンガポール人を被験者に採用して，群ごとに東洋人的あるいは西洋人的思考へ導く操作がなされた。西洋人的思考に導かれた被験者は，ブランド拡張の失敗に対して，高く動機づけされているときは，親ブランドへの態度は変わらなかった。しかし，動機づけが低いときは，親ブランドへの態度は低下した。一方，東洋人的思考に導かれた被験者においては，動機づけが高いとき，ブランド拡張の失敗に対して，親ブランドへの態度が低下した。一方，動機づけが低いときは，親ブランドへの態度は下がらなかった。

　なぜこのような結果になったのだろうか。西洋人的思考では，ブランド拡張が失敗したとき，動機づけが低いときのほうが，親ブランド・イメージの低下という情報と，自分がもっていた親ブランドへの高いイメージという矛盾を解決するために，単に一方の情報を無視する結果，親ブランドへの態度が低下した。これに対して，東洋人的思考の消費者にとって，動機づけが低いときは，両方の矛盾する情報を保持するために，親ブランドへの態度は下がらなかった。しかし動機づけが高いときは，西洋人のように精緻に考えて，親ブランドへの態度は低下することになる。

　これらの3つの研究をみても，ブランド拡張という課題についてより新しい視点が導入されつつ，研究が進展していることがわかる。

## 12-3　実務への含意——実務上の注意点

　上記の研究成果を踏まえて，ブランド拡張を計画するときは，次のようなポイントに留意する必要がある。

(1) フォーカス顧客（ターゲット）は，親ブランドに好意的な態度をもち高い品質をもっていると知覚しているか。また親ブランドを使った経験や知識があるかどうか。さらに，親ブランドの連想やコンセプトの抽象度が高いかどうか。1つの狭い商品カテゴリー連想しかもたないブランドでないかどうか。

(2) そのブランド拡張に適合性が知覚されるかどうか。拡張された商品カテゴリーと親ブランドのカテゴリーとの間に類似性があるかどうか。

(3) 顧客がブランド拡張の情報に接したとき，自分に便益がある，あるいは自分に関係があると知覚されるかどうか。

ブランド拡張を行うときには，事前の消費者テストや，発売される市場環境のチェック，親ブランドの評価などの観点から検討することが望まれる。

# 第13章

# グローバル・ブランド戦略

## 13-1　グローバル・ブランドの戦略課題

### ❖ 市場と自社の課題

　グローバル・ブランドの課題は，国内市場でのブランド戦略といくつかの点で異なっている。この課題を，対市場の課題と自社組織の課題の2つに分けて考えてみよう。

　1つの課題は，国内で培われたブランド戦略を，海外市場にどのように適応させるか，という問題である。特定の国内で実行されたブランド戦略を国外に当てはめることは困難を伴う。言語・習慣・制度・文化など，ブランド戦略はその国や地域の市場環境によって影響されて形成されるのが普通だからである。国内で得たブランド価値はそのままでは海外に移転できないことが多い。こうしたとき，われわれはどうすればいいのか。

　もう1つの課題は，グローバルな市場をめざすブランドにとって，世界的に共通したアイデンティティをどのようにして築くか，という問題である。

　また上記のような問題を実際に解決しようとするとき，本社（Headquarter：HQ）とローカルとの間で衝突が生じることが少なくない。ローカルが現地の状況を優先的に考えるのに対して，HQではグローバル・ブランドの一貫性を重視しがちだからだ（Van Gelder, 2003）。こうした組織内の対立はどのようにすれば克服できるのだろうか。

　このようにグローバル・ブランド構築のプロセスでは国内のマネジメント課題と質的に異なった課題が多数存在する。このため国内のブランド・マネジメントとは異なった知識・ノウハウ・経験が必要となる。この章で考察したいのは，こうしたグローバル・ブランド特有の課題である。

### ❖ グローバル・ブランドとは何か

　グローバル・ブランドとは何か。それはブランド・ネームから商品内容，さらにはマーケティング戦略までグローバルに統一されたブランドのことではない。今日の研究によって明らかになってきたことは，完全にグローバルに統一された，つまり世界

270　第Ⅲ部　実践篇

中どこでも同じ戦略やシステムによって運営されているブランドはほとんどないし，またそれが望ましい状態でもないということである。

たとえば，グローバル・ブランドの重要な活動の1つである広告にどの程度グローバル標準化がみられるだろうか。Harris（1996）は国際広告について全面的な世界標準化広告が非常に少ないことを実証的に示した。また，Kanso & Nelson（2002）は，北欧の広告マネージャーへの調査を通じて，標準化された広告キャンペーンは以前と比較して少なくなっており，均質と考えられがちな北欧諸国にあってさえ，一般的には異なった広告戦略が用いられていることを明らかにした。このようにブランド構築の重要な手段として考えられている広告ひとつをとっても，グローバルに統一されているケースは少ない。広告内容そのものが国ごとに共通性は乏しく，それぞれの国の独自性において成立しているのである（Tanaka et al., 1998）。

それではグローバルにブランドを標準化することは望ましいのだろうか。グローバルにブランドを統一するほうがより有利なのだろうか。Samiee & Roth（1992）の実証研究は，グローバル標準化を強調する企業とそうでない企業との成果を比較して，この2つの企業群の間に成果の違いがないことを示唆している。つまりグローバル標準化を達成するかどうかは，とりあえず成果面では大きな違いをもたらさないことになってしまう。

またマクドナルドのような標準化が高いとみられるグローバル・ブランドであっても，中国の消費者の社会的価値観からは，たとえば，誕生日を祝う場所としてふさわしくない場所として認識されている（Eckhardt & Houston, 2002）。このために高いグローバル標準化を実行したとしても，ローカル消費者のニーズや価値観とは相違してしまう事態が容易に想像できる。

それではグローバルにブランドを統一＝標準化することには意味がないのだろうか。そうではない。グローバル企業は，ブランドの要素のうちのあるエレメントをグローバルに標準化しながら，同時にローカルごとに異なったブランド・エレメントを採用することによって，グローバル・ブランドを展開しているのが実際である（Yip, 1997）。つまりグローバル・ブランドとは，実際にはグローバルな要素とローカルな要素とがミックスされている存在であるということになる。

グローバル・ブランドとはどのようなものなのか。本書ではグローバル・ブランドを「顧客のブランドへの知覚を世界規模で可能な限り共通化したブランド」と規定することにする。ここに表明されたグローバル・ブランドの考え方には，次のような3つの意味が含まれている。

まず第1点として，グローバル・ブランド構築とは，マーケティングの効率と効果とを高める目的のために行われるブランド戦略のことである。逆にいえば，グローバル・ブランドをつくったとしても，それが何らかの効果や効率化を企業にもたらさない場合は意味がないことになる。

第13章　グローバル・ブランド戦略　271

たとえば，日本とアメリカでそれぞれシャンプー商品を展開する場合，小規模にビジネスを展開するのであれば，ブランドを共通化する意味はさほど大きくない。ブランドを共通化したとしても小規模な事業であれば共通化することのコスト上のメリットはほとんど見出せないだろう。

しかし，もし，アメリカで成功した革新的なブランド戦略を日本市場に大規模に導入し成功したとしたら，このブランドはグローバル・ブランド戦略をとっていることになる。なぜならこの場合，アメリカと日本でシンボルなりパッケージ・デザイン，あるいは広告などを共通化することによって，より効果の高いマーケティングが行われたならば，それはここでいうグローバル・ブランドの活動に相当することになるからだ。グローバル・ブランドを保有する1つの大きなメリットは，こうしたグローバル・ネットワークでの創発性（黄，2003）にある。

第2点目に，グローバル・ブランド構築とはその企業がもつ何らかのグローバルな資源を投入して行うマーケティング活動であるということだ。企業はさまざまな資源を有しているが，グローバル・ブランドを構築するためには，グローバルな規模で保有する企業資源が投入されることが必要である。グローバルに保有した資源では，ヒト・モノ・カネのような目に見える資源だけでなく，マーケティング上のノウハウや取引関係などの無形資産の活用がカギになる。成功したグローバル・ブランド保有企業では，ローカルで創造されたマーケティング知識をグローバルに共有化し活用する作業が実践されている（田中ほか，2003）。

グローバル・ブランドの基本的な考え方の第3番目のポイントは，グローバル・ブランドをグローバル・ブランドたらしめているポイントへの注目である。それはグローバルな規模での顧客のブランド知覚の共通化である。顧客のブランド知覚とは，顧客がブランドをどのように知覚・記憶・評価しているかということを意味する。

たとえば，ブランド・ネームを共通化することはグローバル・マーケティングでもっとも頻繁に行われている戦略の1つである（Yip, 1997）。ソニーの世界的ヒット商品となった「ウォークマン」は1979年の発売当時，アメリカでは「サウンドアバウト」，イギリスでは「ストウアウェイ」（密航者の意味），スウェーデンでは「フリースタイル」と3つの異なったブランド名が使われていた。しかし当時，クチコミでウォークマンの名前が世界的に広まったため，その後，世界中どこでもウォークマンの名前で統一するように改められた。このためウォークマンの名前は『オックスフォード・イングリッシュ・ディクショナリー』などの主だった辞書に掲載されるほど世界中に広まった（ソニー広報センター，2001）。ブランド・ネームを世界的に共通化することによって，消費者の知名度がアップしやすい，あるいは世界的にマネジメントしやすいというメリットを享受できるのである。

Hsieh（2002）は，20カ国・70カ所でサーベイを実施して，メルセデスやBMW，ジャガー，レクサス，アウディのようなプレミアム・ブランドほど高いイメージのグ

ローバル化を達成していることを明らかにした。また経済段階ごとの国クラスターによりグローバル・ブランドは異なったイメージによって捉えられていた。ブランドによりそのグローバル化の程度は異なるものの，強いプレミアム・ブランドほどグローバルに知覚が共通化されていると考えられる（Tanaka et al., 1998）。

## 13-2　グローバル・ブランドの必要性

### ❖　知覚共通化の理由

　では，なぜグローバル・ブランドは，顧客のブランドへの知覚を世界規模で共通化しようとするのだろうか。第1の理由は，世界の主要な複数の経済地域において，マーケティングの効果を最大化するためである。第2の理由は，グローバルな経験や知識・資源を活用して，マーケティングの効率を最大化するためである。第3の理由は，グローバル企業がグローバルにどこでも共通したアイデンティティを求めるためである。グローバル・ブランドとは企業が自らの必要に応じて戦略的に選択する経営オプションの1つである。

　今日ではグローバル・ブランドの必要性はよりいっそう増大しつつある（Keller, 2003a & b；大石ほか，2004）。これはなぜなのだろうか。一般的に国際的なマーケティング活動は図13-1のように「進化」すると考えられている（Douglas & Craig, 1989）。

図 13-1　グローバル・マーケティングの進化

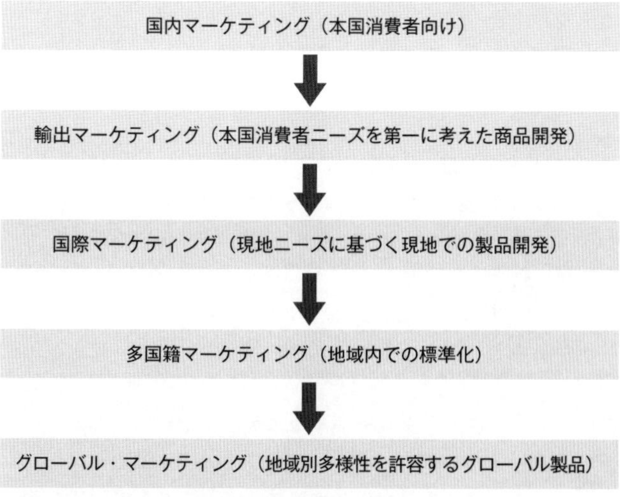

国内マーケティング（本国消費者向け）

⬇

輸出マーケティング（本国消費者ニーズを第一に考えた商品開発）

⬇

国際マーケティング（現地ニーズに基づく現地での製品開発）

⬇

多国籍マーケティング（地域内での標準化）

⬇

グローバル・マーケティング（地域別多様性を許容するグローバル製品）

（注）　カッコ内はそれぞれの段階での製品計画の方針を示す。
（出所）　Douglas and Craig（1989）より作成。

第13章　グローバル・ブランド戦略　　273

このような視点でみれば，グローバル・ブランドは企業が国内マーケティングから進化し，グローバル・マーケティングの段階で生じた現象といえる。企業は発展するにつれてより広い市場を求めて，海外に進出し，それぞれの市場で適応しながら，同時にグローバルな規模での事業を展開するのである。

## ❖ グローバル・ブランド保有の理由

では，なぜグローバルに共通の知覚を顧客にもたせることが企業にとって有利に働くのか，その理由を考察してみよう。とくに現代においてなぜグローバル・ブランドを保有し，顧客知覚を共通化することが企業にとってより有利でありうるのだろうか。グローバル・ブランドが現代において企業からこれまでになく求められ，また発達してきた理由として以下の6つが考えられる。

グローバル・ブランドが重要になった第1の理由は，世界的に共通かつ均質な顧客セグメントの成長への対応である。たとえば，ホテル業や航空会社・リゾート産業などにおいては，世界を頻繁に往復するビジネスや観光顧客セグメントが成長してきた。かつては，帝国ホテルやラッフルズホテルにみられたように，その地域固有の歴史をもつホテルが珍重された。しかし，現在のグローバルに活発な行動を行うセグメントにとってホテル・ブランドや航空機ブランドは世界共通であるほうが望ましい。グローバル観光業は近年 M&A によっていっそう上位集中する傾向をみせている。

マリオット・インターナショナルのような世界的なホテル業では，物件はほとんど所有しておらず，収益の多くは施設のオペレーション，フランチャイズとライセンシングから得られている（*Marriott International, Inc. 2015 Annual Report*）。つまり，マリオットは，ホテルの土地や建物を保有せず，フロント業務，客室業務，レストランなどの運営に特化している。その結果，こうした巨大ホテル・チェーンにとっては，グローバル・ブランドこそが収益を上げるためのほぼ唯一の資産なのである。

マリオットは表 13-1 のようなブランド・ポートフォリオをもち，世界的に事業を展開している。マリオットは 2015 年に同じグローバルのホテル・チェーンである，スターウッド・ホテルズ＆リゾート（シェラトン，ウェスティン，メリディアン，W，アロフト，エレメントなどを保有）を 136 億ドル（約 1.5 兆円）で買収し，ヒルトン・ワールドワイドを抜き，世界最大のホテル・チェーンとなった。こうした結果，表 13-1 にみるように，マリオットは，同じラグジュアリー・セグメントの中にさらに，サブカテゴリーがあるといった，複雑なブランド・ポートフォリオを形成するようになった。

第2の理由は，マーケターがグローバルなスケールを利用してよりいっそうの効率化を迫られている点にある。グローバル・ブランドをもつことによって，1つの国で育ったブランド・エクイティをほかの諸国に移転することも可能になる。さらに，新製品開発のスピードアップは競争優位のために必要不可欠であるが，グローバル・ブ

表13-1　マリオット（Marriott International, Inc.）のブランド・ポートフォリオ

1. ラグジュアリー
　【クラシック ラグジュアリー】
　　ザ・リッツ・カールトン
　　JW マリオット
　【ディスティンクティブ ラグジュアリー】
　　リッツ・カールトン・リザーブ
　　ラグジュアリーコレクション
　　ブルガリ
　　W ホテル
　　エディション・ホテル
2. プレミアム
　【クラシック プレミアム】
　　マリオット・ホテル
　　シェラトン
　　マリオット・バケーション・クラブ
　　デルタ・ホテル
　【デスティンクティブ プレミアム】
　　ルメリディアン
　　ウェスティンホテル
　　オートグラフ コレクション
　　デザインホテル
　　ルネッサンス・ホテル
　　トリビュートポートフォリオ
　　ゲイロード・ホテル
3. セレクト
　【クラシック セレクト】
　　コートヤード・バイ・マリオット
　　フォーポイント
　　スプリング・スイート
　　プロテア・ホテル
　　フェアフィールド・イン＆スイート
　【ディスティンクティブ セレクト】
　　AC ホテル
　　アロフト ホテル
　　モクシー・ホテル
4. 長 期 滞 在
　【クラシック 長期滞在】
　　マリオット・エグゼクティブ・アパートメント
　　レジデンス・イン
　　タウンプレース・スイート
　【ディスティンクティブ 長期滞在】
　　エレメント

（出所）　http://www.marriott.co.jp/brands.mi より。2017 年 3 月 20 日アクセス。

ランドを保有すれば，世界各地の競合の情報がいち早く入手できるし，またローカルでの自社の革新を速やかに取り入れることも可能になる。

　第 3 の理由は，世界的な規模でのメディアの発達である。2016 年にインターネッ

トの世界での利用者が34億9000万人（ITU World Telecommunication /ICT Indicators database）となり，Yahoo!, Google，MSN などの検索エンジンと広告配信機能をもったウェブページ，Facebook, Twitter, Instagram などの SNS が世界的に利用されている。LINE のような日本と韓国発の SNS もグローバル化を図っている。マスメディアでは，CNN などのニュース・ネットワーク，MTV などの若者向け音楽専門チャンネルや，ディズニーやディスカバリーチャンネルなどのエンターテインメント系テレビ・チャンネルが世界中で放映されている。またイギリスの BBC は Dancing with the Stars, Top Gear, Doctor Who，BBC Earth などの番組ブランドを世界的に販売している。スポーツ・コンテンツの中で，サッカーは世界的な規模で人気をもつスポーツとして，ワールドカップなどのイベントは世界的に同時中継され，多くのグローバル・ブランドがスポンサーとなっている。これらのグローバル・メディアを通して，世界的に共通のセグメントに効率的に到達することが可能になった。このためにグローバル・ブランドを構築することは，以前よりも有効になった。

　第4の理由に，グローバルな流通業の発展がある。従来，流通業はそれぞれの本国の政治・法制・競合・消費者などに強く影響を受けながら発達してきたため，国際的に進出することがほかの産業ほど盛んではなかった。しかし世界最大の流通業でディスカウンターのウォルマートは，メキシコ，カナダ，イギリス，ブラジル，日本（2005年に西友を子会社化）など世界27カ国に進出している。このほかにもアメリカのコストコ，フランスのカルフールなどはスーパーセンターという業態で世界中に進出を果たしている。こうした世界的流通網と取引する際には，グローバルに通用する付加価値の高いブランドを保有することが有利に働く。

　第5の理由として，調達・生産・物流・商流に関わる技術が発達したことが挙げられる。この結果，企業の立地上の地理的制約がより少なくなり，世界的に生産された商品を効率的に流通させることが容易になった。たとえば，ユニクロのようにアジア各国で生産拠点をもち効率的な生産と物流で安価で良質なアパレルを提供している例，マクドナルドのように世界中から材料を調達してコストダウンを実現している例がある。このように世界的な事業システムを管理する能力をもったグローバル・ブランド企業が数多く登場してきたことが，グローバル・ブランドへの必要性を増大させている。

　第6の理由は，グローバル企業がグローバルに共通のアイデンティティを求めることになったことである。これは，従業員がグローバル企業に勤めることを誇りに思い，彼らの士気を高めることが期待される傾向があること，また顧客からみてグローバルに知名度が高い企業のほうが信用がおけ，リスクが少なく，取引をしやすいこともある。グローバルに評判を得ている企業のほうが優秀な才能をもった従業員を集めやすいという考え方も働く。またグローバル企業の株主が単に，自身の満足のためにグローバルな評価を求めることもある。

276　第Ⅲ部　実践篇

## 13-3 グローバル・ブランドの課題と解決

### ❖ マネジメントの課題

　それではグローバル・ブランド特有のマーケティング・マネジメント上の課題とは何だろうか。まず考えなければならないことは，グローバル・ブランドがその企業にとって本当に必要かどうか，という経営上の意思決定である。

　トヨタ自動車の「レクサス」は，アメリカにおいて1989年から発売開始されてきたラグジュアリー・ブランドである。レクサスは2017年現在，世界65カ国で展開されグローバル・ブランドになっている。レクサスを発売することはトヨタにとってなぜ必要だったのだろうか。

　1つの大きな理由は，トヨタというブランドだけではドイツ車に代表されるプレミアム・ゾーンで競争することが難しかったからである。トヨタは優れたクルマづくりでは定評があるものの，必ずしもプレミアム・カーのブランドとは考えられてこなかった。こうした場合，トヨタにとってレクサスを発売することは戦略上の必要性があり，かつトヨタにとって可能な戦略上の選択であったということができるだろう。

　別の例を挙げれば，P&Gは1987年までに開発したリンス入りシャンプーの技術を用いて，世界各地で矢継ぎ早に異なったブランドでこの製品を発売した（Kirk, 2003）。アメリカでは「パートプラス」，ヨーロッパの多くの地域では「ヴィダルサスーン・ウォッシュアンドゴー」，アジアでは「リジョイ」または「リジョイス」であった。P&Gはこの段階ではグローバル・ブランドの必要性を感じてはいなかった。しかし，数年後に，このリンス入りシャンプー技術は1つのブランドに集約された。それが「パンテーンPro-V」である。これはスーパー・コンディショニング・シャンプーとしてポジショニングされ，世界で10億ドル規模の大きなブランドに成長した。これはグローバル・ブランドを育成するという意思決定によって，世界的に企業資源を集中でき成功した1つの例であろう。

　Aaker & Joachimsthaler（2000a）は，グローバル・ブランドを実行することにリスクがある場合として，次の3つを挙げている。

　第1は，グローバル化によっても規模の経済性や範囲の経済性が達成できない場合である。たとえば広告活動をグローバルに統一したからといって，コストだけでは考えられないローカル化が必要なケースが多いからである。第2に，グローバル・ブランドの戦略を現実に実行できるスタッフが揃っていない場合である。このような場合，戦略が立派であっても優れた実行力が伴っていない限り成功は見込めない。第3に，各国市場の間に大きな差異がある場合だ。こうした場合，グローバルに標準化されたブランドではうまく管理できない。たとえば，市場シェア，ブランド・イメージに大きな違いがある場合である。競合によって自社が独自に考えたポジショニングがすで

第13章　グローバル・ブランド戦略　277

に競合によって先取りされているケースもある。

　上記のような状況がグローバル市場にある場合，グローバル・ブランド戦略は困難に直面するため，グローバル・ブランドを保有することにはより慎重さが求められるだろう。

　それでは，グローバル・ブランドが必要だという結論に達した後，マーケターは新ブランドでその市場に取り組むか，既存ブランドを投入するか，という選択をしなくてはならない。その場合，既存ブランドの中からどれを選んで新しい地域にブランドを投入していくのがよいだろうか。

　Kirk（2003）は実務経験をもとにして，以下のような5つの選択基準を提案している。

　⑴　高級セグメント向きのブランドをまず投入すべきである。高級ブランドを先に投入すれば，そのブランドの信頼をテコにしてより大衆的なセグメントに浸透することができる。

　⑵　より最近開発されたブランドから始めるべきである。古いブランドほどそのアドバンテージが失われ慣習だけで買われている傾向があり，すでにローカルのマーケターによって模倣されていることも多いからである。

　⑶　ベストな名前をもったブランドを投入すべきである。良いブランド・ネームは稀少であるからだ。

　⑷　グローバルに展開できる可能性のある商標を採用すべきである。ドイツのバイヤスドルフ社はニベア・ブランドの商標権を戦後各国で回復することを行ってきたが，これは意味のある戦略であった。

　⑸　自社の資源に見合ったブランドを選択すべきである。自社が小さな市場を得意としているならば，小さなセグメント向けのブランドを選択すべきである。

## ❖ マネジメント課題の解決

　それでは，次のステップとして，グローバル・ブランド・マネジメント特有の解決すべき課題とは何だろうか。

　次のような3つのグローバル・ブランド・マネジメント上の具体的課題を挙げることができる。

　課題①　知財戦略：どのようにグローバル・ブランドのブランド要素を決定し，実行するか。

　課題②　マーケティング戦略：グローバル・ブランドのマーケティング・マネジメントを世界的にどのように戦略立案し，実行するか。

　課題③　企業戦略：グローバル・ブランドの価値を高めるために，企業としてどのような活動が必要か。

278　　第Ⅲ部　実践篇

## (1) 知財戦略

　まず課題①について，グローバル・ブランドをつくりだすためには，どのようにブランド要素を開発すればいいだろうか。ここでいうブランド要素とは，ブランド名，アイコン，パッケージ・デザイン，広告などのブランドを形作る基本要素のことである。

　たとえば，中国に進出する際，ブランド名をどのように決定したらいいだろうか。中国で自社のオリジナルの名前を使用するとき，大きくいって2つのやり方がある。

　1つは，意味のうえで共通する中国語をみつけて，それを使用するやり方である。たとえば，スイスの食品企業ネスレが「雀巣」，コンピューター・チップの Pentium（インテル）が「奔騰」と表記されているのはこれに当たる。もう1つは，発音で類似した中国語をみつけ，それに合わせて漢字をあてはめるという発音中心のアプローチである。コカ・コーラが「可口可楽」と表記されているのはこの例である。

　Hong, Pecotich, & Shultz（2002）によれば，まだ知られていないブランドにとっては発音中心の決定が有利で，逆に，既存の強力なブランドの場合，意味をベースにした決定のほうが有利に働くという研究結果が報告されている。ブランド表記を決定するためには，そのブランドのその地域でのポジションを検討しなければならないことになる。

　Tavassoli & Han（2002）によれば，視覚的なブランド・アイデンティファイヤー（マークやシンボルなど）と中国語名のブランドとの組み合わせがよく記憶されやすく，また聴覚的なブランド・アイデンティファイヤー（音によるブランド名表示など）と英語名のブランドの組み合わせがよりよく記憶される傾向があるという。つまり中国語のような表意文字の文化においては，視覚的なブランド・アイデンティティが重要で，英語のような表音文字の文化圏においては，聴覚的なブランド・アイデンティティがより重要であるということになる。このようにブランド名をコミュニケーションするときには，その国の言語システムを検討すべきである。

　Yip（1997）は，グローバル企業は実際にはグローバルに統一化されたマーケティング戦略（流通や営業など）をとっていないものの，グローバル・ブランディング（ブランド名）やパッケージング要素については統一化した戦略をとっている傾向があることを示している。こうした発見は，グローバル・マーケティング・ミックスの中で標準化しやすい要素とそうでない要素とがあることを示しており，ブランド名やパッケージ・デザインはもっとも標準化しやすく，また標準化することでより効果を得やすい要素といえる。企業としては，自社の事業にふさわしいグローバル・ブランドの標準化要素を発見し，ローカル文化との適合化を図りながら実行していくべきである。

## (2) マーケティング戦略

　グローバル・ブランド・マネジメントの2番目の課題として，グローバル・ブランドのマーケティングを世界でどのように戦略立案し，実行するか，という課題がある。

第13章　グローバル・ブランド戦略　　279

すでに述べたように，グローバル・ブランドのマーケティング戦略では，グローバルな標準化とローカル化とをミックスしながら，グローバルな企業資源を活用してブランドを構築するというミッションを達成しなければならない。

こうしたミッションに対して，現実のグローバル・ブランドのマネジメントの現場では，次のような問題が起こりがちである。1つは，ローカル・マネージャーの「ローカル中心主義」である。多くのローカル・マネージャーにとっては，自分の地域の特殊性がヘッドクォーター（HQ）のスタッフよりも大きくみえ，またHQの方針からより自立した実務を行いたいと考える傾向がある。たとえば，ローカル・マネージャーは「私の担当する市場が世界で一番難しい」と主張する傾向があると，あるグローバル企業のマーケティング経験者は語っている。どのようにして，HQの政策をローカルに抵抗なく採用させることができるだろうか。

また，HQがグローバル標準化の戦略をより強力に推進した場合，ローカル・スタッフがモチベーション（やる気）を喪失するという問題もある。グローバル標準化がより推し進められると，極端な場合，ローカル・スタッフは不必要となることすらある。いかにしてローカル・スタッフのやる気を維持しながらHQの標準化戦略を浸透させ，ローカル化と両立させるかが問題なのである。

これらの問題は結局，ローカルがグローバルな組織の中で責任をうまく分担しあうことができるかどうかという問題に発展する。ローカルとHQとがどのようにして共同の責任を分かち合いながらマーケティングを推進することができるのだろうか。

Hankinson & Cowking（1996）は，グローバル・ブランド管理における「目的のトライアングル」を提案して，こうした問題を図式化している。つまり「ローカル・マネジメントのモチベーション」「中央コントロールとコーディネーション」「国際的な集団責任体制」の3つの目的が同時に達成されるようマネジメントを考えなくてはならない，ということになる。

こうした問題を解決するためには，単にグローバル本社で決めた方針をローカルに浸透させるだけでは対処できない。次の4つのシステムがこうした問題の解決に役だつだろう。

第1番目の解決方法は「リード・カントリー・システム」（lead country system）である。リード・カントリーとは，1つの製品カテゴリーやブランドにおいて主導的立場をとる（多くはHQ以外の）国のことである。たとえば，ユニリーバではスキンケアのリード・カントリーは日本であり，パソコン事業を売却するまでIBMではパソコンは日本がやはりリード・カントリー役を果たしていた。こうしたリード・カントリーには，その製品の大きな市場があり，また市場開発についてノウハウをもつ国が指定されることが多い。

第2番目は，「グローバル・ブランド・コーディネーション・システム」である。HQ中央にグローバル・ブランドの開発を助けるチームを置き，グローバルに守るべ

きブランドの指針やコンセプトを開発する。また成功したマーケティング・プログラムを世界のほかの地域に普及させる役割を積極的に行い，グローバルな知識を世界の組織に浸透させる役割を果たす。たとえば，ヨーグルト・メーカーであるフランスのダノン社には「オーバーレィ・マネージャー」（overlay manager）システムが設置されていた。このマネージャーの任務はブランドについての基本的な仕組みを定めることと，成功した地域でのマーケティング戦略を他の地域に移植することにある。

第3番目に「グローバル・ビジネス・ユニット」（GBU）制度が挙げられる。これはブランドあるいは製品カテゴリーごとにグローバル組織をつくる方法である。ブランド担当者は彼・彼女の勤務する地域に属すると同時に，グローバルなブランド組織に属している。GBU所属が強い組織になると，自分が報告する上司は国内の上司ではなく，国外の上司になる場合がある。P&G社では1998年からこうしたGBUとMDO（market development organizations：地域別組織）とが並立するグローバル組織を採用し推進していた（Dyer, Dalzell, & Olegario, 2004）。

第4番目に，「地域本社制度」（regional headquarters：RH）がある。今日では世界の地域ごとに，経済や社会の成り立ちや発展段階の違いが大きくなっている。たとえば，東南アジアではインドネシア，タイ，マレーシア，シンガポールのような経済発展の著しい地域もあれば，これらにキャッチアップしようとしているベトナムやミャンマーなどの諸国もある。これらの国のビジネス環境は大きく異なっており，こうした場合，たとえば，シンガポールにRHを置いて東南アジア全体を統括する手法が今日有力となっている。RHにおいては，地域全体のブランド戦略を立案して，ローカルごとに適応させる戦略が採用されている（Tanaka, 2016）。

これら4つの解決方法を参照しながら，HQとローカルの対立問題をできるだけ解消し，自社に適したシステムを構築することが求められている。

(3) 企業レベルでの戦略

グローバル・ブランドの3番目の課題として，グローバル・ブランドの企業レベルでの対応が挙げられる。グローバル・ブランドの価値を高めるために，企業としてどのようなアクションを行うことが必要だろうか。ここでは，そのための組織形態と活動内容について述べることにしたい。

グローバル・ブランド構築のためには，国内向けとは異なる組織体制が必要となる。グローバル・ブランド特有の組織として，次の3つの形態を挙げることができる（Kotabe & Helsen, 2001）。

(1) グローバル・ブランディング委員会：HQや地域・ローカルからトップクラスのメンバーが集まり，グローバル・ブランドとローカル・ブランドの戦略について統合した戦略を構築する。

(2) ブランド・チャンピオン：ブランドを守り価値を高めるための責任者で，通常CEOあるいは彼・彼女から任命されたトップ・マネジメントが担う。あらゆる

ブランド活動をモニターし，ブランド拡張などについての承認を与える権限をもつ。

(3) グローバル・ブランド・マネージャー：ブランディング活動を国際的に統合し，コーディネートする役割をもち，各ローカル・マネージャーとコンタクトをもつ。

こうしたグローバル・ブランド組織がうまく機能するためには，それぞれの役割を担う人材がブランドあるいはマーケティングについて深い経験・知識をもち，ブランディング活動について情熱をもっていることが求められる。またトップ・マネジメントがブランド活動について深い理解をもち，ブランド・チャンピオンに十分な権限委譲が行われることも必要である。

これらのスタッフがグローバル・ブランド戦略を立案するためには，まず，①それぞれの市場において顧客行動がどのように異なるかを検討し，②ブランディング・プログラムをそれぞれの市場に適合させる活動を行う必要がある。さらに，グローバルなブランド資産を築くために，①ブランド知名度，②ブランド連想，③ブランド反応，④ブランド関係性，を構築する活動を企画しなければならない。さらに，最終的にはグローバルなブランドのポジショニングを決定する。その際には，ポジショニング案がそれぞれの市場に適合しているか，どのようにポジショニングを市場によって変化させなくてはならないか，そのポジショニングを実現するためにどのような方法が適当か，などを検討することになる（Keller, 2003）。

クラフト社のグローバル・マーケティング担当役員は，実務的な経験からグローバル・ブランド成功のための8つの教訓を提示している（Holden, 2005a）。

(1) グローバル標準化はローカル・マーケティングを補い，サポートしなくてはならない。

(2) 製品の優秀性とポジショニングの独自性は，グローバルの管理レベルでしっかり確立されなくてはならない。

(3) ブランド・ポジショニングは時間・地域を問わず，またブランド拡張のときいつも一貫性をもって実行されなければならない。

(4) 価格戦略は，グローバルではなくローカルにおいてもっともよく実行される。

(5) プレミアム性のあるグローバル・ブランドとバリュー価格ブランドの両方をもつダブル・ブランド戦略によって，ある製品カテゴリーで十分なスケールをもつことは，流通戦略として有効である。

(6) グローバル市場では，昔ながらの流通業者がいまだに大きなシェアをもっていることを忘れてはならない。

(7) グローバル・ブランドはいつも最新のイノベーションを備えている存在でなくてはならない。

(8) 統合マーケティング戦略は新市場において成功するカギである。

クラフト社では「フィラデルフィア」（Philadelphia）というチーズ・ブランドをア

メリカ，西欧，中欧，アジアの各国で成功させている。この成功は「フィラデルフィアはスーパーリッチで，クリーミーな白いチーズです」というポジショニング，「毎日のちょっとした喜びでありご褒美」というグローバルなインサイト，これらに基づいて制作された「天国」をテーマにした広告などの戦略によるものであった。

グローバル・ブランド構築は，ローカルにおけるブランド構築とは異なった課題を抱えている。それは顧客の知覚を社会・文化を超えて世界的に統一しながら，マーケティングの効率と効果をグローバルな規模で高めるための活動であるからだ。多くの企業にとってグローバル・ブランド戦略はいまだに手探りの段階にある。よく知られた世界的な多国籍企業ですら，グローバル・ブランド活動で失敗を犯して修正を余儀なくされている事例がある。グローバル・ブランドは，ことに日本企業にとって，今日いっそう現実的かつ切実な課題となりつつある。

# 第14章

## ブランド戦略の諸相

### はじめに

本章では種々のブランド戦略や戦術を取り上げ，それぞれの実践上の課題と優位点を検討する。

## 14-1　カスタマー・ジャーニー

### ❖ カスタマー・ジャーニーとは何か

カスタマー・ジャーニー（customer journey）という言葉は現在，マーケティングで幅広く使われている用語の1つである。この用語にはいくつかの異なった理解がみられるものの，ほぼ共通していることは，顧客がいくつかの「タッチポイント」（売り手と買い手とが何かのメディアを通じてコンタクトする地点）を経由して，何かに至る行動や意識をマッピング＝視覚化したもの，という理解である。カスタマー・ジャーニーという概念は何のために，またどのように使われるのだろうか。カスタマー・ジャーニーには，大きく分けて以下のような3つの使い方がある。

(1) **購買に至る行動の過程**：第1にカスタマー・ジャーニーは，顧客が購買に至る行動の過程を明らかにするための概念として用いられる。何かの必要性を感じて，ネットを検索し，実際にお店を訪問し，商品を比較して……などのプロセスである。とくに，自動車のように購買サイクルが長い商品，あるいは，旅行のように顧客がさまざまな情報の検討を必要とするようなサービス購買の場合，こうしたカスタマー・ジャーニーの考え方は有効だ。グーグルは，自社のアナリティクス（Google Analytics）を用いて，オンラインで購買に至る過程をさまざまな業種と国にわたって調査し，その結果をグラフィックスで公開している。これを見るといくつか興味深い事実にぶつかる。たとえば，eコマースの食品飲料の大企業部門では，アメリカではソーシャル・メディアが消費者の行動の起点となっているのに対して，日本では，まずeコマース画面のクリックから始まるとされている。

(2) **顧客のサービス受容過程**：もう1つのカスタマー・ジャーニーの使い方は，顧客がサービスを受けているプロセスで何を考えたり感じたりしているかを，グラ

284　第Ⅲ部　実践篇

フィックで表したものである。たとえば，スターバックスのようなカフェにおける経験や，ディズニーランドのようなエンターテインメント空間における経験を対象として，そのプロセスを図式化する。

(3) **顧客の情報処理過程**：3番目のカスタマー・ジャーニーの使い方は，実際の行動よりも内的な意識レベルにフォーカスして，どのような情報をどのように意識の中で処理するか，というプロセスを対象としたものだ。昔から日本で広告受容の理解のために用いられてきた AIDMA や，より近年に唱えられた AISAS などはこの分類に入れられる。つまり，マーケティング情報に注意を向け，興味を抱き，欲求をもち，それを記憶し，購買に至る，というジャーニーのことだ。

この3つの使い方のうちどれを選択するかは，何をカスタマー・ジャーニーという概念から得ようとするかに依存している。

### ❖ どう描くか

カスタマー・ジャーニーを実務で使う場合，実際の顧客調査をベースに作成することはもちろん必要であるが，いくつか注意点がある。

まず，誰がそのジャーニーを行っているかを明らかにすることである。このためには顧客の「ペルソナ」，典型的な顧客像，あるいはこれからわれわれが狙いたいフォーカス顧客（ターゲット・セグメント）を描くことが求められる。この意味ではカスタマー・ジャーニーのマップを作成する以前に，まずペルソナを具体的に描く必要性がある。「誰が」という理解なしに，一般的なジャーニーを描いてもあまり意味がない。

またジャーニー・マップには「顧客インサイト」が入っていなければならない。われわれは自分のもっている常識に囚われがちである。事前の綿密な調査の結果，そこにどのような常識を超えたインサイトが入っているかが問題になる。

ジャーニー・マップには，行動と意識という2つの要素が入り交じってくる。あるタッチポイントで顧客が特定のブランド情報に触れるという事態があったとき，そのときどのような意識や反応があったかを入れておくことは，ジャーニー・マップを作成するためには重要になる。しかし行動と意識を混同してしまうと，わかりにくいだけでなく，グラフィックスとしての価値が減じてしまう。そこで，「行動」(doing)，「思考」(thinking)，「感情」(feeling) というように「ブロック」を設け，これらを分類しておくことが有用である。

さらに，カスタマー・ジャーニーは，必ずしも始まりから終点に向かって直線状に描かれるものだけではない。起点から終点に戻ってくるような「円環型」のジャーニーのパターンもありうる。円環型のジャーニーの例として，旅行を計画している初期段階のマップがある。こうした顧客たちは，人の話を聞いたり，雑誌を見たり，ウェブサイトと相談したり，これらのコンタクト・ポイントをぐるぐる廻って行き先を検討していることが多い。

第14章　ブランド戦略の諸相　**285**

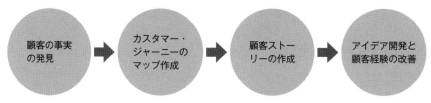

図14-1 カスタマー・ジャーニー開発のステップ

（出所）Adaptive Path の図を参考として、筆者作成。

　また直線ではなく，ジグザグにあちこち迷いながら，ある終点＝目的をめざして進んでいくカスタマー・ジャーニーのパターンもある。旅行の途中では，顧客は目的地に向いながらも，途中でいくつかのコンタクト・ポイントに接して，行路を変更しながら旅行する場合がある。このように，ジャーニーを描く場合，全体をいくつかのフェーズに分け，フェーズごとに行動パターンを使い分けることが必要となってくる。

## ❖ 何を導くのか

　では，カスタマー・ジャーニーのマップを描いたとして，そこからどのようなインプリケーションをどのように導いてくればよいのだろうか。3つのアプローチが考えられる（図14-1参照）。

　第1に，その顧客がどのような状況（コンテキスト）において，何をどうしようとしているのか，その行動を理解するための準拠枠（frame of reference）を得ることだ。

　たとえば，ある顧客がカフェの中でトレーをもって，行き先がわからずうろうろ歩いている行動をどのように理解すべきか，これをスタッフで共有化するというようなやり方だ。もしかしたら，顧客は使い終わったトレーの置き場所がわからないのかもしれない。これは「顧客ストーリーの開発」ともいえる。つまり，顧客はどのようなストーリーをもって，ジャーニーを行っているのかを理解することがポイントとなる。

　第2に，どこのコンタクト・ポイントで，どのような知識を顧客はもつべきかを考えることである。たとえば，eコマースで，顧客が自分のプロフィールを入力するとき，多くの人が未記入で次のステップに進もうとして進めなくなるとき，どのように対処すればそれが解決できるかを考えなければならない。

　第3に，どのコンタクト・ポイントで，アイデアを出して改善すれば，ビジネスの機会が生まれるのかを検討することだ。たとえば，展示会の企画で，まだプロセスが終了しないうちに顧客が帰ってしまうという問題があったとする。その場合，どこにどのようなイベント企画を追加すれば，顧客と確実にコミュニケーションができるかを発案することがポイントとなってくる。

　カスタマー・ジャーニーを用いることで，スタッフの間で情報が共有しやすくなるだけでなく，どこにどれだけ企業資源を投入すればよいかが，わかりやすくなる。今

後，マーケティングの現場で，さらにカスタマー・ジャーニー・マップが用いられる機会が増えることが期待されている。

## 14-2　コンセプト・ブランディング

### ◈ 概念のブランド化

　コンセプト・ブランディング（concept branding）とは，筆者による造語であるが，商品固有の商標やシンボル以外の概念や一般用語・造語を，自社ブランドのマーケティング活動のために用いる戦略のことである。つまり，一般的な言葉や概念を自社のブランディング目的で使うことを意味する。

　歴史学者のマイケル・スコット（Michael Scott）博士は，「殉教」という言葉がローマ帝国時代に，ローマ帝国の圧政を受けたキリスト教徒の「ブランド」になったと述べている（*National Geographic*）。ローマ時代，帝国によって抑圧されていたキリスト教徒にとって，殉教という考え方が不安定な新興宗教であったキリスト教が心のよりどころになることを可能にした。スコットはさらに，殉教という「ブランド」がキリスト教徒の間に連帯感を生み出し，またアイデンティティを確立させたという。殉教という概念は，1つのローカル宗教にすぎなかったキリスト教が，世界宗教に転化していくための重要な役割を果たしていた。この例のように，ある考え方や思考が，特定の記号（概念）の普及に助けられて人々の間に浸透していく現象がみられる。パブリックな目的でのキャンペーンではこのような概念を浸透させることが行われる。たとえば，「メタボリック・シンドローム」あるいは「メタボ」という用語は制度化されたことも手伝い，その有効性は別としても，日本の企業社会に短期間で普及した。

　マーケティングでは，どのようなコンセプト・ブランディング事例がみられるだろうか。成功した事例として，サントリーの「ハイボール」が挙げられる。長い間低迷していたウイスキー需要をサントリーは，ハイボールという飲み方を提案することで，需要を拡大することに成功した。ハイボールという言葉自体は，一般名詞であって，サントリーの登録商標ではない。サントリー以外のウイスキー会社もハイボールを訴求しており，日本酒メーカーなどもハイボールと呼ぶようになった。サントリーは「ハイボール＝サントリーウイスキー」という連想関係を形成することで，新しい飲用習慣を形成し，サントリーウイスキーの売上向上に大いに寄与したことになる。

### ◈ 医薬の分野

　医薬の分野では，コンセプト・ブランディングの事例が多くみられる。

　製薬会社ファイザーは 1998 年にアメリカで処方箋薬「バイアグラ」を発売するにあたって，"ED" という概念を提唱した。これもまたコンセプト・ブランディングの古典的成功例と考えられる。ED とは「勃起不全」のことで，男性の性機能の障害を

第 14 章　ブランド戦略の諸相　　287

意味するが，こうした概念は，以前は治療の対象である病気として扱われてこなかった。またEDに悩む男性は，医者に相談するという習慣がなかった。EDという障害は恥ずかしいことと以前は考えられ，口に出すことがはばかられていたからである。バイアグラはこの意味で，「ライフスタイル・メディスン」と呼ばれることがある。

　また第一三共ヘルスケアの「トランシーノ」は，「肝斑」という症状の名前を広めることで，シミのケアに新しい考え方を導入した。肝斑とは顔にできるシミの一種で，その形が肝臓に似ていることからつけられた。日本人の皮膚にはできやすく，30〜40代女性に多くみられる症状である。しかしこれまで肝斑という症状は知られていなかったため，ひそかに悩む女性が少なくなかった。第一三共ヘルスケアが行ったキャンペーンでは，まず肝斑という言葉を覚えてもらい，自社ウェブサイトでは，肝斑の簡単な自己診断やチェックができるようにした。そのうえで，電話で相談できる「トランシーノ相談室」を設けて皮膚科を紹介する活動を行った。

　なぜ，医薬品の分野ではコンセプト・ブランディングが盛んなのか。それは一般の消費財と違って，処方箋薬（医者に処方箋を書いてもらわないと入手できない薬）は広告ができない，という規制が日本ではあるからだ。また，上記の2つの薬にみられるように，風邪や胃腸のトラブルのようなポピュラーな症状とは異なり，まず消費者に啓発活動を行うことが必要なステップになるからでもある。

　このほかにも，日産自動車が提唱している「ゼロ・エミッション」（$CO_2$ゼロ）も，ある概念を提案しつつ，「日産リーフ」のマーケティングに貢献している例である。

## ❖ 2つの手法

　コンセプト・ブランディングという手法において，ブランド化されるコンセプトは，①何らかの問題を提起するコンセプトと，②課題の解決を提案するコンセプト，の2種類に大きく分けられる。

　つまり，これが現在考えるべき大切な問題だ，という問題提起と，こうすればわれわれの生活はよりよくなる，という生活提案の2つが主にコンセプト・ブランディングで行われているコミュニケーション手法である。

　コンセプト・ブランディング活動においては，自社のブランド以外のエレメントを訴求する必要性があるため，相応のコミュニケーション予算や，広報活動の巧みさが求められる。現在，ブランド訴求がメディア環境の変化によってより困難になっていくと同時に，他方でさまざまな新しいメディアでの活用が可能になっている事態がある。コンセプト・ブランディングは，まさにこうしたメディア環境の変化に対応したブランド戦略手法と考えることができる。

## ❖ 注意すべきこと

　しかし，コンセプト・ブランディングは万能ではない。EDを提唱して先発であった，

288　第Ⅲ部　実践篇

バイアグラは，後発である「シアリス」（日本イーライリリー，発売元：日本新薬）に
ED 治療薬第 1 位の座を奪われてしまった。これはシアリスのほうが食事の影響を受
けず，また，その効き目の持続時間において優れていたせいだと考えられている。こ
のように，せっかくコンセプト・ブランディングを行っても，そのコンセプトが知的
財産として保護される対象ではないために，後発が機能的に優れていた場合には，そ
れまでの優位性がひっくり返されてしまう可能性がある。こうした事態を防ぐには，
できるだけコンセプトそれ自体をブランドとして登録し，知的財産としての地位を確
保しておくこと，また，できるだけ長くコンセプトの生命力を維持するために，ブラ
ンド名とコンセプトとの間の連想関係を強力に築いておく必要がある。

# 14-3　ディフェンシブ・ブランディング

　新たに出現した競合ブランドや代替商品カテゴリーに対して，自社ブランドの防衛
が急務の課題である場合がある。こうしたブランド防衛のための戦略を，ディフェン
シブ・ブランディング（defensive branding）と呼ぶ。ディフェンシブ・ブランディン
グでは，以下のような対抗戦略の代替案がある。
　(1)　対抗することだけを目的とした新ブランド投入で，競合ブランドと類似した訴
　　　求を行い，競合ブランドの勢いを止める。
　(2)　競合が低価格ブランドを投入した際，自社ブランドの価格を変更する（多くの
　　　場合，価格を下げる）。
　(3)　可能な場合は，流通に対して働き掛け，競合ブランドの販売量を調整させる。
　(4)　大規模なプロモーションを実施して，顧客の注意をこちらに振り向ける。
　(5)　自社ブランドの価値をより高める商品改良を行い，価格は維持して，よりお買
　　　い得感を出す。
　(6)　競合ブランドよりも価値の高い新ブランドを投入する。
　ディフェンシブ・ブランディングで重要なポイントとは，(2)のようなブランド価値
を下げる施策ではなく，(5)(6)のような自社ブランド価値をより高める政策で対抗す
ることが有利なことである。
　ディフェンシブ・ブランディングの一例は 1980 年代のビール市場における「ドラ
イ戦争」にみられる。1987 年にアサヒスーパードライが発売され，その大ヒットを
受けて 88〜89 年にかけてビール各社が類似した「ドライ」と名のつくブランドのビ
ールを発売した。キリンビールは「キリンドライ」「キリンモルトドライ」を，サッ
ポロビールは「サッポロドライ」「サッポロクールドライ」を，サントリーは「サン
トリードライ」を発売した。しかしアサヒスーパードライ以外のドライと名のつくブ
ランドが生き延びることはなく，アサヒだけが勝ち残った。この「ドライ戦争」は，
とくに当時マーケット・リーダーであったキリンビールにとって，アサヒスーパード

第 14 章　ブランド戦略の諸相　　289

ライの勢いを止めるためのディフェンシブ・ブランディングと考えることができる。

しかしこの事例にもみられるように，勢いのある新ブランドを類似ブランドだけで止めることは難しい。新ブランドは商品設計や生産体制にそれなりの準備を行って発売に備えており，市場の機会を最初に捉えたファースト・ムーバー（その市場への最初の参入者）であることが多いからである。ファースト・ムーバーに，より長期的な市場シェア維持，市場リーダーになる可能性が高いなど，競争上のアドバンテージがあることはこれまでにも指摘されている。Golder & Tellis（1993）はファースト・ムーバーの一定のアドバンテージを認めつつ，その限界も指摘している。

ディフェンシブ・ブランディングでさらに難しい局面とは，直接の競合ではなく，代替商品が出てくるときである。たとえば，カメラに対してスマートフォンがカメラ機能を高機能化させたような事態である。こうした場合，以下の方法がある。①業界全体で，対抗する。たとえば，そのカテゴリーの優位性を訴求する。②そのカテゴリーに残された成長セグメントに集中する。カメラの場合，スマホではできない機能をもった一眼レフの商品セグメント，あるいは，ミラーレスの一眼レフカメラに集中して訴求することが行われた。

もちろん，あらゆる場合にディフェンシブ・ブランディングを行わなければならないわけではない。競合とむしろ手を携えることで，共存共栄を図れる場合もある。それらのブランドが占める市場がニッチで，お互いに争うよりも市場を拡大する必要があるときは，共同して市場を拡大することがお互いの利益になる可能性がある。森永乳業が「ギリシャ・ヨーグルト」の「パルテノ」を発売し，競合メーカーもギリシャ・ヨーグルトを発売したとき，共同でギリシャ・ヨーグルトのコーナーを売り場に設けるなどの活動を行った。ヨーグルト市場の中での成長セグメントである，プレミアム価格の市場を護り拡大するためである。

# 14-4　デ・ブランディング

## ❖ デ・ブランディングとは

デ・ブランディング（debranding）とは，ブランド名を使わないブランド戦略のことである。たとえば，ブランド名を使わず，ロゴやマークだけでマーケティングを行うケースなどであり，また，親ブランドを隠すブランド戦略もここに含まれる。

このコンセプトが話題になったのは，コカ・コーラ社の"Share a Coke"（「コークをシェアしよう」）キャンペーンにおいてであった。このキャンペーンは，2011年にオーストラリアで発案・実施され，13年にイギリスなどヨーロッパと日本で，14年にアメリカで，また15年にはタイなどのアジア諸国でも展開されている。このキャンペーンでは，コークのボトルに，ふだんコカ・コーラのロゴが入っているラベルの中心部分に，BettyやJeffといった人のファーストネーム，あるいは，Friendsや

Family といったなじみのあるワードが入って、「ネームボトル」になっている。この Share a Coke キャンペーンは世界的に成功をおさめた。日本では、人の名前ではなく西暦の年号が記載されたイヤーボトルを手に入れるとその年にヒットした曲を中心に10曲がプレゼントされる "Share a Coke and a Song" という形で展開された。

　驚くべきことは、巨大なソフトドリンク市場をもつアメリカで、コカ・コーラは2014年の8月までの12週間に、売上量で0.4%、売上金額で2.5%も増加させたことである。しかもこのような売上増加は、売上が下降し続けてきたこの11年間で初めて上昇に転じた出来事だった。つまりコカ・コーラ社（ザ コカ・コーラ カンパニー）にとっては画期的なキャンペーンだったのである。

## ❖ なぜ成功したのか

　成功の1つの要因は、パーソナライズされたボトルが、フェイスブックやツイッター、ピンタレストなどの SNS などで写真つきで拡散され、クチコミを通じて話題が喚起されたことにある。ある若者は「結婚してください」というプロポーズの言葉をこのボトルでつくり、それを冷蔵庫に並べ、ガールフレンドにそれを発見させて、プロポーズに成功したというので話題になった。また、ちょうどイギリスのロイヤル・ベビーが産まれたロンドンでは、ピカデリー・サーカスに "Share a Coke with Wills and Kate" というデジタル・サインが掲示されて話題になった。ブランド名ではなく、「パーソナル・タッチ」が消費者に好意的に受け入れられたことになる。

　これらの例はデ・ブランディング＝ロゴからブランド名を消したキャンペーンの成功事例として、のちに語られるようになった。しかしこの場合、まったくブランドが消されたというわけではない。

　コカ・コーラという著名ブランドの、それもよく知られたコンツアー・ボトルのラベルに人の名前が印刷されているので、ある意味、強いブランドによって支えられたキャンペーンであるともいえる。しかしながら、コカ・コーラ社のもっとも重要な資産であり、世界でも最強のブランド名に代えて、ラベルの真ん中に、別の名前が載るということは、それ自体画期的な出来事だった。ブランド名の露出がマーケティング活動上、もっとも優先されるとは限らないことをこのケースは示している。

　ここからわかることとは、デ・ブランディングとは、マス・プロダクトである商品から「コーポレート」色をいったん払拭し、パーソナルなタッチを回復するための戦略であるということである。こうすることで、消費者間のコミュニケーションと絆が促進され、結果として商品も売れることになったのだ。

## ❖ ナイキとスターバックス

　デ・ブランディングの最初と考えられる事例は、20年ほど前にさかのぼる。ナイキが、自社のロゴからブランド名を取り去り、スウッシュ（Swoosh）と呼ばれるマー

第14章　ブランド戦略の諸相　　291

クだけにしたことがあった。このとき，ナイキはすでに確立したブランドとなっており，そのマークはよりシンプルになり，視覚的に見やすいデザインになった。似た事例が，スターバックスにも見られる。創業40周年である2011年に，マグやカップのマークからStarbucks Coffeeというブランド名を取り去り，セイレーンと呼ばれる人魚だけを残したのである。

これらの事例に共通していることは，1つには，ブランドがよく知られるようになり確立したとき，ブランド名を取り去ってマークだけで顧客への露出を図るという意思決定がみられることだ。

もう1点，これらの事例で共通していることは，ナイキもスターバックスも，自社の商品カテゴリーを拡張して，より広い商品ラインを提供しようとしていた時期であったことだ。すなわち，ナイキはアスリート・シューズだけでなく，さまざまな運動用具やファッションを提供しようとしており，スターバックスもコーヒーだけでなく，フードなどのサービスへと拡張しようとしていた。デ・ブランディング戦略とは，それまでの自社のありようをいったん否定して，新たな装いで新しい価値を提供しようとする時期に有効な戦略であることがわかる。

### ◈ 親ブランドを「隠す」

親ブランドを戦略的に「隠す」戦略も，デ・ブランディング戦略と呼ばれることがある。トヨタ自動車が展開しているブランドにレクサスがある。このケースは，デービッド・アーカー教授によって「シャドー・ブランディング」と呼ばれている。つまり，レクサスは独立したブランドでありながら，トヨタというビッグ・ブランドを背景にもっており，トヨタがレクサスを「陰ながら」支えている，という構図になる。BMWによって買収されたMINIも同様に，BMWからの影響を「陰ながら」受けているブランドの例に当たる。先に挙げたコカ・コーラ，ナイキ，スターバックスのケースは，ブランドをまったく隠してしまうわけではなくて，ブランドの露出の仕方を変更した事例であるのに対して，レクサスは，ある意味で「積極的に」親ブランドを隠している。もちろんレクサスの親会社がトヨタであることは，かなりの割合で消費者は知っており，親会社の存在があるからこそ，レクサスはいっそう優れたブランドであることになる。こうしたより戦略的なデ・ブランディング戦略は，今後より重要になることが予測される。ブランドや企業のM&Aが盛んになるにつれて，ブランドは親ブランドとは無関係に売買され，新しいオーナーのもとで育成されるケースが多くなっているからだ。

カネボウは花王のブランドであり，ボルボ（乗用車）はかつてのフォード社の保有を経て中国の吉利汽車の保有となり，ジャガーとランドローバーはやはりフォード社を経て，インド財閥系のタタ・モーターズのグループに属している（いずれも2017年現在）。スポーツ飲料・エナジードリンクである「ルコゼード」はもともとイギリス

のグラクソ・スミスクライン社の保有であったが，現在，サントリー食品インターナ
ショナルが買収している（日本未発売）。ネスレのキットカットはもともとイギリスの
ロントリーという企業のブランドであった。

　これらの事例にみられるように，個別ブランドは親ブランドとは切り離されて，親
ブランドを隠す（あるいは，積極的には明らかにしない）という意味での「デ・ブラン
ディング」を行わなくてはならない状況が増えている。このデ・ブランディングにお
いては，シャドー・ブランディング，つまり，親ブランドを間接的に示すやり方，あ
るいは，まったく隠してしまう戦略の2つの選択肢がある。デ・ブランディングは，
今後，多くの企業が考慮すべき戦略として検討される必要がある。

# 14-5　パーソナル・ブランディング

### ❖ パーソナル・ブランディングとは

　パーソナル・ブランディング（personal branding）という用語はいくつか異なった意
味で用いられている。本節では，働く人一般の個人個人のブランディングではなく，
企業ブランドや商品ブランドの価値を高めるために，その企業の人，あるいは関係者
をブランド化するという意味で，パーソナル・ブランディングという用語を用いるこ
ととする。

　2015年に，紅茶ブランドで知られるリプトン（ユニリーバが所有）はその創始者で
ある「サー・トーマス・リプトン」を自社などの複数のウェブサイトで訴求している。
銀座でリプトン氏のミュージアムを立ち上げ，彼のライフ・ストーリーが体感できる
ような展示を実施することも行っている。同社のウェブサイトによれば，サー・トー
マス・リプトン（リプトン卿）は5つのビジネス・イノベーションを起こしたとされ
ている。それは，①「奇抜な宣伝」，②「ティーバッグの普及」，③「生産革命」，④
「慈善活動」，⑤「販売の工夫」の5つである。

　19世紀の半ばに生まれたリプトン卿は1889年，39歳のときに相場の半額程度で紅
茶を販売することで大成功を収め，それまで量り売りされていた紅茶用の茶葉を事前
に計量しブレンドして，さらに紅茶を包装してティーバッグの形で売ることを考えた。

　また，1890年にはセイロン島に渡り，茶園を買収し，当時の首都コロンボにブレ
ンドとパッキングの工場を設立した。また迅速な多店舗展開を行い，1号店の開店か
らわずか10年間で店の数を20軒以上に増やした。こうして紅茶の大量生産と販売ま
でをバリューチェーン化し，効率化したのがリプトン卿であった。

　19世紀の終わりごろ，今日の生活用品に関する多くのブランドが生まれたが，こ
の時期は「包装革命」（Pomeranz & Topik, 2006）と呼ばれている。つまりパッケージ
化された商品ブランドが，さまざまな要因によってこの時期に集中して誕生した。こ
の意味でリプトン卿はまさに，包装革命を体現する人物であり，今日のリプトン・ブ

第14章　ブランド戦略の諸相　293

ランド創造に貢献した人物であったことになる。

## ❖ そのメリット

　いわば，リプトン卿は 19 世紀における優れたマーケターであり，かつ企業家でもあった。このように創始者を「ブランド化」することに，マーケティングの面からどのような意義やメリットがあるだろうか。

　まず，消費者に創業者を知ってもらうことで，そのブランドに対する理解や知識が深まり，結果としてブランドにより関心をもってもらうことができる。また，ブランドへの好意度や精神的なロイヤルティを高めることができる可能性がある。さらに，ブランド連想（＝ブランド・イメージ）もより豊富なものになる。

　創業者を消費者が知ることによって，消費者がそのブランドの属性評価をより高めることも想定できる。属性とはそのブランドを評価する場合の次元のことである。たとえば，リプトン紅茶の属性である，味や香りを評価するとき，リプトンの紅茶はリプトン卿が手がけた紅茶なので，薫り高い，と評価するような場合である。

## ❖ 創業者のブランディング

　このようなやり方を「パーソナル・ブランド」戦略として捉えてみよう。意図した結果か意図せざる結果かは別として，創業者の名前が，ブランド化されている企業の例は数多くある。松下電器産業（現パナソニック）の松下幸之助氏，ソニーの盛田昭夫氏と井深大氏，ホンダの本田宗一郎氏などは多くの人に知られている。ソフトバンクの孫正義氏，楽天の三木谷浩史氏，TSUTAYA の増田宗昭氏なども，パーソナル・ブランド化された創業者であり経営者といえる。IT 分野での成功者である，アップルの故スティーブ・ジョブズ，マイクロソフトのビル・ゲイツらに尊敬の念を抱く人は少なくない。スターバックスのハワード・シュルツは同社の実質的な創業者として知られており，アマゾンのジェフ・ベゾスもその名前を聞く機会が多い経営者の 1 人である。歴史的人物としては，シャネルの創業者ココ・シャネルや，GE の創業に関わったトーマス・エジソンなどは絵本や伝記を通じて，多くの人々に知られている。

　創業者だけでなく，現在のトップ・マネジメントが「ブランド化」されているケースもある。たとえば，ジャパネットたかたの高田明氏は元社長として，テレビ通販を通じて，よく知られた経営者である。星野リゾートのリーダー星野佳路氏も，近年知られるようになった革新的経営者だ。

　ここでは創業者ブランド戦略にフォーカスして考察してみよう。

　創業者をブランド化することにはいくつかのメリットがある。もしもその人物が過去の歴史的人物であったならば，その人の経歴や業績はある程度確定したものである。そのために取り上げるためのリスクが比較的少ない戦略でもある。

　問題は，創業者をどのような人物としてポジショニングするかにある。つまり，創

業者をどのような人物として顧客に知覚してもらうか，である。創業者について，興味深い史実がたくさんあり，ドラマチックなエピソードが多くあれば，それらをストーリーとして語ることは比較的容易である。しかし多くの創業者が必ずそのようなエピソードをもっているとは限らない。興味深いエピソードがあったとしても，そのエピソードがすべてブランド化に向いているわけではない。

## ❖ 反体制的人物像

　典型的な創業者ブランドのタイプの１つが，「反体制的経営者」のパーソナル・ブランドである。故スティーブ・ジョブズは 1984 年に，IBM のコンピューター支配下にある世界に，パーソナル・コンピューター "Macintosh" を導入して新しい世界を創ったという神話を自らテレビ広告でつくりだした（「Mac 誕生から 25 年：取締役会は反対していた，伝説の CM『1984』」2009 年）。この 60 秒 CM では，１人の女性アスリートが，ジョージ・オーウェルの小説『1984 年』を思わせる暗い世界を走り抜け，テレビ画面に映る独裁者に大きなハンマーを投げつける。この独裁者が IBM に見立てられていた。その CM のメッセージは以下のようなものであった。

　　「1 月 24 日，Apple Computer 社は Macintosh を発売する。1984 年が『1984 年』のようにならない理由が，これではっきりするだろう」。

　また，ヴァージン・グループの創設者であるリチャード・ブランソンは，音楽産業や航空産業で成功したイギリス人である。ブランソン自身が自らさまざまな冒険にチャレンジする型破りな経営者として自らを位置づけている。

## ❖ アントレプレナーとイノベーター

　もう１つの創業者ブランドのタイプが，アントレプレナー＝「たたき上げ起業家」である。よくアメリカのシリコンバレーで語られるのは「ガレージ」からの創業というエピソードだ。古くは，HP（ヒューレット・パッカード）社は 1939 年に，ウィリアム・ヒューレットとデビッド・パッカードによってパロアルトのガレージから創業されたという「神話」化された実話をもっている。近年の例では，グーグルの２人の創業者，ラリー・ペイジとセルゲイ・ブリンは，1998 年にカリフォルニア州のメンローパークのガレージで創業し，そのガレージは現在，観光名所になっている。

　これ以外に，「イノベーション経営者」とでもいうべき創業者ブランド・タイプもある。世間の荒波を戦略的に切り抜けて，創造的な提案を行い，世界を変革したというタイプである。シャネルやエジソンはこうしたタイプに属する。

　実際の経営者は，上記３つのタイプの混合タイプであることが多い。

## ❖ 実行上の注意

　創業者（あるいは実質的な創業者・中興の祖）のパーソナル・ブランド化を実行する

第 14 章　ブランド戦略の諸相　　295

とき，つぎの点に留意する必要がある。まず，創業者がどの人物タイプに当てはまりそうかを考えることである。その創業者の史実に当たる必要もあるし，現在のその会社のブランド・イメージと合致していることが求められる。さらに，その人物について，史実を確認し，語るべきエピソードを収集する。その人物の伝記のような記述を作成する必要がある。また，重要なことは，その人物に関わるビジュアルを戦略的に選択することである。その創業者をよく表し，象徴としてふさわしいビジュアルを選択することが望ましい。

　この人物像をつくりあげた後，それを実際のコミュニケーション活動に反映させなければならない。有力な方法でかつ，よく行われているのが書籍出版である。その人物についての伝記，あるいは自伝として自ら語る，という形式で書物を出版するやり方がある。出版によってその本がパーソナル・ブランディングの出発点になることはよくある。2017 年にアメリカ大統領に就任したドナルド・トランプは 1987 年に『自伝』*The Art of the Deal* を出版し，自身の事業家としての名前を高め，トランプというブランド価値を高めることに成功した。なお，この自伝はゴースト・ライターであるシュワルツ氏がその背景を暴露している（Donald Trump's Ghostwriter Tells All, 2016）。

　こうした場合，可能な限り，客観的で権威のある書き手に書いてもらうことも重要なポイントである。たとえば，P&G 社はかつて自社の歴史データを歴史家に委ねて彼らの執筆によって出版しており，そこには同社の成功も失敗も信頼できる形で記述されている（Dyer, Dalzell, & Olegario, 2003）。

　ウェブサイトにその人物のページを作成し，その史実コンテンツをウィキペディアなどのより客観的な媒体に反映させることも重要である。この場合のポイントは，その史実が客観的証拠に裏づけられていることであり，裏づけのない伝承は採用すべきではない。ただし，検証しようのない，過去に起きた「史実」であり，伝説的に伝えられているストーリーについてはこの限りではない（第 9 章「フェーズ 4」の「ストーリーテリング」の項を参照）。

　さらには，テレビや新聞・雑誌などのマスメディア，オンライン・ニュース・メディアなどを活用した，戦略 PR などを通じて，その人物と商品ブランドとを結びつけていく戦略が最終的に必要となってくる。意識的に創業者のブランド化戦略を実行することで，その企業しかもちえないような独自のブランド資産が得られることになる。

## 14-6　ブランド M&A とライセンシング

　現代のグローバル市場でブランド戦略を検討するにあたって，ブランド M&A を抜きにして考えることはできない。ブランド M&A が活発化したのは，1980 年代のイギリスであるが，それ以降，世界的にブランド M&A は活況化し，経営者がとりうる重要な戦略の 1 つとなっている。また同様に，ブランド・ライセンシングも重要な経

営戦略である。本節では近年起こったブランド M&A とライセンシングの事例を通じて，どのようにしたら成功に導くことができるかを考察する。

## ❖ ブランドの買収

2012 年から 14 年にかけて，日本企業による飲料や食品のブランド買収が相次いだ。ミツカンホールディングスは，パスタソース・ブランド「ラグー」「ベルトーリ」をユニリーバから買収した。サントリーホールディングスは，アメリカ・ビーム社を約 1 兆 6500 億円という金額で買収を行った。ビーム社は，バーボン・ウイスキーの「ジムビーム」やスコッチ・ウイスキーの「ティーチャーズ」を保有している。サントリー食品インターナショナルは，イギリスのスポーツ飲料市場で販売シェア 1 位「ルコゼード」と，果汁飲料 4 位「ライビーナ」を約 2106 億円で買収している。また，アサヒグループホールディングスは「カルピス」を味の素から約 1000 億円で買収した。

こうしたブランド買収はかつて 1980 年代末から 90 年代初めにかけて，欧米でもよくみられた事象であった。企業のブランド買収が近年目につくようになった理由は，何なのだろうか。以下の 5 つの理由が考えられる。

## ❖ なぜブランドを買収するのか

第 1 の理由は，日本市場の成熟化，市場の縮小であり，国内市場にだけ安住していては将来の大きな成長が見込めないという見通しによるものである。積極的に海外の有力ブランドを取得して，海外市場を開発し，成長することが必要と考えられている。

第 2 の理由は，日本企業が体質改善を図り，自社が得意とする事業領域に集中しようとする姿勢に求められる。上記のように，味の素はかつて取得したカルピスを放出して，自社の得意とする食品や調味料分野に集中しようとしている。その後，味の素はネスレに濃厚流動食事業を売却して，ネスレ「メディエフ」ブランドを取得した（ダイヤモンドオンライン，2016 年 4 月 20 日）。これも味の素の集中戦略によるものだ。

第 3 の理由としては，世界的に大型買収が相次ぎ，有力なブランドが次々と巨大企業の傘下に入って，メガブランドが上位企業に集中しているという現実がある。つまり，買収に値するブランドが残り少なくなった，という認識が広がっている。

第 4 の理由は，企業の成長を自然な成長だけに任せておくのではなく，成長に必要な時間をお金で買うという考え方の浸透である。企業同士の競争が激しくなり，より速いスピードで成長しなければ，競合に自社が買収されてしまう恐れがあるからだ。

第 5 の理由としては，企業の事業ポートフォリオの改善による収益力向上がある。2015 年に P&G 社は，ヘアケア用品のウエラなど 43 ブランドを，アメリカ香水大手コティに 125 億ドル（約 1 兆 5000 億円）で売却した（『美容経済新聞』2015 年 7 月 10 日）。売却されるブランドには，ドルチェ＆ガッバーナ，グッチなど高級ファッション・ブランドの香水ブランドや，化粧品のマックスファクターなどが含まれると報じられて

第 14 章　ブランド戦略の諸相　　297

いる。これには収益力の落ちたビューティーケア分野に見切りをつけ，より収益力の高い分野に集中するという意図があると考えられる。

## ◈ グローバル企業のブランド買収

　花王は，カネボウを2006年までに四千数百億円という金額で買収したものの，当初は一部の物流を統合しただけで大きな成果は得られていなかった。花王は，2002年にプレミアム・ヘアケア・メーカーのジョンフリーダ社，2005年にはイギリスのモルトンブラウン社を買収している。これらの買収が花王の経営に大きなインパクトを与えた形跡はあまりみられない。

　カネボウは花王よりも化粧品事業において規模が大きく，また収益率もブランド力も高かった。また，両社の「企業文化」も異なっていた。花王は科学的なアプローチを重視し，カネボウは感性的なアプローチを得意としていた。またカネボウは繊維産業を出自としており，日本で資生堂に次ぐ化粧品の大手として業界に君臨した歴史がある。このため，花王には買収に伴って「遠慮」が働き，カネボウの体質を変えることなく，そのまま温存してきた（「花王，カネボウ買収の成果乏しく」2010年）。2013年にカネボウの美白化粧品で「白斑」事件が起こった。花王はカネボウの商品を管理し切れていなかったことになる。花王とカネボウの研究開発・生産・販売の一体化が実現したのは，買収から10年経った2015年に至ってからであった（「花王社長『化粧品の収益改善目指す』カネボウとの一体で」2015年）。

　一方，P&G社が過去に手がけてきたブランド買収は数多い（Pantene：1985年，Olay：1985年，Iams：1999年，Wella：2003年，Mach 3：2005年，Oral-B：2005年，Duracell：2005年，Gillette：2005年，BRAUN：2005年）。2005年に570億ドル（6兆6000万円）でGillette社を買収したが，その買収金額は，P&G社の前年の年間売上に匹敵する。

　買収したジレット社のOral-B，Duracell，Gillette，BRAUNはすべてが売上10億ドル以上（1000億円超）のメガブランドである。Gillette買収による成果は，2000年当初に低迷していたP&G社の成長に寄与し，成長スピードを10年早めることができたと考えられている。2006年に男性用グルーミング・カテゴリーの利益が846億ドルであったが，08年には1679億ドルに倍増し，全体の売上に占める割合も08年に約10%に達した。2005年に，1330億ドルだったP&G社の時価総額は，買収3年後の08年には，1.6倍の2150億ドルへ大きく伸びている。前述のように，2015年には，ウエラなどのヘアケア・ブランド，ビューティ関連ブランドをコティに売却し，常に高い収益性をめざしてブランド・ポートフォリオを変更し続けていることがわかる。

　ブランドM&Aは，食品や家庭用品においてのみ盛んであるわけではない。自動車産業や家電産業においても，さまざまな形で行われている。

　自動車業界で注意すべきブランド買収の事例として，プレミア・オートモーティ

298　第Ⅲ部　実践篇

ブ・グループ（PAG）が挙げられる。当時のジャック・ナッソーCEOのイニシアティ
ブのもと，フォード・モーター（Ford Motor Company）は，1999年にPAGを同社の
一部門として設立した。PAGはもともとフォード社のブランドであったリンカーン，
マーキュリーに，アストン・マーチン，ジャガー，ランドローバー，ボルボなどの高
級車ブランドを買収によって加えた。

しかし，2004年には年間5億ドルの利益を生むはずであったPAGの狙いは外れた。
PAGをつくりあげるためにフォード社は170億ドルを買収に投じた。にもかかわらず，
2002年には8億9400万ドルの損失を計上し，その計画がまったく実現不可能である
ことを示した（"Ford's Premier Automotive Goof" 2004）。

失敗の原因として指摘されるのは，買収した高級車ブランドの4つはまったく異な
る顧客グループによって支持されており，またテイストや特徴もまったく異なってい
たことである。このため，部品や製造の共通化は困難であり，仮に共通化すれば，そ
れら高級車ブランドの個性を失う恐れがあった。PAGはナッソーが2001年にフォー
ド社CEOから解任された後，これら高級車ブランドを次々と売り払い，最終的に
2010年にボルボを中国の浙江吉利控股集団に売却して，解体するに至った。

### ❖ ブランド買収の効果

こうしたブランド買収は，どのような成果を企業にもたらすのだろうか。

Wiles, Morgan, & Rego（2009）は，ブランド買収がどのように株式市場から評価さ
れるかを実証的に研究した。ブランド買収が株主価値に寄与する，つまり株式市場か
らどのように評価されるかは，その買収した企業がもつ能力や状態によって影響され
ると考えられる。たとえば，その企業のマーケティング能力だ。つまり，より優れた
マーケティング能力——より高い価値をその企業がもつ資産から生み出して提供する
能力——をもった企業がブランドを買収すれば，株主はその買収を評価し，企業価値
が上がると予測された。分析の結果，より高いマーケティング能力をもった企業ほど，
普通ではみられない高いリターンが観察された。また，より価格と品質が高いポジシ
ョンのブランドを買収した場合も，やはり通常以上のリターンが得られた。この結果
でみる限り，マーケティングに優れた企業がブランド買収を行えば，市場は高く評価
し，企業の株主価値も上がると考えられる。

### ❖ ライセンシング・ブランドの動向

ブランド買収だけでなく，ブランドのライセンシングも重要なブランド戦略の意思
決定対象の1つである。

2015年，イギリスの老舗ファッション・ブランド，バーバリーが日本でのライセ
ンス提携先である三陽商会との契約を打ち切って，バーバリーが独自で直営店を展開
することになった。三陽商会は長年，日本でバーバリー・ブランドの展開を担い，同

ブランドの普及に貢献してきた。一方，バーバリーは近年「プレミアム・ブランド化」を推進してきた。この変革の中心にいたのが，2013 年にアップルの上級副社長に移籍したアンジェラ・アーレンツ氏で，バーバリー社の CEO として 2006 年から 14 年の間にバーバリーの売上を 3 倍にし，株価を 4 倍に押し上げた。バーバリー復活の原因は，低迷していたブランドを再び富裕層に支持されるブランドに変えたラグジュアリー化戦略にある。バーバリーは，より繊細なデザインを採用して商品ラインを刷新し，さらに直営店化を推し進めた。こうした直営店化によって，自社が考えるブランドをより明確に表現することが可能になった。こうしたバーバリー・ブランドの戦略の方向性に対して三陽商会のこれまでのやり方は適応していなかった。

同じ 2015 年，ベルギー発のプレミアム・チョコレート・ブランドである，ゴディバが同年春から，それまで片岡物産と契約していた小売販売をすべて自社直営で行うと発表した。これらの動きは，ビジネスを自らマネジメントし，ブランドの育成を自社で行う意思の表れである。

2016 年に，1970 年から 46 年続いたリッツ，オレオなどのライセンス契約が終了し，ヤマザキナビスコに代わってモンデリーズ（旧ナビスコ）日本法人が販売することとなった。ヤマザキビスケット（旧ヤマザキナビスコ；山崎製パンの子会社）は，これにより年間 150 億円の売上を失った。

2016 年 3 月末にはヨーロッパのムンディファーマによって，明治が 55 年間手掛けてきたうがい薬「イソジン」（年商 35 億円）のライセンス契約が解消された。この結果，ムンディファーマ製の「イソジンうがい薬」と「明治うがい薬」とが市場で並んで売られることになった。

こうした事態に対して日本企業はどのように対処すればいいのだろうか。以下にブランド買収に関する 5 つの指針を挙げてみよう。

(1)　ブランド・ポートフォリオの検討：収益性を基準として，どの分野のブランドをどのように補強するか，そのために買収が適正な方法であるかを検討する。

(2)　素早い動きへの準備：買いたいブランドが売りにでる機会は非常に少ない。タイミングに備えて常に準備を怠らない。

(3)　被買収企業への配慮：被買収企業のメンタルへのケアを忘れない。

(4)　一体化のプログラム：自社との一体化を促進するプログラムを策定し，シナジー効果が出るよう一体化を早い時期に実行する。

(5)　ブランド買収の明確な目的意識：何を目的としてブランドを買収するのか，その目的意識を明確にもつと同時に，ロードマップを策定して，いつまでに何を実現するかを可視化する。

ブランド M&A とブランド・ライセンシングは，今後とも有力な企業の競争手段として機能すると考えられる。いっそう戦略的な思考が求められている。

# 14-7　ブランド・イマジネーション

## ❖ ブランドの世界

　ある種のブランドは独特な「世界観」をもっている。そうした世界観は，そのブランドの名前を聞いただけですぐに生き生きと想像できるエレメントを多数もっていることが多い。こうしたブランド世界あるいは世界観のことをブランド・イマジネーション（brand imagination）と呼ぶ。

　そのような世界観をもった典型的なブランドの例として，ディズニーがある。ディズニーのテーマパークに象徴されるように，ディズニーという名前から連想されるさまざまなキャラクターがあり，それらのキャラクターが発信する感情や気持ちがあり，さらに，キャラクターを取り巻くさまざまな風景や物象がある。強いブランドの要件の１つは，こうしたブランドの世界観が強力にできているかどうかにある。

　このように，多くの好ましい連想の束をもっていることはブランドにとって有利に働く。なぜなら，行楽に出かけようとしてさまざまに思いを巡らすとき，ディズニー・ブランドからポジティブに想起されるエレメントが多いほど，想起されやすく，また意思決定に役立つからである。

## ❖ 無印良品の世界

　台湾の研究者たち（Ju-Fang et al., 2007）は，無印良品（MUJI）ブランドを分析して，台湾の消費者は，無印良品ブランドに以下のような価値観＝ブランド・イマジネーションを抱いていることを明らかにした。①心地よさ，②テイストの良さ，③自然への愛，④顧客経験とカルチャー。ここに抽出された４つのエレメントとは，無印良品ブランドを台湾の消費者が受け止めている世界観を表しているといってもよい。つまり，無印良品は種々の商品を通じてこれらのポジティブな消費者の価値を実現しようとしており，ユーザーである消費者もそうした価値観に賛同し，そうした世界観の実現という点で一致していることになる。

## ❖ イマジネーションとは

　ブランド・イマジネーションには，２つのタイプがある。

　第１のタイプのブランド・イマジネーションとは，ブランドの広告コミュニケーションなどで示され，ビジュアルやテキストによって表現されるブランドのストーリー世界である。スター・ウォーズやハリー・ポッター，あるいはアメリカのテレビドラマ「24」や「マッドメン」が，強力なストーリー世界をもっているように，ブランドもストーリー世界をもっている場合がある。たとえば，ロクシタンは，南フランス，プロヴァンス地方のライフスタイルをもったブランドとして日本で成功を収めている。

第 14 章　ブランド戦略の諸相　　301

商品は何らかのプロヴァンスに関わるストーリーをもち，使われているビジュアルや
店頭のディスプレイ類もやはりプロヴァンスと強い関わりをもっている。

　第2のタイプは，ブランドが世界をどうみるか，どう考えるか，といった世界観を
指す。グーグルのようなブランドは，その「使命」を「世界中の情報を整理し，世界
中の人々がアクセスできて使えるようにすることです」（同社ウェブサイトより）と定め，
さまざまなオンライン・サービスを，その多くは無料の形で提供している。これが同
社のブランド・イマジネーションであるということになる。

　ブランド構築にとって，ブランド・イマジネーションは欠かせない要件の1つとな
ると考えられる。それだけに，ブランドに関する想像力をどのようにつくっていくか
が研究の課題として重要になるだろう。

## 14-8　ブランド・ジャーナリズム

### ◈ ブランド・ジャーナリズムの再浮上

　2000年代から唱えられていたブランド・ジャーナリズム（brand journalism）という
概念が，"再"浮上してきた。2010年代になりGEやアメリカン・エキスプレス社，
コカ・コーラ社などの企業が実行している，このブランド・ジャーナリズムとは，ど
のようなものなのか。

　ブランド・ジャーナリズムという言葉以外にも同じような意味をもった，別の言葉
がある。たとえば，branded journalism, corporate journalism, brand publishing などで
ある。またコンテンツ・マーケティングという用語とも類似している。こうした概念
は，マーケティング戦略においてどのように位置づけられるのだろうか。

　このブランド・ジャーナリズムという概念は必ずしも新しいものではない。ブラン
ド・ジャーナリズムという言葉を最初に考えたのは，2002年から05年まで，マクド
ナルドのチーフ・グローバル・マーケティング・オフィサーを務めたラリー・ライト
（Larry Light）氏であった（Solomon, 2004）。ライトは，世界的なブランド・コンサル
タントとして知られており，2000年前後には日産自動車のブランド・プロジェクト
にも参加していた。

　ライトが2000年代の当時，マクドナルド社でブランド・ジャーナリズムを唱えた
背景には，マクドナルドが，ファミリーからビジネスパーソンまで，地域的にはアメ
リカ，ヨーロッパ，アジア，アフリカに至るさまざまなターゲット顧客層を抱えてい
る事情があった。それらの人々に1つのメッセージを発信するだけでは十分ではない
と考えたのである。これは現在でいう，「マルチファセット・マーケティング」（多様
な顧客と多様な接点をもつコミュニケーション戦略）にも似た考え方である。ライトに
よれば，ブランド・ジャーナリズムはもともと，異なったターゲット・グループに異な
ったメッセージを発信することを意味していた。

『アド・エージ』（*Advertising Age*）誌は 2009 年に，このブランド・ジャーナリズムという言葉を 2000 年代の 10 のキーワードの 1 つに選び，「おそらく現在のマーケティングの状況をもっともよく言い表している言葉だろう」と述べている。

ただし，当時，このライトの考え方は反発を呼んだ。ローラ・ライズ（戦略コンサルタント，「ポジショニング」で知られるアル・ライズの娘）やセス・ゴーディン（パーミッション・マーケティングで知られるコンサルタント）らから批判されている。それまで，マーケティング・コミュニケーションの世界では，IMC（統合マーケティング・コミュニケーション）に象徴されるように，メッセージはワンボイス＝ 1 つのメッセージで統合すべきとする論者が多かったからである。このように批判されたブランド・ジャーナリズムという概念が 2010 年代になって復活したのには，また別の背景がある。

## ❖ ブランド・ジャーナリズムの実際

それでは，ブランド・ジャーナリズムを実践しているいくつかの事例をみてみよう。

GE は「アイデア・ラボ」（Ideas Lab）を 2012 年に開始した。そこには，MAKE（つくる＝製造関連），MOVE（動かす＝インフラ関連），POWER（エネルギー），COMPETE（働き方や社会・政治），CURE（医療）などのトピックごとにくくられたコラムがあり，ここにはさまざまな論者たちが寄稿している。政治家，評論家，コンサルタント，学者，また，GE のエキスパートが原稿を寄せている場合もある。

あくまでも GE の事業に関連したトピックが選ばれてはいるものの，そこでは数多くのデータや考え方が開陳されていることがわかる。たとえば，製造業がこれからどうなるか，石油の産出量が史上最大になっているがこれはエネルギー問題にとってどのような意味があるのか，ビッグデータはどうなるか，などの興味深い将来予測も読むことができる。

アメリカン・エキスプレス社のアメリカ版サイトでは，OPEN forum が展開されている。ここでは，自分の資本をビジネスに活用する方法，中小企業のイノベーションの成功事例，電話会議をどう効率化するか，短時間でより多くの仕事をこなすには，など，ビジネスパーソン向けの実際的なコンテンツが並んでいる。

コカ・コーラ社の Journey は数少ない，日本語で読めるブランド・ジャーナリズムのページである。ここでは「コカ・コーラのロゴの秘密」というブランドに関連した記事もあれば，「アウトドアをハッピーに楽しむための『新常識 10』」という生活のためのヒントも書かれている。

このように眺めてみると，ブランド・ジャーナリズムは，大枠では事業に関連したトピックを扱っていることがわかる。しかし，コンテンツの中には自由度をもたせ，広報のメッセージではなく，顧客を楽しませたり，社会の出来事に関する論調を伝達したり，生活や仕事に役立つ情報を提供したりしているのである。

第 14 章　ブランド戦略の諸相　303

## ❖ ブランド・ジャーナリズムの背景

それではなぜ，現在ブランド・ジャーナリズムが登場する必然性があるのだろうか。そこにはいくつかの背景がある。

1つは，顧客・消費者側にマーケターからの一方的メッセージングに対する反発があるからだ。押しつけがましいポップアップ広告やメールボックスにあふれるジャンク・メールの存在だけでなく，まともなバナー広告のクリック率も低下している。こうした状況下で，企業は何よりもまず読まれるコンテンツを提供する必要があった。

また顧客は，ニュースのオーディエンス（視聴者）として，マスメディアに代わってネットメディアにニュース情報を求めるようになり，スマホではさまざまなニュース・アプリが競っている。ブランド・ジャーナリズムはこうした顧客のニーズにも合致しているのである。

さらに，すでに述べたように，メガ化し複合化した企業においては，多様な情報や活動のニュースをもち，多面的に顧客とつながりをもつ必要性に迫られている。また，企業としての信頼性を獲得するための新しいメッセージ戦略が求められてもいる。

マーケティング活動としても，後で述べるように SEO（検索エンジン最適化）対策として，企業サイトの新鮮さが求められるようになってきた。常に新しいコンテンツで満たされていないサイトは，検索エンジンで発見されにくくなってしまう。

ジャーナリズム界にも，この 10～20 年の間に大きな変化があった。アメリカでは地方の新聞社の経営が行き詰まり，大手新聞社も例外ではなかった。この結果，旧来メディアのジャーナリストであった優秀な書き手がオンラインに向い，ブランド・ジャーナリズムに携わるようになったのである。

## ❖ マーケティングにおける位置づけ

ブランド・ジャーナリズムとコンテンツ・マーケティングとはどのように違うのか。あるサイトの見解（Content Marketing Lab, 2015）によれば，それは購買の意思決定のどの段階に影響を与えるのかが異なるという。つまり，ブランド・ジャーナリズムが購買プロセスの第一段階である，そのブランドを知る「認知」よりも前段階と，購買後の段階で安心や信頼などの影響を与えるのに対して，コンテンツ・マーケティングは，すでに認知した顧客，あるいは購買を検討している段階の顧客に対して影響を与えるのが狙いである。

別のサイト（PopIn, 2015）では，ブランド・ジャーナリズムは，コンテンツ・マーケティングの上位概念とされている。つまり，顧客や利害関係者の信頼を勝ちうる手段でもあり，この意味では，ブランド・ジャーナリズムは，伝統的な広報に代わる手段として捉えられている。PopIn によれば，P&G 社は 2015 年にプレスリリースを終わらせると表明している，と伝えられている。

実際，スターバックスの Starbucks Newsroom は，自社のニュースのページであり

ながら，ブランド・ジャーナリズムとしても読める豊富なコンテンツを提供している。GE は，先に述べたアイデア・ラボを展開しつつ，同時に，GEReports という自社のニュース中心のサイトを展開している。

マイクロソフトの Stories という広報ページでは自社の情報を広報として流すのではなく，人にフォーカスしたニュース・コンテンツを掲載している。たとえば，雑誌 *National Geographic* の写真家がマイクロソフトのスマートフォンの写真機能を活用してヒマラヤで撮影した，というようなニュースである。つまり，広報のための自社サイトが，かなりの程度ブランド・ジャーナリズム化しているのが現状である。

ブランド・ジャーナリズムの手法を取り入れることには，実際的なメリットもある。それは先に述べたように SEO の 1 つになりうるからだ。グーグルの検索エンジンは 2011 年にアルゴリズムを改定して，サイトの「新鮮さ」を重要なファクターとして採り入れた。検索数の 35％が，この新鮮さに影響されることになる。

これらの見解をまとめると，われわれは，ブランド・ジャーナリズムとコンテンツ・マーケティングとをうまく使い分けることが必要である。さらにいえば，ネイティブ広告（ウェブサイトのコンテキストと同化した記事体広告）とも連動する必要がある。

ブランド・ジャーナリズム概念は，それまで企業から発信されるメッセージが単一の「ワンボイス」と考えられていたところを，「マルチボイス」に変え，多面的にその企業やブランドのありようを顧客に伝える役割を担うことになった。しかし，そのマルチボイスの底流には，その企業の一貫した姿勢がなければならない。また，企業からのメッセージ戦略を，より客観的なものとして，顧客からの信頼を得る方法として，今後さらに注目される手法ということができる。

# 14-9　ブランドのジレンマと解決

## ❖ ジレンマとは

ブランド構築の実践に際して，頻繁についてまわる「ジレンマ」がある。ジレンマとは，ブランドに関する 2 つの意思決定の中でどちらを選んでも不利益が生じるような状況を意味している。ここでは，売ることとブランド価値とのジレンマについて検討しよう。

ブランドのジレンマとは，「売れる」ことと「ブランド価値を高める」こととが必ずしも一致しないようにみえることである。売ろうとすれば，ブランド価値を落とさざるをえないし，ブランド価値を高めようとすれば，売ることは一時的に諦めざるをえないことがある。こうしたジレンマはあらゆるブランドに起こりうる問題であるが，とくにハイ・ブランド，つまり高級なファッション・ブランドほどこうしたジレンマに陥りやすい（本章第 19 節「ラグジュアリー・ブランドのパラドックス」参照）。高級ブランドのいくつかは，世間がバーゲンのシーズンに突入したとしても，決して値引き

第 14 章　ブランド戦略の諸相　　305

をしない。その結果，お店に来る客が減ったとしても，気にしない。しかしどのようなブランドであったとしても，最終的には売上が問題になることは間違いない。どのようにして，このジレンマを突破できるのだろうか。

## ❖ ジレンマの解決①

　ブランド価値を維持しながら，売上を同時に追求するために，どうすべきか。もっとも問題なのは，価格を切り下げて売ろうとする意図が顧客に伝わってしまうことである。こうした行為は，価格を下げても売らなければならないほどブランド価値が低下しているのだと顧客に考えられてしまい，さらにブランド価値が下がり，それまでの上顧客が離反するきっかけをつくってしまう。こうした事態を避ける方法を以下で考えてみよう。

(1) 限定低価格戦略：ごく一部の顧客に限って低価格で一定の期間に，一定の場所でバーゲンを行い，売上を確保する。ディスカウントは実行するものの，その対象をごく限って行うために，一般にはバーゲンを行っていることを知られない。「ファミリーセール」という形で，会社の家族・親戚やその友人に対して，招待状やクーポンを発行して，店舗とは別会場あるいは店舗の限定された場所でセールを実行するやり方がある。あるいは企業の敷地内に，専用店舗を構えて，企業への来訪客にのみ低価格販売する企業もある。クレジットカード会社と連携して，そのメンバーにのみ招待するやり方もある。この手法のリスクは，SNS の普及によってこうした限定的な販売方法が他の顧客に伝わってしまうことがあるので，顧客の SNS 発信や店内のコミュニケーションには細心の注意を払う必要がある。

(2) 非価格訴求戦略：低価格で販売する代わりに，他のメリットを一定期間，購入顧客に与える。たとえば，ポイントを増加する，あるいは，ブランド価値に見合ったプレミアムが当たるロテリー（抽選）を実施する。プレゼントを贈呈するやり方もある。さらに，まとめ買いをする顧客に対して，一定数を無料で贈呈する方法がある。

(3) 限定流通戦略：郊外のアウトレット，あるいは，都心以外の店舗を活用して，そこだけで低価格セールスを行う。また，同じチャネルであっても，デパートの外商のような異なった窓口を通して，他の顧客に知られない形で特定の顧客だけに割引を実施するやり方もある。こうした場合，定番品はアウトレットに出さないが，その年だけ発売し，売れ残ってしまったアイテムについてアウトレットで販売されることが多い。さらに，アウトレット専用の低価格商品を生産して販売するケースも増えている。この場合，顧客にアウトレット専用商品であることを見抜かれないようにするべきである。

(4) 別価格アイテム戦略：一定期間に限定された数量の別価格アイテムを発売する。この場合，別価格と銘打ってしまえば，ブランド価値を下げてしまうことになる

ので，たとえば「スペシャル」という名称をつけて販売することで，顧客に「安物を買っていない」という言い訳（エクスキューズ），また売り手にとっても安売りはしていないという言い訳を与えることができ，効果的なアプローチである。

(5) 値引正当化戦略：チャリティや社会貢献などの社会的意義に基づいて，限定的に低価格で売る。この場合，大義に照らして何らかの寄付を行う必要がある。たとえばこの商品をこの期間に購入した場合，ブランド側が社会的意義のある対象に対して寄付を行うというような方法である。これはコーズリレーテッド・マーケティングの一種でもある。あるいは戦略的値引きとして，部分的にエントリー・ラインだけを値下げする，産地の違いによって価格を分ける（たとえばフランス産が一番高いが，同じブランドのＸ国産製品だけを値下げする）という手法もある。

### ❖ ジレンマの解決②

上記の戦略はいずれも，何らかの「プロモーション」あるいは販売促進策と考えることができる。しかしこうした限定期間に行う施策だけでなく，本質的に価格を落とさずに売上を増加させるような戦略がとれないだろうか。以下はその代替案である。

(6) 限定顧客戦略：低価格を狙う顧客を最初から相手にせず，少数の選ばれた顧客に限って販売する戦略がある。「バーゲン・ハンター」あるいは「チェリー・ピッカー」と呼ばれる顧客グループは，低価格のときだけ購入する客であるので，こうした顧客層を最初から相手にしない，つまり，低価格では決して売らないという姿勢をとることは，とくに高級ブランドにとって必要な戦略である。

ではどのセグメントに集中すべきだろうか。1つの方法は，価格の高低にこだわらず，必要なときに必ず購入する顧客層をつかむことである。ニューヨークの5番街やアッパー・イースト・サイドに店を構えているハイファッション・ブランド，あるいは高級ホテルに出店しているブランドがとっている戦略は多くこれである。このようなお店は普段から閑散としているが，その店の周辺に居住する少数の富裕層である固定顧客，あるいは，富裕層の旅行客が必要とするときだけ買われることで成り立っている。

もう1つの考え方は，そのブランドが高級ブランドである場合，比較的安価なアイテムに集中して購買する，高所得層ではない中間層の購買客に対応する方法である。たとえば，エルメスのプレタポルテには手が届かないが，エルメスのスカーフなら購買できる顧客に対して，ギフト需要を開拓するためのプロモーションを行う手法である。ラグジュアリー・ブランドであっても，実際の売上は少数の比較的手の届きやすいアイテムに集中していることも多い。

(7) サブブランド戦略：ブランドの商品ラインをいくつかの層に分け，上級ブランド層は決してバーゲンをしないが，下級ブランド層はバーゲンをする，というようにサブブランドを使い分ける。Donna Karan に対する DKNY のように，ファ

ッションでいえばディフュージョン・ブランド戦略に当たる。このことによって，上級のブランドの価値は護られる。しかし，もしブランドをライセンシング生産している場合，ブランド・オーナーから差し止められるリスクがある。

(8) **コア・ユーザー拡張戦略**：コア・ユーザーを初期段階で市場に形成して，このユーザーから高価格が正当化できる理由をブランドに代わって広げてもらう。そしてコア・ユーザーからクチコミなどのパーソナル・コミュニケーションによって周辺に顧客層を拡張する戦略である。これはもっとも正当な戦略といえる。コア・ユーザー層を形成するためには，市場の主流派を形成しているブランドに対して反発する少数派のユーザーを獲得することが有利である。ウィンドウズ支配に反発するアップル・ユーザーはこうした例である。しかし問題は，ブランドが成長して，自身が主流派ブランドになったとき，元のコア・ユーザーが離れてしまう危険性があることだ。

(9) **知覚価値向上戦略**：知覚価値（知覚品質から推定されるブランド価値）を向上させ，一方では価格は据え置くことによって，より「お得感」を演出して，顧客層の拡がりや購入頻度の増加が期待できる。かつてキリンビールが「一番搾り」を1990年に発売開始したとき，競合と価格帯は同じであったが，製造の過程で「一番搾り麦汁」のみを使用しているというメッセージが営業から酒屋経由で伝わり，ブランド形成に寄与したことがある。

　ブランド価値を護ることはいうまでもなく重要だが，ブランド価値を護るというときに，ブランド価値のどの部分を護ることが大事かを考えるべきである。高価格を正当化するために重要なのは，知覚品質である。知覚品質を維持しながら，どのような売上増加策があるかを考えることが望ましいのである。

# 14-10　ブランドの一貫性

## ❖　一貫性のメリット

　マーケターはしばしば，ブランド戦略には**一貫性**（consistency）が必要だ，と主張する。しかし，マーケターの間で何が一貫性であるかについて，さほど共通の合意があるわけではない。一貫性とは「最初から最後まで矛盾がない状態であること。同じ態度を持続すること」と辞書（三省堂『大辞林』）にある。ブランドについて「矛盾がない状態」というのはどういうことだろうか。

　一貫性の例としてよく引用されるのが，ミッキーマウスの「進化」である。ミッキーマウスの姿を歴史的にたどると，多くの変化を経て，現在に至っていることがわかる。ミッキーマウスがウォルト・ディズニーによって最初に描かれたのは，1928年であり，それから90年近く経った現在の姿は，最初描かれた姿とはかなり違って見える。しかしわれわれにとって，ミッキーマウスはずっと変わらずに存在しているの

308　　第Ⅲ部　実践篇

だ。

Aaker (1996) は，ブランドの一貫性で成功した例としてシガレットの「マールボロ」を挙げる。マールボロは広告代理店レオ・バーネット社提案の「カウボーイ」を一貫してそのブランドのシンボルとして用い，タバコ・ブランドとして大きな成功を収めてきた。アーカーは，ブランドの一貫性を保つことのメリットを3つ挙げている。

1つめのメリットは，「ポジションの保有」である。ずっと一貫して，1つのポジショニングを確保してきたブランドはそのポジションの占有権とでも呼べる地位を獲得する。競合がたとえ同じようなポジションで攻めてきたとしても，競合はニセモノと思われてしまい，占有権をもったブランドがより優位になる。

2つめのメリットは，「アイデンティティ・シンボルの保有」である。そのブランドが独自に開発して保有してきたシンボルは容易にマネされない。それだけでなく，当のブランドにとって，より明確に記憶され，思い出されやすく，ブランドと消費者との強固な絆を築くことができる。

ブランドの一貫性の3つめのメリットとは，「コストの効率化」である。そのブランドがアイデンティティを形成しているシンボルをコミュニケーション活動の中でうまく使えれば，すぐにそのブランドのことが想起され，ブランド・パーソナリティを維持することができる。こうした結果，一貫性はよりコスト効率を高めることになる。

## ❖ 一貫性の構造

ここであらためて，一貫性とは何かを考察してみよう。アーカーがいうように，一貫性とは，ブランドを継続的に認知させ想起させる「何か」であり，視覚的なシンボルや全体的なデザイン性や雰囲気などがそのような一貫性を構成している。しかしミッキーマウスの例にあったように，実際ブランドは常に変化するものである。変化しながら，変化しないようにみえるためにはどうしたらいいのか。

それは，ブランドのデザインの「構造」を変化させずに，ビジュアルやシンボルを「少しずつ変える」ことである。ある「構造」を保ちつつ，形や色，あるいは味覚を，変わったと認知されない範囲で変化させていけば，変わらないようにみえて，鮮度＝新鮮さを失わないことが可能になる。

ここでいう構造とは，エレメントとエレメントとの一定の関係のことである。たとえば，サンリオの「ハローキティ」は 1975 年に誕生して以来，70 年代から 2000 年代に至るまで，横座り姿勢から立ち姿へと，さまざまなキャラクターへの変身も含めて変化しているが，「口がない」などの基本的なデザイン構造は維持されている（清水，2009）。その市場で支配的な地位を築いている世界の有力ブランドも多くが，味やパッケージなどのブランドの主要な要素を変えていないようで少しずつ変化させるやり方を採用しているのが実際である。

風味調味料である味の素の「ほんだし」のパッケージは，1980 年代以降，「日の丸」

を連想させる白地に赤いマルを真ん中に配置し，「ほんだし」とタテにひらがなの，書き文字風の書体でロゴが置かれ，その下に「カツオ」がシンボル化したマークとして入っている。これがデザイン面での「構造」だとすれば，こうした構造を一貫して保ち，細かなデザインの変化はあっても，顧客には気づかれないままデザインの新しさ＝鮮度を保つ工夫がなされている。つまり，どの位置に，どのようなシンボルがあり，どのような色の配置があったかという「構造」さえ変えなければ，消費者が変わっていないと認知してくれる可能性が高まる。

## ❖ ブランドへの期待

　ブランドの意味の一貫性についても，デザインと同様に，少しずつ変化させていけば，変わらないとみえて実はブランドが常に新しくあるために役立つと考えられる。このために知っておくべきことは，顧客の「ブランドへの期待」である。消費者はブランドに常に何らかの期待を抱いている。たとえば，このブランドの製品はこういう機能をもっているだろうとか，こういう方向でブランドが新しい動きをみせるはずだ，というような顧客の考え方である。こうした期待は新製品のときにより高まる。あのブランドなのだからこういう新製品を出してくれるはずだ，と顧客は期待する。こうした期待を裏切ることなく，期待に応える形でブランドをリニューアルしたならば，一貫性として知覚されると考えられる。アップルならば，次に出る新製品はこのような性能やデザインをもっているはずだ，というのはこうした顧客からの期待である。

　つまりブランドの意味の一貫性とは，基本的に顧客の期待を知り，その期待に沿って新しい活動を打ち出し，顧客の期待に応えていくことである。もしも顧客の期待に応えられなかったならば，そのときブランドの一貫性が失われたと顧客は感じるであろうし，逆にいえば，期待に応えてさえいれば，いくら変化しても構わないことになる。このためには，何が顧客の期待か，をあらかじめ知っておくことが重要になる。

　気をつけなければならないことは，ブランドのオーナー企業が，わがブランドはこういうブランドだ，と顧客の期待と違った形で，思い込んでしまうことだ。つまり，顧客の期待を間違って理解してしまう場合である。長崎県佐世保市にあるハウステンボスは，1992年創業以来18年間ずっと赤字だった。バブル時代に2200億円も投じて，17世紀のオランダの街並みを忠実に再現したのがハウステンボスである。このような歴史をもっていたため，ハウステンボスは長年「『17世紀オランダにふさわしい施設，イベントを企画しなければ』という固定観念にとらわれていた」（同社取締役の中谷高士の言）。

　しかしハウステンボスは，2010年に旅行会社のH.I.S.の傘下に入って1年してすぐに黒字化を成し遂げた。大きな理由は，オランダの街と関係ない施設やイベントを積極的に導入したことである。これまで「オランダとは関係ない」としてやらなかったような「絶叫」施設をつくり，アニメのイベントを企画したのである。こうした方

針を打ち出すことで，より幅広い観客を惹きつけることができた。これは広い意味での顧客の期待に応えたために，ブランドを復活させた例として考えることができる。顧客は，ブランド・オーナーが考えているような「17世紀オランダ」に期待しておらず，むしろディズニーランドのような楽しさをテーマパークであるハウステンボスに求めていたことになる（第Ⅳ部ケース26参照）。

　もう1つ，ブランドの一貫性を考えるうえで参考となる失敗例が，2010年10月に起きたGAPロゴ変更事件である（Gap scraps new logo after online outcry, 2010）。アメリカのカジュアル衣料大手GAP（ギャップ）が，長年使われてきた青い四角に白い文字ロゴを変更すると発表したところ，インターネット上で新たなロゴが大きな不評を買った。その結果，同社は最終的に変更を撤回するに至った。

　発表されたGAPの新ロゴは，白地に黒い文字，右上に小さな青い四角を配したデザインであり，20年以上前から続くロゴの伝統を受け継ぎながら「より現代的」（GAP北米のハンセン社長）に進化させたとの触れ込みだった。これに対してSNSのフェイスブックやツイッターで，「使い古されたクリップアートのよう」「信じられない」と，厳しい意見が相次いだ。これを受けて同社は10月6日，代案を一般ユーザーから募る「クラウド・ソーシング」に切り替えると発表。ところが，このアイデアも再び不評を買った。この2回にわたる失敗から，GAP社は10月11日にはフェイスブック上のコメントで失敗を認め，ロゴを元に戻す方針を明らかにした。この失敗は，ブランド・オーナーたる企業が顧客のロゴへの愛着を測りかねた結果として考えられる。

## ❖ 3つのバイアス

　ブランドの一貫性を壊してしまう，実務の上で起こりやすい3つのバイアスがある。①「前任者の否定バイアス」，②「顧客の飽きバイアス」，③「変化への恐怖バイアス」である。これら3つはいずれも筆者の造語である。

　①「前任者の否定バイアス」とは，新しいブランド担当者が前任者のつくったブランド・エクイティを否定してしまうことである。これは広告キャンペーンやCI（コーポレート・アイデンティティ）などの場合にも起こりうる。新しいマネージャーは自分の手腕をみせるために前任者とは異なった新しさを打ち出し，業績を伸ばそうとしがちである。また広告代理店も，同様に，新しい提案を行って評価を得ようとするあまり，過去のブランド資産を壊してしまうことがある。こうした新しい施策は，提案時には社内の評価を得やすい。自社の評価に否定的な考えを抱いているスタッフにとっては「わが社らしくないから，良い」という判断になるからである。また社内あるいは広告代理店からの新しい提案は，チャレンジングであり積極的にみえるため，評価を得やすい。前と同じアイデアや考え方を維持します，というだけでは，保守的にみえ，また，何も仕事をしていないようにみえるからである。つまり前任者の否定バイアスによって，簡単にブランド・エクイティは破壊されてしまうし，破壊された当初

第14章　ブランド戦略の諸相　311

はその破壊をポジティブに評価してしまうことになりがちである。

②「顧客の飽きバイアス」とは，担当者は常にそのブランドを見続けているために，「顧客も自分と同じように，このブランドに飽き飽きしているに違いない」と判断してしまうバイアスのことである。広告コンテンツやパッケージ・デザインについても同じことが起こりうる。しかし実際，顧客は長い間，同種のキャンペーンに触れていたとしても，それほど飽きが生じていないことが多い。そのために飽きていると判断して，ブランドを変更したとき，ブランドのアイデンティティが失われてしまうことが起こりうるのである。

③「変化への恐怖バイアス」とは，「前任者の否定バイアス」とまったく逆の心理である。あるブランドが過去に強力なブランド・エクイティを築いたために，新しい担当者がブランドを変化させることで売上を落としてしまうのではないかと恐れ，変化をさせない事態のことである。また社内に長くそのブランドを担当してきた前任者が健在な場合にも，同様のことが起こりうる。長期的に継続してきたブランド・エクイティを破壊してしまうのではないかと恐れるあまり，新しい施策に手をつけることができないといった事態である。このような場合，危険なことは，変えるべきタイミングでありながら，変えないために，時代に取り残されたり，飽きられたりすることが起こりうることである。このような場合も，顧客にブランドに退屈，あるいはつまらないものとして知覚されていないか，確認する必要がある。

こうしたバイアスを避けるにはどうしたらよいのか。第1に，現在のブランド・エクイティが何であり，顧客がそのブランドに対して何を期待しているかを知ることである。第2に，変えてはいけないブランド・エクイティの構造やエレメントがどこにあるか，変えてもよいエレメントは何か，を明らかにすることである。第3に，ブランドのアイデンティティの変化がどのような結果をもたらすと予想されるか，を市場調査とテストによってあらかじめ検証することである。ブランドのアイデンティティを変化させてはいけないわけではないが，ブランド・エクイティがあるとすれば，その構造（エレメントとエレメントとの関係）を知ることが求められるのである。

# 14-11　ブランドの擬人化

## ❖ 擬人化とは

ブランドの擬人化（brand anthropomorphism）とは，消費者がブランドの中に人間的な要素を見出すことである。顧客がブランドに人格を見出すことをブランド・パーソナリティと呼んでいるが（第9章第1節参照），ブランドの擬人化とは，パーソナリティよりもさらに強く，ブランドを人として認知させることを意図している。なぜブランドの擬人化が必要なのだろうか。それはブランドを人として認知してもらうことで，よりブランド想起率が高まり，ブランドへの評価も高まると期待されるからである。

ブランド擬人化の戦略には，大きく分けて，①ブランドを人のように知覚し，扱う擬人化と，②ブランドの形態やエレメントの中に人間的な要素を見出す擬人化，との2種類がある（Aggawal & Mcgill, 2007）。

　①ブランドを人のように知覚し，扱う擬人化の例として，自分が使っているパソコンに愛着を見出して，「この Macbook は僕の良き相棒だ」と思う例が挙げられる。自分が愛しているブランドはしばしば，自分と切っても切り離せない存在であるように思われることがある。こうしたとき，そのユーザーはブランドを人に喩える。

　また，企業ブランドなどは，メディアや会話の中で，あたかも人のように扱われることがある。たとえば，「X 社は何を考えているんだ」と発言するとき，X 社はあたかも，一貫した人格を備えた人間のように捉えられている。これはブランドがメトニミー（換喩）として働いていることを意味しており，人間の認知システムが生得的にもつ働きを利用していることになる。

　②ブランドの形態やエレメントの中に人間的な要素を見出す擬人化の例として，クルマの正面を見て，クルマの表情が笑っているように見たりする例が挙げられる。消費者はブランドに，知能や感情，表情などの人間的な要素を見出して，ブランドと特別な関係を結ぶことがある。「グーグルホーム」のようなスマートスピーカーなどでAI による音声認識や音声による応答がより頻繁になると，スピーカーの中に人格を見出すことも珍しくなくなる。

　また，ブランドのシンボルとして，人間が用いられているケースは少なくない。たとえば，ケンタッキーフライドチキン（KFC）の創業者である「カーネル・サンダース」（ハーランド・デーヴィッド・サンダース氏）は店頭で人形として展示され，KFC のブランド・エクイティとして欠かせないエレメントとなっている。

　別の例では，ソフトバンクモバイルが開発した「ペッパー」がある。ペッパーは，世界初の感情認識パーソナル・ロボットとして，ソフトバンク・ブランドの一部として機能し，ロボットの中に人間的な要素を見出している事例である。ほかの例では，缶コーヒーのポッカコーヒーがある。ポッカコーヒーの缶には，独特のイラストの「顔」が描かれており，これがブランド形成のために大きな役割を果たしている。

### ❖ 擬人化成功の要件

　赤城乳業からアイス・キャンディのブランドとして長年親しまれている「ガリガリ君」はこうしたブランド擬人化の成功例の 1 つである。2014 年には，4 億 3000 万本の売上を記録して，その 10 年前（2004 年）と比較して，約 3 倍にまで売上本数を伸ばしている。

　2016 年 4 月に放映されて話題になったのは，ガリガリ君の値上げテレビ CM で，同社の会長，井上秀樹氏を中心にして，赤城乳業の社員約 100 人が勢ぞろいし，「25年間踏んばりましたが，値上げにふみきろう」と言いながら社員たちが頭を下げるシ

ーンが放映された。この CM は，それまで 25 年間 60 円で発売されてきたガリガリ君を 70 円（希望小売価格，税抜）に値上げする告知広告だった。

こうした一種奇抜な広告戦略が成功したのも，ガリガリ君という擬人化されたブランド・パーソナリティが長期にわたって消費者に支持され，愛されてきたからと考えられる。ガリガリ君は，いがぐり頭で，半ズボンの永遠の小学生として，昭和 30 年代のガキ大将をイメージしてデザインされている。

擬人化ブランディングが成功する 1 つの要件は，ブランドのパーソナリティを一定に保ち，ブランドのキャラクターのイメージを適正に調整し，常に顧客の期待に応える方策を実施することである。実際にガリガリ君も，2000 年から継続的にキャラクターを微調整しているが，それは，それまでのガリガリ君のキャラクターが「汗が泥臭い」「歯ぐきが汚い」「田舎くさい」などのイメージを一部でもたれていると，市場調査でわかったからであった。擬人化ブランドを成功させるためには，マーケターの長期的な視野とそれを成功させる熱意が欠かせない。

# 14-12　ブランドの復活

## ❖ 企業ブランドの復活

「リインベンション」（reinvention；再確立）とは，業績がいったん落ち込んだ企業を復活させ，業績が回復することを意味している。これは，マーケティングで知られたノースウェスタン大学ビジネススクールのグレゴリー・カーペンター教授らが唱えている概念である。どの企業も同じビジネスモデルで永久に発展を続けられるわけではない。これまでにも多くの企業の栄枯盛衰があったけれども，いったん業績が落ち込んだ企業であっても，再び復活を遂げ，「V字回復」した企業ブランド・商品ブランドがいくつか存在する。たとえば 1990 年代にみごとな復活を果たした IBM，近年の日本では富士フイルムや日立製作所がそうした事例に当たる。

どのようにしたら，このようなブランドの復活が可能となるのだろうか。カーペンター教授らは 7 社の復活を遂げた企業を調査して，そこには決まった復活のためのプロセスがあることを見出した。それがここでいう「リインベンション」である。リインベンションのプロセスは，4 つのステージからできており，市場にフォーカスした企業戦略のことだ。

## ❖ 復活のプロセス

カーペンターらによれば，企業リインベンションのプロセスの 4 つのステージとは次のようなものである。

第 1 に「認知」というステージだ。認知ステージでは，企業のリーダーあるいはグループが何か問題を発見する。そこに変革すべき必要性を認めるのである。そしてこ

の必要性に気づいた人は，社内で仲間を見つけ，共同でことに当たろうとする。しかしこのステージではまだ，何をどう変えなければいけないか，どこから手をつけたらいいのか，わからないことが多い。

　このステージはもっとも困難なステージといってもよい。なぜなら，変革をする必要性を受け入れることは誰にとっても困難だからである。リーダーにとってみれば，その変革すべき対象である社内のシステムは，もともとリーダー自身をリーダーたらしめた原動力でもあるからだ。こうしたシステムを変革しなければならないと理解することには，恐怖すら感じるものだ。

❖ **再確立ステージ**

　第2ステージは，再確立，すなわちリインベンションのコアとなるステージである。

　ここでは「ビジョン」を打ち立てる必要がある。ビジョンは市場にフォーカスしたものでなければならない。すなわち，市場の動きや顧客に対応したビジョンでなくてはならない。ビジョンは抽象的なものであってはならず，自分たちはどうなるべきなのかを具体的に言い表したものでなければならない。

　そして，ビジョンを立てたならば，それを実現するため，リーダーは企業の中で変革への熱気や企業文化をつくりだすべく動かなければならない。そのために市場とビジョンとをコネクトして，より正しい市場の理解をもたらすよう努めるのである。

　このとき大事なことは，変革への明かりを灯し続けることだ。変革への勢いを失わず，次のステージに向かって変革への努力を続けなければならないのである。

❖ **定着化と維持**

　第3のステージは「定着化」だ。企業変革とは，新製品や成長という形をとって現れてくる。しかしここで安心していることはできない。企業は変革への道を歩み始めたとしても，また「元の黙阿弥」に戻ってしまうことも珍しくないからである。

　ここでなすべきこととは，リインベンションを成し遂げた実行のスタイルを社内に定着化させることだ。価値観を共有化したり，社員の給与システムを見直したりして，組織の中に企業変革の流れが定着化するよう，制度や文化に手をつける必要がある。

　最終の第4のステージは，「維持」だ。ここまでの変革は，企業文化，あるいは，社員行動の面でさまざまな変化を伴ってきた。こうした変化を維持するためには，常に市場と関係性を保ち，人材を育成していく必要がある。

図14-2　リインベンションの4つのステージ

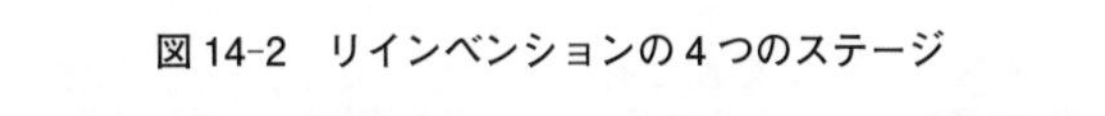

| 認　知 | ➡ | 再確立 | ➡ | 定着化 | ➡ | 維　持 |

## ❖ 変革のビジョン

　以上カーペンター教授らによる４つの企業復活のステージの中でもっとも重要なのは，２番目のリインベンションのステージである。リーダーがビジョンを考える企業は少なくないが，リインベンション＝変革に役立つビジョンのあり方については，再考する余地がある。

　ビジョンとは，未来についての魅力的な見取り図でなくてはならない。また，ビジョンとは，未来に向けたいくつかの目標でもある。しかしこうした変革に有効なビジョンを考えることは，やさしいことではない。実際にあるビジョンは，「止血」のために考えられたものであることも珍しくない。たとえば，「売上を高める努力をせよ」とか「新商品に全力を尽くせ」などはビジョンとはいえない。

　また「価値」と「目的」の２つを備えていることがビジョンの要件である。しかし，だからといって「顧客に最良のサービスを提供します」というのもまた良いビジョンではない。あまりにも当たり前すぎ，一般的すぎるからだ。

　オンライン・マーケット・プレイス（オークション）である eBay は，アマゾンやほかの e コマースからチャレンジを受けて，変革の必要性を感じ取った。そこで採用したビジョンとは，「コア・カスタマーを再考しよう」というスローガンである。つまり eBay にとって，本来のコアとなるべき顧客はどこにいるのかを見失わないようにしたことになる。eBay はスカイプ事業をマイクロソフトに売却し，買いたい客と売りたい客とのマッチング・ビジネスと，PayPal の金融事業の２つに集中することにしたのである。

　この事例でもわかるように，変革のためのビジョンとは，何よりも市場のニーズに立脚したものでなければならない。そして，タコつぼ化してしまった組織をより相互協力的な文化へと作り変える必要があるのだ。

# 14-13　ブランド環境

## ❖ 経験の実現の場

　ブランド環境（branded environment）とは，ブランド経験が実現される空間的・時間的な「場」のことである。言葉を変えていえば，特定のブランドの特有の経験が感じられる場所のことを意味する。「場」とは空間的な概念であるが，同時に時間的な概念でもある。

　顧客は，ブランド環境に，ある場合は積極的に身を置き，別の場合は偶然にその場に居合わせる。そしてブランドの発信する情報を受け止める。このとき消費者は，ブランドの発信する情報に，感覚器官である五感すべてを使って対応する。つまり，音を聞いたり，話しかけるだけでなく，香りを嗅いだり，皮膚で感じたりもする。同時に，音楽のライブ会場やスポーツ観戦の場にいるときのように，ともに集った人々，

あるいはその場に居合わせた人々と言葉を交わしたり，感情を共有化することもある。

　ブランドのコミュニケーションは，かつて商品やマス広告を通じて訴求されるのが常であった。ウェブを通じたコミュニケーションがここに加わった。しかし，こうしたコミュニケーションだけでは差異化のために十分ではない。ブランド環境をメディアとしてつくりだすことで，より効果的に顧客とコミュニケーションすることが試みられるようになったのである。

　ブランド環境の成功例は「アップルストア」にみられる。特徴的なストア・デザインやサービス・スタイル，また，店頭でのプレゼンテーションなど，アップルストアの行ったことは，アップル・ブランドを強化することに大いに貢献した。アップルストアの1つの大きな特徴は，レジがなく，「ジーニアス・バー」と呼ばれる，スペシャリストが顧客に対応するスペースが確保されていることだ。

　なお，アップル創業者である故スティーブ・ジョブズ氏がアップルストアをデザインするにあたって，最終段階で日本人デザイナー植木莞爾氏を関わらせたことが特筆される。また2015年9月には，アップル社の最高デザイン責任者であるジョニー・アイブ氏がデザインした新しいアップルストアがベルギー・ブリュッセルにオープンした。アップルストアでのブランド体験は常に更新されているのである。

　ブランド環境は図14-3のように4つに分類できる。1つの軸は，参加者が能動的であるか，あるいは，受動的であるか，である。参加者が自分で進んでその場に参加したいと思うか，あるいは，受動的にその場から発信されるコンテンツを消費するかの違いだ。もう1つの軸は，その場が商業的なものとして最初からあるか，あるいは，スポンサーがついた場であるかの違いである。

図14-3　ブランド環境のカテゴリー

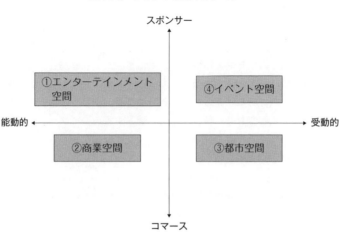

## ❖ エンターテインメント空間

　典型的なブランド環境の事例として，ディズニーランドのようなテーマパークが挙げられる（図の①）。これはエンターテインメント空間として位置づけられる。ディズニーランドでは，観客は常にディズニーというブランドの存在を意識しないではいられない。ミッキーマウスや白雪姫のようなキャラクターたちは，ディズニーという大きなブランドの下で機能しており，ディズニーのカラーに染め上げられている。

　このために，ディズニーで顧客が感じた感動はすべてディズニー・ブランドに集約され，記憶として蓄積される。結果としてさらにディズニー・ブランドが強力になっていくことになる。

　日本のテーマパークとして，近年，長崎のハウステンボスや大阪のUSJ（ユニバーサル・スタジオ・ジャパン）のように復活を遂げたパークがある。これらのパークも同様にブランド環境として機能しており，傘ブランドとしてのテーマパーク・ブランドだけでなく，娯楽施設（ハリー・ポッターなど）のブランド，さらにはパークに協賛している企業ブランドなども，観客に対してブランド環境を形作っている。

　こうした①のブランド環境は，大きな娯楽としての刺戟を顧客に与えるために，大きな投資と，娯楽としての質の高さ，また，施設を持続的に発展させていくための長期的な計画が必要となる。

## ❖ 商 業 空 間

　アップルストア同様，ショッピング・センターや店などの商業空間もまた，ブランド環境の1つである（図の②）。

　日本での成功例として，化粧品のメーカー兼小売業者としての，ロクシタン（L'OCCITANE en provence）が挙げられる。ロクシタンはリアルな店舗をメディアとして考えており，そこでのメッセージ内容は，南フランスのプロヴァンス地方のライフスタイルとなっている。それぞれの製品アイテムはプロヴァンス地方にまつわるストーリーをもっており，顧客は店の中でこうしたストーリーを追体験することができる。

　こうした商業空間でのブランド環境②と，①に挙げたテーマパークでのブランド環境とが異なる点とは，顧客が②ではそこがモノやサービスが売られている環境であることを意識している点である。売られている商品ブランドと，商業空間で感じられるブランド経験とは一致しており，顧客は商品を購入する前提でブランド環境を歩いていることになる。

## ❖ 都 市 空 間

　図の③の都市空間において，顧客は基本的には自由に動き回っている。しかし時に，マーケティング・メッセージが伝わってくる。アウトドア広告も，ブランド環境を形作るときがある。高速道路の看板広告あるいはニューヨークのタイムズ・スクエアの

ネオンサインのような存在は，アメリカにおいては，重要な広告メディアの1つとして，環境の1つのエレメントとなっている。

　また都市空間においては，交通広告のようなメディアが発達して，交通機関利用者に半ば強制的にブランド・メッセージを発信することがある。近年では，デジタル・サイネージといわれる電子スクリーンによって，魅力的な広告メッセージが流されている。エレベーターのスクリーンで流される広告のように，「キャプチャード・オーディエンス」（閉じ込められたオーディエンス）に向けたブランド・メッセージもある。ヨーロッパでよくみられるバスの停留所に設けられた広告スペースは，重要なブランド環境をなしている。

　これらの都市空間におけるブランド環境は，ニューヨークのタイムズ・スクエアにみられるように，ときに都市の風景となって存在している。ブランド・メッセージは都市の風景と同化することで，抵抗なく消費者に浸透することになる。

## ❖ イベント空間

　イベントもまた，ブランド環境の1つだ（図の④）。イベントの中でも音楽イベントやスポーツ・イベントのことを考えてみよう。

　近年では，ライブのイベントの価値が上がり，ライブの音楽市場は世界的にも成長している。オンラインの世界が発達した反動として，リアルなシーンがより稀少なものとして捉えられるようになったことが大きい。

　スポーツ・イベントもまた，広告スポンサーにとっては，メディアとして重要な位置を占めるようになった。ワールドカップ・サッカー，あるいはオリンピックのような世界的にも規模の大きなイベントでは，高額なスポンサー料が支払われている。

　こうした音楽やスポーツ・イベントに際しては，観客はイベントを見るために受動的に参加するものの，イベントの場面ではときに熱狂的に自分がファンのアーティストやプレーヤーのために声援を送る。

　こうしたイベント空間では，ブランド・メッセージは間接的にユーザーの心理に浸透していく。たとえば，サッカー場の袖看板に掲げられたブランド広告は，さほどユーザーに意識をもたせることなく，ブランド名やメッセージを伝達することができる。

## ❖ ブランド環境の今後

　ブランドにとってブランド環境は，今後ブランドのメッセージ発信のためにより重要性を増すと予測できる。なぜならば，これまでのテレビ番組とともに出稿される広告や，ネットのようにスクリーンに頻出する広告とは異なり，より自然な，また消費者に抵抗ない形でブランド・メッセージを提供できるからである。

　また消費者にとってより望ましいブランド環境が，今後もっと開発されることも期待できる。デジタル技術の発達によって，イベントに参加する人たちにさまざまな情

第14章　ブランド戦略の諸相　　319

報を提供できるようになったように，ブランド環境を消費者により望ましい形で改良していくことも必要となる。

# 14-14　ブランド関係性の形成

## ❖ 「愛」の強化

　ブランドと顧客との関係性を強化する，つまり顧客のブランドへの愛着や「愛」を強化するためにはどうしたらよいだろうか。この課題は企業ブランドであろうと，商品ブランドであろうと共通している。たとえば，愛されている企業の1つの条件は，企業（ブランド）と消費者とが情緒的・感情的絆で結ばれている状態が存在することである（笠原, 2013）。「私はアップルという会社を強く愛している」という状態がそれである。また，ある人はマクドナルドという企業あるいはお店という場を愛する。また別の人は，レッドブルというブランドを愛している。

　こうしたとき，消費者とブランドとの間には強い感情的な絆が形成されている。こうした絆を，消費者心理学的概念を用いて分解して考えてみよう。それは，①態度，②ロイヤルティ，③信頼，の3つである。この3つの視点は，それぞれ①そのブランドが好きだ，②そのブランドの活動と繰り返し付き合っていきたい，③そのブランドのやることに間違いはない，という消費者の気持ちを表していると理解すればよい。

　それでは，顧客とブランドの関係性を構築するためのコミュニケーション戦略はどうあるべきかを考察してみよう。

## ❖ 態度の形成

　ここでいう態度とは，ある企業やブランドについて消費者がもつ，持続する好意的あるいは非好意的感情のことである。つまり，ある企業やブランドに対して，好きとか嫌い，または，好きでも嫌いでもない，という感情をもつことである。こうした態度は，ある程度持続することが前提とされている。

　たとえば，スターバックスが好きだ，と思う態度は，毎日変化するのではなくて，ある程度の期間持続する。消費者がもつ企業や商品についての態度は，一度形成されると変化しにくい傾向がある。また強い態度が形成されると，その態度と逆の情報がもたらされたとしても，自分の態度を変化させるよりも，その情報を無視したり，反論する傾向がみられる。スターバックスを愛している人に，「スタバのコーヒーは高いよね」とか，「最近のスタバって，騒がしいよね」などと意見をすれば反論が来ることが予想される。

　態度に関する多属性モデルを用いて考えてみよう。多属性モデルとは，その対象への態度は，対象を構成する複数の「属性」への評価を合成させてできている，とする考え方である。

320　第Ⅲ部　実践篇

表 14-1　カフェへの態度（仮想例）

| 属性と重み付け | カフェA | カフェB |
|---|---|---|
| ① （コーヒーの味）× 5 | 3 × 5 = 15 | 5 × 5 = 25 |
| ② （店の雰囲気）× 3 | 5 × 3 = 15 | 2 × 3 =  6 |
| ③ （食べ物の味）× 2 | 2 × 2 =  4 | 3 × 2 =  6 |
| ④ （場所）× 1 | 3 × 1 =  3 | 5 × 1 =  5 |
| 合　　計 | 37 | 42 |

　たとえば，シアトル系コーヒー・カフェへの態度は次のような4つの「属性」への評価の合計からできていると想定してみよう。
　属性①：コーヒーのおいしさ（×5），属性②：店内の雰囲気（×3），属性③：食べ物のおいしさ（×2），属性④：お店の場所（×1）。
　ここで，（×5）と記してあるのは，それぞれの属性の重要性の重み付けである。つまり，ここでは，コーヒーのおいしさという属性は，お店の場所という属性よりも，5倍重要ということになる。この属性リストに沿ってカフェを評価すれば，表14-1のようになる。
　ここでの結果は，コーヒーの味について高い評価を得たカフェBが，合計点でカフェAを上回り，より高い好意的な態度を獲得している。もしこのように，その競争市場で，どのような属性がどのような重み付けを獲得しているかがわかれば，コミュニケーション戦略として，より具体的な戦略を立てることができる。ここで，企業ができる消費者への働きかけのパターンは次の3つがある。
　(1)　戦略①：属性の信念の強さを変化させる
　これは，上記の例でいえば，もしも消費者がコーヒーの味がおいしいことがもっとも大事，と考えているとすれば，別の属性への信念の強さを変化させることである。たとえば，カフェは，コーヒーの味ではなくて，食べ物のおいしさがカギなんですよ，というメッセージを流すことによって，消費者の態度を変化させることができる。
　(2)　戦略②：属性の評価を変化させる
　これは現在消費者がもっている属性への評価の仕方を変化させることである。たとえば，そのカフェのコーヒーの味が理解されていないとすれば，そのカフェ独特の味の良さを広告で訴求するやり方である。
　(3)　戦略③：重要でなかった属性を新たに導入する
　カフェの属性として①〜④があったとして，まったく別の新しい切り口の属性を導入するやり方である。たとえば，カフェに大事なのはスキルの高いバリスタがいることです，というような新しい訴求ポイントを考えて，マーケティング・コミュニケーション（MC）活動を行うやり方である。
　このように，態度を変化させるためには，どの属性をどのように評価させるか，と

第14章　ブランド戦略の諸相　　321

いう点に働きかけることが有効であることがわかる。日本コカ・コーラが発売している緑茶飲料「綾鷹」は，こうした態度変化を MC で促進した例である。「綾鷹」は，2013 年当時「急須でいれたような，にごりのある本物の味わい」を訴求している。発売当初は，「にごり」だけが売り物だったが，それに「急須でいれたような」ポイントを追加した。その結果，「綾鷹」はより強力に消費者にアピールを行うことができ，2009 年以降，39 カ月連続で販売数量が 2 ケタ成長を果たすことができた（「なぜ『綾鷹』が売れているのか？──ヒットの秘密を探る」2012 年）。

## ❖ ロイヤルティの育成

ロイヤルティ（loyalty）は，忠実性と訳されることがある。ロイヤルティには，心理的なロイヤルティと行動的なロイヤルティがある。心理的なロイヤルティとは，そのブランドに対して，気持ちのうえで，熱情をもち，深く結びついている状態である。行動的なロイヤルティとは，購買のうえで，繰り返しそのブランドを買うかどうかという，消費者の実際の購入行動面で規定されるような忠実性のことである。

心理的なロイヤルティと行動的なロイヤルティとは，重なる場合もあるが，異なる場合も少なくない。行動的なロイヤルティは，心理的なロイヤルティを伴わず，単に惰性の場合があるからである。惰性的な購買とは，わざわざ意思決定を行わないで，前にこのブランドを買ったので，次もこのブランドでいいや，というような購入行動を指す。いつも使っている調味料が足らなくなったので，必要に応じて買うというような購入例が挙げられる。

逆に，心理的なロイヤルティがあっても，それが常に行動的なロイヤルティに結果するとは限らない。実際の購買行動には，心理的なロイヤルティだけでは説明できない要素が介在するからである。たとえば，スターバックスを心から愛していても，すぐ近くにお店がない場合は，代替として別のカフェを選択することがありうる。

Batra, Ahuvia, & Bagozzi（2012）は，ブランドが愛される（brand love）ためのいくつかの方法を提案している。バトラらの提案をヒントにして，MC でできることを考えてみよう。

(4) 戦略④：消費者のブランド「情熱」行動を促進する

ここでいう情熱とは，強烈にそのブランドを使いたいとか，もっとそのブランドにお金を使いたい，というような気持ちのことである。たとえば，そのブランドに消費者の名前を刻んであげる，というのは情熱行動促進の 1 つの例である。MC でいえば，期間限定版のバージョンが発売された，という告知を行うことはこうした情熱行動の促進につながるだろう。

(5) 戦略⑤：消費者自身とブランドとの関係を深める

消費者とブランドとがより深い意味で結ばれているならば，消費者はそのブランドに深い関係を見出す。MC で，消費者個人が，ブランドについてもっている意味を強

化し，深めるメッセージを発信することが有効である。たとえば，そのブランドが生まれ育った国や土地のイメージを，あらためて強調するようなメッセージを発信することである。サントリーから発売されている「オランジーナ」は原産国であるフランスを強調している。

「『オランジーナ』は，1936年にフランスで誕生して以来，長年愛され続けている果汁入り炭酸飲料です。フランスでは，ご家庭だけでなく街角のカフェなどでも広く親しまれており，フランスを代表する清涼飲料ブランドの一つです。現在，ヨーロッパをはじめ世界約60ヶ国で販売されています」（サントリー・ウェブサイト http://www.suntory.co.jp/news/2012/11285.html，2013年6月19日アクセス）。

(6) 戦略⑥：消費者とブランドとの間の感情的絆を強める

消費者がもつ，そのブランドとの感情的な絆をより強化する。これは消費者がそのブランドの歴史や，創業者やトップ・従業員の人柄，エピソードを知ることによって，達成できる場合がある。あるいは，そのブランドの「本物」感を強めることも有効である。たとえばアップル社が，創業者であるスティーブ・ジョブズのことを広報するのはこうした例に該当する。また，ケンタッキーフライドチキンが，やはり創業者であるカーネル・サンダースの自伝を，ウェブサイトを通じてダウンロード配布するのも，こうした本物感の醸成につながっている。

## ❖ 信頼性の獲得

信頼を研究するMcEvily et al.（2006）によれば，信頼とは「他人の意図や行動に対するポジティブな期待をもとに，相手を受け入れようとする意思」（p.54）と定義される。つまり，相手が私に良いことをしてくれるだろう（悪いことはしないだろう），という期待をもって相手を受け入れることが信頼ということになる。

信頼とは相手に関する情報が不足している状況下において，用いられる心理的な戦略でもある。われわれは常に相手の情報を十分にもっているとは限らず，相手のことをよく知らない場合でも信頼をしなければ，社会生活を営むことはできなくなる。

つまり，われわれ消費者は売り手企業に対する情報が限られており，不確実な状況のときでも信頼をしなければいけない状況に常に置かれている。消費者は，限られた情報を用いて，相手が信頼できるかどうかをできるだけ正確に判断しようとしている。

進化心理学者ハンフリー（2004）によれば，われわれが信頼への判断のために用いる情報源は3つある。①「個人的な体験」，②「合理的な推論」，③「外部の権威」である。この3つの情報源に即して，コミュニケーション戦略を考えてみよう。

(7) 戦略⑦：消費者にトライアル体験を勧める

個人的な体験を情報源とする場合，消費者は自分で経験し確認したことならば，まず間違いないだろうと判断する。消費者は広告のような商業的情報よりも自分の体験を重視する傾向がある。その体験が本当に正しいかどうかは別として，一度食べてお

いしかった食品には，また次に買う機会にもおいしい食品だろう，というように信頼を置くことになる。したがって，消費者にトライアルの機会を増やすようなメッセージを発信し，どこかで商品体験をしてもらうことが有効である。たとえば，「7日間おためしください」とか，無料のトライアル・キットを用意して配付するのはこうした使用体験を促進するためのMC戦略である。

(8) 戦略⑧：消費者の"推論"を促進させる

新製品のように，消費者に体験情報が不足している場合，消費者は広告や販促情報を重視して購買を行う。MCが重要性を発揮するのは，まだ商品が消費者になじんでいない，初期の段階である。こうしたとき，消費者がこういう理由で，この新製品は信用できるだろう，という推論を可能とするメッセージを発信することが有効になる。

たとえば，2013年当時「ノンシリコンシャンプー」が広まった。シリコンは毛穴に詰まる，という憶測が流布したが，実際にはシリコンが毛穴に詰まるという科学的根拠はない。また花王の「メリット」，資生堂の「スーパーマイルド」はともに昔からノンシリコン・タイプのロングセラー商品であるが，こうした事実はあまり知られていない。しかし新興企業が「ノンシリコン」を訴求することによって，消費者がノンシリコンを選択するようになったのは，こうした「シリコン」という物質に対してもっている消費者のイメージから推論を起こさせた結果と考えられる。

(9) 戦略⑨：権威を利用する

信頼を築くためのもう1つのアプローチが，権威を利用したメッセージである。たとえば，サントリーのザ・プレミアム・モルツは，モンドセレクション賞を受賞した事実を発信することで，売上の促進に寄与した。アメリカでは，J. D. パワー社が測定した顧客満足の結果を広告で表示している。こうしたメッセージは，外部の権威がその品質を保証していることを示し，消費者の信頼獲得につながると考えられる。

# 14-15　ブランド経験

## ❖ 定　　義

ブランド経験（brand experience）とは，ブランドによってもたらされる顧客の反応や行動のことである。ごく近年，ブランド経験は研究者たちの関心を引くようになった。ここではその背景と，研究の現状，ブランド論における意義を考察してみる。

消費者行動論においては，マーケティングを目的とした情報よりも，個人的消費経験のほうが消費者行動に及ぼす影響は大きいことが以前から知られていた。Sheth, Gardner, & Garrett（1988）が導き出した消費者行動の基本原理の1つは，以下のようなものであった。

「（マーケティング）情報と比較すると，製品・ブランド体験は将来選択の重要な決定因である。事前経験がない場合にのみ，消費者は情報に依存しようとする」（邦

訳, 138 頁)。

　これは次のようなことを意味する。広告やプロモーションなどのマーケティング的情報源は, 新製品のような消費者に経験・知識のない商品には有効であるが, 一般的に商品の評価や選択を決定するのは, マーケティング情報よりも自分自身の商品体験である。

　マーケティング論で経験の問題に取り組んだのはシュミットらである。消費者行動の意思決定において, どういった経験がどのような場合に必要なのか。Schmitt & Simonson (1997) はまず, 経験の演出と相性のよい 9 つのテーマ領域 (歴史, 宗教, ファッション, 政治, 心理学, 哲学, 現実世界, ポップカルチャー, 芸術) を挙げた。その後, Schmitt (1999) は, これらを 5 つの要素 (感覚的, 情緒的, 創造的・認知的, 肉体的, 関係的) に収斂させ, 「戦略的経験モジュール」として提案した。

　その後, Brakus, Schmitt, & Zarantonello (2009) が, ブランド経験を 4 つの要素 (感覚的, 感情的, 認知的, 行動的) に分類した。ブランド経験を「ブランド刺戟によって喚起された, 主観的かつ内的 (感覚的・感情的・認知的) な消費者反応または消費者行動」(p. 53) と定義しており, この反応を測定する尺度を開発した。これらの見解は, 経験を統合化した消費者反応として捉えているということができる。

　ブランド経験とは, 上記でみてきた顧客経験の中でも, 特定のブランドによって生成した経験を指す。実務的視点からは, ブランドがどのような経験を生み出し, またその経験がどのような消費者行動に結びついてくるかは重大な関心事でありうる。

　このようなブランド経験への考究は, ブランド論の文脈でどのような意義をもつのか。Keller (2008) は, 「顧客ベースのブランド・エクイティ」概念を次のように定義している。「あるブランドのユニークなマーケティング活動に対する消費者の反応にブランド知識が及ぼす差別化効果」(邦訳, 50 頁)。またブランドの力とは「何が顧客のマインドに残っているか」にあるとして, ブランド構築のためにマーケターがしなければならないことは「顧客に正しい経験をさせ, 望ましい考え, 感情, イメージ, 信念, 知覚, 意見などがブランドに結びつくようにすること」(50 頁, 強調は引用者) と述べている。ここで経験という言葉で触れられているように, ケラーもブランド経験の重要性は認識していた。しかしながら, ケラー自身の体系の中で, ブランド経験という概念は十分に展開されてはいない。Keller & Lehmann (2006) によるブランド研究レビューでは, ブランド経験について 1 節を設け, Schmitt (1999, 2003) の業績を引用しながら, ブランド経験がどのようにブランド・エクイティに影響を与えるかが今後の研究課題であると述べるにとどまっている。つまりブランド論の文脈でも, ブランド経験の重要性は認識されながらも長い間考察されなかったテーマだといえる。

　Khan & Rahman (2015) は, 「ブランド経験」の近年の学術研究での成果をレビューしている。ブランド経験という用語が初めて学術的に本格的に取り上げられたのは Brakus, Schmitt, & Zarantonello (2009) であるとし, さらに合計 73 の研究論文を学

術雑誌に見出している。また73の論文のうち2012～14年の3年だけで45%（33本の研究）を占め、定量的な研究ではこの3年間だけで55%に上る研究が公刊されている。つまり、ブランド経験研究は2010年代になって本格的に取り組まれていることがわかる。

では、なぜブランド経験というテーマが近年、急速に研究者の注意を惹くようになったのだろうか。2つの理由が考えられる。

1つの理由は、実務家の関心である。実務家、とくにITの関連でオンライン上の顧客経験が重要視され、それがブランドに応用されてきた。顧客とコンタクトする場面が重要であると認識されるようになり、ブランドとのタッチポイントにおいて、もたらされる経験がどのような役割を果たすかに関心が高まってきたのである。

こうしたブランド経験を重視するマーケティング実務は、すでに1990年代の初期に唱えられたIMC（integrated marketing communications）の立場でも強調されていたことに注意する必要がある。IMCの特徴とは、①メッセージの一貫性、②多様なコンタクト・ポイントの活用、③行動反応重視、である（岸・田中・嶋村、2017）。つまり、IMCとは、異なったメディアから発信される一貫したブランド・メッセージの効果が、個々のメディアの効果を総和した効果よりも高くなることを意図する戦略であった（Naik, 2007）。ブランド経験という用語を使わないまでも、すでに1990年代からアメリカ広告業界ではIMCの考え方が浸透していた（Schultz & Kitchen, 1997）。

ブランド経験に注目するもう1つの理由は、経験という視点を用いることによって、ブランドが与える種々の影響を統合化して捉えることが可能になったことである。それまでの消費者行動研究では、認知的・感情的・行動的反応など、ブランド刺戟が引き起こす反応を分けて捉えるアプローチが支配的であった。しかし、実際にブランドが引き金になって起こる消費者反応は複合的であり、また、消費者が想起するブランド経験もまた認知的・情緒的反応の両方を含んでいる。こうしたブランドがもたらす経験とそこで起こる反応、またその経験の想起をより統合的に捉えるためにブランド経験という概念が有効なのである。

たとえば、スターバックスで楽しい時間を過ごすという同じブランド経験をしたとしても、ある顧客はそこから認知的反応、たとえば、スターバックスは良い経営をしていると反応し、別の顧客は、楽しい感情を抱くというような情緒的反応を示すことがありうる（Liu, Huang, & Chen, 2012）。

## ❖ ブランド経験価値の測定

では、ブランド経験価値をどのように捉え、どういった指標を用いて、どういった測定をすべきだろうか。

Pine & Gilmore（1999）は、教育（educational）、娯楽（entertainment）、審美性（esthetic）、非日常（escapist）の4つの要素（4E）を提唱した。また、Schmitt（1999）は、

経験価値を5つの経験概念（感覚的，情緒的，創造的・認知的，肉体的，関係的）に分類することを提案，「戦略的経験モジュール」と名づけた。その後，Brakus, Schmitt, & Zarantonello（2009）が検証調査を重ねて4種類の反応（感覚的，感情的，認知的，行動的）へと収束させている。

この Brakus, Schmitt, & Zarantonello（2009）の研究は，包括的な経験尺度開発をめざした最初の本格的な研究であるといえる。彼らは，まず，文献レビューから125項目の測定項目を作成し，さらに，5段階の調査を行い，探索的因子分析や妥当性の検証の結果，上記の4つの因子（感覚的経験，感情的経験，認知的経験，行動的経験）を捉えるための以下の12項目にしぼりこんだ（筆者訳，反転項目も含む）。

- このブランドは，私の視覚的感覚，他の感覚に強く訴えてくるものがある。
- 感覚的に / 直観的に，このブランドに興味関心が湧く。
- このブランドは感覚的に魅力を感じない。
- このブランドは，私の心にさまざまなフィーリング，感情を湧き上がらせる。
- 私はこのブランドにはとくに強い思い入れはない。
- このブランドには私の感情に訴えるものがある。
- このブランドを使うときには，何らかの動作や体の動きを伴う。
- このブランドは身体的な経験を伴う。
- このブランドは行動志向ではない。
- このブランドを見ると，さまざまな考えが浮かんでくる。
- このブランドを見ても，何の思考も働かない。
- このブランドは，私の好奇心を刺戟し，問題解決に導いてくれる。

この12項目のブランド経験尺度（以下，Brakus 尺度と呼ぶ）と，一般的なブランド全体評価，ブランド関与，ブランド愛着（愛情，絆，情熱など），顧客歓喜，ブランド・パーソナリティなどブランド・イメージについての項目について測定を行い，分析した結果，ブランド経験は，他の構成概念と一定程度の関連性が示唆されつつ，異なる尺度であることが報告されている。また，「ブランド経験は，直接，あるいはブランド・パーソナリティを介して，顧客満足とロイヤルティに影響を及ぼす」という仮説も支持された。ブラカスらがブランド経験に定義を与え，ブランド経験価値測定尺度として簡潔な12項目を示した結果，他のブランド測定尺度との弁別的妥当性が検証されることになり，研究上大きな前進となった。

しかしながら，この Brakus 尺度を日本で用いるためには，各尺度について以下のような検討課題が残されている。

(1) 日本でも適用可能か（日本の消費者にも適切でわかりやすい項目，ワーディングか）。
(2) シュミットの先行研究の「戦略的経験モジュール」5要素を出発点としているが，それでよいのか。この5要素以外にも検討すべき要素は存在しないか。
(3) ブランド経験に伴う時間的な経緯が捉えられているか。

第14章　ブランド戦略の諸相　　327

(4) ブランド経験に伴う感情が適切に捉えられているか。

(1)については，国際比較研究でも指摘されているように，異なった言語との間での調査票の翻訳には，反訳（バック・トランスレーション）などの手続きを用いて翻訳する必要がある。さらに翻訳内容やワーディングが日本人に理解可能であるかどうかについても検討する必要が出てくる。

(2)のシュミットの考えたブランド経験価値の5つを起点とするのがよいかは，検討の余地がある。Brakus 尺度は顧客経験である「戦略的経験モジュール」（シュミット）をベースとして開発されているが，ブランド経験そのものの価値を測定し，類型化し，ブランドに関する重要指標（ブランド態度やブランド・エクイティ）への影響を捉えられるフレームでの経験尺度開発が必要である。森岡（2015）はホルブルックの枠組みを参照して，顧客経験尺度を構成する試みを発表しているが，シュミット以外の概念フレームワークも参照する必要があるだろう。

(3)については，CX（顧客経験）での論議，Pine & Gilmore（1999）の指摘，あるいは，Ariely（1998）や Kahneman（1999）が報告したように，ブランド経験には時間的な要素が常につきまとっている。つまり，時間的に推移する要素を測定できることが必要と考えられる。このためには測定方法自体に時間的なプロセスを捉えられる，もしくは一定期間の経験を聴取する手法の工夫を検討する必要がある。

(4)については，Brakus 尺度では感覚と感情に関する尺度が取り入れられている。しかし，ブランドに由来する感覚や感情測定指標の再検討を行う余地がある。ブランド経験にはポジティブな感情もあればネガティブな感情もあり，複合的であることが今日の感情研究で示されている。今日では，消費者行動論の分野で感情に関して，多くの研究がなされている。たとえば，杉谷（2013）が検討しているブランドと愛着の研究などを参照する必要があると考えられる。今後，ブランド経験尺度が日本市場にも適応するように開発されることが期待されている。

## ❖ ピーク・エンド法則

ここでは経験について，より理解を深めるために「ピーク・エンド法則」（Peak-End rule）を参照してみよう。ピーク・エンド法則とは，ノーベル経済学賞を受賞したダニエル・カーネマンらが唱えた概念である。カーネマンらは，経済学での「効用」（utility）概念を分析した。効用とは，マーケティングでいう「満足」にほぼ相当する。何かのモノやサービスから得られる満足感が効用である。18～19世紀のイギリスの哲学者ジェレミ・ベンサムは，功利主義を唱え，ある行為が正しいかどうかは，その行為がもたらす人々の幸福の総量によって決まると考えた。ベンサムのいう効用とは満足以外に幸福をも含むが，さらにいえば，ベンサムの効用は「経験効用」（experienced utility）である。つまり，人々がある行為について感じる快楽的な効用であり，ある持続した時間の中で感じられるものである。一方，経済学が従来から用い

てきた効用概念とは「決定効用」(decision utility)，つまり，人々が意思決定するとき
に用いる効用を意味している。人は，商品を買うときにあらかじめ効用を計算し，そ
れを最大化しようとする存在だと考えられてきたのである。

　カーネマンらは，まずこれら「経験効用」と「決定効用」との2つの効用概念を区
別した。伝統的な経済学においては，前者の「経験効用」はほぼ無視されてきた。な
ぜなら，主観的な経験は測定するのが困難であるのと，人々は選択するときにもたら
される結果である快楽について情報をあらかじめ知っているために，経験効用につい
て議論することは無意味だ，という前提があったからだ。しかし，カーネマンらは，
経験効用は測定可能であるし，決定効用とは別物であると主張する。

　カーネマンらは，さらに経験効用について2つの概念を区別する。それが，「瞬間
効用」(instant utility)と「想起効用」(remembered utility)である。瞬間効用とは，人々
がある経験をしている間に感じる喜びや苦しみのことで，ある時間的な持続を伴って
いる。想起効用とは，経験した後から想起される効用のことで，人々はある過去の経
験を思い出して，次の経験を避けるか，あるいは再び経験しようとするかを決める。
それでは，どのような想起効用を得るならば，人々は結果としてトータルの効用を最
大化することができるのか。

　ピーク・エンドとは，ある経験の頂点（ピーク），つまりもっとも強い度合いの経
験と，最後の場面（エンド）の2つの経験を指す。ピーク・エンド法則とは，ある経
験のピークの経験値と，ある経験の最後の場面での経験値を平均化すれば，経験効用
を予測することができる，とする考え方だ。つまり，ピーク・エンドの法則によれば，
最高（あるいは最悪）の経験で感じられた満足感と，一番最後に感じられた満足感と
の平均が，その人の効用全体を決めることになる。そして，こうした効用を感じられ
た時間の長さは，想起経験にはあまり関係ないという実証的結果も示されている。た
だし，ある経験エピソードの最後に，不快であり全体の効用値を減少させるような経
験を付け加えると，マイナスの想起効用は減少するという結果も同時に示されている。

### ❖ 実務への応用

　では，このピーク・エンド法則を実務に応用すると何がいえるだろうか。

　温泉旅館に旅行に行ったときのことを考えてみよう。あなたが旅館の主人だとして，
顧客の満足度をどのようにこのピーク・エンド法則を用いて高めたらよいのか。

　まず，全体の満足度を高めるためには，ピークの経験値，つまり経験効用をどこか
で最大化する必要がある。それは顧客が最初にロビーに入って来たときの経験か，自
慢の露天風呂につかったときか，あるいは，贅を尽くした食事を味わってもらったと
きかもしれない。

　注意すべきは，このポジティブな満足感は，必ずしも長時間持続させる必要はない
ということである。たとえ短い時間であっても，できるだけ高い満足感をどこかで実

第14章　ブランド戦略の諸相　　329

現することが必要だ。次に大事なことは,「ハッピーエンド」である。最後に顧客が感じた満足感が,満足全体に影響を及ぼすからだ。いくら途中で最高の経験をしても,最後にそれが帳消しになってしまうことがありえる。このために,旅行の最後に顧客が大きな満足を感じられる機会を提供することが重要となる。それは,顧客が旅館を去るときのおもてなしの仕方によるかもしれないし,あるいは,お土産を手渡して,その手土産を顧客が自宅に帰ったときに開けて喜ぶ瞬間かもしれない。

マーケターとしては,顧客の次の商品選択に結びつくために,ピークのポジティブな経験をつくりだすことと,最後の経験をポジティブなものにすること,ここに力を注ぐべきということになる。

　　＊　本節は,田中・三浦（2016）の一部を改稿したものである。

# 14-16　ブランド信頼

## ❖　ブランド価値の毀損

　ドイツのフォルクスワーゲン（VW）社が排ガス不正問題で世間をにぎわせるという事態が2015年に起こった。その少し前には東芝の不正会計問題が発覚していた。さらにその前には,日本マクドナルドで異物混入が問題になった。どの事件も,企業のブランド価値を毀損するような大事件であると報道されている。

　イギリスの調査会社ブランド・ファイナンス社は,VWのブランド価値はすでに100億ドル（約1兆2000億円）毀損したと発表している。不正発覚前にVWのブランド価値は310億ドルだったので,3割近いブランド価値が失われたことになる。

　ブランド価値を毀損するとは,どのようなことなのか。ブランド価値の毀損とは幅広い概念であるために,まずブランドの価値の基礎をなすと考えられる,「信頼」について考えてみよう。

　信頼は,次のように定義されている。

　　「他人の意図や行動に対するポジティブな期待をもとに,相手を受け入れようとする意思」（McEvily et al. 2006, p. 54）。

　つまり,相手である他人が,「私に対して悪いことはしないだろう」と考えて,相手を受け入れることを意味している。消費者でいえば,「その企業は,私にはまさか悪いことはしないだろう」というのが信頼である。普通,こうした判断は,それまでの経験に基づいてなされることが多い。たとえば,「これまで100回,彼・彼女は私に良いことをしてくれたので,101回目も良いことをしてくれるだろう」と考えるのが信頼である。

　このようなそれまでの経験による判断は「帰納論理」であるがゆえに,論理として正しいとはいえない。帰納論理とは,過去の事例を積み重ねて,ある結論を導く論理のことであり,演繹のような論理を重ねて推論する合理的方法ではないからだ。

20世紀の哲学者ウィトゲンシュタインは，『論理哲学論考』（ウィトゲンシュタイン，2003，原著刊行は1921年）の中で，昨日まで太陽が昇ったからといって，明日も太陽が昇るという保証はない，と言っている。なぜならば，太陽が突然爆発して消滅しないとはいえないからだ。では，われわれが過去の経験をもたない，初めてぶつかる事象に対しては，どのようにして信頼を形成するのだろうか。

それは，対象がもつさまざまな「情報手がかり」によってである。「その企業の名前を聞いたことがあるから」「有名企業だから大丈夫だろう」「ウェブサイトのデザインがちゃんとしているから信頼できそう」など，われわれは情報が限られている中で，あらゆる手がかりをもとに信頼を形成しようとする。これも一種の帰納論理である。

ここでのポイントとは，われわれが日常生活で用いる信頼とは，常に不完全な帰納論理に立っているということである。つまり信頼とは本質的に危ういものであるにもかかわらず，われわれは現代においてビジネスを展開するとき，相手を信頼しないことにはビジネス取引そのものが継続不可能になってしまう。

### ❖ なぜ信頼が必要なのか

なぜこのような不完全な論理に基づく信頼を，われわれは必要としているのだろうか。それは社会生活をスムーズに営むうえで，相手を信頼しなければ生活そのものが成り立っていかないからだ。たとえば，電車に乗るとき，「この電車は無事に私を目的地まで連れていってくれるだろうか」と疑っても，いちいちそれを確認するためには大変な手間と時間がかかる。そこでわれわれは信頼という概念を使って，電車に身を預けることになるのだ。このことは，金銭的な取引についてもあてはまる。手元にある紙幣が1万円の価値をもつのは，日本銀行券というものを信頼しているからであり，有名なカフェでドリンクを買うのは，そのブランドの店が悪い商品を売らないだろうと信頼するからであり，BtoB取引で部品を調達するのは，その会社が実績からみても信頼できると考えるからだ。

人と人の信頼をできるだけ用いずに取引する方法がないわけではない。たとえば，第4章でみたように，原始社会においては「沈黙交易」という方法があった。2つの部族が直接コンタクトを避けるため，1つの部族が特定の場所に物品を置いておき，太鼓で「ブツを置いたぞ」と知らせると，もう1つの部族がその場所に顔を出して，その物品に見合う物品を置いて，先の物品を持ち帰る。これが物々交換に基づく沈黙交易である。しかしこうした取引形態においても，なお一定程度の信頼がベースとなっていることに注意すべきである。

### ❖ 2つの信頼概念

山岸（1998）では，信頼には2種類あることが指摘されている。それは，相手の「能力」に関する信頼と，「意図」に対する信頼だ。

能力に対する信頼とは，たとえば，「この企業はコンピューターをつくる十分な能力を備えている（だろう）から，この会社のパソコンは信頼がおける」と考えるような場合だ。また，意図に対する信頼とは，「この企業は環境問題に対して積極的な姿勢をもっており，取り組みは本物だ」と評価するような例が挙げられる。

注意すべきことは，こうした能力や意図に対する信頼も，なお不完全な推論にすぎないということだ。たとえば，上記の能力の説明で挙げたパソコンの例に関連していえば，1981年当時，IBMが発売した最初のパソコンの基本的部分であるオペレーティング・システム（OS）やマイクロ・プロセッサー（MPU）は，開発期間短縮化の意味もあり，それぞれマイクロソフトやインテルに依存していた。したがって，「IBMは汎用コンピューターをつくれる会社なので，パソコンも自社で容易につくる能力がある」とする推論は必ずしも正しくない。しかし，重ねていえば，われわれはこうした論理を使わざるをえないのである。

### ❖ 能力への信頼

ではブランドへの信頼を築くため，この2つの信頼概念を用いて，どう考えればよいのだろうか。必ずしも実験などで実証されているわけではないが，次のようなことがいえるだろう。

ブランド能力に対する信頼は，より容易に築くことができる一方，ブランド意図への信頼は築くのがより難しい。またブランド能力への信頼は，いったん失われても回復することは比較的容易だが，ブランド意図への信頼は失われたとき再び築くことは難しい（表14-2参照）。これはどういうことだろうか。

まずブランド能力に関する信頼についていえば，ブランドあるいは企業の能力に対する信頼は，消費者が実際にその商品を使って経験することによって，容易に納得してもらえる。実際は，消費者が企業の専門能力に関して判断することは難しいからだ。しかしながら，消費者に商品やサービスの良さを実感してもらえば，「この企業にはこうした能力がある」と感知してもらうことはさほど困難なことではない。サンプリングやイベントなどコストはかかるにせよ，消費者の実感を通じたコミュニケーションは有効に働く。

仮に，その企業に不祥事があったとする。当然その企業の評判は下落する。しかし，その企業のもつ能力についての評価は不正行為だけではあまり変わらないことが多い。これまでに不正行為を働いたと伝えられた大企業はかなり多いのだが，その能力への評価はすぐに全面的には失われない傾向にある。実際，冒頭で挙げたフォルクスワーゲンの例でも，その後2017年4月に発表された2016年度（2016年4月～17年3月）の自動車販売台数で，フォルクスワーゲン社（1029万9400台，3.5％増）はトヨタ自動車（1025万1000台，1.6％増）を上回り，世界1位を保ち，不正事件の影響を感じさせなかった（「トヨタの世界販売，16年度1025万台　同じ期間の独VW下回る」2017年4月

332　第Ⅲ部　実践篇

表 14-2　ブランドへの信頼の構築

|  | 構　　築 | 失　　墜 | 事　　例 |
|---|---|---|---|
| 能力への信頼 | 比較的容易 | 失われやすいが回復しやすい | 松下電器産業 |
| 意図への信頼 | 比較的困難 | ごく短期で失われる | 雪印乳業 |

27 日付，日経電子版）。

### ◈　意図に対する信頼

　2000 年には雪印乳業が集団食中毒事件を起こしている。1 万 3420 人が被害を訴え
た戦後最大級の食中毒であった。

　この事件では，雪印乳業関係者の記者たちへの対応が問題になった。記者会見の席
で，質問を受けた工場長が「これくらいの汚れ（乳固形物）でした」と指で輪をつく
ってみせた。それは「少々の汚れは気にしない」とでもいわんばかりの態度であり，
そのとき石川哲郎社長は記者の前で顔を赤らめて「それは本当か！」と工場長を指さ
して叫んだ。この状況は，バルブに汚れがあったことを示しただけでなく，工場長か
らの報告がトップに上がっていなかったことも明らかにしてしまったのである。この
様子はテレビを通じて全国に放送された。

　さらに，石川社長は記者会見を早めに切り上げ，会見延長を記者に詰め寄られなが
らエレベーターに乗ったとき「私は寝ていないんだよ！」と発言し，これも大きく取
り上げられた。結果，クリーンで純粋なイメージだった雪印ブランドの評価は大きく
下がり，その後の牛海綿状脳症（BSE）問題，雪印牛肉偽装事件も重なり，ついには
雪印乳業という企業グループは解体されるに至る。

　こうした流れは，ブランド意図への信頼を傷つけた事件として考えられる。この事
件に象徴されるように，ブランド意図への信頼は短期間に損なわれ，回復が困難であ
ることを物語っている。つまり，企業はいったん「邪悪な考えをもった企業だ」と認
定されてしまうと，そこからの名誉回復は難しいことになる。

　しかも，この雪印乳業の事件は，よくみるとトップのマスコミへの対応の悪さだけ
から生じたわけではない。もともとは雪印乳業の牛乳の製造での安全管理に問題があ
ったことが原因だった。ということは，この事件ではブランドの意図への信頼が揺ら
いだだけでなく，ブランド能力の問題も同時に問われていたことになる。このように，
もともとブランド能力が問題になっていたとき，ブランド意図も同時に問題になるこ
とが少なくない。

### ◈　ブランドへの信頼を保つ

　それではわれわれはどのようにしてブランドへの信頼を維持し，向上させることが
できるのだろうか。

第 14 章　ブランド戦略の諸相　　333

松下電器産業（現パナソニック）では，2005年に同社製のFF式石油暖房機事故によって2名が死亡，数名が重傷ないし軽傷を負うという痛ましい事故があった。この事故に対する松下電器の対応は徹底したものであった。

対策本部を早い時期に立ち上げただけでなく，「事故の再発を許せば明日の松下電器はない」（中村邦夫社長通達），「草の根を分けてもすべての製品の回収を目指します」（林義孝専務）などの言葉にみられるように，その対応には目をみはるものがあった。

回収対象機器を5万円で引き取ることを発表し，徹底的に該当暖房機を探し出すローラー作戦を展開した。コミュニケーションの面でも多くのコストを費やし，テレビ放映4万2000本，チラシ6億9000万枚を配布，回収にかけた費用は249億円にも上った。

こうした徹底した対応と対策は社会的にも評価された。ある新聞記者は松下電器の対応についてインタビューで，次のように語っている。

「FF事故後の対応は評価できる。理由は個別の原因ではなくて，あの状況におかれた企業としては，ベストな対応だったと考えるから。やれることを全てやり，説明責任を果たした」（下垣，2009，19頁）。

この結果，松下電器の意図に関するブランド評価は大きくは下がらず，むしろ強化されたようにもみえる。この2005年の松下電器の事件と2000年の雪印乳業の事件を対比してみると，ブランドへの信頼をどのように維持・向上させるかについてヒントがみえてくるだろう。

## ❖ ブランド意図への信頼がポイント

ブランドの価値を毀損させる事件は，もともとブランドの能力に基づくことがきっかけで起こることが多い。松下電器の事件でも，安全管理について同社の管理が十分でなかったといえる。

しかし，問題はその後で，ブランド能力への信頼はすでに述べたように，完全には失われにくいため，ブランド意図への信頼を損なわないように行動すべきことになる。

松下電器の場合は，少しでも被害を軽減させるために多大な努力を費やし，それが消費者にも伝わった。結果，松下ブランドはそのパワーを維持することができた。

一方，雪印乳業の場合は，ブランド能力への信頼だけでなく，ブランド意図への信頼も揺るがせるような事態を自ら引き起こしてしまった。結果として，企業の社会的存在そのものがダメージを受けてしまったことになる。われわれは過去の事件に学ぶことで，ブランドへの信頼についてより理解を深めることができるはずである。

## 14-17　ブランド全能感

### ❖ 全能感とは何か

　強力なブランドを築くことは本当にいいことなのだろうか。本節で検討したいのはこの問題である。ブランドが長い間トップの地位にあり，その地位をおびやかす競争相手が弱いとき，そのブランド企業のメンバーに，一種の「ゆるみ」が生じることがある。企業の創業者が大変な努力をして事業を立ち上げたにもかかわらず，創業期が終わってから入社してきた社員たちにとっては，自社ブランドの地位は絶対に揺るがないものにみえることがある。

　このように，ブランドが強力になることの反動として出てくるのが，ブランドへの過剰な自信や慢心である。こうした現象を「ブランド全能感」（brand omnipotence）と呼んでみよう。ブランド全能感とは，そのブランド企業の社員やトップが抱く，自社のブランドの強さは絶対的なもので，ブランドが何をしてもどのような主張をしても社会的に受け入れられるという，傲慢な態度を意味している。

　全能感という用語は，精神分析を唱えたジークムント・フロイトに由来している。彼の唱えた「幼児期全能感」（infantile omnipotence）とは，われわれがまだ乳児であったころ，誰しもがもつ全能感のことである。つまり親に保護されている身分でありながら，「自分（乳児）は全能の存在でなんでも身の回りの人たちはいうことを聞いてくれる」と考える傾向を指す。こうした幼児期の全能感は，成長し現実とぶつかる中で解消されていく。つまり，全能感とはまず，自分が他者の手で護られているにもかかわらず，自分が一番で完璧な存在であると思い込むことから生じるのである。

　こうした幼児期全能感は，大人になっても姿を変えて発現することがある。精神医学では，こうした状態を「誇大観念」（grandiose）と呼ぶ。誇大観念の，より病的な状態が誇大妄想である。ナルシスティックな自己愛的人格をもつ人には，往々にしてこうした誇大観念がみられ，こうした誇大観念には，傲慢さ，自己没頭，注目願望，自己主張などの傾向が観察される（岡野，1998）。

　ブランド企業にも同様の傾向が観察されることがある。企業が自社のブランドを絶対視し，「全能感」を抱くようになると，具体的にどのような「症状」が出てくるだろうか。

### ❖ 症状①：永続感

　ブランド全能感の第1の症状は，ブランドの「永続感」である。自社のブランドの存在は絶対的なものであり，環境がどのように変化しても大丈夫だ，あるいは一時的に変調があったとしてもすぐに回復する，と考えてしまう傾向を意味する。

　ブロック玩具で世界最大規模の企業であるレゴ社は，2004年に競争の激化により，

310億円という大きな赤字に陥った。当時CEOに就任したのはクヌッドストープ氏である。そのときに彼と一緒に再建を任された前CFO（最高財務責任者）が言った言葉は次のようなものである。

　　「こんなにひどい業績を見たのは生まれて初めてだ。何もかもひどい。まったく儲けが出ていない。売り上げの予測すら立てられない。なのに，誰もが満ち足りた顔をしている。これこそ不思議だ」（『日経ビジネス』2015年2月16日号より）。

　赤字に陥っていながらも，社員は誰も危機感をもっていない。レゴ社は身売りさえ囁かれているというのに，おそらく社員は「うちの会社は大丈夫だ，なんせレゴなんだから」と思っていたのかもしれない。これがブランド全能感から出てくる自社の永続感の一例である。誰しもが認める強力なブランドを築いたレゴですら，強力なブランドを構築した後では，それが社員にとっては何もしなくてもブランドは永遠に続くと思わせ，イノベーションの必要を感じさせなくなっていたのである。

　レゴ社の改革に立ち上がったクヌッドストープ氏は，その後，コモディティであるブロック素材をそのまま売る「バケツ」ビジネスを縮小し，多角化した事業を整理し，より付加価値の高い「プレイテーマ」，つまりストーリーをもつ「スター・ウォーズ」のようなセットを提案することで，レゴを蘇えらせた（第Ⅳ部ケース9参照）。

## ◈ 症状②：自己主張

　ブランド全能感の2つ目の症状は，自己主張のありようにおいて現れる。とくに，トップ・マネジメントが「わが社は間違いを犯さない，自分たちの意見は絶対的なものだ」「他者の自社への批判は当たっていない」と思い込む傾向性のことである。

　前節でも述べたように，雪印乳業が2000年に起こした「雪印集団食中毒事件」は1万3420人が被害を訴えた戦後最大級の食中毒事件であった。この事件が広く知られるようになったのは，当時，社長だった石川哲郎氏がエレベーターに乗ったとき記者に詰め寄られて「私は寝ていないんだよ！」と発言したことがきっかけであった。この発言が大きく報道され，事故を起こした当事者の傲慢な態度として当時大きく取り上げられ，クリーンで純粋な連想イメージを誇っていた雪印ブランドの威力は地に落ち，雪印乳業という企業は解体されるに至った。

　当時，雪印乳業に勤務してこの事件を経験した人物に，鳥越淳司氏という人物がいる。鳥越氏はこの事件のさなか，雪印乳業の営業社員として関西エリアの被害者を廻って見舞う仕事をしていた。彼はその後雪印を辞して，群馬県にある相模屋食料という企業の社長になり，豆腐製造業として同社を日本一の会社に導いた（第Ⅳ部ケース4参照）。鳥越氏は雪印時代の経験を振り返り，自著の中で次のような教訓を語っている。「自分が誇っていいのは，自分がやってきたこと，自分にできること」だけだ。それまで雪印という「一流企業」に勤めていた誇りは，鳥越氏にとってみればほかの誰かがつくってくれた誇りにすぎなかったのである。つまり，強い企業ブランドは過

336　　第Ⅲ部　実践篇

去の栄光と実績によって形作られてきたものであり，それを現在の企業のトップや社員が笠に着ることは許されないということになる。

しかし，こうした傲慢さは，ブランドが強くなるほど起こりうる。アップルの創業者である故スティーブ・ジョブズ氏は1995年のインタビューの中で，自分がアップルから追い出された85年の経験（その後，2007年に復帰）に関し，追い出した当人であるジョン・スカリー氏について次のようにいう。

「私がアップルを去ったとき，スカリーは深刻な病に冒された。同じ病にかかった人をみてきたが，彼らはアイデアを出せば，作業の9割は完成だと思い込む。社員が具体化してくれると思い込む。しかしスゴいアイデアから優れた製品を生み出すには，大変な職人技（craftsmanship）の積み重ねが必要だ。それに，製品に発展させる中でアイデアが成長し，変容する。細部を詰める過程で多くを学ぶし，妥協も必要になってくるからね」。

ジョブズ氏のスカリー氏に対する評価が正当であるかどうかは，ここでは保留する。しかし，アップル・ブランドが形成されてきた秘密がここにあるように思われる。それはブランドの形成とは，積み重ねのプロセスの中にあるという認識だ。つまり，ブランドの強さの秘密とは製品づくりのプロセスの中にあり，完成された揺るぎないものと思い込むことは正しくない。

アメリカのアバクロンビー＆フィッチ（アバクロ）社のCEOであったマイク・ジェフリー氏は，1992年から就任していたCEO職を2014年に退いた。彼が2006年にサロン誌のインタビューに対して行った発言は次のようなものであり，のちに新聞雑誌に掲載された。

「われわれはかっこよくて，見栄えのする人たちに対してマーケティングを行っている。それ以外の人たちはターゲットにしていない」（『フォーチュン』誌，2014年12月9日号）。

「どの学校にもかっこよくて人気のある子どもはいる。同時にそうではない子どももいる。正直いってわれわれはかっこいい子どもだけを相手にしている。われわれは，魅力的で，すばらしい人柄で，友だちがたくさんいるすべてのアメリカの子どもを相手にしている。多くの人々はそうした子どもたちではないし，そうした子どもにはなれない。われわれは排他的ではないかって？　そのとおり，排他的だ」（『シカゴ・トリビューン』紙，2013年5月11日号）。

こうした発言も，やはりブランド全能感がもたらす弊害の1つと考えられる。つまり強力なブランドならば，差別的発言であろうが，どのような発言も許される，という態度である。幼児期全能感がそうであるように，企業は顧客の認識であるブランドによってかろうじて護られているにもかかわらず，「自分自身が全能なのだ」と勘違いする態度を生じさせてしまうのである。

第14章　ブランド戦略の諸相　　337

## ❖ 症状③：成長への誤解

　3番目のブランド全能感の現れは，自社の次の成功ステップを間違う点にある。自社のブランドにとらわれてしまった挙句，次の成功をどの方向に見出したらよいかわからなくなることを意味する。

　たとえば，ソニー・ブランドが2000年代以降にその輝きを失った原因についてさまざまに語られている。ソニー・ブランドが強力と信じられてきた2000年代初めごろまで，誰しもがソニー・ブランドの強さを疑わなかった。前出のジョブズ氏は，ソニーの問題点とはソフトウェアに力を入れなかったことだといっている。

　　「本当に偉大な，日本のコンシューマー・エレクトロニクスの会社があって，それがポータブル・ミュージックの市場を支配していました。自分たちで長い時間で創り出して，自分たちで支配したのですが，彼らは適切なソフトウェアをつくれませんでした。適切なソフトを考え，インプリ（実行）することができませんでした。なぜなら iPod はまさにソフトウェアなのです。iPod に入っているのはソフトウェアなのであり，PC や Mac に入っているのもソフトウェアです。iPhone が何であるかといえば，こう考えてほしいのですが，その本質はソフトウェアなのです」（「スティーブ・ジョブズが語る‘ソニー失敗の本質’と‘アップルの本質’」）。

　このジョブズの指摘は必ずしも的を得ていない。ソニーがソフトウェアに力を入れなかったわけではないからだ。ゲームやテレビ，携帯電話の分野で優秀な製品を送り出してきて，ソフトウェアが重要であることをソニー自身が理解していたことは容易に想像できる。たとえば，薄型テレビを動かし，その性能を保証しているのはまさにソフトウェアの力である。

　実際ソニーがやってきたことは，アップルがなしてきたことに先んじていた。1968年に CBS ソニーレコードを設立し，89年に映画会社コロンビア・ピクチャーズを買収したように，ソニーはコンテンツとしてのソフトウェアの重要性に早くから気づいていた。また，2000年に「エアボード」というパーソナル IT テレビを発表し，iPad を先取りしていた。同年には「クリエ」という PDA を発売し，これは電話機能こそついていなかったものの，iPhone のコンセプトに先んじるような製品であった。しかし結果として，ソニーはアップルの後塵を拝している。何が原因だったのだろうか。

　1つの大きな原因は，ソニーは，アップルのようにブレークスルーを生む1つの製品分野に徹底して集中できなかったことである。ソニーはそれまで広げてきた事業範囲があまりに広すぎた。金融，エレクトロニクス，映画，音楽，製造……。自分たちのもてる事業範囲があまりに大きすぎ，イノベーションを一点に集中することができなかった。

　エレクトロニクスだけをとってみても，資源の集中ができていなかった。iPod（2001年発売）や iPhone（2007年発売）が発売される以前，誰しもがソニーがインターネット時代のポータブル・オーディオ機器の勝者と信じていた。テクノロジー，ハード，

音楽コンテンツ，ブランド，すべての条件がそろっていたからである（「なぜ，ウォークマンはネット時代に失敗したのか──サイロ・エフェクト」2016 年）。しかし，ソニーは 2000 年前後に異なる部署から「MD ウォークマン」（1992 年），「CD ウォークマン」（1998 年），「メモリースティックウォークマン」（1999 年），「ネットワークウォークマン」（2004 年）など複数のウォークマンを発売した。その結果，どれにも集中できず，ソニーがこの分野を支配し続けることはなかった。

　同様の指摘はセイコーにもいえる。セイコーはこれまでに，以下のような「世界初」のイノベーションを成し遂げてきた。

1969 年，世界初のクオーツ・ウオッチ（Astron）

1973 年，世界初の LCD（液晶ディスプレイ）クォーツ 6 ケタ表示

1975 年，世界初のマルチファンクション・デジタル時計

1982 年，世界初のテレビ腕時計（1983 年発売）

1984 年，世界初のコンピューター機能付き腕時計

1988 年，世界初の動力自動生成腕時計

1983 年に発売された「テレビウオッチ」はトランジスターとダイオードによって駆動する世界初の腕時計型のテレビであった。しかしこうしたイノベーションがセイコー・ブランドを腕時計以上の存在に導くことはなかった。スイスの腕時計産業復興を担ったスウォッチ・グループの社長ハイエック氏は，2002 年に次のように述べている。

　「スイスの時計産業の強みは高い技術を積み重ねた伝統だ。それも世界一の技術だ。日本の時計メーカーも高い技術を持っているが，彼らは電子機器の分野に向かおうとしている。しかし，それは間違っている。いくら頑張ってもソニーやほかの電子機器メーカーにはかなわないんだから。どんな分野でも一番でなくては生き残れない」（「復活 スイス時計 値下げ競争は失敗の道」『日経産業新聞』2002 年 8 月 23 日付）。

セイコーは本来，腕時計市場に集中すべきであったものが，電子産業の一部と自身を位置づけたことで競争力を失ってしまったというハイエック氏の言は，自社ブランド拡張の方向性をどこに見出すかがいかに困難であるかを示唆している。

　ソニー・ブランド，セイコー・ブランド凋落の大きな原因とは，さまざまな事業範囲に拡張し，同一ブランドの異なる製品を別々の部署から発売し，あるいは本来自社が拡張すべきではない事業ドメインに手を広げすぎることで，卓越したイノベーションに継続的に集中することができなかったことと考えられる。

　別の言い方をすれば，自社ブランドがあまりに偉大になると，それまで自分たちが広げてきた事業分野を否定することが難しくなってしまうともいえる。いったん開始した事業分野は自分たち独自の権益を主張しはじめる。アップルが iTunes を始めたようには，ソニーはソニー・ミュージックの力を本体事業で活用することができなか

った。ブランドが強力になる代償とは，自己否定を困難にさせてしまう点にもある。

　2016 年現在，ソニーの業績を牽引しているのはカメラ用イメージセンサー事業である。2014 年の世界シェアは 5 割弱（金額ベース，テクノ・システム・リサーチ調べ）であり，アップルの iPhone の成長と大きく連動している（「ソニー 8 年ぶり好業績も，『完全復活』に暗雲」2016 年）。

### ❖ グーグルの「循環」

　では，このようにブランドが強力になると引き起こされるブランド全能感を避けるには，どうしたらよいのか。こうした場面でよく語られるのは，「危機感をもて」というようなフレーズである。しかし，危機感をもつだけでこの全能感の問題が解決するわけではない。フロイトが考察したように，もともと人間は全能感をもって生まれてくる存在であって，われわれの能力の中には，すでにこうした全能感が埋め込まれている。したがって，ブランドが強力になるにつれて，こうした問題が再帰してくるのである。グーグルがやろうとしていることは，1 つの解決の方向性を示している。

　グーグルでは優秀な技術者を雇い続けるために，「自分が世界を変えている」と思わせるプロジェクトを次々と立ち上げている。共同創立者であるラリー・ペイジ氏とセルゲイ・ブリン氏は，次世代の主要な技術動向を見逃さないことに全精力を注いでいるのだ。つまり，「私たちの生き方を変えるような」サービスを常に開発できなければ，優秀な技術者を引き留めることができず，それがグーグルの危機につながるということを経営者が認識しているということになる。

　ここでは，「革新的な製品を生み出すこと」，そのために「優秀な技術者を雇うこと」，さらにそのために「常に世界を変えるようなプロジェクトを立ち上げていく」という循環が設定されている。この循環は完結することはない。この循環を維持していくことが，すなわちグーグル・ブランドを発展させていくことにつながっている。強力なブランドを継続的に構築するためには，ブランド全能感の問題を企業が意識的に，また「仕組み」として，解決していかなければならない。

## 14-18　ブランド倫理

### ❖ ブランドのふるまい

　ブランド倫理（brand ethics）とは，ブランド価値に影響するブランド活動（ふるまい）が道徳的に正しいかどうか，これを決める考え方のことである。「ブランド活動」とは，ブランドの記号やメッセージ内容が消費者に表出される，あるいは，そのブランド名を冠した事業などの行動を指している。ブランド活動は何らかの社会的な反応を引き起こす。そのとき，倫理に反しているという反応を引き起こす恐れはないのだろうか。

340　第Ⅲ部　実践篇

ブランド倫理とは企業倫理，あるいは，ビジネス倫理と同じような意味をもっている。しかし，ブランド倫理に企業倫理などと異なる点があるとすれば，ブランド価値に影響することを意図して行われたブランド活動が，同時に道徳に反していないかどうか，倫理に照らして正当化できるかどうか，という点にある。通常，ブランド・マネジメントの意図は，ブランドの価値を高めることにある。同時に，その活動が倫理に反していないか，「正当化」（justification）できるか，つまり正しいことをしていると主張できるかどうか，この点がブランド倫理固有の問題なのである。

## ❖ 具体的問題

　ブランド倫理の問題として，次のような具体的な事例が想定できる。

(1)　テレビ CM の暴力的シーンが，SNS などで問題にされた。

(2)　あるブランドの商品製造過程において，発展途上国の生産委託工場で児童労働が行われていた。

(3)　広告コンテンツであるにもかかわらず，編集記事のような体裁をつくってウェブページに掲載した。

(4)　ブランド・キャンペーン目的で収集した個人情報が，他の目的に流用されてしまった。

　こうした問題のあるものはすでに業界の関係諸団体の努力によって解決されている場合もあれば，いまだ議論が続いている場合もある。こうしたブランド倫理に関する問題は，常に新しい論点が登場する。またインターネットの普及は新しい論点を提示すると同時に，社会的反応を即時化し，その影響力をより大きなものにしている。

## ❖ 適正の判断

　それでは，ブランドのふるまいが道徳的に適正であるかどうかは，どのようにして決まるのだろうか。Beauchamp & Bowie（2005）によれば，道徳とは「ある文化の構成員たちによって広く認められている一連の基準」（p.3）のことであり，「正と不正とを定める慣行（practices）」とされる。

　つまり，もしわれわれがこうした文化的な基準や慣行を正しく理解していたならば，道徳にかなった行動ができることになる。しかし問題はそれほど単純ではない。なぜならば，われわれの文化あるいは社会において，こうした基準や慣行は常に揺れ動き，変化しているからだ。また倫理基準についての「世論」の反応を正しく予測することも困難である。

　たとえば，個人情報を護らなければならない，とする道徳観は，「個人情報の保護に関する法律」が成立した 2003 年以前では，さほど重視されていなかった。個人情報に関する道徳はこの 10〜15 年の間に大きく変化したことになる。また，社会的にテロが問題視されている時点においては，テロや暴力に関するブランド行動への社会

的反応がより高まることが予測できる。

## ❖ 変動する倫理

　ブランド倫理の問題を，次の3つに分けて考えてみよう。ここで提示されている概念は筆者によるものである。

　(1)　普遍的倫理：普遍的に，社会に適合的であると考えられている倫理基準
　(2)　変動的倫理：時代や社会・文化の変化に応じて変化する倫理基準
　(3)　個別倫理：その企業が独自で設定する倫理基準

　(1)の普遍的論理は，暴力や偽計をしてはならない，というように比較的どのような社会でも受け入れられている基準を指す。こうした問題については，ここでは詳細に検討しない。問題は(2)と(3)である。

　(2)の変動的倫理とは，たとえば以下のような例である。二酸化炭素など地球温暖化に影響する物質を過剰に排出してはならない，というような環境に関する倫理観は1980年代後半以降に議論され，形成されてきた。もし環境を破壊するブランド行動があれば，それによって企業のブランド価値は大きく毀損されるであろう。しかし，もしも，地球の温暖化が科学によって人間が排出する二酸化炭素などの影響ではない，ということが仮に証明されたとしたならば，こうした倫理は変更されるであろう。同じようなことは喫煙の問題や，人種差別，セクシュアル・ハラスメントの問題についてもいえる。倫理観は常に変動する性質をもっており，そのことがブランド倫理の問題を複雑にし，解決をいっそう困難にしている。

　(3)の個別倫理とは，その企業が独自に規則として定めている倫理基準，あるいは企業トップが示した基準である。たとえば，グーグルは長らく行動規範として「悪いことをするな」(Don't be evil) を掲げてきた。しかし2015年からAlphabetを持ち株会社として発足させるとともに，新しい行動規範として「正しいことをなせ」(Do the right thing) を定めた (Code of Conduct) (訳語は筆者による)。また2005年にジェフリー・イメルトCEOによって定められたGEの行動規範では，最初に法令順守が記されている。「GEの事業に適用される世界各国の法令を遵守します」(「スピリット＆レター」)。こうした個別倫理の存在は，ブランド倫理の問題を解決に導くために役立つと同時に，個別倫理ではカバーできない問題をどうするのか，また社内に浸透させるためにどうするのか，という課題を提起している。

## ❖ チェックリスト

　それではブランド活動について，ブランドが倫理に反していないかどうか，をどのように判定することが望ましいのだろうか。

　倫理が時代・文化・社会によって影響され変動する部分を含むものであるとすれば，まずブランド倫理を取り巻く環境を分析しなければならない。ここではこの環境のこ

とをコンテキストと呼ぶことにする。またブランド行動は多岐にわたるため，ここではブランドのコミュニケーションを例にとって考察してみる。

ブランド・コミュニケーションのコンテキストは，次のような要因に分解できる。①メッセージ発信側の要因：発信意図，メッセージ内容と形式，メッセージ発信の時点と到達範囲，メッセージ内のコンテキストなど。②メッセージ受け手側の要因：視聴者の知識，意識，反応。③社会的要因：ステークホルダー（株主，取引先，パートナー，社員，地域，関係団体，インフルエンサーなど）の反応，社会的許容度，海外からの反応など。④自社要因：自社の規範，自社の歴史。ブランドのメッセージが倫理に反しているかどうかという判定は，これらの要因によって決まってくると考えられる。

ブランド倫理の判定はこれらの要因についてチェックリストを作成し，判定に役立てることが有用である。しかし困難な点は，やはりコンテキスト特有の問題がどこまでもつきまとうことである。たとえば，暴力シーンがCMに出てくるからといって，それが直ちに暴力であるから排除すべきである，という結論にはならない。たとえば，「どつき漫才」のようにお笑いで相手の頭を叩く行為は暴力であるかというと，通常の倫理に照らして必ずしもそうはならない。あるいは「誇大広告」（puffery advertising）のように，その商品の効果をどこまで「誇大」に訴求すると倫理に反していることになるのか。これらの問題を，どのような社会的関係のもとにその行為がなされているかを判断することが，ブランド倫理の実践の問題として重要なのである。

# 14-19　ラグジュアリー・ブランドのパラドックス

## ❖ ラグジュアリー・ブランドの特徴

ラグジュアリー・ブランドとはどのようなものだろうか。ラグジュアリー・ブランドの経営学的な研究の多くは，ラグジュアリーの大衆化が始まった1990年代以降に行われている。これらの研究を参照する限りでは，ラグジュアリー・ブランドの定義は一様ではなく，さまざまな定義が論者によって唱えられているのが現状である。

ラグジュアリー・ブランドにとって，①排他性を感じさせる，②よく認識されているブランド・アイデンティティをもつ，③高いブランド認知と知覚品質を維持する，④強い売上高と顧客ロイヤルティを確保することが可能である，かが成否の鍵である（Phau & Prendergast, 2000）。また，ラグジュアリー・ブランドには，「歴史」と「文化」，製品の品質，信頼性，卓越性に関わる「製品の誠実さ」，著名人による支持・保証を意味する「エンドースメント」，ブランド・イメージへの投資である「マーケティング」，そして「価値主導の創発」といった要素が必要である（Beverland, 2004）。

ラグジュアリーとそれ以外のプレステージ・ブランド（プレミアムやアップマーケット）を区分した考え方も提案されている（寺崎, 2013）。Vigneron & Johnson（1999）は，ブランド固有のプレステージを構成する要素として，顕示的価値，独自的価値，社会

第14章　ブランド戦略の諸相　　343

的価値，快楽的価値，知覚された品質価値を挙げ，ラグジュアリー・ブランドをプレステージ・ブランドの中で最もプレステージ性の高いものと位置づけ，プレミアム・ブランド，アップマーケット・ブランドがそれに続くものと定義している。

　ラグジュアリー時計の分野で，Carcano & Ceppi（2010）は，①芸術的な職人技，②製品美学，③ブランドと評判，④伝統，の４つを高級時計の価値と指摘している。ラグジュアリー時計とプレミアム時計は区別され，その違いはラグジュアリー時計には芸術的な職人技があり，プレミアム時計にはそれがない点であると主張されている。

　ラグジュアリーとその他のプレステージ（プレミアム，マステージ）を明確に区分したのは，Kapferer & Bastien（2009a）である。彼らは，プレミアム・ブランドは高いレベルの使用価値，機能的な楽しみは提供するものの，依然として他の商品と比較できる範疇のブランドに止まっている，という。一方でラグジュアリー・ブランドを名乗るものは機能価値を超えた，唯一無二の存在であり，単なる歴史を超えた神話レベルの存在であるべきとの見解を述べている。

　また，国籍を重視する見方である。Chevalier & Mazzalovo（2008）は，ラグジュアリー・ブランドの正当性を担保するものとして生産地へのこだわりを挙げており，長沢（2013）も，国籍のない文化がないのと同様に，コト（文化）を売るラグジュアリー・ブランドにとって，出自（生産地）は重要な要素であると述べている。

## ❖ ラグジュアリー・ブランド市場の成長

　ヨーロッパにおける多くの伝統的なラグジュアリー・ブランドは，小規模なファミリー・ビジネスをその起源としている。彼らの顧客層は，長年の間少数の上流階級に限定されてきた。たとえば，パリのオートクチュール市場の顧客数は 1950 年代には２万人程度いたとされる（Corbellini & Saviolo, 2009）が，現在ではこのようなオートクチュールを定期的に購入できる顧客は 1000 人以下に減少してしまった。現在ではラグジュアリー・ブランドは少数の顧客しかもっていないのである。

　しかし，1980 年の後半を境に，ヨーロッパのファッション・ブランドを中心として，ラグジュアリー産業は大きな変貌を遂げた。ラグジュアリー産業の構造的再編とグローバル化が進み，ラグジュアリー企業は傘下に多数のブランドを有する強大なコングロマリットになった。LVMH やリシュモンなど，複数ブランドを保有する巨大企業が出現し，ラグジュアリー市場の経営に大きな変革がもたらされ，多様な所得水準とライフスタイル，購買動機をもった多くの顧客セグメントを対象とするようになった。いわゆるラグジュアリーの大衆化が起こったのである。

　その後ラグジュアリー産業は何度かの経済危機を乗り越えて，大きく成長を遂げた。1994 年に 730 億ユーロだった世界のラグジュアリー市場は，20 年後の 2014 年には約３倍の 2230 億ユーロに達している。この間の CAGR（年平均成長率）は 5.7%であり，高い成長率を示している。

344　第Ⅲ部　実践篇

## ❖ パラドックスとその解決

　一方，こうしたラグジュアリー品の大衆化はラグジュアリー産業のビジネスモデルや組織，マーケティングのあり方を本質的に変えることになった。大衆化による販売数量の増加は，本来そのプレミアム価格を正当化していた排他性（exclusivity）と稀少価値を低下させる恐れをもたらした（Twitchell, 2002）からである。

　現代における ラグジュアリー・ブランドの課題とは，プレステージを低下させることなくブランドの認知度と売上を高めるという，矛盾した課題を同時に達成しなければならないこと（Wetlaufer, 2001 ; Okonkwo, 2007）である。その手法として，多くのラグジュアリー・ブランドは「実質的な稀少性」を「認知された稀少性」へと変えるために，商品の入手可能性の難しさ，特定の顧客セグメントとラグジュアリー・ブランドがもつ連想，そして限定商品とデザイナーのスター化などのさまざまなマーケティング・テクニックを駆使している（Catry, 2003）。Thomas（2008）はこのような現状を批判的に論じている。

　こうした ラグジュアリー・ブランドが抱える現代的課題は，「ラグジュアリー・ブランドのパラドックス」と呼ばれている。この概念はもともとマーケティング研究者のデュボア（Dubois, 1998）によって唱えられた（Chevalier & Mazzalovo, 2008）。この概念によれば，ラグジュアリー・ブランドで成功するためには，伝統的なマス・マーケティングとまったく逆のことをしなければならない。ラグジュアリー・ブランドの戦略の特徴とは，高価格，高コスト，生産への投資抑制，限定された流通にあり，マス・マーケティングとはまったく異なる戦略である。長沢（2015）も同様に「ラグジュアリー戦略は従来型マーケティングの逆張り」（113 頁）だと語っている。パラドックスとは，現在の ラグジュアリー・ブランドがビジネスを拡大するために，伝統的なその手法と現代的なビジネスとを両立させなければならない点にある。

　ルイ・ヴィトンなど世界のラグジュアリー・ブランドを数多く傘下に収めた LVMH の CEO ベルナール・アルノーは，インタビュー（Wetlaufer, 2001）の中で，スター・ブランドとは，永遠性（timeless），現代性，高い成長性，高い収益性の４つをそなえた数少ないブランドのことであり，その育成にはイノベーションとクリエーティブな才能の２つが必要であること，また，そのブランドらしくありつつも常に新しくファッショナブルでなければいけないこと，さらに，消費者の声を調査するマーケティング手法では成功できないこと，を述べている。高い収益性を達成するためには，アトリエ（生産工場）での高い品質と高い生産性が重要であるという。こうしたアルノーの見解は，上記のパラドックスを解決するための有力な戦略の１つとして考えることができる（ブランド価値の維持と売ることとの乖離を解決する手法については，本章第９節「ブランドのジレンマ」を参照）。

　　＊　本節は，高田・田中（2016）から一部を抽出して執筆している。

第 14 章　ブランド戦略の諸相　　345

## 14-20　リード・カスタマー

### ❖ リード・ユーザーを超えて

　ここで取り上げる概念は「リード・カスタマー」（lead customer）である。このワードに先立つワードがあり，それは「リード・ユーザー」である。リード・ユーザー概念を考えたのは，MIT ビジネススクールのフォン・ヒッペル教授である。

　フォン・ヒッペルによれば，リード・ユーザーとは，その分野で一般のユーザーよりもはるかに先を行き，かつ，強いニーズをもった人たちのことである。そして，彼らはこの強いニーズを解決することで多大な利益を得ることができる立場にいる人たちだ。リード・ユーザーたちは，われわれが抱えている問題に対する解答をすでにもっている可能性がある。

　フォン・ヒッペルが挙げている例をみてみよう。自動車のブレーキを開発するために，通常の自動車のブレーキについて研究している人たちに聞くのでは十分ではない。ブレーキについてさらに強いニーズをもった自動車レース・チームの人たちがいる。さらに，航空機関係の人たちであれば，高速で動いているものを急に止めることに，より真剣な関心をもっているはずだ。ということは，自動車のブレーキを革新しようと思えば，航空機関係の人たちでブレーキのことを考えている人たちに聞け，ということになる。

　この例でもわかるように，リード・ユーザーという概念は主に，プロフェッショナルの中でより強いニーズを感じて仕事をしている人たちを意味していた。しかし難しい点は，リード・ユーザーがどの業界にもいるわけではないことだ。たとえば，アイスクリームにリード・ユーザーはいるだろうか。

### ❖ リード・カスタマーとは

　ここでいうリード・カスタマーとは，顧客の中で顧客を代表して顧客のニーズを集約的に体現し，ニーズを語ることのできる少数の顧客層を意味している。リード・ユーザーがプロや専門家であり，解決方法を知っているのに比較して，リード・カスタマーはあくまで素人であり必ずしも解決方法を知っているわけではない。ただし，マーケターはこうしたリード・カスタマーと深く付き合うことで，効率的にマーケティング課題の解決を得られる可能性があるのだ。

　リード・カスタマーは，また普通の顧客とは次の点で異なっている。普通の顧客は自分のニーズや問題点についてうまく語ることができない。また普通の顧客は，マーケターのそのような些細な関心に付き合ってはくれない。リード・カスタマーの多くは，自分の関心や興味からマーケターに協力してくれることが多く，また商品やサービスの改良に多大な協力を惜しまない人でもある。

346　第Ⅲ部　実践篇

## ❖ オニツカが実践したこと

スポーツ用品メーカーとして世界的に知られる「アシックス」の創業者である鬼塚喜八郎氏（1918～2007 年）は，1949 年に同社の前身である鬼塚株式会社を設立している。現在，鬼塚氏が創業時に始めた「オニツカタイガー」ブランドは復活して，人気を博している。彼は 1950 年代にバスケットボール・シューズを独力で，クルマのタイヤを参考にして開発し，また空冷式エンジンを参考にしてマメのできないマラソン・シューズを開発した。1964 年の東京オリンピックでオニツカのシューズを履いた選手が獲得したメダルは，金 19 個をはじめとして合計 45 個にものぼった。また，2000 年のシドニー・オリンピックでも高橋尚子選手がアシックスの靴を履いて金メダルを取っている。

このような成果を収めてきた鬼塚氏が「頂上作戦」と呼ぶものがある。それはスポーツでリーダー的役割を果たしている人たちを狙う戦略である。スポーツ界には，トップ 2～3％の層の人たちがおり，そのすぐ下の層がイノベーターで，17～18％いる。鬼塚氏が狙いを定めたのが，このトップ層とイノベーター層の 2 つで全体の約 20％を占める。

彼はマーケティングでいうセグメンテーションとターゲティングという考え方を自らの体験からよく知っていたことになる。「誰に向けて商売しているのか，どのお客さんに満足を与えているのか」（鬼塚，2001，48 頁），ここをきっちり捉えるのが鬼塚氏の考えであった。そしてこうしたトップ層・イノベーター層こそ，顧客全体の中でそのニーズを集中的にもっているリード・カスタマーであった。

## ❖ ミルボンは何を学んだのか

この鬼塚氏の哲学を学び，好業績を上げている会社がある。それは美容院に対してヘアケア商品を製造販売しているミルボンという企業だ。この会社は美容院のヘアケア用品シェアで日本最大の存在であり，2014 年まで連続して 18 年間成長を続けている企業である。

このミルボンが実践しているのが，TAC というシステムだ。TAC とは，Target Authority Customer の略で，「顧客代表制」と呼ばれている。TAC とは，エンド・ユーザーである美容室の個人の顧客のニーズを，優れた美容師を通じて把握し，新製品を開発していく仕組みのことを指す。ミルボンはこの TAC というシステムを活用して，

図 14-4　リード・カスタマーの分類

| 消 費 量 | 社会的位置づけ |
|---|---|
| エクストリーム・カスタマー | マージナル・カスタマー |
| アドバンス・カスタマー | エキスパート・カスタマー |
| 時 代 性 | 専 門 性 |

新製品を開発し，美容院とともに成長を続けている。

　TACのヒントになったのが，鬼塚喜八郎氏の講演である。鬼塚氏の講演を聴いたのが，ミルボンの創業社長鴻池一郎氏（1937〜2011年）で，1980年代のことであった。ミルボンは，鬼塚氏が考えたように，顧客層全体の中から，顧客のニーズを体現し，語ることのできる美容師と深く絆をもつことで，製品のイノベーションを果たしたことになる（第IV部ケース16参照）。

## ❖ リード・カスタマーを分類する

　それでは，リード・カスタマーとはどのような人かをさらに深くみてみよう。リード・カスタマーは次の4種類に分類できると考えられる（図14-4）。

　第1が「エクストリーム・カスタマー」である。平均的な顧客と比較して，とくに強いニーズや消費量をもっている顧客たちである。たとえば，ヘビー・ユーザーのように，大量にその商品を消費して，その商品の経験を蓄積しており，その商品に関して実体験に基づくニーズをもった人たちだ。

　第2のタイプは，「アドバンス・カスタマー」である。時代的に一歩先んじて，ニーズをもっている人たちだ。新製品に関して関心をもち，常に時代の空気を感じ取り，先進的なライフスタイルをもった人たちともいえる。LOHASと呼ばれる人たちはこの一例である。

　第3番目のタイプは「マージナル・カスタマー」である。彼らは中心的な顧客層から離れて，独自のスタイルをもった人たちである。しかし彼らは，近い将来しだいにメイン・ストリームの存在になるであろう顧客層だ。たとえば，性的あるいは人種的なマイノリティの人たちが挙げられる。アメリカではゲイの人たちは鋭い嗜好をもち，優れた商品をかぎ分ける能力に優れている先進的な消費者層と考えられている。また，アフリカ系アメリカンの人たちは，ヒップホップにみられるように，音楽などポップ・カルチャーの面で進んだ役割を果たしてきた。オタクと呼ばれる人たちをここに含めてもよいだろう。

　4番目は，「エキスパート・カスタマー」である。専門知識をもち，その商品分野について玄人はだしの知識や経験をもっている。ソフトウェア開発におけるアルファ・ユーザーのような人たち，あるいは，「温泉の達人」のようにその商品やサービスについて，専門家であるような人たちがその例だ。

　このように，リード・カスタマーといっても，彼らは1つではなく，さまざまな層が想定できる。リード・カスタマーを実践で活用するためには，自社がどのような顧客層を選択し，彼らとどのような関係を築いていくか，を考えなくてはならない。

# 第**Ⅳ**部　事　例　篇

1. 食品・飲料ブランド（ケース 1〜5）
2. 日用品ブランド（ケース 6〜10）
3. 耐久性消費財ブランド（ケース 11〜14）
4. ヘルスビューティケア・ブランド（ケース 15〜17）
5. サービス流通ブランド（ケース 18〜20）
6. カルチャー・ブランド（ケース 21〜24）
7. ツーリズム・ブランド（ケース 25〜27）
8. BtoB と企業ブランド（ケース 28〜30）

**1. 食品・飲料ブランド**

# 1 ネスレ日本株式会社「ネスカフェ ゴールドブレンド バリスタ」

（2013 年 4 月）
——新ビジネスモデルによるブランド活性化

　ネスカフェは長い間，日本の家庭でのコーヒーの代名詞であり続けてきた。しかしレギュラー・コーヒーの普及や，コーヒーの多様化に伴って，新しいマーケティング対応が求められるようになってきた。コーヒーマシン「バリスタ」と「ドルチェ グスト」は，こうした従来のネスカフェのマーケティングを根本から変える新しいビジネスモデルを提示することに成功した。どのようにしてこの革新は可能だったのだろうか。

## ネスレの歴史

　ネスレはスイスに本社を置く世界最大の食品企業。本社はレマン湖に望む小さな都市ヴェヴェーにある。ネスレ・グループの世界全体での売上は 7 兆 8800 億円（2012 年）。日本においても大手食品企業の 1 つである，味の素株式会社の約 6.2 倍の規模となる。その源は，1866 年にスイスで設立された「アングロ・スイス・コンデンスト・ミルク」社にあり，以来 150 年に近い歴史を刻んで，「ネスカフェ」をはじめとする強力なブランドを育ててきた。また，「マギー」「ブイトーニ」「ペリエ」「フリスキー（ペットフード）」などのブランドを獲得しつつ，成長と進化を重ねてきた。

　ネスレの日本進出は 1913 年で，2013 年はちょうど 100 年目の節目の年に当たる。日本では，ネスレといえば「ネスカフェ」などのコーヒー・ブランドが有名だ。2012 年で発売 45 周年を迎えた「ネスカフェ ゴールドブレンド」の「違いがわかる男」キャンペーンは，今でも消費者の記憶に残っている。ほかにも，チョコレートの「キットカット」は九州の方言「きっと勝つとぉ（きっと勝つよ）」に似ていることから受験生の間でクチコミが広がったことをきっかけに，受験生を応援するキャンペーンを成功させたことで知られる。

　このようにネスレは，われわれになじみの深い食品・飲料分野で強力なマーケティングやブランディング活動を成功させた歴史をもっている。

## カフェ文化の浸透

　ネスレは，いわゆるソリュブル・コーヒー（＝インスタント・コーヒー）の分野で，多大な成功を収めてきた。2010 年には次世代コーヒーとして，微粉砕したコーヒー豆をフリーズドライ・コーヒーの中に包み込む「挽き豆包み製法」を日本で初めて導入した「ネスカフェ 香味焙煎」を発売。「レギュラーソリュブル・コーヒー」というカテゴリーをつくった。新しい領域に果敢にチャレンジしてきたのが，ネスレの歴史なのである。

　しかしレギュラー・コーヒーだけでなく，カフェで提供されるコーヒーも含め，コーヒー業界の商品の多様化・競争はますます激しくなるばかりである。日本では 1990 年代以前，ブラックもしくはミルクを入れて楽しむという，どちらかというと単純な飲み方が主流だった。それが，2000 年代初頭に大きな市場の変化が起きる。グローバルな大手コーヒー・チェーン店が日本で増加し始めたのだ。これによって「カフェ文化」が日本に浸透。ネス

350　　第Ⅳ部　事例篇

カフェのソリュブル・コーヒーだけがほとんど唯一の家庭用コーヒーであった時代は，過去のものとなった。こうした時代，どのようなマーケティング戦略がソリュブル・コーヒーに可能なのだろうか。

## ネスレの解答

　ネスレ日本が出した1つの解答，それが「ネスカフェ ゴールドブレンド バリスタ」（以下，バリスタ）である。これはソリュブル・コーヒーを用いて本格的なコーヒーを作れるマシンだ。希望小売価格は1台9000円（税込）で，2009年のイオングループでの先行発売を経て，10年から本格販売を始め，これまでに累積100万台が売れるヒット商品となっている。2010年冬に放映した，俳優の大沢たかお氏を起用した広告によって，1分間に1台売れるような状況もあった。バリスタは日本でもっとも売れているコーヒー・マシンということになる。

　バリスタの発売で画期的だったことは，当初，家電量販店ではなく，スーパーの食品売り場で販売を開始したことだ。これはネスレにとってもスーパーにとっても新しい挑戦であった。スーパーで発売した理由は，消費者の立ち寄り率が高いためである。家電量販店に消費者が訪問するのは月1〜数回程度。しかし，スーパーには月に何度も足を運ぶ。バリスタの特徴を知ってもらうためには，何回も消費者の目にとまる可能性のあるスーパーで販売する必要があったのだ。

## バリスタの利便性

　バリスタでコーヒーを作るステップはシンプルだ。バリスタにはソリュブル・コーヒーの「エコ＆システムパック」を使う。これは「ネスカフェ ゴールドブレンド」や「ネスカフェ 香味焙煎」「ネスカフェ プレジデント」などのブランドの，「ネスカフェ エコ＆システムパック」だ。このカートリッジから本体の中のタンクにコーヒーを入れ，あとは後部タンクに水を入れて，ボタンを押すだけ。カフェラテやカプチーノを飲むときは，あらかじめカップにミルクを注いでおけばよい。

　では，バリスタのもつ消費者ベネフィット（利便性）はどのようなものだろうか。

　まず，これ1台で5種類のコーヒー・メニュー（カフェラテ，カプチーノ，エスプレッソタイプ，ブラックコーヒー，マグサイズのブラックコーヒー）を入れられること。それと，ふわふわの「クレマ」を楽しめることだ。クレマとは，コーヒーの表面にできるきめ細かな泡の層のことで，クレマのあるコーヒーはよりおいしそうに見えるし，実際にコーヒーをおいしくする作用もあるようだ。

　次に，レギュラー・コーヒーに比べて手間が少なく，いつでも飲みたいときにすぐ飲めるということ。コーヒーのカスを処理する手間もないし，保存性のあるソリュブル・コーヒーを材料に使うので，挽いた粉を常に買い置きする必要もない。それに手入れも簡単だ。また，そのスタイリッシュなデザインも売りだ。コンパクトで場所もとらない。1杯約14円と，経済性という点からも優位性がある。

1．食品・飲料ブランド　351

## ビジネスにおける意味

　ではネスレのビジネスにとって，バリスタはどのような意味があるだろうか。

　まず，ネスレがこれまで培ってきたソリュブル・コーヒーの優位性を生かしながら，ソリュブル・コーヒーの課題を解決して，消費量を増加させるマーケティングを可能にした点にある。

　実際，バリスタは店頭でのソリュブル・コーヒー販売に「ハロー効果」（後光効果）をもつ。また，ダイレクト・チャネルで売れ始めたら，従来のスーパー・チャネルの売上も増加に転じた。2011年のネスレの調査では，バリスタの「助成認知」は48％。つまり，「ネスカフェ ゴールドブレンド バリスタ」という名前を示されて知っている消費者の割合が約半分もいるということだ。さらに，バリスタは，顧客のもつソリュブル・コーヒーのイメージも変えた。バリスタは，「ハイクラス」「ラグジュアリー（ぜいたく）」「安物ではない」などのイメージ項目で高い評価を得ている。

　バリスタ・ユーザーはどのような人たちだろうか。レギュラー・コーヒーとソリュブル・コーヒーを併用するユーザーの割合は，現在，全世帯の55％。バリスタの登場によって，それまでの34％よりも高くなっていることが見出された。

　バリスタ・ユーザーの年代別構成比は，20代9％，30代42％。40代32％，50代19％。一般のソリュブル・コーヒー・ユーザーよりも若返り，長年の課題であった若手消費者の獲得に成功した。さらに，バリスタを購入した後では，コーヒー飲用量が9％も増加。バリスタとソリュブル・コーヒーを備えている世帯では，38％もの消費量増加が報告されている（ネスレ調べ）。

　また，これまでソリュブル・コーヒーを販売していたスーパーやコンビニなどのチャネルに加えて，オンライン直販などの新しいチャネルを使ったビジネスを展開できるのも，販売手段を多様化するという意味において成功といえるだろう。

　さらに，この生活家電を通じ，コーヒーを入れるおしゃれな生活スタイルを消費者に提案することができるようになったことも大きい。これまでのソリュブル・コーヒーによる生活スタイルをさらに発展させることができるのだ。

## 開発ストーリー

　バリスタの開発ストーリーをみてみよう。2005年春，ネスレのスイス本社から一報が入る。ソリュブル・コーヒーを使ってコーヒーを抽出できるマシンの試作品ができあがったとの知らせだった。先に述べたように，2000年代初頭にはカフェ文化が日本に浸透し始めていた。そこで担当者たちは「この今までにないコーヒー・マシンのコンセプトと，『カフェメニュー』ニーズの高まりの2つを組み合わせれば，面白いものが作れるのではないか」と考えた。そして「ネスカフェ ゴールドブレンド バリスタ」の開発が始まった。

　開発は，日本とスイス本社の技術者たちとで組んだ開発チームによって進められた。スイス本社で生み出された技術やアイデアを，日本の市場で受け入れられるようにしなくてはならない。そのためには，日本仕様へのカスタマイズが求められる。一番の課題は，スイスの技術者に日本人の嗜好や好みを理解してもらうことだった。

　たとえば，コーヒーを抽出する温度が解決すべき課題だった。日本人は，コーヒーを入

**352　第Ⅳ部　事 例 篇**

れるとき，お湯の温度を熱くする傾向にある。おそらく日本茶での感覚があるためだろう。欧米ではもっと低い温度のお湯でコーヒーを入れる。そのためか，スイス本社側が最初に設定した温度は，日本人からすれば，かなり低いものであった。

　そして，1杯のコーヒーができあがる時間も解決すべき点だった。スイス本社側が最初に設定していた時間では，1杯のコーヒーを入れるのに1分以上かかってしまう。日本側からの注文は，もっと早く抽出できるようにすること。日本側が求めた時間は，1杯につき30秒だった。30秒以上になると，日本人は待てないからだ。日本のスタッフは，日本人特有の傾向をスイス本社の技術者たちに伝えた。

　また，何より日本のスタッフが重視したのは「クレマ」である。クレマは，マシンの本体内部でコーヒー粉を高圧のお湯で溶かすことによってできる。湯の温度や圧力，抽出時間が変わることで，クレマのきめ細かさ，厚み，味わいは微妙に変わってしまう。当初のスイス本社側の設定では，湯の温度の低さのため，クレマの持続時間が一定ではなく，泡がすぐに壊れてしまった。単に抽出時間を急ぎ，温度を高く設定するだけでは，クレマと味のバランスは崩れてしまう。

　さらに，マシンの設計そのものも大切なポイントだった。当初の設計ではパーツごとの分解ができなかった。これではマシンの洗浄が難しい。日本側はマシンを分解できる設計にするようスイスに依頼した。スイス本社からの「なぜ，部品を取り外す必要があるのか」という反応に，日本側は説明した。「日本にある多くの調理器具は分解して洗うことができる。なぜなら日本人はマシンに清潔さを求めるからだ」。日本側はスイスのスタッフに日本の消費者のグループ・インタビューを見せるなどして説得を繰り返した。その結果，パーツを分解することができるマシンが完成した。

　このように，スイスと日本の開発スタッフたちは，粘り強く細かい調整を繰り返し，日本人の味覚に合うクオリティを求め，完成にこぎつけた。

## ネスカフェ アンバサダー

　販売上の工夫として特筆すべきは，「ネスカフェ アンバサダー」である。「大使」という意味をもつこのアンバサダーとは，オフィスでの需要に対応して考えられた販売手段だ。日本には，約600万の事業所があり，約5400万人が働いている。これは重要なコーヒーの消費タッチポイントとなる存在だ。

　ネスカフェ アンバサダーは，インターネットから応募し，審査のうえ選ばれた消費者である。アンバサダーの果たすべき3つの務めとは，①職場にバリスタを設置すること，②ネスレ通販でエコ＆システムパックを購入すること，③定期的にアンケートに協力することだ。このような施策を通じて，長期的にオフィスで発信力のあるアンバサダーを育成できる。応募は，6万人にも上った。

## さらなる飛躍を求めて

　マシンを使ったネスカフェの製品には，さらに「ネスカフェ ドルチェ グスト」がある。このマシンでは，ソリュブル・コーヒーではなく，専用のカプセルを用いてコーヒーを抽出する。従来のコーヒー・メーカーでは作れないような，本格カフェと同じようなメニュ

1. 食品・飲料ブランド　353

ーを，同じようなクオリティで自宅でも楽しみたいという消費者ニーズを解決する製品として，2008年から全国展開を開始した。

バリスタとドルチェ グストは，ネスカフェ・ビジネスの新たな進化形として，両輪で新しいマーケットを拓きつつある。現在，マーケティング戦略を考えるとき，こうしたビジネスモデルの変化を伴うことが求められている。従来のビジネス手法の枠内にとらわれない発想が重要であることを，このバリスタとドルチェ グストの事例が教えてくれる。

### 参照資料

食品産業新聞「家庭用コーヒー市場，1杯抽出マシンで活気」(http://www.ssnp.co.jp/articles/show/1209100000809846)

GfK Japan プレスリリース「GfK Japan 調べ：2012年 家電・IT市場動向」(2013年2月20日，http://www.atpress.ne.jp/view/33454)

スターバックス・コーポレーションと AGF（味の素ゼネラルフーヅ）家庭用コーヒー商品の販売提携を発表（http://www.starbucks.co.jp/press_release/pr2010-431.php）

ネスレ S. A. 企業情報
http://www.nestle.co.jp/aboutus/profile/global（2013年2月5日）

Nestlé Innovation Story「コーヒーの常識を変えていく」(2013年2月21日，http://www.nestle.co.jp/recruit/newgraduates/innovation/story_1）


## 2 味の素株式会社「Cook Do® きょうの大皿」(2013年12月)
### ──成熟ブランドの再活性化

長年，家庭の調理の場面で愛用されてきたメニュー用調味料「Cook Do」も，消費者意識の変化と競合の出現により，市場で新しいポジションを得る必要に迫られていた。しかし，ブランドの新たなポジションはどうしたら見つかるのか。その答えは「Cook Do きょうの大皿」の発売によって見出された。味の素株式会社のマーケティング・スタッフが取り組んだ成熟ブランド活性化への挑戦とは，どのようなものだっただろうか。

### 構 造 改 革

日本を代表する食品企業の1つ，味の素株式会社。2013年3月期連結決算では，カルピス社の事業を売却した影響を除いた売上は1兆1113億円と，前期を209億円上回り，経常利益・純利益とも過去最高を達成。今回紹介する「Cook Do」も大いに貢献した。

振り返って2008〜10年の中期計画の利益目標は未達成だった。リーマン・ショックもあったものの，味の素の課題は，同社の屋台骨「味の素」などを他企業にも業務用商品として製造・発売するバルク事業の立て直しだった。この事業は当時，原料やコストの高騰，中国・韓国企業との価格競争で安定性を欠いていた。

味の素が，構造改革ともいえる事業の再編に向けて走り出したのは2009年。2013年に飲料事業のカルピス社を，黒字の優良子会社だったにもかかわらずアサヒグループホールディングスに売却したのも，構造改革の一環だった。そして現在，2011年からの中期計

画に従って進めているのは，調味料と先端バイオ関連のアミノ酸を中心とした中核事業への経営資源の集中である。つまり資本効率が高く，高い ROE（自己資本利益率）を見込める事業に集中することだ。今回の「Cook Do」の成功は，こうした付加価値型事業強化の方針の一環として生まれたものだ。

## 「Cook Do」とは

「Cook Do」は，料理にすぐ使えるメニュー用調味料のブランドだ。調味料には砂糖，塩，酢，醤油，味噌などの基礎調味料がある。このうち砂糖や醤油の消費が近年かなり減少した一方で，基礎調味料を複合させて調理にすぐ使える形で提供した「メニュー用調味料」「合わせ調味料」は，消費者の支持を得ている。

味の素が「Cook Do」を発売したのは 1978 年。成田空港が開港，インベーダー・ゲームやディスコが流行し，日本の食の洋風化・簡便化が本格的に始まった時代である。「Cook Do」は，「青椒肉絲」や「回鍋肉」など，まだ日本の食卓ではなじみのなかった大皿の中華料理を提案。レストランの本格中華料理が家庭で簡単に楽しめることを訴求した。そのころ「すかいらーく」などファミリー・レストラン業態も登場し，外食に親しみ始めた消費者は，外で覚えた味を家でも食べたいと願った。ほかの食品企業もこうしたメニュー用調味料の分野に進出，次第にこの市場は拡大していく。

「Cook Do」は，発売時の黒柳徹子氏のテレビ CM も人気を博し，1990 年代半ばまで順調に成長した。2000 年前後にやや鈍化をみせつつ，またすぐ成長軌道に乗っていた。

## 市場の転機

2002 年にキッコーマンが和食のメニュー用調味料「うちのごはん」を発売すると，市場に転機が訪れる。和風メニュー用調味料というカテゴリーが生まれ，中華中心だったメニューの領域が拡大。2007 年ごろ以降は，その後のリーマン・ショックによる不況の影響もあって，安価なもやしを使ったメニューが人気を博し，丸美屋の「麻婆もやしの素」や，「うちのごはん」もやし関連商品が躍進した。

2009 年頃にはカゴメのトマト煮がヒットするなど，市場の競争が激化するとともに，新規参入のプレイヤーの売上は，市場規模に上乗せする形で拡大。市場に開拓の余地があることをうかがわせた。

## 反転攻勢へ

市場規模は拡大したものの，競合の攻勢の中で「Cook Do」は 2000 年代後半から成長にかげりが出ていた。リーマン・ショックや国内需要の停滞が響いた 2008 年からは下降傾向すら見え始め，味の素のロングセラー・ブランドとして，てこ入れが必要になっていた。

この状況下，シェア拡大の主役となったのが，2012 年 8 月から首都圏で，13 年 2 月から全国で発売された「Cook Do きょうの大皿」である。首都圏で「Cook Do」のシェアは，8 月の 4％から，2 カ月後の 10 月に 23％へと急増。売上目標も，当初の 27 億円から 40 億円に上方修正となる見込みとなった。

1．食品・飲料ブランド　355

「きょうの大皿」とはどのような調味料だろうか。「身近な肉や野菜を利用して，フライパンでさっと炒めたり，煮たりするだけで，簡単に和風・洋風のメインおかずが作れるメニュー用調味料」——つまり，冷蔵庫にいつもある肉や野菜の素材とこの調味料だけで，「メイン」のおかずができるものだ。副菜ではなく，食卓の主役である。味がおいしいのはもちろん，子どもから大人まで幅広く愛される味付けを実現しているのも大きな特徴だ。

### 社会的背景

「きょうの大皿」マーケティング担当の中島広数氏は，海外経験を経て国内マーケティングを担うスタッフの一人だ。氏は商品の開発を進めるにあたって，まず社会環境をチェックした。2013 年の総務省の発表によれば，15〜64 歳の女性の就業率は同年 4 月に 62.5 ％と過去最高を記録している。忙しい女性が増えれば，夕食の支度にかける時間は短縮する。1994 年当時，夕食の支度にかける時間が 1 時間未満の主婦は 36％だったが，2003 年には 47％に増加（味の素調べ）。現在はさらに増えていると想像できる。つまり主婦（主夫）の半数以上が，1 時間未満での夕食準備を希望しているのだ。ますます忙しくなる消費者のニーズに，食品会社は十分に応えているのか。中島氏は疑問を抱いた。

### 競合と自社分析

続いて競合と自社分析に取り組んだ。その結果，競合ブランドも消費者に高い評価を得ているとわかった。競合ブランドの歴史を眺めると，デフレ経済の中で，もやしなど人気の食材を用いたメニューを開発，メニューのラインの幅を広げる努力を行っていた。消費者からは「忙しいときに常備しておけば便利で，簡単に使えて，ホッとする和風の食材」と認知されていた。

自社分析において「Cook Do」は，本格的，メイン，こってりした味，という評価を得る一方，手間という点で若干マイナス評価もあった。調理経験の浅い 20〜30 代主婦は，それより上の世代に比べて「献立をどうしよう」との悩みは深いはずだが，「Cook Do」はこの層からの支持を十分得ていなかった。

こうした分析結果から何が導き出せるか，中島氏らは考えた。そもそもなぜ競合が伸びてきているのか。献立を考えるとき，「Cook Do」が得意とする本格中華メニューばかりを思い浮かべるとは限らない。「Cook Do」ファンは競合製品も使っており，自社と競合の顧客は，はっきり分かれていないのではないか。そして競合ブランドは，どちらかというと副菜にシフトしている。ということは，「Cook Do」を含む現在のメニュー用調味料は，「メインのおかずをどうするか」との悩みに十分応えられていないのでは。中島氏らはこう仮説を立てた。ここにチャンスがあるのではないか。

仮説を検証すべく，続いて中島氏らが用いたのは，味の素が独自に開発した調査手法だ。これは，消費者がその商品や現象をどのようなカテゴリーで知覚しているかを知る調査手法で，同社のヒット商品の多くがこの調査をもとにして生まれたという。今回もその調査方法を実施したところ，大事なことは，メインとなるおかずで家族みんなが食べられるかどうか，少ない材料で手早くできるかどうかだということに気づいた。

その後，中島氏らは，調理の専門家のアドバイスも聞き，望ましいコンセプトを探って

いった。専門家のアドバイスをもとに，味の素が手がけるべきは，現代の日本人が好む定番おかずだという結論に達した。それも15分程度でできあがり，たんぱく質と野菜がバランスよく摂取できる「新・定番おかず」。今までに「ありそうでなかった」，みんなが知っていて好きな味……だ。

こうして最終的に決まった新しい商品コンセプトは，「子どもも大人も満足する抜群のメインおかずが15分で作れる。唯一の合わせ調味料」。これまでの中華にこだわらず，和風メニューを含めて，この消費者ニーズに基づく新しいメニュー用調味料カテゴリーを提供する。もしそれができれば，それまで「Cook Do」の中華シリーズでは取り切れなかった新しい顧客を獲得できるのではないか。

ターゲットは，これまでの「Cook Do」中華シリーズの購入率が低く，毎日の夕食の献立に悩んでいる20～30代の若年主婦層。この層の一番の悩みは，子どもが喜んで食べてくれるかどうかだ。育児・家事・仕事に忙しい主婦が，簡単に，手間暇かけたものと遜色ない，おいしいおかずができること，これを実現することが急務だと思われたのである。

## ブランドの検討

この和風・洋風の新商品に「Cook Do」ブランドを使うことは，当初は考えられていなかった。味の素社内では，「Cook Do」＝「本格中華」だったからだ。中島氏はこの点を疑ってみた。新製品に「Cook Do」ブランドを使うべきかどうかを知るため，「Cook Do」のブランド資産をチェックした。ブランド資産とは，そのブランドにどのような豊かな意味が含まれているかということだ。

「Cook Do」から連想する言葉を自由に挙げてもらうと，第1位は「おいしそう」，2位以下は，「作り方簡単」「本格」「手軽」「中華」と続いた。意外にも，味の素社内で思われているほど，「Cook Do」は本格中華だけに結びついてはいなかった。つまり「Cook Do」は本格中華用メニュー調味料である以前に，「簡単に，おいしいメニューの素」のブランドとして定着していたのだ。この結果から「Cook Do」のブランドの傘下で新商品を展開して間違いなさそうだったが，中島氏らはさらに検証を重ねた。

1つは，設置型アイカメラ装置を使用した店頭棚再現テストを行い，「Cook Do」ブランドを用いる場合と用いない場合とで，どの程度違いがあるかをみた。消費者が店頭でどのように視線を向けるかを測定するのである。結果，「Cook Do」のブランドを用いたほうが，視線をより長い時間向けられることがわかった。

さらに，「Cook Do」のヘビー・ユーザーとミドル・ユーザーに対して，この「きょうの大皿」という和風アイテムに「Cook Do」ブランドを用いることに抵抗感があるか尋ねた。「『Cook Do』はメイン（のおかず）。合わせ調理料。簡単」とヘビー・ユーザーが答えているように，「Cook Do」で和風メニューが登場しても既存ユーザーに抵抗はないことが確認された。

こうした検証の結果，新製品「きょうの大皿」に「Cook Do」ブランドを冠した発売が決定。ここまで慎重なうえにも慎重を期す手続きを踏んだのは，味の素にとって重要なブランド資産である「Cook Do」を守り生かすためだった。

1. 食品・飲料ブランド　357

## メニュー開発

作業として重要だったのはメニュー開発だ。専門家の助言にもあったように，肉と野菜をバランスよく食べられ，子どもも大人も喜び，「ありそうでなかった」メニュー。これは困難な課題だった。実際の開発は，マーケティングと R&D 担当者とが対話をしながら進めていく「フィードバック開発」方式をとった。

食べておいしいことはもちろん，メニュー名と写真でおいしさが直感的に伝わることにもこだわった。メニュー名と写真を見る店頭の一瞬で，「よさそう！」と思われなければならない。しかも，子どもでもすぐ覚えて復唱できるネーミングがふさわしい。「ガリバタ鶏（チキン）」はこうした難題を解いたわかりやすい例だ。もともとのメニュー名は，「鶏肉と長ねぎのガーリックバター炒め」だが，長すぎるし覚えにくい。「ガリバタ鶏」なら，子どもから「このガリバタっていうの食べたい！」との反応が期待できる。

こうして2013年2月の全国発売では，「豚バラ大根用」「ガリバタ鶏用」「塩鶏じゃが用」「牛エリンギ用」「豚テキ用」「牛皿用」「タンドリー鶏用」の計7種が発売された。まさに「ありそうでなかった」和洋にわたるラインナップである。

これらの新製品には，味の素の誇る高い技術力が発揮されている。1つは，大根が，短時間でもじっくり煮込んだ味わいに仕上がる成分。もう1つは，根菜の細胞壁や肉のたんぱく質に作用し，ソースや煮汁が浸透して，やわらかくしっとりした食感を実現する技術である。こうした技術力が「きょうの大皿」のおいしさを支えている。

## 全国展開の成果

全国発売にあたっては，テレビ広告を積極的に投下した。インターネットが普及した現在も，テレビ媒体は短期間で幅広い消費者層に浸透させるには有効な手段であるし，味の素が得意とするマーケティング手法の1つである。

表現手法は，2011年に「Cook Do」で成功した「食欲全開」を踏襲した。2011年のCMでは，山口智充氏が演じる一家がとにかく黙々と夢中になって「麻婆茄子」と「回鍋肉」を食べている姿が描かれ，皿に残った最後の一口を取り合うシーンが印象的だった。「Cook Do」の売上を上昇させる大きな役割を果たしたという。

今回は俳優の松重豊氏と前田旺志郎くん（お笑いコンビ「まえだまえだ」の弟〔11歳〕）を起用して，「あのメニュー食べたい！」と思わせる訴求が行われた。この広告は，投入の週から，「ガリバタ鶏」の売上が289%増加と約3倍に伸ばすほど効き目を発揮した。営業の成果も手伝い，8割を超える取扱い店舗で販促展開された。どこのお店でも買える体制が十分に整ったということである。

これら広告投入と営業活動の結果，この「Cook Do きょうの大皿」を含む和洋風メニュー調味料市場は，2012年度下期に122%の伸張を示した。とくに首都圏では134%の伸びという大きな市場拡大がみられた。「きょうの大皿」は当初のねらいどおり，これまで「Cook Do」にそれほどなじみがなかった新しい消費者層を獲得し，市場のパイの拡大に貢献したのだ。

「Cook Do きょうの大皿」の市場導入ストーリーは，勘や経験・思い込みに頼ることなく，市場分析から商品開発，コミュニケーション開発に至るまで着実なステップを踏み，マー

358　　第IV部　事例篇

ケティング・パワーを効果的に用いた成功の好例である。

**参照資料**

「味の素の経常益最高 13 年 3 月期 760 億円，国内外で好調」日経電子版（2013 年 5 月 1 日付，
　http://www.nikkei.com/article/DGXNZO54553700Q3A430C1DT1000/）

「味の素，カルピス売却に加え IT 運営を大再編 野村総合研究所と運営協議会を設立」『日経情報ス
　トラテジー』（2012 年 5 月 30 日，http://business.nikkeibp.co.jp/article/report/20120524/232558/）

総務省統計局〈労働力調査ミニトピックス No. 8〉「女性（15〜64 歳）の就業率の上昇」（http://
　www.stat.go.jp/data/roudou/tsushin/pdf/no08.pdf）


# 3　日清食品株式会社（2016 年 4 月）
## ──ナンバーワン・ブランドを支える仕組み

　日清食品といえば，チキンラーメンやカップヌードルをはじめとして，われわれの食生
活を楽しくする食品ブランドのグローバル企業である。新商品の「カップヌードルライト
プラス」が女性層を中心に人気を博している。即席麺業界でナンバーワンの地位を維持し
続ける日清食品の強みはどこから生まれてくるのだろうか。歴史を振り返り，さらには現
在のマーケティング活動から活力の源を探ってみよう。

**偉大な創業者**

　日清食品がめざしているのは，ナンバーワン・ブランドの集合体である「ブランディン
グ・コーポレーション」。つまり，チキンラーメンやカップヌードルのような強いブラン
ドをいくつももつ企業というイメージだ。

　日清食品の創業者は安藤百福氏（1910〜2007 年）。2012 年に世界のインスタント・ラ
ーメンの総需要が年間 1000 億食を超えた。これも安藤氏が約 50 年前に播いた一粒の種が，
世界の食シーンを大きく変えたことの証しである。

　終戦の翌年（1946 年），安藤氏は家族を連れて大阪駅から南海電車難波駅をめざして
黙々と歩いていた。道端には飢餓状態の人たちがあふれていた。安藤氏の造語で日清食品
の企業理念にもなっている「食足世平」（食足りて世は平らか）は，このときの体験か
ら来ている。

　食の仕事を志した安藤氏は，製塩の仕事をはじめとしてさまざまな事業を手がけた。脱
税の疑いをかけられて巣鴨プリズン（東京拘置所）に無実の罪で 2 年間収容され，官憲と
戦って釈放されるという経験もしてきた。その後，信用組合の理事長を引き受けたものの，
不幸にも倒産という事態に見舞われ，財産をほとんど失ってしまう。

　しかし安藤氏はそこから立ち上がる。家庭でお湯があればすぐ食べられるラーメンの開
発に自ら取り組んだのである。麺製造についてまったく素人であったにもかかわらず，1
年をかけて保存性と簡便性を両立させる麺の開発に成功する。油熱により麺を乾燥させる
手法を確立したのだ。1958 年，安藤氏が 48 歳のときにチキンラーメンは世に出て大ヒッ

1.　食品・飲料ブランド　　359

トを記録する。

チキンラーメンの成功に満足せず，安藤氏がカップヌードルの開発に取り組み始めたの
は1969年である。海外視察の際，欧米人がチキンラーメンを試食する様子をみて，即席
麺を世界的な商品にするため，カップに入れた麺をフォークで食べられるようにすること
を考えたのが発端であった。

## 2代目社長の登場

1985年，75歳の安藤氏は会長に就任する。このとき後継の社長に昇格したのは息子の
安藤宏基氏（当時37歳）。宏基氏が社長に就任したときの第一声は「カップヌードルを
ぶっつぶせ」だった。宏基氏には日清食品という会社が，カップヌードルというメガブラ
ンドに依存しすぎているようにみえたのだ。宏基氏の方針は，ときとして父である創業者
安藤百福氏との衝突を招くこととなった。

宏基氏は偉大な父に敬意を払いながらも，自分の道を探していた。社長就任前の1976
年にはマーケティング部を新設し，「日清焼そばU. F. O.」「日清のどん兵衛」の2つのブ
ランドをヒットさせる。

しかし，1980年代半ば，宏基氏はあるカップ麺のプロダクト・マネージャーが次のよ
うにいうのを聞いた。「これを発売するとカップヌードルのシェアが食われます。（中略）
あえてカニバリを起こすような商品を発売することは避けたいと思います」。

ここでいうカニバリ（カニバリゼーション）とは共食い，つまり，自分の会社の商品で
既存商品のシェアを食ってしまうことを意味している。このときあらためてトップ・ブラ
ンドに依存している甘えの心理が社内に蔓延していることに宏基氏は気づいたのである。
この現象を「カップヌードル・シンドローム（症候群）」と宏基氏は呼ぶ。これをきっか
けとして宏基氏が1990年に導入したのが「ブランド・マネージャー（以下，BM）制度」
である。

## ブランド・マネージャー制度

日清食品がめざしているのは，前述のとおり「ブランディング・コーポレーション」，
つまり，強いブランドの集合体としての企業である。この構想を実現する組織がBM制
度なのである。この組織をみていこう。

マーケティング組織は，マーケティング部長のもと，第1グループから第9グループま
で，全体で9グループある。第1グループは「カップヌードル」，第2グループは「日清
のどん兵衛」，第3グループは「チキンラーメン」，第4グループは「日清焼そばU. F.
O.」と「日清ラ王」……という具合である。このほかにサポート・グループとして，ブラ
ンド戦略室，デザインルームなどがあり，BMと密接に仕事をしている。

マーケティング部の各グループ間の情報共有は最小限にとどめられており，他のグルー
プの動向などはわからない。グループ同士の競争という宏基氏の意図が貫かれている。

BMには商品開発，価格政策，流通戦略，宣伝戦略，販売促進に至るマーケティング・
ミックスを策定し実行する権限が与えられている。BMの平均年齢は30〜40歳代。中堅
社員であるBMたちが社内の協力を得るためには，他の部署を説得する必要がある。

360　　第Ⅳ部　事例篇

説得を成功させるために，BM 自身が明確なコンセプトを描き，事業構想力を磨いたうえで，さらに熱意をもって，自分のやりたいことを訴える必要がある。たとえば，生産担当の取締役に対して，自分の考えている商品コンセプトの有望さをうまく伝えなければならない。BM の任務の成否は，周りの人々を動かすことができるかどうかにかかっている。

そして，資材の調達から利益管理に至るまで，関連部署と関わるすべてのことに BM が責任をもつ。また，関わる部署は，同社の支店，営業企画，財務，法務，事業管理，資材，物流など多様である。

では BM と営業との関係はどうなっているだろうか。営業は自分が納得できる商品を選択できる。このため，BM は営業に対して営業をしなくてはならない。BM は，常に営業の立場でも物事を考えなければならないことになる。

このように BM は責任が重い反面，成功すれば昇進・昇格・特別表彰など，成功報酬を与えられるのである。

## ブランドファイトシステム

もう 1 つ，日清食品の BM 制度で特徴的なことは，「ブランドファイトシステム」である。このシステムは，他グループがもつブランドを使用した新商品の開発も許されるというものである。たとえば，「カップヌードル」というブランド名の袋麺を開発することが，カップヌードル担当以外の BM でも，社内の許可と使用料を払えば可能になるということだ。

なぜこのようなシステムがとられているのか。このシステムの背景には，「他社に出し抜かれるくらいなら，自社内で競合したほうがいい」「社内の競争に勝てない商品が，他社の商品に勝てるわけがない」という思想がある。

このシステムの仕組みを具体的にみてみよう。

自分の担当外のブランドは，使用料を払うことで使用可能となる。実際，第 6 グループの BM が企画して発売した「カップヌードルごはん」は，第 1 グループが担当するカップヌードル・ブランドを使用したものだった。

ただし，ブランド名使用の可否は社内の「新製品委員会」で決定されるので，自由気ままには使えない。また，そのブランド保有担当 BM は，会議の場で異議申し立てはできるものの，最終決定権は委員会にある。つまり BM たるもの，常に注意して自分のブランドの拡張の可能性を探っていなければならないことになる。

しかし，ブランド保有担当 BM には提案された企画を買い取るという道も残されている。このときの買い取り価格は交渉次第だ。

このように，日清食品の活力を支えているのは，社内競争を促す仕組みにある。BM を中心とした組織としながら，常に BM の立場を刺戟する仕組みが構築されているのである。

## ライトプラスの開発

2015 年に発売されてヒットを記録したのが，「カップヌードルライトプラス」シリーズだ。発売して 3 カ月で 1000 万食。食品業界でヒットの目安とされる 10 億円の売上も軽くクリアし，他社の類似コンセプト商品と比較しても約 5～7 倍の販売実績がある。

女性をターゲットとして開発されたこの商品は，どのような考え方のもとに開発された

1. 食品・飲料ブランド　361

のだろうか。この新商品の指揮をとったのが，化粧品会社から転職して取締役マーケティング部長に就任したズナイデン房子氏。

　女性マーケターとしてのキャリアを生かして着目したのが，カップヌードルの男女別の喫食経験率である。男子は7割がカップヌードルを食べたことがあるのに対して，女性の経験率は3割ほど。そこでズナイデン氏は，女性の気持ちが動く商品をつくればよいということを考えた。新進気鋭の女性マーケター佐橋育恵氏をBMに起用して，商品開発が始まった。

　女性向けの商品を発想したズナイデン氏が，社内で言われたことは，「女性はカップ麺売り場に行かない」だった。「本当？」と思ったズナイデン氏らスタッフは，コンビニ・スーパーの店頭で「張り込み調査」を行った。わかったことは，「女性はカップ麺売り場に行く」事実だった。しかし女性は，カップヌードルを食べたいと思い手に取るものの，棚に戻してしまうのだ。それならば棚に戻されない商品を提供すればよいことになる。そのためにズナイデン氏は「女性たちがキャーッと気持ちが盛り上がるような，オーラをもった商品」にすることを考えた。

　オーラをもった商品にするために，佐橋BMたちは，基本的な商品デザインを考えた。「まるで千本ノック状態」だった。生野菜換算で野菜は少なくとも80グラム，カロリーは198キロカロリー，とスペックは固まった。

　しかし，肝心なことはどのような「味」にするかだ。アイデア出し「千本ノック」の結果，佐橋BMたちが行き着いたのが，南仏料理の「ラタトゥイユ」と，イタリア料理の「バーニャカウダ」。それまでのラーメン系の味とはかけ離れた発想だ。ズナイデン氏の了解も得て，女子大生にインタビューしたところ，「どんな味か想像するのが面白い」という好感触の回答を得た。

　コンセプトは固まったものの，実際の商品開発にはまだ解決すべき課題がたくさんあった。198キロカロリーの実現は，技術的に「奇跡的な」チャレンジだった。この商品は「スープまで飲んでも」が売りでもあった。スープを全部飲んでも198キロカロリーにとどめるため，スタッフは苦労を重ねた。また野菜をおいしく食べてもらうために，野菜の新鮮な味わいと食感を残すことも大変な作業だった。野菜ごとに収穫時期は異なり加工の工程が異なってしまうからだ。さらに，食物繊維の豊富さを強調するため，カップには「レタス2個分」と具体的な表示をすることにした。また，パッケージに採用したイラストは，化粧品を手がけたデザイナーを起用して，それまでの食品パッケージ・デザインとは異なった発想を取り入れた。

　女性がカップ麺を食べるためのバリアとなっている潜在心理の1つに，麺を「ずず〜」とすするのが嫌という心理がある。この解決のために麺を短くすることを試みた。しかし，実際の生産工程では困難を極めた。それでも最後には生産現場の努力によって，通常の半分，18センチの短い麺を実現することができた。

　広告では，「ヘルシー」とは訴求しなかった。テレビCMでは人気の俳優，斎藤工氏を起用した。野菜たっぷりという事実を強調しつつ，女性が食べている様子を斎藤氏に「いい，食べっぷりだ。」とほめてもらうショットを採用した。ここには，カップ麺を食べることが恥ずかしいという女性の心理を払拭する狙いがあった。

362　第Ⅳ部　事例篇

このように初めての試みを重ねながら発売にこぎつけた「カップヌードルライトプラス」。発売当初の売上は期待したようには上がらなかった。しかし，ネットや SNS を通じて「バズ」（＝クチコミ）が広がっていくにつれて売上は次第に上がっていった。通常とは異なる売れ方を示したのである。

狙いどおり購入者の 6～7 割が女性。売れ方の特徴としては，リピート率が高いことがある。スロー・スタートではあったが，顧客の強力な支持を得て顧客自身の発信がなされ，売行きに効いているのである。

日清食品の DNA とは，世の中に新しい価値を提供することだ。この「カップヌードルライトプラス」にみられるように，新しい発想が日清食品の成長を常に支えているのである。

**参照資料**

安藤百福（2008）『魔法のラーメン発明物語』日本経済新聞出版社（日経ビジネス人文庫）
安藤百福発明記念館編（2013）『転んでもただでは起きるな！定本安藤百福』中央公論新社（中公文庫）
安藤宏基（2010）『カップヌードルをぶっつぶせ！――創業者を激怒させた二代目社長のマーケティング流儀』中央公論新社（中公文庫）
安藤宏基（2015）『勝つまでやめない！勝利の方程式』中央公論新社（中公文庫）
「ヒットの軌跡」（No.185）『日経トレンディ』（2015 年 11 月号，130～132 頁）


# 4　相模屋食料株式会社（2015 年 7 月）
## ――伝統的食品の革新

豆腐は日本人にとって，なじみ深い伝統食品だ。しかし，普段食べている豆腐がどこでつくられているか，あまり気にすることはないかもしれない。豆腐の製造で日本一のメーカーはどこだろうか。それは，相模屋食料株式会社だ。本社は群馬県前橋市にあり，売上高 178 億円（2014 年度）。単に規模が大きいというだけではない。同社はこの 10 年間に売上を約 5 倍に増加させているのだ。2012 年に同社から発売された「ザクとうふ」は大きな反響を呼んだ。相模屋はどのようにして成熟産業とみえる豆腐業界において，このような成長と革新を遂げることができたのだろうか。

**創業から発展へ**

終戦から 6 年後の 1951 年。太平洋戦争のインパール作戦で夫を失った江原ひさ氏は，生計を立てるために群馬県前橋市で豆腐店を始めた。これが，後に相模屋食料株式会社（以下，相模屋）となる相模屋豆腐店の創業だった。ひさ氏を助けたのは姉夫婦で，豆腐の製造機械と豆腐職人を送り込んでくれた。店舗が群馬県にありながら「相模屋」と名前を付けたのは，姉夫婦の住む場所が神奈川，つまり「相模の国」だったからだ。社名そのものが感謝を表していることは，今でも同社で語り継がれ，同社の DNA となっている。

1.　食品・飲料ブランド　363

その後ひさ氏は，豆腐づくりは豆腐職人に任せ，自分は販売に専念するという製販分離ともいえる体制をつくり上げた。そのころ，豆腐づくりはベテランの職人にしかできない重労働を強いる仕事だった。ひさ氏の息子の江原寛一氏は，豆腐職人として腕を上げたものの，よりよい生産方法を求めていた。

　寛一氏が相模屋を継いだ折，東京の豆腐工場へ見学に行ったことがあった。そのとき寛一氏を驚かせたのが，大型のボイラーを備え，大規模な生産設備を導入した工場であった。それに刺戟された寛一氏は，設備投資に力を入れ，ボイラーを導入し，製造工程を流れ作業にした。当時としては，豆腐づくりの「産業革命」であった。

　また寛一氏が成し遂げたことの1つに，小売業から卸売業への業態転換がある。1958年に北関東では初めてのスーパーマーケット「松清」（現・株式会社フレッセイ）が群馬県にオープンした。寛一氏はこのスーパーという業態に将来性を見出し，スーパーで豆腐が売れることを直感した。当時の豆腐販売は，豆腐屋へ鍋を持ってきた顧客に水槽の中にある豆腐をすくって渡していた時代だった。

　寛一氏は，スーパーで豆腐が売れるように，「ビニール袋入りの豆腐」を考案した。顧客にとっては，鍋を持たずに豆腐が買えるということで大きな反響を得た。寛一氏はこの商品開発とともに，自社での店頭販売をやめ，製造と卸に専念するようになった。この結果，相模屋は豆腐メーカーとして全国でも中堅の地位を築くようになったのである。

## 鳥越氏に教訓を残した事件

　寛一氏の後を継いで相模屋の社長に就任したのは，寛一氏の三女と結婚した鳥越淳司氏だった。2002年に同社に入社した鳥越氏は，雪印乳業株式会社（当時）に6年間営業マンとして勤務した経験があった。雪印在職中に発生した雪印食中毒事件は，彼の人生にとって大きな教訓を残した。

　その雪印食中毒事件とは，2000年6月に，当時の雪印乳業で牛乳の生産管理の不徹底により1万5000人近くの被害者が関西を中心に出た事件である。その後，グループ内の子会社の不祥事も重なり，雪印が長年にわたって築いてきたブランドへの信用は瞬く間に崩れ去った。雪印という企業グループは解体，再編されることになった。

　この事件の際，鳥越氏は急きょ関西に派遣され，被害者宅をお詫びして回った。1日に13回も平謝りすることもあった。顧客から罵倒されたり励まされたりしながら，お詫び行脚が3週間ほど続いた。

　この経験から鳥越氏が得たもの，それは「自分が誇っていいのは，自分がやってきたこと，自分にできることだけだ」という教訓であった。それまで雪印という一流企業に勤めていた誇りは，誰かがつくってくれた誇りにすぎなかったのだ。

## 豆腐業界とは

　鳥越氏は相模屋に入社する前まで，スーパーマーケットの豆腐売り場はみていたものの，豆腐業界あるいは豆腐そのものについてほとんど知ることはなかった。入社して2年間，修業として豆腐づくりを体で覚えながら，次第に豆腐業界と文化を知ることになった。

　豆腐業界は中小企業や家族経営という形態が支配的であった。しかも豆腐業者はどんど

364　第Ⅳ部　事例篇

ん廃業が進んでいた。昭和30年代に全国でおよそ5万軒あった豆腐業者が，2007年度では1万軒余りになっている（厚生労働省「豆腐製造業事業所数の推移」）。この原因は，原料の大豆を輸入に頼り，原材料費が高騰しているにもかかわらず，豆腐自体の価格は値上げができないばかりか，スーパーなどの小売業者からは値下げを要求されることもあり，十分な利幅がとれなくなっていることだ。

さらに，業界には「豆腐屋と『できもの』はデカくなるとつぶれる」という言葉がある。これは，豆腐店が家族経営から脱して成長しようとすると，必ず壁にぶつかることを表した言葉だ。

旧来の豆腐店は，きわめて労働集約的なビジネスであった。早朝に起床し，全身を使って水場で豆腐づくりに励む。そのため，豆腐店主は必ず腰が曲がるともいわれた。人を雇って豆腐をつくらせれば手抜きが発生して品質が下がる結果になりかねない。つまり，家族的な労働ではコストがかからないものの，事業の拡大に一定の限界があるのだ。

豆腐業界は5000億〜6000億円の市場があり（一般財団法人全国豆腐連合会の推計），一見すると参入しやすい魅力的な大市場にみえる。豆腐業界では，長年「分野調整法」（「中小企業の事業活動の機会の確保のための大企業者の事業活動の調整に関する法律」）による大企業の進出に制限がかかり，中小企業が守られてきたため，大企業が参入を試みても成功した例はほとんどなかった。実際，森永乳業株式会社は1979年当時，真空パックで豆腐をつくる技術を確立したにもかかわらず，日本ではビジネスができず，アメリカで豆腐ビジネスを展開してきたという歴史がある。

こうした業界の特性を理解するようになった鳥越氏は「この場所で生きていく」という覚悟をもって，成長への道を探ってきた。

## 業界特性と戦略

豆腐には他の食品にない特性がある。「日配品」というカテゴリーで消費期限が短く，在庫という概念がない。したがって「返品」もない。しかし，小売店にとって豆腐を「品切れ」にはできない。豆腐は欠かせない食材であるため，もし品切れになったら顧客が離れてしまうからだ。また，豆腐の需要は，季節などによって大きな波がある。特売の際には普段の10倍も20倍も売れる。このため小売店は売残りのリスクを冒してでも，ぎりぎりのタイミングで発注をかけるのが常だった。

こうした業界特性から鳥越氏が実行した経営改革のポイントは3つある。①SKU（商品の品数）の削減，②生産能力の大幅増加，③既存品の改良と新商品開発。

第1の改革ポイントとしてSKUを減らした。2004年当時，売上28億円に対して，SKUは372もあった。豆腐職人が自分の技を誇示することや，顧客の需要に応えようとしてSKUは増えがちだが，売り切ることは難しくなる。鳥越氏は，SKUを約6割減の156にした。そして，どのようにしてコストを減らすことができたかを「見える化」し，従業員にもわかるようにした。

## 最先端の工場を稼働

2番目の改革のポイントとは，生産ラインを全自動化し，大量生産を可能にすることだ

1. 食品・飲料ブランド　365

った。相模屋は，2005年に日本最大級の豆腐製造工場である第三工場を前橋市で稼働さ
せる。東京ドームの半分の大きさの広大な土地である。その土地を購入した当時の社長は
先代の江原寛一氏。予算は10億円。家族や社員のほとんどが反対する中で，寛一氏は悩
んでいた。鳥越氏は，豆腐業界で伸びていくためには「飛躍」が必要だと考え，寛一氏に
進言し，意見は採用される。

　しかし，第三工場の稼働までのプロセスは，容易なものではなかった。当時，年商30
億円の企業が工場を建てるために必要な41億円を金融機関から融資してもらう過程の困
難さや，豆腐の完全自動化を世界で初めて実現するための製造機械メーカーとの折衝など，
さまざまな苦労が鳥越氏たちを待ち受けていた。

　稼働までにもっとも高いハードルだったのは，新しい取引先である「日本生活協同組合
連合会」（以下，生協）からの改善の要求であった。生協は商品の調達先には大変厳しい
水準を定め，担当者はメーカーの製造設備と製造プロセスについて非常に詳しい知識をも
っている。生協と取引するには「飛行機のパイロット」と同じように絶対に事故は起こせ
ない。また，「機械の洗浄はどこをどのくらいの頻度で実施するか」など1000項目に及ぶ
生協からの改善項目をクリアするために，鳥越氏たちは壮絶な努力を短期間で行わなけれ
ばならなかった。

　こうしたさまざまな苦労を乗り越えて2005年に第三工場は完成した。11台のロボット
を駆使し，1日に100万丁の豆腐を生産できる完全オートメーションの工場だ。製造工程
での雑菌の発生を抑えることで，それまでは5日間の賞味期限を，2～3倍に伸ばすこと
ができた。またできたての豆腐をパックできるために，味を飛躍的によくすることもでき
た。さらに温度管理体制も大幅に改善した。

　配送の面でも大幅な改善がみられた。それまで豆腐は「通い箱」と呼ばれる回収が必要
なケースで配送されていたが，段ボールによって運ぶことができるようになり，西日本の
ような遠方にも配送することが可能となった。また営業力で特定の店のシェアを上げるこ
とによって，配送ルートが合理化され，配送コストを下げることができた。第三工場の稼
働は相模屋の事業に大きな飛躍をもたらした。


## 既存商品の改革

　第3のポイントは，商品の改革だった。

　豆腐の基本は，「木綿」と「絹」である。豆腐業界の現状に対して採用した戦略とは，
業界の「常識」に挑戦しながら，この2つに徹底的にこだわることだった。

　鳥越氏が常識にチャレンジしたのが，「木綿3個パック」。それまで，絹豆腐の3個パッ
クはあったが，木綿の3個パックは不可能といわれてきた。なぜなら木綿豆腐は絹よりも
3倍製造に手間がかかるためである。業界では，木綿の3個パックは，製法が難しいため
に品質が担保できないといわれてきた。

　ところが，「連続生産が自社工場でできるのだから，やればできてしまうのではないか」
という鳥越氏の発想が発端であった。製造機械メーカーに要望を出し，やりとりを繰り返
した。製造工程の検討を進めた結果，思いついてから1カ月半で商品完成までたどり着い
たのである。できないと思っているから，やらなかったにすぎない。こうしたことを「常

366　　第IV部　事例篇

識をアップデートする」と鳥越氏は表現する。「木綿3個パック」には注文が殺到し，またたく間に定番商品となった。

　続いてのヒット商品は，「焼いておいしい絹厚揚げ」だ。これは豆腐マーケットを広げた大ヒット商品の皮切りだった。豆腐にタピオカでんぷんを加えたもので，もっちりとした食感が特徴。それまで，豆腐業界では，にがりと水と大豆だけでつくらないと豆腐ではないと考えられてきたため，でんぷんを入れた豆腐などは邪道と思われていた。

　実際，業界の人たちには「こんなのは厚揚げでない」といわれてしまった。しかし，商品のよさを評価するのは消費者である顧客である。「焼いておいしい絹厚揚げ」は，おいしいと顧客が評価してくれて大ヒットにつながった。この商品は，5年間で累計1億パックも売れ，豆腐業界最大のヒットとなった。

　相模屋では既存商品を改良しているだけではない。業界にはまったくなかった新しい発想での新商品開発にも取り組んでいる。その代表的な商品が，2012年発売され話題となった「ザクとうふ」である。「ザク」とは，アニメ『機動戦士ガンダム』に登場する有人巨大人型ロボット兵器である。なぜ「ザクとうふ」を販売したのか。鳥越氏は「自分の趣味」と言い切る。細部までこだわった「ザクとうふ」はSNSで火がつき，雑誌やテレビなどで大いに話題を呼び，30～40代男性に豆腐商品への関心をもたせるきっかけとなった。

　このほかに，「マスカルポーネのようなナチュラルとうふ」「ひとり鍋シリーズ」「赤城揚げ」「おかずやっこ」など同社が繰り出す豆腐新商品の話題は尽きない。鳥越氏が率いる相模屋には，伝統的な産業を革新するパワーと精神がみなぎっている。

**参照資料**

鳥越淳司（2014）『「ザクとうふ」の哲学──相模屋食料はいかにして業界No.1となったか』PHP研究所

全国豆腐連合会ホームページ（http://www.zentoren.jp/economy/consumption.html）

厚生労働省（2007）「豆腐製造業事業所数の推移」

農林水産省（2006）「豆腐・納豆の現状」

## 5　カルビー株式会社「フルグラ」（2015年11月）
　──カテゴリーの変革

　カルビーは長い間日本のスナック市場で，ポテトチップスのメーカーとして支配的な地位を築いてきた。しかし，カルビーはその地位には満足していなかった。近年，同社は売上や利益をさらに向上させている。こうしたカルビーの好調を支えるヒット商品の1つが「フルグラ」だ。「フルグラ」は2002年以降，30億円台の横ばいの売上しかなく，限られた市場シェアしか獲得していなかった。それが現在では，年間売上が100億円を超える強大なブランドへと成長した。このようなことが短期間でなぜ可能だったのか。

1.　食品・飲料ブランド　　367

## 松本CEOの変革

 カルビー株式会社の前身は，1949年広島に設立された松尾糧食工業株式会社であり，2014年に創業65周年を迎えている。カルビーの最初のヒット商品は，1964年発売の「かっぱえびせん」。その後，ポテトスナックの分野に進出し，現在では，ポテトチップスなどのスナック菓子の企業として，約5割の市場シェアを得て揺るぎない地位を占めている。

 しかし，カルビーはこうした自社の地位に満足してはいなかった。カルビーの経営改革は，2009年に松本晃氏が代表取締役会長兼CEOに就任したことから始まっている。

 2010年3月期と15年3月期のカルビーの財務指標を対比してみよう。連結売上高において1.52倍（1465億円から2222億円），連結経常利益では2.69倍（95億円から256億円）に増加している。また日本企業がよく経営指標とするROE（自己資本利益率）も，7.1%から13.7%へと大幅に改善している。

 こうした経営改革の背後には，ロジスティクスや生産体制の改革があった。特筆すべきはマーケティングの見直しである。そのマーケティング改革の象徴が，ここで取り上げる「フルーツグラノーラ」＝「フルグラ」だ。

 グラノーラとは，オーツ麦，ライ麦，玄米，アーモンド，ココナッツなどの穀物・ナッツ類が混ぜ合わされ，さらにシロップと植物油とを混ぜてオーブンで焼き，そこに，いちご，りんご，パパイヤ，レーズンなどのドライフルーツとかぼちゃの種が混ぜられた食品である。オーブンで焼き上げる過程があるところが，ミューズリーなどの他のシリアル類と異なった特徴である。食物繊維が豊富で，50グラムのグラノーラにはバナナ4本分の食物繊維が含まれている。また，ほうれん草の10倍もの鉄分が含まれている。

## シリアル事業の変化

 カルビーが最初にシリアルを発売したのは1988年のこと。最初の商品はグラノーラとコーンフレークの2つ。そして，現在の「フルグラ」の前身にあたる「フルーツグラノーラ」は1991年に発売されている。アメリカで人気のあるシリアルといえばオートミールだが，日本人にはなじみがない。そこでグラノーラを発売したのだ。

 グラノーラは，日本人向けに軽い食感に軽い甘さが加えられ，甘すぎないことが特徴だった。「日々仕事で活躍する女性たちの健康をサポートするシリアル」が当時の狙いだった。

 「フルーツグラノーラ」は，シリアルの主力商品として，2002年の「いちご味」の追加によって，若干売上が伸びたものの，30億円程度の売上で長年推移していた。この「フルーツグラノーラ」に目をつけたのが松本会長である。

 松本会長の考えは次のようなものだった。「フルーツグラノーラ」のようなおいしい商品がもっと伸びないのはおかしい，アメリカ人は年間1兆3000億円もシリアルを消費している。日本のシリアル市場はたった250億円しかない。日本でもシリアルはもっと伸びる余地があるはずだ。

 そこで2012年5月から始まったのが「成長戦略プロジェクト」。プロジェクトのコードネームは「フルグラ100」。つまり「フルグラ」の売上を100億円に伸ばすというプロジェクトだ。松本会長自らがこのプロジェクトに参画した。それ以来，ほぼ毎月のように「フルグラ」は売上を伸ばすようになった。

その結果はどうだったか。2011年度では37億円であった年間の売上が，14年度には143億円を記録するようになった。シリアル市場全体における「フルグラ」のシェアは約30%。2013年度からは「フルグラ200」，つまり売上200億円をめざすプロジェクトがスタートした。

現在，カルビーがめざしているのは，「朝食革命プロジェクト」。スナック菓子で2000億円を売り上げ，朝食で1000億円をめざす野心的なプロジェクトだ。カルビーは朝食市場の改革に力を入れている。

## お友だちを探す

それでは，「フルグラ」はどのようにして伸びることができたのか。興味深いことは，広告や販促などの費用を大幅に増やしたわけではないということだ。また，季節限定のような特別な商品を投入して売上を増やしたわけでもない。

市場調査で判明したことは，「フルグラ」を食べたことがない人が約8割もいる事実だった。「これはチャンスだ」とプロジェクト・メンバーは気づいた。

もう1つ調査からわかったのは消費者の意識だ。シリアルという商品カテゴリー自体の問題である。シリアルは自分には関係ない商品 "Not-for-me" という商品カテゴリーと見なされてきたのだ。これまで，シリアルは簡便性を訴求してきた。しかし簡便性というメリットの裏には，主婦の罪悪感がつきまとっていた。こうしたシリアル商品カテゴリーの問題を解決しなければならないことに，プロジェクト・メンバーは気づいた。

その解決方法として，「フルグラ」が売れる市場環境づくりをめざす必要があった。そこで提案されたことは，「フルグラをシリアルの外に出そう」というアイデアだった。シリアルという商品カテゴリーで考えているだけでは，売上に限界があるのだ。

注目したのは，朝食市場。日本全体で17兆円の巨大な市場だ。

施策の第1は，「フルグラのお友達を探そう」。多くの日本女性は朝食にヨーグルトを食べている。そこでヨーグルトと「フルグラ」の相性を強調し，「フルグラ」は "脇役" に徹することにした。

その次に行ったことは，「フルグラ」をシリアルと呼ばないことだった。シリアルのカテゴリーを売るのではなくて，グラノーラという食品を売るようにしたのだ。グラノーラの名前を多くの人は知らない。また年配の世代にはシリアルというと牛乳でやわらかくなった食べ物のイメージが残っている場合がある。「フルグラ」はざくざくとした食感で，従来のシリアルとは違うことを強調したのだ。

## コミュニケーション戦略

「フルグラ」が行ったコミュニケーション戦略をみてみよう。

2011年には「フルーツグラノーラ」という商品名を「フルグラ」に変更した。これはカルビーの登録商標である。

2012年の初頭から始まった第1ステップでは，グラノーラ・ブームをつくることに力が注がれた。メディアにアピールし，新聞や雑誌などで取り上げられた。さらに，2012年5月10日には朝の情報番組でも放映された。また，種々の戦略PR手法を駆使して，

**1. 食品・飲料ブランド　369**

グラノーラがブームの兆しにあることを訴えた。その結果，グラノーラが「体にいいらしい」「朝食アイテムとしておいしいらしい」との評判が世間に広まっていった。

メディアに取り上げられると，スナックやお菓子担当の流通バイヤーから商品の引き合いが来るようになった。

2012 年秋からのコミュニケーションの第 2 ステップは，「フルグラ」ブームを自社ブランドに取り込むこと。その一環として，「フルグラ」のレシピ本を発売した。2012 年 10 月の『毎日食べたい！社員公認フルグラレシピ』（ワニブックス）を皮切りに，13 年 11 月に『カルビー フルグラ大好きマグカップレシピ』（扶桑社），14 年 6 月に『朝食 朝メシ 朝ごはん』（学研パブリッシング）が出されている。「フルグラ」の食べ方を伝えることで，朝食のアイテムとして定着させることを狙ったのである。

第 3 ステップで行ったのは「フルグラ・ナンバーワン」宣言。「フルグラ」がシリアル・ブランド・カテゴリーでナンバーワンになったニュースを発表した。シリアルでカルビーの最大のライバルはケロッグ社である。

2013 年度には，「フルグラ」はシリアル・ブランドの中で最大のブランドに成長し，14 年度にはシリアル全体でもケロッグ社のシェアを上回り，ナンバーワン・メーカーに躍り出た。ケロッグ社が世界のシリアル市場のリーダーであることを考えると，これは驚くべき結果であった。カルビーは 2018 年に「フルグラ」で 500 億円の売上達成をめざしている。

流通面でも，「フルグラ」はその販路を拡大してきた。「フルグラ」は，省スペースでありながら，単価が高い商材だ。小売希望価格は 380 グラムの商品が 500 円（税抜）。800 グラムの商品は 1000 円（税抜）である。売れ過ぎた結果，ラインを増設しても生産が追い付かず，2014 年夏は欠品状態が続いたほどだった。

## 「朝食革命」

こうしたコミュニケーション・キャンペーンのターゲットは誰か。それは，パンを食べている人たちだ。彼・彼女らを「フルグラ」にスイッチさせることを狙っていた。さらに，カルビーは，フルグラをごはん，パンに続く第 3 の朝食にする「朝食革命」も狙っていた。

「朝食革命」を達成するために，「フルグラ」は消費者にとって次の 3 つのメリットがある。

(1) 「おいしさ」——「フルグラ」のおいしさは，そのざくざくとした抜群の食感にある。

(2) 「時短」——より短い時間で朝食が準備できる。

(3) 「健康」——食物繊維が豊富で，かつ減塩朝食につながる。

カルビーが「朝食革命」に取り組んでいるとき，ハワイのパンケーキなど海外の朝食文化が日本に紹介されたことがあった。朝食を変える波が来た時期と「フルグラ」の販促活動の時期とは重なっている。「フルグラ」は，朝食として「おしゃれ」「手抜きでない」「体にいい」などのイメージが普及して，それまでのシリアルの手抜きイメージが変わったことも特筆される。

朝食革命のターゲット消費者は，子どものいる主婦層だ。彼女たちの支持を得るため，2012 年に 1400 店舗で試食をしてもらい，50 万袋の大量サンプリング活動を行った。1 回食べたターゲット層の人たちに，おいしいと思ってもらう経験を形成することが大事だか

らだ。

このほかにも，「フルグラ」の市場を拡張するためのさまざまなコラボが行われている。

阪急阪神百貨店，フジッコ，カルビーの3社が合同で開発に取り組んだ新商品「ヨーグラート」をメイン商材とした店舗「ヨーグラート by カスピア」が2015年6月24日から阪急うめだ本店にオープンした。

また，カップ入りの「フルグラヨーグルト」もコラボの成果だ。オフィスで容易に食べられるように2015年9月1日から九州限定のセブン–イレブンで扱う商品として登場した。これはやまぐち県酪乳業とカルビーの共同商品開発の結果である。

不二製油とのコラボとして2015年8月31日から発売されたのは，和の素材を使用した「フルグラ 黒豆きなこ味」。これはグラノーラをきなこ味に焼き上げ，黒豆，柿といった日本人になじみの深い食材をトッピングした新商品である。

今後，「フルグラ」は450億円，それ以外で50億円（合計500億円）の売上をめざしてシリアル市場を着々と広げている。

## 2. 日用品ブランド

## 6 アキレス株式会社「瞬足」(2011年11月)
### ——小学生スポーツ・シューズの革新

　小学校の運動会に行ったとき，お子さんの足元に何か変化が起きているのに気づいた方はいるだろうか。運動会は大人になってからも長く記憶に残る一生ものものイベントだ。運動会の競技の中でもとくに「駆けっこ」はハイライトの競技。その駆けっこの場でもっとも人気の靴，それが「瞬足」だ。「瞬足」は小学校低学年では半分以上の児童に普及している，スポーツ・シューズ市場での著名ブランドである。

### 「瞬足」とは

　アキレス株式会社（以下，アキレス）のジュニア用スポーツ・シューズ「瞬足」は同社の大ヒット・ブランドである。年間販売数は約600万足。3歳から12歳までの子どもの人口は約1137万人（総務省統計局，2009年10月1日現在）なので，単純計算では日本の子どもの半分近くがこの「瞬足」を履いたことになる。

　2011年現在，「瞬足」ブランドでは年間約200ものモデルが発売されている。さまざまなカラーやデザインの「瞬足」が大人の知らないうちに数多く世の中に送り出され，子どもたちの足を包んでいる。そして2003年の発売以来，11年7月までの8年間で販売累計3000万足を達成した。おそらく1つのブランドでここまで大きく成長したスポーツ・シューズ・ブランドはほかにない。

　「瞬足」の現在のスローガンは，《No.1をキミに！》。「履いて走りたくなるシューズ」「履くとワクワクするようなシューズ」であってほしい……こうした願いがこのスローガンには込められている。子どもたちの「速く走りたいという気持ち」を応援するシューズなのである。

　「瞬足」の機能上の最大の特徴は，トラックの左回りに特化した「左右非対称ソール」。従来，ソール（靴底）のデザインは左右対称だった。その常識を覆し，「右足の内側」と「左足の外側」に左右非対称のスパイクを配置した。

　なぜ左右非対称ソールなのだろうか。日本の運動場のトラックは多くが左回り。そこを走る際にコーナーでバランスを崩したり転倒したりする子どもは後を絶たない。よく起こるトラブルは，①コーナリングで踏ん張りきれず転倒する，②遠心力に負けてコースをはみ出す，③転倒しないように注意して走ると遅くなる，の3つ。こうしたトラブルを防ぐには「グリップ力」，つまり「土に食いつく力」が必要だ。それをシューズにもたせれば，子どもたちは安定してコーナーを走り抜けることができるはずなのだ。

　そこで考えられたのが，左足外側・右足内側に特殊防滑のスパイクを施す「左右非対称ソール」という仕掛けだった。念のためにいえば，このスパイクは体重で自在に折れ曲がる柔軟性をもたせてあるため，まっすぐ走ったり普通に歩いたりするのに不自由を感じることはない。

372　第IV部　事 例 篇

## 2000 年の危機

一方，マーケティングの面で重要なのは，「瞬足」が必ずしも運動会専用の靴ではないということである。「瞬足」は基本的にはジュニア用の「外履き靴」。小学生が毎日の通学や遊びのために履くシューズなのだ。

学童のシューズ市場には 3 つのカテゴリーがある。「内履き靴」，雨の日に履く「長靴」，さらに「外履き靴」。アキレスやアサヒ，ムーンスターのような靴メーカーにとって，この学童用の市場を制することはとても重要である。

その学童用シューズ市場に変調が起きた。2000 年ごろのことだ。それまでアキレスでは「ランドマスター」というブランドで，学童用外履き市場に対応していた。しかしそれまでのメーカー主導型の開発だけでは，靴が売れなくなっていた。そこにはいくつかの理由がある。

1 つは学童数の減少による市場の縮小だ。小学生の数は，ピークである 1958 年の 1349 万人から，2001 年度には 729 万人，2011 年度には 658 万人まで減少している（文部科学省，ただし 2011 年度には福島・宮城・岩手県を含まず）。ピーク時と比べると，実に約半数になっている。しかも 1981 年から 2001 年までの 20 年間では約 40％という急激な減少を示している。こうした人口減が学童用シューズ市場に大きな影響を与えた。

また，「規制緩和」が学校にも及び，メーカー指定というものがなくなった。それまでのように近所のお店で決まった銘柄の靴を買わなくてもよくなった。その結果，メーカーにとっては，従来，育成してきた小売チャネルが失われたことになる。

見逃せない要因としては，社会の趣味の変化も大きい。大人も子どももカジュアル・ファッションを身に着けるようになり，昔ながらの地味な靴がはやらなくなった。同時に「かっこいい」スポーツ・シューズのブランドが，子ども用外履き市場に入ってきた。大手ナショナル・ブランドなどだ。GMS（全国総合スーパー）では，こうした子ども用スポーツ・シューズの売り場が増設される一方，従来の外履き売り場は減る結果となった。

さらにメーカーにとって問題だったのは，ファブレス（製造設備をもたない）勢力の台頭である。メーカーと小売業の間の中間流通業（販売会社）を経由せず「中抜き」で売る企業だ。子ども靴に関してはまったくアウトサイダーである商社がこうしたビジネスを始め，低コストの靴が GMS のプライベート・ブランドとして売られるようになった。

新しい世紀は，アキレスにとって戦略の転換を迫られた時期だった。

## 「運動会」への着目

アキレスでこうした業界の構造的問題の解決を担ったのが，当時シューズ事業部で商品企画を担当していた津端 裕氏（当時，シューズ事業企画本部副本部長）だった。2001 年からジュニア・スポーツ担当になった津端氏は，こうした状況に対して，どこをどのような商品で攻めるべきかを模索していた。

津端氏らが考える自社の強みは製造技術にあった。アキレスのもつ設計力，防水技術などである。アキレスの商品は他社と比較して丁寧に作られた安心できる商品である。これを生かした商品を作るべきと考えたのだ。

アキレスの人気ブランド「ランドマスター」は，一時は年間 150 万足を売っていたが，

100万足にまで落ちていた。当時の売れ筋は独自の防水技術を使った「ランドマスター」だったが，これを他社に模倣されないうちに別のヒット商品を作らなければならない。

新製品誕生の鍵となる営業会議が開かれたのは，2002年11月。ここで明確に「立ち位置」を決める必要があった。競合する他メーカーへの対抗として，「小学生が速く走れる靴」という基本的コンセプトは決まっていたものの，テーマを具体的にどう絞るかが課題だった。サッカー，あるいはキック・ベースボール（野球をサッカーボールで行う）だろうか。かつて縄跳び用の靴というものも市場に出ていたが，消えてしまっていた。

議論する中で出てきたのが「運動会」というキーワード。「運動会」は，走ることの原体験として皆の記憶に残っている，誰もが共感できるキーワードだった。「運動会」という1つのテーマが掘り下げられた。「遠心力に負けて転んでしまった」「コーナーでは腕を回してバランスを取った」「負けてくやしかった」など，さまざまなことが思い出されるイベントである。このテーマを靴に応用できないものだろうかと，津端氏らは考えた。

こうして，新製品の開発フレームが珍しく一度の会議で決まった。「運動会で速く走れる靴」。具体的には「狭いトラックの左回りで，遠心力に負けず，転ばず，安定して完走できる靴」であり，しかし同時に通学用の靴でもある。この結果を得てデザイン作業が開始された。開発スローガンは「速い子はより速く，走るのが苦手な子には夢を」。こうして誕生したのが「瞬足」だった。

## 「絞る」戦略

「瞬足」というネーミングはすんなりとは決まらなかった。津端氏らには，あるこだわりがあった。それは漢字でネーミングするというアイデアである。当時，海外で漢字を用いたブランド・ネームのシューズが人気だった。これを日本で試したかったのだ。ネーミングを決めるに際しては，さまざまなアイデアが社内の会議で出された。韋駄天，回天号，隼……最終的に採用されたのが「瞬足」。「駿足・俊足」ではない。一種の当て字だったが，速く走るコンセプトを表現する文字として採用されたのである。

「瞬足」発売に際してとられたのは，ラインを「絞る」戦略である。新ブランドはフルライン，つまり男子・女子，また幼児用から高学年向けまでをカバーするアイテムを発売するのが普通だった。しかし「瞬足」に限っては男の子，それも小学校低学年（1〜3年生）向けに2アイテムだけで新発売された。サイズは19センチから22センチ。

絞ったのはなぜか。「そこで売れればナンバーワンになれる」からだ。津端氏は大手GMS担当としてPOSデータを精査していたため，経験知としてそれがわかっていた。学童用シューズは，一番のボリューム・ゾーンである小学校低学年に受け入れられれば，成長とともに高学年に広がる一方，より年下のちびっこもこの靴にあこがれをもつため，ラインをすぐに広げることができるのである。

発売開始は2003年5月。当初，「瞬足」の主な販売チャネルとなったのは街の靴店だった。まず地域の一番店で次第に売行きが加速した。一方，既存の売れ筋を重視するGMSでは，すでに「ランドマスター」の防水タイプが売れていたため，「瞬足」はさほど関心をもたれなかった。しかし，あるGMSが，アキレスの作った「コーナーで差をつけろ」というPOPを気に入って取り扱ってくれたことがきっかけとなり，GMSにも「瞬足」は

374 第Ⅳ部 事例篇

広がっていった。

初年度の売上24万足という数字は，津端氏らの予想とピッタリ一致した。色とサイズ，店舗数，在庫回転数などから計算して予測した数字である。先に書いたとおり男の子用に絞って2アイテムだけで発売したことからすると，とても効率的な売れ方だった。「瞬足」が市場に広がる可能性がみえてきた。

## 定点観測を実行

「瞬足」以前から津端氏が行っていたのが，運動会などでの「定点観測」である。自分の子どもが通う小学校で，子どもたちの足元の写真を撮影するのだ。「瞬足」発売翌年の2004年，津端氏は小学校の運動会で1人だけ「瞬足」を履いている子を見つけた。当時はまだそのくらいの普及率だった。

津端氏が「定点観測」を始めたきっかけは，あるGMSでの会議上，バイヤーとメーカーとが市場の情報を写真で分析するのをみたことだ。最初は，足元ばかり撮影するので怪しまれたこともあったという。子どもに「おじさん何してるの？」と聞かれたり，現像に出しても「足しか写っていない失敗写真でした」とプリントしてもらえなかったりしながら，「定点観測」は現在まで十数年間，範囲をディズニーランドや近くの公園などにも広げて，続けられている。写真による観察は，最近ではマーケティングの分野で「エスノグラフィー」（フィールドワークによる調査手法）として知られているが，津端氏のこの実践はまさにその先取りだった。

この手法の最大のメリットは，経年的な変化がわかることだ。実際にどのような靴が履かれているかだけでなく，子どもたちの足の形の変化なども知ることができる。ここ10年でも子どもたちの足は細く，かかとは小さくなりつつある。走るのが苦手な子が増えているのだ。定点観測から，靴で解決すべき子どもたちの足の課題がみえてくるという。もちろんその知見は，「瞬足」のマーケティングや開発にも十分に生かされている。

## 市場を広げる

2003年の発売当初，「瞬足」は「ランドマスター」のサブブランドだった。おそるおそる市場に入ったことになる。しかし，2005年シーズンには「定点観測」でもよく目撃するようになった。2004年の販売数は70万足，05年が158万足。年間販売数100万足が，普段の生活で見かけるようになるかどうかの境なのだ。

2011年までに「瞬足」は年間600万足売れるようになった。小学生には，「他人とかぶりたくない」という気持ちが強い。お互いに靴を比べ合い，自慢し合う。そのため，市場拡大には色とデザインのバラエティが重要になる。その結果，さまざまなモデルが開発されてきた。右利き専用サッカー・モデルまである。つまり「非対称ソール」という共通性をもちながら，同時に，選べる楽しさがあり，子どもたちが自分らしさを出せるのが「瞬足」なのである。

「瞬足」との出会いがきっかけで実際にリレーの選手になった子どももいる。彼が5年生のとき書いた作文が「『瞬足』の中の神様」。母親の手でアキレスに届けられたその作文はマスコミにも取り上げられ，「瞬足」大ヒットの一因にもなった。その子どもはその後，

2. 日用品ブランド　375

高校で陸上部に所属し，箱根駅伝をめざしたという。

「瞬足」は受注生産体制をとっている。見込み生産をせず注文数だけを作り，売り切るという体制である。決して供給過多にはならない。これが可能なのは「瞬足」という強いブランド力があってこそだ。そして現在，「瞬足」はこのブランド力を生かしてさらに大人向けも含めた市場の拡大に照準を合わせている。

参照資料

矢野経済研究所『キッズ・ジュニア向けレーシングシューズに関する調査結果 2011』（2011 年 6 月 17 日発表）


# 7　サーモス株式会社「サーモス」（2012 年 8 月）
## ──日本企業が育てた世界ブランド

オフィスでは「マイボトル」が珍しくなくなり，「水筒男子」もすっかり定着した。「サーモス」は，こうした現代の魔法びん文化を代表するブランドだ。19 世紀末にイギリスで発明され，20 世紀初頭にドイツで製品化された後，世界的ブランドとなったサーモスだが，今このブランドを育てているのは日本企業である。このドイツ生まれ日本育ちのブランドは，どのような歴史を経て，今の魔法びん文化を担う存在になったのだろうか。

### サーモスの誕生

ガラス製魔法びんのオリジナルの発想は，もともと 1880 年代のドイツの物理学者 A. F. ヴァインホルトによる真空容器にあった。この発想をもとに魔法びんが発明されたのが 1892 年。イギリス人の科学者ジェームス・デュワーによって，真空断熱構造に基づく二重ガラス容器が考案されたのだった。

その発明家の助手であったドイツ人のガラス職人ラインホルト・ブルガーはその後ベルリンに渡り，1904 年にドイツで，歴史上初めて製品としての魔法びんを発売した。ブランド名「サーモス」が生まれたのもそのときのことだ。サーモス（Thermos）とは，ギリシャ語で暑熱や夏を意味する。

1907 年には，イギリス，アメリカ，カナダでもサーモス社が設立され，その翌年の 1908 年には日本にも参入した。T 型フォードが発売され，「第 2 次産業革命」と呼ばれる大量生産が始まっていた時代だ。20 世紀の初め，サーモスはすでにグローバル・ブランドになっていたのだ。日本での商品名は「寒暖瓶」。文字どおり温かい飲み物でも冷たい飲み物でもその温度を保ってくれる貴重な存在であった。

当時の魔法びんの中はガラス製。断熱材を用いる代わりに，内部のガラス板とガラス板との間を真空にして，熱の伝導を防いだ。そして全体を真鍮のカバーで覆い，さらに外部への熱の移動を遮断するようになっていた。画期的だったこのガラス製魔法びんは，以降 70 年以上も製造が続けられている。

376　第Ⅳ部　事例篇

## PR を強化する

　発売当時，このガラス製魔法びんは，冒険家たちも愛用した。このころは，地球上の未発見の場所を求めて探検家が世界を巡っていた時代でもあったのだ。1911 年にロアール・アムンセンの率いる南極探検隊が，競争の末，真っ先に南極点に到達。こうした世紀のイベントを通してサーモスの知名度は世界的に少しずつ広がっていった。

　サーモス社はまた当時から宣伝活動も活発に行っていた。需要期であるクリスマス時期にはクリスマス気分を盛り上げる新聞広告を掲載。また有名人を起用した PR もすでに行っていた。飛行船のツェッペリン号，初めて飛行機を飛ばしたライト兄弟，南極探検家のアーネスト・シャクルトンなど，当時の注目の的がサーモスの広告に登場した。また魔法びんの形をしたカスタム・カー「サーモスカー」を作り，全米主要都市を巡回する宣伝ツアーも行った。

## 日本での魔法びん事業

　さて，翻って日本の魔法びんメーカーの歴史をたどってみよう。現在サーモスを製造販売している企業の前身は，日本酸素株式会社という会社である（2004 年より大陽日酸株式会社）。同社は液体酸素や液体窒素などの産業用素材を製造してきた会社だ。

　なぜ，BtoB（産業財）である産業ガスの会社が魔法びんを作ったのか。酸素や窒素を運ぶには，マイナス 200 度の超低温で液体化する必要がある。液化すると体積が 500〜600 分の 1 とぐっと小さくなり，輸送に適するからだ。こうした超低温の液体を運ぶために日本酸素には，外気との断熱性に優れたタンクローリーがあった。つまり同社は魔法びんを作るための基本技術をもともと持っていたのである。

　こうした技術を生かして開発されたのがガラスに代わるステンレス製の魔法びんである。1970 年代半ば，日本酸素は社業のさらなる発展のため事業の多角化にトライしており，その 1 つに魔法びん事業があった。同社が魔法びん事業部を立ち上げ，世界に先駆けて高真空断熱ステンレス製魔法びん第 1 号を世に送り出したのは 1978 年だった。

　高真空断熱ステンレス製魔法びんとはどのようなものだろうか。熱を遮断する原理そのものはガラス製と基本的には同じであるが，独自の特殊製法により宇宙空間並みの超高真空状態を作っている。しかも日本酸素は，断熱のためのステンレスとステンレスとの間の真空層を薄くする，つまり板厚を限りなく薄くすることによって，コンパクトで軽い魔法びんを実現した。この製品はそれまでの割れやすいガラス製に比べて，軽くて割れない画期的なものだった。

　このステンレス製魔法びんが発売された 1978 年当初の主な販売チャネルは百貨店。まだ価格は高く 1 本 8000 円から 1 万円と，ガラス製と比較して 4 倍くらい高かった。この製品の販売を当時助けてくれたのは本田技研工業。同社の子会社のアクト・エルで発売したのである。このため，当時のブランド名は「アクト・ステンレスポット」だった。

　1981 年からは「アクト」ブランドと並行して，日本酸素の社名からとった「Nissan」ブランドの魔法びんも発売された。自社の販売力が向上して百貨店チャネルでも売れるようになり，価格も引き下げた。しかし魔法びんメーカーとしてタイガーや象印がよく知られている一方で，「Nissan」はまだ知る人ぞ知るブランドにとどまっていた。

2. 日用品ブランド　　377

## サーモス買収

　世界の国々はそれぞれ自分の地域特有の熱いお茶やコーヒーを愛飲している。たとえば，南米ならマテ茶，アメリカならコーヒーという具合だ。こうしたガラス製魔法びんの大きな市場をステンレス製に切り替えていくだけでも，市場拡大が期待できた。

　ブランド力強化とグローバル市場への飛躍を期して，日本酸素がサーモス社を買収したのは1989年のこと。同社は強力な世界ブランドとグローバルな販売網を手に入れた。以降，「Nissan」と「サーモス」という2つのブランドが製品に併記されるようになるものの，それがブランド体系の混乱を招き，とくに営業が現場で混乱するという問題が生じた。こうした問題にピリオドを打ったのは2001年。日本酸素から分社化してサーモス株式会社が誕生し，企業名もブランド名もすべて「サーモス」で統一したときだった。

## スポーツボトルのヒット

　サーモス・ブランドを入手したものの，足元の日本市場では強力なライバルの存在によって，1995年当時のシェアはまだ3社中もっとも低かった。サーモス社は競争のステージを変える必要性を感じていた。

　さらに脅威だったのは，輸入品による低価格化の波だった。1995年には韓国製魔法びんが，さらに99年には中国製が日本市場に出回るようになった。これにより日本メーカー3社のシェアは下がり，2000年に3社で900万本を占めていた市場が，600万本にまで減少してしまった。

　こうした状況への対抗手段として，サーモス社が考えたのは新しい市場をつくることだった。そのためには魔法びんの新たな用途開発が必要だ。その1つの答えが1998年発売の「スポーツボトル」だ。これは，中身をいったんカップに注いで飲むのではなく，直接口をつけて飲むタイプ。それまでは主に世帯単位で使われてきた魔法びんだが，これはそのパーソナル・ユース化に対応した製品だった。サーモス社では魔法びんはいずれ1人1本の時代になると読んだのだ。

　とはいえこのタイプは最初からヒットしたわけではなく，ブレークのきっかけは2002年のサッカーの日韓ワールドカップだった。プレー中の水分補給でスピーディに飲めるし，直接飲むのがカッコいい，と子どもたちに受け止められた。2004年に飲み口をワンタッチ・オープンとした新製品を投入すると，さらに大ブレークした。

　それまでボトルに直接口をつけるのはタブーと考えられ，実際スポーツボトルについて他メーカーはこんな商品は売れないと評した。主に飲む際のやけどが心配されていたのだが，これは杞憂であった。サーモス社の調査によれば，子どもは冬でも冷たい飲料しか飲まなかったのだ。このため，このスポーツボトルは保冷専用として売った。魔法びんは温かいものを飲むものだという思い込みから，業界で初めて脱したのである。

　このブレークで，子どもたちのサーモスに対する見方が変わった。子ども集団の中でサーモス・ブランドが浸透し，指名買いが起きるようになった。2003〜04年ごろ，サッカーの強いチームにスポーツボトルを進呈し，使ってもらい始めたのも奏功した。クチコミを利用するバズ・マーケティングの走りともいえるだろう。今では，スポーツボトル市場の年間400万本のうち半分がサーモス製品である。

## ケータイマグのヒット

サーモスのもう1つの飛躍のきっかけをつくったのは，スポーツボトルと同じく1998年発売の「ケータイマグ」。操作性・携帯性に優れたケータイマグは，その後徐々に市場を広げていく。

そのもともとの発想はアメリカ市場にあった。アメリカでは家でコーヒーをマグに入れて，通勤途上でも飲みながら，さらにそれをオフィスに持ち込む習慣があり，パーソナル・マグは生活必需品なのだ。1990年代の初めごろには，ある有名コーヒーチェーンとともにこのパーソナル・マグを開発してアメリカで発売していた。そんな発想を取り入れて開発されたのがこのケータイマグだ。

それまでの魔法びんは，水筒のようにコップを外して中栓を回し開け，飲み物を注ぐという面倒な使い方をしなければならなかった。これを改良し，飲みたいときにワンプッシュですぐ飲めるようにしたのが，2001年発売の「JMW-350」で採用されたワンタッチ・オープン機構。マグの操作性を大きく飛躍させたこの改良が，ケータイマグ普及のきっかけをつくった。

今では，国内市場においては，スポーツボトルが400万本，ケータイマグ（マイボトル）市場は600万〜800万本というように，大きな市場として成長している。ロフトや東急ハンズのような店舗ではケータイマグの大きな売り場を見ることができる。

このマイボトル・ブームはどのように広がっていったのだろうか。そこには3つの発展段階がある。

第1段階は，2004年ごろの「マイドリンク・ブーム」。ブームを担ったのは女性たちだった。ハーブ・ティーなど自分の好きなドリンクを作って好きなように楽しむ風潮が広がっていた。

第2段階は，「エコ・ブーム」。やはり女性を中心に2007年ごろ始まった。マイボトルを持参して，無駄なゴミを出さずにドリンクを楽しむようになった。

そして第3段階は，2009年ごろからの「水筒男子」ブーム。「弁当男子」ブームもあるように，それまではつましいイメージがあった水筒や弁当持参のスタイルが恥ずかしいことではなくなり，堂々と節約できるようになったことは大きな意識変化だった。

ミツカンの2009年の調査によれば，オフィス・ワーカーの4割が，また，20代男性と40代女性の2人に1人がオフィスに「マイボトル」を持参するとのこと。会社にウォーター・サーバーが普及し，水もお湯も簡単に補給できるようになった背景もある。また2011年の東日本大震災をきっかけに，水を持ち歩く習慣ができたこともあり，ブームは継続している。

## サーモスの特徴

現在，日本での魔法びんやマグの普及率は，全世帯の97％（2012年）。1週間に1度は使っている世帯が8割を超える。

このような時代に市場を牽引するサーモスの特徴とは何か。まずはその軽さ。たとえば，サーモス史上最軽量モデルであるJNI-300／400（170g／190g）は，内側のステンレスはコピー用紙より薄い。

2. 日用品ブランド　379

もう1つの特徴はデザイン。それは使いやすさに表れている。これまで魔法びんを使おうとして，どこを押せばお湯が出てくるか迷った経験はないだろうか。サーモスのデザイン上のポイントの1つは「アフォーダンス・デザイン」。アフォーダンスとは，見て・触って使い方がわかるという意味だ。ロックやワンタッチ・オープンボタンが自然な操作性を導くようデザインされている。商品によって少しずつデザインの特徴は異なるが，「指で押しやすい」「ふたを180度回せば取れる」「ワンタッチ」といった操作性に優れているのがサーモスのマグなのだ。

また「逆テーパー」といわれる，先になるほど太くなるデザインもサーモスのマグの特徴。自動車のデザイナーを起用してこうしたデザインを完成させている。こうしたデザイン上の種々の特徴によって，店頭ですぐサーモスと見分けられるようになっている。

ケータイマグは2009年度のグッドデザイン賞を受賞しており，同賞のウェブサイトでは，ユーザーがその使い心地をたたえるコメントを読める。

「ずっとあったかのような自然な形。奇をてらった所はまったく無く，実際に手にとって使い始めてみると，全てがシュッと手になじむ。持っていて，心地よい形だ。『使うもの』のデザインは『使ってみて』初めて真価を発揮することを思い出させてくれる逸品！」（http://www.g-mark.org/award/detail.php?id=35133&sheet=monitor）。

## ブランドの課題

サーモス・グループの売上割合は現在，海外60％・日本40％。世界シェアは30％を誇る。サーモス社では日・中・米・欧の4カ所でそれぞれの現地事情に適応した商品開発を行い，世界120カ国以上で愛用されている。生産拠点は日本のほか中国2カ所，マレーシア1カ所。すべて自社工場で日本と同じ品質管理を行う。サーモスは100年以上の歴史をもつグローバル・ブランドであり，このカテゴリーでは他に類をみない。アメリカのスミソニアン博物館にはサーモスのコーナーがあるほどだ。

しかしそのサーモスにも課題がある。日本でブランド認知が50％程度と低い点だ。サーモスを実際に使っていても，それがサーモスだという意識がないことも多い。「THERMOS」というつづりをサーモスと読んでもらうことも課題だ。

しかし一方でサーモスの熱烈なファンもいる。今でもサーモスが輸入品であった時代の「テルモス」（THERMOSのドイツ語読み）という名称で呼ぶ登山好きな人も，少なからず存在する。彼らはサーモスが日本ブランドになる以前に，登山用具の専門店でその高い性能からファンになった人たちだ。スポーツボトルやケータイマグでファンになった人たちを含め，コアなファンたちがブランドを支えている。

ブランド100周年を記念して2004年につくられたのは「サーモスマジック」というブランド・コンセプト。「おいしさの違い，便利さの違い，発想の違いをお客様が『なるほど！』と実感できるオンリーワン商品」（同社ウェブサイトより）であることにサーモス社はこだわる。こうしたマジック＝顧客の驚きを実現するため，サーモス社はさらなるグローバルな発展を続けている。

380　第Ⅳ部　事例篇

## 参照資料

「20 代男性社員の 2 人に 1 人がオフィスに『マイドリンク』を持参，不況下で増殖する "水筒男子"」（2009 年 7 月 1 日，http://markezine.jp/article/detail/7696，2012 年 6 月 22 日アクセス）

# 8 株式会社良品計画「無印良品」（2016 年 10 月）
## ──成長するブランディング

「無印良品」は 1980 年に誕生して以来，現在も成長し続けている。「無印良品」を展開する株式会社良品計画の 2015 年度の業績は，売上高 3072 億円，前年比 18.3％増，営業利益約 344 億円，前年比 44.4％増と最高利益を記録した。売上高中期目標を 1 年早く達成しているほどだ。このように業績を伸ばし続けている良品計画は，どのような理念のもとに運営されているのだろうか。

## 「無印良品」の始まり

「無印良品」は 1980 年にスーパーマーケット西友の「プライベート・ブランド」（PB）として出発している。「無印良品」のオリジナル・コンセプトは「セゾングループ」（当時は西武流通グループ，現在は解体）の総帥であった故・堤清二氏の発想であった。

1970 年代，「セゾングループ」はアメリカの流通業シアーズ・ローバック社と提携して，その施策を学んでいた。シカゴのシアーズ本社を訪問した堤氏たちは，驚くような光景を目にした。同社の通信販売で売られている日本製カメラが日本から輸入後，いったん解体され，再度組み立てられてから発送されているのである。「日本製カメラの 500 分の 1 のシャッタースピードは，アメリカの消費者はあまり使わない。その性能を除いてから販売しています」とシアーズの担当者は説明した。

「削ぎ落とす」。堤氏が見つけたのはこの発想であった。「生活者にとって余分な性能や機能を削除して，納得できる価格で発売する」。これが「無印良品」の出発点になったのである。

1970 年代後半は 2 回に及ぶオイル・ショックの後で，成熟化社会・自然志向・個性化などが叫ばれていた時代。新しい流通業の形を模索していた堤氏にとってシアーズでの体験は，事業の方向性を示す啓示的な出来事であった。

西友の PB にすぎなかった「無印良品」飛躍のきっかけは，1983 年 6 月，東京・渋谷の青山学院大学前に 100 平方メートルほどの小さな独立店舗が開設されたことだ。サンプルストアという位置づけだったが，驚くべきことに 1 年間の販売目標金額を 1 カ月でクリアしてしまった。

その後，1980 年代の急激な事業拡大に伴い，西友の一事業部体制では無理が生じるようになってきた。「無印良品」が「株式会社良品計画」（以下，良品計画）として独立の道を歩み始めたのは 1989 年。この年，大型路面店「無印良品吉祥寺」が初めて出店された。

1990 年，良品計画には単品管理システムが導入された。そして西友から「無印良品」の営業権も譲り渡され，本格的に小売業としての展開を図るようになった。

2. 日用品ブランド　381

## 危機からの再生

順調にみえた良品計画であるが，1990年代に試みた海外展開の影響も加わり，2001年8月中間決算で，約38億円に上る赤字を出してしまう。「無印良品」というブランドが誕生して約20年，市場はデフレ状況になっていたにもかかわらず，「当時の企業体質ではお客さまの半歩前を行く商品がつくれなくなっていた」（当時の社長松井忠三氏）のである。

そのとき行われたのは，不採算店舗の閉鎖・縮小，不良在庫の衣料品の焼却処分だった。

当時，不良在庫が約38億円，売価にして100億円相当の商品が倉庫に眠っていた。業績好調時に欠品を責められた記憶があり，在庫を過剰に抱えていた。

次の対応策は，品質向上によるクレームの減少である。品質改善のために品質管理体制を徹底的に整えた。その結果，2002年下期に約7500件もあったクレームを，06年上期以降は1000件台にまで減らすことができた。

しかし当時の良品計画の問題はそれだけではなかった。「実行力の差が問題だ」と松井社長は感じていた。松井社長は，「計画5%・実行95%」を掲げ企業体質の改革に乗り出した。それまでの良品計画では，すべて"人"の責任になっていた。売上が悪いのは店長のせいだと考えられていたのだ。

また，「経験主義」にも頼り過ぎていた。マニュアルは一切なく，店長が100人いれば100とおりのやり方があった。松井社長たちは，「仕組み」をつくろうと考えた。

そこで作成されたのが，数千ページにもなる「MUJIGRAM（ムジグラム）」と呼ばれるオペレーション・マニュアルである。ここには経営から商品開発，売り場のディスプレーや接客まで，すべての仕事のノウハウが書かれている。

また一番重要な商品を見直した。生活雑貨では，社会人やファミリー層に支持される家具を作って売上を回復させたのである。

## 哲学の発展

「無印良品」の根本的なあり方は創業以来変わっていない。良品計画の企業理念の中に，「自然と。無名で。シンプルに。地球大。」という4つの文言がある。これがすなわち「無印良品」の基本理念を成している。

ブランド・コンセプトを維持するために外部のクリエーターで構成された「アドバイザリー・ボード」も重要な存在になっている。小池一子氏，杉本貴志氏，原研哉氏，深澤直人氏というデザインやクリエーティブのトップランナーたちから，商品や各種取り組みのコンセプトに対して常にアドバイスを受けているのだ。こうして「無印良品らしさ」が商品から店頭づくりにまで反映され，磨き上げられている。

現在の会長である金井政明氏は2008年の社長就任早々，リーマン・ショックに見舞われた。その頃から「アドバイザリー・ボード・ミーティング」を行うようになった。このミーティングは，意思決定を行うのではなく，世の中の風潮や日々の問題意識について参加者が意見や感想を述べ合う場である。ここでの会話の空気が中期事業計画に反映されていく。ここは「価値観を共有するための場」（金井会長）なのである。

## 商品力をつける

商品力をつけるにはどうすればよいか。既存商品の場合，それは「コア・アイテム」を見つけること。コア・アイテムとはカテゴリーの中で顧客の強い支持を得ているアイテムのことだ。顧客を増やすためには，コア・アイテムの価格はそのままで，品質を上げる。その結果，コア・アイテムはより買いやすくなる。

金井会長が社長時代から言い続けているのは，「コア・アイテムを10年で100つくれ」の指示である。カテゴリーごとにコア・アイテムを強化することで商品力がつけば，おのずと客足が増える。

それでは新商品はどのように企画されるのだろうか。「無印良品」の生活雑貨部門は6つの商品カテゴリーに分かれている。①家具，②布団・寝具など，③家電，④食器・掃除用品など，⑤化粧品類など，⑥文具。これらの商品カテゴリーに共通して5つの開発ステップが設定されている。

(1) 商品コンセプト：顧客のニーズ情報が，店舗やウェブ，電話，各種リサーチ，モニター調査など多くの情報ソースから得られる。社内のお客さま室やウェブ内にある「くらしの良品研究所」からも有用な情報が寄せられる。商品部とデザイナーが関わりながら，コンセプトを決定する。

(2) サンプル検討会ファースト：部門内で企画ミーティングを行い，開発中の商品のコンセプトを確認する。

(3) サンプル検討会セカンド：実物大の発泡モデルなどを製作し，具体的なデザインの方向性を検討。

(4) サンプル検討会ファイナル：「モックアップ」（実物大模型）を製作し，図面化の前段階まで進む。この後にMDS＝マーチャンダイジング・ストラテジー（商品戦略）が社内の戦略会議で承認されることになる。

(5) 展示会：報道陣，全国の店長に対して公開される。商品発売へ。

このようなプロセスで，1カテゴリーで10〜20アイテムが半年間に開発される。かなりの新商品開発が同時並行的に社内で展開されていることになる。

「無印良品らしさ」へのこだわりを示す一例として冷蔵庫の開発がある。トップダウンの指示は異例なことであったが，2012年，「キッチン家電をリニューアルしたい」という金井会長の発案により始まったプロジェクトだ。金井会長には「冷蔵庫を2003，2004年に発売されていたデザインで復活させたい」との希望があった。数年前に冷蔵庫のデザインをリニューアルした結果，あまり成功とはいえず，顧客からはかつてのデザインを復刻してほしいという声も少なくなかったのだ。

担当者は，アドバイザリー・ボード・メンバーの深澤氏と，商品コンセプトからリニューアルの作業を行った。この冷蔵庫の特徴が，一見平らに見えるが微妙なアール（曲線）があることだ。こうした冷蔵庫を製造するためには，スチールのまっ平らな板を曲げて，その曲げた板を成形機で再度曲げることが必要になる。この2度曲げのためだけに，設備と金型で億単位のコストが掛かってしまう。

「無印良品の冷蔵庫」は，デザインを実現するためにコストが掛かっても，あえて複雑な製造工程を採用しているのだ。こうした工程は製造現場でも最初は否定された。冷蔵庫

2. 日用品ブランド　383

製造を委託している海外の工場からは，「絶対無理」「やりたくない」「デザインを変えて
ほしい」などといわれてしまった。工程が複雑な分，コストや不良品が増える可能性があ
るからだ。

　担当者のカテゴリー・マネージャーは工場の責任者と何度も議論を重ねた。「なぜこれ
をやりたいのか」「なぜこのデザインでなくてはいけないのか」「絶対やりたい」……。最
終的に納得して新製品が出荷されたとき，その責任者からは「よくデビューしたなぁ」と
いわれたほどだ。

　その冷蔵庫はなぜこうしたデザインでなくてはならなかったのか。めざしたのは冷蔵庫
の「壁化」。冷蔵庫は一般に一番面積が大きな家電であり，キッチンの中で目立たなくて
よい存在だ。しかし，一般に店頭で売られている冷蔵庫は「主張」があり，他社との差別
化を競っている。店頭で目立たないと売れないと流通のバイヤーが思い込んでいるからだ。

　デザインのアドバイザーを担当する深澤氏のコンセプトは，「家電はどんどん『壁化』
していく」というもの。テレビもエアコンも照明も壁に取り込まれ存在感を消していく。
冷蔵庫のような壁に近いものほど部屋の一部としてなじむように四角く，炊飯器やケトル
のような人に近い家電ほど丸くなる。つまり，壁に寄っていく家電と，人間に寄っていく
家電に分かれていくのだ。こうして開発された「新キッチン家電シリーズ」の反響は大き
かった。2014年3〜8月で前年比約60％増を達成，冷蔵庫の売上は同期間の前年比で約4
倍に達した。


## 静と動の演出

　こうした「無印良品」たちは，顧客とコンタクトする店頭でどのように演出されている
だろうか。良品計画のビジュアル・マーチャンダイジングの基本は次の3つ。

(1) 簡素：「これがいい」ではなくて，「これでいい」。

(2) メリハリ：わかりやすく伝わりやすい。

(3) 調和：衣食住のトータル・バランス。

　基本的に「無印良品」の店頭は棚割り表をもとに，何段目にどの商品をどう並べるかが
決められている。そして，一直線に商品を並べることで，店頭の「すっきりした感じ」を
出す。これが基本だが，それだけでは十分でない。「静と動」を組み込むために，あえて
店頭を「崩す」ことで動を演出するのだ。

　どのように「崩す」のか。什器からはみ出して，かごを置き，そのかごに商品をどさっ
と並べる展示方法である。店頭スタッフによる動きも崩すやり方。店頭での試食を企画
してスタッフが立つと，匂いが拡散して顧客が吸い寄せられ，そこに人だまりができる。
店頭のモニターも動きを演出する。今，売りたいものを画像のコンテンツとして流すこと
で，やはり動きが演出される。また商品そのものを動かすこともできる。アロマ・ディフ
ューザーを店頭で稼働させれば，ミストが出て動きが演出されるのだ。

　良品計画は2016年2月期現在，758店舗のうち，国内414店舗（直営店312店舗，商
品供給店102店舗），海外344店舗があり，売上の約3分の1を海外で稼ぐ。しかし，ど
この国でも「無印良品」は「無印良品」であり，国民性の違いをあまり考えず，グローバ
ルな存在であり続けている。こうした経営は常に良品計画の強力な哲学と理念に裏打ちさ

れているのだ。

**参照資料**

松井忠三（2013）『無印良品は，仕組みが9割——仕事はシンプルにやりなさい』角川書店
松井忠三（2014）「良品計画 驚異のV字回復と成長の秘訣」（2014年11月ホクギンMonthly）
松井忠三（2015）『無印良品が，世界でも勝てる理由——世界に"グローバル・マーケット"はない』KADOKAWA
日経デザイン編（2015）『無印良品のデザイン』日経BP社


# 9　レゴジャパン株式会社「レゴ」（2015年10月）
## ——世界観を浸透させる

　レゴ社はデンマークが生んだ世界最大規模の玩具メーカーである。その主な製品は，いうまでもなくブロック玩具だ。しかし1990年代から2000年代にかけて，レゴ社は大きな危機に見舞われた。その後の経営努力によって危機から再生し，21世紀にふさわしい新しいブランドとして生まれ変わることができた。また日本市場においては，グローバルなマーケティング戦略をどのように適応させるかが課題だった。レゴ社の復活と日本での活動のプロセスを展望してみよう。

### レゴ社の歴史

　レゴ社の創業者は，オーレ・キアク・クリスチャンセン氏。大工の棟梁だった氏が住んでいたのはデンマーク，ユトランド半島のほぼ中央にあるビルン村だった。1929年に端を発した世界恐慌の波は，この小さな村にも襲いかかってきた。大工の仕事は激減した。それだけではなくさらに悪いことに，同年，彼の最愛の妻が4人の子どもを残して亡くなった。

　1932年，オーレ氏は木切れを集めて日用品や木製玩具を作り始めた。これがレゴ社の創業だった。

　2年後の1934年，オーレ氏はワイン1本を賞品にして，従業員から社名を募集した。社名はオーレ氏自身が考えた「LEGO」に決まった。これはデンマーク語の「Leg Godt（よく遊べ）」から取ったものだった。

　1930年代にレゴ社は木製玩具の分野において，デンマーク国内で高い評判を得るようになっていた。また，オーレ氏は，新しい技術を導入することにも熱心だった。1930年代半ばにドイツから機械工具を購入し，1947年にはデンマークで初めてプラスチック射出成形機を導入した。さらに，オーレ氏の息子ゴッドフレッド・クリスチャンセン氏は，1949年に「オートマ・ビンディング・ブロック」を売り出した。現在のレゴブロックの原型である。そして1953年に「レゴブロック」と命名された。1963年に至ってレゴ社はABS樹脂を採用した。これによって精巧な成形を実現し，優れた安定性・耐久性をもたせることができるようになった。

2. 日用品ブランド　　**385**

ビジネスの面でもレゴ社の海外進出の動きは早かった。1959年にはドイツに販売会社を設立して，ヨーロッパで最大の市場に対して働き掛けを始めている。ヨーロッパ市場への早い進出の結果，レゴ社は80％を超えるシェアを獲得することができた。このように，新しい技術や海外市場への早い時期からの取り組みがレゴ社の繁栄の基礎をつくった。

## 2000年代の危機

　2013年12月期のレゴ社の売上は約4310億円，営業利益約1410億円。驚異的なのはその効率の良さである。多くの企業が経営効率の良さの指標として用いるROE（自己資本利益率）は58.4％。トヨタ自動車やグーグルのROEが10％台であるのと比較して，自己資本を効率的に使ってビジネスを行っていることがわかる。2003年以降，利益は10年で4倍となり，14年上期にはバービー人形などで知られるアメリカのマテル社を抜いて世界最大の玩具メーカーとなった。

　この効率の良さは，ブロック玩具市場を独占しているからと思われるかもしれない。しかし，レゴブロックの特許は1980年代に各国ですでに切れている。このために，レゴブロックの類似商品は誰でもつくれるのが実情である。にもかかわらず，レゴ社は他企業の追随を許さず，高効率な経営を実現しているのだ。

　しかしながら，レゴ社がこうした効率経営を実現したのは，ごく近年の話である。1990年代後半から2000年代初めにかけて，レゴ社は大きな危機に見舞われていた。それは，レゴブロックの特許切れに伴う安価な競合製品の登場と，テレビゲームの浸透という外部からの脅威である。いったんは「スター・ウォーズ」シリーズで成功したかにみえたレゴ社だったが，2004年12月期には売上約1070億円に対して約310億円の損失，自己資本比率5.9％という最悪の結果に陥ってしまった。

## 独自のシステムで復活

　こうした危機をどのようにしてレゴ社は乗り越えてきたのか。製品種類を減らす，人員整理を行うなど経営のスリム化を行った以外に，どのようなマーケティング・アクションがあったのか，特筆すべき事例をみてみよう。

　(1)　コンテンツ開発

　それまでレゴ社が取り組んだことがなかった「コンテンツ開発」を軸とした，新しいビジネスモデルへの取り組みだ。その好例が2014年2月に公開された『レゴムービー』である。ワーナー・ブラザーズが制作したこのアニメ映画は，世界的に大ヒットした。

　レゴ社にとってもっとも売上が停滞する2月に，この映画は公開された。その結果，クリスマスによって年間売上のピークとなる12月に加えて，もう1つの売上のピークをつくることに成功した。それだけでなく，ブロック玩具で『レゴ ムービー』シリーズの発売を開始した。さらに，YouTubeを使ったキャンペーンの展開，ライセンス収入（映画，ゲーム，DVD，グッズ），小売店での集客イベントなど，映画公開をきっかけとして，マルチなビジネス展開が可能となった。

　(2)　ユーザー層の活用と活性化

　レゴブロックには世界中に多くの熱狂的なファンがいる。レゴ社はこのファン層で，会

員数460万人の組織をつくった。レゴ社が2008年に出した「アーキテクチャー」シリーズは，そもそもレゴ社が認定した世界に13人しかいない「レゴ認定プロビルダー」が提案したアイデアがもととなっている。世界の建築物をレゴブロックでつくるというこの製品は，レゴ社の主力ブランドへと成長している。

また2014年からは世界的に「レゴアイデアズ」という制度を発足させた。これは，インターネットで，レゴブロックで作ってほしいテーマを提案し，製品化を投票で決める制度である。実際にこの制度を用いて開発され，2014年に発売されたのが「マインクラフト[1]」シリーズ。マインクラフトの世界観をレゴブロックで忠実に再現しており，これも主力製品の1つとなっている。

現在のCEOヨアン・ヴィー・クヌッドストープ氏は1968年生まれの若いCEOである。2004年にレゴ社のトップに就任して以来，レゴ社の改革に邁進してきた。彼は『日経ビジネス』誌のインタビューに，「レゴ社の強みは，もはや汎用品であるブロック玩具をつくることではなく，『ストーリー作り』にある」と答えている。また「顧客にとってのレゴの価値は，ブロックを組み立てる仕組みであるレゴ独自のシステムにある」ともいっている。

こうした考え方のもと，レゴ社は2010年代にみごとに復活を果たした。

## 日本市場の課題

日本市場に目を向けてみよう。日本市場でのマーケティング課題は近年大きく変化してきた。

これまでの日本国内でのマーケティングの中心は「バケツ」の販売であった。「バケツ」とは，レゴ基本セット（レゴクラシック）のことで，レゴブロックのセットが，赤色や青色のバケツ型の容器に入っている製品である。もともとレゴブロックの優位性は自由につくれる「フリービルディング」だった。「『バケツ』で買えばこのフリービルディングが楽しめる」と人々は思う。「バケツ」ならば，売る方も買う方も満足が得られるため，大きな労力を使わずに売買ができると考えていたのだ。

そもそもこの「バケツ」は「親が子どもに買い与えたいおもちゃ」だ。過去のレゴ社のブランド資産から，親はレゴブロックに対して良いイメージをもってきた。それは「レゴブロックで遊べば，子どもの創造性を育てることができる」という価値観が親に浸透していたからだ。こうした価値観を大事にしつつも，日本市場のマーケティングを担うレゴジャパン株式会社では，次のような課題を抱えていた。

ビジネスの面からみれば，「バケツ」は，限られたSKU（単品＝店頭で売る製品の単位）では効率よく稼ぐことができていた。しかし，これが同時に売上の拡大を阻害していた原因でもあった。

1年間のレゴブロックの購入経験率で，日本は海外市場と比較してかなり低い水準にとどまっていた。アメリカやドイツなどの購入経験率の高い国々は，日本のそれと比較して10倍以上だ。日本においては新規購入率をアップすることができないでいた。消費者にしてみれば，「バケツ」をいったん購入すれば買い足す必要がないと思われていた。実際，日本の子どものいる世帯の6割にレゴブロックがあり，消費者がブランド名を知っている

2. 日用品ブランド　387

ブランド認知率はほぼ100パーセント（レゴジャパン調べ），つまり，ブランド・パワーはあるにもかかわらず，定期的に新商品を購入する顧客が少ないのである。

　では，どうすればよいのか。それには新しい遊びを提供して，購入頻度を高める必要がある。また，これまでの「親が子どもに買い与えたいおもちゃ」から「子ども自身が求めるおもちゃ」へ変化させる必要がある。これがレゴジャパンに課せられたマーケティング課題だったのである。

### プレイテーマの導入

　そこで登場したのが「プレイテーマ」のレゴセットだ。「プレイテーマ」とは，テーマのストーリーに基づき，ユーザーが組み立てる内容の決まっている製品のことである。これはレゴ社のグローバル戦略である。しかし日本では，「バケツ」ビジネスの比重があまりに大きすぎ，ここから路線を変更することが難しく，対応が少し遅れていた。それでも2014年，レゴジャパンは明確にこのプレイテーマを重視する戦略へとかじを切った。

　プレイテーマのヒット製品の1つが，「レゴ ニンジャゴー」だ。「ニンジャゴー」には，レゴ社が独自でつくりあげたストーリーがある。敵である「モロー」にとりつかれたニンジャ「ロイド」を「カイ」「ジェイ」「ゼン」「コール」の4人のニンジャが救う物語だ。

　「ニンジャゴー」をマーケティングするためには，このストーリーを浸透させる必要がある。そこで採用されたのが，テレビ番組をマーケティングの一環として用いる戦略である。テレビアニメ『レゴ ニンジャゴー』は，2011年からアメリカとイギリスで，アニメ専門チャネル「カートゥーンネットワーク」が放映を開始して大ヒットしていた。コンテンツ開発ではグローバルが指揮を振るっていたのだ。

　日本でも2012年からBS・CSのアニメ専門チャネル「アニマックス」で放映を開始したものの，すぐには浸透しなかった。しかし，グローバルの方針に合わせてプレイテーマに方向転換を行った後，2015年4月から地上波のテレビ東京系でも放映が始まると，浸透していった。

　こうしてブロック玩具を店頭で売るだけでなく，まずはマスメディアを通して世界観を浸透させる戦略が採用されたのが，近年のレゴ社のマーケティング戦略における大きな特徴である。

　また，従来レゴ社の大きな柱だったのは「レゴ シティ」。これも，子どもに欲しいと思ってもらうプレイテーマの1つだ。「レゴ シティ」で遊びたいという気持ちをもってもらうために，積極的に年間を通してテレビCMを打つことにした。

　さらに，実際に遊びを体験してもらうため，「レゴ シティ トラックキャラバン」を行った。これは，4トン・トラックの荷台に，幅6メートルもの「レゴ シティ」の街をジオラマの形でつくったものだ。世界観を理解してもらい，さらには，組立の体験イベントを実施している。次の広告コピーが「レゴ シティ」の魅力をよく表している。

　　「ポリスがろうやから逃げたドロボウを捕まえるぞ！　火事の現場にはファイヤーが急行だ。トレインの車掌さんは，今日も安全運転。それから，新しい仲間たちもたくさん登場するぞ！　そんなレゴシティとヒーローたちが，トラックに乗ってキミの街にやってきた！」

### 日本市場のチャレンジ

レゴジャパンにとって現在の日本市場でのチャレンジはどのようなものだろうか。すでに書いたように，日本ではまだプレイテーマがそれほど浸透していない面もあり，アイテムの数は多くない。また年間の購入頻度も高くない。

これらの課題とは別に，日本市場には，子どもたちが玩具から卒業する年齢が早いという課題がある。グローバルではレゴブロックの卒業年齢として，およそ10歳までと想定している。しかし，日本は小学校2年生前後の7，8歳で卒業してしまう。卒業年齢が早い要因の1つとして，「ニンテンドー3DS」のような携帯型ゲーム機へシフトする年齢が早いことが挙げられる。つまり，玩具で遊ぶ年数が諸外国より相対的に少ないということになる。これは女の子も同じだ。

こうしたことに対応する有力な方法はやはりコンテンツだ。「ニンジャゴー」のようなコンテンツに魅力を感じてもらうことが第一だ。しかしながら，携帯型ゲーム機に面と向かって勝負を挑むことは簡単ではない。子どもたちはどうしても仲間が遊んでいる対象に惹き付けられる傾向があるからだ。

このために必要なことは，レゴブロックにメジャー感を感じてもらうことである。「ニンジャゴー」をテレビアニメで展開するのは，メジャー感を創出し，子どもたちの間で話題にしてもらうためでもある。子どもたちに「レゴブロックを堂々と友だちと語ってよい」というメジャー感を与えるためなのだ。

レゴ社のあり方は，成熟市場と呼ばれる状況においても，大きなチャンスがあることを示している。

注
1) マインクラフト（Minecraft）は，もともとはパソコン向けの「サンドボックス（箱庭）型ものづくりゲーム」。決められたストーリーはなく，ドットテイストの3Dブロックがあふれる世界を自由に探索・採掘し，思い通りの世界をつくることができる。オンラインの複数人プレイでは，協力して巨大な建築物をつくることも，プレイヤー同士で戦うこともできる。パソコンだけでなく，スマホやタブレットなど，プレイできるデバイスが増え続けている人気のゲーム。

参照資料
「LEGO どん底から世界一へ」『日経ビジネス』2015年2月16日号，24〜41頁


## 10　花王株式会社（2016年6月）
### ──デジタルの戦略

花王株式会社（以下，花王）は日本における家庭用品の最大手企業である。洗剤やシャンプーなど日常生活に密着した商品の販売でなじみが深い。デジタルの分野に関しては，一見すると縁遠い企業に思えてしまう。しかし，実際のところ，デジタルを駆使して業績を上げているのが近年の花王である。家庭用品の分野でどのようにデジタル・マーケティングを実践しているのだろうか。

2. 日用品ブランド　389

## インターネット推進室の誕生で「ワンストップ」に

　花王の業績は絶好調である。2015年12月期の連結決算では，売上高約1兆4718億円，対前年比5.0％の増加，純利益は24％増の約989億円と過去最高であり，27期連続増配を達成している。しかも，花王の手がける各事業すべてが好調に推移している。化粧品などを含む「ビューティケア」，紙おむつや健康食品の「ヒューマンヘルスケア」，洗剤の「ファブリック＆ホームケア」，原材料の「ケミカル」の4部門すべてが営業増益を達成しているのである。これは，澤田道隆社長によれば，同社が高付加価値品へのシフトを意識して推進してきた結果である（『日本経済新聞』2016年2月17日付）。

　こうした好調な業績を担っている仕事の1つが，花王のデジタルマーケティングセンターである。かねてよりマーケティング力には定評のあった花王であるが，デジタル分野に強い企業というイメージはなかったかもしれない。しかし，現在では撤退したが，1980年代から90年代には洗剤で培った界面制御技術を用いてフロッピーディスクを生産・販売していたこともあり，必ずしもIT産業と無縁の会社ではない。

　花王のデジタルとの関わり合いを少し振り返ってみよう。

　花王が自社のウェブを初めて開設したのは，Windows 95が発売された1995年だ。社内の有志がほぼ「手弁当」でつくりあげたものだった。その後，1999年に社長直轄のインターネット推進室ができた。将来的にコミュニケーションのツールとしてデジタルが重要になるという認識が社内にあったのだ。

　その一方で，社内にはIR部門やブランド担当者が個別に立ち上げたウェブサイトが存在していた。しかし，まだウェブに関する社内全体のレギュレーション（規則）が存在していなかったため，デザインとしてもサイトは統一されていなかった。そのため1999年にはウェブサイトに関する社内規則がつくられ，マークやロゴの使い方，ヘッダーやフッターの付け方などが決定された。

　現在のデジタルマーケティングセンターのヘッドを務める石井龍夫氏が，マーケティング部署を経て，この部署に着任したのは2003年。このとき以降，インターネット推進室はウェブの制作と解析を行うチームへと進化した。この結果，ウェブに関しては「ワンストップ」で対応できるようになった。

　インターネット推進室は，主にウェブサイトをつくる部門として位置づけられていた。ウェブサイトについてログ解析を行い，どんなキーワードで検索されるか，滞在時間はどのくらいであったか，ウェブサイトのどこが注視されていたか。こうしたデータを積み上げてウェブサイトの改良に努めたのである。

　2005年頃には，インターネット通信費の固定料金制が普及し，ウェブ2.0と呼ばれる時代が本格化した。この時期，インターネット推進室の仕事もオウンド・メディア（＝自社ウェブサイト）の管理だけでなく，ペイド・メディア（＝有料のウェブ広告）のコンテンツ制作や管理も手がけるようになった。

　2010年代にやってきたのがSNS（＝ソーシャル・メディア）の波である。Facebook，Twitter，Instagram，LINEなど消費者がつくりだしたコンテンツであるCGMが，アーンド・メディア[1]として登場してきた。こうした時代には，ソーシャル・リスニング[2]やデータ・マイニング[3]などの新しい方法が必要とされるようになる。またデータ・マ

390　第IV部　事例篇

イニングからはインサイト（新しい発見）が得られるようになる。つまり，ウェブの広告を制作しているだけでなく，石井氏の部署はデジタル専門のマーケティングそのものを実行する組織になった。インターネット推進室がWeb作成部とデジタルコミュニケーションセンターを経て，デジタルマーケティングセンターに改組されたのは2014年である。

## デジタル・マーケティングはどう違うか

花王のデジタル対応の特徴は，デジタル専門のマーケティング・チームを編成してテクノロジーの面から強力に各部署と連携して機能している点である。

旧来のマス広告中心のマーケティング活動と，デジタル・マーケティング活動とは実践の面でどう異なるだろうか。

旧来のマス広告中心のマーケティング活動は，事業部門がまずオリエンテーション（プロジェクトの目標や方向性を示す指令書）を作成し，このオリエンテーションに従って各部門が機能していくという方法であった。

しかし，この事業部門が中心になって切り回していく方法では，デジタル・マーケティングは機能しない。なぜならば，デジタルの世界は変化するスピードが速い。また，デジタル・データなしでオリエンテーションを作成することには無理があるからだ。

たとえば，1987年に初めて発売された衣料用コンパクト粉末洗剤の「アタック」のような「画期的な新製品」の場合，「わずかスプーン1杯で驚きの白さに」というポイントだけを訴求すればよかった。しかし，洗剤の性能が各社とも向上した結果，洗剤で落ちない汚れはなくなり，世の中の「汚れ」を追い抜いてしまった。また洗濯習慣が変わって，「汚れたら洗う」から「着たら洗う」へと変わった。さらに衣服に付く汚れ自体も少なくなった。

こうした時代になぜ「アタック」を買わなくてはならないのか，これを説得するためには消費者の細かなニーズに着目する必要がある。たとえば，節水に感度の高い人がいれば，「部屋干し」に感度の高い人もいる。また衣服を良い香りにしたい人もいる。十人十色である。

現在では，いろいろなニーズや悩みをもった顧客がいることをマーケターは理解しなくてはならない。どのセグメントの人に，どのようなメッセージが「刺さる」かを知らなくてはならないのだ。そして，どのようなメッセージを発信すべきかは，データをベースにして決めなければならないのである。

## バケツリレーから井戸端会議へ

それでは，どうすべきなのか。デジタル・マーケティングの重要な手法の1つにソーシャル・リスニングがある。こうしたリスニングを実行するためには，ブランド担当者だけでなく，関係者全員でデータをみることが必要だ。とくに，マーケターとデータ・サイエンティストとが一緒に考えることが重要である。リスニングの分析とは，消費者が発したワードとワードのリンクの意味を一緒に検討するような作業である。「部屋干し」と「ニオイ」とが結びついているとき，どのようなニーズがそこに隠されているのだろうか。

つまり，デジタル・マーケティングでは，データを真ん中に置いて，ブランド担当者，

2. 日用品ブランド　　391

マーケター，データ・サイエンティストが一緒に検討することが求められている。旧来のマーケティング作業のモデルが「バケツリレー」だったとすると，デジタルでは「井戸端会議」的なモデルが求められることになる。

広告計画においては，使うメディアをあらかじめ決めないことも重要である。はじめにテレビありきではない。また，すべて15秒のCMをつくるわけでもない。たとえば，商品によっては，「トレイン・チャネル」（通勤系電車内の電子広告）などの交通媒体を用いて，朝の通勤タイミングで見せる工夫が求められる。もし朝に買われる商品であれば，「デジタル・サイネージ」（駅にある動画スクリーンなど）の広告をあらかじめ夕方にセットして，翌朝に放映する方法が考えられる。商品が欲しくなるときにできるだけ近いタイミングで広告を見せることが望ましいのだ。

トレイン・チャネルやデジタル・サイネージに限ったことではない。スマートフォンに代表されるようなデジタル端末が普及し，消費者は常にメディアを持ち歩くようになった。この結果，顧客にとって最適なタイミングで，最適なコンテンツを見せるコミュニケーション活動が，デジタルでできるようになったのである。

## 「自分ゴト化」のタイミング

では，どのようにデジタル・マーケティングを進めればよいのだろうか。

女性の髪の悩みにはさまざまなものがある。「ビッグデータ」を用いて髪の悩みからキャンペーンに至るステップをみてみよう。ここでは「自分ゴト化」されるタイミングをつかむことが重要である。

検索エンジンで「髪」が検索される時期を調べてみると，近年では，1年のうち，1月，4月，7〜8月に増加している。これらの時期は髪への悩みが顕在化するタイミングなのである。なぜこれらの時期なのだろうか。同じ時期に「成人式髪型」「入学式 髪型」「浴衣髪型」などのワードがセットで検索されていることから，悩みが顕在化するタイミングが理解できる。

次に，「髪」に関するブログをテキスト・マイニング[4]し，約27万件の発語を収集する。この中には商用のワードも含まれているため，クリーニングを繰り返して，約12万件の「自分ゴト化」された文章を抜き出す。このデータに「トピグラフィ」と呼ばれる話題を視覚化するソフトウェアを用いると，話題の盛り上がり方を立体的に把握することができる。この結果，6月に「髪」について書かれたブログには「梅雨」「湿気」などのワードとともに髪の悩みが増えることが確認できるのである。

「梅雨」と「髪」とが関係あることがわかり，その次は，何が引き金になってこうした悩みが顕在化するかを分析する。再びブログのデータを見ると，各地で「梅雨入り」宣言が出されたタイミングでブログ件数が増加していることがわかる。たとえば，2013年5月29日に関東甲信越地方に梅雨入り宣言が出されているが，ブログではまさにこの日に「髪」というワードの記事数がもっとも頻出する。ニュースなどで「梅雨」ワードを耳にするときに，髪の悩みが顕在化するのだ。

次のステップでは，具体的に梅雨入りというコトバの前後にどのような髪の悩みがブログで書かれるかを見ていく。すると，「関東地方もやっと梅雨入りのようですね。湿気で

髪がモワモワしますよね」とか,「大嫌いな梅雨入りで憂鬱。湿度のせいで髪がうねる」などの発言を見ることができる。この分析でもやはり,梅雨入りというニュースが,髪の広がり・うねりを想起させ,悩みが顕在化することが確認できるのである。

## コミュニケーションの展開

こうしたインサイトを,どのようにしてコミュニケーションのアクションにつなげていけばよいだろうか。

1つは,各地域の梅雨入り時期に合わせて,地域別に制作した動画広告を地域ごとに公開設定したYouTubeに流すことである。たとえば,南関東エリアでは,2013年は①6月1〜9日,または②6月15〜30日と梅雨入りが予測されていた。このタイミングで動画広告を流すことによって,顧客のニーズに寄り添った広告展開ができるのである。

もう1つは,スマートフォンの広告を通じて,その場所・時間の天気に応じて,広告を出し分けるやり方である(現在こうした広告を実施できる地域には限りがある)。たとえば,湿度が高めと予測されるときには,「夕方頃,ゆる巻きがダレ巻きになる模様です」というキャッチのメッセージを通勤時間帯に流す。スマホ・ユーザーの半分以上が通勤時間帯にスマホを使用しているからである。この広告の商品はヘアスプレーの「ケープ」。広告の下のほうには「梅雨の時期こそケープでしょ!」とのタグライン[5]がある。さらに,検索エンジン連動型の広告にも「梅雨のヘア悩み ケープにおまかせ!」というキャッチのメッセージを用いる。

つまり,「ケープ」の梅雨入り時期の広告戦略は次の3つからできている。

(1) YouTube動画広告で梅雨入りのニュースを流して湿気による髪の悩みを想起させる。
(2) 通勤の電車の中でスマホ広告によって「電車を降りると髪が爆発……」という悩みごとを「実感」してもらう。
(3) 「髪の湿気対策どうすればいい?」という悩みに対して,検索連動広告によって悩みの解決法を提示する。

## 市場を拡大させる

このようにみてくると,デジタル・マーケティングが画期的な点として,次の2点が挙げられるだろう。1つは,顧客のニーズとそのニーズが発生する機会を発見できること。もう1つは,その機会に合わせて,最適なメッセージを送れることである。

「髪」を例にして挙げると,以下のようになる。美容院で髪を染めたいが,お金が掛かるという理由でためらう人たちのいることが,Twitterの解析でわかったのは大きな発見であった。また女子学生が髪を染めるタイミングが,3月と7月がピークであることもわかった。彼女たちは春休みと夏休みの前に染めるからだ。

こうしたタイミングに合わせてヘアカラー商品「リーゼプリティア」の広告活動を行ったところ,シェアを3%アップさせることができた。つまりデジタル・マーケティングによって,ヘアカラーのユーザーを掘り起こすことに成功したのである。

マーケターのやるべき第一の優先事項は,競合とたたき合いをすることではない。市場を拡大することにある。デジタル・マーケティングはこれを可能にするのである。

注

1) 商品やサービスを広告としてではなく，クチコミで紹介するブログやSNSのこと。
2) SNSの声を集約して，顧客が何を感じ，考えているかを理解する方法のこと。
3) 蓄積される大量のデータを解析し，知識を取り出す技術のこと。
4) 文章を単語や文節で区切り有用な情報を取り出すテキスト・データの分析方法のこと。
5) 商品広告のキャッチフレーズやスローガンのこと。

**参照資料**

矢野経済研究所「トイレタリー市場に関する調査結果2014」（2014年12月15日，https://www.yano.co.jp/press/press.php/001338）

## 3. 耐久性消費財ブランド

## 11　株式会社エンジニア「ネジザウルス GT」（2013 年 5 月）
　　　──小さな会社の大ヒット工具ブランド

　工具「ネジザウルス GT」は 2009 年発売以来，グッドデザイン賞，大阪ものづくり発明大賞，中小企業優秀新技術・新製品賞，ホビー産業大賞「日本ホビー協会賞」，全国発明表彰「日本商工会議所会頭賞」，知財功労賞「特許庁長官賞」など，考えられる限りの賞を総なめにしている。かくも広く認められ，また累計 150 万丁（2013 年 3 月時点）を売り上げたこの工具は，大阪の従業員 30 人ほどの小さな会社が発売した。いったいどのように開発されたのだろうか。また，大ヒットを実現した「MPDP 理論」とは，どのようなものだろうか。

### 社長就任まで

　株式会社エンジニアは大阪市東成区にある，従業員 30 人ほどの会社だ。同社はかつて双葉工具という社名で，ねじ回し，はんだごて，ペンチなどを作っていた町工場だった。創業者の長男で現社長の髙崎充弘氏は 1955 年生まれ。氏が「ネジザウルス GT」の立役者である。

　東京大学工学部で流体力学を専攻していた髙崎氏は，三井造船に入社後，ディーゼル・エンジンのトラブル原因を探る部門に技師として配置される。動けなくなった船を追いかけて，世界中に飛んで調査を行い，常にパスポートを持ち歩く毎日だった。

　当時，髙崎氏が学んだことは，「トラブルの原因は必ず現場にある」ということだった。原因は意外に小さなところに隠れている，だから現場をしっかり見ることが大事だ──こうした姿勢が，このころ形成された。この経験は後に工具の品質不良などのトラブル・シューティングにも大いに役立った。髙崎氏が社員にいつも「現場，現実，現物チェック」を強調しているのは，このためだ。

　髙崎氏は三井造船から選抜されてアメリカのレンスラー工科大学大学院に留学。学びと遊びとを徹底的に行う大学院生活を過ごしながら，軸受けの摩擦をコンピューター解析するプログラム開発の研究に取り組んだ。

　指導教授との共同研究では，船舶用ディーゼル機関の軸受けの損傷事故の原因となる，油膜切れの改善方法を見つけ，成果を学会誌に発表。そして「ストレート A」，つまり全優という最上位の成績で修士課程を修了し，帰国した。

　帰国後 4 年ほどして，社長・専務を務めていた叔父と父から「そろそろ帰ってきてくれへんか」と要請を受け，髙崎氏は 1977 年，家業の双葉工具（現エンジニア）に入社する。32 歳のときだった。

### 顧客から学ぶ

　髙崎氏は入社後，製造課長に就任。工具については知識がないので，まず営業から始め，地方の顧客を回りながら同時に新製品のネタを探った。つまり「新製品で欲しいものはないか」と質問し，そこで得た回答を今度は別の顧客に投げかけることで，より深い情報を

引き出し，ニーズをつかんでいったのだ。

　そのように多くの顧客を回り新製品のアイデアをもらいながら，同時に各地の市場調査も可能だった。こうして顧客に勉強させてもらう日々の営業活動が，後の新製品開発につながっていく。

　たとえば，このころ開発した「スマートモンキー」は，モンキーレンチの先端の厚さを2ミリまで細くした，同軸コネクターを締める道具だ。アイデアは尽きず，髙崎氏は製造課長・部長時代の25年間で，実に800品目もの新製品を開発した。

　中でも2002年に発売した初代の「ネジザウルス」は特筆すべき新製品であった。ネジザウルスは，頭がつぶれたりさびたりして，ドライバーなどでは外せなくなったネジを簡単につかんで外せる工具である。

　日曜大工のとき，ネジがさびて外せなかったり，固いネジを無理に回そうとして溝をつぶしてしまったりした経験はないだろうか。オートバイや自動車の整備，機械のメンテナンス，家電や家具のリサイクルのときなど，ネジが回らない事態は作業の邪魔になる。誰にでもあるこうした経験を，工具屋さんは長い間解決してくれなかった。それをネジザウルスは解決してみせたのだ。

　髙崎氏は「工具でもイノベーティブなことはできる」と思い至る。人類の発展は，道具と言葉の2つの発明による。人間は工具によってまだまだ進化できる。映画『2001年宇宙の旅』で，原始人が道具として使用した骨が宇宙ステーションに変わるシーンは髙崎氏の考えをよく表していた。そして2004年，髙崎氏は代表取締役社長に就任した。

## ネジザウルスの秘密

　ネジザウルスは一見すると，単なるペンチのようにも見える。しかしそこには，特許を取得したさまざまな発明が潜んでいる。

　2009年に発売された，4代目となる「ネジザウルスGT」で，この工具の最大のポイントをみてみよう。それは，ネジザウルスの先端に設けたタテ溝の傾斜である。エンジニアではこれを「コマネチ角度」という，おもしろネーミングで呼ぶ。

　ヨコ溝しか付いていない従来のペンチは，ネジをつかむと滑ってしまうが，ネジザウルスは特殊な角度の溝で保持力と回転力とを同時に発生させるため，ネジの頭をしっかりとつかんで回すことができるのである。

## 大逆転ヒット

　2002年に発売された初代ネジザウルスは，まだここまでの完成度ではなかったものの，工具としては異例の7万丁をその年に売り切った。しかしその後3代目ネジザウルスまで，売上は伸び悩む。

　2008年のリーマン・ショックの後，産業の空洞化も伴い，ネジザウルスは伸びる兆しをみせなかった。この低迷を打開したのが4代目に当たる「ネジザウルスGT」だった。これはトラスネジも外せるという大きな特徴をもつ。トラスネジとは頭が薄いネジのことで，家屋の外壁などの建築工事にもよく使われるが，普通のペンチでは滑ってしまってつかむことができない。

396　　第IV部　事例篇

ほかにも、「ネジザウルス GT」は、さまざまな機能や使い勝手が改良されている。太い電線も切断できる刃を備え、開きバネが付いて開閉が容易になり、先端はよりスリムになった。また、エルゴ・デザイン（人間が使用する形を意図したデザイン）とエコ・デザインを備えたグリップが付いている。

こうして開発された「ネジザウルス GT」は、大きなヒットとなった。年間に 1 万丁も売れればヒットといわれる工具業界にあって、「ネジザウルス GT」の売上は 2012 年には 40 万丁を超えたのである。では、どのように開発されたのだろうか。

### 要望の分析と解決

ビッグヒットとなった「ネジザウルス GT」の発想が生まれたのは、顧客の声からだった。単にアンケートを取っただけではない。髙崎氏らはそれまでのネジザウルス 3 機種の使用者から来た「愛用者カード」約 1000 枚を分析することにした。

そこに書かれていたネジザウルスへの顧客の要望は、多い順に下記のとおりだった。

(1) グリップの改良（握りやすく）　120 人
(2) 先端の改良（細長く）　50 人
(3) バネを追加　20 人
(4) カッターの追加　15 人
(5) トラスネジも外せる　7 人

同社では開発会議という名称の会議が行われている。新製品開発をどうするかについて社長と社員で定期的に検討する場である。ここで検討されたのは、5 番目の要望にある「トラスネジも外せる」という課題だった。この課題の解決はすぐに社員から提案された。しかもさほど投資を必要とせずに解決できる。

そこで早速、試作品を作って顧客に届けると、大きな反響があった。頭がつぶれたり、さび付いたりしたトラスネジでも簡単に取り外せる試作品を手にした顧客から、「おおっ、そうそう！これを待っていたんだよ」という声が聞こえてきた。そして 2009 年 8 月、「ネジザウルス GT」を発売。以降、年間 40 万丁という、工具としては稀な大ヒット商品として育ち、さらに冒頭で掲げたさまざまな賞を総なめにしたのである。

### MPDP 理論

なぜ「ネジザウルス GT」はこうも大ヒットしたのだろうか。同社は 12 月末が決算。決算を終えた 2010 年の正月休みに、髙崎氏はなぜ売れたかを考え続けた。山荘にこもって考えたというマイクロソフトの創始者ビル・ゲイツ氏にならって、サウナにこもって考えた末、髙崎氏は「MPDP」という独自の理論を生み出した。

MPDP とは、M＝マーケティング、P＝パテント（知的財産）、D＝デザイン、P＝プロモーションの略。この 4 つの要素が融合したときに大ヒットが生まれる、という理論である。髙崎氏はこれを新人タレントの発掘にたとえる。

M のマーケティングとは、オーディションで新人を発掘し、将来のスターの卵、磨けば光る玉を探すことに似ている。リサーチによってニーズを収集し、そこから本物のスターとなる可能性をもつニーズを、目利きが拾い上げるのである。

3. 耐久性消費財ブランド　　397

Ｐのパテントとは，そのタレントの卵の背景を探り，隠れた問題がないことを確かめ，契約を結ぶことと似ている。つまり，特許などの先願調査が必要だということだ。進歩性と新規性があればすぐに自社で出願を検討するべきだ。

Ｄのデザインとは，タレントの卵の言葉遣いやスキルを磨くことと似ている。つまり，機能的価値だけでなく，工具を握ったときの感触や質感，色彩も含めた情緒的価値を高めるように努力すべきである。

最後のＰのプロモーションとは，タレントの卵はいくらスキルを磨いても，メディアに出演するなどして人々に知られなければ価値を生まない。その良さを知ってもらうための販売促進活動は欠かせない。店頭販売やインターネットなどの情報発信を重視すべきだ。

このような MPDP の 4 つの要素がそろったときに，大スター＝大ヒット商品が生まれることになる。4 要素の融合が必要十分条件なのである。ネジザウルスの場合，髙崎氏が実践したのはまさにこうした MPDP であった。

4 つの要素のうち，中小企業にとってパテントという分野には困難が伴う。大企業のように専門スタッフがそろわないからだ。特許に興味がない，弁理士費用が高い，時間とエネルギーがかかる割に得るものが少ない，などの理由である。また経営者に知識がないと弁理士とのコミュニケーションがうまくいかないのも問題だ。髙崎氏は自ら知的財産管理技能検定 2 級を取得している。つまり専門知識を自ら身につけることで，効果的な知財投資を実現しているのである。ネジザウルスは特許登録が 6 件，意匠登録が 2 件，商標登録が 4 件，出願中が 7 件（特許 5 件，商標 2 件）あり，知的財産をがっちりとガードしている。

また，プロモーションでは，動画，キャラクター，テーマソングなど考えられる限りのコンテンツを制作し，販促活動をホームページや YouTube で展開している。

株式会社エンジニアのこうしたマーケティングの実践は，まさに町工場でも世界的な大ヒットを飛ばせる好事例である。顧客のニーズを汲み上げ，磨き上げる MPDP 理論は多くの中小企業にとって学ぶべき手本となっている。

**参照資料**

経済産業省生産動態統計調査（2011 年）「年報 鉄鋼・非鉄金属・金属製品」（金属製品編）時系列表（http://www.meti.go.jp/statistics/tyo/seidou/result/ichiran/resourceData/01_tekko/nenpo/h23/01_tokei/03_kinzoku/h2daafm2011khc.xls，2013 年 3 月 30 日アクセス）

業種ナビ「作業工具製造業」業界動向／マーケティング情報（http://tabisland-industry.fideli.com/industry/m/industry22_4_1.html，2013 年 3 月 30 日アクセス）

「工具界の仕掛け人（1）（2）（3）」（http://sankei.jp.msn.com/west/west_economy/news/130109/wec13010914310007-n1.htm，2013 年 3 月 13 日アクセス）

髙崎充弘（2011）「モノづくり中小企業を活性化する 4 つの秘訣──『ネジザウルス GT』の開発から得られた MPDP」『IP マネジメントレビュー』2 号，49〜54 頁

『ウルスの大冒険──ラセン銀河の大家族』（2013）（株式会社画屋・株式会社 エンジニア制作）

## 12 ダイソン株式会社「ダイソン」(2008 年 5 月)
### ──掃除機ブランドの革新

「吸引力の変わらない，ただひとつの掃除機」。これが，ダイソンの世界 45 カ国共通の
メッセージだ。ダイソンは，電気掃除機などの家電製品を専門に製造・販売するメーカー。
本拠地イギリスでは全世帯の 3 分の 1 以上がダイソンの掃除機を使用している。アメリ
カ・カナダでは売上高で約 4 分の 1 のシェアを占めるトップ・ブランドであり[1]，日本
でも掃除機売上高の 1 割以上をダイソンが占める。各国の名だたる競合家電メーカーを抑
えて，高額なダイソンの掃除機が世界を制覇しようとしているのだ。なぜこうしたことが
可能だったのだろうか。

### 掃除機の問題とは

　紙パックやフィルターを使わないサイクロン技術を用い，世界で初めて吸引力の衰えな
い電気掃除機を開発したのがダイソンである。ダイソン以前の掃除機は，構造的に吸引力
の低下が避けられないものしかありえなかった。では，そもそも吸引力はなぜ衰えてしま
うのだろうか。

　電気掃除機はもともとシンプルな機械である。床のゴミを空気ごと吸い取り，そのうち
のゴミだけを掃除機内に閉じ込め，空気は排出するというのが基本的なメカニズムだ。あ
まりにも身近な道具であるためか，多くの消費者は自宅の電気掃除機のメーカーを覚えて
いない。家電量販店の店頭に並んだ掃除機を見て，そのときの「お買い得商品」を何とな
く選んでしまう。消費者は掃除機のことを普段意識しないし，また不満もとくに表面化し
ていないことが多いのである。

　しかし従来の掃除機のもっている根本的な問題は，紙パックやフィルターがホコリで目
詰まりを起こし，吸引力がどんどん落ちてしまう点にある。つまりゴミを吸うほど紙パッ
クでホコリをこし取るため，空気が通る穴がすぐに詰まってしまうのだ。これは構造上の
問題にほかならない。ダイソンの掃除機にはそもそも目詰まりの原因となる紙パックやフ
ィルターが存在せず，ホコリはサイクロン技術によって微細な粒子まで空気から分離して
閉じ込めてしまう。だから吸引力が衰えないのである。

### ダイソンは何を考えたのか

　ダイソンの創設者は，イギリス人ジェームズ・ダイソン氏。1947 年にノース・フォー
クに生まれた。祖父はケンブリッジ大学の数学者，兄は古典学者という学者肌の家系だっ
たが，古典が重視された当時の学校教育のもとではジェームズ氏の成績は優秀なものとは
いえなかったという。ノース・フォークを離れロンドンの美術学校を卒業，さらに王立美
術大学で学んだ。そこで若いジェームズ氏は，1960 年代末の革新的な美術の影響をたっ
ぷりと受けた。この学校で家具デザインからエンジニアリングへと，自分の領域をシフト
することになる。

　そのころ彼が影響を受けた 1 人にアメリカの思想家・建築家・デザイナー・発明家であ

3. 耐久性消費財ブランド　399

ったバックミンスター・フラー（1895～1983 年）がいた。フラーは時代を先取りしたさまざまな革新的発案・発明で現代のレオナルド・ダ・ヴィンチと賞賛され，「宇宙船地球号」という概念を時代に先駆けて提唱したことで知られる。ジェームズ氏がフラーから学んだのは「夢見ることの価値」である。フラーはあまりにも先を見つめていたので，同時代の人々から理解されることは少なかった。しかしジェームズ氏は「自分の夢を強い意志でひたむきに追い求める」姿勢を彼から学んだ。

　ジェームズ氏の美大卒業後の起業家人生は必ずしも順調なものではなかった。庭作業用の手押し車にボールの車輪をつけて画期的に改良した「ボールバロー」は一時大成功を収めたものの，アメリカ市場でその発明を盗まれただけでなく，イギリスの自分の会社から追い出されるという憂き目にあってしまった。1979 年のことである。自分の会社は自分でコントロールすべきという教訓をジェームズ氏が得たのは，こうした体験に基づいている。

### ジェームズ氏の発見

　ジェームズ氏が掃除機のもつ問題に気づいたのは 1978 年。彼は自分の一家と，当時関わっていたボールバローの生産工場近くに引っ越した。中古のフーバー式掃除機を買ってきて自宅を掃除していたときのことだ。1 部屋か 2 部屋掃除するとすぐに掃除機の吸引力が落ちてしまうのを彼は不満に思った。紙パックがまだゴミで一杯でないにもかかわらず吸引力は急速に落ちてしまう。原因を調べてみると，紙パックが目詰まりを起こして吸引を妨げていた。これでは本質的にまったくの役立たずではないか，と彼は憤慨する。

　どうしたらこの問題を解決できるのだろうか。ヒントになったのは当時，ボールバローを生産するために使っていた粉末塗装設備だった。塗装するためにエポキシ樹脂の粉末を吹き付ける必要があるのだが，吹き付けられずに残った粉末を吸引するために使っているフィルターが詰まってしまうのだ。このフィルターの掃除のために生産効率が落ちてしまう。ジェームズ氏が教わったのは大手ユーザーではサイクロン式の遠心分離型集塵機を使っているということだった。それは吸い込んだ空気を遠心力で回転させ，空気とゴミとを分離する装置である。自分の工場にサイクロンの原理を取り入れた装置を自ら作ったジェームズ氏に突然，そのサイクロン方式と自宅で悩んだ掃除機とを結びつけるアイデアが浮かんだ。「これって紙パックを捨てて，もう交換しなくていいことに似ているじゃないか」。

　サイクロンの原理はわかったものの，問題は山積していた。たとえば吸い込み口だけについても，どのような形やサイズにすべきか。吸い込み口は押し込んだほうがいいか。奥へ行くにつれ狭くすべきか。吸い込み口はいくつ必要か。などなど疑問が尽きない。また当時，所属していたボールバローの会社内で，彼のアイデアが評価されることはなかった。「もっといい掃除機があるというなら，フーバーかエレクトロラックスがとっくに作っていたんじゃないか？」というのが当時の彼の同僚の反応だった。ジェームズ氏は友人から資金を借りて 1 人で開発を始めたのだ。

　ジェームズ氏は「デュアルサイクロンテクノロジー」を自ら完成させた後，ヨーロッパ中のさまざまなメーカーを訪ねて自分たちの技術を売り込み，ライセンス契約を取り付けようとした。しかし掃除機の大手のフーバー社やエレクトロラックス社をはじめとして，

ことごとくジェームズ氏の提案を退けた。1つ大きな理由は，掃除機のメーカーは紙パックの販売で利益を得ていたからである。紙パックの有無は彼らにとって死活問題だったのだ。そのほかに買わない理由は，「自社製品が順調だから」「消費者は紙パックに慣れているから」というようなものだった。アメリカ企業に売り込んだ結果も芳しいものではなかった。1984年まで3年間売り込んだものの，ジェームズ氏は一銭も儲けられずにいた。

## 日本企業の助け

失意のジェームズ氏に手を差し伸べたのは日本企業である。それは，とある輸入商社で，スイスの高級時計やイギリスのシステム手帳などの輸入を手がけている企業だった。その会社が日本での製造権を買い，ジェームズは初めてまとまった契約金を受け取ることができた。1986年3月「Gフォース」という名前で日本での新発売にこぎつけた。高価ではあったが，流行に敏感な層に支持され，売上も上々だった。ジェームズ氏にとって日本人は「不断の開発は最後にはより良い製品を生み出す」という考え方を共有する，よき相棒になったのである。最初の発想からすでに7年が経っていた。

新規事業の立ち上げには資金調達の問題がつきものだが，ジェームズ氏の場合も例外ではなかった。あちこち銀行や政府関連のベンチャー融資に断られ，最後に自宅を抵当に60万ポンドの資金の融資が実現したのは，大手ロイズ銀行支店長の尽力によるものだった。1993年，いよいよ自分の会社「ダイソン・リミテッド」を設立して，開発・製造から販売までを自ら手がけることになった。その年発売された記念すべきオリジナル第1号が「DC01」。DC01は，イギリスで，発売後わずか1年でベストセラー縦型クリーナーとなっている。サイクロン式電気掃除機による世界制覇が本格的に始まるのは，ここからである。

## サイクロン技術とは

ジェームズ氏の考案したサイクロン技術をあらためて見てみよう。モーターとファンによって生み出された吸引力で導かれた空気とゴミは，円錐形をした「サイクロン」の中に入る。サイクロンは下方に円錐形になっていて，そこをゴミ混じりの空気が回転しながら通ると，ゴミ——すなわち質量をもった粒子——はすべて回転の遠心力により空気から分離されてサイクロンの壁面に押し付けられ，サイクロンの加速力とあいまって円錐の底に引き落とされ収集される。毎分32万4000回転のサイクロンの中では「慣性モーメント」により質量は数千倍に増えるので，遠心力はタバコの煙に含まれる微粒子さえも見逃さない。つまり外に出られるのは，あらゆる粒子を含まないきれいな空気だけなのである。

最初に彼が作ったのは「デュアルサイクロン」と呼ばれる，綿ボコリや長い繊維のような不定形で大きなゴミを処理する外部のサイクロンと，ミクロのゴミを処理する内部のサイクロンの2つが備わっている掃除機だった。ジェームズ氏は1981年にこの仕組みを完成させるまでに5年の歳月と5127台の試作品を要している。粘り強く，テストに次ぐテストをひたすら繰り返す開発作業の結果たどりついたのである。現在ダイソンの掃除機は「デュアルサイクロン」をさらに進化させた「ルートサイクロン」を採用している。

実際，「サイクロン式」をうたっているダイソン以外の掃除機も市場には出回っている。

しかしこうした掃除機は，ダイソンほどキレイな空気を排出できていない。たとえば
DC22の場合，①網目状シュラウド，②コアセパレーター，③ルートサイクロンの３つの
遠心分離のステップを通って，他社製品よりはるかにキレイな空気を排出しているのである。

## デザインの力

またダイソンの掃除機にはデザイン的にもいくつかの特徴がある。ここには美術大学出
身のジェームズ氏らしいこだわりが随所に光っている。配管はすべて本体内部にしまわれ
てすっきりしている。目を引くのはその黄色である。この色は，デザインを強調するため
と，競争相手がどこも使っていないからダイソンの色になるため，そして製品が楽しく見
えるため，という３つの理由から採用された。

また，ゴミの収集ビンがポリカーボネート製の透明ビン（クリアビン）であるのも特徴
的だ。ビンが透明であることによって，ユーザーはサイクロンの回転の様子やゴミがたま
る様子を見ることができる。こうした外見上の特性がダイソンの製品を店頭でユニークな
存在に見せている。本体は機械仕上げのアルミでできたように見せるために，アルミニウ
ム入りで金属光沢のある独自のプラスチックを使用する。これは最先端のハイテク製品で
あるという特性を訴求したかったからである。店頭で「あのシルバーと黄色の掃除機はな
いか？」と問い合わせる人が多かったのは，こうしたデザインの成功を裏づけている。

日本市場では，100パーセント子会社を設立して1999年から製品をあらためて新発売
した。DC05やDC03のようなモデルをイギリスから輸入して投入したのである。ダイソ
ンが日本市場で飛躍するきっかけをつくったのは，2004年のDC12の発売である。日本
市場の特性を研究して投入されたこの新製品は，またたく間にダイソン社のシェアを伸ば
すことに成功した。それまで金額シェアで0.5％しかなかったのが，10％近くに伸びたの
である。DC12は，ホースを丸くしまうことができたり，また日本の掃除機に多い，シリ
ンダー型を採用している。

掃除機にみる日本市場の特徴は２つある。１つは，日本人は掃除機を「こぎれいに使う」
という点である。これはキレイに収納することも含んでいる。それでDC12のホースは丸
くしまわれなければいけなかった。家の中では日本人は靴を脱ぎ，床に座る習慣をもって
いる。このため大きなゴミよりはむしろ細かなホコリが日本の家屋には多い。これはミク
ロのゴミを取るダイソンにはむしろ得意な技であった。

またもう１つ日本市場に向けた製品の特徴は，コンパクトでなければならないという点
である。日本の家屋は一般に狭いから小回りが利いたほうがよく，体格の面でも欧米向け
よりは軽いほうがいい。国民性としてコンパクトな製品を好む。このためDC12の設計に
あたってはできるだけコンパクトなサイズで収納できることに配慮がなされた。また
DC12は，新開発のダイソン・デジタルモーターを搭載し，軽量と耐久性を実現した最初
のモデルでもある。ジェームズ氏はかつて世界で最初に自分の技術を評価してくれた国に
再上陸するにあたって，慎重に新製品開発を進めたのである。

ダイソンは，日本の家電量販店の店頭に独自のコーナーをもち，デモ機で使い心地を実
感してもらっている。什器類は本社のグラフィック・チームの手になる，グローバルに統

一されたデザインのものを持ち込む。特徴的な黒バックに「吸引力の変わらない，ただひとつの掃除機」というあの世界共通のキャッチコピーが映える。こうしたデザインやメッセージもまた，ジェームズ氏が自ら考えたアイデアである。

　ジェームズ氏は，掃除機という一見成熟した商品分野で革新が可能であることを証明した偉大な発明家・起業家であり，マーケターなのだ。

注
1)　ダイソン株式会社会社案内より（数字は各国の市場調査会社による）。
参照資料
ジェームズ・ダイソン（樫村志保訳）（2004）『逆風野郎！ダイソン成功物語』日経BP社

## 13　株式会社グループセブ ジャパン「ティファール」（2011年7月）
### ──生活習慣を変えたブランド

　あなたは毎日お湯を沸かしているだろう。どのように沸かしているか，振り返って考えたことがあるだろうか。ティファールの電気ケトルは，日本人のお湯を沸かす習慣を変えた。このシンプルな習慣をよくみてみると，そこには思いがけないマーケティングのヒントが隠されていた。

### グループセブとは
　グループセブ ジャパンとは，フランス・エキュリに本社を置き世界150カ国で事業を展開するグローバル企業，グループセブ（Groupe SEB）の日本法人だ。日本では「ティファール」「ラゴスティーナ」の2ブランドを有し，主に消費財を製造・販売する。調理器具（フライパン／なべ），圧力なべ，スチーム・アイロン，スチーム・ジェネレーター，電気ケトル，スチーム・クッカー，フード・プレパレーション，トースター，フライヤー，ブレッド・メーカーなど10を数えるカテゴリーにおいて世界ナンバーワンの販売数量を誇る。社名にはなじみがなくても，どこかで同社の商品に出会っている消費者は少なくないはずだ。現在では調理器具と家電がほぼ60：40の売上となっている。
　日本市場には1975年に進出。当時の主力商品は家庭用圧力なべであったから，今でもある世代は圧力なべを「セブなべ」の名前で覚えているという。1998年には「取っ手のとれるティファール」とのキャッチで有名な「インジニオ」を発売した。キッチンの広さが限られている日本では，取っ手がとれて重ねて収納できる省スペースさが評判を呼び，爆発的ヒットとなった。
　さて，今回のフォーカスはこの「ティファール」。グループセブの調理器具と生活小型家電のブランドである。同ブランドのもとさまざまなヒット商品があるが，近年，日本で大いに成功した商品の1つが電気ケトルだ。電気ケトルとはどのような商品だろうか。

3. 耐久性消費財ブランド　403

## 電気ケトルの登場

　どの家庭でも，毎日お茶やコーヒーを飲むためにお湯を沸かすだろう。そのときどんな行動をとっているだろう。日本では，やかんをガスコンロにかけてお湯を沸かすのは典型的なやり方だ。保温に魔法びんを使う人もいるだろう。湯沸かしと保温の両方を電気ジャーポット（以下，ジャーポット）で行う人も多い。

　これに対し電気ケトルは，文字どおり電気でお湯を沸かすシンプルな器具。保温する装置は付いていない。欧米ではごく一般的に浸透した器具なのだが，グループセブ ジャパンが導入するまで日本には電気ケトルは存在しなかった。

　同社が初めて日本市場に電気ケトルを導入したのは2001年のこと。最初の3年間は一般の流通チャネルではなく，もっぱら通信販売を活用した。電気ケトル自体にまったくなじみのない間は，その良さをどう説明するかが肝心だったからだ。この商品の普及のためには，日本人の日常的な習慣を変えなければならなかった。普通，日常に深く根づいた習慣を変えるのは難しい。しかしそれでも，発売当初からマーケティング担当者は電気ケトルの日本市場での成功を確信していた。

　ちなみにヨーロッパでやかんより電気ケトルが選ばれるのは，ヨーロッパではガスの力が弱く，逆に電圧は高いためである。イギリスなどでは，あまりにひんぱんに電気ケトルを使うので，毎年買い替えるのが当たり前という家庭も多いという。

　このように世界で広く普及しているティファール電気ケトルが，日本でも成功すると考えられた主な理由は，そのシンプルな便利さにあった。長い間使用されているキャッチ・フレーズ「あっという間にすぐに沸くティファール」が表現する，まさにその点である。短時間ですぐお湯が沸くことへのニーズは，日本にも必ずあると考えられた。現にティファール電気ケトルを初めて使った人からは，「本当にすぐ沸いて驚いた」という声が少なからず聞かれる。確かに速く沸くのももちろんだが，体感として実際よりぐっと速く感じさせる理由もある。つまり，やかんをガスにかける際にはその間は目を離せない。だから沸くまでを「待ち時間」と感じる。一方，ティファール電気ケトルの場合は，自動電源オフ機能があるため見張る必要もなく，安心して別の用事をこなせる。そのため，沸くまでの時間を「待ち時間」とストレスに感じることなく「あっという間に沸いた」と実感されるのだ。

　では，日本で非常に普及率の高い，ジャーポットと比較するとどうだろうか。ジャーポットは一般に大容量で重いため，室内の特定の場所に据え置いて使う。使ってお湯が減れば，水をつぎ足して沸かし直し，1日中お湯を電気で保温しながら使うスタイルである。つまりお湯は常時大量に沸かしっぱなしということだ。「お湯を沸かす」という同じ目的をもつ器具でありながら，ジャーポットの性質は電気ケトルとは180度異なるともいえる。そして，やかんにしろジャーポットにしろ，実は近年だんだんと社会のトレンドにそぐわなくなってきている。どういうことか順にみていこう。


## 普及の追い風

（1）世帯当たりの人数の減少

　日本では，年々世帯人数が減ってきている。国立社会保障・人口問題研究所の推計によ

れば，平均世帯人員は1980年に3.22人，90年2.99人，2000年2.67人，10年2.47人と年々減り続けている。これは，単身者世帯が若年層でも高年齢層でも増えているためである。かつて1世帯に家族が何人もいて一家団らんでお茶を飲んでいたころと違い，単身者の世帯では大きなジャーポットでお湯を常に沸かしておく必要も少なくなるだろう。

　日本のジャーポットは，いかにたくさんのお湯を提供できるかを競ってきたが，こうした大容量のニーズは少しずつ減少し，少量のお湯をすぐに沸かす器具へと需要が移ってきたのである。

　(2)　高　齢　化

　高齢者の場合は一般的に，火を使うことには注意が必要となるだろう。やかんをガスにかけたことを忘れてしまうということも起こる可能性がある。

　(3)　おいしい水を求める意識

　新鮮でおいしく安心な水を求める傾向は，ミネラル・ウォーターを購入する習慣として顕著に表れている。となると，水をジャーポットに入れっぱなしにして，そのつど，つぎ足しながら沸かしたお湯を使うというやり方は，そうした傾向と矛盾するようになった。なにしろ，ジャーポット内にこびりついたカルキを除去する薬品も売り出されているほど，常時沸かしっぱなしにされたジャーポットの内側には水あかがたまり，掃除を要するのである。

　(4)　エコロジー志向

　エコロジー志向の高まりとともに，大量に沸かしたお湯を長時間保温するという電気の無駄を嫌って，必要なとき必要な量だけのお湯を沸かすように消費者の行動が変わってきた。同じ志向は「マイボトル」の習慣としても表れている。自販機でペットボトルを買う代わりに，保温や保冷機能がついたステンレス製ボトルを持ち歩く習慣である。こうしたエコロジー志向の定着も電気ケトルの普及を後押しした。

　以上のように，お湯を沸かす日常的習慣は少しずつ変化の兆しをみせており，日本でもティファール電気ケトルを受け入れる素地が整いつつあったのである。


## マーケティングを開始

　こうした中，ティファール電気ケトルのマーケティングが本格的に開始されたのは2004年のことである。これまでの日本の日常的風景に存在しない商品であったため，まずテレビ広告により商品の存在を知らせた。テレビ広告は，実際に使った人がこの商品の良さをクチコミで伝えやすくする役割も果たした。ほかに新聞・雑誌メディアのような印刷媒体も使用した。

　こうした広告活動の結果，ティファールの電気ケトルをどこで知ったかという利用者アンケートの結果では，「テレビ広告」と「友人・知人から」という答えがそれぞれほぼ50パーセントずつとなった。クチコミでもやはり一番有効なのは，「あっという間にすぐ沸く」というキャッチどおりの言い方だった。「やっぱりすぐ沸く」という実感がクチコミをさらに誘発し，コミュニケーションのカギとなった。早く沸くというわかりやすくシンプルなメリットが，実感を伴ったクチコミで拡大し，「保温は必要ない。必要なだけお湯を沸かせばよい」と日常的な習慣を変えさせていった。

3.　耐久性消費財ブランド　　405

クチコミの主体となった電気ケトルの最初のユーザーは，30代・40代の人たちだったという。彼・彼女らが中心となって，自分たちの親世代にも子ども世代にも，「これはいい！」とその良さを伝えていった。

## さらなる進化

マーケティング強化のために投入された2006年の新製品が「アプレシア」のラインである。アプレシアは0.8リットル・サイズと，これまでの製品と比較してよりコンパクト。日本法人の提案で，日本でデザインされたものだった。欧米では「大は小を兼ねる」の価値観が一般的で，「大きいことはいいこと」と捉えられ，比較的大容量の電気ケトルの需要が高い。しかし日本ではむしろ逆で，同じ機能の製品なら小さいほうがいっそう優れていると考える。こうした日本ならではの価値観に加え，実際の生活に即して日本のキッチン・サイズを勘案し，また少量のお湯を使う頻度の高さにも合わせて，アプレシアは発案された。当初なかなか日本の価値観が理解しがたかったフランス本社を説得し発売したところ，日本はもちろんのこと，欧米へも逆輸入されるほどのヒットとなった。

アプレシアの，ペットボトルと同じくらいの軽さ（約535グラム）で持ち運びが楽という利点は，顧客の目に触れるという結果につながった。「テレビで見たアレね。使い勝手はどう？」と，ティファール電気ケトルが会話のきっかけをつくってくれるのだ。また，細かい点かもしれないが，注ぎ口にカバーがついたのも改良点である。これは日本人がとりわけ清潔さを求めるために工夫された。持ち手もぎゅっと持ちやすいよう計算されている。

またアプレシアが出たことで顕在化してきたのは，より頻繁にお湯を沸かすようになったという消費者の変化である。「お湯を沸かすことが苦にならないどころか楽しくなってきた」「暑い夏にやかんを火にかけるのはためらわれても，ティファール電気ケトルなら沸かそうかと思える」「今となっては手放せない」などの声が聞かれた。アプレシアの登場後，ティファール電気ケトルの勢いに拍車がかかり，日本人のお湯を沸かすライフスタイルが変化してきた。「お湯を沸かすことが楽しくなった」という利点は見逃すことができない。

2010年，日経BPコンサルティングが実施しているブランド評価調査「ブランド・ジャパン」で，過去10年間「毎年，前年比較において，常にブランド力が上昇し続けた唯一のブランド」として，「ティファール」が表彰された。こうした評価も物語るように，ティファール・ブランドは日本市場に確かな根を下ろし，さらに着々と伸び続けている。

### 参照資料

「日本の世帯数の将来推計」国立社会保障・人口問題研究所（2008〔平成20〕年3月推計，http://www.ipss.go.jp/pp-ajsetai/j/HPRJ2008/yoshi.html）

「そこが知りたい家電の新技術」（http://kaden.watch.impress.co.jp/cda/column/2008/03/05/1949.html）

独立行政法人国民生活センター発表資料（2010年6月9日，http://www.kokusen.go.jp/pdf/n-20100609_1.pdf）

## 14　株式会社フィリップス エレクトロニクス ジャパン
##　「フィリップス ノンフライヤー」（2014年5月）
###　──新カテゴリーの創造

　「フィリップス ノンフライヤー」（以下，ノンフライヤー）という新しい調理家電が，日本の家庭の台所を席巻している。海外で開発されたこの新製品は，日本では2013年4月末に発売され，販売目標を大幅に上方修正しながら世界最速の売行きをみせた。油を使わずに揚げ物ができるヘルシーさが大きな支持を得たのだ。これまでなかったジャンルの製品ノンフライヤーは，日本市場に適応するためにどのようなマーケティング戦略を展開してきたのだろうか。

### フィリップスという企業

　新しい調理家電「ノンフライヤー」を日本市場に投入したのは，フィリップス エレクトロニクス ジャパン（以下，フィリップス）である。本社は，オランダを本拠地とするグローバル企業ロイヤル フィリップス，2013年の売上は約233億ユーロ，日本円で約3兆3000億円規模の大企業である。創立は1891年。アントン・フィリップスとヘラルド・フィリップスがオランダのアイントホーフェンで白熱電球の製造から事業を開始し，20世紀に入るころにはヨーロッパの大手メーカーの1つに成長した。1927年に生産を開始したラジオを32年までに100万台売り上げ，世界最大のラジオ・メーカーとなった。1940〜50年代にかけてシェーバーの重要な部品であるロータリー・ヘッド，そしてトランジスタと集積回路に関わる技術の基礎を築き，82年には時代を画する新技術であるコンパクト・ディスクの開発に成功するなど，常に革新的技術で世界をリードしてきた。

　2008年には組織構造の簡素化に乗り出し，ヘルスケア，ライティング，およびコンシューマー・ライフスタイルという3事業部体制を確立した。日本でフィリップスといえば，オーラルケアの「ソニッケアー」，シェーバーや洗顔ブラシといった理美容製品など，さまざまな消費財ブランドでよく知られている。また，2013年より新しいブランド・プロミス"innovation and you（イノベーションアンドユー）"を制定した。

### ノンフライヤー発売まで

　フィリップスは，調理家電の分野において2009年にコーヒー・メーカーを日本市場から撤退して以来，新規カテゴリーの参入はしていなかった。新たに参入するとしたらどの製品で行くべきか，日本のスタッフは取捨選択を迫られていた。市場の成長性や革新性など，どの製品ならフィリップスとして勝てるのか，世界で販売している製品の中で，日本のニーズにもっともマッチしたものはどれなのか。慎重に検討し機会を探っていた。

　本社からさまざまな提案がなされて，試行錯誤する中で1つの製品にたどり着いた。それが「エアフライヤー」という調理家電だった。2010年9月にヨーロッパで発売されたエアフライヤーは，11年後半からはアジア諸国でも発売され，中国・韓国・台湾・香港などでヒットを記録している。現在は世界100カ国以上で販売，累計の販売台数は150万台を突破している。当時，調理家電担当が日本にいなかったが，そのニュースは海外から

3. 耐久性消費財ブランド　　407

日本にも伝わっていた。

日本でも，調べるほどにこの製品の革新性やユニークさが理解され，エアフライヤーが日本市場で発売された際に何が課題となるかの具体的検討が始まった。2011年末から12年にかけての社内検討を経た結果，日本発売が決定した。しかし問題はこれからだった。もともとエアフライヤーは，どんな料理もこなすマルチ調理家電としてポジショニングされていた。イギリスのフィリップスのウェブサイトでは，エアフライヤーを次のように説明している。

「エアフライヤーで今までにないクッキングができます。エアフライヤーは何でも作れるんです。それも手早く。フライドチキンからポテトフライ，朝食のマフィンに至るまで。しかも脂肪分は少なく，栄養価も高い。エアフライヤーは，揚げる，焼く，ローストすることまで，信じられないくらいの性能をもっています。お使いになればわかります」（筆者訳；http：//www.philips.co.uk/c/home-cooking/171533/cat/）。

このように，ヨーロッパにおいてエアフライヤーは多様な用途に堪える便利なマルチ調理家電として大ヒットした。日本ではどうすべきなのだろうか。

## 課題とは

このポジショニング問題，つまり「この新しい調理家電を消費者にどのように受け止めてもらうか」を探り当てるため，マーケティング・スタッフの探索は続いた。消費者の家庭を訪問してインタビューしたり，定量調査を行って調理ニーズを明らかにしていった。

2012年に入りようやくテスト機を導入し，家庭での調理でどういう仕上がりになるかをチェックした。このとき電圧を100ボルトに変えるなどの規格変更を行い，それに伴って，日本の台所の狭さを踏まえるとこのサイズでいいのか，どこまで日本仕様にすべきかについても議論された。さまざまな検討の結果，製品の仕様を大きく変更することなく，日本市場にスピーディに参入することが重要と結論づけられた。

また，ブランドのネーミングも懸案だった。ヨーロッパで使われているエアフライヤーのままでは，日本人には商品特性が伝わりにくいと日本のマーケティング・スタッフには感じられた。

## 日本市場では

まずポジショニングだが，日本ではマルチ調理家電としてではなく，油なしで揚げ物ができるという単機能を訴求する方向でポジショニングが決まった。

ネーミングも最終的に「ノンフライヤー」が採用された。すでに食品の分野で「ノンフライめん」「ノンフライスナック」などが健康志向で人気を博している日本では，「ノンフライ」と聞けば，油を使わないことと理解されているからだ。

新発売時のポジショニングとして，なぜマルチ調理器ではなくて，揚げ物ができる調理家電という単機能の方向に絞ったのか。

内閣府食育推進室「食育の現状と意識に関する調査報告書」（2010年）によると，日本人の約65％が週2回以上揚げ物を食べている。から揚げ，とんかつ，エビフライ，コロッケなど，子どもが大好きな揚げ物を食べさせてあげたい，という気持ちを親たちはもっ

408　第Ⅳ部　事例篇

ている。しかし同時に，親たち自身としては健康を気遣い，揚げ物を控えたい気持ちもある。こうした家庭の献立上のジレンマを解決するのが，ノンフライヤーなのだ。日本のパンフレットでは，ノンフライヤーについて次のような説明がなされている。

《熱と空気で揚げる揚げ物調理器

Nonfryer ノンフライヤー

「油なしで，サクサクおいしい揚げ物ができる。フィリップスの Nonfryer は，熱と空気で揚げ物をつくる新しい調理器です。おいしい料理をさらにヘルシーに，家族みんなでお楽しみください」》（同社 2013 年製品カタログより）。

ここに表れているもう 1 つの売りのポイントとは，ノンフライヤーは単なる機械を売るのではなく，「新しい食体験」を売っているということだ。普通の家電製品は機能を売り物にしていることが多い。ノンフライヤーの場合，もちろん機能訴求も重要だが，それだけではなく，新しい食とヘルシーな経験を売り物にしている。これもノンフライヤーをマーケティングするために重要なポイントだった。こうしてノンフライヤーは 2013 年 4 月末から日本市場に登場することとなった。

## ノンフライヤーとは

あらためて，ノンフライヤーとはどのような製品なのだろうか。実売価格は，1 台 3 万円前後。家電量販店や小売店，インターネット通販などで購入できる。

ノンフライヤーはなぜ油を使わずに調理ができるのか。最高 200 度の熱風を高速で対流循環させる「高速空気循環技術」で食材全体を一気に加熱することにより，揚げ物のサクサクの食感が実現する。本体の中で熱風の対流を加速させる「エアーサーキュレーション技術」が採用され，食材に含まれる油で表面を均一に加熱するので，素材のうまみや栄養分が瞬時に閉じ込められる。この結果，油を使わずにサクサクのおいしい揚げ物を作れるのである。

手順は簡単で，本体内の予熱したバスケットに，肉，魚，野菜などの調理したい食材を入れ，食材に合わせた温度と調理時間を設定するだけだ。本体バスケットのどこに食材を置いても，ムラなく均一な仕上がりとなる。

一番の売りのポイントである「油を使わない調理」の結果，従来の揚げ物に比べて，最大 80％の脂肪分をカットすることができる。低カロリーで健康的な食生活が楽しめることになるのだ。

ノンフライヤーを待望していたのはおそらく，メタボリック・シンドロームの診断を受けた人たちとその予備軍だろう。社会全体で健康への関心が高まっており，より健康的でアクティブな生活を楽しむためには，メタボリック・シンドロームなどへの対策は欠かせない。

## 日本への対応

ノンフライヤーには日本人にうれしい工夫も凝らされている。1 つは，分解して食器洗い機でも洗える構造になっていることだ。日本人はきれい好きで，どうしても揚げ物調理の後始末をきっちりしたいと思うものだ。そして日本オリジナルのノンフライヤー専用レ

3. 耐久性消費財ブランド **409**

シピもついている。新発売時のパンフレットには，日本の食卓で人気のレシピが22品目掲載されている。またノンフライヤーのウェブサイトでは，やはり日本独特のニーズであるお弁当のためのレシピが，人気の料理ブロガーによって紹介されている。

このように日本市場に適応させたマーケティングを考えた日本のフィリップスのマーケティング・スタッフだったが，逆に，ヨーロッパのフィリップスの社員を説得する必要もあった。英語圏の人間にとっては「ノンフライヤー」では意味がわからないからだ。日本のスタッフはなぜこうした施策が日本で必要か，ヨーロッパのスタッフと繰り返しミーティングをもたなければならなかった。

### 新発売とその後

新発売を控えて，販売目標をいったんは5万台と設定していたノンフライヤーは，新発売を迎える前に，なんとその4倍にもなる20万台へと販売目標を上方修正することとなる。というのも，発売前に海外に面白い製品があるとのテレビ放映が評判を呼び，家電小売店のバイヤーがこれを見て大いに反応してきたためだった。メディア発表会向けの案内状では当初3月発売とアナウンスされてきたノンフライヤーだったが，予想以上のバイヤーの好反応から，発表会前にすでに安定供給が追い付かないとの見通しが立ち，予定していた時期をずらして4月末からの発売となった。

実際の発売後はどうなったのか。フィリップスが日本で事業を始めて以来の大きなヒット商品として迎えられた。テレビでも，マツコ・デラックス氏や家電芸人などがこぞってノンフライヤーの評判を広めてくれた。

新発売時から大きな成功を収めたノンフライヤーであったが，課題がないわけではない。

1つの課題は，この成功を持続させることだ。そのためにどうしなければならないか。まず調理家電ブランド＝フィリップス，のイメージをつくることが大事である。家電を売るには企業ブランドが重要であり，それには「フィリップスは日本市場で本気だ」というところを小売店にみせることだ。

2013年9月から第2ステージのマーケティング活動が始まった。情報発信をフィリップスからも積極的に行うことにした。たとえば試食会の実施や，雑誌，テレビなどへの広告出稿である。夏になると，暑いために消費者も調理意欲が減退し，調理家電の販売は落ち込みがちだ。しかし夏以降のキャンペーンでは，本社からの新たな投資も得て，9月から年末にかけて再び売上を伸ばすことができた。こうした努力のおかげで，小売店からフィリップスがブランド育成に本気であると理解してもらえた。

2つめの課題は，ノンフライヤー＝揚げ物専用調理機というというイメージを変えてもらうこと。新製品発売時のポジショニングにおいて揚げ物を売りにしたため，いたし方ないことではあるが，揚げ物しかできないと思っている消費者が少なからずいる。とくに購買を検討している人でその割合が高かった。そのため，これからは，揚げ物単機能にとどまらないノンフライヤーの汎用性の訴求が重要になってくる。

課題の3つめは，「いつも世の中の中心にいる」ように広報活動を強化すること。2013年のヒット家電ということで，メディアの年末の特集を見据えて広報を仕掛け，成功している。

410　第IV部　事例篇

いまのところ，ノンフライヤーの販売台数から考えて，世帯浸透率（世帯でノンフライヤーを保有している割合）は，推定でまだ0.5％にしかすぎない。ということは，日本全体の5200万世帯に広がる大いなる余地が残されていることになる。

ノンフライヤーの成功原因を一言で表すならば，消費者の心の中に新しい製品カテゴリーを打ち立てたことだろう。この新しいカテゴリーのリーダーとして，さらにこの市場を掘り起こし牽引していくことが，フィリップスに期待されている。

**参照資料**

「大ヒット調理家電，ノンフライヤーの魅力——フィリップス，販売目標を当初の4倍に」(http://toyokeizai.net/articles/-/14588？page=2)

「油を使わずに"揚げ物"ができる『ノンフライヤー』の実力は？」(http://trendy.nikkeibp.co.jp/article/pickup/20130214/1047499/)

「食育の現状と意識に関する調査報告書」（平成22年3月）内閣府食育推進室（http://www8.cao.go.jp/syokuiku/more/research/h22/h22/3-3.html，http://www8.cao.go.jp/syokuiku/more/research/h22/h22/images/z3-6.gif）

## 4. ヘルスビューティケア・ブランド

### 15 株式会社龍角散（2015年1月）
——老舗ブランドの復活

「ゴホン！といえば龍角散」。このキャッチ・コピーで知られる薬「龍角散」を知らない日本人はほとんどいないであろう。龍角散は高い知名度をもちながらも，業績面では長い間低迷を続けてきた。強いブランドにもいつの間にか，気の緩みが襲っていたのだ。8代目社長の藤井隆太氏が社長に就任したとき，大きな負債が老舗ブランドにのしかかっていた。しかし，龍角散はこの5年で売上を倍に伸ばし，みごとな復活を遂げた。なぜこのような逆転劇が可能だったのだろうか。

#### 社業の歴史

「龍角散」は江戸時代中期，秋田・久保田藩の御典医であった藤井玄淵によって創製された藩の家伝薬であった。その後，江戸時代末期，3代目藤井正亭治が藩主・佐竹義堯の持病のぜんそくを治すためにこの薬に改良を加えた。「龍角散」の名が付けられたのはそのころである。

「龍角散」とはどのような薬だろうか。「鎮咳去痰薬」。つまり，荒れた喉に直接作用して，つらい咳やタン，不快感を和らげる作用がある。第三類医薬品のため，医薬品として認可されているとともに，薬局薬店で消費者が自由に買える薬でもある。

主な成分は生薬（キキョウ，セネガ，キョウニン，カンゾウ）で，微粉末でできている。一般的に飲み薬は水とともに服用することが多いが，水と一緒に飲むと効果は薄れてしまう。一方，「龍角散」は水なしで服用できる特徴がある。飲み方は小サジ山盛りに「龍角散」をすくって，舌の上に薬を置き，ゆっくり溶かすように喉に運ぶ。

水なしで飲む効果としては，成分が直接喉の粘膜に作用して効き目を表す。一般的な咳止め薬は，処方薬もOTC薬（処方箋なしに薬局薬店で買える薬）も含まれる咳止め成分が血液中に入るが，「龍角散」の場合は異なり喉に直接効くのである。

人間の気管の内側には，線毛細胞が一面に生えており，その線毛は1分間に約1500回の速さで絶えず振動している。また気管の内壁では粘液が分泌されている。喉の自然の浄化作用によって，気道を通ってきたチリやホコリ，細菌などはこの粘液に取り込まれる。そして線毛運動によって体外に排出されてしまう。

しかし，喉の使いすぎや喫煙，汚れた空気を吸ったりすると，この喉の浄化能力が衰えてしまい，咳が出てしまう。こんなときに「龍角散」が喉の線毛運動を活発にして，タンを取り去り，咳を鎮め，症状を和らげてくれるのだ。

昔からテレビ番組や高座などで白い粉などが煙幕として使われていたが，それは「龍角散」だった。水なしで飲め無害であったからである。

#### 藤井隆太社長の就任

龍角散はこうした歴史と背景をもちながら，1960年代から80年代にかけて，「クララ」

や「トローチ」などの新薬を次々と出して社業を拡大していった。1990年には東京・神田に新しい自社ビルも建てている。

そんな中、藤井隆太氏は1994年に薬学研究者の父親の跡を継いで、同社8代目社長に就任した。藤井氏は製薬会社の社長としては異例の履歴の持ち主である。音楽の名門桐朋学園でヴァイオリンやフルートを学んだ音楽家なのだ。甘えたことは許さない、という学校の方針のもと、音楽のプロになるため藤井氏は厳しい修行を積んだ。音大卒業後、藤井氏はフランスに1年間留学もしている。

帰国後、関西の製薬会社に勤務し、この間、薬局回りの営業やマーケティング、製品開発などの業務を経験する。その後、藤井氏は三菱化成工業（現・三菱化学）に勤務し、光ディスクなどの営業、企画業務を経験する。父親に家業に戻ってこいといわれたのは35歳のときだった。父親が藤井氏に家業の後を託したかった理由は、父自身の病のためだった。

## 問題の発覚

藤井氏は薬の仕事を身につけるべく全国を回って奮闘していた。しかし驚がくの事実が発覚する。売上が40億円ほどしかないにもかかわらず、当時の同社は、売上とほぼ同じ額の40億円の負債を抱えていたのだ。

負債の直接の原因は売上の低迷だった。新製品がうまくいかなかったため、赤字の垂れ流しになり、この間のコストが同社にのしかかった。しかもこうした事態はどんどん悪化する一方だった。

この売上低迷の背後には、6つの大きな問題が潜んでいた。

(1) 会社と社員の油断

龍角散自体は高い知名度を誇るブランドである。そのため、オーナーがなんとかするんじゃないか、という社員の甘えがあったことも否定できない。

(2) ライフスタイルの変化

消費者のライフスタイルが変化し、活動的になるにつれて薬の飲み方も変わってきた。「ゴホン！といえば龍角散」という時代ではなくなった。

(3) 流通の変化への対応の遅れ

長年、冬に売れる「龍角散」を、秋口に流通在庫として抱えてもらう特売制度が毎年行われていた。

薬局がドラッグストアという業態に変化した結果、これまでの商売の方法は通用しなくなった。

(4) 事業の高度化への対応コスト負担が増加

医薬品産業は従来にも増して社会的・倫理的責任が重くなってきた。薬の品質管理をより厳密にしなければならなくなり、コスト負担が増大した。医薬品製造業が減少したのは、これらの理由からだ。

(5) 有利子負債の増大

売上の低迷に伴い有利子負債が増大し、経営の自由度が失われた。

(6) 社内における危機感の欠如

社内に上記の問題に対して危機感がなかった。危機感なしにはこうした問題は突破できないと，藤井氏は感じていた。

## 打開に向けて

バブル崩壊によって，保有資産の担保割れも起こり，まさに龍角散は危機に陥っていた。しかもそのことはごく一部の幹部以外には知らされずにいた。

藤井氏はこうした状況を知り，会社勤めの経験から，「もうこの会社はダメだ，救えない」とまで思った。どうすれば人様に迷惑をかけずに会社を閉鎖できるのかを真剣に考えていたほどだ。

それでも藤井氏は単に会社を閉めればいいと考えたわけではなかった。藤井氏の社長就任1カ月前に開かれた経営幹部会議において，当時，社の中核で活動している人材のリストラが計画されていた。しかし，藤井氏はその計画をストップし，再建プランをもって社長に就任した。

藤井氏は，「会社が存続するにしても，おかしな形で存続してはいけない」と考えた。龍角散は健康関連産業であり，倫理感が不可欠な企業だ。しかも，もともとは殿様の健康を助けるために生まれた薬であり，金もうけを第一に考えてはならなかった。そのため，当時，注目され始めたサプリメントには，手を出さなかった。

藤井氏が着目したのは「龍角散」の「良いところ」だ。とくに喉の薬が根強く人気があり，売れているという事実だった。

そこで売れる理由をグループ・インタビュー，定量調査などで徹底的に調査した。また消費者の真意を知るため消費者の生の声に耳を傾けた。

ある女性層にグループ・インタビューしていたときのことだ。「龍角散」を知ったのはいつでしょうか，という質問に，「産婦人科の先生に教えてもらった」という答えがあった。医者は，「龍角散」は血中に入らないからいいと妊婦に勧めたのだ。これは消費者だけが知っていることで，社員は知らない事実だった。

「龍角散」の良さとは喉の粘膜を活性化するというすばらしい効果であり，単なる咳止めではない。このことを訴求しようとした藤井氏の提案に対し，「効き目が弱いと誤解される」と社内で猛反対があった。しかし，そのころの「龍角散」は風邪などの限定した用途にしか使っていないユーザーが多く，喉の症状に活躍する場が少なくなっていた。そこで，藤井氏は，反対意見をオーナー経営の強みで却下したのだった。

## 嚥下補助ゼリーの開発

喉の専門メーカーとして何ができるか，介護現場をまわりたどり着いた1つの結論が，嚥下補助ゼリーだ。嚥下補助ゼリーとは，医薬品をくるむゼリー状のオブラートのようなもののことである。

これを使うと，今までむせたり，つかえたりして飲みにくかった医薬品をすっと飲み込むことができる。そもそも人間は飲み込むとき，固形物と水分を同時に飲み込むことは本来苦手だ。これは藤井氏自ら実験台になって撮られたX線動画からも明らかだ。とくにお年寄りは飲み込む力が弱っているにもかかわらず，服用しなければならない医薬品が多

く，悩みのタネだった。

　嚥下補助ゼリーの新発売について，社内の開発会議では一度は却下されてしまう。業界でも未開拓のカテゴリーだったからだ。

　しかし，藤井氏はこの商品の潜在力を感じ取っていた。試作品を作って訪れた介護施設での経験からだ。人は要介護状態になると，食事も「とろみ」をつけないとうまく食べられないことを知った。この状態では薬も満足に服用できるはずがない。そのことを確信していた。

　シニアが薬を飲みやすくする手助けをしたいという思いから，嚥下補助ゼリーが発売されたのは1998年のことだった。

　嚥下補助ゼリーは最初，介護用だった。その後，子どもにもニーズがあることに気づき，小児科医のアドバイスを受けて改良を重ねた。「おくすり飲めたね」というブランドで，子ども用として，新たに発売されたのは2001年のことだ。

　この製品は，子どもが薬をなかなか飲んでくれないと悩む若いお母さんたちにとって朗報となった。育児ノイローゼが治ったと礼状をもらうほどであった。

　40億円あった負債を完済することができたのは，こうした事業が成功した結果である。

## プル・マーケティングへ

　藤井氏の基本的な方針とは，龍角散は喉の専門メーカーであり，そこに回帰することだ。龍角散は昔からの安心，信頼のブランド・イメージをもっているが，これを再構築しなければならない。そしてさらに予防薬へとシフトを進めている。

　龍角散がマーケティングの上で力を入れているのが広告活動だ。広告には予算を惜しまない。1品目当たり最低年間3億円はかける。

　これはマーケティングでいう「プル戦略」である。プルとは広告によって消費者を店頭に引きつけ，指名買いを促進する方法だ。

　広告に力を入れるのは，龍角散というブランドの知名度において強さをもっているからだ。そのうえ同社の商品の単価は安い。全国にわたって低価格商品を短いサイクルで売るためには，マス広告がコスト的には依然として有利である。同社の広告費は毎年20億円。80億円の売上の会社としては，平均以上に広告予算が大きい。これも思い切ったマーケティング予算の生かし方といえるだろう。

　かつて発売していた「クララ」を廃止して，「龍角散ダイレクト」に変えたのも，こうした方針からもたらされた英断であった。この薬は水なしで飲める「バリアフリー製剤」つまり速溶解顆 粒 である。そして「クララ」を「龍角散ダイレクト」に模様替えするにあたり，薬臭さを抑えてフレーバーをつけることにした。また強い成分を取り去り，生薬メインの薬に変えた。この結果，OTC医薬品としての分類が変わり，劇薬として薬剤師の手を通さないと売れない第一類の指定薬ではなく，気軽に買える第三類にとどまることができた。

　このように龍角散は藤井氏のリーダーシップのもと，明確なマーケティング戦略をもち，より龍角散らしさを持ち味にしたブランド戦略を実行している。

　この結果，龍角散はこの5年間で売上を倍増させ，80億円に達する売上を誇っている。

参照資料

「ユーザー目線でニーズを捉えた医薬品メーカーの軌跡」(2013 年 2 月 13 日, http://www.bizcompass.jp/interview/016-1.html)

「龍角散 8 代目社長,『甘え』廃して売上高 1.7 倍」日経電子版 (2014 年 8 月 2 日, http://www.nikkei.com/article/DGXNASFK24H0R_U4A720C1000000/)

# 16 株式会社ミルボン (2015 年 6 月)
## ──高い企業成長を支える仕組み

多くの男性にとって「ミルボン」というブランド名はあまり聞き慣れないかもしれない。しかしミルボンの名前は,女性や美容室業界では高い知名度を誇っている。ミルボンは美容室用に主にヘアケア製品を販売しているナンバーワン・メーカーなのだ。驚くべきことはその企業業績にある。ミルボンは 1996 年の株式店頭公開以来 2014 年度まで,18 年間連続して売上を伸長させている。市場が縮小する中で,ミルボンはなぜこのような好調な業績を持続させることができるのだろうか。

**業界トップ**

株式会社ミルボンは「ヘアケア用剤」「染毛剤」「パーマネント・ウェーブ用剤」の 3 つの部門をもち,これらヘア商品を「サロン」(美容室)に販売している日本のメーカーである。

小売店で売られているシャンプーやリンスなどのヘアケア製品市場はパブリック市場と呼ばれ,美容室市場はプロユース市場と呼ばれている。

ミルボンはこのプロユース市場において売上ナンバーワンで,約 13%(富士経済調べ)のシェアがある。第 2 位は日本ロレアル株式会社,第 3 位は資生堂プロフェッショナル株式会社と推定されている。ミルボンは名だたる世界の化粧品メーカーを相手に,堂々たる地位を占めているのだ。

グローバルにみれば,ほほどの国においてもプロクター・アンド・ギャンブル(P&G,本社アメリカ,ヘアケア用品のブランド名は「ウエラ」),ロレアル(本社フランス),ヘンケル(本社ドイツ)といった企業がプロユース市場で上位を占めている。これに対して,ミルボンが最大手という現象はほぼ日本市場だけと考えられている。しかし,日本でもかつては外資系メーカーがこの市場でもトップだった。ミルボンは後発メーカーとして外資を追い抜いたのだ。

ミルボンのすごさはシェアが高いことだけではない。2014 年度の売上は約 252 億円だが,営業利益が 44 億 5000 万円で,営業利益率が 17.6% に上る。同じ業界の A 社と比較すると,2014 年 3 月期のパブリック市場・プロユース市場をあわせた A 社全体の売上は 7620 億円であるが,営業利益は 496 億円,営業利益率は 6.5% にとどまっている。この数字からも,ミルボンの営業利益率がいかに高いかがわかるだろう。

**416 第Ⅳ部 事例篇**

## ミルボン小史

1960年，化粧品（コールドパーマ剤，シャンプーなど）の製造・販売を目的に，大阪市東淀川区にユタカ美容化学株式会社が創業された。1965年，ユタカ美容化学と，美容室向け化粧品の代理店であるミルビー商会ほか数社が合併し，ミルボンに社名が変更された。1967年には，パーマネント用ロッド（ミンクロッド）を開発し，コールドパーマ剤メーカーとして知名度を向上させた。その後，1971年に鴻池一郎氏（1937～2011年）がミルボンの代表取締役に就任した。1985年にはフランス・ウジェーヌ社とヘアカラー（染毛剤）の業務提携を行い，ヘアカラー分野に参入を果たした。

1996年6月，業界では初めて株式を店頭公開した（現在は東証一部上場）。創業から35年で業務用ヘア化粧品の総合メーカーとして，国内トップ・レベルの地位を確立することができた。

このように一貫して美容室などのプロフェッショナル用ヘアケア製品を中心に，大阪に本社を置いて55年以上，発展を続けてきたのがミルボンである。

## フィールドパーソンとは

では，ミルボンの強さはどこにあるのだろうか。その強さを支える仕組みは2つある。

1つは，フィールドパーソン・システム（FPシステム）。もう1つは，TAC（Target Authority Customer＝顧客代表制）製品開発システムという仕組みだ。

まず，FPシステムについて。フィールドパーソン（FP）とは，ミルボン独自の営業スタイルである。一軒一軒の美容室はそれぞれさまざまな課題を抱えている。それに対して解決策を考え，提案し，実行のお手伝いをするのがFPである。美容室へ実際に商品を販売するのは，ミルボンの代理店である。FPは，短期的な商品の売り込みではなく，より長期的な視野で美容室の発展を援助していく存在となっている。代理店の販売活動と手を携えながら，美容師が必要とする技術や知識を伝える活動，美容室の経営の提案活動も行っている。全国で約240人の人員が配置されている。

このFPシステムは，鴻池氏が考えたフィールドマン・システムが原型になっている。ミルボン自身も20年以上前は，他社と似たような営業活動を行っていた。しかし，美容師は化粧品会社の営業がやってくる営業時間には，顧客への対応で忙しく，化粧品会社の営業の話を聞いている時間はほとんどない。鴻池氏が年間に何百社も美容室を訪問する中で，このシステムが考案された。

ミルボンは創業当時から「顧客第一主義」を独自の戦略として掲げているが，マーケティングの基本である，顧客の求めているものをつくる精神を支えている根幹が，このFPシステムにある。

## フィールドパーソンはどう働くか

なぜ，ミルボンのFPは有効に機能しているのだろうか。それは，FPの技術研修に約9カ月間を費やすなど，美容の技術をよく理解させていることが大きい。美容師に製品情報を伝える際，モノだけを渡してもうまくいくとは限らない。自ら実践して，美容師に見せることができるのが，ミルボンのFPの強みなのである。

4.　ヘルスビューティケア・ブランド　417

課題解決提案型営業とは，営業ではありふれた言葉だ。同社の FP の優れた点は，相手の何を解決しなくてはいけないか，顧客である美容室のあり方を把握したうえで提案できることである。そのためには，美容室の経営者らと対等に話せるだけの土台をもっていなくてはならないのだ。

　ミルボンの FP は，いい意味で「金太郎あめ」と呼ばれることがある。つまり FP の質がそろっているために，担当者が代わったとしても，営業スキルは一定の水準を保つことができている。個人の力量だけに頼らないシステムが確立されていることになる。

## TAC とは

　しかし，FP システムだけでは，必ずしも他社との差異を打ち出せないことをミルボンは気づいていた。顧客である美容室から重宝される存在になっても，それだけでは売上は伸びない。

　ミルボンが市場のニーズにマッチする商品，流行だけに左右されない商品を生み出すために TAC 製品開発というシステムが考案された。これがミルボンの好業績を支えるもう 1 つの戦略の柱である。

　TAC とは Target Authority Customer の略で，「顧客代表制」と呼ばれている。TAC とは何を意味するのだろうか。それは，エンド・ユーザーである美容室の顧客のニーズを，優れた美容師を通じて把握し，新製品を開発していく仕組みのことである。

　このシステムを開始するきっかけとなった出来事がある。それは，1980 年代初頭のこと。鴻池氏が，鬼塚喜八郎氏（1918～2007 年）の講演を聴いたことだった。鬼塚氏は，アスリート向けシューズを製造しているオニツカタイガー（後のアシックス）創業者として世界的に知られている。

　鬼塚氏は 1950 年代にバスケット・ボールやマラソンのトップ選手から話をじっくり聞いて，鬼塚式バスケット・シューズやマラソンのトレーニング・シューズを開発した。1965 年の東京オリンピックでは，オニツカタイガーの靴を履いた日本選手が数多くのメダルを獲得した。ナイキを創業したフィル・ナイト氏はビジネスを開始した 1960 年代末に，オニツカタイガーのアスリート向けシューズを輸入販売するなど，オニツカとナイキとはかつて良好な関係にあった。

　このとき鴻池氏が聞いた鬼塚氏の講演は，次のような趣旨であったといわれている。

　「エンドユーザーの顕在的・潜在的ニーズを汲み取れる人物を選び，顧客の代表として耳を傾けることが重要だ……」。

　この講話に触発された鴻池氏が考えたのが TAC である。そのスタートは 1988 年。さらに詳しく TAC のあり方をみてみよう。

## TAC の実践

　TAC 発想のもとになった考え方は次のようなものだった。美容室の中で繁盛している店は何か理由があるのではないか。また，繁盛している店の美容師の美容技術には独自のやり方があるのではないか。これを発見し，そのノウハウを標準化できないか。

　美容師は職人なので，力の入れ方などの美容技術を感覚で覚えている。そこで繁盛して

418　第IV部　事例篇

いる店の美容師の優れた感性を標準化して，他の美容師に伝えていってはどうだろうか。注意すべきは，ミルボンが開発しようとしているのは，いわゆる人気美容師の名前の付いた商品ではないことだ。その人の生き方を含めて，その人の技術から美容の技術を学びそれを“商品化”するのだ。

あらかじめテーマを設定することから始まる。テーマは，シニア，ヤングのように顧客層別に設定されることもあれば，シャンプーやカラーリングのように商品カテゴリーから設定されることもある。

次にテーマに沿って，評判の美容師，繁盛している店の美容師を発掘する。そのためにミルボンのスタッフは普段から全国の美容室回りをしている。

もしそのような人が見つかり，同意を得られたならば，次にその人の行動や発言に注目する。彼・彼女の①思考方法と，②技術に分けて分析を行う。いわば，その評判の美容師の考え方と技を，ノウハウを含め「完全コピー」することになる。

たとえば，その美容師がドライヤーを使っているとき，ドライヤーの角度はどうなっているか，どうすると髪が立つようになるのか，頭頂部から乾かすか，サイドから乾かすのか……。こうしたポイントを動画で撮影することも，たびたびだ。

また，地方には都会と異なる顧客層が存在する。高齢化が進んだ地方では50～60代の顧客が多い。そうしたシニアの顧客が行きたくてしょうがないという美容室が存在する。シニアの顧客の願いの1つは髪のボリュームを出したいこと。その名人の美容師が施術すると，ボリュームを出したパーマが2～3カ月も長持ちすることがある。なぜ違うのか。たとえば，薬剤を付ける時間の違いの場合もある。こうしたノウハウがミルボンの開発作業に生かされる。

さらに別の例では，スタイリング剤のワックスの開発事例がある。ある美容師から「面白いことをやっているので，営業に見てほしい」という話が来る。その美容師はワックスとムースを混ぜて使っている。あるいは，ワックスに水を混ぜて伸ばすことを行っているケースもある。このようにヘアケア剤の想定外の使い方が現場で行われているときがあり，こうした現場での工夫や発見は，ミルボンに大きな新商品開発のヒントをもたらすことが多い。

TAC製品開発システムは，FPシステムという技術のわかる営業がいて初めて可能だった。つまり，FPの仕組みとTACとは車の両輪のように働いて，ミルボンの好業績に貢献してきたことになる。

## 商品の革新

このようなシステムを活用して開発されたのが，同社のヒット・ブランドである「ディーセス ノイドゥーエ」だ。この開発に協力したのは，神奈川県相模原市のTACデザイナー武田真悟氏。

ミルボンの商品企画部門からは，武田氏に「美容室で仕上がった髪のキレイな質感を，ご家庭でも楽しみ続けられるアイテム」という依頼があった。

武田氏はミルボンの研究室と共同で，髪のコンディションが変わっても同じアイテムを使い続けるのではなくて，コンディションに合わせて，髪の手入れを変えられるヘアケア

剤を開発した。さらにその日の髪のコンディションに合わせて，使用頻度を変えたり，髪のスタイルによって全体に付けるか毛先に付けるか，顧客の事情に合わせて違った使い方も提案できるのが「ディーセス ノイドゥーエ」だ。

ミルボンはこうして開発した商品の新発売とともに，エキスパートの講師の協力のもと，全国の美容室に対してセミナーを実施する。その際，発売前の開発段階で協力してくれる美容室を見つけておくことも重要となる。また発売前に講師に対するトレーニングも十分実施する。他社にない速さで市場に浸透させるためだ。

ミルボンは，一般的な化粧品会社と異なり，宣伝広告ではなく，人件費と営業へのトレーニングに集中して大きな投資を行ってきた。ここには明確に他社と異なる戦略性があり，こうした戦略的企業活動が好業績の結果を生んできたのだ。

**参照資料**

株式会社タチカワ高森弘実社長「ミルボンと故鴻池一郎会長のこと」(高森社長ブログ，http://www.jbl-tachikawa.co.jp/blog/takamori/article/entry-20111208057.html)

# 17　株式会社アルテ サロン ホールディングス （2013 年 7 月）
## ――新しい美容院ビジネスモデルの確立

女性には欠かせない存在の美容院。その業界規模は大きい。全体で 2.3 兆円の市場と推定されている。しかし個人経営の零細な美容院が多く，大きなシェアをもつ経営体は存在していなかった。そうした中でビジネスモデルを変革したのが，Ash ブランドで知られるアルテ サロン ホールディングスだ。それはどのような仕組みで，どのようにして実現できたのだろうか。

### アルテ サロン ホールディングスとは

株式会社アルテ サロン ホールディングス（以下，アルテ）は，美容院チェーンを統括・指導する「パートナーズ・フランチャイズシステム」を展開する会社である。傘下には，Ash，NYNY，AMG，東京美髪芸術学院などの美容院・教育機関をもつ。現在の店舗数は257 店。

チェーン店全体の売上は 170 億円（アルテ自体の売上ではない）を誇り，JASDAQ に上場している。展開するブランドの中でも，とくに美容院ブランド「Ash」は深く浸透している。

業態は少し異なるものの，同じ美容院サービスを展開する，東証一部上場企業である「田谷」の売上高が約 125 億円，148 店舗（2012 年 3 月期）であることからも，アルテが事業として堂々たる規模を誇っていることがわかる。しかし 2.3 兆円の美容院市場においては，上位 10 社を足してもシェアは 4.9％にしかならない（アルテ推定）。きわめて小さな企業群が大きな市場を細かく分け合っていることになる。

アルテの事業のユニークな点は「パートナーズ・フランチャイズシステム」にある。こ

れは日本語でいう「のれん分け」。美容院で働く美容師の大きな夢の1つは，独立して美容院経営者になることだ。しかしそれは容易ではない。大きな費用が必要なうえ，銀行の融資を受けるのも難しい。独立をめぐり雇い主とトラブルが起きることも多い。アルテはこうした問題を独自のフランチャイズシステムによって，システマチックに解決したのだ。この仕組みについて詳しくは後で述べる。

**美容院経営を始める**

アルテの創業者，吉原直樹氏は1956年に横浜市に生まれた。埼玉大学教育学部在籍当時は，貿易で世界を駆け回るのが夢だった。卒業後，海外にも拠点をもつタカラベルモントに入社，美容院用資材の販売などを担当した。海外駐在員を夢見て仕事に打ち込み，数年後，吉原氏は常に全社でトップ3に入る優秀な営業マンになっていた。しかし，生涯一度のチャンスだった駐在員選抜試験で不合格となってしまう。同社での海外赴任の道を断たれた吉原氏が，次第に美容院の経営者になる夢を抱くようになった。

吉原氏は26歳で大手美容院チェーンに転職し，店舗開発を手がけた。店舗開発に必要な知識を熱心に勉強するかたわら，自ら美容師免許も取得した。

1986年，30歳だった吉原氏は，社長に「1軒だけ美容院の経営をやらせてほしい」と願い出て，横浜で小さな店の経営を始めた。開業資金は知り合いの会社経営者が貸してくれた500万円だった。翌年また別の経営者から，学芸大学前駅近くの美容院の経営を任せたいと話を持ちかけられると，それを機に吉原氏は会社を辞め独立。本格的に経営者として歩み始めた。

1988年，吉原氏は有限会社アルテを設立し，4軒目を横浜市大倉山に出店。10年で10軒経営するという当初の目標に一歩一歩近づき，1997年には「Ash」ブランドの第1号店を横浜市にオープンする。2年後には代官山に開店。これをきっかけに，サロン・ブランドをAshブランドに集約させ，翌2000年からフランチャイズ事業を本格化させるなど，このころに現在のアルテがめざす事業基盤を形作った。

**パートナーズ・フランチャイズシステムとは**

アルテの事業の大きな核は，先に述べたように，「のれん分け」をシステム化した「パートナーズ・フランチャイズシステム」にある。あらためてこのシステムをみてみよう。

従来の美容業界では，守られない口約束や，美容院オーナーと美容師とのトラブルが頻発していた。美容師は低い待遇に甘んじ，独立する夢を実現できないことも珍しくなかった。また，独立の際には，独立する美容師とオーナーとの間にトラブルがつきものだった。というのは，独立の際に美容師が顧客やスタッフを分散して連れて行ってしまうのだ。そうして店は衰退。零細企業ばかりが増えていった。

従業員満足と事業継続性を両立させて，従業員も経営者も幸せになれる方法はないのだろうか。

そこで吉原氏が考えたのは，美容師の独立を支援するビジネスだった。はじめは酒店ののれん分けを参考にそのままの仕組みとしたが，それだけではうまくいかなかった。そこでアメリカのフランチャイズシステムを学び採用した。フランチャイズシステムとは，フ

4. ヘルスビューティケア・ブランド　**421**

ランチャイザー（主宰する本部）が，フランチャイジー（メンバーになる加盟社）に，ブランドやビジネスのノウハウ，運営，資材の仕入れなどを伝授・指導することで，双方が栄える仕組みのことである。

　吉原氏が現在行っているパートナーズ・フランチャイズシステムは，フランチャイズ料さえ払えば加盟店になれる通常のフランチャイズシステムと異なり，いくつか独自の点を有する。

　その基本は，吉原氏と苦労をともにしてきた仲間を支援する仕組みであることだ（そうでない仕組みも後に導入される）。そのため，フランチャイズ・オーナーに求める人物像には，吉原氏が決めた5つの要件がある。

　(1)　店で一番の売上を上げられるだけの技術的能力を備えているか。

　(2)　人に教えられるだけの教育的能力があるか。

　(3)　人を引っ張るだけの人間的魅力があるか。

　(4)　将来にわたってアルテのグループの中でのビジョンと責任感をもっているか。

　(5)　誠実であるか。

　独立を志す社員には，フランチャイズ・オーナー候補になった段階で契約社員になってもらう。青色申告の方法を学ばせ，経営感覚を身につけさせるためである。彼らは独立候補生として，経営を次第に深く学んでいく。

　そして「オーナーの資格あり」とされた社員には，銀行でローンを組んで自身の会社を設立してもらう。店の規模によっても違うが，ローンはおおよそ1500万円。もしも自分でゼロから出店するなら4000万円は必要なところにその額で済むうえ，銀行の審査も通りやすいなど，独立が有利に果たせる仕組みとなっている。

　フランチャイズとして独立すると，本部には売上の8%のロイヤリティを支払う。大きな負担に思えるかもしれないが，本部は従業員の給与計算・仕入れ・総務・保険関係・税理士の手配などをすべて引き受ける。そのため，美容院経営者はこうした細々とした業務から解放され，美容の施術に専念することができるのだ。とくに資材の仕入れ面のメリットは大きい。各店舗で使用する資材を本部がまとめて大量発注するため，かなり安い額で仕入れが可能になる。広告宣伝についても，本部がチラシやリーフレットを用意するのでコストを安く抑えられる。

　また重要な点は，アルテの本部は，フランチャイズに対して店を貸す「大家」であることだ。しかも内装もすべて本部が負担する。加盟店は店舗の確保にかかる大きな負担を避けることができるし，一方で本部はそれなりのマネジメント・コントロールを加盟店に利かせることができる。これは，マクドナルドやセブン-イレブンのフランチャイズとは大きく異なる点だ。

　人材の面でも，本部が美容師の教育も行う。フランチャイズで働く美容スタッフは本部が一括して採用し，年間6000万円の教育費を負担して，技術教育を施す。

　理美容施術の技術研修はもちろん，接客マナー教育，社会人教育，語学研修など，多彩なプログラムを用意して，プロフェッショナルを育てるのだ。

## ブランド展開

　現在アルテでは，知名度の高い Ash ブランド以外に，関西で展開する NYNY など複数のブランドを用意して，独立を希望する美容師に幅広いチョイスを提供している。

　こうしたフランチャイズシステムを維持発展させるためには，やはり本部が中心になり，フランチャイズの結束を高めなくてはならない。フランチャイズシステムがうまく働かないフランチャイズは珍しくない。いかにしてフランチャイズの結束を固めるのか。

　アルテでは，フランチャイズ・オーナーにブランドの責任の一端を負わせるため，オーナーの中から選ばれた 7 名による「理事会」を構成している。この理事会がフランチャイズ全体の「協同組合」のような役割を果たす。理事会はある程度の権限を委譲され，さまざまな話題でディスカッションする。

　たとえば「フランチャイズ料を下げてほしい」という要望があるとする。そうすると吉原氏側は，「下げたフランチャイズ料を何に使うというのか？」と聞き返す。その返事に対して，本部はどうするかを考える。この議論の例のように，フランクに議論する場が形成されている。

　美容サロン経営はなかなか大手が参入しにくく，細分化された市場だった。こうした旧態依然の市場に，パートナー・フランチャイズシステムを持ち込んで，改革を行いつつあるのがアルテだ。しかしシステムを運営するのはあくまでも人間。取締役会長である吉原氏は人の心をつかみ，組織スタッフの気持ちを 1 つの方向に向ける羅針盤のような役割を果たしている。

### 参照資料

TAYA 第 38 期年次報告書（http://www.taya.co.jp/tww/ir/pdf/20120620.pdf）
吉原直樹・主藤孝史・起業家大学（2009）『アルテサロンホールディングス──『のれん分けフランチャイズ方式』で上場を果たした美容室』起業家大学出版
吉原直樹（2012）『サロン経営の基本』髪書房

## 5. サービス流通ブランド

### 18 株式会社玉子屋（2010年7月）
——お弁当屋さんの画期性

　玉子屋は東京都内に1日7万食のお弁当を提供するお弁当屋さんである。一事業所としては日本最大規模だ。東京以外の人が知る機会は少ないかもしれない。しかし玉子屋はテレビ番組でもしばしば取り上げられ，ハイ・サービス日本300選（サービス産業生産性協議会主催）を受賞したこともある。アメリカ・スタンフォード大学ビジネススクールのケースとしても取り上げられ，ビジネススクールのMBAたちが研究対象とするほどの企業である。そんな玉子屋のすごさに迫ってみよう。

#### 玉子屋とは

　株式会社玉子屋とはどのような会社だろうか。年商は72億円，従業員はパート・アルバイト含めて約600人。東京都大田区蒲田に本社と工場を構えている。

　現在，1日で作るお弁当の数は7万食。対象としている顧客は法人，つまり都内の事業所だ。お昼のお弁当を蒲田から東京都内一円のオフィスに配達している。日替わりオフィス弁当の価格は450円（税込，2011年9月現在）。メニューは日替わりであり，最低でも2カ月間は同じメニューにならない。「安全，うまい，安い」ことで玉子屋は評判を勝ち得ている。

　玉子屋の経営で驚異的なことは，ロス率が0.1%以下と極端に少ないことだ。同業種の場合，ロス率は普通2%といわれている。このロスの低さから高い利益を出すことが可能になっている。

　玉子屋の掲げる経営理念は「この業界で最も高い給料を社員に払うこと」と「どこにも負けないおいしい弁当をお客さまに提供すること」，この2つである。中卒・高卒の社員でもボーナス100万円は珍しくない。

　玉子屋の創立者，菅原勇継氏（現会長）は，1939年，茨城県水戸市に生まれ，終戦後46年に満州から命からがら引き揚げてきた体験をもっている。高校を卒業して富士銀行（現みずほ銀行）に勤めていたが，1962年に実家の肉屋・豚カツ定食屋を継ぎ，同時に小さな規模の鮮魚店を営んでいた。仕出し弁当業として玉子屋を始めたのは1975年であったが，当時すでに後発組に属していた。日本が高度成長期からオイル・ショックを経て，低成長期にさしかかったころだ。

　1978年ごろ都心のオフィス街に進出し，順調に仕出し弁当業として事業拡大していくようにみえた。1981年には三井造船という大企業から600食もの受注を獲得。1983年には，1日約2000食を出すまでに成長していた。

　しかし玉子屋の運命は1983年に暗転する。蒲田に新工場も建てて，竣工パーティを行った2カ月後のことである。最大の顧客である三井造船で，食中毒を起こしてしまったのだ。車に弁当を入れっぱなしにしたのが原因であった。1週間の営業停止処分を受け，従業員の3分の2が辞めてしまった。マスコミに社名が出てしまい，廃業も間近と思われた。

　しかし窮地に陥った玉子屋に手を差し伸べたのは，ほかならぬ三井造船だった。「面白い企業だから，もう一度チャンスをあげる」といってくれたのだ。三井造船はそれだけで

なく，事業についてのアドバイスもしてくれた。

このときの経験は今の玉子屋に生きている。玉子屋があるのは顧客があってこそであり，「給料はお客さまからいただいている」という意識を常に忘れないようになった。この事件をきっかけに，お客さま第一主義を徹底するようになったのである。

その後，菅原氏は二度と事件を起こさないよう，機械を取り入れた作業工程をつくり，事業は再び成長軌道に乗った。1日1万食を突破したのは1989年のことである。

しかし舞台は再び暗転する。菅原氏を病魔が襲ったのだ。1990年，氏は腎臓がんに侵されていたことがわかった。息子の菅原勇一郎氏（現社長）が入社したのはこのときであった。菅原氏はその後，無事この病を乗り越え，その後も現役会長としてお弁当メニューの大枠を決める役割を担っている。

## 勇一郎氏が会社を継ぐ

勇一郎氏は立教大学でピッチャーとして活躍し，六大学野球で優勝した実績をもつスポーツマン。あの長嶋一茂の4年下だった氏は当時，立教大学野球部の第2次黄金期を経験していた。しかし野球部の生活は厳しい。野球部で彼が学んだのは「耐える」こと。氏にいわせれば，休日もなく練習ばかりしていた野球部よりも，社会人のほうがずっと楽なのだそうだ。

彼が野球を通じて学んだもう1つは「アピール」だ。プロに行くかどうかのレベルの選手になると，監督にいかにアピールするかが重要になってくる。実力だけでなく，「好かれる」ということがないと，選手として使ってもらえないのである。

立教大学を卒業してからの勇一郎氏は当初，家業を継ぐ気持ちはなかった。独立するために，父がかつて勤務した富士銀行に入行した。自分に実力をつけたいと思っていた氏は，銀行に勤めている間も上司との夜の付き合いを断って，成功した人の話を聞きにあちこち自ら足を運んでいた。富士銀行の名刺はその意味で役立った。世の中で知られている人や成功した企業と接する機会があったからだ。

世の中で良い企業といわれている企業でも，実際は財務内容が思わしくなかったり，社員がしっかり働いていなかったりする場合がある。しかし一方では，5人しかいない会社でも社員が高給を取ってハッピーに過ごしているところもあった。

勇一郎氏は，「良い会社とは何か」と自らに問いかけていた。富士銀行時代に得た教訓では，良い会社とは規模ではない。良い会社とは，社員が自社を誇りに思い，働きがいがある，そして健全な経営の会社のことなのだ。

富士銀行の後，彼はある流通マーケティング会社に勤務したが，そのときお弁当を届けに来る配達員をよく観察していた。氏が気づいたのは，配達員のよしあしによってお弁当の味がうまくもまずくも感じることであった。ある配達員は感じがよく，ミスしても許そうという気持ちになる。しかし愛想がなく心配りができていない配達員なら，ミスしたらすぐにクレームしようという気持ちになってしまう。ここで得た配達員のサービスの重要性は，後の玉子屋経営にも生かされることになる。

あるとき，勇一郎氏は父親の経営する玉子屋という会社について，あらためて考えてみる機会があった。そこで理解したのは，父親の偉大さであり，かつ玉子屋のもつさらなる

可能性であった。そのころ世の中の会社では社員食堂がなくなりつつあり，働く人たちが困っていた。お弁当屋は世の中に喜ばれる商売なのだ。自分ならこの会社を必ず良い会社にすることができる。勇一郎氏はそう感じたのである。

　一方で，「お弁当屋」について氏は子どものころからコンプレックスをもっていた。お弁当屋に対する世間の評価を上げること，これも氏にとっては克服すべき課題だった。後になって，玉子屋がテレビで取り上げられるようになったとき，従業員の子どもが学校で「玉子屋，知っている人，手を上げて」と先生に聞かれて，「うちのお母さんは玉子屋に勤めています」と胸を張って答えたことがあった。勇一郎氏はこれが本当の会社の成功だと感じた。東京都の大田区にあって玉子屋は地元の人々のための雇用を生み出し，給料が上がっていく仕組みもできている。これほどすばらしい仕事があるだろうか。

## ビジネスの仕組み

　それでは玉子屋のビジネスの仕組みを詳細にみてみよう。玉子屋が作るお弁当は1日7万食。これは社長によれば理想的な数字であり，これを10万食にしようとは考えていないという。お弁当は1食430円。再利用の容器を使っており，容器は毎日回収され洗浄されてからまた使われる。

　玉子屋の原材料費は50％以上。これは業界一般の30〜40％という数字からみれば高い。つまり玉子屋は「日本一高い材料」を使いながら，より高い収益を上げることができていることになる。

　こうした玉子屋の経営を支えているのは，約0.1％以下という低いロス率。7万食のうち40食以下しかロスにならないという計算になる。また，1カ所で製造・配送を扱っているため，デリバリー・コストが安くなる。他社が70〜80円で仕入れるコロッケを，玉子屋では40円で仕入れることができる。

　このような効率経営はなぜ可能なのだろうか。①予測の正確さ，②2段階の材料補給と生産体制，③時間によってエリアを分けた配送体制。これらの積み重ねが効率を生み出している。

　まず，お弁当の数の予測を正確にするためには，さまざまなファクターを組み合わせて考えることになる。天候はもっとも大きいファクターである。たとえば，雨の日やとても暑いか寒い日には注文が多くなる。では，晴天ならどうだろう。長雨の後の湿気のないカラリとした晴れのとき，注文は少なくなる。外に出て遠くの店に行ってみようかという気になるからだ。より正確な情報を把握するため，トラックにいるスタッフに携帯電話で現場の天気を聞くことも行っているという。また，給料日の前は安い玉子屋の弁当が出るが，給料日の後は奮発して高い食事をするので減る傾向がある。メニューによっても注文数は変わってくる。海老フライが好まれるかすき焼きが好まれるかは，性別や年齢によって異なるので，注文を受ける会社ごとの社員の構成比がどうなっているかを把握して予測しなければならない。こうした予測には現場のスタッフの情報が反映される。

　普段から現場の情報にアンテナを張っておくことも重要となる。たとえば，配送トラックのドライバーが顧客と交わす会話。「明日大きな営業会議があって，あちこちから営業担当が集まるから，50食くらい余分に注文するかもしれないよ」といった情報である。

426　第Ⅳ部　事例篇

ドライバーはこうした情報を日報に書いて，毎日夕方5時から開かれる会議に臨む。

　ちなみに，玉子屋が再利用できる容器を採用しているのは，環境のためという理由のほかに，こうした顧客とのコンタクトを増やす目的もある。1日2回も同じ顧客のところに顔を出せるというビジネスは普通ありえない。ドライバーがメニューには書かれていない材料や調理の工夫を，玉子屋の「努力の証」として口頭で伝えたり，メニューの特徴をあらかじめ伝えたりして，顧客の反応を見ることも行われている。

## お弁当のサプライチェーン

　それでは，お弁当の生産は実際にどう行われているのだろうか。このビジネスの最大の問題は，注文数が追加やキャンセルによって常に変化することである。玉子屋が受ける7万食という数は数千の単位で毎日増減している。

　まず前日の夕方に，翌日の予測を行う。6万3000食と予測した場合，仕入れはやや少なめに6万食分を注文する。夜中の12時から2時間くらいの間に業者から食材が届く。朝6時半ごろから調理を始めて9時半までに6万食を作り終える。実際にお弁当の注文を受けるのは9時から10時15分ころまで。その時点で合計6万4000食の注文があれば，予測よりも1000食多かったことになる。

　そこで，すでに作り終えている6万食との差である4000食分の食材を業者に追加注文すると，15〜20分ほどで届けられる。玉子屋の工場では1分間に360食作れるので，4000食ならばほんの10〜20分しかかからない。つまり，11時半までにはきちんと注文数だけの生産が行われる仕組みになっているのだ。作る個数をいったん確定した後，実際の注文数を見てから追加部分を新たに仕入れるためにロスが少なくなるのである。余りをゼロにすることは大変重要で，「5食くらい余ってもいい」といった心の油断は禁物だという。

　さらに，効率的な配送体制が玉子屋を支えている。当然お弁当は昼食時間までに配送しなければならない。玉子屋では，配達エリア（東京23区のほぼ全域と，川崎市・横浜市の一部）を8つのエリアに分けている。そのエリアをさらに22のサブエリアに分けて，サブエリアはそれぞれの班長が管理している。たとえば六本木サブエリアの班長は3600食を管理しており，それを3段階に分けて配達する。まず最初に配送すべきは，より遠くの距離にある地域であり，そこへは注文が締め切られる前に予測した数のお弁当を積んで配送を始める。次のトラックが出るのは距離的に中間の地域である。ここには注文された数のお弁当と，まだ注文をしていない顧客のためのお弁当を予測で積み込んでいる。さらに10時半に注文を取り終えてから，配送トラックは一番近い地域に正確な数のお弁当を届けるべくセンターを出発する。その後，昼食までの時間帯にセンターからトラックに携帯電話で指示が飛び，それに従ってトラック同士でお弁当を移し替えるなどして，すべての顧客に注文数だけのお弁当を配達するのである。

## 100パーセントの力を発揮

　玉子屋の経営のもう1つのカギは人的資源管理にある。とくに，基本的な考え方を会社全体に徹底することが玉子屋にとっては重要である。なぜならパートやアルバイトの入れ替わりが多く，1年間に3分の1が替わってしまうからだ。最初に書いたように，食中毒

5. サービス流通ブランド　427

事件の教訓を生かして,「給料はお客さまからいただいている」という意識を社員に徹底している。社長の役目は,こうした顧客からのサービスの対価を,従業員に適正に配分することだという。

玉子屋のオペレーションでは権限移譲がなされている。現場を託された22人の班長の役割はとくに重要であり,人材の採用なども現在はそれぞれの部署が行っている。

勇一郎氏は社員の評価基準として,「100パーセントの力を出した人」を高く評価する。結果も大事ではあるが,中小企業では能力を出し惜しむ人を認めないことが大切だ。100パーセントの力を出す人がいればその周りも一生懸命になり,全体が活性化するからだ。また,人事評価では,360度評価を採用して,上司だけでなく部下からの評価が優先する点が特徴的だ。部下が上司を見る目は大体正しいからである。部下に信頼され部下を育てる上司が期待されている。

玉子屋では社是として「事業に失敗するこつ」が伝えられている。これはもともと玉子屋のオリジナルではなく,ある人から教えられたものだというが,正確な作者は不明なままだ。しかし玉子屋によく合った社是として,これが会社のバックボーンになっている。

玉子屋は中小企業として創造的な工夫をしながら,効率的な企業体制を構築している注目すべき企業の例である。日本の中小企業やサービス業がさらに活性化するための先進事例を提供してくれているのが,玉子屋なのである。

**参照資料**

菅原勇一郎（2007）「玉子屋の経営戦略」（Business Research シリーズ）社団法人企業研究会
"Tamago-ya of Japan: Delivering Lunch Boxes to Your Work," Stanford Graduate School of Business Case（GS-60, 2007）

## 19 水戸ヤクルト販売株式会社（2016年5月）
### ——地域でブランドをつくる

「ヤクルト」という乳酸菌飲料の名前を知らない日本人はほとんどいないだろう。また,「ヤクルト」を消費者の手まで届けるヤクルトレディ（YL）も広く親しまれている。「ヤクルト」が日本人の生活に浸透したのは,地域に密着した各地のヤクルト販売会社が存在するおかげである。それでは,地域のヤクルト販売会社はどのような活動を行っているのだろうか。1つのヤクルト販売会社を通して,地元に密着したマーケティング戦略を探ってみよう。

### 「ヤクルト」と「代田イズム」

「ヤクルト」は日本の国民的飲料の1つであるが,実はグローバルな飲料である。1日に世界で消費されているヤクルトの乳製品は約3000万本以上。そのうち日本で消費されているのは30%の約900万本。ヤクルトの乳製品の70%は海外で消費されている。

この世界的な乳酸菌飲料をつくった「ヤクルトの父」は代田 稔 氏（1899～1982年）。

彼は長野県飯田市の伊那谷で生まれ育った。代田少年は，貧しい家の子どもたちが十分な栄養を摂れず，体力がないために命を落とす姿を見てきた。代田氏は医者になるという夢をもって，1921年京都帝国大学医学部に入学する。ここで代田氏は微生物研究に取り組むことになる。

代田氏が考えたのは，病気にかからないための医学である。現在では「予防医学」と呼ばれている考え方の先駆けであった。1920年当時の日本は，コレラや赤痢などの感染症が流行していた。代田氏はこうした疫病が細菌から来ていることに着目して，疫病にかからない方法を模索していた。人間の体には健康を守ってくれる良い菌もすんでいる。乳酸菌に狙いを絞った代田氏は，より強い乳酸菌を強化・培養する研究に没頭した。

1930年，代田氏は胃液や胆汁などの消化液に負けず生きたまま腸内に到達して，有益な作用を発揮する乳酸菌の強化・培養に世界で初めて成功する。この乳酸菌は彼の名前をとって「乳酸菌 シロタ株」と命名され，これが今日の「ヤクルト」のもととなる。

1933年，京都帝国大学医学部助教授となった代田氏は，「乳酸菌 シロタ株」が入った飲み物を開発し，これを「ヤクルト」と名づけた。「ヤクルト」とは，エスペラント語でヨーグルトを意味するヤフルト（Jahurto）をもとにした造語である。

1935年，福岡に「代田保護菌研究所」が設立された。その後，代田氏の考えに賛同した人たちが「ヤクルト」を販売するための組織である「代田保護菌普及会」を各地に設立した。興味深いことは，ヤクルトではまず販売会社が誕生し，次に販売会社が出資して製造を行うメーカー組織である「ヤクルト本社」が設立されたことだ。

戦時中，「ヤクルト」事業は中止せざるをえなかったが，戦後の1950年，「ヤクルト」の生産・販売が再開され，55年に本社を東京に移してから，「ヤクルト」の名前は全国に広がっていく。

代田氏が考えた「予防医学」（病気にかからないための「予防医学」が重要である），「健腸長寿」（腸を丈夫にすることが健康で長生きすることにつながる），「誰もが手に入れられる価格で」（1人でも多くの人に手軽に飲んでもらいたい）の3つの理念は「代田イズム」と呼ばれ，今日でもすべてのヤクルト事業の原点となっている。

## 地域ヤクルトとは

ヤクルトの現在を支えているのは，地域ごとに設立されている「ヤクルト」の販売会社である。販売会社は現在，全国で103社あり，それぞれの販売会社が担当する販売エリアは厳密に規定されている完全なエリア制だ。

これら販売会社の取扱商品は主に3つのカテゴリーに分けられる。
(1) 「ヤクルト」などの乳製品（乳酸菌飲料）
(2) 「タフマン」や「蕃爽麗茶」などのジュース清涼飲料
(3) ヤクルト化粧品

そしてこれらの製品の販売活動を担っているのがヤクルトレディ（YL）だ。現在，全国で約4万人のYLがいる。「ヤクルト」販売の仕事は1960年代半ば以降，女性に職の機会を提供する意味でも大いに貢献してきたといえるだろう。

5．サービス流通ブランド　　429

## 水戸ヤクルトの成果

今回，全国のヤクルト販売会社の中から，水戸ヤクルト販売株式会社（以下，水戸ヤクルト）を取り上げる。その理由の 1 つは，業績を順調に伸ばしているからだ。

内藤学氏が 2010 年に社長に就任して以来，売上高は 40 億 1600 万円（2010 年度）から42 億 8000 万円（15 年度予測）へと約 6.6％伸び，1 日当たりの乳製品の売上本数でも 10万 9544 本から 12 万 7800 本へと約 17％増加している。全国のヤクルト販売会社の社内独自の指数による順位付けでも，かつては 20 位前後であったが，2015 年度は第 5 位まで上昇している。また，主力の乳製品の売上伸長率では，全国 103 の販売会社の中で管理エリアの人口規模別販売会社順位で堂々第 1 位を 4 年間継続している。

水戸ヤクルトに注目すべきもう 1 つの理由は，その地元密着の姿勢である。さまざまな地元団体への積極的な協賛支援やアプローチを行うかたわら，内藤氏自身の趣味でもある落語を生かした文化活動を行い，会社の存在感を PR し続けている。

また，内藤氏の地元での活動は，日本マーケティング学会でゲスト・スピーカーとして招待されるほど研究者からも注目されている。

## 水戸ヤクルトの特徴

水戸ヤクルトはどのようにしてその業績を伸ばしているのだろうか。

1 つは組織面での特徴である。水戸ヤクルトは，社員 130 名，YL ら 620 名の陣容である。前述のように，販売商品は乳製品と飲料と化粧品であるが，水戸ヤクルトでは，「ビューティーアドバイザー」（BA）という化粧品販売専門部隊を設けている。これは水戸ヤクルトが全国で初めてつくったオリジナル組織だ。YL から選抜した優秀な人によって組織化されている。ヤクルト化粧品の中でも「パラビオ AC クリーム サイ」は 1 個 3 万円（税抜）もする。より専門的な部隊を組織化することで，高付加価値商品を売る体制を整えたのである。

また，水戸ヤクルトはヤクルト本社の資本が入っていない「完全独立系」の経営体であり，ヤクルトの本業を含めて 55 億〜60 億円の売上規模の関連企業グループを形成している。それらは本業とお互いに連携している。たとえば，社会貢献の一環として，2015 年 4月に保育所を開設した。このようにグループとしての力を多方面にわたって発揮している。

水戸ヤクルトでは，営業を担う部門に「免疫宅配部」という名称もつけている。「免疫ライフ」という言葉を独自で商標登録して，販売の大きな指針としている。モノを売っているのではなく，免疫ライフを宅配して提供するという考え方である。

水戸ヤクルトの地域密着戦略をみると，内藤氏のリーダーシップがポイントになっていることがわかる。内藤氏のヤクルトでの経験はさほど長くない。彼が水戸に来たのは2008 年，48 歳のときである。内藤氏は前職として広告会社に長年勤務していた。

社長に就任した 2010 年時点で，水戸ヤクルトは業績を表すグループ独自の指数で，すでに高い成績を収めていた。内藤氏が頭を巡らせたのは，「会社を成長させ続けるにはどうしたらよいか」「なぜ同じヤクルト製品を売っていても販売会社で成績に違いが出るのか」だった。

内藤氏が打ち出した施策は次の 5 つであった。

(1) 新企業ビジョン・理念の策定
(2) MVP（水戸ヤクルトビジョナリープロジェクト）活動
(3) 新人 YL 育成の再構築
(4) モデルセンター活動
(5) 宅配組織の各課責任者を全員女性に
これらを順番に見て行こう。


**ビジョン経営への転換**

内藤氏の施策の第1は，売上経営からビジョン経営への転換である。2010 年に制定した企業理念がビジョン経営の始まりだった。

2014 年に改定した企業ビジョンと企業理念は次のとおり。

　　企業ビジョン「健康で美しく。免疫ライフ創造パートナー」

　　企業理念「私たちは『シロタイズム』に基づく，免疫ライフと健腸美肌の実践により，
　　　　　幸せに満ちた健康社会を，お客様と共に創造します。そして何がお役に立てるのか
　　　　　を常に考え，お客様との信頼と絆を深めていくことにチャレンジし続けています。」
　　（原文のまま）

「免疫ライフ」とは，ヤクルト独自の乳酸菌の力で実現する健康で笑顔あふれる生活という意味を表している。茨城県は，人口 10 万人当たりの医師数が全国でワースト 2 位という医師不足問題を抱えている。茨城の現状に貢献するという意識がここに込められている。

もう 1 つ内藤氏が打ち出したのは「選択と集中」である。たとえば，宅配部門では「ヤクルト 400」への集中を行った。「ヤクルト 400」とは，店頭販売をしていない宅配専用商品である。「ヤクルト 400」は 9 割ものリピート率を誇る商品であり，顧客にも働く人にも会社にも地域にも喜ばれる商品だ。

しかし，ビジョン経営と集中を打ち出したからといって，すぐに業績が好転するわけではなかった。制定して 1 年後に衝撃の事実が発覚した。それは社員や YL のほとんどがビジョンをいえないことだった。確かに，会社がビジョンや理念を定めたからといって，それがすぐに組織に浸透するわけでもない。

そこで内藤氏が始めたのが，「ビジョンと理念の対話会」である。この対話会でめざしたのが，セルフ・コンセプト（個々の価値観）の理解に基づいて，会社の掲げるビジョン・理念を徹底的に語り合い，自らのものにしてもらうことである。

「対話会」を通して全社員と年 3，4 回討議する機会を設けた。とくに販売拠点の責任者であるセンター・マネージャーに，理念を意味まで理解させ，自分にとってどんな意義があるのかを考えさせることは重要だった。

こうした施策を行うようになってから，実績が上向くようになった。ビジョン経営の実践化がこうしたミーティングを通じて行われるようになったのだ。内藤氏は「売上を上げなさい」とは決して言わない。「売上を上げろ」という指示では，結果的に「YL が売上を上げたがっている」と顧客に伝わってしまい，信頼を失ってしまうからだ。

## ビジョン経営の実践

2番目の施策である「MVP活動」。これは研修で学んだことを実践へと結びつけるための試みである。日々生じるさまざまな課題に対して、部門別もしくは課題別にプロジェクト・チームをつくり、解決策を提案していく活動である。たとえば、スーパーなどの量販チームならば、棚に置かれる自社商品を増やしたいという課題。こうした課題に対する解決のためのアイデアを出し、さらにはPDCA（計画 – 実行 – 評価 – 改善）を回していく活動を実施する。これは普段自分が担当するルーティン・ワークとは別に行われる活動だ。

3番目の施策は「新人YL育成の再構築」である。毎年80人余りが新たにYLになるが、いかに新人を育成して転職者を減らすかなどの課題があった。これは、毎年2回ある「新人の集い」で表彰される新人の割合（受賞率）の100パーセント達成をめざした。

社長就任当時、例年であれば受賞率は30パーセント。しかし2016年度上期には受賞率を上げて100パーセントの新人が表彰され、大きなモチベーション・アップを果たした。

4番目には、群馬ヤクルト販売からスタートした「モデルセンター活動」を自社に定着させた。これは水戸ヤクルトがもつ32の販売拠点（センター）のあり方を見直す活動だった。センター・マネージャー任せにせず、1年間に1つか2つのセンターを選んで、地区とその活動を見直し、チームで改善する活動である。

5番目として「宅配組織の各課責任者を全員女性にすること」も行った。女性の力を活用するプロジェクトを時代に先んじて実践してきたことになる。

## CS・ES・AS

しかし、水戸ヤクルトの戦略は上記だけではない。内藤氏は社長就任当初から、CS（顧客満足）、ES（従業員満足）、AS（地域満足）を掲げて、さまざまな活動を実践してきた。

CS＝顧客満足では、既存顧客を新規顧客よりも重視。とくに大量購入のヘビー・ユーザーを大事にするため、「健康教室」「工場見学」「センターまつり」などの感謝の催しを欠かさず実践してきた。全員のYLに「あなたにとって一番大事なお客さんを連れてきてください」といって顧客を招待し、顧客を表彰する活動を行っている。

ES＝従業員満足では、今いる従業員を大切にすることから、会社負担で乳がん検診を行い、企業内保育所を設けてYLの子どもを預かっている。奨励金などで安定収入を確保し、さらに、やりがい、安心・安全が図れる職場環境をつくっている。

AS＝地域満足を図る活動として、地域から必要とされる会社になるための活動を繰り広げている。たとえば、「愛の定期便」。これはあるYLが自主的に始めた活動で、地域の人々、とくに独居老人の安否を確認する活動である。各自治体から委託されて、公的活動としてYLが安否の確認を行っている自治体も少なくない。

水戸ヤクルトが実際に展開している活動は、このほかにも食育活動や出前授業など豊富な事例があるが、とくに2013年には上記の活動が認められ、内閣府より民間企業で初の「チャイルド・ユースサポート章」を受賞した。

内藤氏が師匠と仰ぐ1人、故星野哲也ヤクルト東日本支店長は、「会社の存在理由とは、社会の課題を解決することであり、社会貢献であること」を常日頃説いていた。内藤氏はこうした言を実践しつつ、企業と地域の接点を「タテヨコナナメ」につくるべく、日夜奮

闘している。


## 20　住友不動産株式会社「新築そっくりさん」（2014年12月）
　　　──時代に先駆けるブランド

　リフォーム市場は，今や新築市場の約半分の大きさにまで成長してきている。市場の規模は2013年に約7兆円と，前年比12.4%の大幅増となった。住友不動産の「新築そっくりさん」は，時代に先駆けた大規模リフォームのブランドとして，市場をリードしている事業だ。どのようにすれば，このように時代に先駆けたマーケティングが可能なのだろうか。

### リフォームへの注目

　戦後日本の住宅産業界では，25〜30年程度の木造住宅の寿命が過ぎれば新築すべしといった新築偏重の考え方が長らく支配的だった。しかし2010年には「2020年までに中古住宅流通市場やリフォーム市場の規模を倍増させる」と目標を定めた「新成長戦略」が閣議決定され，つくっては壊すフロー型から，手入れして長く使うストック型へと，住宅政策は大きな転換を迎えた。今やリフォーム住宅市場全体に占めるリフォーム市場の投資金額の割合は，約3割を占めている。

　住友不動産の「新築そっくりさん」は，こうした住宅リフォームのニーズを先取りし，1996年からスタート。約20年の歴史をもつリフォーム事業のブランドだ。「新築そっくりさん」を含むグループ全体のリフォーム事業の売上は約1299億円（2014年3月期）で，売上全体の約16%に上る。累計受注実績は，2014年には全国で9万棟を超え，9年連続売上実績ナンバーワンを誇る。「新築そっくりさん」とは，どのような事業なのだろうか。

### 8つの特徴

　「新築そっくりさん」は大規模リフォームのビジネス。つまり，台所や風呂などの修繕や交換といった規模ではなく，建物を丸ごと再生して室内も外見も新築同様にしたり，間取りまで変えたりといったリノベーションを行う事業だ（一部改修など部分リフォームも可）。対象とする建物は，一戸建て，古民家，アパート，マンションなど幅広い。その8つの特徴をみていこう。

　(1)　建て替え費用は半額

　完全に建て替える場合の費用に比較して，約半額から70%の費用で済む。建て替え費用の平均が2300万円（国土交通省の資料より住友不動産算出）とすると，「新築そっくりさん」のリフォームやリノベーション費用は約1000万〜1600万円。既存住宅を部分的に生かせるため，材料費その他の費用を節約できるのだ。

　(2)　完全定価制（ビジネスモデル特許取得済）──オーダーメイド定価システム

　工事内容は画一的なパッケージではなく，受注時に必ず行う「建物診断」，さらに顧客


5.　サービス流通ブランド　　433

の「ご要望」「ご予算」のヒアリング，この３つを踏まえて初めて改修プランが提示され，納得されたうえで工事が進む。これまでのリフォームでは，工事を始めてから，「壁の中の柱が腐っていたので取り替える必要が生じて思わぬ追加料金が発生」といったような例が少なくなかった。「新築そっくりさん」の場合はこうした心配がなく，当初に合意した改修プランの見積もり以外に追加請求が発生することはない[1]。

(3) 耐震補強

古い住宅の耐震化は急を要する対策の１つだ。「新築そっくりさん」では，1996年の事業スタート以来９万棟を超える住宅を再生し，この間マグニチュード６以上の大地震を主なものだけで10回経験したにもかかわらず，倒壊・半壊した建物はゼロという実績を誇っている。

(4) セールスエンジニア（SE）の一貫担当

顧客を担当するのはいわゆる営業担当者ではなく，専門知識をもつセールスエンジニア（SE）。彼らは最初の相談と建物診断の段階から施工管理までを一貫して担当する。1500人のSEのうち８割が一級，二級建築士だ。SEはリフォーム工事を実際に行う棟梁との間を取り持ち，顧客の要望が確実に工事に反映されるよう力を尽くすのである。

(5) 専属の施工統括者

大工さん，つまり棟梁は，「新築そっくりさん」専属の専門家集団である。リフォームはある意味新築より工事が難しい。建物の状態が事案によってまちまちだからだ。既存の構造躯体の活用には，専門知識に加えて豊富な経験も要する。専属棟梁はこの事業の柱である。

(6) 品質と検査体制

古い住宅は建築時の施工会社の施工法や，長年の補修の有無などによって問題を抱えた住宅も少なくない。このリフォーム事業では，長年の実践ノウハウを施工マニュアルへと結晶し，棟梁の経験と相まって，住宅の問題解決に役立てている。また品質検査においては日々の確認のほか完成時の完工検査など二重三重のチェック体制を確立。とくに工事検査員は第三者機関として，外から見えない構造上の防水や仕上がりを工程ごとに綿密にチェックして万全を期している。

(7) 住みながらも仮住まいもサポート

普通，住宅のリフォームを行う際は，アパートなどに仮住まいすることが多い。しかし「新築そっくりさん」では，住宅を「ゾーン分け」して工事を行うために，施工ゾーン以外で住みながら工事ができる。たとえば２階を済ませてから１階を施工するといった具合だ。こうした配慮によって引越や仮住まいの費用や手間を省くことができる。仮住まい希望の方には，提携賃貸住宅業者からの情報提供や手配などのサポートを行う。

(8) 最長10年保証のアフターサービス

完成後，最長10年間の保証書を顧客に渡し，専任スタッフによる定期巡回が実施される。24時間・365日受付のフリーダイヤルによる「お客様センター」の対応もある。

以上８つの特徴により「新築そっくりさん」のサービス体制を概観すると，顧客の心配はあらかじめ解消されるよう，サービスが巧みに設計されているとわかる。では，こうしたサービス体制は，どのように構築されてきたのだろうか。

**事業スタート**

「新築そっくりさん」事業は，当時の社長・高島準司氏（現・代表取締役会長）が1995年に提案。次のような指示だった。

「古屋をリフォームしてまるごと新しくし，耐震補強も組み込み，価格は新築の半額でできる商品を検討せよ。そうすれば爆発的新商品になる」（「住友不動産グループニュース」2006年8月29日）。

指示の背景には，この年起きた阪神・淡路大震災の教訓があった。震災による死者数は6434人。死因のほとんどは，家屋の倒壊や家具などの転倒による圧迫死だったという。建物の倒壊さえなければ，助かった人が多数いたのだ。この教訓と，これまでのリフォーム事業への反省のもと，高島氏は指示を出したのである。

高島氏は，今までのリフォームは工事完了まで費用がわからず，不安に感じる顧客もいると指摘し，定価制の採用なども指示。

これに応えたのが，当時の技術本部のプロジェクト・チームだ。2週に1度社長への報告義務を負い，苦吟の日々が続いた。

まずは築20年以上の家に的を絞り情報分析を開始。当時リフォームを住友不動産グループで手がけていた住友不動産シスコンの下請業者を訪問し，ヒアリングを行った。その結果，次のようなことがわかった。

工事費は50万～100万円，水回りを含むと300万円程度。これらは部分リフォームで，丸ごとリフォームはない。部分工事も大変な手間をかけ詳細な見積もりをする。施工業者は屋根，外壁など部分施工に特化し，耐震補強業者はいない。これらの情報を総合すると，一社に依頼して丸ごと家全体を定価制でリフォームできる業者はいないということだ。もしこれが実現できれば，間違いなく革命的新商品となるはずだった。

社長指示の「定価制」実現のためには，部屋ごとに標準仕様を設定し，工事費を積算しなければならず，そのためにはリフォーム前状態を把握する必要がある。当時このために活用されたのが，同社による都内再開発用地内にあった多数の古い木造住宅。これを徹底活用し間取りを分析し，典型的間取りのパターンを把握することができた。

さらに調査を進めると，築25年以上の顧客は，リフォームのための引越しを大変面倒に思っていることがわかった。ここをクリアしないと注文が取れない。だから「住みながら工事」が必須だったのである。モニターを使って，丸ごとリフォーム工事で「住みながら工事」が可能かどうかを検証。モニターの1軒は高島氏の自宅だった。

このような準備作業を積み重ねながら，1年をかけて200頁のオプション定価表を作成した。その結果，顧客からのさまざまな要望に応えられるようになり，説明が明快になった。「最終的にいくらかかるかわからない」という顧客の懸念を完全に払拭できたのだ。

**幸運な滑り出し**

「新築そっくりさん」というブランド名も高島氏の命名による。1996年3月に商品は完成した。だがどうやって売ればよいのだろうか。営業システムを考えている最中に，ある「事件」が起こった。

高島氏から事業の仕組みの話を聞いた『日本経済新聞』の記者が「新築そっくりさん」

を記事にしたのだ（1996年4月9日付）。朝から会社の電話が鳴り続け，問い合わせは数百件にも上り，何と回線がパンクしたという。この記事掲載後，新聞・雑誌・テレビなどでも報道が相次いだ。幸いなことに，新発売時に広告費ゼロでブランド名の浸透を図れたのだ。この出来事は，この事業の潜在的需要の大きさを物語っていた。

## なぜ成功したのか

「新築そっくりさん」は今や住友不動産の重要な核の事業として，リフォーム・ナンバーワン・ブランドに成長した。なぜこのようなことが可能だったのだろうか。

第1の成功要因は，住宅市場のあるべき将来像を見抜いたことだ。この将来像をもたらしたのは，市場がリフォームに向かうと直感した高島氏のインサイト（洞察力）であった。このインサイトは，リフォームに対する消費者の変化も見通していた。以前は，新築する余裕のない人が，節約のためリフォームを選択した。しかし今では，建て替える余裕のある顧客も「新築そっくりさん」を選ぶようになった。昔の良質な住宅を残したい，両親が残した住宅を生かしたいという思いがあるからだ。テレビ番組「大改造!!劇的ビフォー＆アフター」（ABC朝日放送）の影響も大きい。リフォームへの抵抗がなくなり，リフォームは良いことという考え方が浸透した。

また高齢化により，子どもが巣立った後の2人暮らしを想定する世帯が多くなったこともリフォーム人気要因の1つだ。建て替えず，なじみのある家で暮らしたいと思う人が増えてきた。実際，「新築そっくりさん」の主なターゲット層は50代以上で，築30年という住宅が多い。構造体で残せるもの以外は全部取り替えて，最新の住宅設備を導入すれば快適な生活が送れる。木は伐採後，20〜30年経つともっとも乾燥した状態になる。コンクリートや鉄は劣化するが，木はこれから強くなるのだ。30年でスクラップにするのはもったいない話で，リフォームは合理的な選択といえる。

第2の成功要因は，住友不動産ならではの知識とスケール・メリット。同社は，相談の後の事前調査に注力し，予測力の高い見積もりを出せる。これは綿密な情報収集と経験の蓄積の所産だ。日本の住宅は見かけほど傷んでいないことが多く，同社はこうした状況を見分けて的確な診断ができるノウハウをもっている。またこの事業は全国展開なので，大量の建築材料を仕入れてコスト引下げが可能となる点も見逃せない。

第3の成功要因は人材。8つの特徴で示したように，この商品を売るのは専門的知識をもつSEだ。エンジニアが売るという発想が，事業への信頼を生んだ。優秀なSEを数多く確保できた背景には，バブル崩壊後ゼネコン業界で優秀な人材が溢れていた事情もある。人材面では，実際に施工を行う棟梁のネットワークを全国規模で構築できた点も大きい。こうした棟梁らは地元の大工さんたちであり，多くが「新築そっくりさん」専業である。もともと，地元の住宅建設業者は，誰が建てたかわからないのをリフォームするのはいやがっていた。設計図も残っておらず，どんな材料のどんな施工かわからないことが多いからである。つまり，大規模リフォームは誰にでもできるビジネスではなかったのだ。この意味で，棟梁を専属化した点に住友不動産の強みがある。

436　第Ⅳ部　事例篇

## さらなる向上をめざして

　棟梁たちは住友不動産と「棟梁会」を組織しており，毎月地区ごとにノウハウの交換や意見交換する集まりが行われている。不断の技術向上が図られているのである。棟梁たちにとっては，この難しいリフォームに挑戦することが，毎回の実力テストのようなものである。新築工事は現在，工場でカットされた部材を組み立てるだけの「プラモデル」になっていることが多い。つまり新築工事は，腕利きの棟梁にとっては面白味が薄れているという事情もある。

　「新築そっくりさん」には，競合と呼べるほどの対抗企業は出現していない。大規模リフォーム市場を独占できているのは，いち早く市場のニーズを発見し，着々とノウハウを蓄積したおかげなのである。

### 注
1)　顧客の要望による追加の場合は費用が発生する。

### 参照資料
神戸市「神戸災害と戦災資料館」（http://www.city.kobe.lg.jp/safety/disaster/earthquake/earthquake04.html）

野村総合研究所「2025 年の住宅市場」（2014 年 7 月 9 日，http://www.nri.com/jp/event/mediaforum/2014/pdf/forum212.pdf）

「新築そっくりさん誕生」『住友不動産グループニュース』No. 171（2006 年 8 月 29 日，第 2 面）

## 6. カルチャー・ブランド

# 21 株式会社サンリオ（2013年11月）
## ——キャラクター・ビジネスの革新

　サンリオは「ハローキティ」をはじめとする愛らしいキャラクターでよく知られる企業である。しかし2000年代を通して，サンリオの業績は不振にあえいでいた。2009年3月の決算では純利益は赤字という結果になってしまった。しかし2010年代になり，サンリオは劇的に変わった。2013年3月期には約201億円の営業利益を達成，これは過去最高の数字である。なぜこのような短期間に業績を回復させることができたのだろうか。そこにはハローキティなどの資産を生かしたサンリオのキャラクター・ビジネスの革新があった。

### 創業から

　サンリオの創業は1960年。はじめの10年ほどは雑貨を扱う企業だったが，次第に「知的所有権」，つまりキャラクターを武器に成長する企業へと変貌していった。当時，創業者の辻信太郎氏が考えたのは次のようなことだった。

　世の中に起業家はたくさんいるが，つぶれていく企業も多い。なぜなら，良い商品を作り，良いサービスを提供したとしても，まねをされてしまうからだ。さらに，市場が成熟化すると価格競争に陥り，企業の体力勝負になってしまう。そのような状況において優位性をもつためには，知的所有権によって勝負し，競争を避けるべきだ。一定期間経つとモノである商品の生命はなくなってしまうが，著作権はそうではない……。

　確かにキャラクターを保護する著作権の保護期間は長い。現在，日本の法律では，団体名義の著作権は，発表後50年間保護されることになっている。知的財産を活用することによって，企業は過当な競争を避けることができる。このようにサンリオは，時代に先駆けて独自の企業経営の道を歩んでいった。

　1960年代，サンリオは，水森亜土氏，佃公彦氏といった外部の有名デザイナーに絵を描いてもらっていた。1970年代，会社がつぶれないめどがついたところで自社の社員がデザインを描くようになり，サンリオ自身が著作権をもつようになった。

　当時のサンリオのビジネスモデルは，問屋を通さず直接消費者に販売する「サンリオショップ」などの直営店システムと，デパートなどの大手小売業の店内に「サンリオコーナー」というサンリオ製品の専門売り場をつくるという，2つのシステムだった。これらのシステムが，立ち上がったばかりのサンリオの業績を支えたことはいうまでもない。

### 新しい市場環境

　サンリオのキー・プレイヤーである「ハローキティ」は1974年に考案された。最初の商品は1975年の3月から発売され，その後すぐに人気が出た。同じ時期には，「マイメロディ」「パティ＆ジミー」「リトルツインスターズ」などのキャラクターも登場。いまでも活躍している長寿のキャラクターの多くが，この1970年代半ばの時期に誕生した。

　当時は，中高生を中心としたティーン・エージャーたちの間で，文房具類が人気を博し

438　第IV部　事例篇

ており，そこに登場したサンリオのキャラクター商品がヒットしたのだ。

　サンリオが海外展開を始めたのもこの時期だった。1979年から80年にはヨーロッパにも進出した。

　さらにこの時期に始まったのが他社へのライセンス事業だ。「キティちゃんの布団はないのですか？」と顧客に聞かれたことがきっかけだった。布団ならばサンリオショップやサンリオコーナーに置くよりも，専門流通に売ってもらうほうがいいのではないか。布団の小売店ならば店でさまざまなサイズをそろえることもできる。そう考えた同社は，布団メーカーにキャラクターのライセンスを供与して発売してもらうことにしたのである。その後，お菓子商品へのライセンシングも始め，森永や不二家などのメーカーとコラボレーションも行った。

　こうしてサンリオのビジネスは，日本国内で順調に広がっていった。このころからすでに自社商品を専門ショップで売るというビジネスと，ライセンス・ビジネスとの両輪だったが，まだライセンス・ビジネスはあくまでもサブという位置づけだった。

## 1990年代の転換点

　サンリオにターニング・ポイントが訪れたのは，1996年ごろ。客層の中心が変化し，小学生だけでなく，大人がキャラクターをもつ風潮が起きてきたのだ。当時，アイドルとして人気を博していた華原朋美氏が「私は，プラダとキティが好き」と，高級ブランドと並列的に語ったのは象徴的だった。

　こうした風潮は，女子高校生から火がついた。1981年前後に生まれた当時の女子高校生は，幼少期からさまざまなキャラクターに囲まれて育った世代である。同時期，女子高校生を中心に普及したプリクラが置かれているゲームセンターに，サンリオ社員が営業活動を行い，サンリオのキャラクターを置いてもらったことも功を奏した。こうしたトレンドを背景として，サンリオは大人向けの商品を作るようになった。

　また，このトレンドは2000年ごろ，ヨーロッパやアメリカにも波及した。日本と同様，大人もキャラクターを持ち始めるなど，キャラクターをめぐる市場環境が変化してきたのである。

　それまでアメリカ社会では，キャラクター・グッズを大人が持つのは一般的ではなかった。しかし，日本文化の影響で，ファッション・モデルやミュージシャンがハローキティを愛用するようになり，歌手として有名なマライア・キャリー氏なども早くからハローキティが大好きと発言していたのだ。ハリウッドのレッド・カーペットの上で，頭から爪先まで流行のファッションで身を固めたセレブが，ハローキティのポーチを持つ。それが"クール"だと捉えられた。こうした現象をジャーナリズムが報道して，ハローキティの影響は加速していった。その結果，2000年ごろまではサンリオの売上は増大していった。

　ところがその後，サンリオは，2000年代に厳しいビジネス状況に直面する。テーマパーク投資の失敗，ハローキティの女子高生ブームの衰退などが重なり，2009年3月決算ではサンリオは純利益で赤字を記録してしまった。サンリオにおいて2000年代は，低迷の10年間となった。

6. カルチャー・ブランド　439

## 流れを変える

しかし，サンリオの業績は2010年以降，急回復する。先述のとおり，2013年3月決算では約201億円という史上最高の営業利益を記録した。なぜこのように回復することができたのか。それは2008年からビジネスの中心をキャラクターのライセンシング（ライセンス供与）に変えたためだ。

サンリオのビジネスとして，真っ先に思い浮かぶ「サンリオショップ」，東京・多摩市にあるテーマパークの「サンリオピューロランド」，大分県の「ハーモニーランド」などもサンリオの重要な事業であることには違いないが，こうした目に見えやすい事業からの営業利益は実際にはさほど大きくはない。

それでは現在のサンリオの利益は，どこから得られているのか。それは海外事業である。

サンリオの好調を理解するため，国内事業と海外事業での業績を比較してみると，そのビジネス構造の違いがわかる。アジアを除けば，海外のどの地域でも国内よりも営業利益率は高い。

なぜこのような差が出るのか。それはヨーロッパも北米も，ライセンス事業が中心だからだ。売上高では欧州の95.0%，北米の81.6%がライセンス事業だ。日本のビジネスの中心は物販や他の事業であり，売上高の81.3%を占める。ライセンス事業は18.7%だけだ。

ライセンス事業とは，サンリオのキャラクターを他の会社に貸与して，他社がグッズなどを制作・販売し，サンリオがロイヤリティを得る。ライセンサーであるサンリオの利益率は高い。ライセンスはモノではないので，在庫を持つ必要がないのだ。

北米では，かつては直営ショップが中心だったが，この事業モデルは行き詰まりをみせていた。そこでこれを別の会社に譲渡し，丸ごとライセンス・ビジネスに切り替えた。現在では，2011年6月からスタートした最大手チェーンストアとの契約をはじめとして，既存の小売業者との取引が好調に推移し，大幅に伸長している。商品別では，女児向けアパレルやアクセサリー，玩具，また電気製品などのカテゴリーが拡大している。こうした結果，北米子会社のライセンス収入は，前期比41.1%の伸びを達成しているほどだ。

## 戦略的特徴

このようなサンリオのライセンス戦略は，誰にでもキャラクターを貸すということではない。サンリオのライセンス戦略の特徴は3つある。

第1に，ライセンスの供与先にある程度のデザインの自由度を認めることだ。こうすることで，それまでになかったデザインのハローキティが登場している。その結果，キャラクターのもつ潜在力を引き出すような，クリエーティブなアウトプットが生じた。消費者の飽きを防ぐためにも，これは有効な戦略だった。

たとえば，アメリカのロックグループ「KISS」のメイクをしたハローキティ，あるいはアメリカのテレビ番組「セサミストリート」のエルモの着ぐるみを着たハローキティなども登場した。これはそれまでのハローキティのあり方からは考えられないことだった。そのほかにも，「めがね」「つけひげ」「ほくろ」などを付け加えたハローキティも登場している。

こうした新しいハローキティの姿は，それまでのハローキティのもつ潜在パワーを引き

出し，キャラクターに新しい活力を吹き込む結果となった。もちろん無定見に自由にキャラクターをいじらせることはブランド価値を毀損する危険もある。しかし管理を施すことで，こうした危険は免れている。デザインもまったく自由なわけではなく，たとえば武器をもつなどの暴力的なデザインや，たばこを持たせるなどは御法度だ。

　第2のサンリオのキャラクター戦略における特徴は，競合同士の企業にもキャラクターの供与を認めることだ。通常，キャラクターの供与先は「一業種一社」。つまり，競合する企業同士に供与することはないのだが，サンリオはこの原則も破った。そしてウォルマート，H&M，ZARA，フォーエバー21などの世界の有力小売業が，こぞってサンリオ・キャラクターのライセンスを獲得した。ただし，女性や子どもなど，細かくターゲットを分けているために，供与先同士が競合することはない。

　また，ライセンシーからのデザインの承認を与える権限を現地に委譲していることが，戦略上の第3の特徴だ。たとえば，ヨーロッパではドイツ子会社に権限を委ねている。なぜなら現地のほうが，マーケットのニーズや現地消費者をより理解しているからである。またドイツ子会社が自ら新しいハローキティのデザインを開発して，ライセンス先に提案することもあるという。こうした現地強化のために，スタッフの現地化も強力に推し進めた。

　ライセンス戦略の背景には，ヨーロッパがEUになり，国ごとの垣根がなくなったことがある。この結果，H&M（本社スウェーデン）やZARA（本社スペイン）のようにグローバル化した企業が増えた。それまで，キャラクターのライセンス・ビジネスは国単位の契約が普通だったが，こうした状況の変化によって，キャラクターの契約は国単位ではなくて，グローバルな契約が一般化した。これらの提携先企業は，自社でグローバルにショップ展開をしている企業であり，こうした契約に適した企業でもあった。

## 鳩山氏の活躍

　以上のようなサンリオのビジネスモデル転換の中心は，鳩山玲人取締役（当時）である[1]。鳩山氏は，名門鳩山家の出身。鳩山由紀夫元首相は，またいとこに当たる。氏は1974年生まれという若さだが，創業者の辻信太郎社長の長男・辻邦彦副社長から招聘された。鳩山氏はいわば途中入社の形でサンリオの経営に参画したことになる。

　鳩山氏は大学卒業後，三菱商事に入社。エイベックスやローソンなどの案件でメディア・コンテンツ・ビジネスを経験した。サンリオは2004年，テーマパーク投資の損失から，三菱商事と資本業務提携に踏み切っているが，このとき三菱商事側の窓口を務めたのが，鳩山氏であった。

　その後，鳩山氏は三菱商事を退社して，2006年にハーバード・ビジネススクールに留学。このとき，サンリオの辻邦彦副社長から誘いの声がかかったのだ。

　鳩山氏がサンリオの米国法人の最高執行責任者に就任したのは，2008年。鳩山氏が35歳のときだ。氏が最初に手をつけたのは，サンリオ直営店での物販事業の縮小だった。そして，サンリオの物販からライセンス重視の経営への切り替えが始まったのである。

　このようにして，サンリオのビジネスモデルは大きく変革を遂げた。成熟したとみえる事業であっても，ビジネスモデルにメスを入れることで，新しい企業体へと変革できると

いうこと。それこそ，このサンリオの成功が教えてくれることである。

注
1) 2013年に創業者の長男・辻邦彦氏は急逝し，16年6月に鳩山玲人氏は役員を退任している。

参照資料
「サンリオ，復活の舞台裏」Business Journal（2013年8月6日，http://biz-journal.jp/2013/08/post_
　2631.html）
「【サンリオ】海外向けライセンスビジネスで高収益企業への転換に成功」ダイヤモンド・オンライ
　ン（2012年9月6日，http://diamond.jp/articles/-/23814）
「キティちゃんの名参謀は，異端のエリート」東洋経済オンライン（2012年12月25日，http://
　toyokeizai.net/articles/-/12266）
「『キティ』は仕事を選ばない」『日経ビジネス』2013年5月20日号，44〜47頁
「サンリオ，営業最高益」『日本経済新聞』2012年5月8日付，9面

# 22　株式会社リクルートマーケティングパートナーズ『ゼクシィ』
（2014年2月）
## ──ブライダル市場の活性化

　リクルートの『ゼクシィ』は創刊以来，結婚する人の「必読」雑誌として広く知られ，単なる雑誌以上の存在になりつつある。メディア環境の変化により雑誌もさまざまな変化を余儀なくされる中，2013年に創刊20周年を迎えた『ゼクシィ』は，従来にも増して活発にブライダル市場活性化に向けた情報を発信している。縮小傾向にあるブライダル市場で，なぜ『ゼクシィ』は重要な存在であり続けられるのだろうか。

### リクルートのビジネスモデル

　「リクルート」（現在のリクルートグループ）の前身は，1960年創業の大学新聞広告社である。1962年に『リクナビ』の原型となる大学生向け求人情報誌『企業への招待』を創刊して以降，急激に業容を多様化。『とらばーゆ』『フロムエー』『ホットペッパー』など，今日われわれが知るメディア・ブランドを次々と創刊した。
　そして2012年10月，人材関連事業・広告媒体事業などの7事業会社，3機能会社，そして本社機能を担うリクルートホールディングスで構成されるリクルートグループが誕生。2013年3月決算では，営業収益（売上）1兆492億円，前年比30.1％増を記録し，4期ぶりに1兆円台を回復した。
　リクルートのビジネスの基本は，情報を収集したい「カスタマー」（リクルートが提供する情報サービスを利用するユーザー）と，情報を提供したい企業「クライアント」とのマッチングにある。そのために高い知名度をもつ媒体をプラットフォーム化して展開するのだ。
　ただし，リクルートの役割は，クライアント企業の情報を一方的にカスタマーに伝えることではない。カスタマーに対しては，カスタマー自身も気づいていない新しい発見や可能性，安心して選択ができるような客観的な評価や評判の提供を行い，その人らしい最適

442　第IV部　事例篇

な選択と意思決定ができるよう，サポートする。

また，クライアントに対しては，クライアントと伴走して，カスタマー視点の商品やサービスを提案し，カスタマーとの新たな出会いを生み出す。

そうして，カスタマーとクライアントを新しい接点で結び，想定内の出会いを超えた「まだ，ここにない，出会い」の場を創り出していくのだ。

リクルートマーケティングパートナーズが展開する『ゼクシィ』のブライダル市場における活動は，まさにこのビジネスモデルを忠実に再現したものだといえる。

## 『ゼクシィ』とは

『ゼクシィ』とはどのような雑誌だろうか。『ゼクシィ』の名前は，XとY，つまり男女の性染色体に由来する。結婚するときに価格の相場や情報がわからず困ったというリクルート社員の経験をヒントに，新規事業提案制度で提案されて創刊となった雑誌だ。創刊当時は男女の出会いを扱う雑誌でもあったが，次第に結婚市場に特化するようになっていった。

現在の『ゼクシィ』は，紙媒体の月刊誌と，ウェブサイトの『ゼクシィnet』，相談窓口である「ゼクシィなびカウンター」の3つのメディアで成り立っている。カスタマー（読者）の『ゼクシィ』への"ファーストタッチ"は紙媒体が多く，その後，読者は『ゼクシィnet』へと移り，結婚式を挙げるためのノウハウ，式や披露宴の会場選びなどの情報を取得していく。

『ゼクシィ』はクライアント（ブライダル関連企業）の情報をコンテンツとして編集して提供する。つまり，同誌の主な収益源は雑誌の購読料とクライアントからの広告料ということになる。

## 結婚式の変遷

『ゼクシィ』の編集長（取材当時）は，伊藤綾氏。2000年以来『ゼクシィ』に携わり，『ゼクシィ』を引っ張ってきたリーダー的存在だ。伊藤氏によれば，日本の結婚式と披露宴のトレンドは，およそ10年ごとに変化してきたという。

まず，1980年代は「派手婚」の時代。豪華なシャンデリア，巨大なイミテーション・ケーキ，フラッシュ・ライトなどに象徴される。1980年代後半のバブル期を通じて，有名人の豪華な結婚式が注目され，そのテレビ中継が高い視聴率を誇った時代だ。この時代，式への招待状は父親の名前で出すのが一般的で，結婚式とは"両家の結婚"を披露する場だった。

一転して1990年代は「地味婚」の時代に突入する。歌手の安室奈美恵さんが結婚式を挙げなかったことに象徴されるように，結婚式を挙げず，指輪の交換と婚姻届けを提出するのみというカップルが現れた。派手な結婚式はカッコ悪いと感じられた時代だった。1990年代の結婚式のあり方は，それまでの戦後の結婚式へのアンチテーゼともいえる。結婚は家と家を披露するものではなく，カップル2人のものとなった時期である。

当時の新しいトレンドは「レストラン・ウェディング」。初期のレストラン・ウェディングは，ほとんど演出のないお食事会形式で開かれることが多かった。1993年に創刊された『ゼクシィ』も，派手婚を改革したいという読者の気持ちをサポートし，新しい結婚

6. カルチャー・ブランド　　443

式のあり方をつくろうとして，カスタマーとともに成長した。

その後，再び転換期が訪れる。2000～01年の「ミレニアム婚」の2年間を挟んで，2000年代の「アットホーム婚」の時代だ。この時期に登場したのが「ゲストハウス・ウェディング」。ゲストハウスとは，邸宅風の結婚式場のことで，庭付きの一軒家スタイルの式場・披露宴会場のことを指す。庭ではゲスト同士，あるいはゲストとカップルが歓談でき，お互いの距離が近いのも魅力だ。

このアットホーム婚の普及に伴い，挙式関連の総費用も上昇した。少子化と晩婚化の影響もあり，ウェディングにかける単価が上昇したのだ。挙式と披露宴関係の支出は現在，平均で約340万円。2005年には約290万円だったことを考えると，大きな上昇だ。

## 世代性と時代性

人生岐路での重要な儀式である結婚式。その変化をもたらす要因になっているのは何だろうか。

結婚式のあり方を決めるのは，当事者の価値観である。つまり，「家族観」や「消費観」だ。そして，これらの価値観は「世代性」と「時代性」という2つの軸から決まってくる，と編集長の伊藤氏はいう。

ブライダル市場は，カスタマーがどんどん入れ替わる市場だ。たとえば，『ゼクシィ』の平均購入期間は4カ月（4冊）。2年前の読者が現在も読者であることはまずない。マーケティングの観点からすれば，移り変わる世代特性を常にみていく必要がある。そのうえで，現在の日本はどんな気分なのか，どんな価値観で動いているのかをみて，未来の新しいカスタマーの姿を予測する。

同社は，5年後のカスタマー像の予測を行っている。そしてそれをもとに，5年後にどんな商材が求められるかを，クライアント企業に対して発信するのだ。これが，『ゼクシィ』がブライダル市場をリードし，開発していくポイントとなっている。

2010年代のブライダルのあり方を例にみてみよう。2000年代のアットホーム婚の後に来たのは，「つながり婚」の時代だ。「つながり」とは，愛情の交換を意味する。ここでのターゲットは，ポスト団塊ジュニアのさらに後の1980年代生まれの人たち。彼らは愛情を重んじる傾向をもつ世代だ。

カップルから両親へ，そしてゲストからカップルへも「ありがとう」を伝ええられる結婚式。そんな「つながり婚」のための商材が登場した。その1つが，1枚の木の板からつくられた3台の壁掛け時計。1つはカップル用，残りの2つはお互いの両親へのプレゼントだ。3つの時計を並べると木目がつながり，3つの家のつながりを表す。

また，ゲストからカップルへ祝福の気持ちを伝える挙式の演出として，指輪の交換の前に，結婚指輪に1本の長いリボンを通し，リボンを持ったゲストたちが新郎新婦のところまで指輪を運ぶ「リングリレー」なども人気だ。

このように，『ゼクシィ』のマーケティングの原点は，世代性と時代性を見極めたうえで，クライアントと商品や市場を共創することにある。

## クライアントとの共創

こうした共創関係をつくりあげるため，同社はすべてのクライアントを招待して，カスタマーの特徴をプレゼンテーションするイベントを毎年開催している。2013 年は全国 60 会場で実施した。ここでは，クライアントに対して情報伝達を行い，各社が今後の商品開発に活用できるように努める。これは「ゼクシィトレンドセミナー」と呼ばれている。

こうしたクライアントやカスタマーに提供される情報は，リクルート独自の市場調査から生まれる。そのうちの 1 つが，20 歳前後の男女を対象者とした定性調査だ。とはいえ，この調査では，ほとんど結婚式の話は出さない。ここで調査するのは，彼・彼女らの「喜び」と「悲しみ」である。何を喜びと思い，何を悲しみと感じるのか。これを知ることが重要なキーになるのだ。

現在の 26～32 歳の結婚適齢期の女性たちのトレンドは，彼女たちが 20 歳前後だった 2007 年に行った調査と，彼女たちが 10 代だった 2002 年に行った調査がもとになっている。

同社には「ブライダル総研」という組織があり，そこで市場の情報を集め，分析し，情報を提供している。結婚適齢期の人たちが結婚を意識し出す年代になってから，ブライダル市場に向けて動き始めても遅い。そのはるか前から彼・彼女らの特性をつかみ，求められる商材・サービスを提供できるよう動いているのだ。

現時点で調査のターゲットとしている層は，2017 年にブライダル市場のターゲットになる層，そしてなんと 2022 年のターゲットになる層だという。

## 市場の拡張

『ゼクシィ』では，本来のブライダル市場だけでなく，新しい市場の開拓にも努めている。たとえば，再婚市場。時代性としても，再婚へのタブーが薄れている。そんな中，団塊ジュニア層は，「再婚適齢期」（男性が 43 歳，女性が 40 歳前後）となってきている。また，「パパママ婚」という市場もある。入籍はしたが，結婚式や披露宴を挙げなかったことが心残りとなっている夫婦の層だ。披露宴非実施カップルの 34％が「心残り派」で，その数は約 10 万人だと考えられる。再婚とパパママ婚市場は，これから有望な市場だ。『ゼクシィ』がマーケティングの対象としているのは，必ずしも若者だけではないのである。

さらに『ゼクシィ』では，プロポーズのノウハウなど，『ゼクシィ』購入者の 3 割を占める男性向けの情報のほか，結婚後の生活までも視野に入れた幅広い情報提供を続けている。カスタマーが不安に感じていることをいかにサポートしていくかが，メディアの行く末を決めるのだ。

高齢化が進み，給与は上がらず，安定的雇用がないなど，これから結婚式を行うカップルにはさまざまな不安がつきまとっている。『ゼクシィ』がめざすマーケティングとは，実はこうしたカスタマーの不安を解消してハッピーにすることであり，それをクライアントとともに実現していくことなのだ。

## 参照資料

株式会社リクルートホールディングス「2013 年 3 月期 決算報告」（http://www.recruit.jp/result/files/settlement_53_01.pdf，2013 年 12 月 23 日アクセス）

「リクルート 2012 年新卒採用サイト」(http://ftp.peak-d.com/html/about/business.htm, 2013 年
12 月 24 日アクセス)
「過去最重量を更新！『ゼクシィ』人気の秘密 泣く子も黙る『結婚バイブル』の，知られざる進化」
東洋経済 ONLINE, 2013 年 5 月 28 日付（http://toyokeizai.net/articles/-/14084, 2013 年 12 月
24 日アクセス）
木戸直喜（2013）「ゼクシィはブライダル産業をどのように変えてきたか──マーケットを変容さ
せるメディアとは」中央大学大学院戦略経営研究科提出課題論文


## 23　株式会社ダイヤモンド社『もしドラ』(2010 年 9 月)
### ──ミリオンセラー・ブランドをつくる

　2010 年 7 月，ダイヤモンド社創業初のミリオンセラーが誕生した。本のタイトルは『も
し高校野球の女子マネージャーがドラッカーの「マネジメント」を読んだら』(以下，『も
しドラ』)。書店のビジネス書コーナーで，ひときわ異彩を放つ表紙を記憶している人も多
いだろう。高校野球部の女子マネージャーが，アメリカの経営学者ピーター・F．ドラッ
カーの名著『マネジメント』を読み解き，その理論を駆使して甲子園出場をめざす，とい
う青春小説だ。同書をきっかけにドラッカーへの関心が高まり，ダイヤモンド社だけでも
ドラッカー関連書の発行部数を 60 万部以上伸ばしたというから，もはや社会現象に等しい。
同書はなぜここまで人々の心をとらえたのだろうか。担当編集者に，ベストセラーのつく
り方を学んでみよう。

### 担当編集者の履歴書
　『もしドラ』担当編集者は，書籍編集局の加藤貞顕氏。著者の岩崎夏海氏を発掘し，書
籍化まで企画を練り上げた人物である。ベストセラー誕生の背景を探るため，氏のバック
グラウンドから紹介しよう。
　加藤氏はかつて国立大学の大学院で理論経済学を学ぶ学者の卵だった。一方で，コンピ
ューターOS の「LINUX（リナックス）」にのめり込み，学生時代からアスキーの雑誌に
記事を書いていたというから，趣味の次元ではない。大学院修了後はその流れでアスキー
に就職。本が好きでコンピューターに精通する加藤氏にはうってつけの職場だった。最初
の配属はパソコン初心者向け雑誌。求められたのはエクセルやワードの使い方を初心者に
わかりやすく教えることで，専門的知識のある加藤氏には肩すかしの感があった。しかし
実はここでの経験を通じ，氏は後に次々とヒット書籍を生み出すための貴重な学びの数々
を得ていた。
　（1）　初心者の気持ちになる
　この編集部で氏が一貫してたたき込まれたのは，「いかに初心者の気持ちになれるか」。
編集長は，原稿に少しでもわかりにくさや上から目線を感じると徹底的に直させた。氏は
いつしか初心者の気持ちをも備えるようになった。

446　第IV部　事 例 篇

(2) 月刊ペースでのトライ＆エラー

　月刊誌では読者のニーズを探り，毎月新たな企画を立てる。毎年「時期もの」もある。たとえば春は必ずエクセル・ワード入門を掲載するが，たとえ企画の目的が同じでも昨春の焼き直しでは済ませられない。というのも企画の新鮮さや完成度は，雑誌の売行きに如実にはね返るのだ。「市場はごまかせない」。加藤氏の得た教訓だ。

(3) 売るためにできることを自ら行う

　こうして毎月のトライ＆エラーを通じて市場と対話を続ける中で，氏が企画で重視するに至ったポイントは「切り口」と「ビジュアル」。いずれも，面白くないことや難しいことを楽しく伝える工夫だった。アスキー時代に氏がこの「楽しく伝える工夫」を余さず盛り込み送り出したのが『英語耳——発音ができるとリスニングができる』（2004 年）。このとき，英語本の販促ルートが強くない同社で，加藤氏は自らも書店を回り，販促に取り組んだ。メディアで取り上げられやすいようなリリースづくりにも注力，良い書評を書いてくれそうなライターに献本も試みた。この本の大ヒットが成功体験の原点となり，加藤氏は今も「売るためにできることを考え，何でも自ら行う」という姿勢を続けている。

　当時アスキーは，投資会社の株式売却で角川グループ入りが決まった。その動きを間近にみるうちに，加藤氏の関心は投資やビジネスへと移っていく。2005 年，本格的にビジネス書に取り組むためダイヤモンド社の書籍編集部に移籍。『みんなの投資』（2006 年），『スタバではグランデを買え！——価格と生活の経済学』（2007 年），『投資信託にだまされるな！』（2007 年）などを世に出し，一躍同社のヒット・メーカーの 1 人となった。

## ネットで著者と出会う

　加藤氏は，ブログから広く「ネットの空気感」をつかむのを日常としていた。ブログ・サービスの中でも「はてなダイアリー」は，書き込み同士を結びつける仕組みで独自のコミュニティを形成していた。勢いのあるこのコミュニティに，加藤氏が注目している書き手がいた。彼は，あえて読者を挑発して書き込みへの言及を促しページビューをかせぐ，いわゆる「釣り」が巧みだった。

　加藤氏がふと注目したその書き込みには，「もし高校野球の女子マネージャーがドラッカーの『マネジメント』を読んだら」という長いタイトルがついていた。後に書籍化した際の書名と同じだが，まだ小説の体裁ではなく，5000 字余りのシノプシス（概要）で，次のような書き出しで始まっていた（http://d.hatena.ne.jp/aureliano/20080711/1215741244，2010 年 8 月 4 日アクセス）。

　「もし高校野球の女子マネージャー（名前は仮にみなみちゃんとしよう）が，ドラッカーの『マネジメント』を読んだら，彼女はきっと驚くだろうな」。

　ちょうど経営やマネジメントに関心が向いていたころで，加藤氏もドラッカーを興味深く読んでいた。しかし女子高校生とドラッカーとの出会いという意外な構想に驚かされ，大いに編集者魂を刺戟された。ただ，著者のドラッカー解釈については確認が必要だった。ダイヤモンド社はドラッカーの著作のほとんどを出版している会社なのだ。加藤氏はこのシノプシスを同僚のドラッカー担当編集者に見せ，意見を求めた。返ってきた答えは「この著者はドラッカーをすごくよくわかっている。すぐに声をかけるべきだ」というもの。

6. カルチャー・ブランド　　447

氏はすぐさま，このブログの著者にコンタクトを試みた。それが著者・岩崎夏海氏との出会いで，すべての始まりだった。

## 『もしドラ』とは？

　未読の方のために，ここで簡単に『もしドラ』がどのような小説かを紹介しよう。

　「公立高校野球部の女子マネージャー川島みなみは，思わぬことでドラッカーの経営書『マネジメント』に出会う。みなみはその本に書かれたマネジメントの役割を野球部に当てはめようと考えるうちに，野球部の目的は野球部にかかわるすべての人＝顧客に『感動を与えること』と気づく。甲子園をめざし，みなみは監督やほかの女子マネージャーを巻き込みながらマーケティングや組織化に取り組む。『人を生かす』実践を通じて，野球部は少しずつ変わり始める。勝つためのイノベーションにも真っ向から挑む。みなみの野球部は，甲子園出場を果たせるのか」。

　この小説の著者，岩崎夏海氏はどのような人だろうか。彼は 1968 年生まれで，東京芸術大学で建築を学んだ。大学でエンターテインメントの世界に目覚めた岩崎氏は，卒業後，かねてより尊敬していた秋元康氏の事務所に就職。秋元氏の下で 2007 年まで 17 年間エンターテインメントの仕事を経験する。中でも印象深かったのは，アイドル・グループ「AKB48」のプロデュースだった。その後，ゲームやウェブコンテンツの開発会社を経て，現在は株式会社吉田正樹事務所でマネージャー職を務めている。

　岩崎氏は出版前，『もしドラ』を 200 万部売りたいと加藤氏に語ったそうである。加藤氏は，市場の規模から最大部数を 20 万部とごく現実的に概算していたので，岩崎氏の言葉はいささか予想外だった。

　『もしドラ』には，岩崎氏が「AKB48」をプロデュースした経験が大いに生かされている。女子高生の話し方・考え方の参考にしたほか，「AKB48」のメンバーの 1 人が主人公みなみのモチーフになっているという。岩崎氏はそのメンバーを思い浮かべながら，彼女が「こんな人になりたい」と感情移入し愛せるような主人公をつくった。そのように特定の 1 人のために書いたことで，結果的に多くの人が「これは私のために書かれたのではないか」と感じる作品になったと，岩崎氏は考えている（http://www.sinkan.jp/special/interview/bestsellers10.html，2010 年 8 月 4 日アクセス）。

## 細部にこらされた工夫

　加藤氏に言わせれば，この本は「違和感の塊<sup>かたまり</sup>」。表紙はドラッカーからもっとも遠いイメージを考えた。通常のドラッカー本の隣に並べられたとき異彩を放つように，との意図だ。事前に都内でもっとも経営書が売れる書店の店頭を，デザイナーと一緒に入念に観察し決定した。ドラッカーから遠いイメージといっても，それなりの配慮は必要だ。キャラクターにはいわゆる「萌え」イラストを採用するが，そうしたイラストを見慣れないビジネス書の読者からも，ぎりぎり「引かれない」程度に抑えなければならない。

　加藤氏の定めた方針は，普通の人が「この本持ってる」と人に話せる，見せられること。なおかつ，極限までクオリティを高めること。その結果，キャラクターはゆきうさぎ氏が，背景はアニメ・スタジオ Bamboo が担当した。スタジオ Bamboo に依頼するために本の

448　第IV部　事例篇

発売を1カ月延ばしたほどのこだわりだ。デザインを完成させるためコストも時間も惜しまなかった。なお，この表紙には青春のなつかしさが投影されているという。確かに青空の広がる川岸の向こうの何でもない風景は，どこかノスタルジーをそそられる。

キャラクター・デザインにはマーケティング的なフックがつくってある。主人公みなみの髪型は根強い人気のポニーテール。みなみを含め，登場する3人の女子マネージャーがそれぞれ髪型などのビジュアルや性格でかぶることがないよう，きれいに書き分けられている。これはアニメなどでは当たり前に行われる配慮である。

## ミリオンへの快進撃

「違和感の塊」の『もしドラ』を，書店は面白がって並べた。大量に陳列すると書店の風景が変わるのだ。本書をヒントに「書店のマネジメントについて考えた」との大作POPを作ったアルバイト書店員もいたとか。発売時，加藤氏は，編集者でありながら精力的に販促にも取り組んだ。公式アカウントをつくってツイッターを書籍の販促に用いた最初の事例ともなった。感想を書いてくれたブログにコメントでからんで，『もしドラ』の存在を広めた。メディアに向けたリリースも手間を惜しまず自ら書いた。

2009年12月発売時の『もしドラ』は，初版1万部。数日で増刷がかかった。2010年3月にNHK「クローズアップ現代」で取り上げられると，売行きは一気にスパークした。NHKの番組は，メディアの人たちに届けるために有効なのだ。

このころダイヤモンド社内にプロジェクト・チームがつくられた。営業・マーケティング関係の部署ともアイデアを出し合って，感想文コンクールを行ったり，店頭に置く主人公の等身大カットアウトを作ったりして，話題の持続に努めた。チームが「100万部プロジェクトチーム」となったのは2010年4月。100万部の目標をその7月達成し，名称を「200万部プロジェクトチーム」と早々に改めた。100万部に到達するには，あらゆるメディアを駆使しなくてはならない。今まで届いたセグメントだけでなく，未到達の人たちにまで届かせなくてはならないからだ。たとえばスポーツ界。スポーツ系メディアに働きかけ，同時に，12球団の監督やワールドカップの日本代表など，考えられるキー・パーソンに本書を寄贈した。

こうした努力で読者のすそ野が広がり，実際に活用事例も出始めた。たとえば『朝日新聞』の2010年7月29日朝刊社会面に「もしドラッカーを試したら」というトップ記事が掲載された。実際に高校野球の女子マネージャーがこの本を読んで，マネージャーという仕事を楽しめるようになったという。プロジェクト・チームでは，このような本書の活用事例を集めてメディアに伝えた。

ベストセラーになるためには，万人が共通して関心をもつテーマが取り上げられていなくてはならない。生き方，家族や青春などだ。本書の帯には「家族，学校，会社，NPO…ひとがあつまっているすべての組織で役立つ本」と書かれている。「会社」が順序として後に来ることに注目してほしい。この本はまさに家族や学校といった組織に，マネジメントするという発想をもたらすために書かれているのだ。

加藤氏は，本が売れるためには，そのターゲットの人になりきるようにしなくてはならないという。彼はそれを「イタコ化」と呼ぶ（青森の恐山のイタコのことである）。顧客

6. カルチャー・ブランド　449

の気持ちがわかるようになるまで，考えて想像すること。ターゲットに届かせるためにできることを何でも考えて，どんどん行うこと。こうした徹底した努力がベストセラーづくりのために必要なのだ。


# 24 有限会社国語専科教室「国語専科教室」(2015年2月)
## ──マーケティングをしないブランド構築

　ホームページ以外，広告宣伝はせず，看板も出さない。受験勉強は教えない。国語教育のみの子どものための塾，それが「国語専科教室」だ。ほぼクチコミで評判が伝わり，入塾希望待ちの予約が常に多数ある。さらに，マスコミからも注目されている。マーケティングらしいマーケティングをまったく行わず，なぜ多くの生徒を集めることができているのか。国語専科教室とはどのような塾なのだろうか。

### 幻の学習塾

　国語専科教室（以下，国専）とは，「小中学生と高校生を対象にした国語に特化した個別指導の教室」である。その特徴は「受験のための国語」ではなく「知性を育む基礎となる言語」として国語教育を実践している点にある。

　ここでは居残り勉強や宿題もなければ，受験のための春や冬の講習もない。しかしこの塾出身者たちの多くが，有名中学校に入学を果たしている。現在，生徒数は約600人を数える。

　直営教室は関東地区では，恵比寿教室，荻窪教室，たまプラーザ教室，浦和教室の4カ所，関西地区には最近，芦屋教室が設置された。このほかに大分，高知にも提携教室がある。有限会社組織であり，年商にして1億7000万円。企業としてみた場合，さほど大きな規模ではない。

　しかし国専は，生徒とその保護者たちという熱心な支持者に支えられている。恵比寿教室では入塾希望者が常に100人を超えているほどだ。また，マスコミも注目して，「恵比寿にある幻の学習塾」と呼ばれたこともある。

　これまでにタモリが出演する「エチカの鏡」（フジテレビ系列）や，「深イイ話」（日本テレビ系列）などに取材され，特集されている。タモリら出演者たちは番組でこの教室の実際の課題を使って作文を書いている。タモリは，国専の主宰者の工藤順一代表からその作文力を「褒められて」もいる。

　それでは，工藤氏のプロフィールは後述するとして，まず国専での教育方法をみてみよう。

### 何を教えているのか

　国専の月謝は小学1年生後半から3年生前半の「プライマリークラス」で2万1600円，それ以外のクラスの「スタンダードクラス以上」で2万7000円。全国の小学6年生の学

450　第Ⅳ部　事例篇

習塾や習い事を含む「補助学習費」と「その他の学校外活動費」の合計平均は公立小学校に通っている子どもで年間26万5000円，1カ月平均は約2万2000円となっている（文部科学省調べ，2012年）。この数字から，国専の月謝はさほど高額とはいえない。問題はこの金額を支払って，それ以上の何を学ぶことができるかだ。

基本的に国専で行っている教育とは「作文」だ。国専で用いられているよく知られた教育方式「コボちゃん作文」が，どのようなものかを見てみよう。

作文教育の素材は，『読売新聞』に連載されている4コマ・マンガ「コボちゃん」。与えられる問題の1つは，次のようなものだ。

「マンガを見ていない人にも分かるように，どこが面白いのかを書いてみましょう」。

コボちゃんのマンガは面白いし，子どもたちにとってマンガを読むのは何の抵抗もない。しかしいったんこれを書こうと思ったとき，大人であるわれわれでも意外な困難に直面するはずだ。そのマンガが面白いことを心で感じられたとしても，それを他人に十分わかるように説明することは難しい。まして他人というのは情報を共有化していない相手であり，「いわなくてもわかるでしょ？」では済まない相手なのだ。

**他人に説明する文章**

たとえば，次のようなコボちゃんマンガがある。

(1) お父さんが，コボちゃんが描いた魚の絵を見ながら「フーン コボが描いたのか」と言う。

(2) お父さん「サカナねェ」，お母さん「フフフ あまりおいしそうなサカナじゃないわね」と言う。

(3) コボちゃんはサカナの絵にホンモノのサカナのニオイを台所でこすりつけている。

(4) お父さんは壁に張られたサカナの絵を見ている。そこにはハエがぶーんとたかっており，ネコも下から見ている。

これは単なる説明文であり，マンガの面白さは伝え切れていない。では，このマンガはどこが面白いのだろうか。それを文章で表してみよう。

「お父さんとお母さんはコボちゃんが描いたサカナの絵が実際のサカナと違ってうまく描けていないことを指摘する。しかしコボちゃんは面白くないので，サカナの絵にホンモノのサカナのニオイをこすりつけて，ネコやハエにとってはホンモノのおいしそうなサカナに見えるようにした」。

しかし，この文章でもマンガの面白さを十分伝えてはいない。作者の意図（オチ）がうまく説明できていないからだ。最後の文章を次のようなものにしたらどうだろうか。

「その結果，絵からはサカナのニオイがして，壁に絵を張ったら，ネコやハエが寄ってきて，コボちゃんにはその絵はいかにもおいしそうに見えるのだった」（工藤順一『文章術』中公新書，2010年，30頁）。

最後の文章は何が違うのか。作者の意図と，コボちゃんからの視点，つまり親と対立する別の視点が入っているのだ。この例は，対象の中にある対立構造を見抜き，それを書く国専ならではの練習の1つになっている。

実際の学習にあたっては，たとえば次のようなステップで作文学習が進められる。

6. カルチャー・ブランド

最初はマンガをよく読み，理解したうえで，口頭で説明させる。マンガのオチが理解できていない場合も少なくないからだ。

次に，そのマンガで起っていることをまとめて書かせる。4コマ・マンガだからといってコマごとに説明するのではなく，「いつ，どこで，誰が，何をしているか」をまとめさせる。

次のステップはマンガを見ずに，できるだけ早く書くことを行う。「ことばによる抽象化」が必要だからだ。

このようなマンガを使った作文学習をできるだけ繰り返し，数多くこなすことで，子どもたちは楽しみながら書くことに次第に慣れていく。

## 何をめざしているのか

それでは作文教育は何をめざしているのだろうか。工藤氏は「作文独立教科宣言」を唱えている。「作文を独立した教科にせよ」いう主張だ。これまで作文の時間では，「話すように書きなさい」「自由に思ったままを表現しなさい」という指導しか行ってこなかった。

こうした指導は書くことに習熟した人に適した方法だ。子どもたちはまだ書くことに習熟していない。従来の作文教育は，作文の意義やあり方を理解しないままに行われてきたことになる。

また従来の国語教育は漢字学習に重きが置かれ，漢字修得に時間を大幅に取られてきた。このため，作文の時間はないがしろにされてきたのが実状だ。工藤氏がめざすのは「言葉で考える力を養う」こと。これはあらゆる教科の基礎となる力だ。

サッカーでも言語能力が問われる時代だ。言語能力がなければ，正確にチーム・メートに指示や意図を伝えることなどできはしない。

工藤氏は次のように言う。「作文＝『文章を書く』ということは，言葉に現実と論理をきちんと絡ませて物事を描写し，説明し，自分の意見を主張することです」（同社ウェブサイト，作文独立教科宣言）。つまり作文とは「書き言葉」を学ぶことであり，生きる力を高めることでもある。こうした工藤氏の哲学は，多くの子どもが入塾を希望し，また保護者たちも自分の子どもを国専に入れたいと願う動機につながっている。

受験教育を行っているわけではないのにもかかわらず，有名中学校に入学を果たす生徒が多いのも，考える力を徹底的に鍛える教育が行われているためだろう。

## 何を考えてきたか

国専の主宰者，工藤氏は1949年青森県に生まれた。1960年代から70年代にかけての学生運動の嵐は，当時の学生たちを巻き込んでいった。工藤氏も例外ではなかった。もともとマルクス経済学を学ぶために京都の立命館大学に入学した工藤氏だったが，学生運動に翻弄されながら3年間留年した末，大学を一応卒業することになる。

名古屋の自動車ディーラーにいったん職を求めたものの，無頼な生活が続いた。1970年代の後半だった。そのとき，名古屋で出会ったのが哲学者，丸山静氏。丸山氏は無鉄砲にも議論をふっかける若者の姿勢に好感を抱いたのだろう。丸山氏から紹介を受け，工藤氏は雑誌『美術手帖』の展評欄の執筆を引き受けることになった。

452　第Ⅳ部　事例篇

工藤氏が美術評論に目覚めたのは，そのころのことだ。彼が当時もっとも惹かれた芸術家がニューヨーク在住の世界的に有名な荒川修作氏（1936〜2010年）である。荒川氏は名古屋出身だったこともあり，名古屋の画廊には荒川氏の画業がいくつも展示されていた。

　荒川氏の名前は日本でも後に，1995年に岐阜県に建設されたテーマパーク「養老天命反転地」や，2005年の東京都三鷹市の「三鷹天命反転住宅」などの建築で知られるようになった。しかし1970年代後半，荒川氏の芸術は難解で理解しがたいものと多くの人に思われていた。工藤氏はこうした荒川氏の芸術を解釈し，理解できるよう評論を展開していった。その成果は後に『なつかしい未来の世界——荒川修作の仕事』（1995年，新曜社）という著作に結実している。

　この間，工藤氏は生活の糧を求めて予備校に就職する。これも彼の生活にとっては大きな転機となった。2社目の予備校で彼は研究所に勤務し，国語の教材開発の仕事に就いていた。その予備校では他の予備校と異なり，国語教育の新しい方向性を工藤氏に期待していたのだ。彼はそれまでの経験で，偏差値教育がいかに生徒の思考力を育てないシステムになっているかということを痛感していた。

　工藤氏が開発したのは，作文を書かせるための「アウトラインプロセッサー」。つまり誰でも記入していけば作文ができるフレームワークだった。それは作文するとき，書く戦略を練るための原稿用紙である。彼はこの原稿用紙で実用新案を取った。この原稿用紙を使えば，作文が書けないという先入観があるときでも原稿用紙に向かうことで，いきなり書き始めることができる。ちょうど石膏デッサンで少しずつ全体を書くように，あらかじめ書いた概略をもとにして細部を少しずつ詳しく書き進めることができるのである。

　そして，工藤氏が国専を開始したのは1997年10月のことだ。最初7人しかいなかった生徒が現在では600人を超えるようになった。塾は受験技術を教える場所，というそれまでのあり方とはまったく異なる塾が社会的に認知されたのだ。彼が書いた国語作文に関する著書『国語のできる子どもを育てる』（1999年，講談社現代新書）は10万部を超えるヒット本となった。工藤氏の構想が，これまでの国語教育界にないものだったからだ。

## 純粋な使命感

　国専の成功要因の1つは，間違いなく主宰者，工藤氏にある。工藤氏とコンタクトした人なら誰しも彼が国語教育のあり方について誰よりも熱心に語る人であることをすぐに察知する。またビジネス目的ではなく，どれほど純粋な気持ちで作文教育への情熱と使命感をもち，自らメソッドを開発・実践してきたかを知るだろう。こうした純粋な使命感に裏打ちされた事業体は数少ない。

　また彼は現在の国語教育に批判的であり，国語教育がどうあるべきか，その構想をもっている。多くの人が直感的に偏差値教育に疑問をもっていたとき，工藤氏のこうした見解は説得力があり，非常に魅力的なものであった。また教育評論家的な言辞ではなく，工藤氏が構想に見合った教育ノウハウや方法論をもっていたことも大きい。顧客である生徒の保護者にとっては，このような純粋な教育理念をもった塾の存在は貴重であり，進学目的でない塾を求めても得られなかった人たちにとって有力なオルタナティブ（代替）であった。本当の読み書きする力や思考力を養ってくれる教育機関は，ほかには見当たらないか

らだ。

　ホームページ以外いっさい広告をせず，看板すら出さない国専が人を魅了してやまないのは，こうした希有な教育姿勢と方針がそこにあり，共感を呼び続けているからだ。塾という市場で，国語専科教室はほかに類を見ない唯一の存在であり，こうした教育方針に共鳴した人だけを顧客としてビジネスを行っている。こうしたあり方を実現して初めて，マーケティングをしないマーケティング戦略が働くのだ。

**参照資料**

文部科学省「平成24年度『子供の学習費調査』の結果について」（2014年1月10日報道発表，
　http://www.mext.go.jp/b_menu/toukei/chousa03/gakushuuhi/kekka/k_detail/__icsFiles/
　afieldfile/2014/01/10/1343235_1.pdf）
工藤順一（1999）『国語のできる子どもを育てる』講談社（現代新書）
工藤順一（2010）『文書術——読みこなし，書きこなす』中央公論新社（中公新書）
「現代の肖像：工藤順一」『アエラ』2011年7月11日号，48〜52頁

# 7. ツーリズム・ブランド

## 25　株式会社昭文社『ことりっぷ』(2016年7月)
　　──旅行ガイドブックの革新

　あなたは旅に出るときにどんなガイドブックを選ぶだろうか。『ことりっぷ』は昭文社の旅のガイドブックとして2008年に創刊された。コンパクトで「かわいい」体裁とコンテンツは，女性が愛読する旅行ガイドブックのスタイルを大きく変えた。

　『ことりっぷ』は，それまでの「重厚」なガイドブックにどのような変革を起こしたのだろうか。また『ことりっぷ』が，その後事業化し，広告メディアとして発展した経緯に何があったのだろうか。

### 昭文社の歴史

　株式会社昭文社（以下，昭文社）は創立が1960年，売上高111億円（2015年3月期）の出版社であり，東証一部上場企業である。2015年の日本の出版社別売上ランキングでは第10位，出版業界に占めるシェアは約1%だ。ちなみに，出版業界の最大手は講談社で売上高954億9000万円，シェア12.5%である。

　出版業界は典型的な上位寡占型市場であり，約3500社ある出版社のうち，上位2.8%の企業が，売上の64.8%を占める構造になっている。トップ10に位置する出版社といえども，他の出版社にない特徴や企業資源をもって，他社とは異なった生き方をしなければ，この業界で生き残ってはいけない。

　昭文社が他の出版社と大きく異なる点は，同社が独自開発による地図データ，ガイドデータをもち，それを事業の中核としていることだ。こうした地図のデータベースを活用した地図・雑誌・ガイドブックの企画・制作および出版販売や，デジタル・データベースの企画・制作・販売，さらにそれらを活用したサービスの提供などを行っている。つまり昭文社は「地図・旅行情報提供事業」を展開し，得意としてきた出版社なのである。

　同社の歴史は1960年に大阪で発行された『大阪市区分地図篇』（官公庁・企業向け高額版）に始まる。同社の出版物でよく知られたブランドをピックアップしてみよう。分県地図である『ニューエスト』シリーズ（1962年より），『グランプリ道路地図帳』（72年より）。旅行ガイドブックの『エアリアガイド』シリーズもなじみ深い（国内版1980年より，海外版85年より）。

　そして，1980年代に雑誌分野に参入した昭文社は，「赤いりんご」マークで親しまれている『マップル』マガジン・シリーズを84年にスタートさせた。マップルは今日では同社の基幹事業ブランドとなっている。マップルはその後，『スキーマップル』（1989年），『スーパーマップル』（91年），『サテライトマップル』（92年），『マップルライフ』（95年），『スーパーマップルデジタル』（2000年）を世の中に送り出してきた。

　今回紹介する観光ガイドブック『ことりっぷ』が誕生したのは2008年2月，リーマン・ショックが世界を襲った年である。通常，1つのガイドブックのブランドの寿命は3〜4年であるが，『ことりっぷ』は発刊以来8年以上も続いているロングセラーということになる。これまでの累計発行部数は1400万部を超えている。現在の出版点数は約100点に

7. ツーリズム・ブランド　　455

及ぶ。

今や同社の屋台骨を支える1つの柱商品に育っただけでなく，独立した事業として，後に述べる広告収入ももたらすメディアとしての役割も果たすようになった。

### 『ことりっぷ』とは

『ことりっぷ』とはどのようなガイドブックだろうか。『ことりっぷ』の「金沢 北陸」（2016年1月刊）を例にみてみよう。

価格は800円（税抜）。一見すると，ガイドブックに見えないガイドブックである。サイズは縦180ミリ×横148ミリのA5変形判であり，一般のガイドブックとは明らかに違う印象を与える。表紙には和紙を思わせる手触り感のある紙を用い，中のページも「きなり」の紙を用いている。こうした紙は通常のガイドブックの紙よりもコストがかかっている。「大人かわいい着物柄」が表紙にあるのも『ことりっぷ』の特徴だ。金沢編では和菓子が表紙のイラストになっている。和のものにあこがれる世代をターゲットにしているからだ。

表紙を開いた中表紙には「週末に行く小さな贅沢，自分だけの旅」とある。『ことりっぷ』とは，Co-Trip。「Co-（＝小さな）」と「Trip（＝旅）」で，小さな旅の意味であるが，「この本といっしょに（Co-）出かける旅」という意味も込めている。「ことりっぷ」のマスコットマークの「ことり」さんが中表紙の隅に置かれていて，「いってきます」と旅のスタートを告げてくれる。

2ページ目からは「金沢に行ったら…」「金沢に着きました」「さて，なにをしましょうか？」と自分が金沢に行ったイメージが広がる。4ページでは「なにを食べましょうか？」「なにを買いましょうか？」といったチェックリストが掲載され，6ページには「今週末，2泊3日で金沢へ」と2泊3日の旅行を楽しむためのモデルコースが組まれている。すでに旅行が始まっているかのようだ。

14ページからは「金沢をさくっと紹介します」とあり，金沢観光の全体像が鳥瞰できる。その後，「金沢21世紀美術館」や「兼六園」などオーソドックスな名所案内があるのはもちろんだ。同じ美術館を紹介するのでも，「ここでひとやすみ」と美術館内のカフェを紹介。「ミュージアムショップ」では「ここでおみやげ」と記してあり，美術館内でどう行動すればよいのか，具体例が示してある。

また「芸妓さん気分で小粋に三味線を弾いてみましょう」という金沢のお茶屋文化への参加を呼び掛けるページ，名物カフェとスイーツをまとめて紹介している「町屋カフェ」ページがある。見開きのページごとに「江戸の面影を探しに長町武家屋敷跡」のようなテーマが設定してあり，自分が何をすべきかがわかりやすい。しかも押しつけがましくない。金沢とその周辺にプラスして北陸観光の一部もカバーしてある。140ページほどで厚くも重くもなく，無駄をそぎ落として，冊子に大事な情報だけが詰まっている印象を与える。

### 女子にフォーカス

『ことりっぷ』はどのように企画されたのだろうか。

発刊される1年前の2007年，書店を回って注文や要望を聞く営業担当である書店営業

から「女性向きガイドブックを」という要望が出てきた。営業は本が売れる現場の声を反映している。編集チームはターゲットをどこにするかを考えた。実はそれまでの旅行ガイドブックは万人向けの企画がメインで，ターゲットを絞るということですら，当時としては画期的だった。

当時は「女子旅」や「一人旅」のブームは顕在化していなかった。編集チームは28歳から35歳の旅好きの女性をターゲットにすることを考えた。旅行ガイドブックに対する需要が大きいだろうと考えたのだ。

こうした旅好きで旅慣れた女性たちはハワイやニューヨークといった海外の主な観光地はすでに一通り経験している。彼女らは「日本っていいよね」と国内旅行に目覚め始めていたのだ。しかも，仕事を覚えて自分の価値観を持ち始めた年代でもある。

さらにこうしたターゲットの女性たち1000人にアンケート調査を行い，対面でのインタビューも行った。狙いとしては「どのようなガイドブックが欲しいのか」「従来のガイドブックに対する不満とは何なのか」を明らかにするためである。

この調査でわかったことがいくつかある。1つは旅行に使う費用である。宿泊代は1泊2食で1万5000円程度が彼女たちにとってふさわしい費用だった。それ以上は出したくないのが彼女たちの本音だった。それまで彼女たちは，時に「背伸びをして」旅行にお金を使っていたのだった。

もう1つの旅行で大事なポイントは，「疲れない」ことだ。無理をせず，旅を通じて違う自分になるのが彼女たちの望みであった。

## 等身大の旅

『ことりっぷ』の「ウラ」のコンセプトは「等身大の旅」。つまり，自分たちにふさわしい旅をするためのパートナーが「ことりっぷ」なのだ。調査の結果，次第にどのようなガイドブックを企画すべきかがみえてきた。それは次の3つのポイントに集約できる。

(1) 人に見せても恥ずかしくないガイドブックが欲しい。いかにも「お上りさん」が読むようなガイドブックはイヤ。

(2) 旅行中はカメラやショルダーバッグなど荷物がいっぱいなので，重くない軽いガイドブックが欲しい。

(3) 今までのガイドブックは情報がいっぱいありすぎ。単に情報を簡単にするだけでなく，本当にお薦めのモノだけを教えてほしい。

このようにターゲットの女性たちの要望を集約するうちに，次第に『ことりっぷ』がお薦めする旅のイメージがみえてきた。それは週末にちょっとした旅をする女性のための，セレクト・ショップのように厳選された情報だけが掲載されたガイドブックだ。

ランチ・スポットは1500円から2000円で，ゆっくり過ごせる場所。オーガニックで地元の産品が楽しめる店だ。宿も1万5000円くらいの宿で，畳の上でゆっくり過ごせて，清潔なことが第一条件。宿にレディース・プランがあればなおいい。女性にやさしいサービスがあればうれしい。

そして，『ことりっぷ』をデザインするときに，気をつけたポイントは次のようなことだ。まず，A5変形判で，片手で持てて，本のタイトルを手で隠すことができる。ガイドブ

7. ツーリズム・ブランド　　457

ック片手の初心者とみられたくないからだ。大切にしたのは本の手触り。白い紙ではなく和紙の手触りに似た「きなり」の紙を使ったのはそのためだ。きなりの紙を使ったもう1つの理由は，自由に鉛筆で書き込めるためだ。従来のガイドブックのつるつるの紙では書き込みがしにくい。

　こうして企画された『ことりっぷ』が2008年に出たとき，書店の店頭にまとめて並べた。まず喜んだのは書店の旅行ガイド担当者。観光地ごとに表紙のカラーが全部違うので，書店が華やぐ効果があった。ガイドブックの買い手が喜んだことはもちろんだ。いろいろな色があると手に取りたくなり，選びたくなる。「雑貨みたいでかわいい」という評判を得て，『ことりっぷ』は買いたくなるガイドブックであり，旅行がしたくなり，読み物としても楽しい本として受け止められるようになった。

## 『ことりっぷ』が変えたもの

　『ことりっぷ』はガイドブックのあり方をいくつかの点で変えた。従来のガイドブックは実用書なので，夏休み前に売れるものだった。しかし『ことりっぷ』は雑貨感覚で，いつか行きたいために買う。「友だちにプレゼントするために，きれいに包んでください」と店頭で頼む顧客もいた。

　また旅のあり方も変えた。鎌倉で『ことりっぷ』とカメラを抱えた女性の旅が新聞に掲載されたのは象徴的だった。自由にお金が使える女性が増えて，自分の好みをもつようになった。彼女たちは自分たちの旅のスタイルを大事にする。その土地のものを楽しみながら，「ほっこり」したいというのが彼女たちの旅なのだ。

　『ことりっぷ』は「売上が伸びるのか？」といった当初の社内の心配をよそに，じわじわ売行きを伸ばしていった。

　すると面白いことが起きるようになった。地域起こしに熱心な自治体や企業から，女性の関心を呼ぶために，「『ことりっぷ』の地域版をつくれないか」という相談が舞い込むようになったのだ。

　代表的なものは，都心から25キロ圏にある千葉県流山市。流山市は市長がリーダーシップをとって住環境の整備を進め，「お母さんが住みやすい街」として知られるようになった市である。『ことりっぷ』の『流山さんぽ』が出たのは2013年。流山市への移住のきっかけをつくりたいというのが発行した狙いだ。

　流山市といえば，古民家があるレトロな街並みで知られている。流山市の良いところを『ことりっぷ』の目で見てセレクトして伝えるのである。「みりんプリン」などの「みりんスィーツ」をまとめて紹介しているのはこうした『ことりっぷ』らしい視点だ。自治体自身が作成したのでは，どうしてもすべてを平等に扱わなければならない。しかし，『ことりっぷ』の力を借りれば地域の精選された情報を伝えることができる。

　このほかにも企業とのタイアップが数多く企画されるようになった。セイコー「ルキア」では販促のツールとして『ことりっぷ』が使われた。エースコックとタイアップして『ことりっぷ』ブランドのOL向けスープが発売されたこともある。また，ブランドをライセンスして，旅した気分になるCDをユニバーサル ミュージックと発売もした。つまり『ことりっぷ』は広告媒体としても機能するようになったのだ。

458　　第Ⅳ部　事例篇

現在，こうした『ことりっぷ』に関する事業は，ことりっぷ事業部で一括して扱われて，『ことりっぷ』ウェブ，本，雑誌の季刊誌，アプリ，コラボなど多様な活動を推進している。

『ことりっぷ』は今やガイドブックの領域を超えた事業ブランドへと成長しているのである。

**参照資料**

「出版社って，どこが一番売上大きいの？ 〜オリコンが 2015 年の書籍市場 出版社別売上を発表。講談社が 3 年連続 1 位」『ネタとぴ』（2016 年 1 月 25 日，https://netatopi.jp/article/1001561.html）

「出版社と売上高の関係をグラフ化してみる（2015 年）（最新）」（http://www.garbagenews.net/archives/1987633.html）

# 26　ハウステンボス株式会社（2014 年 11 月）
## ──エンターテインメント・ブランドの再構築

オランダの街を再現したテーマパーク「ハウステンボス」の道のりは平坦ではなかった。開業から 18 年間は赤字続きで，2011 年度に至って初めて黒字を達成している。そして 2012 年度（13 年 9 月期）には，入場者数は前期比 129.1％の約 250 万人，売上高は同 129.6％の約 216 億円，営業利益は同 200.0％の 48 億円と，創業以来の成果を上げた同社。2010 年に旅行会社の株式会社エイチ・アイ・エスの傘下に入り，わずか 1 年で成し遂げられた黒字化は，どのようにして可能だったのだろうか。

### 開業に至る過程

長崎県佐世保市のハウステンボスは風光明媚な大村湾に面し，東京ドーム 33 個分にもなる 152 ヘクタールという日本最大級の広さを誇るテーマパークだ。四季折々，美しい花々の咲くバラ園に，オランダの街並みを模したレンガ造りの重厚な建物。それらをめぐる運河。訪問客に大いなる癒やしを与えてくれる滞在型リゾートとして知られる。ハウステンボスとはオランダ語で「森の家」（Huis Ten Bosch）を意味する。

開業は 1992 年。前身である長崎オランダ村（1983 年開業）をつくった神近義邦氏が長崎県から打診を受けたのをきっかけに，県の造成していた工業団地の土地を活用して建設された。2200 億円という巨大な初期投資をかけて，オランダの建物や街がレンガや漆喰の細部に至るまで忠実に再現された。その再現ぶりはオランダ王室も認めたほど。またハウステンボスには居住者のために船舶付きの優雅な分譲住宅があり，初期の計画では 3 万人が住む街になる予定だった。バブル景気に沸く 1980 年代末，日本列島にリゾート・ブームが巻き起こり，全国でリゾート施設が建設されていた時代だった。

### 最初の危機

ハウステンボスの当初の野心的な計画は，バブル崩壊で頓挫する。1996 年度に入場者

380万人のピークを迎えたものの，その後は右肩下がりで低迷した。開業から10年余りを経た2003年，ついにハウステンボスは会社更生法の適用を受ける。メインバンクであった銀行は合併を控えていたため，債務返済を求められたのだ。ハウステンボスは倒産の危機に直面していた。

2004年，救いの手を差し伸べたのは，野村プリンシパル・ファイナンスだった。新規投資が行われ，2006年と07年に上向きの成果を残せた。2007年には219万人が入場，うちの2割が台湾と韓国を中心とするアジアからの観光客だった。一見すると，ハウステンボスは順調な回復軌道に乗っているように見えた。

## 第2の危機

しかし再び危機が襲う。2008年のリーマン・ショックだ。国際的な経済危機が引き金となり，海外からの客足が途絶えた。経営状況は再び暗転し，新規投資ができない状況に陥った。

2009年，野村プリンシパル・ファイナンスが経営にあたった最後の年の入場者は，141万人と過去最低だった。当初，野村が引き受けた2004年時点でハウステンボスには約200億円という債務が残っていた。営業を続けながら返済していく計画で，2009年には残債が60億円あった。同社は再建を断念し，新たな引き受け手を探した。メインバンクも含め引き受け手はなかなか現れず，ハウステンボスは2010年春には閉園か，とささやかれた。このとき，最後まで尽力していたのが，地元・佐世保市の朝長則男市長だ。

## 市長の粘り

朝長市長は思い悩んだ。ハウステンボスの従業員は当時約1000人。取引業者を含めるとハウステンボスの生み出す雇用は約3000人にも上る。佐世保市の人口25万人のうちの3000人である。こうした大きな雇用先が消え去ったら，取り返しがつかない。もちろん関係者は手をこまねいていたわけではない。九州の財界も真剣に対策を考え，さまざまな調査を行ったうえで，引き受けるのが困難であるという結論に達したのだ。2009年10月，検討を進めていた九州経済界側は「再建不可能」の結論を朝長市長に申し出た。いよいよハウステンボスは終わりか。誰もがそう考えざるをえなかった。

市長の粘りはそのときから始まった。市長はまず，旅行会社のエイチ・アイ・エス（以下，HIS）の澤田秀雄会長を訪問。HISは澤田氏が興したベンチャー企業の雄だ。澤田氏にはすでに，九州のバス会社や金融会社の再建や，航空会社のスカイマークを設立するなどの実績があった。

しかし，澤田会長は朝長市長にハウステンボスの経営を要請され，2回までも固辞している。再建できるとは思えなかったのだ。そもそもハウステンボスには，成功するテーマパーク経営の条件のすべてが欠けていると澤田氏は考えていた。その条件とは次のようなものだ。①商圏が大きい（例：東京ディズニーランドは首都圏2000万人市場），②アクセスがいい，③ブランド力がある，④イベントのノウハウがある。

そのように分析していた澤田氏が結局，再建を引き受ける決断をしたのは，朝長市長の3回目の要請の後だった。

460　第Ⅳ部　事例篇

引き受けるに至った理由は何だったのだろうか。

1つには，市長をはじめとした地元の熱意だった。何としても地元の観光資源を守り抜きたいという気持ち，これが澤田氏を動かした。2つめの理由は，HISが観光業であったこと。観光施設の再建事業を成功させることで，地域の観光振興に寄与できるからだ。3つめの理由は，HISがもともとベンチャー企業であったことにある。誰も再建できなかった事業だからこそ，澤田氏の血が騒いだのだ。

しかしHIS社内に賛同者を見つけることは難しかった。社長をやらないかと社内で声をかけても名乗り出る人がなく，澤田氏自身が社長に就任した。それだけ再建は困難であると，誰もが理解していた。

HISが再建を引き受けるにあたっては，佐世保市も相応の措置をした。固定資産税が年間8億円かかるところを，補助金を用いて実質的に10年間免除とした。また澤田氏は金融機関と交渉し，残っていた債務の60億円のうち8割を債権放棄する約束を取り付けた。さらに，残債は九州財界からの出資金で弁済することができた。

こうした努力の結果，ハウステンボスは無借金状態から経営を開始できた。HISは20億円を出資，残りの10億円については，九州電力，JR九州，九電工，西部ガス，西日本鉄道といった九州の主要企業5社が株主となった。HISの株保有の割合は66.6%であり，HIS主導での再建が進められることになった。新生ハウステンボスの出発は2010年春のことだった。

## オンリーワンをめざす

澤田氏は自ら再建の陣頭指揮に当たった。もっともこだわって取り組んだのがイベントである。オンリーワン，ナンバーワンのイベントだ。東京ディズニーリゾートと同じことをやっても勝てない。こうした発想から生まれたのが「花の王国」イベントだった。従来から「チューリップ祭」があり，ベースはあったものの，圧倒的に勝つようなイベントではなかった。ハウステンボスには，何と100万本ものバラが植えられたバラ園がある。このスケール・メリットを十分に生かしきった花のイベントを企画したのだ。

花のイベントは季節性克服にも役立っている。ハウステンボスでは毎年ゴールデン・ウィークが明けた直後の，5月中旬から6月をどう活性化するかが大きな課題であった。そこで，ゴールデン・ウィークの家族客とは別の層に来てもらうことを発想した。そのターゲットは，ゆっくり花を楽しみたいというニーズのある層，シニアの女性層だった。

ゴールデン・ウィーク明けのこの時期，バラやアジサイなど，花を楽しんでもらえる期間がずっと続く。「チューリップ祭」時期のチューリップ650品種にも比肩するアジサイ800品種など，ほかにはない幅広い花をそろえることができた。これは国内最多である。

次に企画されたのが「光の王国」イベント。イルミネーションを用いたイベントで，従来は100万〜150万球のイルミネーションを用いて冬場に実施していた。オンリーワンならもっと光が必要だ。調査の結果，日本では当時500万球という数が最高とわかった。そこで2010年冬には，700万球のイルミネーションで，日本最大級のイベントを開催。冬の入場者が大幅に増加した。

これだけで満足せず，翌2011年には820万球のイルミネーション・イベントを実施し

たばかりか，大晦日には立体映像を投射する「3D プロジェクションマッピング」も披露。これを常設で見られる施設は，当時はハウステンボスのほかにはなかった。翌 2012 年にはさらに 1000 万球を実現。今では通年のイベントとなっている。

　もう 1 つのヒットは，人気アニメ『ワンピース』をテーマとしたイベントだ。『ワンピース』は若者を中心として絶大な人気を誇るコンテンツ。2010 年夏にアトラクションをつくってから順次バージョンアップしていき，11 年春には『ワンピース』に登場する「サウザンド・サニー号」を実際に建造して海に浮かべた。アニメのとおり忠実に再現したサニー号で大村湾を航海するという，夢のような体験を実現したのである。この体験をめざして足を運ぶ顧客は絶えることがないという。

## 市場対応の考え方

　ハウステンボスが実行しているマーケティング戦略とは，オール・ターゲットというより，正確にはマルチ・ターゲット戦略だ。たとえば，ウィーク・デーと週末では客層が違う。ウィーク・デーは女性とシニアが中心なので，彼・彼女らに受けるイベントを企画しなければならない。休日は当然ファミリー層が中心なので，ファミリーに対応したコンテンツを用意すべきだ。それというのも，動員のカギとなる周辺人口が小さいからだ。佐世保市は 25 万人，長崎市は 50 万であり，九州最大の都市・福岡市でも 150 万人となると，首都圏 2000 万人市場に比べ，それだけきめ細かい対応が求められる。

　アトラクションのエリアも，ターゲットに応じて次のように分けた。まず「アトラクションタウン」はテーマパーク的なゾーンであり，ファミリーに対応した施設が準備されている。「アムステルダムシティ」はショッピング・ゾーンであり，生演奏が楽しめる大人向けのエリア。さらに「スリラーシティ」はホラー・タウンと位置づけられ，10 代後半から 20 代の若者，カップルがターゲットだ。

## 失敗に学ぶ

　HIS が再建に乗り出す前のハウステンボスと現在とでは，一体何が異なっているのだろうか。ハウステンボスのもともとのコンセプトは「17 世紀のオランダ」。このため，ハウステンボスが行うことは，「チューリップ」「風車」「民族衣装」「木靴」など，何かしらオランダを連想させるものでなければならなかった。

　それは世の中の要請とは関係がなく，顧客のニーズとも一致していなかった。現在のように比較的簡単に実際のヨーロッパに行けてしまう時代になると，オランダというテーマ単体としては，顧客を呼べるコンテンツではなくなっていたのである。

　むろん施策がすべて成功したわけではない。最初の失敗は，2010 年 4 月に入場料を下げてしまったことである。それまでの 3200 円を 2500 円にしたものの，価格を下げたからといって入場者が増えるわけではなかった。さらに夕方決まった時間以降を入場無料にした。しかし顧客は増えなかった。たとえ無料でも，見たいものがなければ顧客は足を運んではくれない。オンリーワン・ナンバーワンの考え方が出てきたのは，こうした失敗を踏まえた結果だった。

　また，2010 年秋からガーデニングワールドカップを開催した。世界のトップ・ガーデ

462　第IV部　事例篇

ナーを招いたイベントだった。当初は多くの来場者があったが，期待を超えるレベルではなかった。そして翌年のイベント参加者は減少してしまう。イベントは中身が大事なのだ。この反省を踏まえて質を上げることができた結果，3年めには来場者が増加した。

## 将来ビジョン

現在，ハウステンボスがめざしているのは「観光ビジネス都市」。観光目的以外でも来てもらう場所にしようというコンセプトである。ベースはテーマパークでありながら，さらにベンチャー企業を誘致し，ハウステンボスが事業を行う仕掛けである。たとえば，世界最先端の環境技術を示す実験や事業を行う「スマートホテル」といった試みがすでに行われ，2015年「変なホテル」が開業，ロボットの活用が話題を呼んだ。

こうしたトライアルは，将来の収益の柱になると期待されている。ハウステンボスは，今や観光という枠組みを超える場として，大きく飛躍しようとしているのだ。

## 参照資料

「HIS 澤田会長が激白！ハウステンボス再建の秘訣は"運"」Business Journal（2012年11月17日，http://biz-journal.jp/2012/11/post_1018.html）
「ハウステンボス・澤田秀雄社長 大胆経営が奏功して再建軌道に」ZakZak（2013年05月14日，http://www.zakzak.co.jp/economy/ecn-news/news/20130514/ecn1305140709000-n1.htm）

# 27　株式会社星野リゾート（2013年8月）
## ──日本型リゾート・ブランドの創出

星野リゾートは，フラッグシップ（旗艦）である「星のや」をはじめとしたクオリティの高いリゾート施設を日本各地に展開しつつ，同時にリゾート再生に成功してきたことでよく知られる。2013年7月現在，星野リゾートが手がける施設・事業は，開業予定を含め，全国で32カ所（このほか海外1カ所）。しかし一部を除き，星野リゾートはこうした施設を所有してはいない[1]。同社は，リゾート運営に特化した企業である。星野リゾートがこの分野で他社にない成功を収めているのはなぜだろうか。

## 星野リゾートの原点

星野リゾートの原点は，軽井沢の星野温泉にある。製糸業者だった，星野嘉助氏が1914年に星野温泉旅館を開業。北原白秋，与謝野晶子，島崎藤村，内村鑑三といった文人・知識人に愛される宿であった。

現在の星野リゾートの社長は，4代目に当たる星野佳路氏。1960年に生まれ，慶應義塾大学卒業後，コーネル大学のホテル経営大学院で学んだ。ここで星野氏はその後の考え方に影響を与える出来事に遭う。ホテル業界の著名人のパーティにビシッとスーツ姿で出席したら，「なぜイギリス人のまねをするのか」と聞かれたのだ。大いにショックだった。日本人が自国の伝統文化を軽視する姿勢を痛烈に批判されたように思ったからだ。それま

で温泉旅館は格好悪いものと思っていた氏は，世界に誇れる日本の温泉旅館の魅力を，世界に発信していくべきだと思うようになった。これが現在まで続く氏の事業の原点となる。

1988年，星野氏は株式会社星野温泉に入社。しかし父のワンマン経営で「自分がいる必要はない」と考え，半年で退社する。そしてアメリカのシティバンクに勤めたが，呼び戻される。各地で活性化していた大資本によるリゾート開発に危機感を覚えた同社が，星野氏の力を借りるしかないと考えたのだ。1991年，氏は31歳で代表取締役社長に就任した。

### 企業カルチャーの構築

リゾート事業に新しいビジョンを抱いて社長に就任した星野氏だが，すぐスムーズに事業を展開できたわけではなかった。知名度が低い中でも社員を定着させるため，氏はまず社員のやる気を高めようとした。会社のビジョンを明確に打ち出し，面白い会社と思ってもらう。これで一時は社員が定着したかにみえたが，再び流出が始まってしまった。辞める社員の声に耳を傾けてみると，今の仕事に満足でも，他の仕事も経験してみたいというニーズが社員にはあるとわかった。

そこで星野氏は社員の働き方を多様化する方法を考えた。遠隔地からでもネットやテレビ会議を経由して働き続けられるようにし，また，「エデュケーショナル・リーブ」という制度を設け，最長1年間休職し，留学などができるようにした。自由に意見を出すフラットな企業カルチャーを実現し，働き方を多様化して社員のニーズに応えることをめざした。優秀な人材を呼び込む必要を強く感じていた星野氏にとって，きわめて重要な仕事であった。

### ブランド展開

現在，星野リゾートでは，マスターブランドである「星野リゾート」とサブブランドとして以下の3つのブランドを展開している。

まず1つめは「星のや」。基本コンセプトは，「もうひとつの日本」。もし日本が固有の文化を大切にしながら近代化したならば，という仮想を具現化した滞在型の施設である。星野リゾートのフラッグシップ・ブランドであり，現在は軽井沢，京都，竹富島で展開。2014年以降に「星のや 富士」「星のや 東京」「星のや バリ」が開業している。

2つめは「リゾナーレ」。大人のためのファミリー・リゾートをコンセプトとするリゾート・ホテルだ。たとえば，「リゾナーレ八ヶ岳」はイタリア建築界の巨匠が手がけたデザイン・ホテル。波の出るプールやイタリアン・レストランを備えているが，大人も子どもも楽しめる滞在アクティビティを創出し，さらにワイン・リゾートとして新たな魅力を加え，多くの支持を得ている。

3つめは「界」。日本各地の小規模高級温泉旅館を日本で初めて「界」という名称でブランド化し，全国で30施設をめざす。たとえば「界 加賀」は，元「白銀屋」という北大路魯山人も滞在した老舗旅館だが，ご当地の魅力を顧客に体感してもらうため，「加賀獅子舞」をスタッフが演じるなど，滞在の付加価値を加えている。

3ブランドのほかには，日本各地の個性的な魅力をもった施設や，「ツーリズム・ホテル」にカテゴライズされる比較的大規模な施設などがある。たとえば，「青森屋」では，

本物のねぶたが動き，方言で語りかけられるなど，滞在すると青森そのものに浸れる魅力を満載している。また，スキーやスノーボードを快適に楽しむための「進化系スキー場」を提案した，「アルツ磐梯スキー場」や「裏磐梯猫魔スキー場」「トマムスキー場」などがある。

　こうした多様なリゾート施設の事業展開はどのように形成されてきたのだろうか。再び，現在までの星野リゾートの歴史を年譜風に振り返ってみよう。

### 発展の軌跡

(1)　第0期【胎動期】（1991〜94年）

　星野佳路氏の社長就任後，本格的にリゾート運営企業に至るまでの胎動期。1991年から事業ドメインをリゾート運営に設定する構想はすでにできていたが，リゾート運営に乗り出す体力や人材がまだ備わっていなかった。この時期に軽井沢・星野エリアの再開発事業に着手。人材を集め育成する仕組みをつくった。

(2)　第1期【構想期】（1995〜2000年）

　1995年に社名を「星野リゾート」へ変更。同年にホテルブレストンコートを開業した。1999年にはリゾート競争力として環境へ取り組み，ゴミをゼロにする「ゼロ・エミッション」を含む，エコリゾート・プランを発表。「リゾート運営の達人」をビジョンに設定する。

(3)　第2期【離陸期】（2001〜04年）

　2001年の「リゾナーレ八ヶ岳」の運営開始は，星野リゾートにとって大きな転機だった。リゾナーレは，バブル期にオープンし，その後，親会社が破綻した大型リゾート施設で，星野リゾートにとって初の軽井沢エリア外での事業となった。同社はみごとに3年で黒字化を達成。ターゲットを，従来のカップルからファミリー層へと転換し，子ども連れでも大人も滞在を楽しめるコンセプトが功を奏し，集客に成功した。同年に星野温泉ホテルを閉館し，「星のや 軽井沢」の建設に着手。第1期当時からの構想をようやく実行に移す。

(4)　第3期【確立期】（2005〜08年）

　2005年，星野リゾートのフラッグシップとなる「星のや 軽井沢」がオープン。またこの時期，ゴールドマンサックスとの連携を開始。同社が再生案件の運営を星野リゾートに任せるようになる。2005年には4件，08年にはさらに5件の事業運営を開始。地域の魅力に特化し強みを見極めたコンセプトを議論し，方向性を決めるという再生事業のプロセスが確立された。

(5)　第4期【拡大期】（2009〜13年）

　2009年には待望の「星のや 京都」を開業。世界的観光地で事業をスタートし，「星のや」はまさに全国ブランドとなる。2012年には，沖縄県の離島に「星のや 竹富島」を開業。「界」ブランド，「リゾナーレ」ブランドを立ち上げる。

(6)　第5期【展開期】（2014年〜）

　初めての海外事業である「星のや バリ」がインドネシア・バリ島に2014年にオープン予定[2]。2015年には，世界遺産に決まったばかりの富士山を眺める「星のや 富士」が開業している。さらに，2016年には東京大手町に温泉旅館「星のや 東京」の開業[3]。星野

リゾートは海外と都市部に初めて進出を果たすことになる。

## なぜ運営の達人となりえたのか

　このように破竹の勢いにもみえる星野リゾートの発展ぶりだが，その原動力はどこにあるのだろうか。

　それは，星野リゾートがもつ理念にある。ここでいう理念とは，各施設のコンセプトや，星野氏が掲げるビジョンなどを指す。理念を掲げること自体は簡単だ。問題は，これをどう経営の現場に生かすことができるか，という点にある。

　星野氏は同社のミッションとして「日本の観光をヤバくする」を掲げ，ビジョンとして「リゾート運営の達人」を掲げている[4)5)]。リゾート事業には開発・所有・運営の各機能があるが，運営に特化した企業はこれまで日本にほとんど存在しなかった。「運営の達人」というビジョンには，事業の狙いが凝縮されている。

　では，なぜこうした理念が必要なのだろうか。それは社員が価値観を共有し，同じ方向に向かって努力を集中できるからである。たとえば料理長であれば，経営ビジョンやコンセプトを実現するために調理はどうあるべきかを考え，メニューは具体的にどうするかを考える。つまり社員の行動を方向づけるのがビジョンであり，各施設のコンセプトなのだ。

　また理念だけでなく，目標を具体的に示すことも重要だ。星野リゾートでは，「達人の3条件」として，「顧客満足度2.50，経常利益率20%，エコロジカルポイント24.3」を掲げている。この3つが企業のパフォーマンスを測定する物差しになっているのだ。このように，ビジョンを掲げるだけでなく，具体的かつ測定可能な目標を掲げている点も，星野リゾートの優れているポイントである。

　星野リゾート経営のもう1つの考え方の特徴は，顧客満足経営と，社員へのエンパワーメント（権限委譲）だ。「顧客満足を追求すれば収益が上がる」と星野氏はいう。氏のコメントによれば，その真意はコスト・コントロールにある。

　通常，経営者はコスト削減を先にしたがる。星野リゾートでは逆に，売上をまず上げてからコスト削減を行う。つまり顧客満足度を上げて集客し，売上を上げる。それは社員の自信につながる。それからコストを下げるのだ。

　そして，顧客満足度を上げる方法を社員の創意工夫に委ねているのも，星野リゾートの特徴だ。星野リゾート トマムの「雲海テラス」は，この顧客満足とエンパワーメントを同時に実現した好例だ。トマムの課題は「夏場の魅力をどうつくるか」だった。地元育ちのゴンドラ部門の社員は，ゴンドラ山頂駅から見られる早朝の雲海の眺めのすばらしさを知っていた。そこで雲海を見ながらコーヒーを飲んでもらおうという企画を提案。これが「雲海テラス」の建設に結実し，夏場に1万7000人の集客を実現した。

　もちろん社員へのエンパワーメントといっても，すべてを現場に委ねるわけではない。星野流のやり方は，What（何をするか）を決めたら，How（どうするか）は現場に任せる，というもの。社員が議論の担い手となることで，社員の熱意が生まれてくる。そうした意思に対して星野氏がGOサインを出すのである。

　2013年6月，星野リゾートは初めての海外進出を発表した。インドネシアのバリ島にできる「星のや バリ」である。生産性の高い事業運営の手法で挑むための準備を進めて

466　　第Ⅳ部　事例篇

いる。星野リゾートは，旅館＝日本流のホスピタリティが国際的競争力をもっていること
を証明するため，新たな発展形をめざしている。

## 注

1) 2014年から17年にかけて，星野リゾートは「都市観光ホテル」に参入し，「星のや」「界」「リ
ゾナーレ」に続く4つ目のブランドを創設することを明らかにした。2014年4月にリート（不
動産投資信託）を通じてビジネスホテル「チサンイン」21施設を，15年7月にANAクラウン
プラザホテル4施設を約400億円弱で取得した。2017年4月から旭川グランドホテルの運営を
開始し（16年3月に46億円で買収），17年4月に発表された大阪の新今宮駅前の案件では，18
億円の提案価格を示して取得している。以下，参照。「星野リゾート，都市観光ホテルを新カテ
ゴリとして確立へ，バリや東京など新規開業も続々」トラベルボイス（2015年10月13日，
https://www.travelvoice.jp/20151013-52534），「星野リゾートが大阪に新たな『都市観光ホテル』
開発へ，家族対応の大部屋を2割弱，夜景一望バーや温浴施設も」トラベルボイス（2017年3
月10日，https://www.travelvoice.jp/20170310-84704），「星野リゾート，今度は都市型ホテル
観光客向け」日経電子版（2017年4月4日付，http://www.nikkei.com/article/DGXLASDZ04HFN
_U7A400C1000000/），「星野リゾート，『都市観光ホテル』拡大へ，旭川から開始」Travel Vision
（2017年4月5日，http://www.travelvision.jp/news-jpn/detail.php?id=77184）。
2) 「星のや バリ」はその後開業を2017年1月に延期し，開業している。
3) 「星のや 東京」は2016年7月に開業した。
4) 2015年までのミッション，ビジョン，バリューについては以下を参照。http://www.business-
plus.net/special/1008/158801.shtml　B-plus。
5) 経営ビジョンは2016年に，20年ぶりに改定され「ホスピタリティ・イノベーター」となった。
「サービス業界にイノベーションを起こしていく」という決意が込められている。「星野リゾート，
大手町温泉旅館の『次』の狙い」東洋経済オンライン（2016年5月1日付，http://toyokeizai.
net/articles/-/116305）

## 参照資料

「【時代のリーダー】星野 佳路・星野リゾート社長 おもてなしで外資に勝つ」『日経ビジネス』（2013
年6月25日，http://business.nikkeibp.co.jp/article/person/20090624/198414/）
中沢康彦（2009）『星野リゾートの事件簿――なぜお客様はもう一度来てくれたのか？』日経BP社
中沢康彦（2010）『星野リゾートの教科書――サービスと利益 両立の法則』日経BP社
「日本の観光産業に変化をもたらす星野リゾートのマネジメント戦略」（スペシャルインタビュー，
星野佳路氏）ビジネスプラス（2013年6月25日，http://www.business-plus.net/special/1008/
158901.shtm）
「日本の観光をヤバくする」（2012年11月）株式会社星野リゾート会社案内
「旅館の『若殿』大胆改革 星野佳路（ほしの・よしはる）52歳 星野リゾート社長」『読売新聞』
（2013年6月25日付，http://www.yomiuri.co.jp/job/joblab/nana/20120824-OYT8T00917.htm）
「四代目星野嘉助と軽井沢」（お別れの会，2013年4月17日）

## 8. BtoB と企業ブランド

## 28 東レ株式会社（2014年10月）
――成熟産業で起きた革新

　東レが世間の注目を集めている。2014年3月期決算では，売上高15.4％増，経常利益25.4％増という好調ぶりだ。6月には同社の榊原定征会長が経団連会長に就任。繊維業界から初の「財界総理」が誕生した。また2014年8月には，国立がん研究センターや東芝とともに，13種類のがんを1回の採血で発見するシステムの開発を始めるとの発表があった。成熟産業のようにみえる繊維産業で，東レはなぜこのように高い業績を保っているのだろうか。その好業績を支えるBtoBマーケティングの仕組みをみていきたい。

### 発展の歴史

　東レの創業は1926（大正15）年で，当時の社名「東洋レーヨン」が示すようにレーヨン生産から始まり（現在は生産していない），その後1942年にナイロン（東レナイロン），58年にポリエステル（東レテトロン），アクリル（トレロン）と，3大合成繊維に事業を展開した。さらに1950年代以降は高機能フィルム事業，71年以降は炭素繊維複合材料，エンジニアリング・プラスチック，電子情報材料，77年以降は透析用人工腎臓「フィルトライザー」といった医薬・医療材，80年以降は「逆浸透膜エレメント」（ロメンブラ）といった高機能膜など，東レの事業領域は年々拡大していった。繊維を中心にしながら，基礎材料から加工製品に至る幅広い事業展開により発展を続けてきたのが，東レの歴史である。

　現在の事業セグメントは6つ。東レの製品の多くは素材であるため，日常生活で同社製品であると意識されて目につくことは多くないかもしれない。しかし，たとえば家庭のリビング・ダイニングに目を向ければ，プラズマ・テレビ，DVDブルーレイ・レコーダー，タイル・カーペット，スナック菓子のパッケージ，ラーメンの袋のベース・フィルムなど，東レ素材の使われている製品は枚挙にいとまがない。

　その売上規模は1兆8377億円で対前年度比15.4％増，営業利益は対前年度比26.1％増の1053億円（2014年3月期）と，大手繊維5社では2位以下を大きく引き離しトップに立つ。一方，2014年5月に繊維5社の一角を占める名門ユニチカは，債務超過回避のための金融支援を金融機関に要請したと報じられている。同じ繊維産業でも戦略の違いによって明暗が分かれた形である。日本の繊維産業の製造品出荷高のピークは1991年の12兆8500億円（工業統計，産業篇）。その20年後，出荷高は約3分の1（2011年，3兆7900億円）にまで縮小している。斜陽産業にみえる日本の繊維業界で，東レはどのような戦略を選択してきたのだろうか。

### 戦略優位の源泉

　東レに競争優位性をもたらした要因はどこにあるのだろうか。

　日本の繊維産業を縮小させたのは，国内需要の減少と，割安な中国製品相手の価格競争の結果だった。こうした事態に対して，多くの繊維会社，たとえばかつてのカネボウ（現

在は花王に吸収）や，ダイワボウホールディングス，日清紡ホールディングス，片倉工業などは「脱繊維」の道を選択した。そうした脱繊維の流れの中で，繊維上位5社の中で東レのみが，ナイロン，ポリエステル，アクリルの3大合成繊維分野で，衣料用・産業用などすべての分野をカバーしている。つまり東レは繊維にこだわり続けることで，現在の発展を勝ちえてきたのだ。

現在，東レの繊維事業の売上高は7555億円（2013年度の売上構成比41.1%），営業利益529億円（同50.2%）と，文字どおり東レの屋台骨を支える事業である。しかし世界的にみたとき，その事業規模は必ずしも大きいわけではない。東レが繊維分野で高い収益を上げることができている原因は，サプライチェーン構築と高付加価値化にある。東レは川上から川下に至る，繊維メーカー，テキスタイル・メーカー，縫製メーカー，アパレル産業，小売業という多段階の商流の大部分を自ら手がけることで，競争力を高めたのである。

繊維事業の付加価値化の好例は，ユニクロ（ファーストリテイリング）の「ヒートテック」だ。2003年以来の大ヒット商品となった機能性肌着ヒートテックは，東レの開発した繊維の吸湿発熱性を肌着に応用したもので，12年までに累計3億枚を販売した。2006年，両社は事業提携（戦略的パートナーシップ）を結んだ。この提携から，機能性肌着「メンズ・エアリズム」や軽量ダウン衣料「ウルトラライトダウン」が生まれている。

こうしたヒットは，生産からマーケティングまで，企画・開発・生産・物流に至る流れを両社が共同で手がける「次世代素材開発プロジェクト」の成果だ。東レ社内には，ユニクロとの事業を一手に引き受ける専任部署が設置され，スピードを要するユニクロとの事業推進が行われている。

### 炭素繊維への注目

東レに世間が注目するもう1つのポイントは，炭素繊維事業である。炭素繊維，つまり炭素からできた繊維のうち，東レが手がけるのはポリアクリロニトリル（PAN）系だ。市販されている炭素繊維の90%以上はPAN系炭素繊維だが，東レは性能・品質・生産量においてナンバーワン企業として，世界の炭素繊維産業をリードしている。

炭素繊維の特徴は軽くて強いこと。引張強度を比重で割った比強度が，鉄の約10倍だ。従来の金属材料に代わる軽量化材料として，本命視されている理由はここにある。その開発の歴史は半世紀前にさかのぼる。1961年，大阪工業試験所の進藤昭男博士が炭素繊維を発表し，その後71年に東レは炭素繊維「トレカ」糸T300の製造販売を開始する。炭素繊維は1970年代に釣り竿やゴルフクラブ向けに応用された。その後，産業用素材として炭素繊維は大きな広がりをみせる。ことに航空機への応用は大きく注目されている。

東レグループの炭素繊維は航空機用途で高いシェアを有している。航空業界では機体の軽量化と耐久性の向上の必要性から，1機当たりに用いられる炭素繊維の使用量が増加してきている。航空機の部品には厳しい精度が要求されるが，こうした厳格な基準を満たす炭素繊維およびプリプレグ（繊維にあらかじめ硬化剤としての樹脂を染み込ませた素材）を開発してきた。

長期にわたる飛行機会社との共同開発の結果，ボーイング777の尾翼や787用の主翼・

8. BtoBと企業ブランド　　469

尾翼・胴体などの一次構造材向けに，唯一のサプライヤーとしてプリプレグを供給しているのが東レグループだ。こうした一次構造材は，その部品が壊れたならば飛行機が墜落してしまうほど重要な部品だ。ボーイング社だけでなく，エアバス社が使用する炭素繊維の約 50％も，東レの供給によるものだ。

## BtoB マーケティング

では，こうした東レの事業を支えている BtoB マーケティング活動とはどのようなものだろうか。東レのマーケティングの特徴を 3 つに分けて捉えてみよう。

(1) 営業／マーケティングの一体化

各事業部は営業とマーケティングが分離せず，兼ねられている。東レの営業は，顧客への商品説明や売込みを行うだけではない。商品企画，開発，プロモーション，価格戦略，流通対策などを自ら行う。つまり，自分が売るものを自ら作っていくのが東レの営業なのである。

(2) 専任部署の存在

東レのマーケティング活動を特徴づける専任部署がいくつかある。

1 つは事業横断的組織の存在だ。これが「マーケティング企画室」である。この部署の基本的役割は，東レの総合的営業力強化である。「営業力革新プロジェクト」や営業人材育成のための研修を行うのはこのマーケティング企画室だ。また，繊維，炭素，フィルム……など，数々の事業本部の営業活動を「串刺し」にして横断的に支援するのも，この部署の役割だ。

たとえばあるクライアントに，部門をまたがった製品を提案するための横断的プロジェクトを担う。それだけでなく，異なった部署間の人的ネットワークを紹介できる機能もある。社内のどこに聞いたらどのような技術があるかがわかる仕組みだ。さまざまな事業に共通した課題を解決していくのが，このマーケティング企画室なのだ。

もう 1 つの専任部署とは，事業横断的にクライアントに対応するための部署である。2006 年に名古屋に設置された「自動車材料戦略推進室」がその例である。2005 年以前，東レは自動車会社と直接取引するための部署がなかった。たとえば繊維部門の場合，自動車会社と直接取引するティア 1（直接の取引先）である組立メーカーの一段階川上にいるティア 2 のファブリック（織物・不織布）メーカーと取引をすることが多かった。

しかし自動車材料戦略推進室が設置されてから，東レの活動は，こうしたティア 1，2 の業者とも協業しつつ，「お客さまの，お客さま」である自動車会社に直接アプローチを行う。この「ワンストップ・サービス」を行うことで，自動車メーカーが何を考えているかがわかるようになり，新規開発のテーマを設定するなど，東レグループの総合力によるソリューション営業が可能となる。

そして驚くべきことに，東レは自ら「コンセプト・カー」まで作ってしまった。2011 年に発表された東レコンセプト EV（電気自動車）"TEEWAVE" AR1 は，同年の 9 月に東レ先端材料展で発表され，続いて東京モーターショーにも出品された。このクルマには，モノコック，ルーフ，シート，ハンドル，クラッシュボックス，メーター，ダッシュパネル，オプションマットなどに東レの技術が詰まっており，地球環境・利用者・自動車産業のた

めに役立つことを訴求していた。たとえばモノコック部分の部品数を 60 点から 3 点に減らすことができ，自動車メーカーにとっては，より効率的な生産が可能になる。また，基本構造を共通化することで他の車型にも応用が可能になる。化学繊維会社が作ったコンセプト・カーは業界で大きな反響を呼んだ。

(3)「SWAT」でベクトルを合わせる

東レのマーケティング活動を支える重要なフレームワークが「SWAT」である。よく用いられる SWOT 分析（強み・弱み・機会・脅威の 4 つのカテゴリーで行う事業環境分析）とは違うので，注意していただきたい。SWAT とは，Strength & Weakness Analysis Task の略。これは，自社の強みと弱みを客観的に事実で捉え分析して，全員がベクトルを合わせていこうという分析手法である。

この SWAT が生まれた背景には次のような事情があった。1 つには，新製品を市場に投入したが，自信作であるはずの新製品をうまく市場導入できなかった経験である。また，営業と技術・生産部門との間で，あつれきが生じた経験があった。どの企業にもありがちなことではあるが，営業は「技術部門が主張するほど，うちの製品に品質優位性がない」といい，技術・生産部門は「販売の仕方が悪いだけで，低価格の製品しか売りたがらないのが問題」と主張して対立した場合があった。こうした反省に立って，全員の方向性＝ベクトルを合わせ，全員が事実確認をし，常にマーケティングを高度化しようとする SWAT が生まれたのである。

SWAT では，まず，市場構造を分析する。そのとき肝心なことは，いわゆる 3C＝Customer（顧客），Company（自社），Competitor（競合）だけでなく，Competitor's Customer（競合の顧客），Customer's Customer（顧客の顧客）をも分析することである。自社の直接の顧客だけでなく，その先にいる顧客が何を考え，何を欲しているかを知ることが重要なのだ。

次に「拠って立つ技術の徹底理解」という基本思想のもと，A：マーケットの理解（マーケット構造，マーケットの布置関係，顧客の戦略），B：製品と顧客の理解（製品の使われ方，重要な特性，顧客の加工プロセス），C：強み・弱み分析①（競合他社の技術・強み・弱み），D：強み・弱み分析②（機能としての品質，加工時の品質，技術サポート）の 4 点について，分析を行う。

こうした分析にはどのようなメリットがあるのか。1 つは専門家が陥りがちな「自分はよく知っている」という思い込みを避けることができる。また自分たちが「何を知らないのか」を知ることができる。1 枚の紙に全体像を書いてみることで，マーケットや物の流れ，技術の強み・弱みを共有化し鳥瞰することができるのである。ここから製造・販売・技術・研究の各部門からなるクロスファンクショナル・チーム（部門横断的チーム）を編成することが可能になる。

## さらなる成長戦略

東レでは 2014 年度から"プロジェクト AP-G 2016"をスタートさせ，「東レグループが強みを発揮できる領域への事業拡大を一層推進」し，「各事業が世界 No. 1 になるための戦略と課題を策定」している。全社規模のプロジェクトは 3 つ。①環境問題や資源，エネ

ルギー問題の解決に貢献する「グリーンイノベーション事業拡大プロジェクト」，②医療の質向上，医療現場の負担軽減，健康・長寿に貢献する「ライフイノベーション事業拡大プロジェクト」，③東レグループ海外拠点の有機的な連携をさらに強化し，新たな市場開拓と事業拡大を推進する「アジア・アメリカ・新興国事業拡大プロジェクト」である。

東レはグローバルな規模でのさらなる成長をめざして奮闘を続けている。

**参照資料**

経済産業省「繊維産業の現状及び今後の展開について」（2013 年 1 月 17 日，http://www.meti.go.jp/policy/mono_info_service/mono/fiber/pdf/130117seisaku.pdf）

「【東レ】競合他社が撤退する繊維事業に注力し続ける『理由』」『週刊ダイヤモンド』（2010 年 10 月 28 日，http://diamond.jp/articles/-/9879）

「ニッポンの製造業 新たな挑戦〜東レ（上）ものづくり生態系進化」日経電子版（2013 年 11 月 16 日付）


# 29 株式会社日立製作所 （2015 年 9 月）
## ——グローバル企業ブランドのコミュニケーション

日立製作所は 2015 年 3 月期の連結決算で売上高 9 兆 7619 億円に達し，営業利益で 6004 億円の過去最高の利益を更新した。しかし日立製作所は，2008 年度に当時製造業としては史上空前の 7873 億円という赤字を出した過去をもっている。2009 年から現在に至るまでの間，事業ポートフォリオ（複数の事業の組み合わせ方）の見直しをはじめ，いくつもの改革を行ってきた。その立ち直りの過程で，売上規模で日本最大の電機メーカーである日立製作所はどのような企業コミュニケーションを行ってきたのだろうか。

### 創業と事業領域

日立製作所（以下，日立）は 1910（明治 43）年，久原鉱山の機械修理工場として，現在の茨城県日立市で創業した。創業者は小平浪平氏（1874〜1951 年）。小平氏は東京帝国大学（現・東京大学）の電気工学科を卒業して久原鉱山で電気技術者として働いていた。当時，同鉱山は豊富な水力電力を利用して設備の電化が進んでおり，小平氏は電気機械の修理から一歩進めて電気機械製作事業を起こすことを考えた。

当時の日立の企業理念は「優れた自主技術・製品の開発を通じて社会に貢献する」というものだった。「自主技術」というところに創業者小平氏の思いが表れている。彼は外国の技術に頼らず，自分たちの事業を興したいという願いを学生時代から抱いており，実際に 1910 年には 5 馬力の誘導電動機を製作している。

それ以来，100 年以上の歴史の中で，社会への貢献をめざし，新たな時代に向けた革新に挑み続けてきた。現在では社会インフラ，IT を中心とするさまざまな分野に，そしてグローバルに事業活動を広げている。

### 事業ポートフォリオの変化

　世界でも有数な規模の企業に成長してきたものの，2008年に起こったリーマン・ショックによって，創業以来の危機に立ち至った。2009年1月，日立は連結業績予想数値で損益が7000億円の赤字になると発表した。製造業としては史上空前の赤字額である。

　そのとき，庄山悦彦会長からの電話で，指名委員会から次期社長に任じられたのが川村隆氏だ。当時69歳で，子会社の日立マクセル株式会社の会長を務めていた。まさに青天の霹靂であった。それまでの慣習では，一度グループ会社に転出した役員は日立本体にカムバックすることはないというのが普通だったからだ。

　川村氏は，1999年に全日空機に搭乗中，ハイジャック事件に遭遇している。このとき，犯人に刺されて機長が亡くなった。たまたま乗り合わせた非番のパイロットが犯人を取り押さえ，飛行機は無事羽田に着陸した。この体験が，川村氏の人生観を大きく変えた。突然の社長指名ではあったが，「一度はなくしたも同然の命」と思って社長就任の要請を受諾したのだった。

### 川村改革

　川村氏が日立の社長に就任した2009年から行ったことは，意思決定を短時間で行う体制づくりだった。社長を含む6人の「経営会議」で重要な意思決定を進めたのだ。こうして行われた川村改革には主に4つのポイントがある。どのようなことを行ったか，象徴的な例でみていきたい。

　(1)　事業のリストラクチャリング

　自動車機器事業は，2009年度に大きな損失を出していた。連結子会社の日立オートモティブシステムズ株式会社では，人員の削減，赤字事業からの撤退，生産設備の集約などを行いながら出血を止めた。2012年にはテレビの自社生産を終了した。これは日本の家電業界を牽引してきた日立の歴史からみれば，エポック・メーキングな出来事だった。

　(2)　社内カンパニー制

　社内カンパニー制の導入によって，投資などの重要な経営判断を事業ごとに行えるようになり，独立採算で経営結果が明確になる。カンパニーの業績によって「社内格付け」を行い，格付けの高いカンパニーには，より大きな自己裁量権が与えられる。また，部門ごとに「決算発表」を行い，部門ごとの数値目標が示される。現在では日立は9つのカンパニー（ヘルスケア，電力システム，インフラシステム，インダストリアルプロダクツ，交通システム，都市開発システム，ディフェンスシステム，情報・通信システム，エネルギーソリューション）をもっている。

　(3)　子会社の取り込み

　2010年に株式会社日立情報システムズ，日立ソフトウェアエンジニアリング株式会社，株式会社日立システムアンドサービスの情報系3社と，株式会社日立プラントテクノロジー，日立マクセル株式会社のあわせて5つの上場子会社を完全子会社化した。本体からみて受注した利益が外部に流出したり，日立の子会社同士で別々に同じ顧客に営業をかけるというような非効率が存在したからだ。そして，情報インフラ事業をさらに強固なものにするためにも，本体へのこうした取り込みが必要だった。

8.　BtoBと企業ブランド　　473

⑷　社会イノベーション事業

2009 年に川村氏が社長就任後，すぐに打ち出した日立の事業キー・コンセプトだ。社会イノベーション事業とは，社会インフラ（社会基盤事業）に，日立が得意とする情報関連も含んでいる。つまり情報で武装したインフラのことだ。川村氏はここに日立が生きる方向性を見出した。

結果として，日立は社会イノベーション事業から遠い事業，たとえばテレビ事業は遠ざけ，社会イノベーション事業に近い事業に注力することになった。したがって，社会イノベーションという言葉は単なる心地よいスローガンではない。これによって事業を選別しようという基準となる言葉なのだ。

## イギリス鉄道事業の受注

社会イノベーション事業を象徴的に表す事業をみてみよう。それは鉄道ビジネスだ。日立の鉄道車両事業の歴史は大正時代にさかのぼるほど古い。蒸気機関車から新幹線の車両までをつくってきただけでなく，鉄道のトータルソリューション・システムをも手がけてきた。たとえば，信号・列車制御システム，運行管理システム，座席予約システム，車両の保守などだ。こうした幅広い事業を手がけられるのは，日立のインフラ技術と情報技術を結合させて提供できるからなのだ。

日立は 1999 年以降，イギリスの鉄道市場に参入しようとしてさまざまな試みを繰り広げてきた。何度も失敗を重ねながら，多くの教訓を学んだ。たとえば，イギリスでは日立はテレビなどの家電メーカーとしてしか知られていなかった。このため，日立は鉄道メーカーであること，イギリスの鉄道市場に根を下ろすという決意を試験車両の実際の運転やさまざまなコミュニケーション・チャネルを通して示してきた。

そして，まず受注に成功したのが，イギリスの高速車両である "Class395" である。ロンドンへの通勤客を乗せる車両として，2009 年に営業運転を開始している。これを足がかりにしてさらに受注に成功したのが，イギリス都市間高速鉄道（IEP）の案件である。IEP では，日立は車両リース，866 両の車両供給，保守サービスなどを事業として請け負っている。2012 年にイギリス運輸省と正式契約を結ぶことに成功した。この案件受注までには，リーマン・ショックやイギリス新政権への移行，ヨーロッパ金融危機など，多くの困難を伴ったが，新生日立の今後を予感させるような成功ストーリーであった。

## グローバル・ブランドへ

こうした日立の事業への取り組みをコミュニケーションの面で支えてきたのが，溝口健一郎本部長率いるブランド・コミュニケーション本部である。日立は 2015 年当時，海外事業の割合が 47%，現地生産比率 26%，従業員数でも 42% が海外と，グローバル化が進展している企業である。2015 年に最終年度を迎えた「2015 中期経営計画」では，社会イノベーション事業をグローバルに展開し，「成長の実現と日立の変革」を推進することを発表している。この実現に向け，日立をグローバルに一貫したブランドとしてみせていくのが，この本部の重要なミッションである。

「2015 中期経営計画」の策定と並行してまず着手したのが，従業員 1 人ひとりの行動の

474　　第Ⅳ部　事例篇

よりどころとしてグローバルに共有する理念・価値を体系化する作業だった。グローバル・チームと経営陣で 100 回以上にわたる議論を重ね，以下の 3 つを「日立グループ・アイデンティティ」として体系化した。

(1)　日立グループが社会において果たすべき使命である企業理念（MISSION）

(2)　「和・誠・開拓者精神」という日立創業の精神（VALUES）

(3)　これからの日立グループのあるべき姿を示した日立グループ・ビジョン（VISION）

「日立は，社会が直面する課題にイノベーションで応えます。優れたチームワークとグローバル市場での豊富な経験によって，活気あふれる世界をめざします」というビジョンは，日立グループが事業分野を超えて優れたチーム力を発揮するため，グローバルに共有することを念頭に，まず英語版をつくり，これを日本語や中国語に翻訳した。「2015 中期経営計画」は，日立グループ・ビジョン実現に向けたアクション・プランと位置づけられている。全世界でアイデンティティを体現した活動を表彰する取り組みや，本や映像，e ラーニングなどのツールを制作し，この新しいビジョンとアイデンティティの理解・浸透を図っている。

各国のステークホルダーに向けても，統一したブランド・メッセージ発信を行うため，2013 年 5 月から 17 の国と地域を対象として，グローバル・ブランド・キャンペーンを開始した。子どもたちが社会に対して抱く素朴な疑問の投げかけに対して，日立が社会イノベーション事業でどう応えていくのか，を示している。キャンペーン・スローガン “SOCIAL INNOVATION：IT'S OUR FUTURE” であり，この広告表現の選定プロセスには，当時の中西社長も参加した。

このキャンペーンでは，グローバル・チームが一貫したオペレーションを手がけ，広告会社であるパートナーを選定，英語のマスター原稿を開発し，それぞれの国や地域で利用できるように言語や広告表現のチェックを行うという業務体制を確立した。メディアの選定にあたっては，国や地域ごとに日立のビジネスの進出度，メディアの成熟度合いで整理し，どのようなメディアの組み合わせが最適かを国や地域ごとに決定。このように，日本も含めたグローバル市場で統一したメッセージ・広告表現で企業広告をいっせいに展開したのは，日立史上初の試みだ。

キャンペーンでは，ウェブサイトの活用も重視している。日立自身の社会イノベーション事業への取り組みだけでなく，世界各地での社会的課題解決案のニュースを「キュレーション」の形で紹介している。このウェブサイトの手法は近年，ブランド・ジャーナリズムとして知られているもっとも先進的なアプローチである。

日立は巨大企業でありながら，事業の立て直しからコミュニケーションに至るまで，社会イノベーションの旗印のもと，一貫した事業推進を進めている。ある雑誌が「日立に学べ」という特集を組んだように，日立の歩みは日本企業の優れたモデルとなるべきものだ。

参照資料

小板橋太郎（2014）『異端児たちの決断——日立製作所 川村改革の 2000 日』日経 BP 社

川村隆（2015）『ザ・ラストマン——日立グループの V 字回復を導いた「やり抜く力」』角川書店

溝口健一郎（2015）「日立のグローバルブランド戦略」『BtoB コミュニケーション』2015 年 3 月号，

2～7頁

鈴木學（2013）「英国の高速鉄道置き換え案件受注までの取り組みと経緯について」『JARTS』No.
221, 33～41頁

「日立に学べ！」『週刊東洋経済』2013年2月2日, 36～71頁

「グループを挙げた初のグローバルキャンペーン：日立グループ」『Brain』637号, 2013年8月号,
62～63頁

# 30 横河電機株式会社（2017年1月）
## ——企業変革とコミュニケーション

　横河電機は東京都武蔵野市に本社を構え，売上の9割がIA（Industrial Automation）事
業の会社である。計測・制御機器メーカーとしては国内最大手であり，かつ世界屈指のグ
ローバル企業だ。売上規模は約4137億円（2015年度）。7割が海外からの売上である。
BtoB企業としては珍しくブランド強化活動に着手し，計測機器からIAの会社に変身を遂
げ，さらに現在は新たな事業変革のステージに向かっている。このグローバル企業の成長
の軌跡を企業コミュニケーションの観点からたどってみよう。

### 創建から発展へ

　横河電機株式会社（以下，横河電機）の創業者は横河民輔氏（1864～1945年）。明治か
ら昭和にかけて活躍した建築家であり，実業家であった。横河橋梁製作所（現・株式会社
横河ブリッジ），横河化学研究所，東亜鉄工所などの企業を興した。その1つが1915年に
設立された電気計器研究所，現在の横河電機である。第2次世界大戦中には軍需を支え，
1万人を超す従業員を擁していた。だが，戦後は1600人の従業員体制から再出発している。

　横河電機の発展は，その後の合併や合弁・提携戦略によるところが大きい。1955年の
フォックスボロー（アメリカ）との工業計器に関する技術援助契約，63年のヒューレッ
ト・パッカード（アメリカ）との合弁，82年のゼネラル・エレクトリック（アメリカ）
との合弁，83年の北辰電機製作所との合併などによって，横河電機の活躍するフィール
ドはますます広がった。グローバル企業との提携は，その後の横河電機の信頼や評判を高
めるためにも役立った。

　横河電機の主要顧客としては，エネルギーや化学，医薬品，鉄鋼・非鉄金属，電力・ガ
スなどの事業会社をはじめ，大規模プラントや施設の建設請負会社などが挙げられる。た
とえば，石油精製のコンビナートには無数のパイプが通っているが，そのパイプの中を流
れているさまざまな物質の流量や温度を測定し，制御する機器の製造は横河電機の得意技
だった。

　しかし近年の横河電機は，こうした「部品」だけを提供するわけではない。主力として
いるIA事業では，こうした大規模なプラントの全体を総合的に統御するハードウェアと
ソフトウェア，そして，それらの管理サービスを提供している。

　主力商品の1つである「CENTUM VP」（センタム・ブイピー）とは，生産工程を自動

制御する分散制御システム（DCS: Distributed Control System）で，プラント設計，エンジニアリング，システム・機器の据え付け，生産立ち上げ，稼働後の改修や変更，さらに運転終了まで，プラントのライフサイクル全体にわたり最適な操作，エンジニアリング環境を顧客に提供するものである。この CENTUM VP は，とくに石油化学プラントのような爆発の危険を伴う工場で，停止する確率がきわめて低く，信頼性の高い制御システムとして知られている。最近の動きを追ってみよう。

### 第1期（2002〜07年）：IA ブランド創建期

第1期は横河電機の IA 事業の大きな成長期であった。2002〜07年の6年間で IA 事業の売上は 1.7 倍（円ベース）に急増している。2002，03年には石油メジャーの1社，シェルから連続して大型案件の受注を勝ち取っている。

一方この時期，IA 業界では上位集中化が進行した。1990年時点で約30社が上位にひしめいていたものの，その後の M&A などによって「ビッグ6」に集約されてきたのである。「ビッグ6」とは ABB（スイス），ハネウェル（アメリカ），インベンシス（イギリス，現在はシュナイダーエレクトロニック〔フランス〕），エマソン・エレクトリック（アメリカ），シーメンス（ドイツ），そして横河電機（日本）である。2006年当時，横河電機は6社中6位の10%を少し超える程度のシェアであった。

こうした手強い競合に囲まれて，横河電機が抱える問題の1つが企業イメージだった。グローバル市場ではメジャー・プレーヤーでありながら，「Yoko…Who?（横なんとか，ってどこの会社？）」と言われることも珍しくなかった。また，「御社のシステムはとてもしっかりできている。ただビジネスの相手としては……」「製品はすばらしいが，マーケティングは……」などといった評価を聞くこともあった。営業体制は地域ごとに任されており，グローバルに統一されたマーケティングやブランド活動が欠如していた結果，知名度や理解度の不足を招いていたのである。

そのような折，「ビッグ6」の一角であるエマソンがブランド活動を仕掛けてきた。エマソンはそれまで業界内でさほど目立つ存在ではなかった。しかし，M&A 戦略によって獲得した個別製品をすべて「Plant Web」という統一ブランドのもとに統合したのである。「Plant Web」は工場内のエマソンの機器をネットワークとしてつなぎ，効率的に管理でき，より大きな操業利益をもたらすメリットを具体的に打ち出していた。

こうした競合の動きは横河電機にも大きな影響を与えた。横河電機の強みを再検討し，「横河らしさ」とは何かを明らかにする作業が開始された。分析の結果，横河電機の強みとは，「高い技術力に裏打ちされた信頼性」と「どのような困難なプロジェクトも完遂させる横河マインド」の2点であった。こうした分析をベースとして，横河電機の企業ブランドのコンセプトとして抽出されたのが，「Aggressive Craftsman」（積極的な職人）である。

さらにこの基本コンセプトから，メッセージとして「Vigilance」が発想された。「Vigilance」とは「寝ずの番」という意味である。これは文字どおり，昼夜を問わずプラントを見張っている横河電機のシステムを意味すると同時に，横河電機がもつ強み「職人気質」「品質」「信頼性」「コミットメント」の意味が込められ，同社の提供価値を表現した。

この「Vigilance」というブランド・メッセージは，まず2003年からグローバル・ワー

クショップという形で社内への浸透が図られた。次に，対外的な広報・広告・イベントなどで用いられ発信されることによって社内外に浸透させ，横河電機の企業イメージを積極的なものへと変化させていったのである。その後この「Vigilance」は，製品と密接に結び付いた「Vigilant Plant」というメッセージへと進化している。こうした活動の結果，横河電機の知名度は北米をはじめ各地域で，これまで以上に高まった。また，制御システムを発注する際には，横河電機が必ず候補の1つに挙がるようになった。

### 第2期（2008～14年）：IAブランド発展期

第2期に横河電機を襲ったのが2008年のリーマン・ショックである。同社の業績も一時低迷し，ブランド活動も従来のような活発な展開は望めなかった。しかし，ブランド活動を担うスタッフを一新して打ち出したのが「Vigilant Plant Services」というブランドである。これは，IA事業の第1期の進化形である。

「Vigilant Plant Services」とは，顧客に対しプラント・ライフサイクルにわたって，安全・安定・高効率なプラント・オペレーションである「Vigilant Plant」を実現するためのサービス商品の総合ブランド名である。ここには，計装設備の保守・点検サービスから，安全性・生産性改善のコンサルティングまで，幅広い商品がラインアップされている。

このブランドによって，高い技術力をもつ組織がヨコに連携し，顧客に向かって同じ視線で仕事をしていく素地ができたといえる。

### 第3期（2015年～現在）：企業ブランド強化期

横河電機の企業コミュニケーションは，2013年からステップアップの時期に入った。2015年に創業100周年を迎え，新しい企業スローガンが制定された。それが，「Co-innovating tomorrow」というコーポレート・ブランド・スローガンである。「Co-innovating」とは，「共創」を意味する。それまでIA中心だったブランド活動をさらに広げて，YOKOGAWAというブランドをより強くしていこうという，コーポレート全体のブランディング意図が込められている。

横河電機はグローバル化を果たすことにも成功している。2006年度の海外売上は，52.8％と国内売上と拮抗していたが，07年度には55.6％，16年度には約70％となり，従業員構成も日本人は40％以下となった。全体からみれば日本人は「マイノリティ」になっている。また横河電機は北米に営業拠点を最初に構え，現在では商社以上に世界中にネットワークを張り巡らしている。こうした面でもグローバル化しているといえるだろう。

### 近年のIA業界の変化

このような変身はいかにして可能になったのだろうか。それを知るには，IA業界の近年の変化をみる必要がある。

2008年のリーマン・ショックでいったん下がった原油価格は，09年を底として反転し，14年6月ごろまで石油の価格は1バレル当たり100ドル以上の高価格をつけてきた。しかし，世界的な景気の低迷や可採埋蔵量（現在の市価で採掘可能な地下資源）の増加を背景として原油価格は下落し，2016年10月現在，50ドル以下の低価格に陥っている。こう

478　第Ⅳ部　事例篇

した原油価格の下落は，石油精製プラントの新設を抑制する。

現在，横河電機のビジネスの重心は「MAC」（Main Automation Contractor）に移りつつある。MACとは，石油メジャーなどの顧客が，特定の制御メーカー1社に他社品を含めたオートメーション・システム全体の構築ととりまとめを委託する事業者のことである。その背景には，制御ビジネスの仕組みの変化がある。

海外における横河電機は，「CAPEX」（capital expense＝設備投資に関する資本的支出），つまり石油会社の工場の新規建設などの初期投資で稼ぐ部分が多かった。この分野において横河電機は，信頼性の評価が高かった。ただ新規建設が減るにつれ，横河電機には「OPEX」（operating expense＝事業運営のために継続して必要となる費用）で稼ぐ仕組みが必要になってきた。

先に述べた石油価格のここ数年の下落は，それまでの「引き合い（RFP: Request For Proposal）型ビジネス」から「提案型ビジネス」への転換を加速化させた。また同時に石油プラントのような資源・エネルギー・マテリアル関連産業の顧客だけでなく，ビール工場のような食品産業，ヘルスケア・再生細胞を扱うライフサイエンス事業にまで横河電機の顧客層は広がるようになった。

こうした新しいビジネス領域には新しい競合がつきものである。上記の動きは，もともと個別の工場の個別部品に対応していた「OT（Operating Technology）型ビジネス」だったものが，「IT（Information Technology）型ビジネス」へ転換することを意味している。この「OT」から「IT」への移行に伴って「CRM（顧客関係管理）」「ERP（統合業務パッケージ）」などと密接につながり，プラントが企業全体のバリューチェーンの1ブロックに組み込まれる結果となる。

「OT」から「IT」への移行の中で，プラントのデータは工場内のサーバーではなく，横河電機のようなサプライヤー側に移動することになる。この領域はIoT（Internet of Things＝モノのインターネット）と関係が深い。つまり，あらゆる機械や製品とインターネットがつながり，それらの動きがデータとして蓄積され，分析される。この事業領域では，シスコシステムズ（アメリカ），IBM（アメリカ），ゼネラル・エレクトリック（アメリカ），アマゾン（アメリカ），グーグル（アメリカ）などがコラボレーションする相手でもあるし，同時に競合にもなる。

こうした状況を理解すれば，横河電機の新しいスローガン「Co-innovating tomorrow」の意味がいっそうはっきりしてくるだろう。MAC型ビジネスの台頭，「CAPEX」から「OPEX」へ，「引き合い型」から「提案型」へ，「OT」から「IT」へ，これらの変化に伴って，これまで組んだことのなかった企業や業界と手を携えて事業を推し進める「共創」が必要となるのである。

## マーケティングの変化

こうした時代に，マーケティングはどのように変化するのだろうか。上記のビジネスモデルの変化に伴って，実際のマーケティングのスタイルも変化する。そのポイントは2つある。

第1のポイントは，企業の購買スタイルの変化である。かつて購買センターのみが購買

の窓口であった時代は，関係する部署すべてが合意しないと購入には至らなかった。しかし現在では，BtoB の商材をオンライン（＝ e コマース）で買う時代に入ってきた。驚くべきことに，アメリカでは BtoB の商材の対面販売の割合はすでに 20％程度に減少しているという。つまり，いかに対面せずに BtoB 取引を効率化するかがポイントである。そういう時代にはオンラインで購入を判断するため，ブランドがより重要性を増してくる。

第 2 のビジネス・スタイル変化のポイントは，「PLM」（Product Lifecycle Management）への進出である。まず，もっとも下位にあるレベル 1 は，センサーや分析計などの商品である。レベル 3 は MES（Manufacturing Engineering System ＝製造実行システム）であり，横河電機はこのレベルで実績を上げてきた。さらに，レベル 4 ＝ ERP は IT のレベルであり，モノからコトの世界である。今後の横河電機のフォーカスはまさにこのレベル 4 にある。

横河電機は 2016 年 2 月，独立事業ユニットとして「インダストリアル・ナレッジ」（Industrial Knowledge）の設立を発表した。これは，高度ソリューション・ビジネスである「SaaS」（ソフトウェア・アズ・ア・サービス）事業への本格的進出を意味する。「SaaS」とは，通信ネットワークなどを通じ，ソフトウェアの機能を必要に応じてユーザーに提供するクラウド・サービスのことである。このインダストリアル・ナレッジは，横河電機が 2016 年 1 月に買収を発表したクラウド・データサービス・プロバイダーのインダストリアル・エボリューションを母体として設立されている。

この事業体によって可能になるのは，「PLM」である。「PLM」とは，製品の設計から開発・保守・廃棄・リサイクルに至る製品ライフサイクル全体の関連情報を IT で一元管理しようとする考え方であり，いわば工場管理に関する「ワンストップ・ショッピング」である。

このような製品をマーケティングするためには，「マーケティング・オートメーション」の考え方を導入する必要が出てくる。つまり，潜在的な顧客の「リード（引き合い）」情報をもとに，オンライン上でメールなどを用いて働きかけるやり方である。ただ，オイル・メジャーなどの「ティア 1」（メーカーに直接納入する 1 次サプライヤー）顧客とは，アカウント・マネジメントの手法で，対面によって営業活動を行う必要がある。そして重要な点は，こうした新領域ビジネスにおいては他社との協業が必須になるということだ。

一例として，シスコシステムズとシェルと横河電機の 3 社で行われたプロジェクトがある。これは，外からプラントのマネジメントができるようにするプロジェクトである。これがまさに，横河電機がブランドのスローガンとして掲げた「Co-innovating tomorrow」の実現例の 1 つである。

横河電機が進出しようとする新事業領域においては，IT プレーヤーなどとの協業が必要であり，新しいビジネス・スタイルとマーケティングが求められるようになる。横河電機の歴史とは，このように環境の変化に対応して，事業モデルを巧みに変化させながら，競争の厳しい市場で成長してきた歴史なのである。


参照資料
本庄加代子（2009）「横河電機 IA（制御）事業の躍進—— B2B ブランディングへの挑戦」『マーケ

480　第Ⅳ部　事例篇

ティング ジャーナル』112 号，84～97 頁

本庄加代子（2014）「事業の環境の変化とブランド・マネジメント——横河電機 IA 事業の挑戦とその後」田中洋編『ブランド戦略全書』有斐閣，259～285 頁

中村公一（2013）「M&A 戦略の焦点——シナジー創出からコンピタンスの形成へ」『駒大経営研究』第 44 巻第 3・4 号，69～92 頁

『マネー辞典』m-Words，「CAPEX」（http://m-words.jp/w/CAPEX.html），「OPEX」（http://m-words.jp/w/OPEX.html）

ITmedia エンタープライズ「5 分で絶対に分かる SaaS」（http://www.itmedia.co.jp/im/articles/0703/20/news144.html）

富士通「ものづくりの救世主 PLM とは」（http://www.fujitsu.com/jp/solutions/industry/manufacturing/monozukuri-totalsupport/concept/article/overview/）

# ❖ 引用文献

## 【外国語】

Aaker, D. A. (1991). *Managing brand equity: Capitalizing on the value of a brand name.* New York: Free Press. (デービッド・A. アーカー／陶山計介・尾崎久仁博・中田善啓・小林哲訳 (1994) 『ブランド・エクイティ戦略——競争優位をつくりだす名前, シンボル, スローガン』ダイヤモンド社)

Aaker, D. A. (1996). *Building strong brands.* New York: Free Press. (デービッド・A. アーカー／陶山計介・梅本春夫・小林哲・石垣智徳訳 (1997) 『ブランド優位の戦略——顧客を創造する BI の開発と実践』ダイヤモンド社)

Aaker, D. A. (2004). *Brand portfolio strategy: Creating relevance, differentiation, energy, leverage, and clarity.* New York: Free Press. (デービッド・アーカー／阿久津聡訳 (2005) 『ブランド・ポートフォリオ戦略——事業の相乗効果を生み出すブランド体系』ダイヤモンド社)

Aaker, D. A. (2014). *Aaker on branding: 20 principles that drive success.* New York: Morgan James Publishing. (デービッド・アーカー／阿久津聡訳 (2014) 『ブランド論——無形の差別化をつくる 20 の原則』ダイヤモンド社)

Aaker, D. A. & Jacobson, R. (1994). The financial information content of perceived quality. *Journal of Marketing Research,* 31(2), 191-201.

Aaker, D. A. & Jacobson, R. (2001). The value relevance of brand attitude in high technology markets. *Journal of Marketing Research,* 38(4), 485-493.

Aaker, D. A. & Joachimsthaler, E. (2000a). *Brand leadership: Building assets in an information economy.* New York: Free Press. (デビッド・アーカー, エーリッヒ・ヨアヒムスターラー／阿久津聡訳 (2000) 『ブランド・リーダーシップ——「見えない企業資産」の構築』ダイヤモンド社)

Aaker, D. A. & Joachimsthaler, E. (2000b). The brand relationship spectrum: The key to the brand architecture challenge. *California Management Review,* 42(4), 8-23.

Aaker, D. A. & Keller, K. L. (1990). Consumer evaluations of brand extensions. *Journal of Marketing,* 54 (1), 27-41.

Aaker, D. A. & Myers, J. G. (1987). *Advertising management* (3rd ed.). Englewood Cliffs, NJ: Prentice-Hall.

Aaker, J. L. (1997). Dimensions of brand personality. *Journal of Marketing Research,* 34, 347-356.

Aaker, J. L., Benet-Martinez,V., & Garolera, J. (2001). Consumption symbols as carriers of culture: A study of Japanese and Spanish brand personality constructs. *Journal of Personality and Social Psychology,* 81, 492-508.

Aggawal, P. & Mcgill, A. L. (2007). Is that car smiling at me? Schema congruity as a basis for evaluating anthropomorphized products. *Journal of Consumer Research,* 34(4), 468-479.

Alderson, W. (1957). *Marketing behavior & executive action: A functionalist approach to marketing theory.* Manfield Centre, CT: Martino Publishing. (ロー・オルダースン／田村正紀訳 (1981) 『動態的マーケティング行動——マーケティングの機能主義理論』千倉書房)

Allen, C. T., Fournier, S., & Miller, F. (2008). Brands and their meaning makers. In: C. P. Haugtvedt, P. M. Herr, & F. R. Kardes (eds.) *Handbook of consumer psychology.* New York: Lawrence Erlbaum Associates. Pp. 781-822.

Allen, F. L. (1939). *Since yesterday: The 1930's in America.* New York: Harper & Row. (F. L. アレン／藤久ミネ訳 (1990) 『シンス・イエスタディ——1930 年代・アメリカ』筑摩書房)

Allport, G. W. (1935). Attitudes. In: C. Murchison (ed.) *A handbook of social psychology.* Worcester, MA: Clark University Press. Pp. 798-844.

American Marketing Association. (2007).
http://www.marketingpower.com/mg-dictionary.php?SearchFor=brand&Searched=1 (brand の項目)

Anderson, B. (1983, revised 1991). *Imagined communities: Reflections on the origin and spread of nationalism.* London: Verso. (ベネディクト・アンダーソン／白石隆・白石さや訳 (2007) 『定本 想像

の共同体——ナショナリズムの起源と流行』書籍工房早山）

Ariely, D.（1998）. Combining experiences over time: the effects of duration, intensity changes and on-line measurements on retrospective pain evaluations. *Journal of Behavioral Decision Making*, 11(1), 19-45.

Arthur, W. B.（2009）. *The nature of technology: What it is and how it evolves*. New York: Free Press.（W. ブライアン・アーサー／日暮雅通訳（2011）『テクノロジーとイノベーション——進化／生成の理論』みすず書房）

Assay Office, Hallmarking History.
http://www.theassayoffice.co.uk/hallmarking_history.html （2013/11/6 アクセス）

Avis, M.（2009）. *The problems of brand definition*. University of Otago, ANZMAC.

Avis, M., Aitken, R., & Ferguson, S.（2012）. Brand relationship and personality theory: Metaphor or consumer perceptual reality? *Marketing Theory*, 12(3), 311-331.

Bagozzi, R. P.（1975）. Marketing as exchange. *Journal of Marketing*, 39(4), 32-39.

Bagozzi, R. P., Gurhan-Canliz., & Priester, J. R.（2002）. *The social psychology of consumer behavior*. Buckingham, UK: Open University Press.

Baldinger, A. L., Blair, E. &, Echambadi, R.（2002）. Why brands grow. *Journal of Advertising Research*, Jan.-Feb. 7, 7-14.

Barsalou, L. W.（1985）. Ideals, central tendency, and frequency of instantiation as determinants of graded structure in categories. *Journal of Experimental Psychology: Learning, Memory, and Cognition*, 11(4), 629-654.

Barwise, P.（1993）. Brand equity: Snark or boojum? *International Journal of Research in Marketing*, 10(1), 93-104.

Batra, R., Ahuvia, A., & Bagozzi, R. P.（2012）. Brand love. *Journal of Marketing*, 76(2), 1-16.

Batra, R., Lenk, P., & Wedel, M.（2010）. Brand extension strategy planning: Empirical estimation of brand-category personality fit and atypicality. *Journal of Marketing Research*, 47(2), 335-347.

Beauchamp, T. L., & Bowie, N. E.（eds.）（2005）. *Ethical theory and Business*（5th ed.）. New York: Simon & Schuster.（トム・L. ビーチャム，ノーマン・E. ボウイ編／加藤尚武監訳（2005）『企業倫理学 1——倫理の原則と企業の社会的責任』晃洋書房）

Belk, R. W.（1988）. Possessions and the extended self. *Journal of Consumer Research*, 15, 139-168.

Berger, K. R.（2002）. *A brief history of packaging*. Discussion Paper. The Agricultural and Biological Engineering Department, Florida Cooperative Extension Service, Institute of Food and Agricultural Sciences, University of Florida.
http://edis.ifas.ufl.edu/pdffiles/AE/AE20600.pdf (2013/1/30 アクセス)

Berry, L. L. & Carbone, L. P.（2007）. Build loyalty through experience management. *Quality Progress,*（September）, 26-32.

Bershidsky, L.（2016）. Islamic State is just an umbrella brand for hate. It has become as much a marketing organization as a terror-planning center. *Bloomberg View*.（2016/7/14）.
http://www.bloomberg.com/view/articles/2016-06-14/isis-is-just-an-umbrella-brand-for-hate
（2017/7/25 アクセス）

Beverland, M. B.（2004）. Uncovering "theories-in-use": Building luxury wine brands. *European Journal of Marketing*, 38(3/4), 446-466.

Brakus, J. J., Schmitt, B. H., & Zarantonello, L.（2009）. Brand experience: What is it? how is it measured? does it affect loyalty? *Journal of Marketing*, 73(3), 52-68.

Branthwaite, A. & Cooper, P.（1981）. Analgesic effects of branding in treatment of headaches. *British Medical Journal*, 282(6276), 1576-1578.

Braudel, F.（1986）. *Civilisasion matérielle, économie et capitalism, XVe-XVIIIe siècle. Tome 2. Les jeux de l' échange*. Paris: Librairie Armand Colin.（フェルナン・ブローデル／山本淳一訳（1988）『物質文明・経済・資本主義 15－18 世紀 II-2 交換のはたらき 2』みすず書房）

Braudel, F.（1997）. *Les ambitions de l'Historire*. Paris: Éditions de Fallois.（フェルナン・ブローデル／浜名

優美監訳（2005）『歴史学の野心〈ブローデル歴史集成 II〉』藤原書店）

Brown, T. J. & Dacin, P. A. (1997). The company and the product: Corporate associations and consumer product responses. *Journal of Marketing*, 61(1), 68-84.

Brown, T. J., Dacin, P. A., Pratt, M.G., & Whetten, D. A. (2006). Identity, intended image, construed image, and reputation: An interdisciplinary framework and suggested terminology. *Journal of the Academy of Marketing Science*, 34(2), 99-106.

Bruland, K., & Mowery, D. C. (2006). Innovation through time. In: Jan Fagerberg, David C. Mowery, & Richard R. Nelson (eds.) *The Oxford handbook of innovation*. Oxford, UK: Oxford University Press. Pp. 349-379.

Bunzel, C. (2015). *From paper state to Caliphate: The ideology of the Islamic State*. The Brookings Project on U. S. Relations with the Islamic World. Analysis Paper, No. 19, March 2015.

Carcano, L., & Ceppi, C. (2010). *Time to change: Contemporary challenges for Haute Horlogerie*. Milano: EGEA S. p. A.（ルアノ・カルカノ，カルロ・チェッピィ／長沢伸也・小山太郎監訳（2015）『ラグジュアリー時計ブランドのマネジメント——変革の時』角川学芸出版）

Caswell, J. A., & Padberg, D. I. (1992). Toward a more comprehensive theory of food labels. *American Journal of Agricultural Economics*, 74(2), 460-468.

Catry, B. (2003). The great pretenders: The magic of luxury goods. *Business Strategy Review*, 14(3), 10-17.

Charmaz, K. (2011). Grounded theory methods in social justice research. In: N. K. Denzin & Y. S. Lincoln (eds.) *The Sage handbook of qualitative research,* Los Angeles: Sage. Pp. 359-380.

Chevalier, M. and Mazzalovo, G. (2008). *Luxury brand management: A word of privilege*. Paris: Dunod.

Christin, A.-M. (2012). *Histoire de l'écriture*: De idéogramme au multimédia. Paris: Flammarion.（アンヌ-マリー・クリスタン編／澤田治美監修（2012）『世界の文字の歴史文化図鑑——ヒエログリフからマルチメディアまで』柊風舎）

Collon, D. (1990). *Near eastern seals*. British Museum Press.（ドミニク・コロン／池田潤訳（1998）『オリエントの印章』学芸書林）

Concoran, S. (2009). Defining earned, owned, and paid media. *Forrester Blogs*. https://markstaton.files.wordpress.com/2013/10/defining-earned-owned-and-paid-media.pdf（2017/8/20 アクセス）

Connerton, P. (1989). *How societies remember*. UK: Cambridge University Press.（ポール・コナトン／芦刈美紀子訳（2011）『社会はいかに記憶するか——個人と社会の関係』新曜社）

Corbellini, E. & Saviolo, S. (2009). *Managing fashion and luxury companies*. Milano: Rizzoli Etas.（エリカ・コルベリーニ，ステファニア・サヴィオロ／長沢伸也・森本美紀訳（2013）『ファッション＆ラグジュアリー企業のマネジメント——ブランド経営をデザインする』東洋経済新報社）

Corbin, J. & Strauss, A. L. (1990). *Basics of qualitative research: Techniques and procedures for developing grounded theory*. Los Angeles, LA: Sage publications.（J. コービン，A. L. ストラウス／操華子・森岡崇訳（1999）『質的研究の基礎——グラウンデッド・セオリーの開発の技法と手順』医学書院）

Cova, B., & Cova, V. (2002). Tribal marketing: The tribalisation of society and its impact on the conduct of marketing. *European Journal of Marketing*, 36(5/6), 595-620.

Crossley, P. (2008). *What is global history?* Cambridge, UK: Polity Press.（パミラ・カイル・クロスリー／佐藤彰一訳（2012）『グローバル・ヒストリーとは何か』岩波書店）

Csikszentmihalyi, M. (1990). *Flow: The psychology of optimal experience*. New York: Harper Collins.（M. チクセントミハイ／今村浩明訳（1996）『フロー体験——喜びの現象学』世界思想社）

Cylinder seal of Pu-abi, The British Museum. http://www.britishmuseum.org/explore/highlights/highlight_objects/me/c/cylinder_seal_of_pu-abi.aspx（2012/10/8 アクセス）.

Dacin, P. A. & Brown, T. J. (2006). Corporate branding, identity, and customer response. *Journal of the Academy of Marketing Science*, 34(2), 95-98.

de Chernatony, L. (2002). Would a brand smell any sweeter by a corporate name? *Corporate Reputation*

*Review*, 5(2/3), 114-132.

de Chernatony, L. & Riley, F. D. (1998). Defining a "brand": Beyond the literature with experts' interpretations. *Journal of Marketing Management*, 14(5), 417-443.

Dekimpe, M. G., Steenkamp, J.-B. E. M., Mellens, M., Vanden, A. P. (1997). Decline and variability in brand loyalty. *International Journal of Research in Marketing*, 14(5), 405-420.

Delort, R. (1972). *Le moyen age: Histoiré illustrée de la vie quotidienne*. Paris: Éd. du. Seuil. (ロベール・ドロール／桐村泰次訳 (2014)『中世ヨーロッパ生活誌』論創社)

Dinnie, K. (2003). Country-of-origin 1965-2004: A literature review. Manuscript.

Douglas, S. P. & Craig, C. S. (1989). Evolution of global marketing strategy: Scale, scope, and synergy. *Columbia Journal of World Business*, 24(3), 47-59.

Drucker, P. F. (1973). *Management: Tasks, responsibilities, practices*. New York: Harper & Row. (ピーター・ドラッカー／有賀裕子訳 (2008)『マネジメント――務め，責任，実践2』(日経BPクラシックス) 日経BP社)

Dubois, B. (1998). *L'art du marketing*. Paris: Village Mondial.

Dyer, D., Dalzell, F., & Olegario, R. (2003). *Rising tide: Lessons from 165 years of brand building at Procter & Gamble*. Watertown, MA: Harvard Business Press. (デーヴィス・ダイアー，ロウェナ・オレガリオ，フレデリック・ダルゼル／足立光・前平謙二訳 (2013)『P&Gウェイ――世界最大の消費財メーカー P&Gのブランディングの軌跡』東洋経済新報社)

Eckhardt, G. M. & Houston, M. J. (2002). Cultural paradoxes reflected in brand meaning: McDonald's in Shanghai, China. *Journal of International Marketing*, 10(2), 68-82.

Ehrenberg, A. S. C. (1993). If you're so strong, why aren't you bigger?: Making the case against brand equity. *Admap Magazine*, 28, 13-14.

Ehrenberg, A. & Goodhardt, G. (2002). The double jeopardy revisited, again. *Marketing Research*, 14(1), 40-42.

Ehrenberg, A. S. C., Uncles, M. D., & Goodhardt, G. J. (2004). Understanding brand performance measures: Using Dirichlet benchmarks. *Journal of Business Research*, 57(12), 1307-1325.

Ellis, B. E. (1991). *American psycho*. New York: Random House. (ブレット・イーストン・エリス／小川高義訳 (1992)『アメリカン・サイコ』角川書店)

Enoksen, L. M. (1998). *Runor: Historia, tydning, tolkning*. Sweden: Histoska Media. (ラーシュ・マーグナル・エーノクセン／荒川明久訳 (2007)『ルーン文字の世界――歴史・意味・解釈』)

Epstein, E. J. (1982). *The rise and fall of diamonds: The shattering of a brilliant illusion*. New York: Simon and Schuster.

Fagerberg, J. (2006). Innovation: A guide to the literature. In: Jan Fagerberg, David C. Mowery, & Richard R. Nelson (eds.) *The Oxford Handbook of Innovation*. Oxford, UK: Oxford University Press. Pp. 1-26.

Farquhar, P. H. & Ijiri, Y. (1993). A dialogue for momentum accounting for brand management. *International Journal for Research in Marketing*, 10(1), 77-92.

Farris, P. W., Bendle, N. T., Pfeifer, P. E., & Reibstein, D. J. (2006). *Marketing metrics: 50+ metrics every executive should master*. Upper Saddle River, NJ: Pearson Education.

Feldwick, P. (1996). What is brand equity anyway, and how do you measure it? *Journal of the market research society*, 38(2), 85-104.

Fishbein, M. & I. Ajzen. (1975). Beliefs, attitude, intention, and behavior: An introduction to theory and measurement. In: M. Fishbein (ed.) *Readings in attitude theory and measurement*. New York: Wiley. Pp. 477-492.

Fisher, R. P. & Geiselman, R. E. (1992). *Memory-enhancing techniques for investigative interviewing: The cognitive interview*. Springfield, IL: Charles C. Thomas Publishing.

Fombrun, C. J. & Gardberg, N. (2000). Who's tops in corporate reputation? *Corporate Reputation Review*, 3(1), 13-17.

Fornier, S., Breazeale, M., & Pestcherin, M. (2012). *Consumer-brand relationships: Theory and practice*.

Abington, Oxon, UK: Routledge.

Franzen, G. & Moriarty, S.（2009）. *The science and art of branding.* Armonk, NY: M. E. Sharpe.

Fritz, C., Curtin, J., Poitevineau, J., Morrel-Samuels, P., & Tao, F-C.（2012）. Player preferences among new and old violins. *Proceedings of National Academy of Sciences of the United States of America.* http://www.pnas.org/content/early/2012/01/02/1114999109.abstract（2012/6/6 アクセス）

Gardner, B. B. & Levy, S. J.（1955）. The product and the brand. *Harvard Business Review,* March-April, 33-39.

Geiselman, R. E. & Fisher, R. P.（2014）. Interviewing witnesses and victims. Mimeograph for Michel St. Yves（ed.）*Investigative interviewing: Handbook of best practices.* Toronto: Thomson Reuters Publishers.

Gerstner, E.（1985）. Do higher prices signal higher quality? *Journal of Marketing Research,* 22（2）, 209-215.

Gies, F. & Gies, J.（1982）. *Life in a medieval city.* Harper Collins Publishers.（ジョゼフ・ギース，フランシス・ギース／青島淑子訳（2006）『中世ヨーロッパの都市の生活』講談社）

Glaser, B. G. & Strauss, A. L.（1967）. *The discovery of grounded theory: Strategies for qualitative research.* New Brunswich: Aldine Transaction.（B. G. グレイザー，A. L. ストラウス／後藤隆・大出春江・水野節夫訳（1996）『データ対話型理論の発見——調査からいかに理論をうみだすか』新曜社）

Golder, P. N. & Tellis, G. J.（1993）. Pioneer advantage: Marketing logic or marketing legend? *Journal of Marketing Research,* 30（2）, 158-170.

Goodall, D.（2009）. Owned, bought and earned media. *All That Is Good.*（Mar. 02）. https://danielgoodall.com/2009/03/02/owned-bought-and-earned-media/（2017/8/20 アクセス）

Grierson, P. J. H.（1903）. *The Silent Trade: A contribution to the early history of human intercourse.* Edinburgh: W. Green.（フィリップ・ジェイムズ・ハミルトン・グリァスン／中村勝訳（1997）『沈黙交易——異文化接触の原初的メカニズム序説』ハーベスト社）

Grönroos, C.（2000）. *Service management and marketing: Customer management in service competition.* New York: Wiley.

Grönroos, C.（2009）. Relationship marketing as promise management. In: Pauline Maclaran, Michael Saren, Barbara Stern, & Mark Tadajewski（eds.）*The Sage handbook of marketing theory.* London: Sage Publications. Pp. 397-412.

Gürhan-Canli, Z. & Batra, R.（2004）. When corporate image affects product evaluations: The moderaiting role of perceived risk. *Journal of Marketing Research,* 4（2）, 197-205.

Gutman, J.（1982）. A means-end Chain model Based on consumer categorization processes. *Journal of Marketing,* 46, 60-72.

Haig, M.（2003）. *Brand failures: The truth about the 100 biggest branding mistakes of all time.* London: Kogan Page.（マット・ヘイグ／田中洋・森口美由紀訳（2005）『あのブランドの失敗に学べ！』ダイヤモンド社）

Halbwachs, M.（1950）. *La mémoire collective.*（M. アルヴァックス／小関藤一郎訳（1989）『集合的記憶』行路社）

Hankinson, G. & Cowking, P.（1996）. *The reality of global brands: Cases and strategies for successful management of international brands.* McGraw-Hill.

Harris, G.（1996）. Factors influencing the international advertising practices of multinational companies, *Management Decision,* 34（6）, 5-11.

Hatch, M. J. & Schultz, M.（2001）. Are the strategic stars aligned for your corporate brand? *Harvard Business Review,* 79（2）, 129-134.

Hatch, M. J. & Schultz, M.（2003）. Bringing the corporation into corporate branding. *European Journal of Marketing,* 37（7/8）, 1041-1064.

Hiltzik, M. A.（1999）. *Dealers of LIghtning: Xerox PARC and the dawn of the computer Age.* NY: HarperCollins.（マイケル・ヒルツィック／鴨澤眞夫訳（2001）『未来をつくった人々——ゼロックス・パロアルト研究所とコンピュータエイジの黎明』毎日コミュニケーションズ）

Hoeffler, S. & Keller, K. L.（2003）. The marketing advantages of strong brands. *Journal of Brand*

*Management,* 10(6), 421-445.

Holbrook, M. B. (1992). Product quality, attributes, and brand name as determinants of price: The case of consumer electronics. *Marketing Letters,* 3(1), 71-83.

Holbrook, M. B. & Hirchman, E. C. (1982). The experiential aspects of consumption: Consumer fantasies, feelings, and fun. *Journal of Consumer Research,* 9(2), 132-140.

Holden, B. (2005). Building global brands. In: A. M. Tybout & T. Calkins (eds.) *Kellogg on branding.* Hoboken, NJ: John Wiley & Sons. Pp. 297-303.

Holt, D. B. (2004). *How brands become icons: The principles of cultural branding.* Boston, MA: Harvard Business School Press.

Hong, F. C., Pecotich, A., & Shultz, C. J. (2002). Brand name translation: Language constraints, product attributes, and consumer perceptions in East and Southeast Asia. *Journal of International Marketing,* 10 (2), 29-45.

Hsieh, M. H. (2002). Identifying brand image dimentionality and measuring the degree of brand globalization: A cross-national study. *Journal of International Marketing,* 10 (2), 46-67.

Hunt, S. D. (1983). General theories and the fundamental explananda of marketing. *Journal of Marketing,* 47(4), 9-17.

International Trademark Association (INTA) (2012). Guide to proper trademark use. http://www.inta.org/Media/Documents/2012_TMUseMediaInternetPublishing.pdf (2017/2/4アクセ ス)

Jackendoff, R. (1993). *Patters in the mind: Language and human nature.* Harvester Wheatsheaf. (レイ・ジ ャッケンドフ／水光雅則訳 (2004)『心のパターン――言語の認知科学入門』岩波書店)

Jaju, A., Joiner, C., & Reddy, S. K. (2006). Consumer evaluations of corporate brand redeployments. *Journal of the Academy of Marketing Science,* 34, 206-215.

Ju-Fang, H., Chen-Hao, F., & Yun-Wen, L. (2007). A study on the brand imagination and design strategy. Paper presented at the 54th Annual Conference of Japanese Society for the Science of Design. https://www.jstage.jst.go.jp/article/jssd/54/0/54_0_E11/_pdf (2017/11/4 アクセス)

Kahn, B. E., Kalwani, Manohar U., and Morrison, Donald G. (1988). Niching versus change-of-pace brands: Using purchase frequencies and penetration rates to infer brand positionings. *Journal of Marketing Research,* 25(4), 384-390.

Kahneman, D. (1999). Objective happiness. In: D. Kahneman, E. Diener, & N. Schwarz (eds.) *Well-Being: The Foundations of Hedonic Psychology.* New York: Russel Sage Foundation. Pp. 3-25.

Kahneman, D. & Tversky, A. (1979). Prospect theory: An analysis of decision under risk. *Econometrica,* 47 (2), 263-292.

Kahneman, D., Wakker, P. P., & Sarin, R. (1997). Back to bentham? Explorations of experienced utility. *The Quarterly Journal of Economics,* 112(2), 375-406.

Kallapur, S. & Kwan, S. (2001). The value relevance and reliability of brand assets recognized by UK Firms. Purdue CIBER Working Papers. Paper 18. http://docs.lib.purdue.edu/ciberwp/18

Kano, N., Seraku, N., Takahashi, F., & Tsuji, S. (1984). Attractive quality and must-be quality. *Hinshitsu* (*Quality, the Journal of the Japanese Society for Quality Control*) 14, 39-48.

Kanso, A. & Nelson, R. A. (2002). Observations: Advertising localization overshadows standardization. *Journal of Advertising Research,* 42(1), 79-89.

Kapferer, J.-N. (2008). *The new strategic brand management: Creating and sustaining brand equity long term* (4th ed.). London: Kogan Page.

Kapferer, J.-N. & Bastien, V. (2009a). *The luxury strategy: Break the rules of marketing to build luxury brands.* London: Kogan Page.

Kapferer, J.-N. & Bastien, V. (2009b). The specificity of luxury management: Turning marketing upside down. *The Journal of Brand Management,* 16(5/6), 311-322.

Kashmiri, S. & Mahajan, V. (2009). The name's the game: Exploring the link between corporate name changes and firm value. *Marketing Science Special Report*, 09-212.

Keller, K. L. (1998). *Strategic brand management: Building, measuring, and managing brand equity.* Upper Saddle River, NJ: Prentice Hall.

Keller, K. L. (2001). Building customer-based brand equity: A blueprint for creating strong brands. Working paper 01-107, Marketing Science Institute.

Keller, K. L. (2003a). Brand synthesis: The multidimensionality of brand knowledge. *Journal of Consumer Research*, 29(4) : 595-600.

Keller, K. L. (2003b). *Strategic brand management: Building, measuring, and managing brand equity.* Upper Saddle River, NJ: Prentice Hall. (ケビン・レーン・ケラー／恩藏直人・亀井昭宏訳 (2000)『戦略的ブランド・マネジメント』東急エージェンシー)

Keller, K. L. (2008). *Strategic brand management: Building, measuring, and managing brand equity* (3rd ed.). Prentice Hall. (ケビン・レーン・ケラー／恩藏直人監訳 (2010)『戦略的ブランド・マネジメント 第3版』東急エージェンシー)

Keller, K. L. (2013). *Strategic brand management: Building, measuring, and managing brand equity* (4th ed.). Pearson. (ケビン・レーン・ケラー／恩藏直人監訳 (2015)『エッセンシャル戦略的ブランド・マネジメント 第4版』東急エージェンシー)

Keller, K. L. & Lehmann, D. R. (2006). Brands and branding: Research findings and future priorities. *Marketing Science*, 25(6), 740-759.

Keller, K. L., Sternthal, B., & Tybout, A. (2002). Three questions you need to ask about your brand. *Harvard Business Review*, September, 3-8.

Kelly, L. D. & Jugenheimer D. W. (2008). *Advertising media planning: A brand management approach.* Armonk, NY: M.E. Sharpe.

Khan, I. & Rahman, Z. (2015). Brand experience anatomy in retailing: An interpretive structural modeling approach. *Journal of Retailing and Consumer Services*, 24, 60-69.

Kim, J. Y., Natter, M., & Spann, M. (2009). Pay what you want: A new participative pricing mechanism. *Journal of Marketing*, 73(1), 44-58.

King, S. (2007, original 1972). What is a brand? In: Judie Lannon & Merry Baskin (eds.) *A master class in brand planning: The timeless work of Stephen King.* Chichester, West Sussex, UK: John Wiley & Sons. Pp. 27-40.

Kirk, B. C. (2003). *Lessons from a chief marketing officer: What it takes to win in consumer marketing.* New York: McGraw-Hill. (ブラッドフォード・C. カーク／田中洋監訳, 山本瑛子訳 (2006)『世界最強 CMO のマーケティング実学教室』ダイヤモンド社)

Kleine, S. S., Kleine III, R. E., & Allen, C. T. (1995). How is possession "Me" or "Not Me"?: Characterizing types and antecedent of material possession attachment. *Journal of Consumer Research*, 22, 327-343.

Koehn, N.F. (2001). *Brand new: How entrepreneurs earned consumers' trust from Wedgwood to Dell.* Boston, MA: Harvard Business School Press. (ナンシー・F. ケーン／樫村志保訳 (2001)『ザ・ブランド——世紀を越えた起業家たちのブランド戦略』翔泳社)

Kono, K. (2004). The changing role of marketing function at business unit level within manufacturing companies. *Academy of Marketing Science, 2004 Conference Proceedings,* 27, 7-12.

Kotabe, M. & Helsen, K. (2001). *Global marketing management* (2nd ed.). New York: John Wiley and Sons. (小田部正明, クリスチアン・ヘルセン／横井義則監訳 (2001)『グローバルビジネス戦略』同文舘出版)

Kotler, P. (1972). A generic concept of marketing. *Journal of Marketing*, 36, 46-54.

Lanning, M. J. & Michaels, E. G. (1988). A business is a value delivery system. McKinsey Staff Paper, No. 41.

Laskey, H. A., Day, E., & Crask, M. R. (1989). Typology of main message strategies for television commercials. *Journal of Advertising*, 18(1), 36-41.

Lehmann, D. R. & Reibstein, D. J. (2006). *Marketing metrics and financial performance.* Cambridge, MA: Marketing Science Institute.

Lerman, D. & Garbarino, E. (2002). Recall and recognition of brand names: A comparison of word and nonword name types. *Psychology and Marketing,* 19(7/8), 621-639.

Lindgreen, A. Vanhamme, J., & Beverland, M. B. (eds.) (2009). *Memorable customer experiences: A research anthology.* Surrey, UK: Gower Publishing.

Liu, K. T., Huang, J.-C., & Chen, W.-C. (2012). Starbucks experience explored in Taipei. *The Journal of Human Resource and Adult Learning,* 8(2), 107-116.

Loken, B., Joiner, C., & Houston, M. J. (2010). Leveraging a brand through brand extension: A review of two decades of research. In: Barbara Loken, Rohini Ahluwalia, & Michael J. Houston (eds.) *Brands and brand management: Contemporary research perspectives.* New York: Psychology Press. Pp. 11-41.

Maathuis, O., Rodenburg, J., & Sikkel, D. (2004). Credibility, emotion, or reason? *Corporate Reputation Review,* 6(4), 333-345.

MacInnis, D. J., Park, C. W., & Prieseter, J. R. (eds.) (2009). *Handbook of brand relationships.* Armonk, NY: M. E. Sharpe.

Malär, L., Krohmer, H., Hoyer, W. D., & Nyffenegger, B. (2011). Emotional brand attachment and brand personality: The relative importance of the actual and the ideal self. *Journal of Marketing,* 75(4), 35-52.

Manning, M. J. & Michaels, E. G. (1988). A business is a value delivery system. McKinsey Staff Paper, 41 (June, 1988), 1-16. http://www.dpvgroup.com/wp-content/uploads/2009/11/1988-A-Business-is-a-VDS-McK-Staff-Ppr.pdf (2017/11/4 アクセス)

Mark, M. & Pearson, C. S. (2001). *The hero and the outlaw: Building extraordinary brands through the power of archetypes.* New York: McGraw-Hill.

Marketing Science Institute (2014). *2014-2016 research priorities.* Cambridge, MA: MSI.

Marx, K. H. (1859). *Zur Kritik der Politischen Ökonomie.* (カール・マルクス／武田隆夫・遠藤湘吉・大内力・加藤俊彦訳 (1956)『経済学批判』岩波書店)

Mawdsley, L. (2006). A First Dynasty Egyptian wine jar with a potmark in the collection of the Australian Institute of Archeology. *Buried History,* 42, 11-16.

McEvily, B., Weber, R. A., Bicchieri, C., & Ho, V. T. (2006). Can groups be trusted? An experimental study of trust in collective entities. In: R. Bachman & A. Zaheer (eds.) *Handbook of Trust Research.* Edward Elgar. Pp. 52-67

Meyers-Levy, J. (1989). The influence of a brand name's association set size and word frequency on brand memory. *Journal of Consumer Research,* 16, 197-207.

Meyvis, T., Goldsmith, K., & Dhar, R. (2012). The importance of the context in brand extension: How pictures and comparisons shift consumers' focus from fit to quality. *Journal of Marketing Research,* 49(2), 206-217.

Mikulić, J. & Prebežac, D. (2011). A critical review of techniques for classifying quality attributes in the Kano model. *Managing Service Quality,* 21(1), 46-66.

Mithen, S. (1996). *The prehistory of the mind: The cognitive origins of art, religion, and science.* London: Thames and Hudson. (スティーブン・ミズン／松浦俊輔・牧野美佐緒訳 (1998)『心の先史時代』青土社)

Mokyr, J. (1998). The second industrial revolution, 1870-1914. Manuscript, Northwestern University. http://faculty.wcas.northwestern.edu/~jmokyr/castronovo.pdf

Moore, K. & Reid, S. (2008). The birth of brand: 4000 years of branding. *Business History,* 50(4), 419-432.

Mullen, B. & Johnson, C. (1990). *The psychology of consumer behavior.* Hillsdale, NJ: Lawrence Erlbaum Associates.

Myers, D. G. (2002). *Intuition: Its powers and perils.* New Haven, CT: Yale University Press. (デヴィッド・G. マイヤーズ／岡本浩一訳 (2012)『直感を科学する──その見えざるメカニズム』麗澤大学出版会)

Nagashima, A. (1970). A comparison of Japanese and U. S. attitudes toward foreign products. *Journal of Marketing*, 34(1), 68-74.

Naik, P. A. (2007). Integrated marketing communications: Provenance, practice and principles. In: G. J. Tellis & T. Ambler (eds.) *The Sage handbook of advertising*. London: Sage. Pp. 35-53.

Nelson, P. (1970). Information and consumer behavior. *Journal of Political Economy*, 78(2), 311-329.

Nelson, R. O. & Sanderson, T. M. (2011). *A threat transformed: Al Qaeda and associated movements in 2011*. Center for Strategic and International Studies.

Nettle, D. (2009). *Personality: What makes you the way you are*. Oxford, UK: Oxford University Press. (ダニエル・ネトル／竹内和世訳 (2009)『パーソナリティを科学する――特性5因子であなたがわかる』白揚社)

Ng, S. (2010). Cultural orientation and brand dilution: Impact of motivation level and extension typicality. *Journal of Marketing Research,* 47(1), 186–198.

Nueno, J. L. & Quelch, J. (1998). The mass marketing of luxury. *Business Horizons*, 41(6), 61-68.

Okonkwo, U. (2007). *Luxury fashion branding: Trends, tactics, techniques*. New York: Palgrave Macmillan.

Oxford English Dictionary (1971). *The Compact edition of the Oxford English dictionary*. Oxford, UK: Oxford University Press.

Palmer, A. (2010). Customer experience management: A critical review of an emerging idea. *Journal of Services Marketing*, 24 (3), 196-208.

Park, C. W., Macinnis, D. J., Priester, J., Eisingerich, A. B., & Iacobucci, D. (2010). Brand attachment and brand attitude strength: Conceptual and empirical differentiation of two critical brand equity drivers. *Journal of Marketing*, 74 (6), 1-17.

Park, J. K. & John, D. R. (2010). Got to get you into my life: Do brand personalities rub off on consumers? *Journal of Consumer Research*, 37, 655-669.

Petrick, G. M. (2012). Industrial foods. In: Jeffrey M. Pilcher (ed.) *The Oxford handbook of food history*. New York: Oxford University Press. Pp. 258-278.

Phau, I. & Prendergast, G. (2000). Consuming luxury brands: The relevance of the 'rarity principle'. *The Journal of Brand Management*, 8 (2), 122-138.

Pine, B. J. & Gilmore, J. H. (1999). *The experience economy: Work is theater & every business a stage*. Boston, MA: Harvard Business School Press. (B. J. パイン, J. H. ギルモア／岡本慶一・小高尚子訳 (2005)『[新訳] 経験経済――脱コモディティ化のマーケティング戦略』ダイヤモンド社)

Polanyi, K. (1977). *The livelihood of man*. (Harry W. Pearson ed.) New York: Academic Press. (カール・ポランニー／玉野井芳郎・中野忠訳 (2005)『人間の経済 II――交易・貨幣および市場の出現』岩波書店)

Pomeranz, K. & Topik, S. (2006). *The world that trade created: Society, culture, and the world economy, 1400 to the present*. Armonk, NY: M. E. Sharp. (ケネス・ポメランツ, スティーブン・トピック／福田邦夫・吉田敦訳 (2013)『グローバル経済の誕生――貿易が作り変えたこの世界』筑摩書房)

Praharad, C. K. & Hamel, G. (1990). The core competence of the corporation. *Harvard Business Review*, 68 (3), 79-91.

Pruitt, J. S. & Adlin, T. (2006). *The persona lifecycle: Keeping people in mind throughout product design*. Burlington, MA: Morgan Kaufmann. (ジョン・S. ブルーイット, タマラ・アドリン／秋本芳伸・岡田泰子・ラリス資子訳 (2007)『ペルソナ戦略――マーケティング, 製品開発, デザインを顧客志向にする』ダイヤモンド社)

Radford, R. A. (1945). The economic organisation of a P. O. W. Camp. *Economica*, 12 (48), 189-201.

Raju, S., Unnava, H. R., & Montgomerry, N. V. (2009). The effect of brand commitment on the evaluation of nonpreferred brands: A disconfirmation process. *Journal of Consumer Research*, 35 (5), 851-863.

Rao, A. (2010). Brand alliances. In: B. Loken, R. Ahluwalia, & M. J. Houston (eds.) *Brands and brand management: Contemporary research perspectives*. New York: Routledge. Pp. 43-61.

Renfrew, C. (2007). *Prehistory: The making of the human mind*. London: Weidenfeld & Nicolson. (コリン・

レンフルー／溝口孝司監訳（2008）『先史時代と心の進化』ランダムハウス講談社）

Richardson, G. (2008). Brand names before the industrial revolution. Working Paper 13930, National Bureau of Economic Research.

http://www.nber.org/papers/w13930（2017/11/4 アクセス）

Ries, A. & Trout, J. (1994). *The 22 immutable laws of marketing: Violate them at you own Risk!* Haper Business. (A. ライズ，J. トラウト／新井喜美夫訳（1994）『売れるもマーケ 当たるもマーケ──マーケティング 22 の法則』東急エージェンシー出版部)

Rosch, E. (1978). Principles of categorization. In: E. Rosch, & B. B. Lloyd (eds.) *Cognition and categorization.* Hillsdale, NJ: Lawrence Erlbaum Associates. Pp. 27-48.

Roto, V., Law, E., Vermeeren, A., & Hoonhout, J. (eds.) (2011). *User experience whitepaper: Bringing clarity to the concept of user experience.*

http://www.allaboutux.org/files/UX-WhitePaper.pdf（2017/11/4 アクセス）

Samiee, S. & Roth, K. (1992). The influence of global marketing standardization on performance. *Journal of Marketing*, 56 (2), 1-17.

Sauerwein, E., Bailom, F., Matzler, K., & Hinterhuber, H. H. (1996). The Kano model: How to delight your customers. volume I of the IX. International working seminar on production economics. Innsbruck/Igls/Austria, February 19-23, Pp. 313-327.

Schmitt, B. H. (1999). *Experiential marketing: How to get customers to sense, feel, think, act, relate.* New York: Free Press. (B. H. シュミット／嶋村和恵・広瀬盛一訳（2000）『経験価値マーケティング──消費者が「何か」を感じるプラスαの魅力』ダイヤモンド社)

Schmitt, B. H. (2003). *Customer experience management: A revolutionary approach to connecting with your customers.* Hoboken, NJ: John Wiley & Sons, Inc. (B. H. シュミット／嶋村和恵・広瀬盛一訳（2004）『経験価値マネジメント──マーケティングは，製品からエクスペリエンスへ』ダイヤモンド社)

Schmitt, B. H. & Simonson, A. (1997). *Managing aesthetics: The strategic management of brands, identity, and image.* New York: Free Press. (B. H. シュミット，A. シモンソン／河野龍太訳（1998）『「エスセティクス」のマーケティング戦略──"感覚的経験"によるブランド・アイデンティティの戦略的管理』プレンティスホール出版)

Schultz, D. E. & Kitchen, P. (1997). Integrated marketing communications in U. S. advertising agencies: An exploratory study. *Journal of Advertising Research*, 37 (5), 7-18.

Schwartz, S. H. (2005). Basic Human Values: An Overview.

http://segr-did2.fmag.unict.it/Allegati/convegno%207-8-10-05/Schwartzpaper.pdf（2012/2/2 アクセス）

Schwartz, S. H., & Sagiv, L. (1995). Identifying culture-specifics in the content and structure of values. *Journal of Cross-Cultural Psychology*, 26 (1), 92-116.

Sharp, B. & the researchers of the Ehrenberg-Bass Institute. (2010). *How brands grow: What marketers don't know.* South Melbourne, Victoria, Australia: Oxford University Press.

Sheth, J. N., Gardner, D. M., & Garrett, D. E. (1988). *Marketing theory: Evolution and evaluation.* John Wiley & Sons. (J. N. シェス，D. M. ガードナー，D. E. ギャレット／流通科学研究会訳（1991）『マーケティング理論への挑戦』東洋経済新報社)

Sheth, J. N. & Sisodia, R. S. (2012). *The 4A's of marketing: Creating value for customers, companies, and society.* New York: Routlege.

Simon, H. (2015). *Confessions of the pricing man: How the price affects everything.* Gottingen, Germany: Copernicus. (ハーマン・サイモン／上田隆穂監訳，渡部典子訳（2016）『価格の掟──ザ・プライシングマンと呼ばれた男の告白』中央経済社)

Skoglund, P., Malmström, H., Raghavan, M., Storå, J., Hall, P., Willerslev, E., Gilbert, M., Thomas P., Götherström A., & Jakobsson, M. (2012). Origins and genetic legacy of neolithic farmers and hunter-gatherers in Europe. *Science*, 336 (6080), 466-469.

Slater, S. F. (1997). Developing a customer-value based theory of the firm. *Journal of the Academy of Marketing Science*, 25 (2), 162-167.

Smith, D. C. & Park, C. W. (1992). The effects of brand extensions on market share and advertising effectiveness. *Journal of Marketing Research*, 29 (3), 296-313.

Solomon, M. (2004). *Consumer behavior: Buying, having, and being* (4th ed.). Upper Saddle River, NJ: Prentice Hall.

Spector, A. J. (1961). Basic dimensions of the corporate image. *Journal of Marketing*, 25 (6), 47-51.

Spencer, S. (2014). Average CMO Tenure: 45 Months (But That's an Improvement). The Wall Street Journal (online). (2014/3/23) http://blogs.wsj.com/cmo/2014/03/23/cmos-work-lifespan-improves-still-half-that-of-ceos-study/ (2017/1/7 アクセス)

Stalk, G., Evans, P., & Shulman, L. E. (1992). Competing on capabilities: The new rules of corporate strategy. *Harvard Business Review*, 70 (2), 57-69.

Steenkamp, J. E. M. (1989). *Product quality: An investigation into the concept and how it is perceived by consumers*. Assen/Maastricht, the Netherland: Van Gorcum.

Stephen, A. T. & Galak, J. (2012). The effects of traditional and social earned media on sales: A study of a microlending. *Journal of Marketing Research*, 49, 624-639.

Stern, B. B. (2006). What does brand mean?: Historical-analysis method and construct definition. *Journal of the Academy of Marketing Science*, 34 (2), 216-223.

Stern, B., Zinkhan, G. M., & Jaju, A. (2001). Marketing images: Construct definition, measurement issues, and theory development. *Marketing Theory*, 1 (2), 201-223.

Sternberg, R. J. & Lubart, T. I. (1991). An investment theory of creativity and its development. *Human Development*, 34 (1), 1–31.

Sujan, M. & Bettman, J. R. (1989). The effects of brand positioning strategies on consumers' brand and category perceptions: Some insights from shema research. *Journal of Marketing Research*, 26, 454-67.

Swaminathan, V., Stilley, K. M., & Ahluwalia, R. (2008). When brand personality matters: The moderating role of attachment styles. *Journal of Consumer Research*, 35, 985-1001.

Sylvester, A. K., McQueen, J., & Moore, S. D. (1994). Brand growth and 'Phase 4 Marketing'. *Admap*, September, 34-36.

Tanaka, H. (2016). Marketing management at regional headquarters in Singapore: Exploration of key factors for success. *Advances in Global Business*, 25, 219-220.

Tanaka, H., Suzuki, H., Umetsu, Y., Tanaka, F., Yasue, M., & Sodekawa, Y. (1998). *Advertising creative strategies in Asia: A cross-national comparison of TV commercial expressions among Thailand, Singapore, US, and Japan*. Paper presented at the 1998 Multicultural Marketing Conference, Montreal, Canada.

Tavassoli, N. T. & Han, J. K. (2002). Auditory and visual brand identifiers in Chinese and English. *Journal of International Marketing*, Summer, 10 (2), 13-28.

Tedlow, R. S. (1990). *New and improved: Story of mass marketing in America*. London: Butterworth-Heinemann. (R. S. テドロー／近藤文男訳 (1993)『マス・マーケティング史』ミネルヴァ書房)

Thomas, D. (2008). *Deluxe: How luxury lost its luster*. London: Penguin Books. (ダナ・トーマス／実川元子訳 (2009)『堕落する高級ブランド』講談社)

Trebeljahr, C. (2014). Police methods in the supermarket: Cognitive interviews in market research. Presentation on Nov. 14th, 2014, at Venice, Italy, on ESOMAR Global Qualitative 2014. https://www.esomar.org/events-and-awards/events/global-and-regional/global-qualitative-2014/228_qualitative-2014.abstracts.Brands-That-Make-Me-Smile-1043.php (2016/4/8 アクセス)

Trentmann, F. (ed.) (2012). *The Oxford handbook of the history of consumption*. Oxford, UK: Oxford University Press.

Twitchell, J. B. (2002). *Living it up: Our love affair with Luxury*. New York: Columbia University Press.

Van Gelder, S. (2003). *Global brand strategy: Unlocking brand potential across countries, cultures & markets*. London, UK: Kogan Page.

Vargo, S. L. & Lusch, R. F. (2009). A service-dominant logic for marketing. In: P. Maclaran, M. Saren, B.

Stern, & M. Tadajewski (eds.) *The Sage handbook of marketing theory*. London: Sage. Pp. 219-234.

Vigneron, F. & Johnson, L. W. (1999). A review and a conceptual framework of prestige-seeking consumer behavior. *Academy of Marketing Science Review*, 9 (1), 1-15.

Vinson, D. E., Scott, J. E., & Lamont, L. M. (1977). The role of personal values in marketing and consumer behavior. *Journal of Marketing*, 41, 44-50.

Völkner, F. & Sattler, H. (2006). Drivers of brand extension success. *Journal of Marketing*, 70 (2), 18-34.

Wallerstein, I. (1974). *The Modern World-System: Capitalist agriculture and the origin of the European World-Economy in the sixteen century*. New York: Academic Press. (I. ウォーラーステイン／川北稔訳 (2006)『近代世界システム——農業資本主義と「ヨーロッパ世界経済」の成立』岩波書店)

Webster Jr., F. E., Malter, A. J., & Ganesan, S. (2004). The role of marketing in the corporation: A perpetual work in progress. Working Paper No. 2004-07. Tuck School of Business at Dartmouth.

Wedel, M. & Kamakura, W. A. (2000). *Market segmentation: Conceptual and methodological foundations*. London: Kluwer Academic Publisher.

Wetlaufer, S. (2001). The prefect paradox of star brands: An interview with Bernard Arnault of LVMH. *Harvard Business Review*, October 2001. https://hbr.org/2001/10/the-perfect-paradox-of-star-brands-an-interview-with-bernard-arnault-of-lvmh (2017/7/25 アクセス)

Wiles, M. A., Morgan, N. A., & Rego, L. L. (2009). The effect of brand acquisition and disposal on stock returns. *MSI Reports*, Issue one, No. 09-001, 79-102.

Woodside, A. G., Sood, S., & Miller, K. E. (2008). When consumers and brands talk: Storytelling theory and research in psychology and marketing. *Psychology & Marketing*, 25 (2), 97-145.

Yip, G. S. (1997). Patterns and determinants of global marketing. *Journal of Marketing Management*, 13 (1-3), 153-164.

Zaichkowsky, J. L. & Vipat, P. (1993). Inferences from brand names. *European Advances in Consumer Research*, 1 (1), 534-540.

Zajonc, R. B. (1968). Attitudinal effects of mere exposure. *Journal of Personality and Social Psychology*, 9 (2, Pt. 2), 1-27.

Zenger, T. (2013). What Is the Theory of Your Firm? *Harvard Business Review* (online). https://hbr.org/2013/06/what-is-the-theory-of-your-firm

## 【日本語】

相澤直樹 (2003)「青年期自己愛的人格における誇大特性と過敏特性の関係——相関分析，クラスター分析，文章完成法を用いた補足的研究」『神戸大学発達科学部研究紀要』11 (1), 147-159

青木幸弘 (2014)「ブランド論の過去・現在・未来」田中洋編『ブランド戦略全書』有斐閣, 1-21

青木幸弘・小川孔輔・亀井昭宏・田中洋編著 (1997)『最新ブランド・マネジメント体系——理論から広告論戦略まで』日経広告研究所

青木幸弘・田中洋 (1988)「対談・産業財のブランド戦略を考える」『産業広告』308 (4), 15-20

阿久津聡 (2014)「ブランドと経営学の接合」田中洋編『ブランド戦略全書』有斐閣, 23-47

足立勝 (2014)「知財視点のブランド・マネジメント——商標法・不正競争防止法で保護されるための『出所』表示」田中洋編『ブランド戦略全書』有斐閣, 183-205

安部悦生 (2002)「ロックフェラーと石油産業——経営戦略と企業形態」安部悦生・壽永欣三郎・山口一臣『ケースブック アメリカ経営史』有斐閣, 75-88

網野善彦 (2006)『日本中世に何が起きたか——都市と宗教と「資本主義」』洋泉社

荒川祐吉 (1983)『現代商学全集1 商学原理』中央経済社

安藤宏基 (2014)『勝つまでやめない！——勝利の方程式』中央公論新社

安藤宏基 (2016)『日本企業 CEO の覚悟』中央公論新社

池谷信之 (2005)『黒潮を渡った黒曜石——見高段間遺跡』新泉社

石井淳蔵 (1993)『マーケティングの神話』日本経済新聞社

石井淳蔵（1999）『ブランド——価値の創造』岩波書店

石井淳蔵（2012）『マーケティング思考の可能性』岩波書店

井尻雄士（1990）『「利速会計」入門——企業成長への新業績評価システム』日本経済新聞社

伊藤邦雄（2000）『コーポレートブランド経営——個性が生み出す競争優位』日本経済新聞社

伊藤邦雄編著（2006）『無形資産の会計』中央経済社

稲垣裕美（2003）『くすりの広告文化——看板・錦絵広告・ポスターの世界』内藤記念くすり博物館

乾智彦（2016）「知財ミックス戦略及び知財権ミックス戦略の本質的効果」『パテント』69（6），96-104

井村屋製菓（1996）『美食創造物語』（同社小冊子）

岩井克人（1997）『資本主義を語る』筑摩書房

岩井鑛冶郎・朝倉加代（1996）『百年前のくすり——いろいろな病にどんな薬でたたかったか』内藤記念くすり博物館

岩田弘尚（2010）「コーポレート・レビュテーションの測定とマネジメント」『日本管理会計学会誌』18（2），65-81

ウィトゲンシュタイン，ルートヴィヒ（野矢茂樹訳）（2003）『論理哲学論考』岩波書店（岩波文庫）

ヴィトゲンシュタイン，ルートヴィヒ（丘沢静也訳）（2013）『哲学探究』岩波書店

上田隆穂（1999）『マーケティング価格戦略——価格決定と消費者心理』有斐閣

上田雅夫（2009）「被験者連想ネットワーク法による消費者イメージの把握」『行動計量学』46（2），81-88

上田雅夫（2013）「Response Latency のマーケティング活用——『反応時間』で消費者の本音を測る」『日経消費者インサイト』6月号，44-47

上野堅實（1998）『タバコの歴史』大修館書店

上原征彦（2013）「マーケティングの理論的固有性——関係性についての新たな視点」『マーケティングジャーナル』33（1），56-66

江幡奈歩（2011）「商標制度をめぐる最近の動きと今後の課題」『特許研究』（51），22-32

遠藤功（2007）『プレミアム戦略』東洋経済新報社

大石芳裕・原田将・井上真里・小寺健司・小山諭（2004）『グローバル・ブランド管理』白桃書房

大島厚（2010）「米国商標制度の概要——商標登録実務を中心に」『知財管理』60（7），1049-1070

大伏肇（1988）『日本の広告表現千年の歩み——資料が語る古代・中世・近世編』日経広告研究所

大堀壽夫（2002）『認知言語学』東京大学出版会

岡崎哲二（2005）『コア・テキスト 経済史』新世社

岡野憲一郎（1998）『恥と自己愛の精神分析——対人恐怖から差別論まで』岩崎学術出版社

小川孔輔（1997）「ブランド自由連想データの分析」『経営志林』34（1），45-62

小川孔輔（2006）「広研・自由連想モデルによるブランド診断——PINS 測定法の理論的背景から商用化への課題まで」『日経広告研究所報』40（1），2-13

小川孔輔（2011）『ブランド戦略の実際』（第2版）日本経済新聞出版社

小川進（2013）「消費者イノベーションの研究はいかにして始まったのか」『プレジデント』2月18日号（http://president.jp/articles/-/8649）

荻原猛・田中洋（2017）『ネットビジネス戦略・ケースブック』同文舘出版

奥瀬喜之（2012）「価格を決めない価格戦略——『ペイ・ワット・ユー・ウォント』方式に関する考察」『マーケティングジャーナル』32（2），20-36

鬼塚喜八郎（2001）『念じ，祈り，貫く——求める心が成功を導く』なにわ塾叢書

小野晃嗣（1981）『日本産業発達史の研究』法政大学出版局

恩蔵直人（2007）『コモディティ化市場のマーケティング論理』有斐閣

笠原英一（2013）「いま，本当に愛される企業とは？——顧客との関係構築のための3つの接点」『LINK』214，6-11

柏木仁（2009）「リーダーの成長と価値観に関する定性的研究——価値観の止揚的融合」『経営行動科学』22（1），35-46（http://www.jaas.jpn.org/doc/pdf/journal/22_1/22_1_13.pdf, 2012/2/29 アクセス）

片平秀貴（1999）『パワー・ブランドの本質——企業とステークホルダーを結合させる「第五の経営資

引用文献　　495

源』」ダイヤモンド社

狩野紀昭・瀬楽信彦・高橋文夫・辻新一（1984）「魅力的品質と当たり前品質」『品質』14（2），39-48

株式会社中埜酢店（1986）『七人の又左衛門――風雪，ミツカン百八十年の足音』（同社発行小冊子）

柄谷行人（2001）『トランスクリティーク――カントとマルクス』批評空間

河添房江（2008）『光源氏が愛した王朝ブランド品』角川学芸出版

岸志津江・田中洋・嶋村和恵（2017）『現代広告論（第3版）』有斐閣

木下康仁（2014）『グラウンデッド・セオリー論』弘文堂

木村凌二編（2011）『ラテン語碑文で楽しむ古代ローマ』研究社

金順心（2010）「ラグジュアリー・ブランドの構成要素に関する先行研究の展開――プレスティージと排他性，希少価値を中心として」『商学研究科紀要』（早稲田大学大学院商学研究科）70，71-83

久保田進彦（2014）「ブランド・リレーションシップの戦略」田中洋編『ブランド戦略全書』有斐閣，49-74

栗木契（2002）「ブランド力とは何か――ブランド・マネジメントのデザインのために」『季刊マーケティングジャーナル』21（4），12-27

ケラー，エド＝ブラッド・フェイ（澁谷覚・久保田進彦・須永努訳）（2016）『フェイス・トゥ・フェイス・ブック――クチコミ・マーケティングの効果を最大限に高める秘訣』有斐閣

黄磷（2003）『新興市場戦略論――グローバル・ネットワークとマーケティング・イノベーション』千倉書房

古賀守（1973）『ドイツワイン』柴田書店

古賀守（1975）『ワインの世界史』中央公論社

黒耀石体験ミュージアム（2004）『黒耀石の原産地を探る――鷹山遺跡群』新泉社

コトラー，フィリップ＝ケビン・L. ケラー（月谷真紀訳）（2008）『コトラー＆ケラーのマーケティング・マネジメント』丸善出版

小林哲（2016）『地域ブランディングの論理――食文化資源を活用した地域多様性の創出』有斐閣

戈木クレイグヒル滋子（2006）『グラウンデッド・セオリー・アプローチ――理論を生みだすまで』新曜社

酒井邦嘉（2002）『言語の脳科学――脳はどのようにことばを生みだすか』中央公論新社

酒井邦嘉（2009）『脳の言語地図』明治書院

笹本正治（2002）『異郷を結ぶ商人と職人』中央公論新社

佐藤栄作（2014a）「購買データを利用したブランド評価」守口剛・佐藤栄作編著『ブランド評価手法――マーケティング視点によるアプローチ』朝倉書店，15-32

佐藤栄作（2014b）「調査データを利用したブランド評価」守口剛・佐藤栄作編著『ブランド評価手法――マーケティング視点によるアプローチ』朝倉書店，33-53

佐藤善信（2017）『企業家精神のダイナミクス――その生成，発展および発現形態のケース分析』関西学院大学出版会

里村卓也（2014）「パネル・データを利用したブランド力の評価」守口剛・佐藤栄作編著『ブランド評価手法――マーケティング視点によるアプローチ』朝倉書店，90-108

佐原真（2008）『縄紋土器と弥生土器』学生社

澁谷覚（2016）「知らない他者とのコミュニケーション――オフラインとオンラインにおけるインタレストグラフの役割」『マーケティングジャーナル』36（3），23-36

清水美知子（2009）「『いちご新聞』にみる〈ハローキティ〉像の変遷」『関西国際大学研究紀要』10，101-116

下垣有弘（2009）「コーポレート・コミュニケーションによるレピュテーションの構築とその限界 松下電器産業の事例から」『Business Insight』66，18-19

白井美由里（2005）『消費者の価格判断のメカニズム――内的参照価格の役割』千倉書房

白井隆一郎（1992）『コーヒーが廻り世界史が廻る――近代市民社会の黒い血液』中央公論社

杉谷陽子（2013）「新規ブランド構築における消費者の感情の役割」『上智経済論集（上智大学経済学部100周年記念号）』58（1/2），289-298

杉光一成 (2014)「マーケティング・ツールとしての知的財産」IAMディスカッション・ペーパー・シリーズ#38，東京大学知的資産経営研究講座

スティグリッツ，ジョセフ・E.（藪下史郎他訳）(1995)『マクロ経済学』東洋経済新報社

スティグリッツ，ジョセフ・E.＝カール・E.ウォルシュ（藪下史郎他訳）(2006)『ミクロ経済学（第3版）』東洋経済新報社

壽永欣三郎 (2002a)「デュポン社──多角化戦略と事業部制」安部悦生・壽永欣三郎・山口一臣『ケースブック アメリカ経営史』有斐閣，90-109

壽永欣三郎 (2002b)「自動車産業とフォード──量産体制の成立」安部悦生・壽永欣三郎・山口一臣『ケースブック アメリカ経営史』有斐閣，110-126

壽永欣三郎 (2002c)「フォードとGM──競争の戦略」安部悦生・壽永欣三郎・山口一臣『ケースブック アメリカ経営史』有斐閣，127-144

スローン Jr.，アルフレッド・P.（有賀裕子訳）(2003)『GMとともに』ダイヤモンド社

清博美・谷田有史 (2010)『江戸川柳で読み解くたばこ』山愛書院

清博美・谷田有史 (2015)『江戸川柳で読み解くお酒』山愛書院

ソニー広報センター (2001)『ソニー自叙伝』ワック

高田敦史・田中洋 (2016)「自動車業界におけるラグジュアリーブランド戦略」『マーケティングジャーナル』36 (3)，52-70

髙橋広行 (2011)『カテゴリーの役割と構造──ブランドとライフスタイルをつなぐもの』関西学院大学出版会

竹岡俊樹 (2011)『旧石器時代人の歴史──アフリカから日本列島へ』講談社

田中洋 (1997)「マーケティングの基礎概念としてのブランド」青木幸弘・小川孔輔・亀井昭宏・田中洋編著『最新ブランド・マネジメント体系──理論から広告戦略まで』日本経済新聞社，87-102

田中洋 (2002)『企業を高めるブランド戦略』講談社

田中洋 (2008)『消費者行動論体系』中央経済社

田中洋 (2014)「ブランドの歴史」田中洋編『ブランド戦略全書』有斐閣，207-235

田中洋 (2015a)『消費者行動論』中央経済社

田中洋 (2015b)「ブランド力の源泉」毎日新聞 SPACE
　http://macs.mainichi.co.jp/space/web/071/marke.html (2017/11/4 アクセス)

田中洋・秋本祐次郎・岩村水樹・岡田浩一・小川浩孝・木戸茂・鈴木暁 (1998)『グロール・ブランド管理戦略研究──世界規模でのブランド構築とコミュニケーションをどう管理するか』吉田秀雄記念事業財団

田中洋・岩村水樹・真野俊樹・原田将・井上真里・三浦ふみ (2003)『グローバル・ブランド・コミュニケーションの環境対応戦略』吉田秀雄記念事業財団

田中洋・丸岡吉人 (1995)「ブランド・メモリーズ──ブランド記憶メカニズムの探索的研究」『消費者行動研究』2 (2)，23-36

田中洋・三浦ふみ (2016)「『ブランド経験』概念の意義と展開──日本的ブランド経験尺度開発に向けて」『マーケティングジャーナル』36 (1)，57-71

田中洋・六角まり (2016)「ブランド・交換・イノベーション──ブランドの基本解明課題への接近」『マーケティングジャーナル』36 (3)，71-87

谷田有史 (1993)「享保期の演劇史料から見たたばこ産地」『江戸時代のたばこと塩』(5)，68-81

谷田有史 (2016) 著者によるインタビュー (2016年4月19日)

玉田俊平太 (2015)『日本のイノベーションのジレンマ──破壊的イノベーターになるための7つのステップ』翔泳社

田村順 (2016)『キリンビール高知支店の奇跡──勝利の法則は現場で拾え！』講談社

田村正紀 (1988)『マーケティングの知識』日本経済新聞社

田村正紀 (2011)『消費者の歴史──江戸から現代まで』千倉書房

丹野義彦 (2014)「ビッグ5を臨床で使おう──総合科学としての性格5因子パラダイム」(2014/9/29)
　http://park.itc.u-tokyo.ac.jp/tanno/big_five_paradigm.pdf (2016/12/30 アクセス)

チョムスキー，ノーム（加藤泰彦・加藤ナツ子訳）（2004）『言語と認知——心的実在としての言語』秀英書房

鶴見裕之（2014）「コンジョイント分析を利用したブランド評価」守口剛・佐藤栄作編著『ブランド評価手法——マーケティング視点によるアプローチ』朝倉書店，69-88

寺崎新一郎（2013）「ラグジュアリー戦略の誕生とラグジュアリー・ブランドの概念規定の再検討」『商学研究科紀要』（早稲田大学大学院商学研究科）77, 139-161

富永秀和「失敗した値下げ作戦，成功した値上げ戦略」
http://www.jointnetwork.net/cliant/magazine/list/issue001h.html（2017/1/4 アクセス）

鳥越淳司（2014）『「ザクとうふ」の哲学』PHP 研究所

長沢伸也編著（2007）『ルイ・ヴィトンの法則——最強のブランド戦略』東洋経済新報社

長沢伸也（2013）「はじめにラグジュアリーありきだった」第1回ＬＶＭＨ寄付講座ラグジュアリー・ブランディング系モジュール講義録（早稲田大学 2013 年 4 月 11 日）

長沢伸也（2015）『高くても売れるブランドをつくる！——日本発，ラグジュアリーブランドへの挑戦』同友館

中村博編著（2008）『マーケット・セグメンテーション——購買履歴データを用いた購買機会の発見』白桃書房

新倉貴士（2005）『消費者の認知世界——ブランドマーケティング・パースペクティブ』千倉書房

日本学術会議心理学・教育学委員会法と心理学分科会（2011）「科学的根拠にもとづく事情聴取・取調べの高度化」
http://www.scj.go.jp/ja/info/kohyo/pdf/kohyo-21-t133-9.pdf（2016/3/31 アクセス）

野中郁次郎（1990）『知識創造の経営——日本企業のエピステモロジー』日本経済新聞社

芳賀康浩・久保田進彦・和田充夫（2004）「P&G『ジョイ』の攻勢と花王・ライオンの対応」慶應義塾大学ビジネス・スクール ケース 90-04-15284

萩原雅之・上田雅夫（2014）「ブランドパワーをいかに測定するか」田中洋編『ブランド戦略全書』有斐閣，75-98

畑井佐織（2004）「消費者とブランドの関係の構造と測定尺度の開発」『消費者行動研究』1（1/2），17-41

服部暢達（2015）『日本のM&A——理論と事例研究』日経 BP 社

ハートレイ，R.F.（熊沢孝・根岸圭介・岡本正耿訳）（1992）『勝利と敗北の岐路——マーケティング戦略のどこに違いがあったのか』ダイヤモンド社

林玲子・作道洋太郎（1996）「商品流通の発達」井上光貞・永原慶二・児玉幸多・大久保利謙編『幕藩体制の成立と構造（上）』山川出版社，289-308

ハンフリー，ニコラス（垂水雄二訳）（2004）『喪失と獲得——進化心理学から見た心と体』紀伊國屋書店

東葛人（2012）「IBM 幹部の言う「CIO から CMO へ」，その怖い意味」ITPro（2012/9/26）（http://itpro.nikkeibp.co.jp/article/Watcher/20120925/424881/?rt=nocnt, 2017/08/22 アクセス）

日高謙一（1999）「小売店専売化におけるインセンティブ・システム——高度成長期における松下電器のショップ店政策」『経済論叢別冊　調査と研究』(17), 23-41

平野雅章（1985）『醤油味噌の文化史』（食の風俗名著集成 7）東京書房社

平林紀子（2014）『マーケティング・デモクラシー——世論と向き合う現代米国政治の戦略技術』春風社

ピレンヌ，アンリ（佐々木克巳訳）（1991）『ヨーロッパの歴史——西ローマ帝国の解体から近代初頭まで』創文社

深田智・仲本浩一郎（2008）『概念化と意味の世界』研究社

ブランド・マネージャー認定協会（2015）『社員をホンキにさせるブランド構築法』同文舘出版

風呂勉（2009）『第二次大戦日米英流通史序説』晃洋書房

ブローデル，フェルナン（2009）金塚貞文訳『歴史入門』中央公論新社

ポーター，M.E.（土岐坤訳）（1985）『競争優位の戦略——いかに高業績を持続させるか』ダイヤモン

ド社

ポランニー，カール（玉野井芳郎・中野忠訳）（2005）『人間の経済 II——交易・貨幣および市場の出現』岩波書店

牧野昇・会田雄次・大石慎三郎監修（1991）『大江戸万華鏡』農山漁村文化協会

益子博（2013）「フリーライドからブランド価値を守る法——不正競争防止法」公益社団法人日本パッケージデザイン協会，Vol. 46「フリーライドからブランドを守る・不正競争防止法」
　http://www.jpda.or.jp/rights-protection/2013/6172（2017/02/04 アクセス）

増山真一郎（2011）「豊橋の煙草製造と原田万久」『たばこ史研究』116，5082-5091

松井忠三（2013）「無印良品のマーケティング戦略」日本マーケティング学会マーケティングカンファレンス 2013 講演資料
　http://www.j-mac.or.jp/wordpress/wp-content/uploads/2013/11/lecture_matsui.pdf

松浦祥子編著（2014）『グローバル・ブランディング——モノづくりからブランドづくりへ』碩学舎

松下光司（2014）「セールス・プロモーションによるブランド構築のメカニズム」田中洋編『ブランド戦略全書』有斐閣，119-135

松田智恵子（2001）『日本的ブランドパーソナリティ——「内気因子」の発見』法政大学大学院社会科学研究科提出修士論文

丸岡吉人（1998）「ラダリング法の現在——調査方法，分析手法，結果の活用と今後の課題」『マーケティング・サイエンス』7（1/2），40-61

水越康介（2010）「ブランドの再検討——固有名の理解に向けて」『Open Journal of Marketing』2, 1-8

水野誠（2014）『マーケティングは進化する——クリエイティブな Market+ing の発想』同文舘出版

溝口敦（2011）『暴力団』新潮社

南明紀子（2015）「パーム油ってな〜に？——企業の原材料調達」『循環とくらし』(6)，34-37

南知恵子（2006）『顧客リレーションシップ戦略』有斐閣

峰如之介（2006）『なぜ，伊右衛門は売れたのか。』すばる舎

三宅康夫・稲垣裕美（2000）『女・こども・男のくすり』内藤記念くすり博物館

宮崎学（2008）『ヤクザと日本——近代の無頼』筑摩書房

村上直久（2009）「自壊する帝国と資本主義」（『自壊する帝國』佐藤優著／新潮文庫；『資本主義はなぜ自壊したのか——日本再生への提言』中谷巌著／集英社インターナショナル　書評）
　http://msc-cge.nagaokaut.ac.jp/wp-content/uploads/bookguid2009/bg37.pdf（2017/11/4 アクセス）

森岡耕作（2015）「経験価値の測定尺度に関する経験的検討」日本消費者行動研究学会研究発表大会（小樽商科大学）口頭発表資料

守口剛（2014）「WTP を用いたブランド価値評価」守口剛・佐藤栄作編著『ブランド評価手法——マーケティング視点によるアプローチ』朝倉書店，54-68

守口剛・佐藤栄作編著（2014）『ブランド評価手法——マーケティング視点によるアプローチ』朝倉書店

盛田昭夫，エドウィン・ラインゴールド，下村満子（1990）『MADE IN JAPAN（メイド・イン・ジャパン）——わが体験的国際戦略』朝日新聞社

安岡重明（1990）『財閥の経営史——人物像と戦略』社会思想社

矢作敏行編著（2014）『デュアル・ブランド戦略——NB and/or PB』有斐閣

山岸俊男（1998）『信頼の構造——こころと社会の進化ゲーム』東京大学出版会

山本晶（2014）『キーパーソン・マーケティング——なぜ，あの人のクチコミは影響力があるのか』東洋経済新報社

吉岡信（1994）『江戸の生薬屋』青蛙房

吉田元（1997）『江戸の酒——その技術・経済・文化』朝日新聞社

余田拓郎（2016）『BtoB 事業のための成分ブランディング——製品開発と組織購買への応用』中央経済社

ライズ，アル＝ジャック・トラウト（河上純子訳）（2008）『ポジショニング戦略（新版）』海と月社

ラズ，ヤコブ（高井宏子訳）（2002）『ヤクザの文化人類学——ウラから見た日本』岩波書店

鷲田睦朗（2005）「ローマ期イタリアにおけるワイン産地ブランドの誕生」『古代文化』57（9），484-496

和田光弘（2004）『タバコが語る世界史』山川出版社

## 【辞典・新聞・雑誌オンライン記事】

Abercrombie & Fitch CEO's 'cool kids' comment draws fire. Critics say chief executive sending wrong message to teens.
http://articles.chicagotribune.com/2013-05-11/business/ct-biz-0511-abercrombie-ceo-20130511_1_abercrombie-fitch-ceo-cool-kids-robin-lewis

Abercrombie's CEO Mike Jeffries steps down. Fortune.（2014/12/09）
http://fortune.com/2014/12/09/abercrombie-ceo-retires/

Assay Office, Hallmarking History.
http://www.theassayoffice.co.uk/hallmarking_history.html（2013/11/6 アクセス）

Bain & Company, Fondazione Altagamma（2015）. Global personal luxury goods market trend（1994-2014）.
http://www.consultancy.uk/news/907/bain-global-luxury-goods-market-grows-to-223-billion（2017/11/4 アクセス）

A Billionaire's Brand Strategy（2008）. Washington Post（electronic）Sunday.（2008/6/1）Page F01.
http://www.washingtonpost.com/wp-dyn/content/article/2008/05/31/AR2008053100292.html（2009/5/3 アクセス）

Brand: *Oxford English Dictionary*.（1971, Compact Edition）

"Coke kicks off 3A strategy to hike share". The Economic Times.（2004/5/6）
http://articles.economictimes.indiatimes.com/2004-05-06/news/27373597_1_maaza-bottling-plants-sprite（2013/7/8 アクセス）

Code of Conduct Alphabet Investor Relations.
https://abc.xyz/investor/other/code-of-conduct.html（2016/12/12 アクセス）

Crime Hearings Told of 'Cosa Nostra' Syndicate.
http://library.cqpress.com/cqalmanac/document.php?id=cqal63-1315434

Debranding. Wikipedia.
https://en.wikipedia.org/wiki/Debranding（2017/7/25 アクセス）

Debranding: Why Coca-Cola's decision to drop its name worked.（2013）. The Guardian.（2013/8/25）.
http://www.theguardian.com/media-network/media-network-blog/2013/aug/06/coke-debranding-name-dropping（2017/7/25 アクセス）

Donald Trump's Ghostwriter Tells All. By Jane Mayer. The New Yorker（online）.（2016/7/25）
http://www.newyorker.com/magazine/2016/07/25/donald-trumps-ghostwriter-tells-all（2017/1/22 アクセス）

"Ford's Premier Automotive Goof" Forbes（online）.（2004/7/27）
https://www.forbes.com/2004/07/27/cz_jf_0727flint.html（2017/3/19 アクセス）

Gap scraps new logo after online outcry.（2010/10/12）
http://www.bbc.com/news/business-11520930（2017/11/2 アクセス）

History of Packaging and Canning. Gale Encyclopedia of Food & Culture.
http://www.answers.com/topic/history-of-packaging-and-canning（2013/1/30 アクセス）

International Trademark Association（INTA）（2012）Guide to proper trademark use.
http://www.inta.org/Media/Documents/2012_TMUseMediaInternetPublishing.pdf（2017/2/4 アクセス）

Infantile Omnipotence. International Dictionary of Psychoanalysis（2005）De Mijolla-Mellor, Sophie.
http://www.encyclopedia.com/doc/1G2-3435300695.html（2017/11/4 アクセス）

National Geographic Jesus: Rise to power.
http://channel.nationalgeographic.com/jesus-rise-to-power/videos/martyrs/（2017/8/20 アクセス）

"Our best days are yours" Kellogg's.

http://www.kelloggs.com/en_US/our-history.html（2017/11/4 アクセス）

'Share a Coke' Credited With a Pop in Sales. Marketing Campaign That Put First Names on Bottles Reversed Downward Slide.（2014）. The Wall Street Journal.（2014/9/25）
　https://www.wsj.com/articles/share-a-coke-credited-with-a-pop-in-sales-1411661519（2017/7/25アクセス）

The Share a Coke story. Coca-Cola, Co. UK.
　http://www.coca-cola.co.uk/stories/history/advertising/share-a-coke/（2017/7/25 アクセス）

#ShareaCoke Marriage Proposal Goes Viral. Coca-Cola Journey.（2014/8/27）
　http://www.coca-colacompany.com/stories/shareacoke-marriage-proposal-goes-viral/　（2017/7/25 アクセス）

"POW cigarette standard," Encyclopedia of Money.
　http://encyclopedia-of-money.blogspot.jp/2011/10/pow-cigarette-standard.html（2012/7/5 アクセス）

10 Online Marketing Metrics You Need To Be Measuring. Jayson DeMers.（2014/8/15）
　http://www.forbes.com/sites/jaysondemers/2014/08/15/10-online-marketing-metrics-you-need-to-be-measuring/#e6ade35355fc（2017/2/14 アクセス）

Trademark Bureau MYTKHUN (Moldova) "History".
　http://www.tmprotect.idknet.com/eng/history.html（2013/11/6 アクセス）

Trader Joe Secrets.（2006/3）
　http://www.reveries.com/2006/03/trader-joe-secrets/（2013/6/6 アクセス）

Valachi, Joe, The First Rat. American Mafia History.
　http://americanmafiahistory.com/joe-valachi-the-first-rat/（2017/7/25 アクセス）


「GAP がオールドネイビーを全店閉じるワケ」東洋経済（電子版）（2016/9/12）
　http://toyokeizai.net/articles/-/135374（2016/12/4 アクセス）

「G・U・M（ガム）の歴史」
　http://jp.sunstargum.com/about/（2016/12/26 アクセス）

「Mac 誕生から 25 年──取締役会は反対していた，伝説の CM『1984』」Wired（2009/1/27）
　http://wired.jp/2009/01/27/mac%E8%AA%95%E7%94%9F%E3%81%8B%E3%82%8925%E5%B9%B4%EF%BC%9A%E5%8F%96%E7%B7%A0%E5%BD%B9%E4%BC%9A%E3%81%AF%E5%8F%8D%E5%AF%BE%E3%81%97%E3%81%A6%E3%81%84%E3%81%9F%E3%80%81%E4%BC%9D%E8%AA%AC%E3%81%AEcm/（2017/1/22 アクセス）

PopIn ブランド・ジャーナリズム「レッドブルの業務内容は"レッドブルブランドの活用のみ"」（2015/2/4）
　http://www.popin.cc/discovery/blogpost.php?d=20150204（2017/11/2 アクセス）

「アナリティクスでわかる 4 つのチャネルのアクセス解析」オフィス仁（2015/11/19）
　http://idegene.com/mktg/%E3%82%A2%E3%83%8A%E3%83%AA%E3%83%86%E3%82%A3%E3%82%AF%E3%82%B9%E3%81%A7%E3%82%8F%E3%81%8B%E3%82%8B4%E3%81%A4%E3%81%AE%E3%83%81%E3%83%A3%E3%83%8D%E3%83%AB%E3%81%AE%E3%82%A2%E3%82%AF%E3%82%BB%E3%82%B9（2017/2/14アクセス）

「『イソジン』が，カバくんに別れを告げた理由──明治，看板商品を襲うライセンス解消の衝撃」（2015）東洋経済オンライン（2015/12/21）
　http://toyokeizai.net/articles/-/97450?page=2（2017/3/20 アクセス）

「一貫性」
　http://www.weblio.jp/content/%E4%B8%80%E8%B2%AB%E6%80%A7

「今の私にここちよい旅を提案する『ことりっぷ』のブランディング」（2016）（大川朝子氏 Vol. 1 株式会社昭文社 ことりっぷ事業部ブランド推進グループ）
　http://www. brand-mgr.org/%E3%82%B9%E3%83%9A%E3%82%B7%E3%83%A3%E3%83%AB%E3%82%A4%E3%83%B3%E3%82%BF%E3%83%93%E3%83%A5%E3%83%BC/%E5%A4%A7%E5%B7%9D%E6%9C%9D%E5%AD%90%E6%B0%8F_vol.1.html

引 用 文 献　501

映画「スティーブ・ジョブズ 1995——失われたインタビュー」特別映像
　　https://www.youtube.com/watch?v=vkSCLvIaCcI
「お客様の変化を見逃すな——ヘアケアブランドのマネジメントと刷新」ブランド戦略研究所研究会講
　　演（2016）2016 年 4 月 15 日関西大学東京センター
「花王，カネボウ買収の成果乏しく」日本経済新聞電子版（2010/12/9 付）
　　http://www.nikkei.com/article/DGXNZO19623010Z01C10A2TJ0000/（2017/1/24 アクセス）
花王社長「化粧品の収益改善目指す——カネボウとの一体で」日本経済新聞電子版（2015/11/25 付）
　　http://www.nikkei.com/article/DGXLASDZ25I0V_V21C15A1TI5000/?n_cid=SPTMG002（2017/1/24
　　アクセス）
ガートナー ジャパン株式会社広報室（2016）「ガートナー，日本国内における最高マーケティング責任
　　者（CMO）に関する調査結果および見解を発表」（同社プレスリリース）（2016/1/25）
　　http://www.gartner.co.jp/press/html/pr20160125-01.html（（2017/2/4 アクセス）
「狩野モデル」
　　https://sites.google.com/site/techdmba/kanomodel（2017/7/19 アクセス）
「ガリガリ君，社員総出の『お詫び CM』が大反響——『値上げ』逆手に動画再生 10 万回超える」
　　（2016）J-Cast News（2016/4/2）
　　http://www.j-cast.com/2016/04/02263113.html（2017/3/20 アクセス）
「グーグルは『マイクロソフト的失敗』を恐れた——もっとも優秀な人を集めた会社が勝つ」Reuters
　　（2015/8/15）
　　http://toyokeizai.net/articles/-/80647
「行動規準『The Four Keys——4 つの鍵』」OLC Group
　　http://www.olc.co.jp/csr/safety/scse.html（2016/12/29 アクセス）
「ゴディバ，来春全店直営に」読売新聞（2014/07/04）
　　http://www.yomiuri.co.jp/komachi/news/20140627-OYT8T50028.html
サービス産業生産性協議会「日本版顧客満足度指数」
　　http://www.service-js.jp/modules/contents/?ACTION=content&content_id=217（2017/2/10 アクセス）
「三陽商会はなぜバーバリーを失ったのか」東洋経済オンライン（2014/5/22）
　　http://toyokeizai.net/articles/-/38333
「シアリス錠，勃起障害治療薬の世界市場においてシェア第 1 位に」（日本イーライリリー株式会社・日
　　本新薬株式会社プレス発表資料）（2013/8/29）
　　https://www.lilly.co.jp/pressrelease/2013/news_2013_036.aspx
「失敗した値下げ作戦，成功した値上げ戦略」株式会社ジョイントネットワーク
　　http://www.jointnetwork.net/cliant/magazine/list/issue001h.html（2017/8/20 アクセス）
社会実情調査図録「世界価値観調査」
　　http://www2.ttcn.ne.jp/~HONKAWA/9515.html（2016/12/16 アクセス）
「ジーユーが兄貴分のユニクロをたぶん追い抜く理由」週刊ダイヤモンド（電子版）（2016/12/2）
　　http://diamond.jp/articles/-/109900?page=2（2016/12/4 アクセス）
情報言語学研究室「やなぎ【柳】」（2010/9/22）
　　http://club.ap.teacup.com/hagi/472.html（2012/7/17 アクセス）
「『新型スカイライン』の想定顧客——実は 600 人位しか実在しない？」（2013/12/29）
　　http://getnews.jp/archives/484297（2016/12/28 アクセス）
「スティーブ・ジョブズが語る "ソニー失敗の本質" と "アップルの本質"」
　　https://www.youtube.com/watch?t=108&v=8w2U7nTQqWA
「スピリット＆レター」GE
　　https://www.ge-mcs.jp/it/company/information/Spirit_Letter_Japanese.pdf（2016/12/12 アクセス）
「ソニー8 年ぶり好業績も，『完全復活』に暗雲」東洋経済オンライン（2016/1/31）
　　http://toyokeizai.net/articles/-/102903
「第 44 回モンドセレクションで『ザ・プレミアムモルツ』がビール部門で日本初の最高金賞を受賞」サ

ントリーニュースリリース No. 9159（2005/6/14）

　http://www.suntory.co.jp/news/2005/9159.html（2013/6/19 アクセス）

「なぜ『綾鷹』が売れているのか？──ヒットの秘密を探る」（2012/10/31）

　http://bizmakoto.jp/makoto/articles/1210/31/news010.html（2013/6/17 アクセス）

「なぜあなたは菓子を食べ過ぎるのか──メーカーが利用する心理学」ウォール・ストリート・ジャーナル（2013/4/17 配信）

　http://headlines.yahoo.co.jp/hl?a=20130417-00000733-wsj-int（2013/4/30 アクセス）

「なぜ，ウォークマンはネット時代に失敗したのか──サイロ・エフェクト」プレジデント オンライン（2016/4/14）

　http://president.jp/articles/-/17800

日産自動車ビジョン・ミッションステートメント（2004）

　http://www.nissan-global.com/JP/DOCUMENT/PDF/FF/2004/NissanFF_J_01.pdf（2017/1/23 アクセス）

「ノンシリコン vs シリコン──効能をめぐりシャンプー論争勃発」週刊ダイヤモンド編集部（2012/11/21）

　http://diamond.jp/articles/-/28226（2013/6/19 アクセス）

「ハウステンボス，『オランダ離れ』で来客 5 割増」日本経済新聞電子版（2013/12/9 付）

　http://www.nikkei.com/article/DGXNASFK2904R_Z21C13A1000000/

「バーバリー CEO が退社，アップル上級副社長に転身へ」ウォール・ストリート・ジャーナル（2013/10/15）

　http://jp.wsj.com/news/articles/SB10001424052702303831204579137153822901332

「バーバリー，三陽と契約解除の舞台裏　相次ぐ海外ブランドの一方的解除でアパレル業界岐路」Business Journal（2014/6/12）

　http://biz-journal.jp/2014/06/post_5103.html

「ヒット商品⑤──ヤマサ醤油『鮮度の一滴　特選しょうゆ』（2010 年ヒット商品ベスト 30）」日経トレンディ（2011/8/7）

　http://blog.goo.ne.jp/imi-hit-yutanaka/e/65996fe4ab5d767633e6ccae4ff14446（2017/1/22 アクセス）

福田稔（2014）「ぶれない環境経営がブランドになったパタゴニア──時代が会社に追い付いてきた」日経ビジネス オンライン（2014/6/2）

　http://business.nikkeibp.co.jp/article/report/20140508/264168/?P=1（2016/12/30 アクセス）

「"再び"『ポッキー』が急成長できた理由」ITmedia ビジネス オンライン（2016/11/28）

　http://headlines.yahoo.co.jp/hl?a=20161128-00000008-zdn_mkt-bus_all（2017/1/20 アクセス）

「復活　スイス時計──値下げ競争は失敗の道」日経産業新聞（2002/8/23）

　http://www.awahei.com/seizougyou/swiss.htm（2017/2/6 アクセス）

「ブランド価値評価研究会報告書」経済産業省企業法制研究会（2002/6/24）平成 19 年（行ケ）第 10215 号 審決取消請求事件

　http://www.courts.go.jp/app/files/hanrei_jp/397/036397_hanrei.pdf

「ブランドを身近に感じてもらうアシックスのデジタルコミュニケーション戦略──アシックス」宣伝会議 インターネットフォーラム 2013 Advertising Times アドタイ（2013/7/9 付）

　https://www.advertimes.com/20130709/article120061/

「マクドナルドのハンバーガーがいくらだったか覚えていますか？」

　https://matome.naver.jp/odai/2137982341998040201/2137985598719493403（2017/1/4 アクセス）

「『マリオカート 8』にメルセデス・ベンツ『新型 GLA クラス』モチーフのカートが登場。配信は今夏，今秋には GLA カートを使用したマリオカート大会も開催予定」（2014/5/29）

　http://www.4gamer.net/games/220/G022038/20140529037/（2016/12/26 アクセス）

「三井の歴史」

　http://www.mitsuipr.com/history/edo/tanjo.html（2017/7/26 アクセス）

ミナカラ「薬局で購入できる市販の睡眠薬」

https://minacolor.com/articles/show/2078（2017/7/25 アクセス）

「リッツ，イソジン，バーバリー──ライセンス契約解消劇の舞台裏」ダイヤモンドオンライン（2016/9/16）

http://zasshi.news.yahoo.co.jp/article?a=20160916-00102081-diamond-bus_all（2016/9/17 アクセス）

「レゴが『ブロック』だけで玩具世界一になれた理由──CEO が語る，知られざるイノベーションの裏側」日経ビジネス（2015/2/16 号）

http://business.nikkeibp.co.jp/article/interview/20150210/277340/?P=1

レファレンス協同データベース「柳の酒」（2010/6/12）

http://crd.ndl.go.jp/GENERAL/servlet/detail.reference?id=1000067817（2012/7/17 アクセス）

# ❖ 参 照 文 献

青木博通（2007）『知的財産権としてのブランドとデザイン』有斐閣

青木幸弘編著（2011）『価値共創時代のブランド戦略——脱コモディティ化への挑戦』ミネルヴァ書房

青木幸弘・西村陽（2003）『電力のマーケティングとブランド戦略』日本電気協会新聞部

朝野煕彦（2000）『マーケティング・リサーチ工学』朝倉書店

阿部周造（2013）『消費者行動研究と方法』千倉書房

安藤和代（2017）『消費者購買意思決定とクチコミ行動——説得メカニズムからの解明』千倉書房

岩村水樹（2017）『ワーク・スマート——チームとテクノロジーが「できる」を増やす』中央公論新社

岩本俊幸（2016）『BtoB マーケティング＆セールス大全』同文舘出版

上原征彦（1999）『マーケティング戦略論——実践パラダイムの再構築』有斐閣

大石芳裕（2017）『実践的グローバル・マーケティング』ミネルヴァ書房

大石芳裕編著，原田将・井上真里・小野寺健司・小山諭（2004）『グローバル・ブランド管理』白桃書房

大木裕子（2015）『ピアノ技術革新とマーケティング戦略——楽器のブランド形成メカニズム』文眞堂

岡田米蔵（2014）『広告倫理のすすめ——価値創造と信頼の科学』創英社

岡本慶一（2017）『広告的知のアルケオロジー』田端書店

荻原猛・田中洋（2017）『ネットビジネス・ケースブック』同文舘出版

音部大輔（2017）『なぜ「戦略」で差がつくのか——戦略思考でマーケティングは強くなる』宣伝会議

恩藏直人（2017）『マーケティングに強くなる』筑摩書房

柄谷行人（2015）『世界史の構造』岩波書店（岩波現代文庫）

川北稔編（2001）『知の教科書 ウォラーステイン』講談社

河島伸子（2009）『コンテンツ産業論——文化創造の経済・法・マネジメント』ミネルヴァ書房

木戸茂（2014）『消費者行動のモデル』朝倉書店

小池玲子（2007）『ある女性広告人の告白』日経広告研究所

小林十四雄・小谷武・西平幹夫編著（2006）『最新判例からみる 商標法の実務』青林書院

斉藤嘉一（2015）『ネットワークと消費者行動』千倉書房

斉藤嘉一・星野浩美・宇田聡・山中寛之・魏時雨・林元杰・松下光司（2012）「何がブランドコミットメントを生み出すのか？——ブランドと自己との結び付き，ノスタルジックな結び付き，ブランドラブの効果の包括的テスト」『消費者行動研究』18（1・2），57-83

阪本啓一（2015）『ブランド・ジーン——繁盛をもたらす遺伝子』日経 BP 社

佐藤聡（2010）『技術を「魅せる化」するテクノロジーブランディング』技術評論社

佐藤達郎（2015）『「これからの広告」の教科書』かんき出版

澁谷覚（2013）『類似性の構造と判断——他者との比較が消費者行動を変える』有斐閣

清水聰（2013）『日本発のマーケティング』千倉書房

陶山計介・鈴木雄也・後藤こず恵（2017）『よくわかる現代マーケティング』ミネルヴァ書房

徐誠敏（2010）『企業ブランド・マネジメント戦略——CEO・企業・製品間のブランド価値創造のリンケージ』創成社

第二東京弁護士会知的財産権法研究会編（2010）『「ブランド」と「法」』商事法務

高岡浩三（2015）『ネスレの稼ぐ仕組み』KADOKAWA

高橋克典（2017）『小さな会社のはじめてのブランドの教科書』ダイヤモンド社

高橋千枝子（2017）『プロフェッショナルサービスのビジネスモデル——コンサルティングファームの比較事例研究』碩学社

竹内淑恵編著（2014）『リレーションシップのマネジメント』文眞堂

田中章雄（2012）『地域ブランド進化論——資源を生かし地域力を高めるブランド戦略の体系と事例』繊研新聞社

寺本高（2012）『小売視点のブランド・コミュニケーション』千倉書房

電通デジタル（2017）『電通デジタルのトップマーケターが教える デジタルマーケティング成功に導く10の定石──簡単に分かる売れ続ける仕組みをつくるツボ』徳間書店

豊田裕貴（2013）『ブランド・ポジショニングの理論と実践』講談社

長崎秀俊（2016）『イラストで理解するブランド戦略入門』三弥井書店

長沢伸也（2002）『ブランド帝国の素顔──LVMH モエ ヘネシー・ルイ ヴィトン』日本経済新聞社

中野香織（2009）「マーケティング・コミュニケーション戦略の新展開」亀井昭宏・ルディー和子編著『新マーケティング・コミュニケーション戦略論』日経広告研究所，235-256

中村博（2015）「プライベートブランドの現状と論点」『流通情報』No. 514, 6-18

西尾チヅル・桑嶋健一・猿渡康文編著（2009）『マーケティング・経営戦略の数理』朝倉書店

西本章宏（2015）『外部マーケティング資源としての消費者行動──市場の異質性から競争優位を獲得する』有斐閣

原田宗彦（2016）『スポーツ都市戦略──2020 年後を見すえたまちづくり』学芸出版社

榛沢明宏（2001）『図解ブランドマネジメント』東洋経済新報社

畢滔滔（2017）『なんの変哲もない取り立てて魅力もない地方都市 それがポートランドだった』白桃書房

古川一郎（1999）『出会いの「場」の構想力──マーケティングと消費の「知」の進化』有斐閣

法政大学産業情報センター・小川孔輔編（2003）『ブランド・リレーションシップ』同文舘出版

本庄加代子（2017）「ブランド価値の跳躍に関する一考察──カルチュラルブランディングの視点から」『現代経営経済研究』第 4 巻第 2 号，21-50

松井康雄（2005）『たかがビールされどビール──アサヒスーパードライ，18 年目の真実』日刊工業新聞社

三浦俊彦（2013）『日本の消費者はなぜタフなのか──日本的・現代的特性とマーケティング対応』有斐閣

三浦俊彦・丸谷雄一郎・犬飼知徳（2017）『グローバル・マーケティング戦略』有斐閣

水野与志朗（2008）『事例でわかる！ブランド戦略【実践】講座』日本実業出版社

南知惠子（2006）『顧客リレーションシップ戦略』有斐閣

村田昭治（2014）『人財の条件』財界研究所

矢作敏行編著（2014）『デュアル・ブランド戦略──NB and/or PB』有斐閣

吉原直樹（2017）（近刊）『転換期のサロンビジネスを斬る』（仮題）国際商業

余田拓郎（2016）『BtoB 事業のための成分ブランディング──製品開発と組織購買への応用』中央経済社

余田拓郎・首藤明敏編（2006）『B2B ブランディング──企業間の取引接点を強化する』日本経済新聞社

六角マリ・加茂純編著（2013）『P&G 伝説の GMO が教えてくれたマーケティングに大切なこと──ジム・ステンゲル流日本企業再生へのメッセージ』中経出版

和田充夫（2002）『ブランド価値共創』同文舘出版

Brenner, J. G. (1999). *The emperors of chocolate: Inside the secret world of Hershey and Mars*. New York: Random House. （ジョエル・G. ブレナー／笙玲子訳（2012）『チョコレートの帝国』みすず書房）

Carter, D. M. & Rovell, D. (2006). *On the ball: What you can learn about business from America's sports leaders*. Upper Saddle River, NJ: Pearson Education. （デビッド・M. カーター，ダレン・ロベル／原田宗彦訳（2006）『アメリカ・スポーツビジネスに学ぶ経営戦略』大修館書店）

Ferrand, A., Chappelet, J-L., & Seguin, B. (2012). *Olympic marketing*. New York: Routlege. （アラン・フェラン，ジャン−ルー・シャペレ，ベノワ・スガン／原田宗彦監訳（2013）『オリンピックマーケティング──世界 No. 1 イベントのブランド戦略』スタジオタッククリエイティブ）

Fournier, S., Breazeale, M., & Fetscherin, M. (eds.) (2012). *Consumer-brand relationships: Theory and practice*. Abingdon, Oxon, UK: Routledge.

Malaval, P. (2001). *Strategy and management of industrial brands*. Boston, MA: Kluwer Academic Publishers.

Murphy, J. M. (1990). *Brand strategy*. New York: Prentice Hall.

Park, C. W., MacInnis, D. J., & Eisingerich, A. B. (2016). *Brand admiration: Building a business people love*. Hoboken, NJ: John Wiley & Sons.

Rogers, E. M. (2003). *Diffusion of innovations* (5th ed.). New York: Free Press. (エベレット・ロジャーズ／三藤利雄訳 (2007)『イノベーションの普及』翔泳社)

Tollington, T. (2002). *Brand assets*. Hoboken, NJ: John Wiley & Sons. (トニー・トリントン／古賀智敏監訳 (2004)『ブランド資産の会計——認識・評価・報告』東洋経済新報社)

Zaichikowsky, J. L. (2006). *The psychology behind trademark infringement and counterfeiting*. Mahwah, NJ: Lawrence Erlbaum Associates.

# ❖ 索 引

## 事 項

### ◎ アルファベット

A/B テスト　158
A I　181
AIDMA　285
AISAS　285
A S　→地域満足
Brand-Self　16
Brand Valuation　228
Brand-World　16
BtoB　480
CAPEX　479
CBO（チーフ・ブランド・オフィサー）　3, 214, 216
CB 価値　228
CEO　215, 217, 220
CGM　390
CIO　216
CLV　225
CMO　94, 216
CRM　479
C S　→顧客満足
DCF　253
ERP　479
E S　→従業員満足
e コマース（EC）　94, 95, 480
FMCG　40, 121, 173, 190
GAP ロゴ変更事件　311
GMS　3, 373
HY 戦争　134
I A　476
ID 付 POP データ　250
IMC　303, 326
"innovation and you"　407
IoT　479
I R　260
JIS マーク　37
KGI　254
KPI 指標　253
M&A　253, 258
　──取引価値　253
MAC　479

MECE　201
MES　480
MPDP　397
MVA　253
Not-for-me　369
OPEX　479
OTC　412, 415
Pay What You Want　32
PDCA　432
PEST 分析　130
PINS 測定法　243
PLM　480
POS システム　92
POS データ　374
PtoP　135
repeat buying　250
ROE　386
Royal Warrant　37
RP マトリクス　208
SaaS　480
SCR　227, 250
SD 法　233, 234
SEO　304
SKU　365, 387
Smalltalk　113
SNS　276, 390
SOR　227, 248
STP　95
SWAT　471
SWOT 分析　471
TAC　347, 417
USP　201
WTP　226, 245

### ◎ あ 行

アイカメラ　357
愛 情　245
愛 着　225, 262
アイデンティティ　190
アイデンティティ・システム　6
曖昧性　23
アウトレット　306

アカウント・プランニング　21
アカウント・マネジメント　221
アクセプタビリティ　152
アタッチメント　245
当たり前品質要素　166
アットホーム婚　444
アップマーケット・ブランド　344
アドバイザリー・ボード　382
アドバンス・カスタマー　348
アバンギャルド　201
アフォーダビリティ　152
アフォーダンス・デザイン　380
アベイラビリティ　152
安定性　155
アーンド・メディア　202, 390
アントレプレナー　295
委員会担当制　215
異 界　37
イーサネット　113
イーザフォン　12
維 持　315
意匠権　149
意匠登録　398
威信財　57, 59, 70
一元的品質要素　166, 167
位置商標　97
一貫性　266, 308
5 つの I（Five I's）　130
イノベーション　39, 258
イノベーション経営者　295
イノベーション性　112
イノベーションのジレンマ　114
イノベーション・ベースのブランド　82
イベント　461
意味生産　19
意味ベースへのブランド観　2
イメージ　6, 44, 259
イメージ・スキーマ　12, 13
イメージ・メタファー　11
衣料用洗剤　121

508

刺 青 48
インサイト 110, 391, 436
インスタント・コーヒー 198
インダストリアル・エボリューション 480
インダス文明 61
インターネット通販 409
インバウンド・マーケティング 95, 153, 221
インフルエンサー 252
ウェブサイト 203
動きの商標 97
売上金額 248
ウル遺跡 61
上乗せ効果 226
エアーサーキュレーション技術 409
エアブロック弁 191
英国王室御用達 37
エキスパート・カスタマー 348
エクストリーム・カスタマー 348
エグゼンプラー 10
エコ・デザイン 397
エコロジー 405
エスノグラフィー 375
越境EC 135
エナジー・ドリンク 109
エピソード 195
エルゴ・デザイン 397
遠隔地交易 67
嚥下補助ゼリー 414
円筒印象 61
エンドーサー・ブランド拡張 265
エンドースト・ブランド 145, 146, 148
エンパワーメント 466
オウンド・メディア 95, 202, 390
オーガニック 252
押し上げ効果 226
音の商標 97
オーバーレイ・マネージャー 281
オフライン 203
オープン・モデル 49
オムニチャネル化 148
親ブランド 265, 268

――の希釈化 148
――の乱用 148
オリエンテーション 391
オリンピック 96, 97
オール・ターゲット 159
オンライン 203
オンライン行動 252

◎ か 行

階層性 10
概念の不変文法 9
(概念) 連想 241
外部組織担当制 215
解明課題 27
顔 49
価 格 23
価格感受性 23
価格感度 154
価格効果 227
価格システム 6
価格弾力性 16, 227
価格ディスカウント 92
価格プレミアム 15, 16, 210, 224, 226, 245, 262
拡張自己 209
拡張ビジョン・エレメント 140, 141
確率収束 250
掛値なし 76
カスタマー 442
カスタマー・ジャーニー 284
家族の類似性 9
課題解決提案型営業 418
価 値 162
――の手がかり判断 30
価値プロポジション 160
活動視点 196
カップヌードル・シンドローム 360
カテゴリー化 9, 13
カテゴリー・パーソナリティ 267
カテゴリー・メンバーシップ 170
カニバリゼーション (カニバリ) 159, 360
狩野モデル 166
株主価値 228

貨 幣 30
貨幣検質所 68
貨幣交換 28, 29, 52
貨幣制度 76
貨幣的な交換 52
唐 物 70
カルチャー 259
カルテル 88
(感覚) 連想 241
関係性 6, 235
関係性パラダイム 28
「間周期的」時間 53
感 情 243
感情喚起 18
感情的機能 19
感情的成分 20
感情的反応 16
感情ロイヤルティ 245
慣 性 230
感性戦略 201
完全情報 17
記 憶 23
企業合同 85
企業社会的責任 (CSR) 連想 257
企業能力連想 (CA) 257
企業ブランド 256
――の構成要素 260
――の名前変更 258
――への能力 238
企業ブランド・コミュニケーション戦略 261
企業ブランド知覚指数 229
起源の忘却 42
記 号 13, 49
希釈化 148, 150
絆 245
規制緩和 373
既存部門担当制 215
期待-充足理論 235
機能的ベネフィット 164
キーパーソン 262
気分転換ブランド 247
逆品質要素 166
キャッシュフロー 225, 253
キャッチ・コピー 412
キャプチャード・オーディエンス 319

索 引　509

キャラクター　190, 438
競争環境　179
競争的差異　38
競争ベース　169
切り売り　76
ギリシャ文明　62
ギルド　67
儀礼化　43
金銭の支払者　157
近代ブランド　57
空間的差異　36
薬　78
下り酒　78
クチコミ　252, 405
グッドデザイン賞　395
クライアント　442
クラウド・サービス　480
クラウド・ソーシング　311
グラノーラ　368
グラフィカル・ユーザ・インタフェース（GUI）　113
繰り返し購買　250
クレマ　351, 353
クロスファンクショナル・チーム　471
クローズ・モデル　49
グローバル観光業　274
グローバル・ビジネス・ユニット　281
グローバル・ヒストリー　54
グローバル標準化　271, 280
グローバル・ブランディング委員会　281
グローバル・ブランド　2, 270
グローバル・ブランド・コーディネーション・システム　280
グローバル・ブランド・マネジメント　278
グローバル・ブランド・マネージャー　282
グローバル・マーケティング・ミックス　279
クロンバックのα係数　234
経営資源　142
経営情報開示機能　149
経験　182, 244, 262
経験効用　328
経験財　17, 34, 84

形式としてのブランド　52
ゲストハウス・ウェディング　444
決定効用　329
ケーパビリティ　133, 180
現金安売り　76
権限委譲　215, 466
言語ゲーム　33
現在価値　253
顕在的競合　180
原産地表示　36
原始的交換　60
現代ブランド　57, 91
「健腸長寿」　429
限定顧客戦略　307
限定低価格戦略　306
限定流通戦略　306
顕出性　25, 38
顕出属性　240
原ブランド　57, 60, 61, 64, 65
コア・ビジョン・エレメント　140
コア・ユーザー拡張戦略　308
コア連想　266
ゴーイング・コンサーン　45
交換　27, 28, 44, 55
交換価値　33, 59
交換様式　55
広告　23, 39, 271
構想　108
公定価格　47
行動規準　197
行動経済学　33
行動の成分　20
行動の反応　16
行動的ロイヤルティ　250
購入経験世帯率　173
購入シェア　248
購入頻度　173
購買可能性　172
購買者　157
購買状況と使用状況　182
購買の決定に関与する人　157
購買頻度　173, 247
効用　32
効用値　246
功利主義　328
考慮集合　23, 185

顧客インサイト　285
顧客エンゲージメント　251, 262
顧客価値　28, 29, 228
顧客志向　153
顧客生涯価値　225
顧客ストーリーの開発　286
顧客接点型商品ブランド　123
顧客創造　41, 162
顧客代表制　418
顧客の飽きバイアス　311
顧客のブランド知覚の共通化　272
顧客フォーカス　153
顧客ベース　169
　　──のブランド・エクイティ・ピラミッド・モデル　207
顧客満足（CS）　15, 166, 224, 432, 466
顧客ロイヤルティ　173
国際広告　271
国際的な集団責任体制　280
石高制　75
コグニティブ・コンピューティング　36
コグニティブ・ビジネス　131
国民国家　43
黒曜石石器　57, 58
心の視点　196
互酬　55, 60
コストセンター　217
コスト・マーケター　117
コスト・リーダーシップ戦略　116
コーズリレーテッド・マーケティング　307
誇大観念　335
誇大広告　343
古代メソポタミア　61
古典古代ギリシャ　62
コノテーション　14
コ・ブランディング　267
コ・ブランド拡張　265
コーポレート・ブランド　2
コーポレート・ブランド価値　228
コーポレートブランド・バリュエーター　227
コミットメント　238

コミュニケーション資産　206
コモンレッズ・パートナーシップ
　198
小分け包装　40
コンジョイント分析　226, 246
コンセプト・ブランディング
　287
コンタクト・ポイント　205, 261
コンツアー・ボトル　13, 291
コンツェルン化　90
コンテキスト　286
コンテンツ・マーケティング
　95, 153, 221, 302, 304
コンバージョン率　252
コンピテンシー　133, 180
コンビニエンス・ストア　3, 4, 46

## ◎ さ 行

差　異　35
再確立　315
差異化ポイント（POD）　161,
　171
サイクロン　399, 400, 401
サイコグラフィック属性　154
在庫水準　225
再婚市場　445
探索財　46
最初の一撃　42
再生スコア　231
再認スコア　231
財の性質　46
財　閥　50, 90
再販売価格　4, 23, 48
財布シェア　248
再分配　55
財務力　228
先使用主義　87
先取り戦略　200
作文教育　452
サスティナブル・パッケージ
　191
サーストン法　233, 234
サッカー・ワールドカップ　97,
　276, 319
サッチャリズム　93
サービス財　35
サービス商品　191
サブカテゴリー化戦略　169

サブブランド　97, 145, 148
サブブランド拡張　264
サブブランド戦略　307
差別化活力　229
差別化戦略　116, 169
差別化メッセージ　23
サロン　416
3C分析　129
参照価値　29
産地国表示　51
産地ブランド　67
サンプリング　261
ジェネリック戦略　200
シガー　69
次回購入確率　227
時間的差異　36
識別可能性　155
識別性　150
事業ブランド　97
自己言及性　44
自己実現　164
自己呈示　48
市場オファー戦略マトリクス
　118
市場価格　16
市場価値　253
試乗機会　261
市場参加資格機能　149
市場参入抑制機能　149
市場シェア　16, 224, 248
市場浸透率　173, 212, 247, 251
市場の性質　50
市場排除機能　149
指数平滑法　231
持続的イノベーション　114
持続的交換関係　45
自他商品識別力　150
仕立て売り　76
実験室的なアプローチ　158
実行性　155
実質性　155
実　体　41
質的需給マッチング　31
実用的交換　28
ジーニアス・バー　317
支払意思額　226
自分ゴト化　169, 209, 392
地味婚　443

社会イノベーション　131, 474
社会的記号　14
社会的差異　37
社会的責任連想　238
社会に共有化された意味　13
シャドー・ブランディング　146,
　292
シャドー・ブランド　145
シャドー・ブランド戦略　147
社内研修　217
シャンパーニュ大市　66
収益プレミアム　226
従業員価値（ES）　228
従業員満足　432
集合的記憶　43
集中戦略　116
熟知度　265
主成分分析　228
手段目的連鎖モデル　165
出所表示機能　150
出費シェア　225
受容可能性　172
受容性テスト　158
呪　力　37
シュールレアリズム　201
瞬間効用　329
殉　教　287
準拠集団　37
準拠枠　286
上位寡占型市場　455
使用価値　33
使用機会　154
状況の確実性　49
商業の復活　66
使用者　157
情　緒　262
象　徴　58
象徴的交換　28
情緒的ベネフィット　164
情　熱　245
消費活動　225
消費者知覚としてのブランド　52
消費者トライブ　133
消費統制　47
商　標　7, 13, 97, 398
商標権　149
商標登録　398
商品役務識別機能　150

索　引　511

商品カテゴリー　141
情報化社会　169
情報性　201
情報手がかり　18, 331
情報の非対称性　265
情報ベースのブランド観　2
醬油　74
将来のキャッシュフロー　228
使用量　154
女子旅　457
助成認知　352
シリアル　368
ジレンマ　305
シロタイズム　431
新型GLAクラス　184
新規セッション率　252
新規ユーザーの増加　212
人的資源管理　427
浸透率　173
信念　239
シンボル　39
信頼　259, 323
信頼財　17, 34, 46
信頼性　244, 258
心理的入手可能性　38, 174
水準　246
スウッシュ　291
数量　248
スタンドアロン・フルバリュー
　　253
スタンプ印象　61
ステークホルダー　14
ストーリー作り　387
ストーリーテリング　161, 195,
　　206
スナックシャネル事件　151
スーパーセンター　276
スーパーマーケット　4, 46
スポーツ　96
スマートフォン　393
3A　171
3A戦略　152
3Aフレームワーク　105
生産様式　55
成熟カテゴリー　173
成熟ブランド　354
制度品ビジネスモデル　87
制度的差異　36

成分（型）商品ブランド　2, 122,
　　265
世界観　301
世界システム　67
セカンダリー顧客グループ　158
セグメンテーション　156
セグメンテーション基準　154
セグメント　153
石器　51
接触頻度　204
セッション数　252
ゼネコン業界　436
セブなべ　403
セールスエンジニア　434
セールス・オートメーション
　　153
セルフ・コンセプト　431
ゼロ・エミッション　288
前近代ブランド　57, 65, 75
善行　164
潜在クラスモデル　226
潜在的可能性　113
潜在的競合　180
先史ブランド　57
戦争因人収容所　31
選択的注意　23
選択と集中　431
選択の自由　4
宣伝部　216
前任者の否定バイアス　311
専売制度　69
専門組織担当制　214
戦略的経験モジュール　325
戦略的値引き　307
想起効用　329
創造性　10
　　──に関する「投資」理論
　　111
想像的機能　19
創造的瞬間　111
想像的成分　20
想像的反応　16
想像的ベネフィット　164
想像の共同体　43
想像力　18, 176
創発性　272
増分収益　225
贈与　30, 52

贈与交換　28
属性評価　238, 262
組織連想　16, 224
ソーシャル・メディア　94, 203,
　　251
ソーシャル・リスニング　390,
　　391
ソフトウェア・アズ・ア・サービ
　　ス（SaaS）　480
損失回避　23
尊重・評価　229

◎　た　行

第1次産業革命　83
第2次産業革命　83
第一再生率　232
第一連想　243
大企業ブランド　82
大恐慌　91
貸借対照表　227
体制化　168, 209
代替品の脅威　180
態度　225, 233
大脳のモジュール仮説　9
代紋　48
ダイヤモンド　33
大量生産方式　55
ターゲット　152
惰性　250
多属性態度理論　239
多属性モデル　320
たたき上げ企業家　295
達成目標指数　254
タッチポイント　205, 261, 284
妥当性　244
棚スペース　23
タバコ　69
ダブル・ジョパティ（二重苦）
　　25, 174, 175, 247
タレント　205
単一購買者比率　248
探索財　34
単純接触効果　204
炭素繊維事業　469
単品管理システム　381
地域団体商標　97, 150
地域ブランド　2
地域本社制度　281

512

地域満足（AS） 432
チェインストア制度 87
チェリー・ピッカー 307
遅延効果 24
知覚価値 16, 224
知覚価値向上戦略 308
知覚社会的責任 238
知覚能力 180, 238, 262
知覚品質 15, 23, 224, 238, 262
知財戦略 148, 279
知財ミックス 149
知　識 8, 23, 265
知的財産 13, 14, 68, 102, 149, 397, 438
知的所有権 438
知名度 231
──の墓場 233
チャネル別トラフィック 252
チャネル・マーケター 117
中央コントロールとコーディネーション 280
中央値 234
中小企業分野調整法 48
長期的な時間 53
頂上作戦 347
著作権 438
直帰率 252
沈黙交易 29, 331
強いブランドの優位性 22
ティア1 480
ディスカウンター 21
ディスカウント・ストア 4, 92
テイスティング 261
ディズニー・レシピ 97, 109
定着化 315
定点観測 375
ディフェンシブ・ブランディング 289
ディフュージョン・ブランド戦略 308
ディーラー・ブランド 97
ディリクレ・モデル 250
適合性 266
出来事史 53
テキスト・マイニング 392
適切性 229
テクノ・マーケター 117
デジタル革命 94

デジタル・サイネージ 319, 392
デスティネーション・ブランディング 96
データ・サイエンティスト 391
データ・マイニング 390
鉄器時代 62
デノテーション 14
デバイス 203
デ・ブランディング 290
デモグラフィック属性 154
テレビ広告 405
電気ケトル 403
典型性 9
電子書籍 48
電通ハニカムモデル 177
伝　統 182
等価形態 30
統合化指標 253
統合体 19
統合的ブランド戦略フレームワーク 107
同質性 155
到達可能性 155
同調戦略 201
同等化ポイント 161
豆腐業界 48
東方貿易 66
登録商標 87
土　器 60
特定保健用食品（特保） 37
独立型ブランド戦略 147
とげぬき地蔵 79
特許権 149
特許登録 398
トーテミズム 58
トピグラフィ 392
トービンの$q$ 253
ドライ戦争 289
ドライバー 228
トラスト 85
ドラッグストア 413
トレイン・チャネル 392
トレードオフ 246
トレードマーク・マネジメント 102
トロワ 66

◎　な　行

ナショナル連盟店制度 87
偽ブランド 149
日経企業イメージ調査 256
日経リサーチ企業ブランド大賞 229
ニッチ・ブランド 247
日配品 365
日本版顧客満足指数 236
乳酸菌飲料 428
入手可能性 172
二律背反 246
認　知 231
認知システム 8, 9
認知的機能 19
認知的成分 20
認知的反応 16
認知的流動性 37, 58
認知・理解度 229
ネイティブ広告 305
値引正当化戦略 307
ネーミング 189
のれん分け 421
ノンシリコン・シャンプー 324
ノンブランド市場 104, 115

◎　は　行

配荷率 16, 227
配給制度 47
ハイレゾ 209
ハウス・オブ・ブランド 145
破壊的イノベーション 114, 159
パーキング・アシスト・システム 168
舶来ブランド品 70
バーゲン・ハンター 307
パス解析 258
パスト・ユーザー 212
パーソナリティ 6, 194, 244, 245
──と価値 182
パーソナル・ブランディング 293
パターン化 43
パッケージ 190
パッケージ型商品ブランド 121
パッケージ・デザイン 39
派手婚 443

索　引　513

パートナー価値　228
パートナーズ・フランチャイズシ
　ステム　420
バナー広告　203
パネルデータ　226
パラダイム・シフト　29
バリュー・ドライバー　227
バルク　190
ハロー効果　352
反社会的組織　48
阪神・淡路大震災　435
反体制的経営者　295
ハンド・トゥー・マウス　192
反応時間　249
反応性　155
販売促進　21, 39
非価格訴求戦略　306
比較広告　24
引き札　76
ピーク・エンド法則　328
ビジュアル・ショック　201
ビジョン　140, 259, 315
ビジョン経営　431
ビッグデータ　392
ビッグ5　193
非典型性　266
非本来業務　217
ヒューリスティックス　18, 23
美容院　416, 420
評　価　225, 239
　　──の起伏　196
評　判　240
品質のシグナル　30
ファースト・ムーバー　290
ファースト・ムーバー・アドバン
　テージ　264
ファブレス　373
ファレルヌム　63, 64
ファン　251
フィードバック開発　358
フィナンシャル市場　253
フィールド・テスト　158
フィールドパーソン（FP）　417
フェニキア人　62
フォーカス顧客　105, 141, 152,
　153, 269, 285
フォーカス・セグメント　157
フォロワー　251

フォロワー・ブランド　82
付加価値　6
部課長担当制　215
付加ブランド価値　227
複合ブランド　265
不正競争防止法　150
物質生活　53
プッシュ戦略　47
物々交換　28
物理的入手可能性　38, 174
不透明性　34
プライベート・ブランド（PB）
　2, 21, 373, 381
プライマリー顧客グループ　158
プラグ・タバコ　69
プラセボ効果　22
プラットフォーム　442
フランチャイザー　421
フランチャイジー　422
フランチャイズ・システム　421
フランチャイズ制度　89
フランチャイズ・ビジネス　96
ブランディング　5
ブランディング・コーポレーショ
　ン　359
ブランデッド・ハウス　99, 145,
　147, 148
ブランド
　　──の価格プレミアム　227
　　──の擬人化　312
　　──の構想　105
　　──の再配置　258
　　──のジレンマ　305
　　──のパーソナル化　209
　　──への期待　310
　　──への態度　204
ブランドM&A　296
ブランド愛着　244
ブランド・アイデンティティ　2
ブランド・アイデンティティ・プ
　リズム　178
ブランド・アイデンティファイヤ
　ー　184, 243
ブランド・アーキテクチャー
　141, 144
ブランド・アセット・バリュエー
　ター　229
ブランド・アライアンス　265

ブランド・イマジネーション
　301
ブランド・イメージ　25, 182,
　241, 294
ブランド・エクイティ　2, 15, 25,
　91, 223, 312
ブランド・エクイティ・マネージ
　ャー　3
ブランド・エクスペリエンス・マ
　ネージャー　3, 215
ブランド・エッセンス　140
ブランド・エッセンス・ムービー
　217
ブランド拡張　23, 92, 263
ブランド価値　15, 224
　　──を高めるブランド・マネジ
　メント　102
ブランド価値評価モデル　228
ブランド価値プロポジション
　105, 152, 160
ブランド環境　316
ブランド関係チャート　144
ブランド管理組織　214
ブランド記憶の鍵モデル　243
ブランド禁止規定　198
ブランド経験　244, 324, 325
ブランド形態　54
ブランド研修プログラム　218
ブランド購買回数　249
ブランド購買の二重苦　25, 247
ブランド・コミュニケーション・
　パラメータ　176, 178
ブランド再生スコア　232
ブランド再認スコア　231
ブランド・シェア　227
ブランド・ジャーナリズム　302,
　304
ブランド・ジャパン　229
ブランド熟知度　23
ブランド浸透率　247
ブランド・シンボル　13
ブランド信頼　330
ブランド推奨規定　197
ブランド全能感　335
ブランド戦略　5
ブランド戦略アウトライン　105,
　138
ブランド戦略パラメータ　105

ブランド態度　154
ブランド単位のマーケティング・
　マネジメント　102
ブランド知覚　102
ブランド知識　233, 241
ブランド・チャレンジ　197
ブランド・チャンピオン　281
ブランド忠誠　228
ブランド定義　5, 8
ブランド・テリトリー　105, 125,
　126, 141
ブランド認知　15, 16, 224, 228
ブランド・パーソナリティ　16,
　193, 224
ブランド・パーソナリティ測度
　267
ブランド・バリアント　149
ブランド・ビジョン　178
ブランド・ビデオ　217
ブランドファイトシステム　219,
　361
ブランド・ファイナンス　330
ブランド・ブルーブック　217
ブランド・プレミアム　228
ブランド・ポジショニング　126
ブランド・ポートフォリオ　89,
　216
ブランド・マーケター　117
ブランド・マネージャー　91,
　218, 360
ブランド名　39
ブランド・ライセンシング　296,
　299
ブランド理解率　233
ブランド・リレーションシップ・
　スペクトラム　144, 145
ブランド倫理　340
ブランド連想　15, 182, 224, 294
ブランド・ロイヤルティ　2, 15,
　224, 244
プリクラ　439
フリーライド　151
プル戦略　47
ブルー・オーシャン　134
プル戦略　415
フルライン戦略　89
プレイス・ブランディング　96
プレイテーマ　388

プレステージ・ブランド　343
フレーム・オブ・レファレンス
　170
プロスペクト理論　33
プロトタイプ　9
プロユース市場　416
文　脈　58
米菓製造業　48
平均セッション時間　252
ベイジアン・モデリング　226
ペイド・メディア　202, 390
ページ・セッション　252
ベース・オブ・オーソリティ
　177
別価格アイテム戦略　306
ヘッドクォーター　280
ベネフィット　154
ヘビー・ユーザー　357
ヘビー・ユーセージ指数　249
ペルソナ　192, 285
変化への恐怖バイアス　311
変換性　201
弁理士　398
包装革命　34, 40, 82, 190, 293
暴力団　48
ポジショニング　25, 141, 168, 199
ポジショニング戦略　201
保証ブランド　146
ホスピタリティ・イノベーター
　467
ホールディングス　256
ホールディングス・ブランド　97
ホログラムの商標　97
ボロメオの環　20
ボンサック式巻上機　84
本　社　270

◎ ま 行

マインド・シェア　232
マインドセット　225
マウス　113
マーケティング・オートメーショ
　ン　95, 221, 480
マーケティングの民主化　94
マージナル・カスタマー　348
マス広告　415
マフィア　48
マルチファセット・マーケティン

グ　302
マルチボイス　305
丸に井桁三　77
満　足　32, 235
味　噌　73
三井の暖簾印　77
ミドル・ユーザー　357
ミナラル・ウォーター　33
ミニ態度　240
魅力的品質要素　166, 167
ミレニアム婚　444
無関心品質要素　166
無形資産　227
ムード　205
無文字社会　37
メガブランド　298
メタファー　11, 13
メタボリック・シンドローム（メ
　タボ）　287, 409
メッセージ戦略　199
メッセージング　161
メディア・コンテンツ・ビジネス
　441
免疫ライフ　430
目的のトライアングル　280
目的派生的カテゴリー　11
目標連鎖モデル　259
物自体　41
模倣品　149
茂呂系文化　58
モンドセレクション賞　324

◎ や 行

焼き印　7
役員担当制　215
ヤクザ　48
弥生時代　60
ユーザー・イメージ　182
ユーザーシップ　154
ユーザー数　252
ユニクロ・グローバルブランドア
　ンバサダー　183
ユーモア　23
ゆるキャラ　205
予　測　110
予防医学　429
4つの鍵　197
4P　171

索　引　515

## ◎ ら 行

ライセンシング　440
ライセンス供与　440
ライセンス収入　386
ライト購買者　250
ライト・ユーザー　174, 175
ライフスタイル・ブランド　266
ライフスタイル・メディスン　288
ライン拡張　264
烙印　7
ラグジュアリー・ブランド　244, 343
　　──のパラドックス　345
ラダリング法　165
ランドスケープ分析　105, 129
ランハム法　88
リインベンション　314, 315
リスク　34
リスク低減　6
理想フォーカス顧客　192
リーダーシップ　16
リーダーブランド　23
リッカート・スケール　235
リッカート法　233

立体商標権　13
立体商標制度　97, 150
リード　480
リード・カスタマー　346
リード・カントリー・システム　280
リード・ユーザー　346
利速会計　230
リフォーム市場　433
リポジショニング　212
略奪－再分配　60
流通　23
流通カバー率　16
流通機構　30
流通効果　227
流通配荷率　224
リレーションシップ　235
理論価値　253
輪郭のない色彩の商標　97
類似化ポイント（POP）　171
類似性　9, 266
ルーン文字　64
レヴァント貿易　66
レーガノミクス　93
歴史　182
レギュラーソリュブルコーヒー

198, 350
レーザー・プリンター　113
レゾナンス　207
レッド・オーシャン　134
レピュテーション　240
レピュテーション指数　240
連想　23, 44, 225, 262, 238
ロイヤルティ　15, 154, 173, 174, 322
ローカル　270, 280
ローカル中心主義　280
ローカル・マネジメントのモチベーション　280
ローカル・マネージャー　280
ロゴ　5
ロジット・モデル　225

## ◎ わ 行

ワイン・ストッパー　61
割引キャッシュフロー　225
ワールドカップ・サッカー　97, 276, 319
ワンクリック特許　149
ワンボイス　303, 305

---

# 企業名・ブランド名等

## ◎ アルファベット

"a Sony company"　146
ABB　477
ABC 朝日放送　436
AGF　180
AKB48　448
Alphabet　256, 342
AMAZING VISION　200
AMG　420
AOL　93
Ash　420
ａu　206
Bamboo　448
BBC　276
　　── Earth　276
BMW　54, 146-148, 209, 272, 292
"Bold and Thoughtful"　218

BRAUN　298
CBS ソニーレコード　338
CENTUM VP　476
CNN　276
"Co-innovating tomorrow"　478
Coke　188
Consignia　187
Consumer Reports　245
Contac　188
CVS　267
Dancing with the Stars　276
De Fortuin　69
DKNY　307
Doctor Who　276
Donna Karen　307
Duracell　298
eBay　316
Enco　188

e-POWER　96
Facebook　94, 96, 276, 390
GAP　157
GE（ゼネラル・エレクトリック）　99, 147, 294, 302, 303, 305, 342, 476, 479
　　──アビエーション　147
　　──エナジーコネクション　147
　　──オイル＆ガス　147
　　──パワー　147
　　──ヘルスケア　147
　　──ライティング　147
Gillette　298
GOA　96
Google　40, 43, 93, 94, 96, 147, 256, 263, 276, 284, 295, 302, 305, 340, 342, 479

―― Analytics　252, 284
――カレンダー　147
――ドライブ　147
――マップ　147
GTE　133
GUESS　267
G フォース　401
H&M　157, 441
H&S　146
H.I.S.　→エイチ・アイ・エス
H P　→ヒューレット・パッカー
　　ド
HSBC　96
Iams　298
IBM　36, 41, 94, 131, 181, 280,
　　295, 314, 332, 479
Instagram　94, 276, 390
iPad　146, 338
iPhone　14, 36, 44, 113, 146, 338
iPod　36, 338
IRI　248
I S　3, 97
"It's Miller Time"　210
iTunes　339
Ivory　186
JAL　265
JASDAQ　420
J. D. パワー　324
JetBlu　187
J. E. リゲット　69
J R　4, 37
J T　4, 37
JVC　24
J リーグ　97
KISS　440
Kodak　188
K マート　133, 267
L&M　70
LINE　148, 276, 390
LVMH　344, 345
Mac（Macintosh）　36, 201, 243,
　　295
Macbook　313
Mach 3　298
MICE　96
MINI　146, 147, 209, 292
MLB　97
MSN　276

MTV　276
MUJIGRAM　217, 382
My ASICS　158
National Geographic　305
NEC　133
Nescafe　146
Nestea　146
Nestlé　188
NHK　449
NHN Japan　148
Nike　189
Nissan　377
Nokia　202
NTT　4, 37, 111
NYNY　420
Office360　136
Olay　298
Oral-B　298
P&G　86, 98, 110, 143, 145-147,
　　188, 191, 206, 218, 256, 277, 296,
　　297, 299, 416
Peach Aviation　187
Pentium（奔騰）　279
"Plant Web"　477
Polo　267
Polo by Ralph Lauren　265
R. J. レイノルズ　85
"Share a Coke"　290
SKIP　264
SuperDry　38
Surface　136, 208
"Thank you, Mom."　146
Top Gear　276
TSUTAYA　99, 294
Twitter　94, 276, 390
USJ　→ユニバーサル・スタジ
　　オ・ジャパン
"Vigilance"　477
"Vigilant Plant Services"　478
Virgin　187
VISA　265
Watson　36
Westin Heavenly Bed　264
Westin Heavenly In-Flight　264
Westin Hotel　264
Westin Resort　264
W. T. ブラックウェル　84
X クラス　263

Yahoo!　93, 187, 276
YouTube　386, 398
ZARA　157, 441
Z カー　218

## ◎ ア 行

アイク・ベハール　12
アイデア・ラボ　303
アイボリー石鹸　86
アイリスオーヤマ　128
アウディ　272
赤城乳業　185, 313
アーキテクチャー　387
アキレス　372
アクト・エル　377
アクト・ステンレスポット　377
アサヒグループホールディングス
　　297, 354
『朝日新聞』　449
アサヒスーパードライ　263, 289
アサヒドライゼロ　263
アシックス　118, 158, 347, 418
味の素　47, 83, 87, 115, 265, 309,
　　350, 354
味の素 Cook Do　183, 187
　　――きょうの大皿　354, 355
味ぽん　187
アスキー　446
アストン・マーチン　299
アスパルテーム　265
アタック　391
「あっという間にすぐに沸くティ
　　ファール」　404
アップル　14, 36, 40, 113, 114,
　　146, 149, 201, 243, 294, 308, 320,
　　339
アップルストア　149, 317
アディダス　119
『アド・エージ』　303
アドビ　96
アニマックス　388
アバクロンビー＆フィッチ　337
アプレシア　406
アマゾン　93, 149, 294, 479
アーム＆ハマー　248
アメリカン・エキスプレス　302,
　　303
アメリカン航空　265

『アメリカン・サイコ』 11
アメリカン・タバコ 40
アメリカン・ブランズ 85
綾鷹 322
アラビア・モカ 68
アルカイダ 3, 97
アルテ サロン ホールディングス 420
*a* 98
アングロ・スイス・コンデンスト・ミルク 350
アントステラ 195
アンホイザーブッシュ 40, 82
伊右衛門 128
イオングループ 351
イケア 40
伊勢丹三越ホールディングス 97
イソジンうがい薬 147, 300
"1984" 201
一番搾り 308
井村屋 83, 191
い・ろ・は・す 191
インジニオ 403
インスパイアード バイ スターバックス 146
インターブランド 228
インテル 96, 103, 116, 122, 181, 265, 279, 332
インペリアル 85
インベンシス 477
ヴァージニア・アラ・パグリア 69
ヴァージン・グループ 195, 295
ヴィダルサスーン 146
──・ウォッシュアンドゴー 277
ウィンドウズ 208
──95 93
ウイントン 89
上島珈琲店 11
ウェスタンユニオン 115
ウエラ 297, 416
ウォークマン 12, 36, 146, 272
ウォルト・ディズニー 97, 108
ウォルマート 92, 133, 276, 441
ウジェーヌ 417
うちのごはん 355
うどんすき 150

ウルトラライトダウン 469
ウルユス 80
エアバス 470
エアボード 338
『エアリアガイド』 455
「永遠の愛」 33
エイチ・アイ・エス（H.I.S.） 310, 459
エイビス 200
エイベックス 441
エクソン 88, 188
エスカレータ 150
『エチカの鏡』 450
エディー・バウワー・エディション 265
エビス 250
エマソン・エレクトロニック 477
エルメス 307
エルメネギルド・ゼニア 12
エレクトロラックス 400
エンジニア 395
オイデルミン 87
大塚製薬 200
鬼殺し 78
オニツカタイガー 118, 347, 418
オランジーナ 323
オールズ・モービル 89
オールド・ジョー 85
オールドネイビー 157
オレオ 86, 300

◎ カ 行

界 464
花王 47, 98, 144, 206, 212, 292, 298, 324, 389
──デジタルマーケティングセンター 390
カゴメ 355
片岡物産 300
片倉工業 469
かっぱえびせん 368
カップヌードル 197, 219, 359
──ごはん 219
──ライトプラス 359
カートゥーンネットワーク 388
角川グループ 447
カネボウ 98, 144, 292, 298, 468

ガリガリ君 185, 313
ガリバタ鶏（チキン） 358
カルチュア・コンビニエンス・クラブ 99, 294
カールツァイス・レンズ 265
ガルネリ 32
カルビー 127, 192, 203, 367
カルピス 297, 354
カルフール 276
河内鍋 71
キーエンス 132
奇応丸 79
『企業への招待』 442
キッコーマン 10, 74, 181, 188, 355
「きっと勝つ」 209
キットカット 209, 293, 350
キティ 439
『機動戦士ガンダム』 367
キャデラック 89
キヤノン 159, 188
キャメル 85
キャンベルスープ 85
「吸引力の変わらない，ただひとつの掃除機」 399
キユーピー 187
極度乾燥（しなさい） 38
巨峰 150
ギリシャ・ヨーグルト 171, 290
キリンビール 289, 308
金山寺味噌 73
グーグル →Google
グッチ 297
クーパービジョン 47
グラクソ・スミスクライン 293
クラフト 282
クララ 412
『グランプリ道路地図帳』 455
クリエ 338
グリコ 212
グリーンジャイアント 37
グループセブ 403
『クローズアップ現代』 449
クロムハーツ 37
経済産業省 228
ケータイマグ 379
ケープ 393
ケロッグ 24, 86, 180, 370

ケンタッキーフライドチキン
　96, 313, 323
剣　菱　78
ゴアテックス　112
講談社　455
コカ・コーラ（可口可楽）　13,
　38, 43, 188, 211, 266, 279, 290,
　302, 303
　──クラシック　15
国語専科教室　450
国　府　80
国立がん研究センター　468
コーザ・ノーストラ　49
コストコ　276
コーチ　266
コティ　297
ゴディバ　191, 300
コートヤード・バイ・マリオット
　146, 264
『ことりっぷ』　156, 192, 455
小林製薬　187
コボちゃん作文　451
「ゴホン！といえば龍角散」　412
コメダ珈琲店　11
ゴールデンアーチ　182, 243
ゴールドマンサックス　465
コロンビア・ピクチャーズ　146
コンタック600　170

## ◎ サ 行

相模屋食料　48, 336, 363
ザクとうふ　363
ザ コカ・コーラ カンパニー
　13, 14
サッポロビール　289
サブウェイ　10
ザ・プレミアム・モルツ　250,
　324
サーモス　376, 380
サンスターG.U.M.　11, 183
三太郎シリーズ　206
サントリー　128, 287, 289, 323,
　324
　──ホールディングス　297
サントリー食品インターナショナ
　ル　293
サンヨー　87, 215
三陽商会　299

サンリオ　309, 438
サンリオコーナー　438
サンリオショップ　438
サンリオピューロランド　440
シアーズ・ローバック　109, 381
シアリス　289
地黄煎　79
志賀未醤　73
シスコシステムズ　479
資生堂　11, 87, 220, 324
　──花椿会　87
　──プロフェッショナル　416
実母散　79
シティバンク　96, 464
シード　47
ジープ　150
ジムビーム　297
シーメンス　477
ジャガー　272, 292, 299
じゃがりこ　192
シャネル　151, 294
ジャパネットたかた　294
シャープ　87
ジーユー（GU）　156
住宅金融公庫　187
住宅金融支援機構　187
シュナイダーエレクトロニック
　477
シュレッデッド・ホィート　24
瞬　足　372
ジョイ　206
昭文社　455
「食足世平」　359
ジョリーグリーンジャイアント
　37
ジョン フリーダ　298
白雪姫　318
浙江吉利控股集団　299
シルク・ドゥ・ソレイユ　97
新築そっくりさん　109, 111, 113,
　433
スウォッチ・グループ　339
スカイアクティブ　96
スカイチーム　265
スカイプ　316
スカイライン　193
すかいらーく　355
スターアライアンス　265

スタインウェイ　98
『スター・ウォーズ』　97, 301, 386
スターウッド・ホテルズ＆リゾ
　ート　274
スターバックス　10, 11, 19, 40,
　42, 44, 146, 232, 285, 292, 294,
　304, 320, 322, 326
スタンダード・オイル　88
ズッキノン　187
ステラおばさんのクッキー　183,
　195
ストラディバリウス　32
スーパードライ　249
スーパーマイルド　324
スーパーマリオブラザーズ　184
スピード　267
スポーツようかんプラス　191
住　友　37
住友不動産　109, 111, 113, 433
セイコー　339, 458
西武流通グループ　109
西　友　120, 142, 276, 381
正露丸　150
セインズベリー　92
ゼクシィ　442
　──net　443
　──トレンドセミナー　445
　──なびカウンター　443
セサミストリート　440
セゾン・アメリカン・エキスプレ
　ス・カード　265
セゾングループ　109, 119, 381
ゼネラル・エレクトリック
　→GE
ゼネラル・モーターズ（GM）
　89
セブン＆アイ・ホールディングス
　97, 148, 256
セブン‐イレブン　110, 422
セメダイン　150
ゼロックス　41, 113, 123, 159, 188
セロハン　150
鮮度の一滴　191, 208
全日空（ANA）　265, 473
ソーカル　88
ソニー　24, 36, 40, 87, 98, 99, 133,
　188, 215, 222, 272, 294, 338
　──のデジタル一眼レフカメラ

索　引　519

265
ソニッケアー　407
ソニー・ミュージック　339
ソフトバンク　294
ソフトバンクモバイル　313

### ◎ タ 行

第一三共ヘルスケア　288
『大改造!!劇的ビフォー＆アフター』　436
大正漢方胃腸薬　183
ダイソン　168, 399
ダイヤモンド社　446
大陽日酸　377
ダイワボウホールディングス　469
ダ ヴ　200
ダウニー　248
タカラベルモント　421
タタ・モーターズ　292
宅急便　188
ダットサン　218
ダーナム　84
ダノン　281
タフマン　429
玉子屋　424
田 谷　420
「違いがわかる男」　350
チキンラーメン　219, 359
チャーミー泡のチカラ　146
チャーミー・ブランド　146
チャーミーマジカ　146
チャレンジジョイ　206
ツイッター　→Twitter
ディスカバリーチャンネル　276
ディズニー　197, 276, 301
ディズニーランド　285, 318
ディーセス ノイドゥーエ　419
ティーチャーズ　297
ティファニー　210
ティファール　403
デビアス　33
デューク　84
デュポン　88
デルタ航空　265
電気器具研究所　476
天狗煙草　81
電通ヤング・アンド・ルビカム

229
トイレその後に　187
東亜鉄工所　476
『24』　301
東急観光　216
東急グループ　216
　　——コーポレート会議　216
東急特撰　216
東急ハンズ　379
東京糸井重里事務所　148
東京海上火災保険　90
東京通信工業　222
東京ディズニーリゾート　159
東京美髪芸術学院　420
東 芝　87, 468
トゥーミ　12
東洋レーヨン　468
東 レ　468
　　——テトロン　468
　　——ナイロン　468
トップ　147
　　—— HYGIA　147
　　——スーパーNANOX　147
　　——プラチナクリア　147
　部屋干し——除菌EX　147
　無リン——　147
ドトールコーヒーショップ　11
ドモホルンリンクル　200
トヨタ（自動車）　96, 133, 146,
　168, 181, 188, 193, 217, 232, 292
　　——アクア　256
　　——カムリ　146, 264
『とらばーゆ』　442
トランシーノ　288
トランポリン　150
ドリエル　26
ドルチェ＆ガッバーナ　297
トレカ　469
トレーダー・ジョーズ　160
トレロン　468
トローチ　413

### ◎ ナ 行

ナイキ　11, 118, 189, 267, 291, 418
ナイシトール　187
長崎オランダ村　459
永谷園　200
中埜酢店　40, 83

ナショナル　87
ナビスコ　40, 86
日経BPコンサルティング　406
日産（自動車）　96, 168, 193, 218,
　220, 288
　　——リーフ　288
日清食品　197, 218, 359
　　——どん兵衛　360
　　——焼そばU.F.O.　219, 360
日清紡ホールディングス　469
『日本経済新聞』　435
ニベア　184
　　——ボディ　184
　　——メン　184
　　——リップ　184
日本エアシステム　216
日本コカ・コーラ　191, 322
日本国有鉄道　37
日本酸素　377
日本生活協同組合連合会　366
日本専売公社　37
日本鉄道会社　90
日本テレビ　450
日本電信電話公社　37
「日本の観光をヤバくする」　466
日本マクドナルド　203
日本ロレアル　416
『ニューエスト』　455
ニューコーク　14
ニールセン　192
任天堂　184
　　—— 3DS　389
ネイバーフッド アンド コーヒー
　146
ネジザウルスGT　395
ネスカフェ　198, 350
　　——アンバサダー　353
　　——ゴールドブレンド　350
　　——ゴールドブレンド バリスタ　350
　　——ドルチェグスト　350, 353
　　——バリスタ　350
ネスレ（雀巣）　86, 146, 279, 293,
　297
　　——・グループ　350
野村プリンシパル・ファイナンス
　460

## ◎ ハ 行

バイアグラ 287
パイオニア 24
ハイボール 287
ハインツ 85, 264
ハウステンボス 159, 310, 318, 459
バークシャー・ハサウェイ 34
ハーゲンダッツ 37, 188
ハーシー 192
パタゴニア 98, 181, 198
はづ別館 32
パティ＆ジミー 438
はてなダイアリー 447
パートプラス 277
バドワイザー 40, 82
パナソニック 12, 24, 87, 165, 188, 294, 334
ハネウェル 477
バーバリー 299
ハーバルエッセンス 146
バービー人形 386
パブロン 263
ハーモニーランド 440
パラビオ AC クリームサイ 430
『ハリー・ポッター』 301, 318
バリュークリエーション 220
パルスィート 115, 265
パルテノ 171, 211, 290
ハーレーダビッドソン 150, 264
パロアルト研究所 113
ハローキティ 309, 438, 439
パロタン 191
バーン 114
阪急阪神百貨店 371
蕃爽麗茶 429
パンテーン 146, 298
　　　・Pro-V 277
パンパース 143, 188
ヒゲタ醤油 74
『美術手帖』 452
日立（製作所） 87, 99, 131, 220, 314, 472
　　　オートモティブシステムズ 147, 473
　　　システムアンドサービス 473
　　　情報システムズ 473
　　　ソフトウェアエンジニアリング 473
　　　パワーソリューションズ 147
　　　ビルテクノロジー 473
　　　マクセル 473
日立グループ 147
　　　・アイデンティティ 475
飛騨未醬 73
ビックカメラ 265
ビッグマック 146
ビックロ 265
ヒートテック 469
ビーム 297
ビューティーアドバイザー 430
ヒューレット・パッカード（HP） 295, 476
ひよ子 150
ヒルトン・ワールドワイド 274
ファイアストン 144
ファイザー 287
ファーストリテイリング 469
ファブリーズ 110
ブイトーニ 350
フィラデルフィア 282
フィリップス 24, 99
　　　エレクトロニクス ジャパン 407
　　　ノンフライヤー 407
フィリップ・モリス 85, 86
フィルトライザー 468
フェイスブック　→ Facebook
フォーエバー21 441
フォックスボロー 476
フォード（・モーター） 85, 88, 89, 220, 292, 290
　　　T 型 54, 89, 376
　　　・エクスプローラー 265
フォルクスワーゲン 330, 332
『深イイ話』 450
富士銀行 424, 425
不二製油 371
フジッコ 371
フジテレビ 450
富士フイルム 314
フーバー 400
ブライダル総研 445
プラダ 439
フラット 35 187
フラテリ・ロゼッティ 12
ブランド・ジャパン 406
フリスキー 350
ブリヂストン 144
ブリティッシュ・アメリカン・タバコ 85
ブルガリ 181
　　　ホテルズ＆リゾーツ 181
フルグラ 127, 203, 367
フレッセイ 364
プレミア・オートモーティブ・グループ 298
プレミア・リーグ 97
プロクター・アンド・ギャンブル → P&G
ブローバ 222
『フロムエー』 442
ヘアレシピ 146
ヘッド＆ショルダー 145
ペッパー 313
ペプシコーラ 38, 199
ペリエ 350
ベルトーリ 297
ヘンケル 416
変なホテル 463
ボーイング 470
ポカリスエット 200
北辰電機製作所 476
ポケモン 18
星のや 464
星野リゾート 294, 463
ボシュロム 47
ボストン コンサルティング グループ 35
ポッカコーヒー 313
ポッキー 212
『ホットペッパー』 442
ホテルプレストンコート 465
ポート・ワイン 87
ほぼ日刊イトイ新聞（ほぼ日） 148
ポラロイド 41, 98
ポルシェ 116
ボールバロー 400
ボルボ 183, 199, 292, 299
ポ ロ 200

法論味噌 73
ホンダ（本田技研工業） 134,
　183, 188, 195, 294, 377
ほんだし 309

◎ マ 行

マイクロソフト 40, 41, 96, 113,
　114, 131, 136, 181, 208, 294, 305,
　316, 332, 397
マイメロディ 438
マインクラフト 387, 389
マギー 350
マーキュリー 299
マクドナルド 10, 40, 42, 96, 123,
　146, 182, 187, 193, 243, 276, 302,
　422
正宗 78
松尾糧食工業 368
マッキンゼー 35, 160
マッキントッシュ　→ Macintosh
マックスファクター 297
マックナゲット 146
マックフルーリー 146
松下電器産業　→パナソニック
マツダ 96, 217
『マッドメン』 301
『マップル』 455
マテル 386
魔法瓶 150, 376
マリオット 146, 274, 275
マルコメ味噌 82
マールボロ 71, 200, 210, 309
満願寺 78
みずほ銀行 424
三鷹天命反転住宅 453
三　井 47, 50, 90, 111
三井銀行 90
三井造船 395, 424
三井物産 90
三井両替店 76
ミツカン 40, 82, 83, 379
　──ホールディングス 297
ミッキーマウス 308, 318
三　越 76
三越伊勢丹ホールディングス
　148, 256
三　菱 37, 47, 50, 111
三菱化学 413

三菱化成工業 413
三菱財閥 90
三菱商会 90
三菱商事 441
ミツワ石鹸 47
水戸ヤクルト販売 428
ミノルタ 98
ミラービール 200, 210
ミルボン 347, 416
無印良品 44, 98, 109, 119, 120,
　127, 142, 215, 217, 263, 266, 301,
　381
ムンディファーマ 300
明治うがい薬 147, 300
明治おいしい牛乳 211
明治生命保険 90
明治ホールディングス 147
メカトロニクス 150
メディエフ 297
メニコン 47
メリット 212, 324
メルセデス・ベンツ 14, 199,
　263, 267, 272
　──日本 184
メンズ・エアリズム 469
モカ 68, 87
『もし高校野球の女子マネージャ
　ーがドラッカーの「マネジメン
　ト」を読んだら』（もしドラ）
　446
モービル 88
木綿3個パック 366
森永乳業 171, 211, 290, 365
モルトンブラウン 298
モンスターエナジー 114
モンデリーズ 300

◎ ヤ 行

焼いておいしい絹厚揚げ 367
ヤクルト 132, 428, 429
　──400 431
ヤクルト化粧品 429
ヤクルトレディ 428, 429
柳　酒 72
矢野経済研究所 394
ヤフー！　→ Yahoo!
やまぐち県酪乳業 371
ヤマサ醤油 191, 208

ヤマザキナビスコ 300
ヤマザキビスケット 300
山崎製パン 180
ヤマハ発動機 134
ヤング・アンド・ルビカム 229
雪印乳業 333, 364
ユナイテッド航空 265
ユニクロ 40, 133, 156, 264, 265,
　276, 469
ユニセフ 97
ユニチカ 468
ユニバーサル・スタジオ・ジャパ
　ン（USJ） 159, 318
ユニバーサル ミュージック 458
ユニリーバ 200, 280, 297
養命酒 132, 196
養老天命反転地 453
横河化学研究所 476
横河橋梁製作所 476
横河電機 103, 476
横河ブリッジ 476
ヨーヨー 150

◎ ラ 行

ライオン 206
ライビーナ 297
ラグー 297
楽　天 294
ラゴスティーナ 403
ラッキー・ストライク 70
ラルフローレン 12, 200, 266
ランドマスター 373
ランドローバー 292, 299
リクナビ 442
リクルートグループ 442
リクルートホールディングス
　442
リクルートマーケティングパート
　ナーズ 442
リコー 159
リシュモン 344
リジョイ 277
リジョイス 277
リーセス ピーナッツバターカッ
　プ 192
リーセス ミニチュア 192
リーゼプリティア 393
「リゾート運営の達人」 465

リゾナーレ　464
リッツ　300
　　──・クラッカー　86
リトルツインスターズ　438
リプトン　293
リポビタン D　109
龍角散　412
　　──ダイレクト　415
良品計画　119, 381
リンカーン　299
リンカーン・モーター　89
ルイ・ヴィトン　263, 345
ルキア　458
ルコゼード　292, 297
ルノー・日産アライアンス　263
ルノワール　11
ルンバ　168
レオ・バーネット　173, 309

レクサス　124, 146, 181, 187, 200,
　　217, 267, 272, 277
レゴ　10, 13, 186, 335, 385
　　──アイデアズ　387
　　──クラシック　387
　　──シティ　388
　　──ジャパン　385
　　──ニンジャゴー　388
　　──認定プロビルダー　387
　　──ブロック　385
　　──ムービー　386
レッツノート　265
レッドブル　109, 113, 194, 320
レディオヘッド　32
レノア　147
　　──オードリュクス　147
　　──ハピネス　147
　　──本格消臭　147, 191

ロイズ銀行　401
ロイヤル フィリップス　407
ロイヤルメール　187
ロクシタン　26, 127, 206, 301, 318
ロスマンズ　85
ローソン　441
ロッテ　11
ロフト　379
ロメンブラ　468
ロールス・ロイス　147, 148
ロレアル　416
ロントリー　293

## ◎ワ 行

ワーナー・ブラザーズ　386
ワンデー アキュビュー　47
『ワンピース』　462
ワンワールド　265

# 人　名

## ◎ア 行

アイブ，J.　317
アーカー，D. A.　92, 140, 224,
　　229, 292
秋元康　448
阿久津聡　229
朝長則男　460
アペール，N.　190
安室奈美恵　443
アムンセン，R.　377
荒川修作　453
アルノー，B.　345
アーレンツ，A.　300
アンダーソン，B.　43
安藤宏基　218, 360
安藤百福　359
石井龍夫　390
石川哲郎　336
井尻雄士　230
伊藤綾　443
伊藤邦雄　227
井深大　294
イメルト，J.　342
岩崎夏海　446
岩崎弥太郎　90

ヴァインホルト，A. F.　376
ウィトゲンシュタイン，L.　331
植木莞爾　317
ウェッジウッド，J.　37
上原正吉　109
ウォーラーステイン，I.　54
エジソン，T.　294, 295
江原寛一　366
エレンバーグ，A.　25, 247
オーウェル，G.　295
小川孔輔　242
小平浪平　472
鬼塚喜八郎　347, 418
オバマ，B.　3

## ◎カ 行

片山豊　218
加藤貞顕　446
金井政明　382
カーネギー，A.　88
華原朋美　439
カーペンター，G.　314
神近義邦　459
川村隆　473
キャリー，M.　439
キング，S.　21, 92

グーテンベルク，J.　68
工藤順一　450
クヌッドストープ，J. V.　336,
　　387
クリスチャンセン，G.　385
クリスチャンセン，O. K.　385
クリステンセン，C.　114
クロック，R.　42
桑原武夫　229
ゲイツ，B.　294, 397
ケラー，K.　21, 92, 225
ケロッグ，W. K.　86
小池一子　382
鴻池一郎　347, 417
ゴーディン，S.　303
コトラー，P.　21, 95
ゴーン，C.　220

## ◎サ 行

榊原定征　468
佐橋育恵　362
澤田秀雄　460
サンダース，C.　313, 323
シャクルトン，E.　377
シャネル，C.　294, 295
シュラージ，P.　123

シュルツ，H. 42, 294
シュワルツ，S. H. 162
庄山悦彦 473
ジョブズ，S. 36, 294, 295, 317, 323, 337
代田稔 428
スカリー，J. 337
菅原勇継 424
菅原勇一郎 425
杉本貴志 382
スコット，M. 287
鈴木敏文 110
ズナイデン房子 362
孫正義 294

### ◎ タ 行

ダイソン，J. 399
髙崎充弘 395
高島準司 435
高田明 294
武田真悟 419
タモリ 450
佃公彦 438
辻邦彦 441
辻信太郎 438
堤清二 109, 381
津端裕 373
ディズニー，W. 308
デュポン，P. 88
デュワー，J. 376
徳川吉宗 79
豊田秀樹 229
トラウト，J. 168
ドラッカー，P. F. 41, 446
トランプ，D. 3, 296
鳥越淳司 336, 364
トンプソン，J. W. 21

### ◎ ナ 行

ナイト，P. 118, 418

内藤学 430
長嶋一茂 425
中島広数 356
中西宏明 220
中埜又左エ門 40, 83
ナッソー，J. 299
西川英彦 229
錦織圭 183
ネスレ，H. 86

### ◎ ハ 行

ハイエック，N. 339
パッカード，D. 295
鳩山玲人 441
バフェット，W. 34
原研哉 382
バラキ，J. 49
ヒューレット，W. 295
広瀬義州 228
ファラデー，M. 40
フィッシュバイン，M. 239
フィリップス，A. 407
フィリップス，G. 407
フィールズ，M. 220
フォード，H. 89
フォン・ヒッペル，E. 346
深澤直人 382
藤井玄淵 412
藤井正亭治 412
藤井隆太 412
藤田田 204
フラー，B. 400
ブランソン，R. 195, 295
ブリン，S. 295
ブルガー，R. 376
風呂勉 47
フロイト，S. 335
ブローデル，F. 53
ペイジ，L. 295
ベゾス，J. 294

ベル，G. 115
ベンサム，J. 328
星野嘉助 463
星野哲也 432
星野佳路 294, 463
ポーター，M. 116
ポランニー，K. 55
本田宗一郎 183, 195, 294

### ◎ マ 行

マクドナルド兄弟 42
マコーミック，C. H. 85
増田宗昭 294
松尾晃 368
マッカーシー，E. J. 171
マッケロイ，N. 90
マツコ・デラックス 410
松下幸之助 294
マッタス，R. 189
マテシッツ，D. 109
マルクス，K. 30
丸山静 452
三木谷浩史 294
水森亜土 438
溝口健一郎 474
盛田昭夫 222, 294

### ◎ ヤ 行

ゆきうさぎ 448
横河民輔 476
吉原直樹 421

### ◎ ラ 行

ライズ，A. 168
ライズ，L. 303
ライト，L. 302
リプトン，Sir T. 293
レヴィ，S. 21
ロックフェラー，J. D. 88

ブランド戦略論
*Integrated Brand Strategy: Theory, Practice, & Cases*

2017年12月10日　初版第1刷発行
2025年 1月25日　初版第8刷発行

著　者　　田　中　　　洋

発行者　　江　草　貞　治

発行所　　株式会社　有　斐　閣
　　　　　〔101-0051〕東京都千代田区神田神保町 2-17
　　　　　　　　　　　https://www.yuhikaku.co.jp/

組版・株式会社明昌堂／印刷・萩原印刷株式会社／製本・牧製本印刷株式会社
© 2017, TANAKA, Hiroshi. Printed in Japan
落丁・乱丁本はお取替えいたします。
★定価はカバーに表示してあります。
ISBN 978-4-641-16510-6

[JCOPY] 本書の無断複写(コピー)は、著作権法上での例外を除き、禁じられています。複写される場合は、そのつど事前に(一社)出版者著作権管理機構(電話03-5244-5088, FAX03-5244-5089, e-mail:info@jcopy.or.jp)の許諾を得てください。

本書のコピー，スキャン，デジタル化等の無断複製は著作権法上での例外を
除き禁じられています。本書を代行業者等の第三者に依頼してスキャンや
デジタル化することは，たとえ個人や家庭内での利用でも著作権法違反です。